ଓଡ଼ିଆ ପ୍ରଗତିବାଦୀ କାବ୍ୟଚେତନା ଓ କବି ବାସୁଦେବ ଦାସ

ଡ. ଗାୟତ୍ରୀ ମହାରଣା

VIDYA
PUBLISHING INC.

ବିଦ୍ୟା ପବ୍ଲିଶିଙ୍

ଟରୋଣ୍ଟୋ, କାନାଡ଼ା ॥ ଭୁବନେଶ୍ୱର, ଓଡ଼ିଶା

ଓଡ଼ିଆ ପ୍ରଗତିବାଦୀ କାବ୍ୟଚେତନା ଓ କବି ବାସୁଦେବ ଦାସ

ଲେଖିକା	: ଡ. ଗାୟତ୍ରୀ ମହାରଣା
ପ୍ରକାଶକ	: ଡ. ତନ୍ମୟ ପଣ୍ଡା, ଡ. ସୁନନ୍ଦା ମିଶ୍ର ପଣ୍ଡା
	ବିଦ୍ୟା ପବ୍ଲିଶିଙ୍ ଇଙ୍କ, ଟରୋଣ୍ଟୋ, କାନାଡ଼ା
ପ୍ରଥମ ସଂସ୍କରଣ	: ସେପ୍ଟେମ୍ବର, ୨୦୨୪

....

ISBN : 978-1-998475-18-6

First Edition	: September, 2024
Published by	: Dr. Tanmay Panda & Dr. Sunanda Mishra Panda
	Vidya Publishing Inc.,
	Toronto, Canada || Bhubaneswar, Odisha
Website	: www.vidyapublishing.com
Email	: vidyapublishinginc@gmail.com
Cell	: +1 6478389884
Odisha Contact	: Nirmalya Garden, Plot 516/1719, House 10,
	KIIT Post Office, Patia, Bhubaneswar - 751024
Cell	: +91 8984131810
Cover Design	: Srushti Panda
Printed at	: Biswanath Enterprises, India

Price : ₹ 350/-

କୃତଜ୍ଞତା

ଶିକ୍ଷାକ୍ଷେତ୍ରରେ ଗବେଷଣା ଏକ ଗୁରୁତ୍ୱପୂର୍ଣ୍ଣ ଅଧ୍ୟବସାୟ। କିନ୍ତୁ କୌଣସି ଗବେଷଣା ସମ୍ପୂର୍ଣ୍ଣତା ପ୍ରାପ୍ତି ହୋଇନଥାଏ। କୌଣସି ନା କୌଣସି କ୍ଷେତ୍ରରେ ରହିଯାଏ କିଛି ଅବସୋସ ଓ ଶୂନ୍ୟତା। ସେହି ଦୃଷ୍ଟିରୁ, ମୋ ଦ୍ୱାରା ପ୍ରସ୍ତୁତ ସନ୍ଦର୍ଭରେ ଯେ କିଛି ଅମୀମାଂସିତ ଓ ଅନୁଶୀଳନ ଶୂନ୍ୟତା ନଥିବ, ତାହା କହିପାରୁ ନାହିଁ। ଏଥିନିମନ୍ତେ ସୁଧୀଜନଙ୍କ ନିକଟରେ କ୍ଷମା ପ୍ରାର୍ଥନା କରୁଛି।

ମୋର ମାତା ଓ ପିତାଙ୍କର ଅଭିଳାଷ ଥିଲା ମୋ ପାଇଁ ଉତ୍ତୁଙ୍ଗ। ଆଜି ଉଚ୍ଚତର ଡିଗ୍ରୀ ବା ଗବେଷଣାଲବ୍ଧ ସନ୍ଦର୍ଭ ବିଶ୍ୱବିଦ୍ୟାଳୟରେ ପେଶ କଲାବେଳେ ସେମାନଙ୍କୁ ଅଶ୍ରୁଲ କୃତଜ୍ଞତା ଜଣାଉଛି।

ମୋ ପରି ଜଣେ ଅଭାଗୀ ଉଚ୍ଚାଭିଳାଷୀ ହିଅ ପ୍ରତି ପିତୃପ୍ରତିମ, ଓଡ଼ିଶାର ଲବ୍ଧପ୍ରତିଷ୍ଠ ପ୍ରାଧ୍ୟାପକ **ଡକ୍ତର ବେଣୁଧର ପାଢ଼ୀ** ମୋର ମାନସିକତାକୁ ଉପଲବ୍ଧି କରି ମୋତେ **'ସ୍ୱାଧୀନତା ପରବର୍ତ୍ତୀ ଓଡ଼ିଆ ପ୍ରଗତିବାଦୀ କାବ୍ୟଧାରା ଓ କବି ବାସୁଦେବ ଦାସ'** ଶୀର୍ଷକ ପ୍ରଦାନ କରିବା ସହିତ ସମ୍ପୂର୍ଣ୍ଣ ଦିଗ୍‌ଦର୍ଶନ ଦେଇ କୃତବିଦ୍ୟ କରିଥିବାରୁ ତାଙ୍କୁ ଶତର ସାଧୁବାଦ ଓ ନତଶିର ପ୍ରଣତି ଅର୍ପଣ କରୁଛି।

ସେହିପରି ସ୍ନାତକୋତ୍ତର ଓଡ଼ିଆ ବିଭାଗ, ବାଣୀବିହାର ପ୍ରାକ୍ତନ ପ୍ରଫେସର ସୁରେନ୍ଦ୍ରନାଥ ଦାଶ, ପ୍ରଫେସର ବିଜୟ କୁମାର ଶତପଥୀ, ପ୍ରଫେସର ସଂଘମିତ୍ରା ମିଶ୍ର, ପ୍ରଫେସର ଶରତ ଚନ୍ଦ୍ର ରଥ, ପ୍ରଫେସର ନାରାୟଣ ସାହୁ, ପ୍ରଫେସର ଉଦୟନାଥ ସାହୁ, ପ୍ରଫେସର ବିଷ୍ଣୁପ୍ରିୟା ଓଟା, ପ୍ରଫେସର ସନ୍ତୋଷ କୁମାର ତ୍ରିପାଠୀ ଆଦି ପୂଜ୍ୟ ଗୁରୁମାନଙ୍କର ଆଶୀର୍ବାଦ ମୋତେ ଗବେଷଣା କାର୍ଯ୍ୟରେ ସାଫଲ୍ୟମଣ୍ଡିତ କରାଇଥିବାରୁ ସେମାନଙ୍କଠାରେ ମୁଁ ଭକ୍ତି ନୈବେଦ୍ୟ ଅର୍ପଣ କରୁଛି। ଏତଦ୍‌ବ୍ୟତୀତ ଓଡ଼ିଆ ବିଭାଗରେ କାର୍ଯ୍ୟରତ ସମସ୍ତ ସହଯୋଗୀ ପ୍ରଫେସର ଯଥା- ଶ୍ରୀଯୁକ୍ତ ଆନ୍‌ପା ମାର୍ତ୍ତି, ଡ. ରମେଶ ଚନ୍ଦ୍ର ମଲ୍ଲିକ, ଡ. ରୁଦ୍ରନାରାୟଣ ମହାପାତ୍ର ପ୍ରଭୃତିଙ୍କ ଉପଦେଶ, ସ୍ନେହ ସଦିଚ୍ଛା, ସହଯୋଗ ପାଇଁ ସେମାନଙ୍କ ନିକଟରେ କୃତଜ୍ଞତା ଜଣାଉଛି।

ସର୍ବୋପରି ଗୋକର୍ଣ୍ଣିକାର ସମ୍ପାଦକ ଓ ସୁକବି ଶ୍ରୀ ରମାକାନ୍ତ ଜେନାଙ୍କୁ ଇତ୍ୟବସରରେ ମୋର ଆନ୍ତରିକ କୃତଜ୍ଞତା ଜଣାଇବା ସଙ୍ଗେ ସଙ୍ଗେ ଓଡ଼ିଶାର ଲବ୍ଧପ୍ରତିଷ୍ଠ ପ୍ରଗତିବାଦୀ କବି ଓ ଶିକ୍ଷାବିଦ୍ **ଡକ୍ଟର ବାସୁଦେବ ଦାସଙ୍କ** ସହଯୋଗ ଓ ଆଶୀର୍ବାଦ ନିକଟରେ ମୁଁ ଚିରକୃତଜ୍ଞ।

ସେହିପରି ମୋର ପିତାମାତା, ସାନଭଉଣୀ ଡ଼ ସାବିତ୍ରୀ ମହାରଣା, ଭାଇ ଶ୍ରୀକଣ୍ଠ ମହାରଣା ଓ ଅଗ୍ରଜ ପ୍ରତିମ ଶ୍ରୀଯୁକ୍ତ ଦେବେନ୍ଦ୍ର ଦାଶ (ନନା), ଡିଟିପି ଓ ଅକ୍ଷରସଜ୍ଜା ପାଇଁ ଗିରିଜା ଶଙ୍କର ଓ ଶାନ୍ତିଲତା ନାନୀ ଓ ଶ୍ରଦ୍ଧେୟ ସସ୍ମିତାକୁ ହାର୍ଦ୍ଦିକ ସାଧୁବାଦ ଜଣାଉଛି। ପାଣ୍ଡୁଲିପିଟିକୁ ପୁସ୍ତକ ରୂପ ଦେବା ପାଇଁ ସମ୍ମାନନୀୟା ବିଶିଷ୍ଟ ଗାଳ୍ପିକା ଓ ପ୍ରାବନ୍ଧିକା ଡ଼ ବାସନ୍ତୀ ମହାନ୍ତିଙ୍କ ଭୂମିକା ଅବିସ୍ମରଣୀୟ। ବିଦ୍ୟା ପବ୍ଲିଶିଙ୍ଗର ସ୍ୱନାମଧନ୍ୟ ପ୍ରକାଶକ ଡ. ସୁନନ୍ଦା ମିଶ୍ର ପଣ୍ଡା ଓ ଡ. ତନ୍ମୟ ପଣ୍ଡା ସ୍ୱତଃପ୍ରବୃତ୍ତ ହୋଇ ପୁସ୍ତକଟିକୁ ହାତକୁ ନେଇଥିବାରୁ ମୁଁ ସେମାନଙ୍କୁ ନିକଟରେ କୃତଜ୍ଞ। ପରିଶେଷରେ ପୁସ୍ତକଟିର ସଫଳତା ପାଇଁ ପରମ କାରୁଣିକ ଶ୍ରୀଜଗନ୍ନାଥଙ୍କ ନିକଟରେ କୃପା ଭିକ୍ଷା କରି ରହୁଛି।

ଗାୟତ୍ରୀ ମହାରଣା

ମୁଖବନ୍ଧ

ସାମ୍ପ୍ରତିକ ସାରସ୍ୱତ ଇତିହାସର ପ୍ରେକ୍ଷାପଟରେ ଲକ୍ଷ୍ୟକଲେ ପରିଦୃଷ୍ଟ ହୋଇଥାଏ ଯେ, ବର୍ତ୍ତମାନର ଓଡ଼ିଆ ସାହିତ୍ୟ, ଉତ୍ତର ଆଧୁନିକ ପର୍ଯ୍ୟାୟର ସରହଦ ଅତିକ୍ରମ କରିବାକୁ ବସିଛି । ଆଧୁନିକ ଓ ଉତ୍ତର ଆଧୁନିକ ପର୍ଯ୍ୟାୟରେ ଉପନୀତ ଓଡ଼ିଆ ସାହିତ୍ୟ ପ୍ରାଚୀନ ଅବସ୍ଥାରୁ ଆରମ୍ଭ କରି ଅଦ୍ୟାବଧି ବିଭିନ୍ନ ସ୍ତର ଦେଇ ବିକାଶର ସୋପାନରେ ପହଞ୍ଚିପାରିଛି । ଏଠାରେ ଉଲ୍ଲେଖଯୋଗ୍ୟ ଯେ ଆଦ୍ୟାବସ୍ଥାରୁ ଓଡ଼ିଆ ସାହିତ୍ୟର ରୂପ ପଦ୍ୟାତ୍ମକ ପୂର୍ବକ ବର୍ଷିଲ ସମ୍ଭାବନାକୁ ବରଣ କରିବା ପାଇଁ ସମର୍ଥ ହୋଇଛି ।

କାବ୍ୟ ରଚନାର ପରମ୍ପରା ପ୍ରଥମେ ସାରଳା ଦାସଙ୍କଠାରୁ ଉତ୍ପନ୍ନ ହୋଇଥିଲା । ସାରଳାଙ୍କ ମହାକବିତ୍ୱର ପରାକାଷ୍ଠା ପରପିଢ଼ିର କବିମାନଙ୍କୁ ଗଭୀର ଭାବରେ ପ୍ରଭାବିତ କରିଥିବାର ଦୃଷ୍ଟିଗୋଚର ହୁଏ । ପରିବର୍ତ୍ତନର ପଦଧ୍ୱନିକୁ ବହନ କରି ଓଡ଼ିଆ ସାହିତ୍ୟ ପରବର୍ତ୍ତୀ କାଳରେ ଯେଉଁ ନୂତନ ଅଧ୍ୟାୟର ଉନ୍ମୋଚନ କରିଥିଲା, ତା'ର ପରିଣତ ସ୍ୱରୂପ ଆତ୍ମପ୍ରକାଶ କରିଥିଲା ପଞ୍ଚସଖା ସାହିତ୍ୟ, ଇତିହାସର ଏକ ଘଡ଼ିସନ୍ଧି ମୁହୂର୍ତ୍ତରେ । ଏହି ସାହିତ୍ୟ ସାଧାରଣ ଜନତାକୁ ଆଶାବାଦୀ ହେବାକୁ ମାନସିକ ସ୍ତରରେ ସମୁଚିତ ଶିକ୍ଷାପ୍ରଦାନ କରିବାକୁ ସମର୍ଥ ହୋଇଛି ।

ରୀତିଯୁଗ ଥିଲା ସାହିତ୍ୟ ଓ ସଂଗୀତର ଏକ ସମନ୍ୱିତ ଚେତନାର ଯୁଗ । ଏ ଯୁଗର କବିମାନେ କାବ୍ୟକୁ ମୂଳଚୂଳ କୌଣସି ଏକ ନିର୍ଦ୍ଦିଷ୍ଟ ରାଗରେ ରଚନା ନକରି ବିଭିନ୍ନ ରାଗରାଗିଣୀର ପ୍ରୟୋଗରେ ଅପୂର୍ବ ଛାନ୍ଦମୟ ଆବେଦନଟିଏ ପ୍ରଦାନ କରିବାକୁ ହେଉଥିଲେ ସମର୍ଥ । ଅନେକ କାବ୍ୟ-କବିତା, ସାହିତ୍ୟର ସୁମଧୁର ଦ୍ୟୋତନା ଭଳି ଯେପରି ପାଠ୍ୟ ଥିଲା, ସଂଗୀତ ଭଳି ସେହିପରି ମଧ ଗାନଯୋଗ୍ୟ ଥିଲା । ଖ୍ରୀଷ୍ଟିୟ ଊନବିଂଶ ଶତାବ୍ଦୀର ନବମ ଦଶକ ଅର୍ଥାତ୍ ୧୮୮୦ ଖ୍ରୀଷ୍ଟାବ୍ଦାରୁ ଆଧୁନିକ ଯୁଗର ଅଭ୍ୟୁଦୟ ଘଟିଅଛି ।

ପୂର୍ବ ଆଲୋଚିତ ଯୁଗଗୁଡ଼ିକ ମୁଖ୍ୟତଃ ଥିଲା କାବ୍ୟ-କବିତାର ଯୁଗ ଏବଂ ଏହି ଯୁଗର ଶୀର୍ଷକ କବିମାନଙ୍କ ନାମରେ ନାମିତ। ଆଧୁନିକ ଯୁଗ କେବଳ କାବ୍ୟକବିତାର ଯୁଗ ନଥିଲା। ରୀତିଯୁଗର ଅବସାନ ପରେ ଓଡ଼ିଆ ସାହିତ୍ୟ ଗଡ଼ଜାତ ଅଞ୍ଚଳରୁ ଉପକୂଳ ଅଞ୍ଚଳକୁ ପ୍ରତ୍ୟାବର୍ତ୍ତନ ପୂର୍ବକ ଗଳ୍ପ, ଉପନ୍ୟାସ, ପ୍ରବନ୍ଧ, କାବ୍ୟକବିତା ଇତ୍ୟାଦି ବହୁଧା ବିଭକ୍ତ ହୋଇ ଓଡ଼ିଆ ସାହିତ୍ୟକୁ କରିଛି ଗୌରବଯୁକ୍ତ।

ଏହି ସମୟରେ ଭାରତବର୍ଷ ଏବଂ ତନ୍ମଧରେ ଓଡ଼ିଶା ପରାଧୀନତାର ଶୃଙ୍ଖଳରେ ଆବଦ୍ଧ ହୋଇଛି। ସ୍ୱତନ୍ତ୍ର ଓଡ଼ିଶା ପ୍ରଦେଶ ଗଠନ ଏବଂ ସ୍ୱୟଂସମ୍ପୂର୍ଣ୍ଣ ଓଡ଼ିଆ ଭାଷାର ଦାବି ଉପସ୍ଥାପନ ପୂର୍ବକ ଓ ସଂଘର୍ଷରୁ ଜନ୍ମ ନେଇଥିଲା ଓଡ଼ିଆ ସାହିତ୍ୟରେ ଆଧୁନିକ ରୂପ। ଏହି ଯୁଗର ସ୍ରଷ୍ଟା କବିବର ରାଧାନାଥ ରାୟଙ୍କୁ ତାଙ୍କର ଅନବଦ୍ୟ ସୃଷ୍ଟି ନିମନ୍ତେ ତାଙ୍କୁ ଯୁଗ ସ୍ରଷ୍ଟାର ସମ୍ମାନ ଦିଆଯାଏ। ଅନ୍ୟତମ ବରେଣ୍ୟ ସାଧକ 'କୀର ମୋହନ ସେନାପତିଙ୍କର ଅବଦାନ ମଧ ଯୁଗୋପଯୋଗୀ ଥିଲା। ପାରଦର୍ଶିତାର ସମୃଦ୍ଧ ରୂପାରାଗରେ ବିଭୂଷିତ। ଏହି ଆଧୁନିକ ସାହିତ୍ୟ ୧୮୮୦ ରୁ ୧୯୫୦ ବା ସ୍ୱାଧୀନତା ପୂର୍ବବର୍ତ୍ତୀ କାଳଖଣ୍ଡର ସାହିତ୍ୟକୁ ଓଡ଼ିଆ ସାହିତ୍ୟରେ ଆଧୁନିକ ସାହିତ୍ୟ ବୋଲି ଆଖ୍ୟାୟିତ କରାଯାଏ। ଏହି ସମୟର ସାହିତ୍ୟ ମଧ ବିଭିନ୍ନ ଧାରାରେ ପରିବର୍ତ୍ତିତ ହୋଇ ବିଭିନ୍ନ ଯୁଗରେ ବିଭକ୍ତ ହୋଇଛି। ସେଥିମଧରୁ ସତ୍ୟବାଦୀ ସାହିତ୍ୟଧାରା (୧୯୧୦ ରୁ ୧୯୨୧) ହେଉଛି ଅନ୍ୟତମ। ଏହାପରେ ସେ ସମୟରେ ରେଭେନ୍ସା କଲେଜରେ ଅଧ୍ୟନରତ ଛାତ୍ରମାନଙ୍କ ଦ୍ୱାରା ସୃଷ୍ଟି ହୋଇଥିଲା ଏକ ରୋମାଣ୍ଟିକ୍ ଭାବପ୍ରବଣତାର 'ସବୁଜ ସାହିତ୍ୟଧାରା' ଏବଂ ଏହାର ସୃଷ୍ଟିକର୍ତ୍ତାମାନେ ସବୁଜଗୋଷ୍ଠୀ ରୂପେ ପରିଚିତ ହେଲେ। ୧୯୩୫ ମସିହାରୁ ଯେଉଁ ଆଭିମୁଖ୍ୟ ଓ ସଂକଳ୍ପ ବହନ କରି ପ୍ରଗତିବାଦୀ ଯୁଗର ଆରମ୍ଭ ହୋଇଥିଲା, ତାହା ୧୯୪୫ ମସିହା ପରେ ପ୍ରଗତିବାଦୀ ସାହିତ୍ୟ ଧାରାର ସ୍ୱରୂପରେ ପରିବର୍ତ୍ତନ ଆଣିଥିଲା।

ଓଡ଼ିଶାରେ ମାର୍କ୍ସବାଦୀ ଚିନ୍ତାଦର୍ଶ ୧୯୩୫ ମସିହାରେ 'ନବଯୁଗ ସାହିତ୍ୟ ସଂସଦ'ର ପୃଷ୍ଠପୋଷକତାରେ ହିଁ ଉନ୍ମେଷ ଲାଭ କରିଥିଲା ଭଗବତୀ ଚରଣ

ପାଣିଗ୍ରାହୀଙ୍କ ସମ୍ପାଦନାରେ । ଏହି ନୂତନ ଚିନ୍ତା ଚେତନାକୁ ପାଥେୟ କରି ଆତ୍ମପ୍ରକାଶ କରିଥିଲା 'ଆଧୁନିକ' ପତ୍ରିକା । ଓଡ଼ିଆ ସାହିତ୍ୟରେ ଏକ ନୂତନ ଯୁଗର ପ୍ରତିଷ୍ଠା ହୋଇପାରିଥିଲା । ପ୍ରାକ୍ ସ୍ୱାଧୀନତାର ପୃଷ୍ଠଭୂମିରେ ମହାନ ପ୍ରଗତିଶୀଲ ଚିନ୍ତାନାୟକ କମ୍ରେଡ଼ ଭଗବତୀ ଚରଣ ପାଣିଗ୍ରାହୀ ପ୍ରମୁଖଙ୍କ ପ୍ରତିବଦ୍ଧତା ବଳରେ ପ୍ରଗତିବାଦୀ ଦର୍ଶନ ଓଡ଼ିଆ ଓଡ଼ିଆ କବିତା ଓ ଗଦ୍ୟରେ ରଶ୍ମିମନ୍ତ ହେଲା ।

ଶୋଷିତ–ଶ୍ରମିକ ଓ ସର୍ବହରା ଶ୍ରେଣୀର ମୁକ୍ତିସଂଗ୍ରାମ ଚେତନାଗତ ସ୍ତରରେ ପରିପୁଷ୍ଟ କରିଛି ବିଭିନ୍ନ ଦିଗରୁ ଏହି ପ୍ରଗତିବାଦୀ ଆଦର୍ଶ, ଓଡ଼ିଆ ସାହିତ୍ୟର ସ୍ୱତନ୍ତ୍ର ଅଧ୍ୟାୟଟିଏ । ସ୍ୱାଧୀନତାର ପରବର୍ତ୍ତୀ କାଳରେ ସାହିତ୍ୟର ବିଭିନ୍ନ ଦିଗକୁ ପରିବ୍ୟାପ୍ତ କରି 'ପ୍ରଗତିବାଦୀ' ଓଡ଼ିଆ ସାହିତ୍ୟର ପରିଧି ପରିବ୍ୟାପ୍ତ । କବିତା ହେଉଛି ସାହିତ୍ୟର ଏକ ସମୃଦ୍ଧ ପରିପାଟୀ ଓ ଅଳଙ୍କାର । ଉପନ୍ୟାସ ଓ ଗଳ୍ପରେ ପ୍ରଗତିବାଦର ପ୍ରଭାବ, ପ୍ରଭାବଶାଳୀ ହୋଇ ନଥିବା ସ୍ଥଳେ ସାହିତ୍ୟର ସମ୍ଭାବନା ଦୃଷ୍ଟିରୁ କବିତା ହୋଇଛି ଅଧିକ ଶକ୍ତିଶାଳୀ ଓ ସୃଜନଶୀଳ ।

ସାହିତ୍ୟରେ ପ୍ରଚାର, ପ୍ରସାର ଓ ସ୍ଲୋଗାନ ସର୍ବସ୍ୱତାକୁ ପରିହାର ପୂର୍ବକ ଉତ୍ତର ଆଧୁନିକ କାଳଖଣ୍ଡ ଭାବରେ ପ୍ରଗତିବାଦୀ ଚେତନା ହୋଇଛି ଅତି ସମ୍ୱେଦନଶୀଳ, କମନୀୟ ଓ କଳାତ୍ମକ ଏବଂ ସାମାଜିକ ଆବେଦନ ଦୃଷ୍ଟିରୁ ଅପେକ୍ଷାକୃତ ସଫଳ ।

ଜ୍ୱାଳାମୟୀ ଉତ୍ତେଜନାପୂର୍ଣ୍ଣ ସଂଗ୍ରାମ ପାଇଁ ଆହ୍ୱାନ ନ ଦେଇ ଏହା ପରିବର୍ତ୍ତନର ବାର୍ତ୍ତା ପ୍ରଚାର କରିଛି । ପ୍ରାଥମିକ ସ୍ତରରେ ମୁକ୍ତି ଓ ସ୍ୱାଧୀନତାର ସ୍ୱପ୍ନ ବିତରଣ ହୋଇଛି ଏହାର ପ୍ରମୁଖ ସ୍ୱର । ଅନ୍ୟାୟ ଶୋଷଣ ବିରୋଧରେ ବିଦ୍ରୋହର ଆଓ୍ୱାଜ ନ ଉଠାଇ ଏହା ମୃଦୁ ପ୍ରତିବାଦର ଚେତନାଟିଏ ସୃଷ୍ଟିର ପ୍ରୟାସ ହୋଇଛି । ଏହି ଦୃଷ୍ଟିକୋଣରୁ ସ୍ୱାଧୀନତା ପରବର୍ତ୍ତୀ ପ୍ରଗତିବାଦୀ ସାହିତ୍ୟକୁ ମୁଖ୍ୟତଃ ଦୁଇ ଭାଗରେ ବିଭକ୍ତ କରାଯାଇଛି । (୧) ଉଗ୍ର ପ୍ରଗତିବାଦୀ ଓ (୨) ଉଦାର ପ୍ରଗତିବାଦୀ କବିତା । ପ୍ରଚାର ସର୍ବସ୍ୱ ଓ ଶ୍ରେଣୀ ସଂଗ୍ରାମ ଉପରେ ଗୁରୁତ୍ୱ ପ୍ରଦାନ କରୁଥିବା ଗୋଷ୍ଠୀଟି ଉଗ୍ର ପ୍ରଗତିବାଦୀ ଗୋଷ୍ଠୀର ଅନ୍ତର୍ଭୁକ୍ତ ଥିବାବେଳେ ମାର୍କ୍ସବାଦୀ

ଉଦ୍‌ଗାତା କବି ଓ ଶିଳ୍ପୀ ଉଦାରପନ୍ଥୀ ଗୋଷ୍ଠୀ ରୂପେ ବିବେଚିତ ହୋଇଛନ୍ତି । କବି ଅନନ୍ତ ପଟ୍ଟନାୟକ, ମନମୋହନ ମିଶ୍ର, ରବି ସିଂ, ବ୍ରଜନାଥ ରଥ, ପ୍ରସନ୍ନ ପାଟଶାଣୀ, ବସନ୍ତ ମୁଦୁଲି, କୁମାର ହସନ, ବାସୁଦେବ ସୁନାନୀ, ଭଗବାନ ମହାପାତ୍ର, ବ୍ରିଜେନ୍ଦ୍ର ଦଉ, ବାଞ୍ଛାନିଧି ଦାସ, ବିବେକାନନ୍ଦ ନାୟକ, ଈଶ୍ୱର ଦାସ, ବିଜୟ ଉପାଧ୍ୟାୟ, ବାସୁଦେବ ଦାସ, କୃଷ୍ଣଚରଣ ବେହେରା, ମନୋଜ ଦାସ, ସଦାନନ୍ଦ ଦାସ ପ୍ରମୁଖ ଉଗ୍ର ମାର୍କ୍ସବାଦ ଶ୍ରେଣୀ ଅନ୍ତର୍ଭୁକ୍ତ ହୋଇଥିବାବେଳେ କୁଳମଣି ଜେନା, ନିରାକାର ଦାସ, ରାଜକିଶୋର ଦାସ, ପୀତାମ୍ବର ତରାଇ, ଲେନିନ୍ କୁମାର, ଦୁର୍ଗାପ୍ରସାଦ ପଣ୍ଡା, ରମେଶ ପତି, ଚକ୍ରଧର ବେହେରା, ପାଣ୍ଡବ ମାଝି, ପିନାକୀ ସିଂ, ଅଖିଳ ନାୟକ ପ୍ରମୁଖ କବିମାନଙ୍କୁ ଅନ୍ତର୍ଭୁକ୍ତ କରାଯାଇଛି ।

ବାସୁଦେବ ଦାସ ଉଗ୍ର ପ୍ରଗତିବାଦୀଧାରାର ଜଣେ ବଳିଷ୍ଠ ଓ ପ୍ରତିଷ୍ଠିତ କବି । ସମ୍ପ୍ରତି ପ୍ରଗତିବାଦୀ ଚେତନା କ୍ରମେ ଶିଥିଳତା ଆଡ଼କୁ ମୁହାଁଇଛି । ମାତ୍ର ଡକ୍ଟର ଦାସ ତାଙ୍କର ସ୍ୱାତନ୍ତ୍ର୍ୟକୁ ବଜାୟ ରଖି ସାମ୍ୟବାଦ ଚିନ୍ତା ବ୍ୟକ୍ତ କରିଚାଲିଛନ୍ତି । ଆଜି ପର୍ଯ୍ୟନ୍ତ ତାଙ୍କ ଲେଖାରେ ଖଟିଖିଆ ମେହନତି ମଣିଷର ଲହୁ ଲୁହ, ବ୍ୟଥା-ବେଦନାର ଚିତ୍ର ସ୍ପଷ୍ଟ ପ୍ରତିଭାତ ହୁଏ । ସେ କେବଳ ସାମ୍ୟବାଦୀ ଆଦର୍ଶର କଥା କହିନାହାନ୍ତି, ପରନ୍ତୁ ଦେହ-ମନ-ପ୍ରାଣ ତାଙ୍କର ବାମପନ୍ଥୀ ଚେତନାରେ ଉଦ୍‌ବୁଦ୍ଧ । ସେ ସର୍ବଦା ସର୍ବହରାଙ୍କ ଦୁଃଖ-ଶୋକରେ ସମଭାଗୀ ହୋଇ ଅବହେଳିତମାନଙ୍କୁ ନେଇ ସ୍ୱପ୍ନ ଦେଖନ୍ତି । ଯଦିଓ କବିଙ୍କର କବିତାର ପ୍ରାରମ୍ଭିକ ପର୍ଯ୍ୟାୟ ଥିଲା ଜାତୀୟତାବାଦୀ ଚିନ୍ତା ଚେତନାରେ ରସସିକ୍ତ କିନ୍ତୁ ପରବର୍ତ୍ତୀ ପର୍ଯ୍ୟାୟରେ ସେ ଲେଖନୀ ଚାଳନା କରିଛନ୍ତି ସାମ୍ୟବାଦୀ ଚିନ୍ତାଚେତନାକୁ ଆଧାର କରି ଦଳିତ, ଅବହେଳିତ ଜନତାଙ୍କ ଦୁଃଖରେ ମନପ୍ରାଣ ଏକ ଏକୀଭୂତ କରି ଆଖିରୁ ଅଶ୍ରୁ ନିଗାଡ଼ିଛନ୍ତି ଏବଂ କବିତାର ପ୍ରତି ଛତ୍ରେ ଛତ୍ରେ ଫୁଟାଇ ଚାଲିଛନ୍ତି ସର୍ବହାରାମାନଙ୍କର ଏକ ନାୟକତ୍ୱ ପ୍ରତିଷ୍ଠା ପାଇଁ ଲାଲ ସଲାମ ଓ ପ୍ରତିବାଦର ସ୍ୱର । ତାଙ୍କ ମତରେ ଆଜି ସମାଜର ବଡ଼ଦାଣ୍ଡରେ ବଢ଼ିଚାଲିଛି ବ୍ୟଭିଚାର, ଅତ୍ୟାଚାର, ଅନାଚାର, ଶୋଷଣ, କଷଣ, ଲୁଣ୍ଠନ, ନାରୀନିର୍ଯ୍ୟାତନା ।

ଏସବୁର ଧ୍ୱଂସ ପରେ ଯାଇ ତିଆରି ହେବ ଆଦର୍ଶ ଭାରତବର୍ଷ। ସମାଜର ସମ୍ଭ୍ରାନ୍ତ ଶ୍ରେଣୀର ଜନତାଙ୍କ ପାପ-ପଙ୍କର ଦୃଷ୍ଟିଭଙ୍ଗୀ ସାଆନ୍ତିଆ ଢାଞ୍ଚାରେ ସଭ୍ୟତା ଚାକଚକ୍ୟର ଆଦବ କାଇଦାକୁ ବଦଲାଇବା ପାଇଁ ସେ ସୃଷ୍ଟି କରିଛନ୍ତି ବିପ୍ଲବର ବହ୍ନି; ଆଉ ଶୁଣାଇଛନ୍ତି ସଂଗ୍ରାମର ତୂର୍ଯ୍ୟନାଦ। ଲେଖନୀ ଚାଲନା ସହିତ ସେବା ଓ ସଂସ୍କାରର ପରାକାଷ୍ଠା ତାଙ୍କୁ କରିଛି ମହାନ୍।

ସାରାବିଶ୍ୱରେ ଆଜି ଗଣତନ୍ତ୍ରର ଧ୍ୱଜା ସର୍ବତ୍ର ବିଦ୍ୟମାନ ସତ୍ତ୍ୱେ ଏଇ ପୁଞ୍ଜିପତି ରାକ୍ଷସ ସମୂଳେ ନିପାତ ହୋଇପାରିନାହିଁ। ଚାଲିଛି ପୁଞ୍ଜିପତି / କର୍ପୋରେଟ୍ ଶାସନ। ହୁ ହୁ ହୋଇ ବଢୁଥିବା କର୍ପୋରେଟ ସଂସ୍ଥାଆଡ଼େ ଶିକ୍ଷାୟନର ଶୁଭଶଙ୍ଖକ ପାଠ। କବିଙ୍କ ମତରେ ଅଶନିଶ୍ୱାସ ଆଜି ସାରା ବିଶ୍ୱ ଏଇ ରାକ୍ଷସ କବଲରେ। ତେଣୁ କବିପ୍ରାଣ କାନ୍ଦି ଉଠିଛି ଶାନ୍ତିଟିକକ ପାଇଁ ଆଉ ଜନ୍ମଭୂମି, ମାଟି, ଗ୍ରାମ, ନଗର, ଜନପଦ ସର୍ବତ୍ର ବଢ଼ି ଚାଲିଥିବା ଅଶାନ୍ତି ପାଇଁ, କ୍ଷେପଣାସ୍ତ୍ର ଘାଟି, ମାଟିର ସଂଗ୍ରାମ, କେଉଁଠି ତୋପ ତ କୋଉଠି କମାଣର ଗର୍ଜନ। ତଥାପି ମେହନତି ମଣିଷ କ'ଣ ଛାଡ଼ିଛି ତା' ମାଟିକୁ, ନା ମାଟି ମୂର୍ଛି ପାରିଚି ତାକୁ। ଭିଟାମାଟିର ଉତ୍ତୁରା ସୁଖରୁ ବଞ୍ଚିତ ଅଭାବୀ ମଣିଷର ମାଟିପାଇଁ ମୋହ, ନାହିଁ ନଥିବା ବ୍ୟାକୁଲତାକୁ ଲକ୍ଷ୍ୟକରି, କବି ତାଙ୍କର 'ନୂଆ ରକ୍ତର ଢେଉ' କବିତାରେ।

କବିଙ୍କ ବିପ୍ଲବୀ ଆତ୍ମା ସଦାସର୍ବଦା ଶୋକାୟୁତ ହୋଇଛି। ତେଣୁ ଛତ୍ରେ ଛତ୍ରେ ସେ ବିପ୍ଲବର ଗର୍ଜନ, ତର୍ଜନ, ସଂଗ୍ରାମ, ସାମ୍ୟବାଦ, ଆଉ କମ୍ୟୁନିଜମ୍‌ର ଅଗ୍ନିବର୍ଷୀ ଆହ୍ୱାନ ଦେଇ ସର୍ବହରାର ରାହା ପାଇଁ ଦଲିତ ନିଷ୍ପେସିତଙ୍କ ପ୍ରତିଷ୍ଠା ପାଇଁ। ଶ୍ରେଣୀଚେତନା, ଦ୍ୱନ୍ଦ୍ୱାତ୍ମକ ବସ୍ତୁବାଦ, ଐତିହାସିକ ଦ୍ୱନ୍ଦ୍ୱ, ସମାଜବାଦୀ ବାସ୍ତବତା ହେଉଛି ତାଙ୍କ କବିତାର ମୁଖ୍ୟ ସ୍ୱର। ତେଣୁ ପ୍ରଗତିବାଦୀ କାବ୍ୟଧାରା ସହ ନିଜର ବିପ୍ଲବାତ୍ମକ ଚିନ୍ତା ଚେତନାର ପ୍ରୟୋଗ କରି ଆଜି ପାଲଟିଯାଇଛନ୍ତି ବଳିଷ୍ଠ ସାମ୍ୟବାଦୀ ଚିନ୍ତାନାୟକ। ତେଣୁ ପ୍ରଗତିବାଦୀ କାବ୍ୟଧାରା ସହ ନିଜକୁ ସଂପୃକ୍ତ କରିଥିବା ଏ କବିଙ୍କୁ ଓଡ଼ିଆ ସାହିତ୍ୟର ଇତିହାସ ପ୍ରଦାନ କରିଛି ଏକ ସ୍ୱତନ୍ତ୍ର ସ୍ଥାନ।

ତାଙ୍କ ଦ୍ୱାରା ସମ୍ପାଦିତ 'ଅଗ୍ନିବୀଣା' ପତ୍ରିକା ସାମ୍ୟବାଦର ବିଜୟ କେତନ (୧୯୮୫-୨୦୦୫) 'ଗୁରୁଘର ପାଠ' ଗଳ୍ପରେ ରହିଛି ସାମ୍ୟବାଦୀ ସିତାରାର ଝଂକୃତ ପୂରବୀ ।

ଏହି ବିଶିଷ୍ଟ କବି ବାସୁଦେବ ଦାସଙ୍କର ଜନ୍ମ ହୁଏ ୧୯୪୭ ମସିହା ଡିସେମ୍ବର ୨୧ ତାରିଖରେ, କେନ୍ଦ୍ରାପଡ଼ା ଜିଲ୍ଲା ଅନ୍ତର୍ଗତ ନରଣପୁର ଗ୍ରାମରେ । କବିଙ୍କ ସାରସ୍ୱତ ସୃଜନ ସମ୍ଭାର ମଧ୍ୟରେ ରହିଛି – (୧) ଏ ମାଟିର ଅସୁଆ 'ଉଜ : ଧାରାବାହିକ ଜୀବନୀ, 'ସଂସାର' ୧୯୭୯, (୨) ବ୍ରହ୍ମମହ୍ଲାର କବିତା (ସଂକଳନ) ୧୯୮୫, (୩) ଜୟ ଜନନୀ, ୧୯୮୫, (୪) ପରିତର୍ପଣ, ୨୦୦୬, (୫) ଶଢ଼ର ଅଭିସାର, ୧୯୮୫, (୬) ଆଖି ଖୋଲିଲେ ଆକାଶ, ୨୦୦୮, (୭) କଳିଙ୍ଗ ସେନା (କାବ୍ୟ), ୧୯୮୬, (୮) ପୁଣ୍ୟ ମାଟିର ଦୁଃଖ କବିତା (ସଂ), ୨୦୧୬, (୯) ପ୍ରଶାନ୍ତି ପଥେ (ଭ୍ରମଣ କାବ୍ୟ), ୨୦୦୯, (୧୦) ଅନ୍ନପୂର୍ଣ୍ଣା (ପାର୍ବତୀ କାବ୍ୟର ଅବଶିଷ୍ଟାଂଶ), ୨୦୧୧, (୧୧) ସାହିତ୍ୟ ସହିତ ଆଲୋଚନା, ୧୯୮୬, (୧୨) ସମାଲୋଚନା ପ୍ରସଙ୍ଗ, ୧୯୯୬ (ଗୋକର୍ଣ୍ଣିକା), (୧୩) ଦୁଆରକୁ କିପାଁ ଭୟ (ଲଳିତ ନିବନ୍ଧ), ୨୦୦୯, (୧୪) ଅଭିଳାଷର ଅଭିମନ୍ତ୍ର, (ଲଳିତ ନିବନ୍ଧ), ୨୦୦୯, (୧୫) ମୁକ୍ତିର ମହାସୂର୍ଯ୍ୟ ନେଲସନ୍ ମାଣ୍ଡେଲା (ଜୀବନୀ), (୧୬) ବାଣିକଣ୍ଠ ନିମାଇଁ ହରିଚନ୍ଦନ (ଜୀବନ ଚରିତ), ୨୦୦୮, (୧୭) ମାଟିର ମହାଦ୍ରୁମ (ସଂଗ୍ରାମୀ ପୁରୁଷୋତ୍ତମ ନାୟକଙ୍କ ଜୀବନୀ), ୨୦୧୪, (୧୮) ପ୍ରେମ ଓ ଅଶ୍ରୁ (ଉପନ୍ୟାସ), ୨୦୧୪, (୧୯) ଗୁରୁଘର ପାଠ (ଗଳ୍ପ), ୨୦୧୭, (୨୦) ଭିଟାମାଟି (ଉପନ୍ୟାସ), ୨୦୧୦-୧୨ (ଧାରାବାହିକ 'ସହଯୋଗୀ' ପତ୍ରିକାରେ ପ୍ରକାଶିତ), (୨୧) ଅକ୍ଷର ଆହବ (ଯନ୍ତ୍ରସ୍ଥ), କବିତା, (୨୨) ଜନ୍ମମାଟିର ଗାଥା (କବିତା), (୨୩) ଭୂମା ଓ ଭୂମିକା (କବିତା), (୨୪) ନିର୍ବାଣ (କାବ୍ୟ), ୨୦୧୮, (୨୫) ଓଡ଼ିଆ ସାହିତ୍ୟରେ ପ୍ରଗତିଶୀଳ ଚେତନା, ୨୦୧୮, (୨୬) ଅନ୍ଧାରର ଆଖି, ପ୍ରକାଶିତ ଉପନ୍ୟାସ, (୨୭) ଚାଲ କୁରୁକ୍ଷେତ୍ର, ୨୦୧୧ (ଲେଖାଲେଖି), (୨୮)

Siddha Baladev of Kendrapara (Eng), (୨୯) ପ୍ରଗତିଶୀଳ ବ୍ୟାବହାରିକ ବ୍ୟାକରଣ (ଯନ୍ତ୍ରସ୍ଥ), ଗୁରୁଜୀ ବୁକ୍ ଷ୍ଟୋର୍, (୩୦) ଶୁଦ୍ଧଲିଖନ ପଦ୍ଧତି, ୨୦୨୦, (୩୧) ଶ୍ରୀ ତୁଳସୀକ୍ଷେତ୍ରର ଐତିହ୍ୟ ଓ ସଂସ୍କୃତି, ସଦର୍ଭ, (୩୨) ଜ୍ଞାନ ତପସ୍ୱୀ ଓ ଦୋଳଗୋବିନ୍ଦ ଶାସ୍ତ୍ରୀ (ଜୀବନୀ), ୨୦୨୨, (୩୩) ବହ୍ନିପଥିକ – ଆତ୍ମଚରିତ (ଶିକ୍ଷାସନ୍ଧାନ), (୩୪) Ananda Chandra Jena - A Revolution and Patriot, ୨୦୧୨, (୩୫) ତୁଳସୀକ୍ଷେତ୍ରର ସାରସ୍ୱତ ପ୍ରତିଭା (ଯନ୍ତ୍ରସ୍ଥ)।

ଏତଦ୍‍ବ୍ୟତୀତ ବହୁ ଉପାଦେୟ ସୃଷ୍ଟି ଅପ୍ରକାଶିତ ଓ ଯନ୍ତ୍ରସ୍ଥ। ତାଙ୍କର ଲେଖନୀରେ ବିପ୍ଳବର ଆଗ୍ନେୟ ଆହ୍ୱାନ। ଏବେ ସୁଦ୍ଧା ନାରୀ ରହିଛି ତାଙ୍କ କାବ୍ୟ ଚେତନାର ଜୀବନ୍ମୟ ପ୍ରବାହ, ଯାହାକୁ ପ୍ରତିହତ କରିବାକୁ ସମର୍ଥ ହୋଇପାରିନାହିଁ। ସର୍ବହରା ଶ୍ରେଣୀର ମୁକ୍ତି ସ୍ୱପ୍ନରେ ଆଜି ମଧ୍ୟ ମଗ୍ନ ହୋଇରହିଛି କାବ୍ୟପୁରୁଷଙ୍କ ସଂଗ୍ରାମୀ ଆବେଦନ। ତାଙ୍କଠାରୁ ଅନେକ କିଛି ପାଇବାର ଅପେକ୍ଷାରେ ରହିଛି ଓଡ଼ିଆ ସାହିତ୍ୟ ଓ ଇତିହାସ।

ସୂଚୀପତ୍ର

ଉପକ୍ରମଣିକା

ଶଢ଼ର ଜରାୟୁ ମଧ୍ୟରେ ଥାଏ କବିତାର ଭ୍ରୂଣ। କବିତା ତୋଳିଧରେ ସମାଜର ଯାବତୀୟ ପରିଚୟ ଓ ପରିକ୍ରମାକୁ। ଏଣୁ କବିକୁ ସମାଜ ପାଇଁ ସ୍ୱପ୍ନ ଦେଖିବାକୁ ହୁଏ ତ ସଂଗ୍ରାମ କରିବାକୁ ପଡ଼େ। ଏହି ପୃଷ୍ଠପଟରେ ବାସୁଦେବ ଦାସ ଜଣେ ସଂଗ୍ରାମୀ ଓ ପ୍ରତିବଦ୍ଧତାର କବି, ଯାହାର ବୋମା ଫୁଟେ ଓ ଫୁଲ ମଧ୍ୟ ଫୁଟେ। ଦରିଦ୍ର, ଦଲିତ, ମେହେନତି ଓ ଶୋଷିତ ମଣିଷ ନେଇ ରଣାଙ୍ଗନାରେ ଠିଆ ହୋଇଛନ୍ତି କବି ବାସୁଦେବ ଉତ୍ତର ସତୁରୀ କାଳଖଣ୍ଡରୁ। ବିପୁଳ ତାଙ୍କର ସୃଷ୍ଟି, ବ୍ୟାପକ ତାଙ୍କର ପ୍ରଭାବ ଓ ବଳିଷ୍ଠ ତାଙ୍କର ପରିଚୟ। ସ୍ଥୂଳତଃ ଜଣେ ଦରଦୀ ଓ ପ୍ରଗତିବାଦୀ ତଥା ଜୀବନବାଦୀ କବି ଭାବେ ସୁପରିଚିତ। ତାଙ୍କ ଶଢ଼ର ପାଶୁପତରେ ଆହତ ହୁଅନ୍ତି ପ୍ରତିପକ୍ଷ। ଜ୍ଞାନପୀଠ ବିଜେତା କବି ସୀତାକାନ୍ତଙ୍କ ଭାଷାରେ "ଶଢ଼ଟିଏ ଗଢ଼ାହେବ, ଏଥିପାଇଁ ଆକାଶ ହଜାରେ ରଙ୍ଗ ବଦଳାଏ, ପବନ କେତେ ବାଗରେ ଗୀତ ଗାଏ, ସମୁଦ୍ର କାନ୍ଦେ, ହସେ, ଘୁଙ୍ଗାବାଲିରେ ପିଟିହୁଏ। ସର୍ବଂସହା ବସୁନ୍ଧରା ରଥକ ପରି ରୁହିଁରହେ ଶଢ଼ଟିଏ ଗଢ଼ାହେବ, ଏଥିପାଇଁ ଶହେ ଜନ୍ମ ଶହେ ମୃତ୍ୟୁ ଲୋଡ଼ାହୁଏ।" (ନୀରବତା ଓ କବି) ଗୋଟାଏ ଶଢ଼ ପାଇଁ ମାଡ଼ପିଟ ହୋଇପାରେ, ଯୁଦ୍ଧ ବି। କାରଣ ଶଢ଼ ତୀକ୍ଷଣ ଅଶୀଠାରୁ ତୀକ୍ଷଣତର, ବୋମାଠାରୁ ମାରାତ୍ମକ। ପୋଡ଼ିଦିଏ ଚିହ୍ନ ନଥାଏ, ଜାଲିଦିଏ ପାଉଁଶ କରେନି। ମାରିଦିଏ ଯେଉଁଠି ଶିକାର ମରେନି, ପାଲଟିଯାଏ ଜୀବନ୍ତ ଶବଯାତ୍ରା। ଯେଉଁ ଅଶୀ କବିର ମସୀ, ଯେଉଁ ବୋମା କବିର ଏକମାତ୍ର ଅସ୍ତ୍ର, ସେଥିରେ କବି ଭଲପାଏ ଖେଳିବାକୁ, ମାରିବାକୁ ନୁହେଁ, ମରିବାକୁ। ବଞ୍ଚିବାର ଖୋରାକ ଯୋଗାଡ଼ି ଅନ୍ୟ ଶଢ଼ର ପାଦରେ ଶକ୍ତି ଭରେ, ରୁଲିବାକୁ ଆଗକୁ ଆଗକୁ। ସେଇ ଶଢ଼ବୋମା ଖେଳ ଖେଳୁଥିବା କବି ଡକ୍ଟର ବାସୁଦେବ ଦାସ। ଯିଏ କହନ୍ତି – "ଶଢ଼ର ବୋମାରେ ଖେଳ ଖେଳିବାର ତିରିଶ ବର୍ଷ, ତଥାପି ଲକ୍ଷ୍ୟସ୍ଥଳରେ ପହଞ୍ଚିପାରିନାହିଁ। ଦିନ ଆସିବ, ଆମମାନଙ୍କର ଆଶା, ଆକାଂକ୍ଷା ପୂର୍ଣ୍ଣ ହେବା ଆଗରୁ ହୁଏତ ଏ ଧରାବକ୍ଷରେ ନଥିବି। ମାତ୍ର ମୋର ଉତ୍ତର ପୁରୁଷ, ମୁଁ ଛାଡ଼ି ଦେଇଯାଇଥିବା ମୋ

ସଂଗ୍ରାମର ସୂତ୍ରକୁ ପୁନଶ୍ଚ କରି ଅଗ୍ରଗାମୀ ହେବେ । ସେମାନେ ଜାଣନ୍ତୁ ଦୁର୍ଗମ ମୋର ପଥ, ଦୁର୍ବାର ମୋର ସାହସ, ଦୁର୍ଭେଦ୍ୟ ମୋ ଦୁର୍ଗ । ଲଢ଼େଇରେ ମୋର ଜିତାପଟ, ଭୀରୁ କାପୁରୁଷ ପଛରେ କରନ୍ତି ଷଡ଼ଯନ୍ତ୍ର । ସେଇ ଲଜ୍ଜା ବିଜୟୀମାନଙ୍କର କପଟ ପସାର ଖେଳ ଚୁରମ୍ମାର ହୋଇଯାଇଛି । କିନ୍ତୁ ଛଳନା ଛାଡ଼ିନାହାନ୍ତି । ହାୟରେ ଧର୍ମବକ ! ତଥାକଥିତ ଧାର୍ମିକ ପ୍ରବଚନରେ ବିଷ ଝଡ଼େ ନାହିଁ । ପଦ୍ମତୋଲା ଜଣାଥିବା ମାନ୍ତ୍ରିକକୁ ସର୍ପର ଭୟ ଦେଖାଇବା ନିର୍ବୋଧତା । କବି ଏ ମୁଖବନ୍ଧରେ ଏଇମାତ୍ର କେଇଧାଡ଼ି ବ୍ୟକ୍ତକରି ପ୍ରତିପକ୍ଷମାନଙ୍କଠାରୁ ନିସ୍ତରି ଯାଇନାହାନ୍ତି ଯେ, ଧର୍ମବକମାନଙ୍କୁ କ୍ଷତବିକ୍ଷତ କରିବାକୁ ଯାଇ ସଫଳ ହୋଇଛନ୍ତି ନିଶ୍ଚୟ । ସେ ବୁଝିଛନ୍ତି ଆଜି ସବୁ ଠକାମି, ଭଣ୍ଡାମି, ସବୁ ଛଳନା । ଏଠି ସାଧାରଣ ଲୋକଟିଏ ଶ୍ରେଲାକ ଲୋକର ଛଳନାର ଶିକାର ହୁଏ, ପ୍ରଜାକୁ ରାଜାର ଶିକାର ହେବାକୁ ହୁଏ । ଜନତାକୁ ନେତାଙ୍କର । ଏଠି ମାଛ କୁହ, ଅଣ୍ଡା କୁହ, ଏପରିକି ଲଙ୍କାମରିଚ, ଆଳୁ, ପିଆଜ, ପରିବା ଯାହାବି କୁହ, ସବୁ ଆସେ ଆନ୍ଧ୍ରୁ କିମ୍ବା ବଙ୍ଗାଲାରୁ । ଓଡ଼ିଶା ଭୂଇଁ ଟାଙ୍ଗରା ହୋଇ ଆକାଶକୁ ରୁହେଁଥାଏ । ପାଣି ନଥାଏ । ଯେତେବେଳେ ବି ପାଣି ଆସେ ବନ୍ୟା ହୋଇ ସବୁ ଲୁଟିନିଏ, ଧୋଇନିଏ, ପୋଛିନିଏ । ଟାଙ୍ଗରା ପାଲଟେ ବାଲିଚର, ବନ୍ୟା । ଏକଟଙ୍କିଆ ବିପିଏଲ୍ ହେଉ କି ଅନ୍ନପୂର୍ଣ୍ଣା ରଉଳ ବଦଳରେ ଓଡ଼ିଶାବାସୀଙ୍କୁ କରିଦିଆଯାଏ ଅଳସୁଆ । ଏଠି ଭକ୍ତକୁ ଭଗବାନଙ୍କର ଛଳନାର ଶିକାର ହେବାକୁ ହୁଏ । ଆମେ ଯାହାକୁ ଜଗନ୍ନାଥଙ୍କୁ ଚଲନ୍ତି ପ୍ରତିମା ବୋଲି କହୁ, ସେମାନଙ୍କ ଛଳନାର ଶିକାର ହେଉଥିବେ ଲକ୍ଷ ଲକ୍ଷ ନିରୀହ ଈଶ୍ୱରପ୍ରେମୀ । ଡକ୍ତର ନଟବର ଶତପଥୀଙ୍କ ଭାଷାରେ "ଓଡ଼ିଆଙ୍କ ସଂସ୍କୃତି କ'ଣ ବୋଲି ପଚାରିଲେ, ପୁରୀର ପଣ୍ଡାଏ କହିଲେ 'ଜଗନ୍ନାଥ ସଂସ୍କୃତି' । କିନ୍ତୁ ଚକାଡୋଲାର ଚକାଆଖିକୁ ଚକ୍ର ଉହାଡ଼ି ପଣ୍ଡାଏ ବେତ ବାଡ଼େଇବେ ମୁଣ୍ଡରେ – ନିଜର ଓହଲି ପଡ଼ୁଥିବା ପେଟର ଦାନା ପାଇଁ । ଖଙ୍କାଳ ପେଟର ପଇସା ଓହଲା ପେଟକୁ ଯାଏ । ରାଜନୀତିରୁ ଶାସନଦଳ ପର୍ଯ୍ୟନ୍ତ ନେତାରୁ ପଣ୍ଡା ପର୍ଯ୍ୟନ୍ତ, କିରାଣିରୁ କୁଲି ଯାଏ, ବିଧାନସଭାରୁ ସଂସଦ ଯାଏ ପେଟ ଓହଲାଇ ସେବକ ହେବାର ନିଶା ।" (ଜାତି ଓ ଜାଗୃତି, ସଂ– ସୁବ୍ରତ ପୃଷ୍ଟ)

କବି ବାସୁଦେବ ଦାସଙ୍କ କବିତାଗୁଡ଼ିକ ଏଇ ଛଳନାର ଶିକାର ହେଉଥିବା ସାଧାରଣ ମଣିଷଙ୍କ କଥା କହିବା ସହିତ ଅତ୍ୟାଚାରୀ ମଣିଷମାନଙ୍କ ବିରୋଧରେ ସ୍ୱର ଉତ୍ତୋଳନ କରିବାର ସର୍ବଶେଷତମ ଚେଷ୍ଟା ଭରିଦେବାକୁ ଆତୁର । କବିଙ୍କର କବିତା ସଂକଳନ 'ପରିତର୍ପଣ', 'ଆଖ୍ ଖୋଲିଲେ ଆକାଶ' ଓ 'ରଲ କୁରୁକ୍ଷେତ୍ର'ରେ ପ୍ରାୟତଃ କବିତା ଏଇ ଆଦର୍ଶର ଇସ୍ତାହାର । କାରଣ କବି ଅନୁଭବ କରିଛନ୍ତି ଯେ, ସମାଜକୁ ବଦଳାଇବାରେ ସାହିତ୍ୟ ଯେଉଁ ଭୂମିକା ଗ୍ରହଣ କରିପାରେ ତାହା ଆଉ କୌଣସି ମାଧ୍ୟମରେ ପୂରଣ ଅସମ୍ଭବ । ମାର୍କ୍ସଙ୍କ ଅନୁସାରେ ସାହିତ୍ୟ ସାମାଜିକ ସ୍ଥିତାବସ୍ଥାର ଯଥାର୍ଥ ଚିତ୍ର ହେଲେ ମଧ୍ୟ ପ୍ରଚଳିତ ପଚମାନ ସମାଜର ପ୍ରତିକୃତି ପରିବର୍ତ୍ତନ ପାଇଁ ସାହିତ୍ୟରେ ଥାଏ ପ୍ରବଳ ପରାକ୍ରମତା, ଶକ୍ତି । ସାହିତ୍ୟ ସୃଷ୍ଟି କରିପାରେ ସାମାଜିକ ବିପ୍ଳବ । ଯେଉଁଥିପାଇଁ କବିର 'ପରିତର୍ପଣ' ସାଧାରଣ ପରିତର୍ପଣରୁ ପରିବର୍ତିତ । ସେ ଝଡ଼ର ଦରିଆ ଡାକରେ ବତାସ ପରି ମାଡ଼ିଆସେ କୌଣସି ଭୌଗୋଳିକ ମାଟି ନୁହେଁ, ଜୀବନର ସ୍ୱର୍ଗଦ୍ୱାରେ ଶୋଷଣ ଓ ଦୁର୍ନୀତି ଜଳେଇ ଦେବାକୁ ସେ ପହଞ୍ଚିଯାଏ ସମର ଘାଟିରେ । କବିଙ୍କ ଭାଷାରେ —

"ଝଡ଼ର ଦରିଆ ଡାକେ / କବି ଆସେ

ଶିରଣାସ୍ତ୍ର ପିନ୍ଧି / ଭୌଗୋଳିକ ମାଟି ନୁହେଁ

କବିର ସଦର ସମର ଘାଟି / ଜୀବନର ସ୍ୱର୍ଗଦ୍ୱାରେ

ଜାଳିବାକୁ ଶୋଷଣ ଦୁର୍ନୀତି ।"

କବିଙ୍କ ପାଇଁ କେହି ପାପୀ ନୁହେଁ, ଭକ୍ତ ନୁହଁ, ପତିତ ନୁହଁ, ନୁହଁ ବି ଶ୍ରେଷ୍ଠ । ଶୂନ୍ୟ ମନ ନେଇ ଯିଏ ଥରେ ମେଘନାଦ ପାଚେରୀ ଭିତରେ ପଶିଛି ସିଏ ହିଁ ଏକମାତ୍ର ଜଗନ୍ନାଥ ଭକ୍ତ । କବିଙ୍କ ପାଖରେ ଜଗନ୍ନାଥ ବଡ଼ ନୁହନ୍ତି, ବଡ଼ ନୁହେଁ ବଡ଼ଦାଣ୍ଡ କିମ୍ବା ବଡ଼ଦେଉଳ । ସେ ହିଁ ବଡ଼, ଯିଏ ରୂପରେ ଦାରୁ ହେଲେ ବି ତା'ଭିତରେ ବ୍ରହ୍ମର ଅସ୍ତିତ୍ୱ । କବି ସେହିଠାରେ ପରିତର୍ପଣ କରେ, ଯେଉଁଠି ରାଜା ରାଜା ନୁହେଁ ଗୋଟିଏ ଝାଡ଼ୁଦାର । ଯେଉଁଠି ଉଚ୍ଚନୀଚ, ସାନବଡ଼, ଜାତି ଅଜାତିର ସମ୍ପର୍କ ନାହିଁ । ସମସ୍ତଙ୍କର ଧର୍ମ ମାନବିକତାର ଧର୍ମ । ହେଲେ କବି ନିରାଶ, କାରଣ ଆଜିର ଭାରତୀୟ ଅତୀତର ଭାରତୀୟ ନୁହଁ । ସିଏ ଆଜି ଭୀରୁ, ପରଶ୍ରୀକାତର ।

ଲଙ୍ଗିଲା 'କୀଚର ସ୍ୱପ୍ନ, ନେତାଜୀଙ୍କ ରକ୍ତଭିଜା ରାଜଧାନୀ ଆଜି ଅତୀତ । ଅତ୍ୟାଚ୍ଚରୀ 'ରିଙ୍ଗୀ କବଳରୁ ମୁକ୍ତିଲାଭ କରିଥିବା ଗୋଟିଏ ବିଶାଳ ଗଣତନ୍ତ୍ର ଆଜି ବ୍ୟୁରୋକ୍ରାଟମାନଙ୍କ ଦ୍ୱାରା ନିର୍ଯ୍ୟାତିତ —

> "ଦାରିଦ୍ର୍ୟର ଟେବୁଲ ଉପରେ
>
> ପୁଞ୍ଜିବାଦର ଧାରୁଆ ଛୁରିରେ
>
> ଭାରତର ଗଣତନ୍ତ୍ର ବକ୍ଷ
>
> ଅପରେସନ୍ ହେଉଛି
>
> ମାର୍କିନ୍ ଡାକ୍ତର ହାତରେ
>
> ସାମ୍ୟବାଦ ଜୀବନ୍ୟାସ ପାଇଁ ।"

ଏଠି ଶ୍ରମିକମାନଙ୍କ ରକ୍ତରେ ହୋରିଖେଲ ହୁଏ । ସେମାନଙ୍କ ହାଡ଼ମାଂସକୁ ଇଟା ସିମେଣ୍ଟରେ ଗୋଲେଇ ତିଆରି କରାଯାଏ ମହଲା ପରେ ମହଲା, ନଭଷ୍ପୁର୍ଶୀ ପ୍ରସାଦ । ପ୍ରତିବଦଳରେ ସେମାନଙ୍କୁ ଭୋକିଲା ପେଟର ଯନ୍ତ୍ରଣାକୁ ଉପସମ ପାଇଁ ପଟେ ରୁଟି ବଦଳରେ ବଢ଼େଇ ଦିଆଯାଏ ସ୍ଲିପିଙ୍ଗ୍ ପିଲ୍ । ତାକୁ ବୁଝେଇ ଦିଆଯାଏ ପଖାଳ ତୋରାଣି ଫେଣ୍ଟି / ଜୀବନ ହୋଇଛି ଘାଣ୍ଟି / ଲୁହ ଲୁହ ଖାଲି ବାଣ୍ଟି / ଓଦା କରି ନିଜ ତଣ୍ଟି / ଖଟିଖିଆ ଭାଇ ଖଟିଖିଆ / ତୋର ସମ୍ପତ୍ତି ହୋଇଛି ଲେଉଟିଆ । (ଖଟିଖିଆ, ସଂ-ପରିତର୍ପଣ)

ପ୍ରତିବାଦ କଲେ ପ୍ରତିଶ୍ରୁତି ପ୍ରତିବଦଳରେ ମିଳେ ପ୍ରତିରୋଧ । ଅନ୍ୟାୟର ବିରୋଧ କଲେ ମିଳେ ଅକଥନୀୟ ଅତ୍ୟାଚ୍ଚର । ରାଜରାସ୍ତା ଭିଜିଯାଏ ରକ୍ତରେ, ରାଜଧାନୀ ହୋଇଯାଏ ରକ୍ତରଞ୍ଜିତ । କେହି ଶୁଣେନି ମୁକ୍ତି ମାଗୁଥିବା ଯୁକ୍ତି, ବରଂ ଗଣତନ୍ତ୍ରୀ ସଂଜ୍ଞା ବଦଳିଯାଏ । ମନ୍ତ୍ରୀ ଆଉ ଶାସନକଳର ମିଳିତ ଇସାରାରେ ନ୍ୟାୟ୍ୟ ଦାବି କରୁଥିବା ସଂଗ୍ରାମୀମାନଙ୍କ ଉପରେ ହୁଏ ନିଷ୍ଠୁର ପ୍ରହାର । କବିଙ୍କ ଭାଷାରେ —

> "ରାଜ ରାସ୍ତାରେ ରକ୍ତ କରବୀ
>
> ଉଠିଚି ଫୁଟି / ପୁଲିସ୍ ପିଟିଛି ଶିକ୍ଷକ ପିଠିରେ
>
> ନିଷ୍ଠୁର ଲାଠି ।" (ରକ୍ତ କରବୀ ଉଠିଛି ଫୁଟି, ପୃ.୩୮)

ରକ୍ଷୀର ତ କପାଳ ଫଟା । ମରୁଡ଼ି ଏବଂ ବନ୍ୟାର କୁଠାରାଘାତଠାରୁ
ଅଧିକ ଆଘାତ ଦିଏ ସରକାରଙ୍କ ମିଜାଇଲ୍ ଜେଟ୍ କିଣା ସମ୍ବାଦ । ଯେଉଁ ସମ୍ବାଦ
ପାଖରେ ଶ୍ରୀହୀନ ଦିଶୁଥାଏ ରକ୍ଷୀ ଆମ୍ଭହତ୍ୟାର କରୁଣ କାହାଣୀ । କାରଣ :

"ଅପରେସନ୍ ଭାରତବର୍ଷ / ନିତ୍ୟାନ୍ତ ଜରୋରୀ

ଆମେରିକାନ୍ ଶିକ୍ଷାର କୋଳରେ / ଗଣତନ୍ତ୍ର ସମୃଦ୍ଧ ହେବ

ଜୋତା ପାଲିସ୍ କରି ।"

କାରଣ ଗଣତନ୍ତ୍ରର ବାହକ ସାଜିଥିବା ଦଳେ ମଣିଷ ଏଠି ବାଘଠାରୁ କମ୍
ହିଂସ୍ର ନୁହଁ । ଏମାନେ ମଲାଲୋକର ତର୍ଷିକଣା କରି ଚଁ ଚଁ କରି ରକ୍ତ ପିଇଯାଆନ୍ତି
ବିନା ଦ୍ୱିଧାରେ । ହାଡ଼ସନ୍ଧିର ମାଂସ ଖାଇଯାଆନ୍ତି ଦାନ୍ତେଇ ଆଷ୍ଟୁମାଡ଼ି । ତଥାପି
ଆମେ ବୁଝିପାରିନା ସେମାନଙ୍କୁ କ୍ଷମା କରୁ, ସମ୍ମାନ ଦେଇ, ଫୁଲମାଳ ବି ଦେଉ ।
କବିଙ୍କ ଭାଷାରେ —

"ସେମାନଙ୍କୁ ସିଂହାସନ ଦେଲୁ

କ୍ଷମତା ଦେଲୁ, ଫୁଲମାଳ ଦେଲୁ

ସେମାନେ ଆଗପରି ଆମରି ଖପୁରୀ ତାଡ଼ିଲେ ।"

ଷାଠିଏ ବର୍ଷର ସ୍ୱାଧୀନତା ପରେ ବି ଆମେ କେତେ ପରିମାଣରେ ସ୍ୱାଧୀନ
ଆଉ କାହାକୁ ନୁହଁ, ନିଜକୁ ନିଜେ ପ୍ରଶ୍ନ କଲେ ଉତ୍ତର ମିଳିଯାଏ । କେବଳ ଦାରିଦ୍ର୍ୟ
ନିବାରଣ ପାଇଁ ଏଠି ଯୋଜନା ପରେ ଯୋଜନା ହୁଏ । ନାରୀମାନଙ୍କ ଉନ୍ନତି ପାଇଁ
ପଞ୍ଚବାର୍ଷିକ ଯୋଜନାରେ ଅର୍ଥ ବ୍ୟବସ୍ଥା କରାଯାଏ । ଶିଶୁ ଅନାହାର ମୃତ୍ୟୁ ରୋକିବା
ପାଇଁ ପ୍ରତିବର୍ଷ ଆର୍ଥିକ ବଜେଟରେ ଖର୍ଚ୍ଚ ହୁଏ କୋଟି କୋଟି ଟଙ୍କା । ତଥାପି ଏଠି
ଦାରିଦ୍ର୍ୟର ହାର ଆଶାନୁରୂପେ କମେନାହିଁ, ଯୌତୁକ ପାଇଁ ବଧୂହତ୍ୟା ହୁଏ,
ନାରୀମାନଙ୍କୁ ଯୌନ ନିର୍ଯ୍ୟାତନା ଦେଇ ସସ୍ପେଣ୍ଡ ହୁଅନ୍ତି କେତେ ଉଚ୍ଚପଦସ୍ଥ
ଅଧିକାରୀ । ଶିଶୁଟିକୁ ଖାଇବାକୁ ଦେଇ ନପାରି ମାଆଟିଏ ଶିଶୁବିକ୍ରି କରେ ନିଜ
ଇଚ୍ଛାରେ । କବିଙ୍କ ଭାଷାରେ —

"ସ୍ୱାଧୀନ ଭାରତେ ଓଡ଼ିଶା ମୁଲକେ / ବ୍ରିଟିଶ୍ ଶାସନ ଆଜି

ଶାସନ ନାମରେ ଶୋଷଣର ଏକ / ନୂଆ କଉଶଲ ଉଠରେ ଗର୍ଜି ।

ମହାନଦୀ ଦେଖ ଲୁହରେ ଫୁଲିଛି / ଦୟାନଦୀରେ ଭାସୁଛି ହାଡ଼

ଚିଲିକାରେ ରକ୍ତ ଧମନୀ / ସ୍ପନ୍ଦନେ ହୁଏ ଉଠ୍ ପଡ଼ ।"

ଯେତେବେଳେ ମଣିଷ ଜଙ୍ଗଲରେ ଉଲଗ୍ନ ହୋଇ ବୁଲୁଥିଲା, ସଭ୍ୟତା ସଂସ୍କୃତି କ'ଣ ଜାଣିନଥିଲା, ସେତେବେଳେ ତା'ର ଶତ୍ରୁ ଥିଲା ଜଙ୍ଗଲୀ ହିଂସ୍ରଜନ୍ତୁ; ଯେଉଁମାନଙ୍କଠାରୁ ରକ୍ଷା ପାଇବା ପାଇଁ ସେ ନୂତନ ପ୍ରସ୍ତର ଯୁଗରେ ପରିବାର ଗଠନ କଲା । କାଂସ୍ୟ ଯୁଗରେ ବସତି କରି ମିଳିତ ଭାବରେ ରହିଲା । ଏକବିଂଶ ଶତାବ୍ଦୀର ମଣିଷ ସେଦିନର ମଣିଷଠାରୁ ଅନେକ ଆଗରେ । ଅନେକ ଉନ୍ନତିର ପାହାଚ ଡେଇଁ ସେ ଉନ୍ନତିର ଚରମ ସୀମାରେ ଉପନୀତ । କେବଳ ଅବନତି ଗୋଟାଏ କ୍ଷେତ୍ରରେ... ଆଜି ତା'ର ବାଘ, ସିଂହଙ୍କୁ ଭୟ ନାହିଁ କିମ୍ଵା ଭୟ ନାହିଁ ସିନ୍ଧୁ ଓ ଗଙ୍ଗାନଦୀର ବନ୍ୟାକୁ । ଭୟ ତା'ର ମଣିଷକୁ, କାରଣ –

"ମଣିଷ ମାରୁଛି, ମଣିଷ ମରୁଛି / ମଣିଷ ଗଢୁଛି ମଣିଷ ଭାଙ୍ଗୁଛି

ମଣିଷ ବିକୁଛି ପିଲା / ମଣିଷ କିଣୁଛି ମଣିଷ ପାଖରୁ

ଭାତ ଲୁଗା ଲାଗି ପାଲା ।"

ଏହିସବୁ ଘଟଣାମାନ କବିଙ୍କ ଆଖିରୁ ହଜେଇ ଦେଇଛି ନିଦ । ଆଖିର ଉପକୂଳରେ ନିଦର ଲହଡ଼ି ଛୁଇଁଥିଲେ ବି ଆଖିରେ ନାହିଁ ଅଳସ ତନ୍ଦ୍ରାରୁ ଟିକେହେଲେ । ଆକାଶର ନିସ୍ତବ୍ଧତା ସାଙ୍ଗକୁ ଆମ୍ୱ ନଡ଼ିଆ ଏବଂ ବଉଳ ଗଛରୁ ଟପ୍ ଟପ୍ ପଡୁଥିବା ଜହ୍ନ ଏବଂ ତାରାଙ୍କର ଲୁହଟୋପା ତାଙ୍କ ଆଖିରୁ ଝେରାଇ ନେଇଛି ନିଦ । ମହାଭାରତର ଦୁଃଶାସନ ପାଞ୍ଚାଳିକୁ ବିବସ୍ତ୍ର କଲାପରି ମହାବାତ୍ୟାର ଅତ୍ୟାଚାରରେ ସର୍ବହରା ଘରମାନଙ୍କର ହାଡ଼ଭର୍ତ୍ତି ଖାଁ ଖାଁ ଚେହେରା ରାତିର ନିରବତାକୁ ବ୍ୟସ୍ତ କରୁଥିବା ନଡ଼ିଆ ଗଛରେ ବାଜୁଥିବା ଅଣ୍ଡିର ଯକ୍ଷରାଜ ଏବଂ ତାଲଗଛର ଭାଷଣରେ ଶୁଭୁଥାଏ ବିଦ୍ରୋହର ସ୍ୱର । ଏଠି କବିଙ୍କର ସ୍ୱଗତୋକ୍ତି ସେ ଏକୁଟିଆ ଅନିଦ୍ରା ନୁହନ୍ତି କିମ୍ବା ନିଦ୍ରାହୀନତା ପାଇଁ ଦୁଃଖୀ ନୁହନ୍ତି । ତାଙ୍କ ଚାରିପାଖରେ ହୁଁ ହୁଁ ସଂଗୀତର ରାଗିଣୀ ତୋଳୁଥିବା ଝିଙ୍କାରୀ ମଧ ରାଗହୀନ, ଛନ୍ଦହରା । ରାତ୍ରିର ନୀରବ ପ୍ରହରରେ ଗଜଲ ତୋଳୁଥିବା ଭିକାରିର ଗୀତ ଆଜି ଶିବରଞ୍ଜନ ରାଗରେ ବନ୍ଦୀ । ପ୍ରସୂତିର କଷ୍ଟ ଭୋଗୁଥିବା ସକାଳର ବେଦନା କବିଙ୍କୁ କରୁଛି ବ୍ୟଥିତ । କବିଙ୍କ ଆପଣାର

ଗାଁ ଯେତେବେଳେ ଗୋଟିଏ ସାଲାଇନ୍ ଦିଆ ରୋଗୀ ପରି ଶୋଇରହେ, ସେତେବେଳେ କବି ଆଖିରୁ ନିଦ ହଜିବାଟା ତ ସ୍ୱାଭାବିକ। ସେଥିପାଇଁ କବି ଅନ୍ୟମନସ୍କ ନୁହେଁ, ବରଂ ଏଇ ଦୁଃଖରେ ଶାନ୍ତିର ସ୍ୱର୍ଶ। ନିଦ ଆସିଲେ ସ୍ୱପ୍ନ ଆସେ। ସ୍ୱପ୍ନ ସବୁ ଅଭିଶପ୍ତ ହେଲେ ତାକୁ ବାସ୍ତବତାର ରୂପାନ୍ତରୀକରଣ କରିବା କି ସଉକ —

“କି ସ୍ୱପ୍ନ ଦେଖନ୍ତା ସିଏ

ରିଲିଫ୍ ସବୁ ମାରି ଖାଇଗଲେ

କି ସ୍ୱପ୍ନ ଦେଖନ୍ତା ଭଲା

ହୁଅକୋ ଲୋନ୍ ବାଟବଣା ହେଲେ।”

ଯଚୀନ୍ଦ୍ର ରାଉତଙ୍କ ଭାଷାରେ —”ସ୍ୱପ୍ନ ଦେଖିବାର ଇଚ୍ଛା ଥିଲେ ବି ଭୟ ସ୍ୱପ୍ନ ଦେଖିଲେ ସିଂହ ପାଟିରେ ଶଶା ପଶିବାର ଭୟ। ଭୋକିଲାର ଭାତକଂସା ନ ପୂରିବାର ଭୟ। ରୂପଶ୍ରୀର ସଂସାର ନ ହସିବାର ଯନ୍ତ୍ରଣା। ଯେତେ ସ୍ୱପ୍ନ ଦେଖିଲେ ବି ଗୋପା ଗୌତମଙ୍କୁ କପିଲାବାସ୍ତୁର ରାଜା ରୂପେ ସଜାଇପାରିବନି। କବି ବାସୁଦେବଙ୍କ ଦୃଷ୍ଟିରେ ସମସ୍ତେ ଆଜି ପରିବର୍ତ୍ତିତ। ପରିବର୍ତ୍ତିତ ସେବା ଆଉ ସେବକର ସଂଖ୍ୟା। ପରିବର୍ତ୍ତିତ ଧର୍ମ ଆଉ ଧର୍ମୀୟ ବିଶ୍ୱାସ। ଠିକ୍ ଭୁଲକୁ ରୂପାନ୍ତରିତ ହେଉଥିବା ବେଳେ, ଧର୍ମର ସିଂହାସନରେ ଅଧର୍ମର ରାଜତ୍ୱ —

“ସନ୍ତ୍ରାସ ଯେ ପଢ଼େ ମହାମନ୍ତ୍ର / ସେ ଆଜି ଧର୍ମଗୁରୁ

ଧର୍ମଯୁଦ୍ଧର ଆହ୍ୱାନ ଦିଏ / ଲାଡ଼େନ୍ ଏ ପୃଥିବୀରୁ।”

ଅଧୁନା ପରିସ୍ଥିତିରେ ଧର୍ମର ଅବସ୍ଥା ଦେଖି କବି ବାସୁଦେବ ଦାସ ମଧ ସେଆଡ଼େ ମୁହଁ ଫେରାଇ ଆଣିଛନ୍ତି। ମନ୍ଦିର, ମସ୍‌ଜିଦ୍‌କୁ ନେଇ ଘଟିଥିବା ଦଙ୍ଗା, ହିନ୍ଦୁରୁ ଖ୍ରୀଷ୍ଟିଆନ୍ ଧର୍ମାନ୍ତରୀକରଣକୁ ନେଇ ଘଟିଥିବା ଦଙ୍ଗା ହଙ୍ଗାମା। ବସ୍‌ରେ ଧର୍ମଯାଜକ ପୋଡ଼ିଥାରୁ ଆରମ୍ଭ କରି ଅପରାଧୀକୁ ଫାଶୀ ଆଦେଶ ହେଲା ପରେ ବି ଫାଶୀ ନ ହେବା ଘଟଣା ସବୁକିଛି କବିଙ୍କୁ କରିଛି ବ୍ୟଥିତ। ଯେଉଁଥିପାଇଁ ସେ କହିଛନ୍ତି —

"ମନ୍ଦିର କାହିଁ ଯିବିରେ / ମସ୍‌ଜିଦ୍‌ କାହିଁ ଯିବିରେ

ଗୀର୍ଜା ଚର୍ଚ୍ଚରେ ଏକା ହଲାହଲ / କାହିଁ ପିଇବିରେ ।"

ସବୁଟି ଏକପ୍ରକାର କାର୍ଯ୍ୟ । ମନ୍ଦିର ନାଁରେ ରୁଦ୍ରା ଆଦାୟ, ଧର୍ମ ନାଁରେ ଭୋଜିଭାତ, ପୂଜା ପଦ୍ଧତି ନାଁରେ ଶୋଷଣ ଆଦି ଘଟଣା । ପୂଜକ ଦ୍ୱାରା ଭକ୍ତଙ୍କୁ ଅସଦାଚରଣ । ଭକ୍ତର ପରିଚୟ ଭକ୍ତିରୁ ନୁହେଁ, ଅର୍ଥଦାନରୁ ଶକ୍ତିରୁ ଗଣାଯାଏ —

"ଯିଏ ଯେତେ ମୋଟା ରାଶିର ରୁଦ୍ରା / ହୁଣ୍ଡିକୁ ଦେଇପାର

ସିଏ ସେତେବଡ଼ ଭକ୍ତ / ମନ୍ଦିର ଆଶ୍ରମରେ

ଭକ୍ତ ନାଁରେ ସଇତାନ / ଦଲ ଝୁଟି

ମଣିଷର ନମ୍ର / କୋମଲ ହୃଦୟ ଲୁଟି ।"

ତଥାପି ଏ ମଣିଷ ଅବୁଝ । ଶୋଷଣ ହେଲାପରେ ବି କିଛି ଜାଣୁନି କିଛି ବୁଝୁନି, କିଛି ଶିଖୁନି । ଯେମିତି ଅସଜଡ଼ାକୁ ସେମିତି । ସଜାଡ଼ିବା କିମ୍ବ । ସଜାଡ଼ି ହେବାର ସ୍ପୃହା ଅବଲୁପ୍ତ ତା'ମାନସପଟରୁ । ଅଙ୍କ ପରେ ଅଙ୍କ ଦୃଶ୍ୟ ପରେ ଦୃଶ୍ୟ ବଦଲି ଚାଲିଥିଲେ ବି ଗ୍ରୀକ୍‌ର ଟ୍ରାଜେଡି ନାଟକ ପରି ସେ ଅସଜଡ଼ା । ବିଶେଷତଃ କବି କେନ୍ଦ୍ରାପଡ଼ା ବାସିନ୍ଦା ହୋଇଥିବାରୁ କେରେଡ଼ାଗଡ଼ ଜଗନ୍ନାଥ ମନ୍ଦିରରେ ହରିଜନମାନଙ୍କ ପ୍ରବେଶ ନେଇ ଚାଲିଥିବା ସାନବଡ଼ ଜାତିନୀତି ଭେଦଭାବ ତାଙ୍କୁ ଖୁବ୍‌ ପ୍ରଭାବିତ କରିଥିବ — ଏ କଥା ତାଙ୍କର କେତେକ କବିତାରୁ ବେଶ୍ ଅନୁମେୟ । କିଛି ଲୋକଙ୍କ ଚକ୍ରବ୍ୟୁହ ଭିତରେ ଦେଶ ଜାତି ଆଜି ମୃତ୍ୟୁର ଦ୍ୱାରଦେଶରେ ଠିଆ ହୋଇଥିବା ବେଲେ ଏମାନଙ୍କ ଭାବପ୍ରବଣତା ପାଗଲାମିର ଚରମ ସୀମାରେ ଉପନୀତ —

"କାହାର ମନ୍ଦିର ଲୋଡ଼ା / କହାର ମସ୍‌ଜିଦ୍‌

କେଉଁଠି ରଥ ଅବା ଯଜ୍ଞ / ଏସବୁ ମଣିଷ ପାଇଁ ତ ।"

ଧର୍ମର ମନ ଖାଇ ନିଶାଗ୍ରସ୍ତ ମଣିଷକୁ କବିଙ୍କର ଆହ୍ୱାନ ଈଶ୍ୱର ଏକ, ଯିଏ ଆଲ୍ଲା ସିଏ ଯୀଶୁ, ସିଏ ହିଁ ରାମ । ଯେଉଁ କଥା ଗୀତା କହେ, ସେ କଥା କୋରାନ୍‌ କହେ, ସେଇକଥା ହିଁ ବାଇବେଲର କଥାବସ୍ତୁ । ତମେ ତାକୁ ଅଲଗା ବୋଲି ଭାବି

ଈଶ୍ୱରଙ୍କୁ ଭାଗ ଭାଗ କରନାହିଁ । ସେ ଅବିନଶ୍ୱର, ମିଛ ଭାଗବଣ୍ଟା ନାଁରେ ତମେମାନେ ଭାଗବଣ୍ଟା କରନାହିଁ ରକ୍ତକୁ । ବରଂ —

"ପ୍ରତ୍ୟେକ ଘରକୁ / ସଜେଇ ଦିଅ /ମନ୍ଦିର ମସ୍ଜିଦ୍

ଟଳିଯାଉ ଜିଦ୍‌ଖୋର / ଲାଲକିଲ୍ଲା / ଜଳାଇ ଅନ୍ତର ଦୀପାଳି

ସତକଥା କହିଦିଅ / ଯାହା ଦିନେ କହିଥିଲେ / ଯୀଶୁ, ବୁଦ୍ଧ, ଗାନ୍ଧୀ ।"

ଆମ ସମସ୍ତଙ୍କର ରକ୍ତ ଗୋଟିଏ । ରଥ ଶପଥ ଗୋଟିଏ । ଏକକୁ ଏକରେ ଭାଗ କଲେ ଏକ, ତେଣୁ ଏକା ରଙ୍ଗର ରକ୍ତ । ରଥଶପଥ ଏଗୁଡ଼ିକ ଅବିଭକ୍ତ । ଆମେ ସମସ୍ତେ ଅବିଭକ୍ତ । ଯେଉଁଥି ପାଇଁ କବି ଆଶାବାଦୀ ଦିନେ ଏ ସମାଜ ବଦଳିଯିବ । ବଦଳିଯିବ ଏ ପଚମାନ ସଭ୍ୟତାର ମାନଚିତ୍ର । ଫେରିଆସିବ ଅତୀତ, ଅତୀତର ସୁଖଶାନ୍ତି । ଆଜି ସମାଜକୁ ଅନ୍ଧାର କରିଥିବା ଅମାରାତି ଦିନେ ନିଶ୍ଚୟ ହଟିଯିବ । କାରଣ ସେ ଠିକ୍ ଦେଖିପାରିଛନ୍ତି ମଙ୍ଗଳମୟ ପ୍ରଭାତର ସୁନେଲୀ କିରଣ ।

"ପୂର୍ବ ପ୍ରାଚୀର ଲଙ୍ଘି ଆସଇ / ସ୍ତନନ୍ଧୟ ଶିଶୁ ସୂର୍ଯ୍ୟ

କେଉଁ ଅନ୍ଧାର / ଅବା ପ୍ରତିବନ୍ଧ / ପଥ ରୋକେ ତା'ର

ବାଜିଲେ ଆଲୋକ ତୂର୍ଯ୍ୟ ।"

ଜୁଆର ଯେମିତି କାହାକୁ ଖାତିର ନକରି ବନ୍ଧବାଡ଼ ଭାଙ୍ଗିଦେଇ ଆଗକୁ ମାଡ଼ିଆସେ, ସମସ୍ତ ବାଧାବନ୍ଧନକୁ ମାଟିରେ ମିଶାଇ ଦିଏ, ଠିକ୍ ସେମିତି ସେ ନୂତନ ସୂର୍ଯ୍ୟର ଆଲୋକରେ ସମସ୍ତ ଅନ୍ୟାୟ ଅନୀତି ଟାଉଟରୀ ଜଳିପୋଡ଼ି ପାଉଁଶ ହୋଇଯିବ । ରକ୍ତାସ୍ୱରୀ ପ୍ରଭାତ କୋଳରେ ଆକାଶକୁ ରକ୍ତାକ୍ତ କରି ଜନ୍ମ ନେଇଥିବା ନୂତନ ସୂର୍ଯ୍ୟର ଉଭାପରେ ଜଳିଯିବ ସମସ୍ତ ଶୋଷଣ । ଏକ ନୂତନ ଶତାବ୍ଦୀର ସ୍ୱାଗତ ସମ୍ଭାଷଣରେ ହରିଯିବ ଜର୍ଜରିତ ଜୀବନମାନଙ୍କର ହତାଶପଣ । ଥିବ ଖାଲି ପ୍ରେମ ଆଉ ଭଲପାଇବା, ନ ଥିବ ବେଦନାର ଇସ୍ତାହାର । ସେଇ କାଳଖଣ୍ଡର ମଣିଷ ହୃଦୟରେ ରହିବନି ପଶୁତ୍ୱର ନୀଚ ଅହଂକାର, କ୍ଷମତା ପାପର ସ୍ୱାକ୍ଷର । ଏକ ମୁକ୍ତ ଗଣତନ୍ତ୍ରର ପ୍ରତିଷ୍ଠା ହେବା ସହିତ ପୁଞ୍ଜିବାଦର ସମାଧି ଉପରେ ପ୍ରତିଷ୍ଠିତ ହେବ ଏକ ଶୋଷଣମୁକ୍ତ ସମାଜବାଦର ମନୁମେଣ୍ଟ ।

ବିଂଶ ଶତାବ୍ଦୀ ଦେଇଥିବା ସ୍ୱାଧୀନତାକୁ ସଫଳ କରିବାକୁ ଏକବିଂଶ ଶତାବ୍ଦୀ ଦେବ ମହାମାନବତା ।

କେହି ଜଣେ କହିଥିଲେ, “କବିତା କିସ୍‌କୋ ମାର୍‌ ନେହିଁ ସକ୍‌ତି, ସିବା ଅପନାର ରଚୟିତାକୋ ।” ବାସୁଦେବ ଦାସଙ୍କ ଦୁଇ କବିତା ସଂକଳନ ‘ପରିତର୍ପଣ’ ଏବଂ ‘ଆଖି ଖୋଲିଲେ ଆକାଶ’ର କବିତାଗୁଡ଼ିକ ଦେଖିଲେ ଠିକ୍‌ ଅନୁଭବ କରିହୁଏ ଯେ, ଅଧୁନା ସମୟ ଓ ସାମାଜିକ ବ୍ୟବସ୍ଥାରେ କବି କ୍ଲବ୍‌ ପରାହତ, ମର୍ମାହତ । ଯେଉଁ କ୍ଷତର ଟୋପା ଟୋପା ରକ୍ତବିନ୍ଦୁ ତାଙ୍କ ପ୍ରତିଟି କବିତାର ଶଘମାନ ।

ସ୍ୱାଧୀନତା ପରବର୍ତ୍ତୀ ଓଡ଼ିଆ ପ୍ରଗତିବାଦୀ କାବ୍ୟଧାରା ଓ କବି ବାସୁଦେବ ଦାସ

(କ) ସ୍ୱାଧୀନତା ପରବର୍ତ୍ତୀ ଓଡ଼ିଆ ପ୍ରଗତିବାଦୀ କବିତାର ବୈଶିଷ୍ଟ୍ୟ

୧.୧ ପ୍ରଗତିବାଦୀ କବିତାର ପୃଷ୍ଠଭୂମି

୧.୨ ପ୍ରଗତିବାଦୀ ସାହିତ୍ୟର ସଂଜ୍ଞା

୧.୩ ପ୍ରଗତିବାଦର ସଂଜ୍ଞା

୧.୪ ପ୍ରଗତିଶୀଳ ଓ ପ୍ରଗତିବାଦୀ

୧.୫ କାର୍ଲମାର୍କ୍ସ କିଏ ?

୧.୬ ଜାତୀୟବାଦୀ ଆନ୍ଦୋଳନରୁ ସାମ୍ୟବାଦ ସ୍ୱର

୧.୭ ରୁଷିଆରେ ମାର୍କ୍ସବାଦ ପ୍ରତିଷ୍ଠା ଓ ତା'ର ସାହିତ୍ୟ

୧.୮ ଭାରତବର୍ଷରେ ପ୍ରଗତିବାଦୀ ସାହିତ୍ୟର ଆଦ୍ୟ ଓଁକାର

୧.୯ ସର୍ବଭାରତୀୟ ପ୍ରଗତିବାଦୀ ଲେଖକ ସମ୍ମିଳନୀ

୧.୧୦   ପ୍ରଗତିବାଦୀ ଆନ୍ଦୋଳନ ଓ ନବଯୁଗ ସାହିତ୍ୟ

୧.୧୧   ସବୁଜ ସମସାମୟିକ ପ୍ରଗତିବାଦୀ କବି

କବି ବୈକୁଣ୍ଠନାଥ ପଟ୍ଟନାୟକ

କବି ଅନନ୍ତ ପଟ୍ଟନାୟକ

କବି ସଚିଦାନନ୍ଦ ରାଉତରାୟ

୧.୧୨   ସହିଦ ବାଜିରାଉତ ଓ ସମସାମୟିକ ସାହିତ୍ୟ

ରଘୁନାଥ ଦାସ ଜଟାୟୁ

କୁନ୍ତଳା କୁମାରୀ ସାବତ

କୃଷ୍ଣଚନ୍ଦ୍ର ତ୍ରିପାଠୀ

୧୯୮୬ ମସିହା ଜ୍ଞାନପୀଠ ତା.୩୦.୦୮.୧୯୮୭ରେ ଦଶ ସ୍ତମ୍ଭ ବ୍ୟାପୀ ସମାଜରେ ସାକ୍ଷାତକାର ପ୍ରକାଶ ପାଇଥିଲା। 'ଆଧୁନିକ ଓଡ଼ିଆ ସାହିତ୍ୟ' ପରିପ୍ରେକ୍ଷୀରେ ସଂସ୍କୃତିର ବୈପ୍ଲବିକ ମୂଲ୍ୟବୋଧ, ରବି ସିଂଙ୍କର ପ୍ରକାଶ ପାଇଥିଲା– ୧୯୭୪ ଅକ୍ଟୋବର, ୧୯୭୫ ସାଲ ବିଷୁବ ପର୍ଯ୍ୟନ୍ତ।

Personal life and literary life of a poet are two different things. This can not be tolerated, for instants mounts to playing with his lorical fact, he was poets of the state demand. (ସଚିବାଙ୍କ ସମ୍ପର୍କରେ – ରବି ସିଂ – ଅକ୍ଷପାଦ ୧୯୯୦)

(କ) ସ୍ୱାଧୀନତା ପରବର୍ତ୍ତୀ ଓଡ଼ିଆ ପ୍ରଗତିବାଦୀ କବିତାର ବୈଶିଷ୍ଟ୍ୟ

୧.୧ ପ୍ରଗତିବାଦୀ କବିତାର ପୃଷ୍ଠଭୂମି :

ଆଜିର ସମାଜ ବ୍ୟବସ୍ଥାରେ ଧନପତି ଓ ଦରିଦ୍ର ଦୁଇଶ୍ରେଣୀ ରହିଆସିଛନ୍ତି। ଆଶା କରାଯାଉଥିଲା ସ୍ୱାଧୀନତୋଉର କାଳରେ ବିସମବଣ୍ଟନ ଓ ଶୋଷଣର ଅବସାନ ଘଟିବ। କିନ୍ତୁ ନୂତନ ରୂପରେ, ନୂଆ କୌଶଳର ନୂଆ ଗଣତନ୍ତ୍ର ପଦ୍ଧତିରେ ଶୋଷଣ ପ୍ରକ୍ରିୟା ବୃଦ୍ଧି ପାଇଛି। ତେଣୁ ଶ୍ରେଣୀ ବିଭାଜନ ଅଜାଣତରେ ହିଁ ସାଧାରଣ ମଣିଷ ଉପଲବ୍ଧି କରୁଛି। ଶୋଷଣର ଅକ୍ଟୋପାଶ ନୀତି ବ୍ୟାପକ ହେବା ଯୋଗୁଁ ଦିନୁଦିନ ଶ୍ରେଣୀ ଦ୍ୱନ୍ଦ୍ୱ ଚାଲିଛି। ଶୋଷଣର ପ୍ରତିହତ ନିମନ୍ତେ ଯୁଦ୍ଧ ବି ଚାଲିଛି। ହୁଏତ ଉତ୍କଟ ହେବାରେ ସାଧାରଣ ମଣିଷ ଜାଣିକି ଯୁଦ୍ଧ କରୁଛି ନିଜ ଅଭାବ ଓ ଦାରିଦ୍ର୍ୟ ସହିତ। ଦୁରାବସ୍ଥା କାରଣରୁ ପ୍ରତିବାଦ କରୁଛି ଏବଂ ସଂଗଠିତ ହୋଇ ସଂଗ୍ରାମର ଡାକରା ଦେଉଅଛି। ଶାସନ କଳର ଶୋଷଣ ଓ ପୁଞ୍ଜିବାଦୀ ବ୍ୟବସାୟୀଙ୍କର ଶୋଷଣରେ ପିଷ୍ଟ ହୋଇପଡୁଛି ସାଧାରଣ ଜନତା। "ଏହି ଭେଦଭାବ ନଗଲା ଯାଏ ସମାଜର ସାମୂହିକ ଉନ୍ନତି ଘଟିବ ନାହିଁ। ଏଣୁ ଆମେ ସମାଜବାଦର ଆବାହନ କରିବା କଥା। ସମାଜବାଦୀ ସମାଜର ସ୍ୱରୂପ କିପରି ହେବା କଥା, ନ୍ୟାୟିକ ବ୍ୟବସ୍ଥା କେଉଁ ଭଲି ହେବ, ତା'ର ସାଙ୍ଗଠନିକ ବ୍ୟବସ୍ଥା, ନୀତି ନୈତିକତା ସମ୍ପର୍କରେ ସାହିତ୍ୟ ହିଁ ଚର୍ଚ୍ଚା କରିବ।"[୧]

୧.୨ ପ୍ରଗତିବାଦୀ ସାହିତ୍ୟର ସଂଜ୍ଞା :

ପ୍ରଗତିବାଦୀ ସାହିତ୍ୟର କେତେକ ଦିଗ ଅଛି । ଜାତିଆଣ ଭାବ ଉଚ୍ଛେଦ, ପୁରୁଣା କୁସଂସ୍କାର ଓ ପ୍ରଥା, ଅମାନବୀୟ ଆଚାର ବିଚାର, ଅନ୍ଧବିଶ୍ୱାସ, ଅସତ୍ୟର ପ୍ରତିବାଦ, ନବଯୌତୁକ ବ୍ୟବସ୍ଥା, ଧର୍ମ ନାମରେ ଭାଣ୍ଡାମି ଆଦି ବିରୋଧରେ ସ୍ୱର ଉତ୍ତୋଳନ ବା ପ୍ରତିବାଦମୂଳକ ସାହିତ୍ୟ ସୃଷ୍ଟି କରିବା ହେଉଛି ବର୍ତ୍ତମାନର ସାମାଜିକ ତଥା ଐତିହାସିକ ଆବଶ୍ୟକତା । ଆଧୁନିକ ସାହିତ୍ୟର ଆଲୋଚନା ପର୍ବରେ ଉଲ୍ଲିଖିତ ପୃଷ୍ଠଭୂମିରେ ବାସୁଦେବ ଦାସ ଜଣେ କୃତବିଦ୍ୟ କବି ।

ଚଳନ୍ତି କାଳର ଅନ୍ୟ ଏକ ମହତ୍ତର ଧାରା ହେଉଛି ଈଶ୍ୱରବାଦ । ଯେତେବେଳେ ପୁଞ୍ଜିବାଦ ଆସିଲା, ପ୍ରାଥମିକ ଅବସ୍ଥାରେ ଈଶ୍ୱରବାଦକୁ ବିରୋଧ କରାଯାଉଥିଲା । କାରଣ ଈଶ୍ୱର ସର୍ବବ୍ୟାପୀ, ସେ ସବୁ ଦେଖୁଛନ୍ତି ଓ ଜାଣୁଛନ୍ତି । ତେବେ ତା'ର ବିରୋଧାଚରଣ କରାଯାଉଥିଲା । ରାଜତନ୍ତ୍ର ନ୍ୟାୟଦଣ୍ଡରେ ଶାସନ କରୁଥିଲା । ଯେତେବେଳେ ପୁଞ୍ଜିବାଦୀ ଈଶ୍ୱର ତତ୍ତ୍ୱକୁ ଧନିକ ଶ୍ରେଣୀ ବିରୋଧ କରୁଥିଲେ, ମାତ୍ର ରାଜତନ୍ତ୍ରର ଲୋପ ହେବାବେଳକୁ ପୁଞ୍ଜିପତି ଦେଖୁଛି ଈଶ୍ୱର ତତ୍ତ୍ୱରେ ଲାଭ ଅଛି, ସମାଜବାଦ ବା ସାମ୍ୟବାଦ ପୁଞ୍ଜିବାଦର ବିରୋଧୀ ହେବା ସଙ୍ଗେ ସଙ୍ଗେ ଈଶ୍ୱର ବିରୋଧ ଭାବ ପୋଷଣ କରିଥିଲେ । "ଏହି କ୍ଷେତ୍ରକୁ ବିରୋଧ କରିବାକୁ ହେଲେ ସଂଗ୍ରାମୀ ଚରିତ୍ର ଗଢ଼ିବାକୁ ହେବ । ସଂଗ୍ରାମୀ ଚରିତ୍ର କେବଳ ପ୍ରଗତିଶୀଳ ସାହିତ୍ୟ ମାଧ୍ୟମରେ ସମ୍ଭବ । ଏହି ଧରଣର ସାହିତ୍ୟ / କବିତାକୁ କୁହାଯିବ Social realism ବା ସମାଜବାଦୀ ବାସ୍ତବତା । ଜୀବନ, ସାହିତ୍ୟ, ସମାଜ ଓ ବସ୍ତୁର ସମ୍ପର୍କ ହିଁ ସମାଜବାଦୀ ବାସ୍ତବତା ।"[୯]

ଆଦିମାନବ କୌଣସି ଅଲୌକିକତା ବା ଈଶ୍ୱର ବିଶ୍ୱାସ ପୋଷଣ କରିନଥିଲେ । ମାଟି, ପାଣି, ପବନ, ଅଗ୍ନି ଓ ଆକାଶ ପଞ୍ଚଭୂତ ଗଠିତ ପ୍ରକୃତି ହିଁ ସେମାନଙ୍କର ଥିଲା ସର୍ବସ୍ୱ । ଯେତେବେଳେ ସମାଜକୁ କେହି ପ୍ରତିପତିଶୀଳ ବ୍ୟକ୍ତି ନିୟନ୍ତ୍ରଣ କଲା, ସେ ନିଜକୁ ଶ୍ରେଷ୍ଠ ବୋଲି ପ୍ରତିପାଦନ କଲା ଏବଂ ଦୁର୍ବଳ ଲୋକମାନଙ୍କୁ ବାଧ୍ୟ କରାହେଉ ଅଥବା ଭୟଭୀତ କରାହେଉ ସେହି ଶକ୍ତିଶାଳୀ ଓ ସମ୍ପତିଶାଳୀ ବ୍ୟକ୍ତିବିଶେଷ ରାଜା ନୃପତି, ନରପତି, ନରମଣି ଆଦି ନାମରେ ନାମିତ କରି ନିଜେ ତାଙ୍କର ଭୃତ୍ୟ ପାଲଟିଗଲେ । ଅଧିକ ମର୍ଯ୍ୟାଦା ଦେଲେ

ଲୋକେ ଦାସତ୍ୱ ବରଣ କରନ୍ତି । ଶ୍ରଦ୍ଧାରେ ସେବା କଲେ ମଧ୍ୟ ତାହାକୁ ସେବା କରିବା, କଥା ମାନିବା ଧର୍ମ ବୋଲି ଗୃହୀତ ହୋଇଯାଏ । ଏଥିରୁ ଈଶ୍ୱରବାଦ ସୃଷ୍ଟି ବୋଲି ବିଶ୍ୱାସ ।[୩]

ଈଶ୍ୱର ତତ୍ତ୍ୱ ସୃଷ୍ଟି ହେଲା ପରେ ମାଲିକ ଶ୍ରେଣୀ ଏହାକୁ ନିଜ ସ୍ୱାର୍ଥରେ ଲଗାଇଲେ । ରାଜାଙ୍କୁ ଈଶ୍ୱରଙ୍କ ପ୍ରତିନିଧି ରୂପେ କଳ୍ପନା କରାଗଲା । "ଏହି ଐଶ୍ୱରିକ ଧାରଣା, ଭଗବତ ବିଶ୍ୱାସକୁ ଜନସାଧାରଣଙ୍କ ମୁଣ୍ଡ ଭିତରକୁ ନେଇଯିବା ପାଇଁ ପୁରୋହିତ ଶ୍ରେଣୀ ସୃଷ୍ଟି କରାଗଲା । ରାଜଶକ୍ତିର ଦକ୍ଷିଣ ହସ୍ତ ହେଲେ ପୁରୋହିତ ଗୋଷ୍ଠୀ । ରାଜାଙ୍କ ଶାସନ ଓ ବିଚାରକୁ ଦୃଢ଼ୀଭୂତ ଓ ଦୀର୍ଘାୟିତ କରିବା ପାଇଁ ସେମାନେ ରଚନା କଲେ ସ୍ୱାର୍ଥକୈନ୍ଦ୍ରିକ ସାହିତ୍ୟ । ତାହାକୁ କୁହାଗଲା ଧର୍ମ ସାହିତ୍ୟ, ପୁରାଣ ଧର୍ମଶାସ୍ତ୍ର, ରାଜାଙ୍କୁ ଭଗବାନଙ୍କ ଅବତାର ଏବଂ ଚଳନ୍ତି ଈଶ୍ୱର ବୋଲି ପୁରୋହିତ ଶ୍ରେଣୀ ବର୍ଣ୍ଣନା କଲେ ।"[୪] ଅପର ପକ୍ଷରେ ଯେ, ଈଶ୍ୱର ତତ୍ତ୍ୱର ପ୍ରଚାର କର୍ତ୍ତା ଏବଂ ଯାହାର ପ୍ରଶଂସାରେ ଧର୍ମଶାସ୍ତ୍ରଗୁଡ଼ିକ ଥିଲା ଶତମୁଖ, ସେହି ରାଜା ଏବଂ ପୁରୋହିତ ଶ୍ରେଣୀ ଏହି ତତ୍ତ୍ୱର ଧାର ଧାରୁ ନଥିଲେ । କିନ୍ତୁ ଶୋଷିତ ଶ୍ରେଣୀକୁ ଏହି ଦର୍ଶନ ଗ୍ରହଣ କରିବାକୁ ବାଧ୍ୟ କରୁଥିଲେ । ଶୋଷିତ ଶ୍ରେଣୀ କହିଲେ ଶୂଦ୍ର ଓ ନାରୀମାନେ ଅଧିକ ଶୋଷଣର ଶିକାର ହେଉଥିଲେ । ଯେଉଁ ଧର୍ମଶାସ୍ତ୍ର ରଚିତ ହୋଇଛି, ସେଗୁଡ଼ିକ ରଚିତ ହୋଇଛି, ତାହା ନାରୀ ଓ ଶୂଦ୍ର, ସେବକମାନଙ୍କୁ ଜବତ କରିବା ପାଇଁ । ତାଙ୍କ ପାଇଁ ଆସିଲା ବିଧି, ନିୟତି, ଭାଗ୍ୟ, ଭୋଗାଭୋଗ, ଦୈବ ଇତ୍ୟାଦି ନାମରେ ସେମାନଙ୍କୁ ଅଙ୍କୁଶ ଲଗାଗଲା । ବ୍ରାହ୍ମଣ କ୍ଷତ୍ରିୟ ଜାତିର ସେବାକରି ପୁଣ୍ୟ ଅର୍ଜନ କରିବାକୁ ଶାସ୍ତ୍ରରେ ଆଖ୍ୟାୟିକା ଖଞ୍ଜି ଦିଆଗଲା । ଏହି ପୃଷ୍ଠଭୂମିରେ ରଚିତ ହେଲା ମନୁସ୍ମୃତି, ପରାସର ସଂହିତା, ଭୃଗୁ ସଂହିତା ଓ ଅନେକ ଗୀତା (ଭଗବତ୍ ଗୀତା ନୁହେଁ) । ଉକ୍ତ ଗ୍ରନ୍ଥଗୁଡ଼ିକ ରଚନା ହେବା ଫଳରେ ରାଜଶକ୍ତି, ଆଧିପତ୍ୟବାଦୀ ସମାଜକୁ ନିୟନ୍ତ୍ରଣ କରିବାରେ ସଫଳ ହୋଇଛନ୍ତି । କାରଣ ସେ ସମୟରେ ବିଜ୍ଞାନର ଶୈଶବ ଅବସ୍ଥା । ଧର୍ମଶାସ୍ତ୍ରର ଅସତ୍ୟକୁ ଖଣ୍ଡନ କରିବାର ଉପଯୁକ୍ତ ଯୁକ୍ତି ଉପସ୍ଥାପନ ହୋଇ ନଥିଲା । ଯେଉଁ କେତେକ କଥା – ସମାଜ କଲ୍ୟାଣକାରୀ ତାକୁ ହୁଏତ ବାଦ୍ ଦେଇ ଜାତି ଓ ଶୋଷଣଭିତ୍ତିକୁ ସୁଦୃଢ଼ କରି ଦୃଷ୍ଟାନ୍ତ ଦିଅନ୍ତି । ପ୍ରାଚୀନ ମୂଲ୍ୟବୋଧ ମଧ୍ୟରେ ଧର୍ମ କହିଲେ ବୁଝା ପଡ଼ୁଥିଲା,

ଦାନ, ପରୋପକାର, ଜୀବେଦୟା, ମାନବିକତା, ଗୁରୁ-ଜନ ମାତାପିତାଙ୍କୁ ଭକ୍ତି କରିବା ଏବଂ ସେମାନଙ୍କୁ ଦେବତା ଭାବେ ଗ୍ରହଣ କରିବା ।

"ମାତୃ ଦେବ ଭବଃ, ପିତୃଦେବ ଭବଃ, ଆଚାର୍ଯ୍ୟଦେବ ଭବଃ", ଏହା ପ୍ରତି ଗୁରୁତ୍ୱ ନ ଦେଇ ପୌରାଣିକତାରେ ଲୋକଙ୍କ ମନକୁ ବାନ୍ଧି ଦିଆଗଲା । କିନ୍ତୁ ଏହା ସମ୍ପୂର୍ଣ୍ଣ ଅନ୍ଧବିଶ୍ୱାସ । ପ୍ରମାଣ ରହିତ ବିଶ୍ୱାସକୁ ଅନ୍ଧବିଶ୍ୱାସ କୁହାଯାଏ । ଏହି ଅନ୍ଧବିଶ୍ୱାସଟି ବହୁ ସାମାଜିକ, ଧାର୍ମିକ ତଥା ରାଜନୀତିକ କାର୍ଯ୍ୟକଲାପର କଳ୍ପନା । ଆଉ ଏପରି ବିଶ୍ୱାସରୁ ଜାତ ସକଳ କାର୍ଯ୍ୟକଲାପ ହେଉଛି କୁସଂସ୍କାର । ସଂସ୍କାରର ପ୍ରକୃତ ଅର୍ଥ ହେଉଛି ପ୍ରଗତିବାଦୀ ପରିବର୍ତ୍ତନ ।

"ଧର୍ମସଂସ୍କାର, ଅର୍ଥ ସଂସ୍କାର, ନୀତି ସଂସ୍କାରଠାରୁ ଆରମ୍ଭ କରି ପ୍ରାତିସଂସ୍କାର ପର୍ଯ୍ୟନ୍ତ ସମସ୍ତ ଖଣ୍ଡବାକ୍ୟ ପ୍ରଗତିଶୀଲତାକୁ ହିଁ ବୁଝନ୍ତି । ଅନ୍ୟ ପକ୍ଷରେ କେତେକ ଚିନ୍ତା ବା କାର୍ଯ୍ୟ ଏକଦା ସମାଜ ପାଇଁ ହିତକର ଥିଲେ, ମାତ୍ର ସାମାଜିକ ବିବର୍ତ୍ତନ ମଧ୍ୟରେ ସେମାନଙ୍କର ଉପଯୋଗିତା ହରାଇ ବସିଛନ୍ତି । ଧର୍ମ ଓ ପରମ୍ପରାର ଦ୍ୱାହି ଦେଇ ଯେପରି ଚିନ୍ତା ବା କାର୍ଯ୍ୟକୁ ସମର୍ଥନ କରିବା ହିଁ କୁସଂସ୍କାର ।"(୫)

ସରଳ ଭାଷାରେ କହିବାକୁ ଗଲେ ସମାଜରୁ ସବୁ ଶ୍ରେଣୀର ଶୋଷକ ଗୋଷ୍ଠୀର ଅନ୍ୟାୟ ଅତ୍ୟାଚାରର ଦୃଢ଼ ପ୍ରତିବାଦ ସହିତ ଏହାର ମୂଲୋପ୍ୟାଟନ ପାଇଁ ପ୍ରଚେଷ୍ଟା ସାଙ୍ଗକୁ ଏକ ସୁନ୍ଦର ସମାଜ ଗଠନର ପଲ୍ଲବନ ମଧ୍ୟରୁ ସୃଷ୍ଟିକରେ ପ୍ରଗତିଶୀଲ ଚିନ୍ତନ । ଏହି ଚିନ୍ତନକୁ ମୁଖ୍ୟତଃ ଯେଉଁ ସାହିତ୍ୟ ରୂପ ଦିଏ ତାହା ପ୍ରଗତିଶୀଲ ସାହିତ୍ୟ । ସମଗ୍ର ବିଶ୍ୱ ସାହିତ୍ୟରେ ମଧ୍ୟ ପ୍ରଗତିଶୀଲ ଚିନ୍ତାଧାରାର ଉନ୍ମେଷ ଓ ବିକାଶ ଘଟିଛି । ଏହାର ଅଭ୍ୟୁତ୍ଥାନ ସମ୍ପର୍କରେ କୁହାଯାଇଛି –
"ବିଧିବଦ୍ଧ ଭାବରେ ଏହାର ବିକାଶ ପାଇଁ ଯେଉଁ ସମୟରେ ଗୋଷ୍ଠୀଗତ ଉଦ୍ୟମ ହୋଇଛି, ତାହାରି ଆବେଦନକୁ ଭିତ୍ତି କରି ଏହି ଭାବଧାରା ଗୋଟିଏ ସାହିତ୍ୟ ଯୁଗ ସୃଷ୍ଟି କରିଯାଇଛି । ଓଡ଼ିଆ ସାହିତ୍ୟରେ, ଭାରତୀୟ ସାହିତ୍ୟରେ ତଥା ବିଶ୍ୱ ସାହିତ୍ୟରେ ଏହିପରି ବିଧିବଦ୍ଧ ଉଦ୍ୟମ ଫଳରେ ଏହି ଭାବଧାରା ଏକ ସାହିତ୍ୟ ଯୁଗ ପ୍ରତିଷ୍ଠା କରିପାରିଛି ।"(୬)

୧.୩ ପ୍ରଗତିବାଦର ସଂଜ୍ଞା :

ଓଡ଼ିଶାର ଜନଜୀବନ ଓ ତାହାର ସାହିତ୍ୟିକ ଉନ୍ମେଷ କାଳରେ ଏକ ଧାର୍ମିକ ପୃଷ୍ଠଭୂମି ବିଚାରକୁ ଆସିଥାଏ । ଏହି ଭାବଧାରା ମାନବିକତାର ସଂଜ୍ଞା ବହନ କରେ । ଦୟା, କରୁଣା, ଦାକ୍ଷିଣ୍ୟ ଆଦି ଉଦାର ମାନବିକତାକୁ ସ୍ୱୀକାର କରିଥାଏ । ଯେଉଁଠି ହକ୍ ପ୍ରାପ୍ୟ ବା ଦାବି ଆଣିବା ପାଇଁ ଲଢ଼େଇ ହୁଏ, ସେଠାରେ ମାର୍କ୍ସବାଦର ସୂଚନା ଆସିଥାଏ । ଅଷ୍ଟାଦଶ ଶତାବ୍ଦୀ ପରେ ମାର୍କ୍ସ ବିଚାର ପ୍ରଭାବ ପକାଇଲା । ତତ୍‌ପୂର୍ବରୁ ସାମନ୍ତବାଦୀ ସମାଜର ନିୟାମକ ଥିଲେ ରାଜା, ସାମନ୍ତ ବା ମଠାଧୀଶ ବୃନ୍ଦ । ସେମାନଙ୍କର ବିବେକ ଓ ବିଚାର ଦ୍ୱାରା କାହାକୁ କିପରି ସାହାଯ୍ୟ ପ୍ରଦାନ କରୁଥିଲେ, କିନ୍ତୁ ଶୋଷଣ ଅତ୍ୟାଚାର ଥିଲା ଅବର୍ଣ୍ଣନୀୟ । ସ୍ଥାନ-କାଳ-ପାତ୍ରରେ ଏହାର ବହୁବିଧ ରୂପ ଦେଖିବାକୁ ମିଳେ । ଓଡ଼ିଆ ସାହିତ୍ୟର ଇତିହାସକୁ ପର୍ଯ୍ୟାଲୋଚନା କଲେ ଏହା ଲକ୍ଷ୍ୟ କରାଯାଇପାରିବ । ଏହି ପ୍ରସଙ୍ଗ ପୂର୍ବ ଅଧ୍ୟାୟରେ ଆଲୋଚିତ ହୋଇଅଛି । ରାଧାନାଥ ଯୁଗ, ସତ୍ୟବାଦୀ ଯୁଗ, ସବୁଜ ଯୁଗ ମଧ୍ୟ ଦେଇ ଆରମ୍ଭ ହୁଏ ପ୍ରଗତିବାଦର ଅଭ୍ୟୁତ୍ଥାନ ।

"ପ୍ରଗତିର ଅର୍ଥ ଯଦି ନୂତନତ୍ୱ ହୁଏ, ତେବେ ସାହିତ୍ୟକୁ ଏହା ଏକ ବରଦାନ ଭାବେ ବିଚାର କରାଯାଇପାରେ । ମାତ୍ର ଏହାର ବହୁ ପୂର୍ବରୁ ଭାରତ ବର୍ଷରେ 'ନ୍ୟାୟ ଦର୍ଶନ'ରେ ପ୍ରଗତିବାଦର ଆଦ୍ୟ ଓଁକାର ଥିଲା ବୋଲି କୁହାଯାଇପାରେ ।"(୧) ସୃଷ୍ଟି ପ୍ରକ୍ରିୟାରେ ସମାଜ ପୁନର୍ଗଠନ ପରେ ସକଳ ପ୍ରାଣୀ ପ୍ରତିକ୍ଷଣ ଆଧ୍ୟାତ୍ମିକ, ଆଧିବୈଦିକ ଓ ଆଧିଦୈବିକ – ତ୍ରିବିଧ ଦୁଃଖରୁ କୌଣସି ନା କୌଣସି ଦୁଃଖର ନିବୃତ୍ତି ମିଳୁନାହିଁ । ମୃଗତୃଷ୍ଣା ସଦୃଶ ଯେଉଁ ବିଷୟ ବାସନାକୁ ଦୁଃଖ ମନେ କରି ମନୁଷ୍ୟ ତା' ପଛରେ ଅନୁଧାବନ କରୁଅଛି; ପଦାର୍ଥ ପ୍ରାପ୍ତ ହେବା ପରେ ମଧ୍ୟ ତାହାହିଁ ଦୁଃଖ ବୋଲି ସିଦ୍ଧ ହେଉଅଛି । ପ୍ରସଙ୍ଗ କ୍ରମେ ପତଞ୍ଜଳି ଚାରିଗୋଟି ପ୍ରଶ୍ନର ଉତ୍‌ଥାପନ କରିଛନ୍ତି

(କ) ଦୁଃଖର ବାସ୍ତବ ସ୍ୱରୂପ କ'ଣ ? ଏହା ତ୍ୟାଜ୍ୟ

(ଖ) ଦୁଃଖ କେଉଁଠାରୁ ଉତ୍‌ପନ୍ନ ହୋଇଥାଏ ? ପ୍ରକୃତ କାରଣ କ'ଣ ?

(ଗ) ଦୁଃଖର ନିତାନ୍ତ ଅଭାବ କ'ଣ ?

(ଘ) ନିତାନ୍ତ ଦୁଃଖ ନିବୃତ୍ତିର ସାଧନ କ'ଣ ?

ଏହାକୁ ଦର୍ଶନଶାସ୍ତ୍ରରେ 'ହାନୋପାୟ' କୁହାଯାଇଛି । ''ଚେତନ ତତ୍ତ୍ୱ ଆତ୍ମାକୁ ଦୁଃଖ ଦେଇଥାଏ । ଯଦି ଦୁଃଖ ସ୍ୱାଭାବିକ ଅବସ୍ଥା ହୋଇଥାନ୍ତା, ତେବେ ସେ ଦୁଃଖରୁ ତ୍ରାହି ପାଇବା ପାଇଁ ଆଦୌ ଯତ୍ନ କରନ୍ତା ନାହିଁ । ସମସ୍ତଙ୍କ ଦୁଃଖ ଭିନ୍ନ ଭିନ୍ନ ନହୋଇ ସମାନ ହୋଇଥାନ୍ତା । ଏଥିରୁ ପ୍ରତୀତ ହୁଏ, ଏପରି କୌଣସି ତତ୍ତ୍ୱ ଅଛି, ଯାହାର ଦୁଃଖ ଓ ଜଡ଼ତା ସ୍ୱାଭାବିକ ଧର୍ମ ନୁହେଁ । ଚେତନ ତତ୍ତ୍ୱର ବିପରୀତ ଧର୍ମ, ତାହା ଜଡ଼ତତ୍ତ୍ୱ ଅଟେ । ଏହା ପ୍ରକୃତି ବା ମାୟା । ଦୁଃଖ ଜଡ଼ତତ୍ତ୍ୱ ଅଟେ । ଚେତନ ଓ ଜଡ଼ତତ୍ତ୍ୱକୁ ମାନିବା ସଙ୍ଗେ ସଙ୍ଗେ ଆଉ ଏକ ତୃତୀୟ ତତ୍ତ୍ୱକୁ ମଧ୍ୟ ବିଚାରକୁ ନିଆଯାଏ ।''[୯]

''ଯେ ଜ୍ଞାନର ଭଣ୍ଡାର ହୋଇପାରେ, ଯେଉଁଠାରୁ ଜ୍ଞାନ ପ୍ରାପ୍ତ ହୋଇ ଜଡ଼ଚେତନାର ବିବେକ ପ୍ରାପ୍ତି ପରେ ଓ ଅବିଦ୍ୟା ବନ୍ଧନକୁ ଛିନ୍ନ କରି ହେୟ ଦୁଃଖରୁ ସର୍ବଦା ମୁକ୍ତି ପାଇପାରେ । ତର୍କ ଦ୍ୱାରା 'ହାନ' ଓ 'ହାନୋପାୟ'ର ଉତ୍ତର ମୀମାଂସା ଆବଶ୍ୟକ । ଭାରତୀୟ ଷଡ଼ଦର୍ଶନ – ମୀମାଂସା, ବେଦାନ୍ତ, ନ୍ୟାୟ, ବୈଶେଷିକ ଓ ଯୋଗରେ – ଚେତନତତ୍ତ୍ୱ ଆତ୍ମା, ଜଡ଼ତତ୍ତ୍ୱ ପ୍ରକୃତି ଓ ଚେତନ ତତ୍ତ୍ୱ ପରମାତ୍ମା ପୁରୁଷ ବିଶେଷର ତର୍କ କରାଯାଇଥିଲେ ହେଁ, ପ୍ରକୃତି ଉପରେ ବିଶେଷ ଆଲୋକପାତ କରା ନଯାଇ ମାୟାବରଣ ସ୍ତରରେ ସୀମାବଦ୍ଧ ରହିଛି – ଏଠାରେ ଦୁଃଖ ଓ ତାହାର ଅବସାନ ପ୍ରସଙ୍ଗ ସନ୍ଧିକ୍ଷଣରେ ଉପନୀତ । ବସ୍ତୁ ଆଗ କି ଚେତନା ଆଗ ତାହା ଅମୀମାଂସିତ । ଡଃ ବାସୁଦେବ ଦାସ ବ୍ୟକ୍ତ କରନ୍ତି ବସ୍ତୁ ନଥିଲେ ଚେତନାର ସ୍ଥାନ ନାହିଁ ।''[୧୦] ବସ୍ତୁର ନିବିଡ଼ ସମ୍ପର୍କ ମୋହିତ କରି ତାହାକୁ ଭୂଲୀଭୂତ କରିବାର ପ୍ରବଣତା ଜନ୍ମେ । ଫଳରେ ଜଣେ ବହୁ ସମ୍ପଦର ମାଲିକ ହେଲାବେଳେ ଅନ୍ୟମାନେ ଦାରିଦ୍ର୍ୟର ଦୁଃଖ ବରଣ କରନ୍ତି । ସମାଜ ବ୍ୟବସ୍ଥାରେ ଯେଉଁ ଆର୍ଥ-ସାମାଜିକ ବ୍ୟବଧାନ ସୃଷ୍ଟି ହୁଏ, ତାହାହିଁ ଦ୍ୱନ୍ଦ୍ୱର କାରଣ । ଯୁଗ ଯୁଗ ଧରି ଏହି ରୂଢ଼ିବାଦୀ ବ୍ୟବସ୍ଥାକୁ ଚାଲିବା ପାଇଁ ପ୍ରୟାସ ହୋଇଛି; ମାତ୍ର ତାହାକୁ ବିଭିନ୍ନ ଯଜ୍ଞ କରି ଦାନ ବା ବିତରଣ କରି ସମତା ଆଣିବାର ଉଦ୍ୟମ ହୋଇଛି । ଯାଚକ ପ୍ରତି ଦାୟିତ୍ୱବୋଧ ସେଠାରେ କେବେ ପ୍ରତିପାଦିତ ହୁଏ ନାହିଁ । ମାର୍କ୍ସବାଦୀ ଚିନ୍ତାଧାରାକୁ ପ୍ରଗତିବାଦୀ ନାମରେ ଭଣିତା କରା ହୋଇଛି । ଆଲୋଚନାର ପୁଷ୍ଟଲତା ଦୃଷ୍ଟିରୁ ପ୍ରଗତିବାଦର ସଂଜ୍ଞା, ସ୍ୱରୂପ ଓ ଉତ୍ତରଣ ନିରୂପଣ କରାଯାଇପାରେ ।

"ସରଳ ଭାଷାରେ ବୁଝାଇ କହିଲେ ସମାଜକୁ ଶୋଷକ ଗୋଷ୍ଠୀର ଅନ୍ୟାୟ ଅତ୍ୟାଚାରର ଦୃଢ଼ ପ୍ରତିବାଦ ସହିତ ଏହାର ମୂଲୋତ୍ପାଟନ ପାଇଁ ପ୍ରଚେଷ୍ଟା ସାଙ୍ଗକୁ ଏକ ସୁସ୍ଥ ସୁନ୍ଦର ସମାଜ ଗଠନ ଉପରେ ପଲ୍ଲବନ ମଧ୍ୟରୁ ସୃଷ୍ଟି ଲଭେ ପ୍ରଗତିଶୀଳ ଚେତନା।"[୧୧]

୧.୪ ପ୍ରଗତିଶୀଳ ଓ ପ୍ରଗତିବାଦୀ :

ପ୍ରଗତିଶୀଳ ଓ ପ୍ରଗତିବାଦୀ ଉଭୟ ସମାର୍ଥବୋଧକ ଶବ୍ଦ। କେବଳ ଦୁଇଟି ପ୍ରତ୍ୟୟ ଶୀଳ ଓ ବାଦୀର ପାର୍ଥକ୍ୟ। ବାଦଟି ହୋଇଛି ism (ଇଜ୍‌ମ) ରାଜନୀତିକ / ଆନ୍ଦୋଳନାତ୍ମକ ମାତ୍ର ଶୀଳଟି କଳାତ୍ମକ ଚିନ୍ତାକୁ ପ୍ରକଟିତ କରିଥାଏ। ପ୍ରଗତିବାଦୀ ସାହିତ୍ୟ ତତ୍ତ୍ୱରେ ଦୁଇଟି ଶ୍ରେଣୀ ନିର୍ଣ୍ଣିତ ହୋଇଅଛି। ହାଭ, ହାଭନଟ ବା ଥିଲା ବାଲା - ନଥିଲା ବାଲା ଶ୍ରେଣୀ ବ୍ୟବସ୍ଥା। ଧନୀ ଦରିଦ୍ର ଜମିଦାର - କୃଷକ, ପୁଞ୍ଜିପତି - ଶ୍ରମିକ ଏମାନଙ୍କ ମଧ୍ୟରେ ଥିବା ଦ୍ୱନ୍ଦ୍ୱକୁ ସ୍ପଷ୍ଟ କରିଥାଏ ପ୍ରଗତିବାଦୀ ସାହିତ୍ୟ। ଯେପର୍ଯ୍ୟନ୍ତ ଶୋଷିତ ଉପଯୁକ୍ତ ମର୍ଯ୍ୟାଦା ଓ ଅଧିକାର ସାବ୍ୟସ୍ତ କରିପାରି ନାହିଁ, ସେ ପର୍ଯ୍ୟନ୍ତ ବିଦ୍ରୋହ ଚାଲିବ। ଏ ସମ୍ପର୍କରେ ମାଓ ସେତୁଂ କହନ୍ତି -

"Make trouble fail make trouble again

fail again, till their doom,

Fight, fall, fight again, fall again

fight again - till their victory."[୧୨]

ଉପର୍ଯ୍ୟୁକ୍ତ ତତ୍ତ୍ୱ ବିଶ୍ଳେଷଣରୁ ପ୍ରତୀୟମାନ ହୁଏ ଯେ, ସମାଜରୁ ଧନତାନ୍ତ୍ରିକ ଆଧିପତ୍ୟର ବିଲୋପ ସାଧନ। ତେଣୁ ଏହା ଏପରି ଏକ ସମାଜର ପରିକଳ୍ପନା କରେ, ଯେଉଁଠାରେ ଶ୍ରେଣୀ, ରାଷ୍ଟ୍ର ସଂକୀର୍ଣ୍ଣ ବାଧା ବନ୍ଧନ ନଥିବ। ନ ଥିବ ମଣିଷ ଦ୍ୱାରା ମଣିଷର ଶୋଷଣ। ସମଗ୍ର ବିଶ୍ୱ ଗୋଟିଏ ସମାଜକୁ ବୁଝାଇବ, ଯାହା ଆମର ଉପନିଷଦର ବର୍ଣ୍ଣିତ ଥିଲା

ଉଦାର ଚରିତାନାଂ ତୁ ବସୁଧୈବ କୁଟୁମ୍ବକମ୍ - (ମାଣ୍ଡୁକ୍ୟ)[୧୩]

ଅୟୋଧାମାନି ଦିବ୍ୟାନି ତସ୍ତୁ।[୧୪]

ସମଗ୍ର ବସୁଧା ଗୋଟିଏ ପରିବାର। ବଞ୍ଚି ରହିବା ପାଇଁ ଯୁଦ୍ଧ ନ କରି ଶାନ୍ତିରେ ସହାବସ୍ଥାନ କର। ପୃଥ୍ୱୀ ଆର୍ଯ୍ୟାୟତାର ଅତୁଳନୀୟ ସ୍ୱର୍ଗ (ସ୍ୱ + ଅର୍ଗ (ମାର୍ଗ) ହେଲା।

୧.୫ କାର୍ଲମାର୍କ୍ କିଏ ?

ବିଶ୍ୱବିଖ୍ୟାତ ଦାର୍ଶନିକ କାର୍ଲମାର୍କ୍ ଯେକି ବିଶ୍ୱରେ ବିପୁଳ ପରିବର୍ତ୍ତନ ଆଣିବାକୁ ସମର୍ଥ ହୋଇଥିଲେ, ତାଙ୍କର ଜନ୍ମ ୧୮୧୮ ମସିହାରେ ଜର୍ମାନୀର ଟ୍ରିୟର ସହରରେ । ବିଶ୍ୱବିଦ୍ୟାଳୟରେ ସେ ଅଧ୍ୟୟନ କରୁଥିବା ସମୟରେ ତାଙ୍କର ଦର୍ଶନ ଶାସ୍ତ୍ର ପ୍ରତି ଗଭୀର ଅନୁରାଗ ପରିଲକ୍ଷିତ ହୋଇଥିଲା । ତତ୍କାଳୀନ ସମୟରେ ଜର୍ମାନୀରେ ଯଥେଷ୍ଟ ପ୍ରଭାବ ବିସ୍ତାର କରିଥିବା ହେଗେଲଙ୍କ ଦାର୍ଶନିକ ମତବାଦ ମାର୍କ୍ଙ୍କୁ କିଛି ପରିମାଣରେ ଆଲୋଡ଼ିତ କରିଥିଲା । ହେଗେଲୀୟ-ଦର୍ଶନ ମୁଖ୍ୟତଃ ଭାବବାଦ ଉପରେ ପ୍ରାଧାନ୍ୟ ଆରୋପ କରିଥିଲା । ମାର୍କ୍, ଫ୍ରେଡ୍ରିକ ଏଙ୍ଗେଲ୍ସଙ୍କ ସହିତ ଊନବିଂଶ ଶତାଦ୍ଧୀର ମଧ୍ୟ ଓ ଶେଷଭାଗରେ ଏହି ତତ୍ତ୍ୱକୁ ରୂପାୟିତ କଲେ । ମାର୍କ୍ଙ୍କ ମତରେ ଜନସାଧାରଣ ହେଉଛନ୍ତି ଇତିହାସ ଓ ବିଜ୍ଞାନର ବିଷୟବସ୍ତୁ ।

ମାନବ ସମାଜ ବର୍ତ୍ତମାନ ଯେଉଁ ଅବସ୍ଥାରେ ଅଛି ଏବଂ ଏହି ଅବସ୍ଥାକୁ କିପରି ଆସି ପହଞ୍ଚିଛି, ସମାଜର ପରିବର୍ତ୍ତନ କାହିଁକି ହୋଇଥାଏ, ଏବଂ ଭବିଷ୍ୟତରେ ମନୁଷ୍ୟର ଇତିହାସରେ କ'ଣ ପରିବର୍ତ୍ତନ ଦେଖାଯିବ, ଏହି ପ୍ରଶ୍ନର ଉତ୍ତର ସେମାନେ ଅନୁସନ୍ଧାନ କରିଥିଲେ । ପରେ ସେମାନେ ସିଦ୍ଧାନ୍ତରେ ପହଞ୍ଚିଲେ ଯେ, "ସାମାଜିକ ପରିବର୍ତ୍ତନଗୁଡ଼ିକ ବହିଃ ପ୍ରକୃତିର ପରିବର୍ତ୍ତନ ପରି କେତେକ ନିୟମ ଅନୁସାରେ ଘଟିଥାଏ । ଏହି ସତ୍ୟକୁ ଭିତ୍ତିକରି ସମାଜ ସମ୍ବନ୍ଧରେ ବିଜ୍ଞାନ ସଙ୍ଗତ ତତ୍ତ୍ୱ ଛିଡ଼ା କରିବା ସମ୍ଭବ ହୁଏ । ସେହି ତତ୍ତ୍ୱ ମଣିଷର ବାସ୍ତବ ଅଭିଜ୍ଞତାର ବୁନିୟାଦ ଉପରେ ପ୍ରତିଷ୍ଠିତ । ସମାଜ ସମ୍ବନ୍ଧରେ ଅନେକ ଧର୍ମବିଶ୍ୱାସ, ଜାତି (race), ବୀରପୂଜା, ବ୍ୟକ୍ତିବିଶେଷର ରୁଚି, ଆକାଶ କୁସୁମ ସ୍ୱପ୍ନ ଇତ୍ୟାଦି ଭିତରେ ଗଠିତ ଅସ୍ପଷ୍ଟ ଧାରଣା ପରମ୍ପରା କ୍ରମେ ରହିଆସିଛି, ମାର୍କ୍ୀୟ ତତ୍ତ୍ୱ ଏସବୁକୁ ଖଣ୍ଡନ କରିଛି ।"[୧୪] ମାର୍କ୍ ସେହି ସାଧାରଣ ତତ୍ତ୍ୱକୁ ତାଙ୍କର ସମସାମୟିକ ପୁଞ୍ଜିବାଦୀ ସମାଜରେ (ବ୍ରିଟେନ) ପ୍ରୟୋଗ କରି ଲୋକଲୋଚନକୁ ଆସିଥିଲେ । ଇତିହାସର ଯେତେ ଅଗ୍ରଗତି ହୁଏ ଏବଂ ମନୁଷ୍ୟ ଯେତେ ଅଧିକରୁ ଅଧିକ ଅଭିଜ୍ଞତା ଅର୍ଜନ କରୁଥାଏ, ମାର୍କ୍ବାଦ ସେତିକି ସମୃଦ୍ଧ ହେଉଥାଏ । ମାର୍କ୍ ଓ ଏଙ୍ଗେଲ୍ସଙ୍କ ମୃତ୍ୟୁ ପରେ ଏହି ଦିଗରେ ସବୁଠାରୁ ଉଲ୍ଲେଖନୀୟ ଅବଦାନ ରଖିଛନ୍ତି, ଭ୍ଲାଦିମିର ଇଲିଚିକ୍ ଲେନିନ (୧୮୭୦-୧୯୨୪) ଓ ଯୋସେଫ ସ୍ଟାଲିନ୍ । ରୁଷିଆର ନୂଆ ସମାଜ ତାନ୍ତ୍ରିକ

ସମାଜ ଗଠନ ପାଇଁ ଲେନିନ୍‌ଙ୍କ ଅସମାପ୍ତ କର୍ମଧାରାକୁ ଆଗେଇ ନେଇଥିଲେ ସ୍ତାଲିନ୍‌। ମାର୍କ୍‌ସବାଦ ବିଷୟରେ ଜାଣିବାକୁ ହେଲେ ମୂଳରୁ ଗୋଟିଏ କଥା ସ୍ମରଣ ରଖିବାକୁ ହେବ। "ମାର୍କ୍‌ସବାଦ ସ୍ୱୀକୃତ ଦାବି ଜଣାଏ ସତ୍ୟ ହିସାବରେ, କିନ୍ତୁ କୌଣସି ବିମୂର୍ତ୍ତ ସୂତ୍ର ଉପରେ ନୁହେଁ। ଏହା ଯେହେତୁ ଅକାଟ୍ୟ ସତ୍ୟ, ସେହେତୁ, ଆଜିର ସମାପ୍ତ ଦୁଃଖ ଓ ଅଭିଶାପ କବଳରୁ ମାନବ ନିଜକୁ ମୁକ୍ତ କରିବା କାର୍ଯ୍ୟରେ ମାର୍କ୍‌ସବାଦକୁ ପ୍ରୟୋଗ କରିବା ସମ୍ଭବ ଓ କର୍ତ୍ତବ୍ୟ।"[୧]

ଏହି ପୃଷ୍ଠଭୂମିରେ ୧୮୪୧ ମସିହାରେ 'ଜେନା' ବିଶ୍ୱବିଦ୍ୟାଳୟରୁ ଦର୍ଶନଶାସ୍ତ୍ରରେ ଡକ୍ଟରାଲ ଡିଗ୍ରୀ ଲାଭ କରି, ଫରାଇନିଶେ ଜାଇତୁଙ୍ଗ' ନାମକ ବୈପ୍ଳବିକ ପତ୍ରିକାର ସମ୍ପାଦନା କରିଥିଲେ ମାର୍କ୍‌। ମାତ୍ର ୧୮୪୩ ମସିହାରେ ଏହି ଲୋହିତ ଚିନ୍ତନ ପତ୍ରିକାକୁ ବାଜ୍ୟାପ୍ତ କରିଦିଆଗଲା। ମାର୍କ୍‌ ତେଣୁ ଜର୍ମାନ ପରିତ୍ୟାଗ କରି ଫ୍ରାନ୍ସ ପଳାଇଗଲେ। ୧୮୪୮ ମସିହାରେ ମାର୍କ୍‌ଙ୍କର 'କମ୍ୟୁନିଷ୍ଟ ମାନିଫେଷ୍ଟୋ' ବିଶ୍ୱରେ ଚହଳ ପକାଇଲା ଏବଂ 'ଦାସ କ୍ୟାପିଟାଲ'କୁ ଭିତ୍ତିକରି ବିଶ୍ୱରେ ଆନ୍ଦୋଳନ ହେଲା। ଏହିଁ ବିଶ୍ୱବନ୍ଦ୍ୟ କାର୍ଲମାର୍କ୍‌ ଓ ଏଙ୍ଗେଲସଙ୍କ ନିବିଡ଼ ବନ୍ଧୁତ୍ୱ ମଧ୍ୟରେ ଏହି ଦର୍ଶନ ବଳିଷ୍ଠ ରୂପ ଗ୍ରହଣ କରେ। ଏହି କ୍ରମରେ 'ହୋଲି ଫାମିଲି' ଓ 'କ୍ରିଟିକ୍‌ ଅଫ୍‌ କ୍ରିଟିକାଲ କ୍ରିଟିସିଜମ୍‌' ପ୍ରକାଶ ପାଇଲା। ଏହି ଦୁଇଟି ଗ୍ରନ୍ଥ ବିଶ୍ୱର ମାନବ ସମାଜ ଉପରେ ଏତେ ପ୍ରଭାବ ପକାଇଲା ଯେ, ମାର୍କ୍‌ଙ୍କୁ ବିପ୍ଳବୀ ଭାବରେ ଅଭିଯୁକ୍ତ କରାଯାଇ ବ୍ରସେଲସକୁ ନିର୍ବାସିତ କରାଗଲା। ବ୍ରସେଲସ ରହଣି କାଳରେ ମଧ୍ୟ ତାଙ୍କର ଦର୍ଶନ ଶାସ୍ତ୍ର ଆଧାରିତ 'ଦାରିଦ୍ର୍ୟ' ନାମକ ପୁସ୍ତକ ପ୍ରକାଶ ପାଇଥିଲା। "ଏହାପରେ ମାର୍କ୍‌ ଓ ଏଙ୍ଗେଲସଙ୍କୁ ଜର୍ମାନୀର ଶ୍ରମିକ ସଂଗଠନର ଦାୟିତ୍ୱ ନେବାକୁ ଆମନ୍ତ୍ରଣ ଆସିଲା। ଶ୍ରମିକ ସଂଗଠନର ନେତୃତ୍ୱ ନେବା ପରେ 'କମ୍ୟୁନିଷ୍ଟ ଲିଗ୍‌' ନାମରେ ପରିଚିତ ହେଲା। ମାର୍କ୍‌ଙ୍କର ବାରମ୍ବାର ବିପ୍ଳବର ଜୟଧ୍ୱନି ସରକାରଙ୍କୁ ଅତିଷ୍ଠ କଲା; ଯଦ୍ୱାରା ତାଙ୍କୁ ଦଣ୍ଡିତ ହେବାକୁ ପଡ଼ିଲା।[୧]

ମାର୍କ୍‌ ଯେଉଁ ଦାର୍ଶନିକ ସିଦ୍ଧାନ୍ତମାନ ସୃଷ୍ଟି କରିଗଲେ, ତାହା ତାଙ୍କୁ ଯୁଗ ଯୁଗାନ୍ତର ଅମର କରି ରଖିବ। ଯେ ପର୍ଯ୍ୟନ୍ତ ଦରିଦ୍ର, ନିପୀଡ଼ିତ ଓ ଶୋଷିତ ବର୍ଗ ଥିବେ, କାର୍ଲମାର୍କ୍‌ ସେମାନଙ୍କର ହୃଦୟରେ ପୂଜା ପାଉଥିବେ। ଏହି ମାର୍କ୍‌ସବାଦ ସମ୍ପର୍କରେ ଉଲ୍ଲେଖ ଅଛି – Marxism Leninism is a fully life granted theory consistingöofthree component parts, philosophy, political and the theory of scientific communism.[୧୮] ମାର୍କସବାଦର ମୂଳ ତତ୍ତ୍ୱ ରାଜନୀତିକ, ଆର୍ଥନୀତିକ ଓ ବୈଜ୍ଞାନିକ ସମାଜବାଦର ଏକ ସମନ୍ୱିତ ଚିନ୍ତନ ।

୧.୬ ଜାତୀୟବାଦୀ ଆନ୍ଦୋଳନରୁ ସାମ୍ୟବାଦର ସ୍ୱର :

ଭାରତବର୍ଷରେ କଂଗ୍ରେସର ନେତୃତ୍ୱରେ କ୍ରମାଗତ ଭାବରେ ଗଢ଼ିଉଠିଥିବା ଜାତୀୟବାଦୀ ଆନ୍ଦୋଳନକୁ ମାର୍କ୍ସବାଦର ମୂଳାଧାର ବୋଲି ଧରାଯାଇଥାଏ । ପ୍ରଥମ ଯୁଗର କଂଗ୍ରେସୀମାନେ ଭାରତୀୟ ଜାତୀୟ କଂଗ୍ରେସକୁ ଏକ ଗଣସଂଗଠନର ରୂପାନ୍ତର କରିବା ବିଷୟରେ ଆଦୌ ଆଗ୍ରହୀ ନଥିଲେ । "ଆବେଦନ-ନିବେଦନ ଉପରେ ନିର୍ଭରଶୀଳ ଏହି କଂଗ୍ରେସୀମାନେ ବ୍ରିଟିଶ ଜନଗଣଙ୍କ ଆଗରେ ବ୍ରିଟିଶ ଶାସକମାନଙ୍କ ତଥା କଥିତ ଅଣ ବ୍ରିଟିଶ ସୁଲଭ ଆଚରଣର ମୁଖା ଖୋଲିଦେବାକୁ ହିଁ ସେମାନଙ୍କର ପ୍ରଧାନ କାର୍ଯ୍ୟ ବୋଲି ମନେ କରୁଥିଲେ । ଏହି ପରିପ୍ରେକ୍ଷୀରେ ସେତେବେଳକାର କଂଗ୍ରେସ ନେତାଏ ବ୍ରିଟିଶ ଉପନିବେଶବାଦର ଅର୍ଥନୈତିକ ଭୂମିକାର ସମାଲୋଚନା କରିବାକୁ ଆରମ୍ଭ କଲେ । ବସ୍ତୁତଃ ପ୍ରଥମ ପିଢ଼ିର କଂଗ୍ରେସୀମାନଙ୍କ ଗବେଷଣାରୁ ଯେଉଁ ଅର୍ଥନୈତିକ ଜାତୀୟବାଦ ଜନ୍ମଦେଲା, ତାହାହିଁ ପରବର୍ତ୍ତୀ ସମୟରେ କଂଗ୍ରେସୀ ଜାତୀୟବାଦର ଆନ୍ଦୋଳନାତ୍ମକ ପର୍ବର ସୂତ୍ରପାତ ଘଟାଇଥିଲା ।"[୧୮]

ଭାରତୀୟ ଜାତୀୟତାବାଦର ମୂଳସ୍ରୋତର ଗୁରୁତ୍ୱପୂର୍ଣ୍ଣ ପର୍ବ ହେଲା ୧୯୦୫ ମସିହାର ବଙ୍ଗ ଭଙ୍ଗ ଆନ୍ଦୋଳନ । ୧୯୦୬ ମସିହାରେ କଂଗ୍ରେସ ମଧ୍ୟରେ ଯେଉଁ ଚରମପନ୍ଥୀ ଓ ନରମପନ୍ଥୀ ବିଭାଜନ ଘଟିଲା ତାହାର ସୂଚନା ୧୯୦୫ ମସିହା ସ୍ୱଦେଶୀ ଆନ୍ଦୋଳନରୁ ମିଳି ସାରିଥିଲା । ବଙ୍ଗ-ଭଙ୍ଗ ଆନ୍ଦୋଳନର ରୂପ ଥିଲା ଭୟଙ୍କର । ଯାହା 'ଲରେ ୧୯୧୧ ମସିହାରେ ବ୍ରିଟିଶ ସରକାର ବଙ୍ଗ-ଭଙ୍ଗ ସୁପାରିଶକୁ ରଦ୍ଦ କରିବାକୁ ବାଧ୍ୟ ହେଲେ । ଏକଥା ଅବଶ୍ୟ ସ୍ୱୀକାର କରିବାକୁ ହେବ ଯେ, ଏହି ଶତାଧୀର ଦ୍ୱିତୀୟ ଦଶକରେ ଭାରତୀୟ ରାଜନୀତିରେ ଗାନ୍ଧିଜୀଙ୍କ ନେତୃତ୍ୱ ମଧ୍ୟ ଦେଇ ଭାରତର ସ୍ୱାଧୀନତା ସଂଗ୍ରାମ ନୂତନ ମୋଡ଼ ନେଇଥିଲା ।

ଚମ୍ପାରନ୍, ଖୈରିଖୈରା କୈରା ଏବଂ ଅହ୍ମ୍ମଦାବାଦର ସତ୍ୟାଗ୍ରହ ଭାରତର ଜାତୀୟ ରାଜନୀତିରେ ଗାନ୍ଧିଜୀଙ୍କର ପ୍ରଥମ ପଦକ୍ଷେପ ବୋଲି ପ୍ରତୀତ ହୁଏ ।

ବ୍ରିଟିଶର ଘୃଣ୍ୟ ପୈଶାଚିକ ଶାସନ ବିରୋଧରେ ଜାତୀୟ ସ୍ତରରେ ସିଧାସଳଖ ମୁକାବିଲା ହୁଏ ରାଓଲଟ୍ ଆଇନ ବିରୁଦ୍ଧରେ ସତ୍ୟାଗ୍ରହ ମାଧ୍ୟମରେ । ସାଇମନ କମିଶନ ବିରୋଧୀ ସଂଗ୍ରାମ, ଖିଲାଫତ ଓ ରାଓଲଟ୍ ଆନ୍ଦୋଳନ ସର୍ବଶେଷରେ ଭାରତ ଛାଡ଼ ଆନ୍ଦୋଳନ ପରି ଗୋଟିକ ପରେ ଗୋଟିଏ ଆନ୍ଦୋଳନ ତରଙ୍ଗରେ ବ୍ରିଟିଶ ଶାସନର ଭିତ୍ତି ଦୁର୍ବଳ ହୋଇ ପରିଶେଷରେ ଭୁଷୁଡ଼ି ପଡ଼ିଲା ।

କିନ୍ତୁ ଏକଥା ସତ୍ୟ ଯେ, "ଗାନ୍ଧିବାଦୀ ଜାତୀୟବାଦର ଏକ ନାସ୍ତିବାଚକ ବୈଶିଷ୍ଟ୍ୟ ମଧ୍ୟ ଥିଲା । ଗାନ୍ଧିଜୀ ଶ୍ରେଣୀ ସଂଗ୍ରାମରେ ବିଶ୍ୱାସ କରୁ ନଥିଲେ । ଏହା ପରିବର୍ତ୍ତେ ସେ ଜମିଦାର ଓ ପ୍ରଜା ଏବଂ ପୁଞ୍ଜିପତି ଓ ଶ୍ରମିକ ମଧ୍ୟରେ ଏକ ପ୍ରକାର ସ୍ତିତାବସ୍ଥା ବଜାୟ ରଖିବାକୁ ଚାହୁଁଥିଲେ । ଏହା ସହିତ ସେ ଚାହୁଁଥିଲେ ବ୍ରିଟିଶ ରାଜଶକ୍ତି ବିରୋଧରେ କଂଗ୍ରେସ ଏକାଧାରରେ ଭୂସ୍ୱାମୀ ଓ କୃଷକ, ଶ୍ରମିକ ଓ ପୁଞ୍ଜିପତି, ଉଚ୍ଚବର୍ଷ ଓ ନିମ୍ନବର୍ଷର ମଣିଷ ଶିକ୍ଷିତ-ଅଶିକ୍ଷିତ ଏକ ମିଳିତ ମଞ୍ଚରେ ପରିଣତ ହୁଅନ୍ତୁ ।"[୧୯]

ମାତ୍ର ଚରମପନ୍ଥୀ ରାଜନୀତିରୁ ସୃଷ୍ଟ ହେଲା, ଖିଲାଫତ୍ ଆନ୍ଦୋଳନର ବ୍ୟର୍ଥତା ଏବଂ ଶ୍ରମିକ-କୃଷକର କ୍ରମବର୍ଦ୍ଧମାନ ଅସନ୍ତୋଷର ପଟଭୂମିରେ ଯେତେବେଳେ ନୂତନ ମତାଦର୍ଶ, ସେତେବେଳେ ନୂତନ ନେତୃତ୍ୱର ସନ୍ଧାନ ଚାଲିଲା ଓ ଇତିହାସର ଘଡ଼ିସନ୍ଧି କ୍ଷଣରେ କମ୍ୟୁନିଷ୍ଟ ପାର୍ଟି ପ୍ରତିଷ୍ଠା ହେଲା । ୧୯୨୦ ମସିହା ଅକ୍ଟୋବର ମାସରେ ମାନବେନ୍ଦ୍ର ନାଥ, ଅବନୀ ମୁଖାର୍ଜୀ ଓ ଖିଲାଫତ୍ ଆନ୍ଦୋଳନର ଦୁଇଜଣ ସକ୍ରିୟ କର୍ମୀଙ୍କ ଉଦ୍ୟମରେ ରୁଷିଆର ତାସକେଣ୍ଠାରେ କମ୍ୟୁନିଷ୍ଟ ପାର୍ଟି ଗଠିତ ହେଲା । ତତ୍ପରେ କଲିକତା, ବମ୍ବେ, ମାଡ୍ରାସ୍ ଓ ଲାହୋର ଏହି ଚାରିଟି ସ୍ଥାନରେ କମ୍ୟୁନିଷ୍ଟ ଗ୍ରୁପ୍ ଗଠିତ ହୋଇଥିଲା । ୧୯୨୫ ମସିହା ଡିସେମ୍ବର ମାସରେ ଏହି ୪ଟି ଗ୍ରୁପର ପ୍ରତିନିଧିମାନେ କାନପୁରରେ ଏକ ସଭାରେ ମିଳିତ ହୋଇ ଦେଶରେ ବାମପନ୍ଥୀ ରାଜନୀତିକୁ ଏକ ଐକ୍ୟବଦ୍ଧ ରୂପ ଦେବାପାଇଁ କେନ୍ଦ୍ରୀୟ କମିଟି ଗଠନ କରାଗଲା ।

ଭାରତବର୍ଷରେ କମ୍ୟୁନିଜମ୍ ପ୍ରସାରର ସମ୍ଭାବନାରେ ଆତଙ୍କିତ ବ୍ରିଟିଶ ସରକାର ଏହାକୁ ପ୍ରତିରୋଧ କରିବା ପାଇଁ ସମସ୍ତ ପ୍ରକାର ଦମନ-ପୀଡ଼ନ ଲୀଳା ଚଲାଇଲେ । କମ୍ୟୁନିଷ୍ଟମାନଙ୍କୁ ବହୁ କଷ୍ଟ, ଯନ୍ତ୍ରଣା ସହ୍ୟ କରିବାକୁ ପଡ଼ିଲା ।

"ଦେଶ ବାହାରେ ଏମ୍.ଏନ୍. ରାୟଙ୍କ ପାଖରୁ ଶିକ୍ଷାଲାଭ କଲା ପରେ ଭାରତବର୍ଷରେ କମ୍ୟୁନିଷ୍ଟମାନଙ୍କୁ ଗିରଫ କରାଗଲା । ୧୯୨୪ ମସିହାରେ ଔପନିବେଶିକ ଶାସକମାନେ କାନପୁର ଷଡ଼୍ୟନ୍ତ୍ର ମାମଲାରେ ମୁଜାଫର ଅହମ୍ମଦ, ସୌକତ ଉସ୍ମାନି, ଏସ୍.ଏ. ଡାଙ୍ଗେ ଓ ନଲିନୀ ଭୂଷଣ ଦାଶଗୁପ୍ତ ଚାରିଜଣ କମ୍ୟୁନିଷ୍ଟ ନେତାଙ୍କୁ ଦଣ୍ଡ ଦେଲେ ।"[୨୦] ବ୍ୟଥେଟାରେ କମ୍ୟୁନିଷ୍ଟମାନଙ୍କର ମିଳିତ ବୈଠକରୁ ପ୍ରକାଶ ପାଇଲା ଯେ ସେମାନେ ଔପନିବେଶିକବାଦର ବିରୋଧୀ, ଫଳରେ ପାର୍ଟିକୁ ନିଷିଦ୍ଧ ରାଜନୀତିକ ଦଳ ଭାବେ ଘୋଷଣା କରାଗଲା । ତା' ସଙ୍ଗେ ଏମାନେ ସ୍ୱାଧୀନତା ଓ କୃଷକ ଶ୍ରମିକ ସ୍ୱାର୍ଥ ନିମନ୍ତେ ଲଢ଼େଇ ପାଇଁ ଲିଖିତ ବାର୍ତ୍ତା ପ୍ରକାଶ କଲେ ।

୧.୭ ରଷିଆରେ ମାର୍କ୍ସବାଦ ପ୍ରତିଷ୍ଠା ଓ ତା'ର ସାହିତ୍ୟ :

ମାର୍କ୍ସବାଦୀ ତତ୍ତ୍ୱ ଦର୍ଶନର ବିକାଶ ଦିଗରେ ଲେନିନ୍ ଓ ମାଓସେତୁଙ୍ଗ ପ୍ରଗାଢ଼ ଉଦ୍ୟମ କରିଥିଲେ । ୧୯୧୭ ମସିହାରେ ଏହାର ସର୍ବ ପ୍ରଥମ ସଫଳ ପ୍ରୟୋଗ ସୋଭିଏତ୍ ରଷରେ ହୋଇଥିଲା । ଏହା ପୂର୍ବରୁ ଫ୍ରାନ୍ସର ଶ୍ରମିକ ଗୋଷ୍ଠୀ ମଧ୍ୟ ନିଜର ଅଧିକାର ହାସଲ କରିବା ପାଇଁ ଆନ୍ଦୋଲନ ଆରମ୍ଭ କରିଥିଲେ । "୧୮୩୦ ମସିହାରେ ଫ୍ରାନ୍ସ ଏକତ୍ରିତ ଶ୍ରମିକ ଗୋଷ୍ଠୀ 'ବୋରବେନ୍' ରାଜବଂଶକୁ ଗାଦିଚ୍ୟୁତ କରାଇଥିଲେ । ଏହାପରେ ୧୮୩୮ ଓ ୧୮୪୪ ମସିହାରେ ଇଂଲଣ୍ଡ ଓ ଜର୍ମାନୀରେ ମଧ୍ୟ ଅନୁରୂପ ଶ୍ରମିକ ଧର୍ମଘଟ ଆରମ୍ଭ ହୋଇଥିଲା । ସର୍ବତ୍ର ପୁଞ୍ଜିବାଦ ବିରୋଧୀ ସ୍ୱର ତୀବ୍ରତର ହେବାକୁ ଲାଗିଲା । ଶେଷରେ ଊନବିଂଶ ଶତକର ପଞ୍ଚମ ଦଶକବେଳକୁ ସମଗ୍ର ୟୁରୋପ ସର୍ବହରା ଶ୍ରମିକ ଗୋଷ୍ଠୀର ବୈପ୍ଳବିକ ଆହ୍ୱାନରେ ଥରହର ହୋଇଉଠିଲା । ବିଶେଷ କରି ଫରାସୀ ରାଷ୍ଟ୍ରବିପ୍ଳବ ୟୁରୋପର ସାମାଜିକ ଜୀବନକୁ ସମ୍ୟକ୍ ପ୍ରଭାବିତ କରିଥିଲା । ଫ୍ରାନ୍ସର ଲୁଇ ବଂଶର ପତନ ପାଇଁ ବିଶେଷ ଭୂମିକା ଶ୍ରମିକମାନେଇ ଗ୍ରହଣ କରିଥିଲେ । ଏହାହିଁ ଥିଲା 'ଶ୍ରମିକ ସର୍ବହରା ଗୋଷ୍ଠୀର ସର୍ବପ୍ରଥମ ଆନ୍ଦୋଲନାତ୍ମକ ପନ୍ଥା' ବୋଲି ଲେନିନ୍ ମତବ୍ୟକ୍ତ କରିଥିଲେ ।"[୨୧]

ଏହି ଐତିହାସିକ ଘଟଣାର କ୍ରମ ପରିଣତି ସ୍ୱରୂପ ରଷ ଦେଶରେ ଲେନିନଙ୍କ ନେତୃତ୍ୱରେ ସୁଦୃଢ଼ ଭିତ୍ତିଭୂମି ପ୍ରତିଷ୍ଠା ହୋଇ ସାରିଥିଲା । ରଷିଆରେ ଶ୍ରମିକ

ନେତୃତ୍ୱାଧୀନ ସରକାର ଗଠିତ ହେବା ସହିତ ଇତିହାସରେ ଏକ ନୂତନ ଅଧ୍ୟାୟ ଅୟମାରମ୍ଭ ହୋଇଥିଲା । ଏହା ସମ୍ଭବ ହୋଇଥିଲା କେବଳ 'ଅକ୍ଟୋବର ବିପ୍ଲବ' ଦ୍ୱାରା । ଏହି ବିପ୍ଲବ ସଂଗଠିତ ହେବା ପରେ ପରେ ଲେନିନ୍ କହିଥିଲେ – "ଆମ ଦେଶରେ ବୁର୍ଜୁଆମାନଙ୍କ ବିରୋଧରେ ଆମେ ବିଜୟ ଅର୍ଜନ କରିଛୁ । ଏ ପର୍ଯ୍ୟନ୍ତ ବି ସେମାନେ ଧ୍ୱଂସ ହୋଇନାହାନ୍ତି । ସେଥିପାଇଁ ଆମେ ବୁର୍ଜୁଆମାନଙ୍କ ବିରୋଧରେ ନୂତନ ଉଚ୍ଚତର ଏକ ଲଢ଼େଇର ସମ୍ମୁଖୀନ ହେଉଛୁ ଆଉ ଏ ଲଢ଼େଇ ହେଉଛି ବୁର୍ଜୁଆମାନଙ୍କୁ ଉତ୍‍ଖାତ କରିବାର ଅତି ସହଜ ଦାୟିତ୍ୱଠାରୁ ଏପରି ଏକ ପରିସ୍ଥିତି ନିର୍ମାଣର ବହୁତ ବେଶୀ ଜଟିଳ ଓ କଷ୍ଟସାଧ୍ୟ ଦାୟିତ୍ୱକୁ ଉତ୍ତରଣ ଲଢ଼େଇ, ଯେଉଁ ପରିସ୍ଥିତିରେ ବୁର୍ଜୁଆମାନଙ୍କର ଆବିର୍ଭାବ ବି ଅସମ୍ଭବ ହୋଇ ପଡ଼ିବ ।"[୧୧]

ଉଲ୍ଲେଖନୀୟ ଯେ, ଯେଉଁ ମାର୍କ୍ସବାଦୀ ତତ୍ତ୍ୱକୁ ଲେନିନ୍ ସର୍ବୋଚ୍ଚ ପର୍ଯ୍ୟାୟରେ ଉପନୀତ କରାଇବାକୁ ସମର୍ଥ ହୋଇଥିଲେ, ଏହାର ପ୍ରଧାନ ମାଧ୍ୟମ ଥିଲା ସାହିତ୍ୟ । ସାହିତ୍ୟକୁ ମାଧ୍ୟମ କରି ପ୍ରଥିବାର କୋଣେ ଅନୁକୋଣେ ଏହାର ଅନୁଭବ କଲେ ଜନସାଧାରଣ । ଊନବିଂଶ ଶତକର ଶେଷ ଓ ବିଂଶ ଶତକର ଆରମ୍ଭରେ ରଷ‍ରେ ଯେଉଁ ଯୁଗାନ୍ତକାରୀ ପରିବର୍ତ୍ତନ ଘଟିଲା ତାହା ସମସାମୟିକ ସାହିତ୍ୟିକ ବାତାବରଣକୁ ମଧ୍ୟ ପ୍ରଭାବିତ କଲା । ଯାହାର ପ୍ରତିଫଳନ ମାକ୍‍ସିମ୍ ଗର୍କୀ, ମାୟୋକଭସ୍କି, ୟେସେନିନ୍ ପ୍ରଭୃତି ସାହିତ୍ୟ ସ୍ରଷ୍ଟାମାନଙ୍କ ରଚନାରେ ଦୃଷ୍ଟିଗୋଚର ହୁଏ । ଗର୍କୀଙ୍କର ଦି ସଙ୍ଗ୍ ଅଫ ଫାଲ୍‍କର, ଦି ଷ୍ଟର୍ମ ପେଟେଲ, ମଦର ଇତ୍ୟାଦି କୃତିଗୁଡ଼ିକରେ ବୈପ୍ଲବିକ ମୂଲ୍ୟବୋଧ ସହ ଜୀବନ ପ୍ରତି ପ୍ରଗାଢ଼ ନିଷ୍ଠା ଏବଂ ଅନୁରାଗର ଧାରା ପରିଲକ୍ଷିତ । ଏ ସମ୍ପର୍କରେ ବିଶିଷ୍ଟ ଗବେଷକ ଡଃ ବିଜୟ କୁମାର ଶତପଥୀ ମତବ୍ୟକ୍ତ କରନ୍ତି –

"ସୋଭିଏତ ସାହିତ୍ୟ ଓ ଅକ୍ଟୋବର ବିପ୍ଲବ ସମ୍ପର୍କରେ ଆଲୋଚନା କଲାବେଳେ ମାକ୍‍ସିମ୍ ଗର୍କୀଙ୍କର ନାମ ମନକୁ ସ୍ୱତଃ ଆସେ । ଗର୍କୀଙ୍କ ରଚନାରେ ଯେଉଁ ବୈପ୍ଲବିକ ମୂଲ୍ୟବୋଧ ରହିଥିଲା, ତାହା ତାଙ୍କୁ ରଷିଆର ଜଣେ ବିଶିଷ୍ଟ ସମାଜବାଦୀ ବାସ୍ତବତାର ଚିନ୍ତକ ଭାବେ ପ୍ରତିପାଦନ କରିଅଛି ।"[୧୨]

ସୁତରାଂ ରଷିଆରେ ସାମ୍ୟବାଦୀ ବିପ୍ଲବ, କମ୍ୟୁନିଷ୍ଟ ଶାସନ ପ୍ରତିଷ୍ଠା ସହିତ ସାହିତ୍ୟର ଗଭୀର ଅନ୍ତଃସ୍ୱରଟି ସଂଯୁକ୍ତ ହୋଇ ରହିଅଛି ।

୧.୮ ଭାରତବର୍ଷରେ ପ୍ରଗତିବାଦୀ ସାହିତ୍ୟର ଆଦ୍ୟ ଓଁକାର :

ମାର୍କ୍ସବାଦର ପ୍ରଭାବରେ ଗଢ଼ିଉଠିଥିବା ସଂଗଠନମାନ ସାରା ଭାରତବର୍ଷରେ ବୈପ୍ଲବିକ ଚିନ୍ତାଧାରାକୁ ପ୍ରସାରିତ କରିବାରେ ଗୁରୁତ୍ୱପୂର୍ଣ୍ଣ ଭୂମିକା ଗ୍ରହଣ କରିଛି । ହିନ୍ଦୀ ଓ ବଙ୍ଗଳା ଲେଖକମାନେ ଏହି ଦିଗରେ ବିଶେଷ ଉଲ୍ଲେଖନୀୟ ପଦକ୍ଷେପ ଗ୍ରହଣ କରିଥିଲେ । "ଅକ୍ଟୋବର ବିପ୍ଲବ ସଂଗଠିତ ହେବା ପୂର୍ବରୁ ଔପନ୍ୟାସିକ ବଙ୍କିମ ଚନ୍ଦ୍ର 'ସାମ୍ୟ' ନାମକ ବଙ୍ଗଳା ପ୍ରବନ୍ଧ ରଚନା କରିଥିଲେ । ସେଥିରେ ସାମାଜିକ ବୈଷମ୍ୟ ବିରୋଧରେ ପ୍ରଗତିବାଦର ସ୍ୱର ଅନୁରଣିତ ହୋଇଥିଲା ଏବଂ ଏହା ଥିଲା ଭାରତରେ ପ୍ରଗତିବାଦର ଚିନ୍ତା-ଚେତନାର ଆଦ୍ୟ ଓଁକାର ।"[୧୪]

ବଙ୍ଗ ପ୍ରଦେଶ ଥିଲା ଜାତୀୟ ମୁକ୍ତି ଆନ୍ଦୋଳନର ପ୍ରଧାନ କେନ୍ଦ୍ରସ୍ଥଳୀ । ଈଷ୍ଟ ଇଣ୍ଡିଆ କମ୍ପାନୀ କଳକାରଖାନା ପ୍ରତିଷ୍ଠା କରିବା 'ଳରେ ପୁଞ୍ଜିର ସୃଷ୍ଟି, ମାଲିକାନା ଓ ଶ୍ରମିକ ଶ୍ରେଣୀ ମଧ୍ୟ ସୃଷ୍ଟି ହେଲା । ପୁଞ୍ଜିପତିର ଶୋଷଣ ମନୋବୃତ୍ତି ପରିଚ୍ଛନ୍ନ ରୂପ ମଧ୍ୟ ସ୍ପଷ୍ଟ ହୋଇ ଉଠିଲା । ୧୮୭୨ ମସିହାରେ ଶଶୀପଦ ବାନାର୍ଜୀ ନାମକ ବ୍ୟକ୍ତି 'ଶ୍ରମଜୀବୀ ସଂଘ' ନାମକ ଏକ ସଂଗଠନ କରି ଶ୍ରମିକ ଶ୍ରେଣୀର ଉତ୍ଥାନ ନିମିତ୍ତ ଉଦ୍ୟମ କଲେ । ତାଙ୍କ ବ୍ୟତୀତ ରେଭରେଣ୍ଡ ଲାଲ୍ ବିହାରୀ ଦେ ଓ ଅଧର ଚନ୍ଦ୍ର ଦାସଙ୍କ ନେତୃତ୍ୱ ମଧ୍ୟ ଏ କ୍ଷେତ୍ରରେ ସ୍ମରଣୀୟ । ବିଶ୍ୱକବି ରବୀନ୍ଦ୍ରନାଥ ମଧ୍ୟ ରଷର ଅକ୍ଟୋବର ବିପ୍ଲବକୁ ପ୍ରଶଂସା କରି ପ୍ରବନ୍ଧ ଲେଖିଥିଲେ । "ସର୍ବହରା ଶ୍ରମିକମାନେ ହେଉଛନ୍ତି ଶକ୍ତିଶାଳୀ ପ୍ରକୃତିର । ସେମାନେ ପୃଥିବୀର ସକଳ ସମ୍ପଦର ହକଦାର । କାରଣ ସେମାନେ ଲହୁ ଲୁହ ନିଗାଡ଼ି ଶିଳ୍ପ ପ୍ରାଚୁର୍ଯ୍ୟ ତିଆରି କରନ୍ତି ।"[୧୫] ସେହିପରି ସୁରେନ୍ଦ୍ରନାଥ ଠାକୁରଙ୍କର ଲେନିନ୍ ପ୍ରବନ୍ଧ, ଅତୁଲ ସେନ୍ଙ୍କର 'ବିପ୍ଲବର ପଥେ' ଇତ୍ୟାଦି ଉଲ୍ଲେଖନୀୟ । କବି ରବୀନ୍ଦ୍ର ତାଙ୍କ 'ଦୀପିକା'ରେ ବୈପ୍ଲବିକ କବିତା ଲେଖିଥିବା ସ୍ଥଳେ କାଜି ନଜରୁଲ ଇସ୍ଲାମଙ୍କର 'ପ୍ରଳୟୋଲ୍ଲ୍ମ', 'ସଂଚିତା', 'ଏଗୁନ୍ଜାଲ' କବିତାଗୁଡ଼ିକ ପ୍ରଗତିବାଦୀ କାବ୍ୟ ପରମ୍ପରାର ମୂଳଦୁଆ ସଦୃଶ ବିଚାର୍ଯ୍ୟ ।

ଏହି ସମୟଖଣ୍ଡରେ ରୁଷିଆର ରସୁଲ, ଗାମ କାର୍ଡ଼ଉ, ମିଖାଇଲଦୁଢ଼ିନ୍, ନିକୋଲାଇ ତିଖୋନୋଭ, ଏ'ଗେନି ଏ'ତୁ ସେଂକୋ, ଜର୍ଜିଆର ଟ୍ରିଗୋଲ୍ ଆବାଶିକ, ଆଜାର ବୈଜାନ୍ର–ରସୁଲ ରାଜା, ଏନ୍ବାର ଏଲିବେଲି, ଉଜ୍ବେକିସ୍ତାନର

ଜୁଲ୍‌ଆ ଚୀନ୍‌ର ଲିଉ, ତୁସୁଟି ଫାଁ, ଜେନ୍‌ଟିନ୍, ଲୋ ହେ ହ୍‌ସିନ୍, ହିଁ-ଛୋ, ଏଲ୍
ସାଲ୍ ଭାଦ୍ଦାରର କବି ବ୍ଲାରିବେଲ ଆଲୋପ୍ରିୟା, ଆର୍ଜେଣ୍ଟାଇନାର କବି ହୁୟାନ୍
ହେଲମ୍ୟାନ୍, ଚିଲିର ନିକାନୋର ଆଦି ବିଶ୍ୱବିଦିତ କବିଙ୍କର କବିତା ଓ ଜୀବନାଦର୍ଶ
କବିତାରେ ପ୍ରତି‘ଳିତ ହେବା ‘ଳରେ ଭାରତୀୟ ଜାତୀୟବାଦୀ ଚେତନାର ଉଚ୍ଛ୍ୱାଳ
ସଙ୍ଗେ ପ୍ରଗତିବାଦୀ କବିତାର ଶତଦଳ ପ୍ରସ୍ଫୁଟିତ ହୋଇଥିଲା।[୩୯]

୧.୯ ସର୍ବଭାରତୀୟ ପ୍ରଗତିବାଦୀ ଲେଖକ ସମ୍ମିଳନୀ :

୧୯୩୫ ମସିହାରେ ଭାରତୀୟ ସମାଜରୁ ଛାୟାବାଦ ବା ରହସ୍ୟବାଦ
ଅପସରିଯାଏ। ପ୍ରତିଷ୍ଠା ହୁଏ ସମାଜବାଦୀ ସୋସଲିଷ୍ଟ ପାର୍ଟି ଓ କମ୍ୟୁନିଷ୍ଟ ବା
ସାମ୍ୟବାଦୀ ଦଳ। ସେତେବେଳେ କମ୍ୟୁନିଜ୍‌ମ୍‌କୁ ସମାଜବାଦ ଅର୍ଥରେ ବ୍ୟବହାର
କରାଯାଉଥିଲା। ସାମ୍ୟବାଦୀ ଦଳ ୧୯୩୮ ମସିହାରେ ଜନ୍ମନିଏ। ୧୯୩୫
ମସିହାରେ ଲକ୍ଷ୍ମୌଠାରେ ନିଖିଳ ଭାରତ ପ୍ରଗତି ସଂଘ ସ୍ଥାପିତ ହେବା ସହିତ
ଏହାର ମହାସମ୍ମେଳନ ଅନୁଷ୍ଠିତ ହୋଇଥିଲା। ହିନ୍ଦୀ ସାହିତ୍ୟର କଥା ସମ୍ରାଟ୍
ପ୍ରେମଚାନ୍ଦ ଓ ଯୋଗମଲିହା ବାଦୀ ଏହାର ନେତୃତ୍ୱ ଗ୍ରହଣ କରନ୍ତି। ପ୍ରଗତିବାଦୀ
ଆଭିମୁଖ୍ୟ ବହନ କରି ପ୍ରେମଚାନ୍ଦଙ୍କ ସମ୍ପାଦନାରେ ସମ୍ପାଦିତ ହୁଏ ‘ହଂସ’ ପତ୍ରିକା।
ଏଣୁ ଭାରତୀୟ ପ୍ରଗତିବାଦୀ ସାହିତ୍ୟର ପିତୃତ୍ୱ ଅର୍ପଣ କରାଯାଏ ପ୍ରେମଚାନ୍ଦଙ୍କୁ।
“ଏଥିରେ ସମ୍ମିଳନୀରେ ମୂଲକରାଜ ଆନନ୍ଦ, ବଙ୍ଗଲାର ନଜରୁଲ ଇସଲାମ,
ଓଡ଼ିଶାରୁ ପାଟଣା ବିଶ୍ୱବିଦ୍ୟାଳୟର ଛାତ୍ର ଦୀନବନ୍ଧୁ ସାହୁ, ଭଗବତୀ ପାଣିଗ୍ରାହୀ,
ସଦାଶିବ ମିଶ୍ର ଯୋଗଦାନ କରିଥିଲେ। ଶୋଷଣହୀନ, ଜାତି ଓ ଧର୍ମହୀନ ସମାଜ
ପ୍ରତିଷ୍ଠା ଏହି ପ୍ରଗତି ସଂଘର ଆହ୍ୱାନ ଥିଲା।”[୪୧] ୧୯୩୪-୩୫ ମସିହାରେ
ପଣ୍ଡିତ ଜବାହରଲାଲ ନେହେରୁଙ୍କ ନେତୃତ୍ୱରେ କଂଗ୍ରେସର କିଛି ପ୍ରଗତିକାମୀ
ଯୁବକ କଂଗ୍ରେସ ସୋସଲିଷ୍ଟ ପାର୍ଟି ଗଢ଼ି ଭାରତରେ ମାର୍କ୍ସବାଦ / ପ୍ରଗତିବାଦର
ପ୍ରତିଷ୍ଠା ପାଇଁ ସଂଗ୍ରାମର ଆବାହନ କରନ୍ତି, ଯାହାର ପ୍ରଭାବ ଓଡ଼ିଶାର କଂଗ୍ରେସ
ଦଳରେ ପଡ଼ିଥିଲା ଏବଂ ଏହି ଆଭିମୁଖ୍ୟ ନେଇ ଗଠନ କରାଯାଇଥିଲା ଓଡ଼ିଶା
କଂଗ୍ରେସ ସାମ୍ୟବାଦୀ କର୍ମ ସଂଘ। ଏଥିରେ ସୁରେନ୍ଦ୍ରନାଥ ଦ୍ୱିବେଦୀ ଓ ନବକୃଷ୍ଣ
ଚୌଧୁରୀଙ୍କ ଭଳି ନେତୃବୃନ୍ଦ ସହମତି ପୂର୍ବକ ନେତୃତ୍ୱ ନେଇଥିଲେ। ଏଠାରେ
ଉଲ୍ଲେଖଯୋଗ୍ୟ ଯେ, ୧୯୩୬ ମସିହାରେ ନବକୃଷ୍ଣ ଚୌଧୁରୀ ସମାଜବାଦୀ

ଚିନ୍ତାଧାରାରେ ଜଗତ୍‍ସିଂହପୁରଠାରେ ଅଲକା ଆଶ୍ରମ କରି ତାଙ୍କ ପତ୍ନୀ ମାଲତୀ ଚୌଧୁରୀଙ୍କ ସହ ସମାଜବାଦୀ କାର୍ଯ୍ୟାରମ୍ଭ କରିଥିଲେ ଯାହାର ମୁଖପତ୍ର ଥିଲା 'ସାରଥି' ।

୧.୧୦ ପ୍ରଗତିବାଦୀ ଆନ୍ଦୋଳନ ଓ ନବଯୁଗ ସାହିତ୍ୟ :

ସାହିତ୍ୟ ମନୋରଞ୍ଜନ ପାଇଁ ଅଭିପ୍ରେତ ନୁହେଁ । ସତ୍ୟର ଘୋଷଣା ଓ ଜନଗଣଙ୍କ ମାର୍ଗଦର୍ଶନ ନିମନ୍ତେ ସାହିତ୍ୟର ସୃଷ୍ଟି । ଏହାର ପ୍ରଭାବରେ ସାମାଜିକ ବିପ୍ଳବ ସୃଷ୍ଟି ହୋଇଥାଏ । ବିପ୍ଳବର ଦୁଇଟି ଡେଣା, ଗୋଟିଏ ସାହିତ୍ୟ ଅନ୍ୟଟି ସଂଗୀତ; ଯାହା ମାଧ୍ୟମରେ ମଣିଷ ଭିତରେ ନୂତନ ସ୍ପନ୍ଦନ ସୃଷ୍ଟି ହୋଇପାରେ । ଭୁଲ ଠିକ୍‍ର ଠିକଣା ଜାଣିପାରେ । ତେଣୁ ସାହିତ୍ୟକୁ ଉଦ୍‍ଭାବନ କରାଯାଇ ଜନଗଣଙ୍କ ନିକଟକୁ ଛଡ଼ାଯାଏ । ଯୁଗ ଯୁଗ ଧରି ସାହିତ୍ୟ ବା କବିତା ସମାଜରେ ଆଲୋଡ଼ନ ସୃଷ୍ଟି କରି ଆସିଛି । ଭାରାକ୍ରାନ୍ତ ଜୀବନକୁ ଯଥା ସ୍ଥାନରେ ଅଭିଷିକ୍ତ କରାଇବା ସ୍ରଷ୍ଟାର ଦାୟିତ୍ୱ । ସାହିତ୍ୟର ଗୁରୁତ୍ୱ କିପରି ବିପ୍ଳବ କ୍ଷେତ୍ରରେ ନିହିତ ତାହା ମାଓ ସେତୁଙ୍ଗଙ୍କଠାରୁ ଆମେ ଜାଣିପାରିବା ।

"We are not in favour of overemphasizing the importance of literature and art. But neither we must underestimate it. Although literature and art are subordinate to politics, they in term exert an tremendous influence on politics. Revolutionary literature and politics are part of a revolutionary programme. They are indispensable parts of the entire revolution movements."[୨୪]

ସାହିତ୍ୟ ପ୍ରତି ଅହେତୁକ ଗୁରୁତ୍ୱ ଦେବା ସପକ୍ଷରେ ଆମ୍ଭେ ମତଦାନ କରୁ କିନ୍ତୁ ନ୍ୟୁନବୋଧ କରାଯାଇପାରେନା । ଯେହେତୁ ସାହିତ୍ୟ ଓ କଳା ରାଜନୀତିର ଏକାନ୍ତ ସହଯୋଗୀ । କିନ୍ତୁ ବୈପ୍ଳବିକ ରାଜନୀତିର ଏହା ଏକ ଅବିଚ୍ଛେଦ୍ୟ ଅଙ୍ଗ । ଏଣୁ ସାହିତ୍ୟ ଅପରିହାର୍ଯ୍ୟ । ନଚେତ ସାମାଜିକ ବିପ୍ଳବ ସ୍ଥାଣୁ ପାଲଟିଯିବ । ବିଶେଷ ଭାବେ ଯୁବ ସମ୍ପ୍ରଦାୟଙ୍କ ପାଇଁ ସାହିତ୍ୟ ଏକ ଶାଣିତ ତରବାରୀ ତୁଲ୍ୟ । ସାମ୍ୟବାଦୀ ଚିନ୍ତା ଚେତନାର ପ୍ରସାରଣ ନିମନ୍ତେ ପ୍ରଗତିଶୀଳ ଶିକ୍ଷିତ ଯୁବକ ଏକଜୁଟ୍ ହୋଇ ସାହିତ୍ୟ ସୃଷ୍ଟି ହେଲା । ଲକ୍ଷ୍ମୀଠାରେ ଅଧିବେଶନରେ ଯୋଗଦାନ ପରେ ଓଡ଼ିଶାରେ

ସେହି ବର୍ଷ ଡିସେମ୍ବର ମାସ ଶେଷ ସପ୍ତାହରୁ ୧୯୩୬ ମସିହା ଜାନୁୟାରୀ ୫ ତାରିଖ ପର୍ଯ୍ୟନ୍ତ ସବୁଜଯୁଗର ସ୍ରଷ୍ଟା କାଳିନ୍ଦୀ ଚରଣ ପାଣିଗ୍ରାହୀଙ୍କ ଅଧ୍ୟକ୍ଷତାରେ ଏକ ସଭା ଅନୁଷ୍ଠିତ ହୋଇଥିଲା । କବି ଅନନ୍ତ ପଟ୍ଟନାୟକଙ୍କ ଲିଖିତ କବିତାକୁ ଶ୍ରୀମତୀ ମାଳତୀ ଦେବୀ ଲଳିତ କଣ୍ଠରେ ଗାନ କରିଥିଲେ । ଶ୍ରୀରାମଚନ୍ଦ୍ର ଭବନରେ ବାଣୀପୀଠ ସେହି ସଂଗୀତର ଅପୂର୍ବ ମୂର୍ଚ୍ଛନାରେ କେବଳ ମୁଖରିତ ହୋଇ ନଥିଲା; ଶହ ଶହ ଲୋକଙ୍କ ହୃଦୟରେ ଜାଗରଣ ସୃଷ୍ଟି କରିଥିଲା । ଗୀତଟି ଥିଲା ଏହିପରି –

“ନବୀନ ଯୁଗର ତରୁଣ ଜାଗରେ

ଜାଗବନ୍ଧନ ହରା

ଲକ୍ଷେ ଜୀବନ ବକ୍ଷେ ଶୋଣିତ

ଖେଳାଅ ଆଲୋକ ଧାରା ।”(୩୦)

ଦୀର୍ଘ ୬ ଦିନ ବ୍ୟାପୀ ଚାଲିଥିବା ଏହି ଅଧିବେଶନରେ କେବଳ ଯେ ସାହିତ୍ୟ ଆଲୋଚନା କରାଯାଉଥିଲା ତା’ ନୁହେଁ; ବରଂ ଇତିହାସ ଦର୍ଶନ, ଅର୍ଥନୀତି ଓ ରାଜନୀତି ଉପରେ ଆଲୋକପାତ କରାଯାଉଥିଲା । ସଂସଦର ପ୍ରଥମ ଅଧିବେଶନର ସଭାପତି ଥିଲେ କାଳିନ୍ଦୀଚରଣ ପାଣିଗ୍ରାହୀ, ଭଗବତୀ ପାଣିଗ୍ରାହୀଙ୍କ ବଡ଼ଭାଇ ଅନ୍ୟ ଦିନର ଅଧିବେଶନଗୁଡ଼ିକରେ ଅଧ୍ୟାପକ ହରିବନ୍ଧୁ ମହାନ୍ତି, ଦର୍ଶନ ବିଭାଗର ଅଧ୍ୟାପକ ମୋହିନୀ ମୋହନ ସେନାପତି, ଇତିହାସ ବିଭାଗର ଅଧ୍ୟାପକ ଘନଶ୍ୟାମ ଦାସ, ସମାଜ ବିଜ୍ଞାନ ବିଭାଗର ଅଧ୍ୟାପକ ଲକ୍ଷ୍ମୀନାରାୟଣ ସାହୁ, ସାହିତ୍ୟ ବିଭାଗରେ ଶ୍ରୀ ହରିହର ମହାପାତ୍ର ପ୍ରମୁଖ ସଭାପତିତ୍ୱ କରିଥିଲେ । ଏହି ଆନ୍ଦୋଳନର ମୁଖପତ୍ର ଭାବେ ଆତ୍ମପ୍ରକାଶ କରିଥିଲା ଆଧୁନିକ । ମାତ୍ର ୬ଟି ସଂଖ୍ୟା ‘ଆଧୁନିକ’ ପ୍ରକାଶ ପାଇଥିଲେ ହେଁ ତାହାର ପ୍ରଭାବ ଥିଲା ସୁଦୂର ପ୍ରସାରୀ । ଭଗବତୀ ଚରଣଙ୍କର ଏହି ଅଭିନବ ଉଦ୍ୟମ ସମ୍ପର୍କରେ ପ୍ରଫେସର ନିତ୍ୟାନନ୍ଦ ଶତପଥୀ ମତବ୍ୟକ୍ତ କରିଛନ୍ତି – “ଏପରି ଏକ ସଂଗଠନ ଗଢ଼ିବା ପଛରେ ନିଶ୍ଚିତ ଭାବେ ଭଗବତୀ ଚରଣଙ୍କ ଚିନ୍ତାଧାରା ତା ୨୧.୦୬.୧୯୩୫ରେ ପ୍ୟାରିସ ଠାରେ ଅନୁଷ୍ଠିତ ହୋଇଥିବା ବିଶ୍ୱଶାନ୍ତି କଂଗ୍ରେସର ପ୍ରଭାବ ଜୀବନ୍ତ ଥିଲା । କାରଣ ଏହି ସମ୍ମେଳନରେ ମୁଖ୍ୟତଃ ୟୁରୋପ ଓ ଏସିଆର ବିଶିଷ୍ଟ ସାହିତ୍ୟିକମାନେ

ଏକତ୍ରିତ ହୋଇଲେ । ୍‍ ଏହି ମର୍ମରେ ଏକ ସାଂସ୍କୃତିକ ସମ୍ମିଳନୀ କରି ନୂତନ ସାହିତ୍ୟ ସୃଷ୍ଟି ନିମନ୍ତେ ବାତାବରଣ ସୃଷ୍ଟି କରିବା ସ୍ୱର୍ଗତ ଭଗବତୀ ଚରଣଙ୍କ ସାମାଜିକ ନେତୃତ୍ୱ ଓ ଦୂରଦୃଷ୍ଟିର ପରିଚୟ ଦିଏ ।"(୩୧) ଏହି ନବଯୁଗ ସାହିତ୍ୟର ପ୍ରାଣ ପ୍ରତିଷ୍ଠାତା ବିପ୍ଲବୀ ଭଗବତୀ ପାଣିଗ୍ରାହୀ କ୍ଷୀଣଜୀବୀ ଥିଲେ ସତ, ମାତ୍ର ତାଙ୍କର ସ୍ୱକ୍ଳସୃଷ୍ଟି 'ଆଧୁନିକ' ପତ୍ରିକାର ଅବଦାନ ଓଡ଼ିଆ ସାହିତ୍ୟ ପାଇଁ ଅତୁଳନୀୟ । ଭଗବତୀ ପାଣିଗ୍ରାହୀ ୧୯୦୮ ମସିହା ଫେବୃଆରୀ ୨ ତାରିଖରେ ପୁରୀ ଜିଲ୍ଲାର ବିଶ୍ୱନାଥପୁରରେ ଜନ୍ମଗ୍ରହଣ କରିଥିଲେ । ମାତ୍ର ୧୯୪୩ ମସିହା ଅକ୍ଟୋବର ମାସରେ ମୃତ୍ୟୁବରଣ କରିଥିଲେ । ତାଙ୍କ ସମ୍ପର୍କରେ ସମାଲୋଚକ ଡଃ ବାସୁଦେବ ଦାସ ଉଲ୍ଲେଖ କରନ୍ତି ଯେ, "ସେ ମାତ୍ର ୩୫ ବର୍ଷ ବୟସରେ ଇହଲୀଳା ସାଙ୍ଗ କରିଥିଲେ । ମାତ୍ର ଏହି ରେଖାଙ୍କିତ କେତୋଟି ବର୍ଷ ଯେ ଇତିହାସର ଯାତ୍ରାପଥରେ ଏକ ସଚେତନ ବିନ୍ଦୁ ଓ ଗୋଟିଏ ଅଧ୍ୟାୟ ହୋଇ ରହିଯାଇଛି ମହାକାଳକୁ ଟକ୍କର ଦେଇ । ମାର୍କ୍ସୀୟ ଚେତନା ସମ୍ମିଳିତ ସାହିତ୍ୟ ସୃଷ୍ଟିର ସମଗ୍ର ପିତୃତ୍ୱ ଓଡ଼ିଶାରେ ତାଙ୍କରି । ପରିମାଣାତ୍ମକ ଦୃଷ୍ଟିରୁ ସୃଷ୍ଟି ଅତି ନଗଣ୍ୟ, ମାତ୍ର ଗୁଣାତ୍ମକ ଦୃଷ୍ଟିରୁ ସୃଷ୍ଟି ସମୂହ ସାର୍ଥକ ।"

ଆନ୍ତର୍ଜାତିକ ଚେତନାର ଭିତ୍ତିଭୂମି ଉପରେ ଗଢ଼ିଉଠେ 'ନବଯୁଗ ସାହିତ୍ୟ ସଂସଦ' । ଏହି 'ନବଯୁଗ ସାହିତ୍ୟ ସଂସଦ'ରେ ପ୍ରଣୀତ ପ୍ରବନ୍ଧମାନ 'ନବଭାରତୀ' ବିଶେଷାଙ୍କରେ ପତ୍ରସ୍ଥ କରାଯାଇଥିଲା, ମନୀଷୀ ନୀଳକଣ୍ଠ ଦାସ ଏହି ପ୍ରବନ୍ଧକୁ ଉଚ୍ଚ ପ୍ରଶଂସା କରିଥିଲେ । ଆଧୁନିକର ମାତ୍ର ଛ' ଗୋଟି ସଂଖ୍ୟା ଆତ୍ମପ୍ରକାଶ ପାଇଥିଲା । ସେଥିରେ ଆଧୁନିକ ସମ୍ପର୍କରେ ଭଗବତୀ ଉଲ୍ଲେଖ କରିଥିଲେ ଯେ, "ଯାହା ମାନବକୁ କର୍ମକ୍ଷେତ୍ରକୁ ପ୍ରଧାବିତ କରାଏ, ଯାହା କର୍ମର ଉଦ୍ଦୀପନା ମାନବ ମନରେ ଆଣିଦେବ, କିନ୍ତୁ ଆରାମ ଚୌକିରେ ବସି ପଢ଼ିବା ଯୋଗ୍ୟ ସୂକ୍ଷ୍ମ– ସୌଖୀନ ସାହିତ୍ୟ ପାଇଁ ଆଧୁନିକର ସ୍ଥାନ ପ୍ରଶସ୍ତ ନୁହେଁ ।" ତାଙ୍କର ଅଙ୍ଗୀକାରବଦ୍ଧତା କବିତା, ଗଳ୍ପ ଓ ପ୍ରବନ୍ଧରେ ପ୍ରମାଣିତ । ଗଳ୍ପଗୁଡ଼ିକ ମଧ୍ୟରେ 'ମାୟାତୀତ', 'ଜୀବନର ସମାଧି', 'ମିଶ୍ରଙ୍କ କୋପନା ବଞ୍ଚିତା', 'ମଜଲିସ', 'ଶିକାର', 'ମୃତ୍ୟୁର ବିବେଚନୀ', 'ଝଡ଼', 'ଆରମ୍ଭ ଓ ଶେଷ', 'ହାତୁଡ଼ି ଓ ଦା', 'ମୀମାଂସା ଓ ଜଙ୍ଗଲି' ପ୍ରଭୃତି ୧୨ଟି ଗଳ୍ପ ଓଡ଼ିଆ ପ୍ରଗତିଶୀଳ ସାହିତ୍ୟକୁ ଅପୂର୍ବ ଅବଦାନ । ଏହି

ସାହିତ୍ୟର ସାମାଜିକ ଆବେଦନ ଅତ୍ୟନ୍ତ ଉପଯୋଗୀ। ଏହି ସାହିତ୍ୟର ଗୁରୁତ୍ୱ ସମ୍ପର୍କରେ ସାହିତ୍ୟିକ ପଠାଣି ପଟନାୟକ କହନ୍ତି: "ସର୍ବହରା ଓ ଶୋଷିତ ଶ୍ରେଣୀଙ୍କୁ ଜାଗ୍ରତ କରିବା ପାଇଁ ପ୍ରଗତିବାଦୀ ଲେଖକମାନେ ସଚେତନ ଥିଲେ। ନୂତନ ସାମ୍ୟବାଦୀ ଆନ୍ଦୋଳନ ସେମାନଙ୍କ ମନୋରାଜ୍ୟରେ ନୂତନ ଉଚ୍ଚେଜନା ସୃଷ୍ଟି କରୁଥିଲା। ସେମାନେ ଚାହୁଁଥିଲେ ଗଣଙ୍କ ପାଇଁ ସାହିତ୍ୟ ସୃଷ୍ଟି କରିବେ ଏବଂ ସାହିତ୍ୟ ସମାଜର ବିପ୍ଳବର ବାଣୀ ବହନ କରି ଅଗ୍ରସର ହେବ। ଏକ ସାମନ୍ତବାଦୀ ସମାଜରେ ଗଣ ସାହିତ୍ୟ ସୃଷ୍ଟି ସମ୍ଭବ ନୁହେଁ। କାରଣ ସେଠାରେ ଶୋଷଣର ଭୂମିକା, ଦାସତ୍ୱର ଭିତ୍ତି ଏବଂ ଗୋଷ୍ଠୀଭିତ୍ତିକ ଭୂମିକା ଅପରିହାର୍ଯ୍ୟ। ତେବେ ସେ ସମାଜରେ ସାଧାରଣ ସାହିତ୍ୟ ମଧ୍ୟରେ ଶ୍ରେଣୀ ସଂଘର୍ଷର ଭିତ୍ତି ଉପରେ ଗଣମୁକ୍ତିର ଭୂମିକା ଗ୍ରହଣ କରି ଯେଉଁ ସାହିତ୍ୟ ଗଢ଼ିଉଠିଛି, ତାହାକୁ ପ୍ରଗତିଶୀଳ ଗଣସାହିତ୍ୟ ବୋଲି ଆଖ୍ୟାୟିତ କରାଯାଇଛି।"(୩୩)

ସ୍ୱପ୍ନବିଲାସୀ ସବୁଜ କବିଗଣ 'ମାଟିର ମଣିଷ' ପାଖକୁ ଅବତରଣ କଲେ। ସ୍ୱପ୍ନର ମାୟାର ସେମାନଙ୍କୁ ବାନ୍ଧି ରଖିପାରିଲା ନାହିଁ। ଏ ସମ୍ପର୍କରେ ଗବେଷକ ଡକ୍ଟର ବାସୁଦେବ ଦାସଙ୍କ ମନ୍ତବ୍ୟ ଉଲ୍ଲେଖନୀୟ- "ନିମ୍ନ ଶ୍ରେଣୀର ଲୋକଙ୍କ ହିତସାଧନରେ କବି ସଚେତନ ହୋଇଉଠେ। ଓଡ଼ିଆ ସାହିତ୍ୟରେ ଶ୍ରେଣୀହୀନ, ଶୋଷଣହୀନ ବାର୍ତ୍ତା ମୁଦ୍ରିତ ହେବା ସଙ୍ଗେ ସଙ୍ଗେ ଅନ୍ଧବିଶ୍ୱାସ, କୁସଂସ୍କାର, ଧର୍ମାନ୍ଧତା ମୂଳରେ କୁଠାରଘାତ ପାଇଁ ସ୍ୱର ତୀବ୍ର ହୁଏ। ପାରମ୍ପରିକ ଈଶ୍ୱର ବିଶ୍ୱାସ ବିରୋଧରେ ବ୍ୟଙ୍ଗାତ୍ମକ ଦୃଷ୍ଟିଭଙ୍ଗୀ ପ୍ରକାଶିତ ହୁଏ। କାଳିନ୍ଦୀଚରଣଙ୍କ ପ୍ରଗତିଶୀଳ ସୃଷ୍ଟି 'ପୁରୀ ମନ୍ଦିର'ରେ ଏକ ପ୍ରକାର ସଫଳତା ଲାଭ କରେ। 'ଜୟ ଭଗବାନ' କବିତାରେ ଭଗବାନଙ୍କୁ ଜଣେ ଅତ୍ୟାଚାରୀ ଶାସକ ଭାବେ ଚିତ୍ରଣ କରାଯାଇଛି। ସେହିପରି ତାଙ୍କ 'ସୁନା' କବିତାରେ ସାମ୍ୟବାଦୀ ଚିନ୍ତାଧାରାର ଏକ ଉକ୍ରୁଷ୍ଟ ପ୍ରତିଫଳନ ପରିଲକ୍ଷିତ ହୁଏ। ଯାଦୁଘର, କିଏ ଶଳା ସଇତାନ ଉଚ୍ଚା ସୃଷ୍ଟିରେ ଫେରିଆସିଛି ପ୍ରତିବଦ୍ଧତାର ସ୍ୱର। ଏଥିରେ ପୁରୋହିତ, ଧର୍ମ, ଭଗବାନ, ଧର୍ମାତ୍ମାମାନଙ୍କୁ ତୀବ୍ର ତାଚ୍ଛଲ୍ୟ କରାଯାଇଛି। ଆଜିର ଧର୍ମ ଓ ଅଧ୍ୟାତ୍ମ ଚିନ୍ତନ ନୈତିକ ପ୍ରଗତିର ସହାୟକ ନୁହେଁ ବରଂ ଉଚ୍ଚ ବର୍ଗର ସୁବିଧାବାଦୀ ଗୋଷ୍ଠୀଙ୍କ ଅନ୍ୟାୟ ଅତ୍ୟାଚାରକୁ ଢାଙ୍କିବାର ଏହା। ଏକ ଘୋଡ଼ଣି ସଦୃଶ। ଦୀନ ଦଳିତ ଓ ଶୋଷିତଙ୍କ ପାଇଁ କବି

କାଳିନ୍ଦୀଚରଣଙ୍କର 'କିଏ ଶଳା ସଇତାନ' କବିତାରେ ଝରିପଡ଼ିଛି ଉଷ୍ଣ ସମ୍ବେଦନଶୀଳତା । ଓଡ଼ିଆ ପ୍ରଗତିବାଦୀ କବିତାର ଉନ୍ମେଷ କ୍ଷେତ୍ରରେ କବି କାଳିନ୍ଦୀଚରଣ ପାଣିଗ୍ରାହୀ ଜଣେ ଅଗ୍ରଜୟୀ ସ୍ରଷ୍ଟା ହେବା ପାଇଁ ହକ୍‌ଦାର ।"[୩୪] କବି କାଳିନ୍ଦୀଚରଣ ସବୁଜ ଚେତନାର କବି ଭାବେ ଯେତିକି ପ୍ରଶଂସନୀୟ ପ୍ରଗତିବାଦୀ କବି ଭାବେ ସେତିକି ସ୍ମରଣୀୟ । ଯେଉଁ କବି କାଳିନ୍ଦୀଚରଣ ଦିନେ ନିଜର ଶରୀର ତ୍ୟାଗ କରି ଈଶ୍ୱରଙ୍କ ଶରୀରରେ ଲୀନ ହେବାର କଳ୍ପନା କରିଥିଲେ । ସେହି କବି ସ୍ୱର ବଦଳାଇ ଈଶ୍ୱର ବିରୋଧରେ ଗାଇ ଉଠିଛନ୍ତି –

"ବୁଦ୍ଧ ଯୀଶୁଙ୍କ ମନ୍ତ୍ର କାହିଁବା

କାହିଁ ମହମ୍ମଦ ଖୋଦା

ସବୁ ଦିଅଁ ଆଜି ବଳି ଲୋଡ଼ିଲେଣି

ମଣିଷ ହୋଇଛି ବୋଦା ।"[୩୫]

ଶୋଷଣର ମାୟାରୁ ମଣିଷକୁ ମୁକ୍ତି କରିବା ପାଇଁ କାର୍ଲମାର୍କ୍ସ ଧର୍ମକୁ ଅଁଫିମ ନିଶା ଭାବେ ବର୍ଣ୍ଣନା କରିଥିଲେ, ସେହି ଭାବାଦର୍ଶ କାଳିନ୍ଦୀଙ୍କ କବିତାରେ ଅନ୍ତରଙ୍ଗ ଭାବେ ମେଦୁରିତ । ଢେଙ୍କାନାଳ ରାଜ ଅତ୍ୟାଚାର ଓ ଶୋଷଣକୁ ନେଇ କବି କାଳିନ୍ଦୀବାବୁ 'ମୁକ୍ତାଗଡ଼ର କ୍ଷୁଧା' ଉପନ୍ୟାସ ରଚନା ପୂର୍ବରୁ ରାଜ ଅତ୍ୟାଚାର ଉପରେ କବିତା – ଛଦ୍ମ ନାମରେ ଲେଖିଥିଲେ ତାହା ବାଜିରାଉତ ସମେତ ତା'ର ସାଥୀମାନଙ୍କୁ ପ୍ରଦାନ କରିଛି କାଳଜୟୀ ଅମରତ୍ୱ –

"ଆସ ଲକ୍ଷ୍ମଣ, ଆସ ନଟ, ରଘୁ ଗୁରି

ହୁରୁଷୀ ପ୍ରଧାନ ବଜାରେ ମରଣ ତୁରୀ

ଡର ନାହିଁ, ଡର ନାହିଁ

ବାର ବରଷର ବାଜିରାଉତ ସେ

ମରିନାହିଁ ମରିନାହିଁ ।"[୩୬]

ଏଠାରେ ଲକ୍ଷ୍ମଣ, ନଟ, ରଘୁ, ଗୁରି, ହୃଷୀଙ୍କ ଭଳି ସାଧାରଣ ଯୁବକମାନଙ୍କୁ ସ୍ୱାଧୀନତାର ସଂଗ୍ରାମ ଭୂମିକୁ ଆହ୍ୱାନ କରାଯାଇଅଛି । ସଚି ବାବୁଙ୍କ ବାଜିରାଉତ

ଓ କାଳିନ୍ଦୀ ବାବୁଙ୍କ ବାଜିରାଉତ ମଧ୍ୟରେ କାଳିନ୍ଦୀଙ୍କ ଅମରତ୍ୱ ହିଁ ବୈଶିଷ୍ଟ୍ୟ ପାଲଟିଯାଇଛି । ସମାଜରେ ଲଢ଼େଇ ଓ ଦ୍ୱନ୍ଦ ଏକ ଐତିହାସିକ ସତ୍ୟ । ଏହା ସବର୍ଣ୍ଣର – ସବର୍ଣ୍ଣରଭ'ସ ବା ଥିଲାବାଲା ନଥିଲାବାଲା ମଧ୍ୟରେ ସଂଗ୍ରାମର ସୂତ୍ରପାତ କରିଆସିଛି । ଏ ସମ୍ପର୍କରେ ସମାଲୋଚକ ନିତ୍ୟାନନ୍ଦ ଶତପଥୀଙ୍କ ଉକ୍ତି ଉଦ୍ଧାର କରାଯାଇପାରେ – "ସମାଜରେ ଥିଲା – ନଥିଲାର ପ୍ରାଚୀର ଉପରେ ସେ ବୋମାମାଡ଼ କରିବାକୁ ଚାହାଁନ୍ତି । ତେଣୁ ସବୁ ସାମ୍ୟବାଦୀ କବିଙ୍କ ଚିନ୍ତା ପରି କାଳିନ୍ଦୀଚରଣ ଶ୍ରେଣୀମୁକ୍ତ ସମାଜ ହିଁ ତାଙ୍କ କବିତାର ଲକ୍ଷ୍ୟ ଦୃଢ଼ ନିଶ୍ଚିତ ।"[୩୭]

> "କବିତା ଗଢ଼େ ଏକ ବିରାଟ ସମାଜର
>
> ସବୁରୀ ପାଇଁ ଯଦି ବଣ୍ଟୁରେ ହେଲେ ଘର ।
>
> ସକଲେ ଲଭିବାକୁ ମୁଠାଏ ଦୁଧଭାତ
>
> ଯୋଗ୍ୟ ଯେତେ ଯହି ବାଳକ ବାଳିକା ତ ।
>
> ଦୁଇଟା ଲୁଗା ଜାଗା ସବୁରି ପାଇଁ ମିଲେ
>
> ପଢ଼ିବା ପାଇଁ ବାଧା କାହାରି ନାହିଁ ତିଲେ ।
>
> ବେକାର ରହିବାକୁ ନାହିଁଟ ଅଧିକାର
>
> ସବୁରି ପାଇଁ କାମ ଯୋଗାଏ ସରକାର ।
>
> କହିବା ପାଇଁ କଥା ସବୁରି ଦାବି ଅଛି
>
> ମୁଁ ସେଇ ସମାଜର କବିତା ବସେ ରଚି ।"[୩୮]

ମଣିଷ ସମାଜରେ ବଞ୍ଚିବା ପାଇଁ ସର୍ବନିମ୍ନ ମୌଲିକ ଦାବି ସଂପର୍କରେ କବିତାରେ ପ୍ରକାଶ କରି କାଳିନ୍ଦୀଚରଣ ପ୍ରଗତିବାଦୀ ଚେତନାକୁ ସ୍ୱଷ୍ଟ କରିଛନ୍ତି ।

୧.୧୧ ସବୁଜ ସମସାମୟିକ ପ୍ରଗତିବାଦୀ କବି :

କବି ବୈକୁଣ୍ଠନାଥ ପଟ୍ଟନାୟକ :

ସବୁଜ ଭାବାଦର୍ଶର ରୋମାଣ୍ଟିକ କବି ବୈକୁଣ୍ଠ ପଟ୍ଟନାୟକ ପଞ୍ଚସବୁଜସଖାଙ୍କ ମଧ୍ୟରେ ଅନ୍ୟତମ । ସେ ପ୍ରେମର 'ଲଗୁକୁ ପଛ କରିଦେଇ ସାମ୍ୟର ରଙ୍ଗରେ ରଙ୍ଗୀନ ହୋଇଛନ୍ତି । ମଝିରେ ରହସ୍ୟବାଦୀ କବିତା ଲେଖି ଚର୍ଚ୍ଚିତ

ହୋଇଥିଲେ ମଧ ପ୍ରଗତିବାଦୀ କବିତା କେତେକ ତାଙ୍କୁ ମାର୍କ୍ସୀୟ ଭାବନାର କବି ଭାବେ ଅଭିନନ୍ଦିତ କରେ । ତାଙ୍କ କବିତାରେ ଅଛି ନିଚ୍ଛକ ବାସ୍ତବତା । ବନ୍ୟା– ନଦୀ ବଢିର ବନ୍ୟା ଓ ବିଭୀଷିକା ଭାବେ ବର୍ଣ୍ଣିତ ହେବାବେଳେ ବନ୍ୟାବି ମାର୍କ୍ସବାଦର ପ୍ଲାବନ ହୋଇପାରେ । ତାଙ୍କ କବିତାରେ ଦେଖିବା ଏ ରୂପେ ସାମ୍ୟବାଦର ପରୀକ୍ଷାନିରୀକ୍ଷା –

"ସାମ୍ୟବାଦୀ ଦେଶସେବୀ
ଧନି ସୌଧେ ଅଙ୍ଗୁଲି ଦର୍ଶାଇ
ତର୍କ କହେ ଧ୍ୱଂସ ବିନା ଦରିଦ୍ରର
ଅନ୍ୟ ଗତି ନାହିଁ ।
ପରଅଙ୍ଗ ପୃଷ୍ଟ ଯେତେ
ନିବସନ୍ତି ବିଲାସ ବ୍ୟସନେ
ଗତ୍ୟନ୍ତର ନାହିଁ ଯେବେ
ନ ମିଶିବେ ମାଟିର ସେ ରଙ୍ଗେ ।"(୩୯)

ସମାଜ ବ୍ୟବସ୍ଥାର ଆର୍ଥ–ସାମାଜିକ ବ୍ୟବଧାନରେ ଜଣେ ଭୋଗ ବିଲାସରେ ମାତୁଥିବା ବେଳେ ଦରିଦ୍ରର ଚୁଲି ଜଳେ ନାହିଁ । ଏହି ଶ୍ରେଣୀର ଜନତା ପାଇଁ ତାଙ୍କର ସମ୍ବେଦନଶୀଳତା ପ୍ରକାଶ ପାଇଛି । ଗଡଜାତ ରାଜ ଅତ୍ୟାଚାର ସଂପର୍କରେ ଅନେକ ମନଛୁଆଁ କବିତା ସେ ରଚନା କରିଛନ୍ତି ।

ଅନନ୍ତ ପଟ୍ଟନାୟକ :

ନବଯୁଗ ସାହିତ୍ୟ ସଂସଦର ଅନ୍ୟତମ କାଣ୍ଡାରି ଅନନ୍ତ ପଟ୍ଟନାୟକ ପୁରୀ ଜିଲ୍ଲାର ଚଣାହାଟ ଗ୍ରାମରେ ୧୯୧୨ ମସିହା ଜୁନ୍ ୧୨ ତାରିଖରେ ଜନ୍ମଲାଭ କରିଥିଲେ । ଅନନ୍ତ ଓ ଗୁରୁଚରଣ ଭ୍ରାତୃ ଦ୍ୱୟ ବାଲ୍ୟରୁ ପିତା ଜୟକୃଷ୍ଣ ଓ ମାତା ମହାଦେଇଙ୍କୁ ହରାଇ ସଂଘର୍ଷମୟ ଜୀବନ ବିତାଇଥିଲେ । ସମାଜର ବାସ୍ତବତା ତାଙ୍କ ମାନସପଟରେ ଅଙ୍କିତ ହୋଇଥିଲା । ପୂର୍ବରୁ କଥିତ ଅଛି ନବଯୁଗ ସାହିତ୍ୟ ସଂସଦରେ ତାଙ୍କର ପ୍ରମୁଖ ଭୂମିକା ଥିଲା । ତାଙ୍କ ବିରଚିତ କବିତା ଉଦ୍‌ଘାଟନୀ ସଂଗୀତ ରୂପେ ଗାନ କରାଯାଇଥିଲା । ଅନନ୍ତ କଲିଜିଏଟ୍ ସ୍କୁଲରେ ଅଧ୍ୟନ

କଳାବେଳେ ଟେଷ୍ଟ ପରୀକ୍ଷାରେ ପ୍ରଶ୍ନ ଆସିଥିଲା– ୫ସ୍ଫକ୍ୟୟରଭୟ୍ୟସ୍ୱ ସ୍ୱଫକ୍ୟୟସରୟ ବଭୟ ୟୱରୟକ୍କ୍ଭୟୟସଭୟସକ୍ଷସଫୟସରୟ ଅନନ୍ତ ପ୍ରଶ୍ନର ଉତ୍ତର ଦେବା ସହିତ ସମସ୍ତ ଛାତ୍ରଙ୍କୁ ସ୍ୱାଧୀନତା ସଂଗ୍ରାମରେ ଭାଗ ନେବା ଏକ ପ୍ରମୁଖ କର୍ତ୍ତବ୍ୟ ବୋଲି ଲେଖି ପ୍ରଧାନ ଶିକ୍ଷକଙ୍କ ରୋଷର ଶିକାର ହୋଇ ରଷ୍ଟିକେଟେଡ଼ ହେବା ପର୍ଯ୍ୟନ୍ତ କଥା ଯାଇଥିଲା। ମାତ୍ର ରାଧାନାଥ ଟ୍ରେନିଂ ସ୍କୁଲର ପ୍ରଧାନଶିକ୍ଷକ ଅଣ୍ଡରସନ୍ ସାହେବଙ୍କ ହସ୍ତକ୍ଷେପ ଯୋଗୁଁ ଅନନ୍ତ ବହିଷ୍କୃତ ହୋଇ ନଥିଲେ। ରେଭେନ୍ସା କଲେଜରେ ଅନନ୍ତ ପ୍ରବେଶ କରିବା ସମୟରେ ବିଶ୍ୱନାଥ ପଶାଏତ, ବୈଦ୍ୟନାଥ ରଥ ଏବଂ ଭଗବତୀ ପାଣିଗ୍ରାହୀଙ୍କ ସାନ୍ନିଧ୍ୟ ଲାଭ କରନ୍ତି। ପରେ ପରେ ନବକୃଷ୍ଣ ଚୌଧୁରୀ, ମାଲତୀ ଚୌଧୁରୀଙ୍କ ନେତୃତ୍ୱରେ କଂଗ୍ରେସ-ସୋସଲିଷ୍ଟ ଫୋରମ୍ ଗଠିତ ହେବା ପରେ – ଭଗବତୀ ପାଣିଗ୍ରାହୀ, ନୀଳମଣି ରାଉତରାୟ, ଗୋକୁଳ ମୋହନଙ୍କର ଯୋଗଦାନରେ ବୈପ୍ଳବିକ କାର୍ଯ୍ୟକ୍ରମ ତ୍ୱରାନ୍ୱିତ ହୋଇଯାଏ। "୧୯୩୪-୩୫ ମସିହାରେ 'ନବଭାରତ' ପତ୍ରିକାରେ ପ୍ରକାଶ ପାଏ 'ସମାଧାନ' ଓ 'ଦେବତା ନାହାନ୍ତି ଭୁବନ ବନେ' ଏବଂ ପରବର୍ତ୍ତୀ ସମୟରେ ତାଙ୍କ ଶାଣିତ ଅଥଚ ନିର୍ଭୀକ ପ୍ରତିଭାର ସ୍ଫୁରଣ ଘଟେ।"[୪୦]

ଜଣେ ସାର୍ଥକ ମାର୍କ୍ସବାଦୀ କବି ଭାବରେ ଭଗବାନଙ୍କ ଅସ୍ତିତ୍ୱକୁ ସେ ସ୍ୱୀକାର କରିପାରି ନାହାନ୍ତି। ଏ ସଂସାରରେ ଅନ୍ୟାୟ, ଅଧର୍ମ ଓ ଶୋଷଣ ଠାକୁର / ଭଗବାନ ଓ ଧର୍ମକୁ କେନ୍ଦ୍ରକରି। ସମାଧାନ କବିତାରେ ଏହି ପ୍ରସଙ୍ଗ ଅନୁଶୀଳିତ ହୋଇଛି। ଏତାଦୃଶ ବ୍ୟବସ୍ଥା ପାଇଁ ମଣିଷ ହିଁ ଦାୟୀ। ତାହାର ଅକ୍ଷତା, ସଂକୀର୍ଣ୍ଣତା ଓ ଭାବପ୍ରବଣତା ପ୍ରାୟତଃ ଦାୟୀ ବୋଲି ଦୃପ୍ତ କଣ୍ଠରେ ଘୋଷଣା କରନ୍ତି କବି –

"କାହିଁ ଭଗବାନ, କାହିଁବା ସ୍ୱର୍ଗ କହ

କାହା ପାଇଁ ବସି ଗଡ଼ାଅ କାଷ୍ଟ ମାଲି ?

ଛାଡ଼ିଦିଅ ପଥ, ନବୀନ ଆଲୋକ ଜାଳି

ତରୁଣ ବାହିନୀ ଛୁଟୁରେ ଦର୍ପ ଭରେ।"[୪୧]

୧୯୩୫ ମସିହାରେ ବି.ଏ ପାଶ କଲାପରେ ଅନନ୍ତ ଆଇନ୍ ମହାବିଦ୍ୟାଳୟରେ ଅଧ୍ୟୟନ କରନ୍ତି। ସେଠାରେ ତାଙ୍କ ନେତୃତ୍ୱରେ 'ଛାତ୍ର ସଂଘ'

ପ୍ରତିଷ୍ଠା ଲାଭକରେ। ୧୯୩୫ ମସିହା ଜୁନ୍ ୨୧ ତାରିଖରେ ପ୍ୟାରିସ ସହରରେ ପ୍ରଖ୍ୟାତ ଲେଖକ ଗର୍କୀ, ରୋମାରୋଲା ପ୍ରମୁଖଙ୍କ ନେତୃତ୍ୱରେ ଫାସିବାଦ ବିରୋଧରେ ସଭା ଅନୁଷ୍ଠିତ ହୁଏ। ଏହାର ପ୍ରଭାବ ସମଗ୍ର ବିଶ୍ୱରେ ପଡ଼େ। ଏହି ପ୍ରଭାବରେ ଯୁବନେତା ଭଗବତୀ ପାଣିଗ୍ରାହୀ ବିଶେଷ ପ୍ରଭାବିତ ହୋଇ ୧୯୩୫ ମସିହା ନଭେମ୍ବର ୨୯ ତାରିଖରୁ ଡିସେମ୍ବର ୪ ତାରିଖ ଯାଏ କଟକ ଶ୍ରୀରାମଚନ୍ଦ୍ର ଭବନରେ ନବଯୁଗ ସାହିତ୍ୟ ସଂସଦର ଅଧିବେଶନ ଡାକନ୍ତି। ଅନନ୍ତ ପଟ୍ଟନାୟକଙ୍କର ରଚନା ପ୍ରାରମ୍ଭିକ ସଂଗୀତ ଭାବେ ଏଠାରେ ଗାନ କରାଯାଇଥିଲା – ଏହା ପୂର୍ବରୁ ଉଲ୍ଲେଖ ଥିବାରୁ ଅଧିକ ଆଲୋଚନା ନିଷ୍ପ୍ରୟୋଜନ।

ଡକ୍ତର ବାସୁଦେବ ଦାସ କବି ଅନନ୍ତ ପଟ୍ଟନାୟକଙ୍କ ସହିତ ୧୯୯୪ ମସିହାରେ ପାରାଦ୍ୱୀପ (ଆରିଷ୍ଟୋକ୍ରାଟ୍ ହୋଟେଲ)ଠାରେ ଆୟୋଜିତ ସଭାରେ ମୁଖ୍ୟବକ୍ତା ଭାବେ ଯୋଗଦାନ କରି ଯେଉଁ ବକ୍ତବ୍ୟ ଦେଇଥିଲେ ତାହା ତାଙ୍କ ସମାଲୋଚନା ପ୍ରସଙ୍ଗ ଓ ପୁସ୍ତକରେ ଲିପିବଦ୍ଧ କରିଛନ୍ତି। ପ୍ରକାଶ ଥାଉକି, କବି ରବି ସିଂ ମଧ୍ୟ ଏହି ମଞ୍ଚରେ ଥିଲେ ସମ୍ମାନନୀୟ ଅତିଥି। ଡଃ ଦାସ କହନ୍ତି, "ଅନନ୍ତଙ୍କ କବିତା ଯଦିଚ ସାମ୍ପ୍ରତିକ ରାଜନୀତିରେ ସାମ୍ୟବାଦ ଉପରେ ସମ୍ପୂର୍ଣ୍ଣ ଆସ୍ଥାଶୀଳ, ତଥାପି ସେ ଗାନ୍ଧିଜୀଙ୍କ ଅହିଂସା ମାର୍ଗରେ ସ୍ୱାଧୀନତା ସଂଗ୍ରାମରେ ଅଂଶଗ୍ରହଣ ପୂର୍ବକ କାରାବରଣ କରିଥିଲେ। ସ୍ୱାଧୀନତା ଆନ୍ଦୋଳନକୁ କେବଳ ଗାନ୍ଧିବାଦୀମାନେ ପ୍ରଖର ବା ପ୍ରଗତିଶୀଳ କରିନାହାନ୍ତି। ସାମ୍ୟବାଦୀ ଗୋଷ୍ଠୀ ଅଧିକ କ୍ରିୟାଶୀଳ ହୋଇଥିଲେ। ଏହି ମାର୍ଗ ହିଁ ମଣିଷ ସମାଜକୁ ସାମାଜିକ, ଆର୍ଥନୀତିକ ପରିବର୍ତନ କ୍ଷେତ୍ରରେ ଦ୍ରୁତ ସଫଳତା ଦେଇପାରିବ ବୋଲି ବିଗତ ସାମ୍ୟବାଦୀ ବିପ୍ଳବରୁ ନିର୍ଣ୍ଣିତ ହୋଇଥିଲା।"(୪୧)

ନିଷ୍ପେଷିତ ଜନଜୀବନର ମୁକ୍ତିର ପିପାସା ଜାଗରଣ ପାଇଁ ଅନନ୍ତ ପଟ୍ଟନାୟକ ଓ ସଚି ରାଉତରାୟଙ୍କ ମିଳିତ ସମ୍ପାଦନାରେ ପ୍ରକାଶ ପାଏ ଫରଙ୍ଗଶିଖା' (୧୯୩୯)। ଉକ୍ତ ସଂକଳନରେ ଅନନ୍ତ ବାବୁଙ୍କର 'ମୁକ୍ତିସଂଗୀତ', 'ଆଗେଇ ଚାଲ', 'ସର୍ବହରା', 'ଆମେ ମୂଲିଆର ଜାତି ଜାଗିବୁ' ଏହି ଚାରିଗୋଟି କବିତା ତାଙ୍କର ବୈପ୍ଳବିକ ଆଭିମୁଖ୍ୟକୁ ଚମତ୍କାର ଭାବେ ଟୋଲି ଧରିଛି।

"ଆମେ ମୂଲିଆର ଜାତି ଜାଗିବୁ

ମରୁଛୁ ତ ନୀତି ଭୋକ ଓପାସରେ

ଥରେ ହେଲେ ଶିର ତୋଳିବୁ

ଆମ ହାଡ଼ମାଂସେ / ଯେ ଗଢ଼ିଲେ କୋଠା

ଆମ ଲୁହ ଶୋଷି ଯେବା ହେଲେ ମୋଟା

ସେଇ ଜମିଦାର ସାହୁକାର କୁଳ

ଆଣ୍ଡପଣ ସବୁ ସାରିବୁ।"

"ଶ୍ରମଜୀବୀ ମଣିଷର ଅବଦାନରେ ଏ ସଭ୍ୟତା ଗଢ଼ିଉଠିଛି। ସମାଜର ପ୍ରାଣପିଣ୍ଡର ସେଇମାନେ ହିଁ ନିର୍ମାତା। ସେମାନଙ୍କର ମୁକ୍ତି ହିଁ ପ୍ରକୃତ ମୁକ୍ତି। ତେବେ ଯାଇ ଶ୍ରେଣୀହୀନ ଶୋଷଣହୀନ ସମାଜ ପ୍ରତିଷ୍ଠା ହୋଇପାରିବ। କବି ଅନନ୍ତ ପଟ୍ଟନାୟକଙ୍କର ଦୃଷ୍ଟିରେ ରହିଛି ନୂତନ ଆହ୍ୱାନର ସ୍ୱର। ପ୍ରଚଳିତ ଲୋକ କଥିତ ଶବ୍ଦାବଳୀର ପ୍ରୟୋଗ ଏକ ବିଚିତ୍ର କାବ୍ୟ ସୁଷମା ଲାଭ କରିଛି। ମୁକ୍ତଛନ୍ଦର ପ୍ରୟୋଗ କରାଯାଇ ମଧ୍ୟ ଆବୃତ୍ତି ସୌନ୍ଦର୍ଯ୍ୟ ତଥା ନୂତନ ଛନ୍ଦ ତାଙ୍କ ରଚନାରେ ଅନୁରଣିତ।"(୪୩)

କବି ସଚ୍ଚିଦାନନ୍ଦ ରାଉତରାୟ :

୧୯୩୫-୩୬ ନୂତନ କାର୍ଯ୍ୟଧାରାରେ ଜଣେ ଅନୁବ୍ରତୀ ଶିଷ୍ଟୀ ତାଙ୍କର କାବ୍ୟ ମନନଶୀଳ ମିଶ୍ରିତ ପ୍ରତିକ୍ରିୟାର ଅଦ୍ଭୁତ ସମାହାର ହେଲେ ମଧ୍ୟ ପ୍ରଗତିବାଦୀ ଚେତନାର ଉତ୍ତର ସାଧିତ ହୋଇଅଛି।(୪୪) ନବଯୁଗ ସାହିତ୍ୟ ସଂସଦ, ସାମ୍ୟବାଦୀ ବିପ୍ଲବର ଏହି ଘୋଷଣା ଓ 'ଆଧୁନିକ'ର ପ୍ରଭାବ କଲେଜ ଛାତ୍ର ସଚ୍ଚିଦାନନ୍ଦ ରାଉତରାୟଙ୍କ ଉପରେ ପ୍ରଭାବ ପକାଇଥିଲା। କବି ତାଙ୍କ ଛାତ୍ରାବସ୍ଥାରେ ଗଡ଼ଜାତ ପ୍ରଜା-ମେଲି, କୃଷକ ଶ୍ରମିକ ଆନ୍ଦୋଳନରେ ସାମିଲ ହୋଇଥିବାରୁ ବିପ୍ଲବକୁ ଜୀବନର ଅଙ୍ଗୀକାର କରି ନେଇଥିଲେ। ତାହାହିଁ ତାଙ୍କ ସୃଜନଶୀଳତାର ପୁଞ୍ଜି ରୂପେ ବିବେଚିତ।

"ଏହି ପୃଷ୍ଠପଟରେ ରଚିତ ହୁଏ ଅଭିଯାନ। ତୋଷାମଦ ପ୍ରିୟ ସ୍ରଷ୍ଟାଙ୍କ ବିରୋଧରେ ସଚ୍ଚି ରାଉତରାୟଙ୍କର ଥିଲା ପ୍ରଚଣ୍ଡ ଆକ୍ରମଣ। ସମସାମୟିକ ସାହିତ୍ୟରେ

ସତ୍‌ସାହସର ଅଭାବ ଦର୍ଶାଇ ସେ 'ଭୀରୁ' ଓ 'ପଲାୟନ ପନ୍ଥୀ' ରୂପେ ଅଭିହିତ କରିଥିଲେ। ସଚିବାବୁ ପ୍ରଥମେ ଘୋଷଣା କରନ୍ତି ଯେ, ସାହିତ୍ୟ ଆର୍ଥନୀତିକ ଅବସ୍ଥା ଦ୍ୱାରା ନିର୍ଣ୍ଣୀତ ହେବାକୁ ବାଧ୍ୟ। ତାଙ୍କର ଏହି ନିର୍ଭୀକ ଉଚ୍ଚାରଣ ଓ ଭାବାଦର୍ଶ 'ମାଟିର ପତଙ୍ଗ' (୧୯୩୬)ରେ ଉଦ୍‌ଘୋଷିତ। ଯୁଗଯୁଗ ଧରି ମଣିଷ ପ୍ରତି ଯେଉଁ ଶୋଷଣ ଅତ୍ୟାଚାର କରାଯାଇଅଛି, କବିତାରେ କବି ତାହାର କୈଫିୟତ୍‌ ମାଗିଛନ୍ତି।"(୪୪) ତହିଁରେ ସାମାଜିକ ବୈଷମ୍ୟ ସ୍ପଷ୍ଟ ପ୍ରତିଫଲିତ ହୋଇଅଛି। ନିରନ୍ନ, ନିଷ୍ପେଷିତ ମଣିଷର ବିଜୟ ସୁନିଶ୍ଚିତ ବୋଲି କବିଙ୍କର ଅଭୟ ପ୍ରତିଶ୍ରୁତି ଓଡ଼ିଆ ପ୍ରଗତିଶୀଳ କବିତାର ଓଜ। ସମଗ୍ର ବିଶ୍ୱ ଜନତାର ଦୁଃଖରାଶିର ଅବସାନ ପାଇଁ ସଚିଦାନନ୍ଦ କାବ୍ୟମାନସ ସଂକଳ୍ପବଦ୍ଧ। ଏହାଛଡ଼ା ସର୍ବହରା ଶ୍ରମଜୀବୀମାନଙ୍କୁ ଏକଜୁଟ୍‌ କରିବା ଦିଗରେ କବିଙ୍କର ବଳିଷ୍ଠ ଭୂମିକା ସ୍ୱୀକୃତ। ତାଙ୍କ ରଚିତ 'ଖାଦ୍ୟ', 'ଭାତ', 'ମୁଲିଆ ଭାଇ', 'ହାତୁଡ଼ି', 'କାରାଗାର' ଓ 'ସର୍ବହରା' ଆଦି କବିତାରେ ପ୍ରଗତିବାଦୀ ଚେତନାର ଉଗ୍ରରୂପ ପ୍ରତିଫଲିତ ହୋଇଅଛି। ଶୋଷିତର କଣ୍ଠରୋଧକୁ କବି ବରଦାସ୍ତ କରିପାରିନାହାନ୍ତି। ଲହୁ ଓ ଲୁହର ବର୍ଣ୍ଣନ ନୀଳ ରକ୍ତର ଦଲିଲକୁ ସଂବେଦନଶୀଲତାରେ ସିକ୍ତ କରିଛନ୍ତି। 'କୋଣାର୍କ', 'ଫାଶୀଖୁଣ୍ଟ', 'କବି ବନ୍ଦନା', 'ମାର ତୁ ଯେତେ ଗୁଲି', 'ଲାଲ ଫଉଜ', ଫରକ୍ତ ଧ୍ୱଜା', 'ଲାଲ ନଭେମ୍ୱର' ଆଦି କବିତାରେ ତାଙ୍କର ଅଗ୍ନିଗର୍ଭ ସ୍ୱର ଝଂକୃତ। " ୧୯୩୯ରୁ ୧୯୪୭ ମଧ୍ୟରେ ରଚିତ 'ପାଣ୍ଡୁଲିପି' କାବ୍ୟରେ ବିଶ୍ୱଯୁଦ୍ଧ ଜନିତ ହତାଶା, ମୋହଭଙ୍ଗ ପ୍ରତିଫଲିତ ନ ହୋଇ ଶୋଷକ ଅତ୍ୟାଚାରୀ ଶ୍ରେଣୀ ତଥା ଫାସିଷ୍ଟ ଗୋଷ୍ଠୀ ବିରୋଧରେ ଜୁଗୁପ୍ସା ସୃଷ୍ଟି କରି ପ୍ରଗତିବାଦୀ ଦର୍ଶନକୁ ମଜଭୁତ କରି ପାରିଛନ୍ତି ସଚି ରାଉତରାୟ।"(୪୬)

ସଚି ରାଉତରାୟଙ୍କଠାରୁ ଓଡ଼ିଆ କବି ପରମ୍ପରାରେ ଭାବ ଓ ରୀତିରେ ନୂତନତ୍ୱ ପରିଲକ୍ଷିତ ହୁଏ। "ଜ୍ଞାନପୀଠ ପୁରସ୍କାର ବିଜୟୀ କବି ସ୍ୱର୍ଗତଃ ରାଉତରାୟଙ୍କ ସୃଷ୍ଟି ସମ୍ଭାର ସଦା ରୁଚିଶୀଳ ଓ ଚେତନାଦୀପ୍ତ। ସବୁଠୁଁ ବଡ଼କଥା – 'ତାଙ୍କର ଛୋଟ ମୋର ଗାଁଟି' ସାଧାରଣ କଥାବସ୍ତୁରେ ମଣ୍ଡିତ ହୋଇଥିଲେ ହେଁ ସେଥିରେ ରହିଛି ସମାଜବାଦୀ ବାସ୍ତବତା। ସଚିବାବୁ ଜ୍ଞାନପୀଠ ପୁରସ୍କାର ଲାଭ ପରେ ସଚି-ସୁରେନ୍ଦ୍ର କଲହ ଖବରକାଗଜ (ସମାଜ)ରେ ପ୍ରକାଶ ପାଇଥିଲା।

ସେହି ଦ୍ବନ୍ଦ୍ବର ଏକ ସୀମାରେ 'ପ୍ରଗତିଶୀଳ କବି କଲମଧାରୀ' ଅନୁଷ୍ଠାନର ସଭାପତି ଡ଼ ବାସୁଦେବ ଦାସ ଗୋଟିଏ ଲେଖା ସମାଜରେ ପ୍ରକାଶ କରିଥିଲେ; ଯାହାର ବିଷୟବସ୍ତୁ ଥିଲା କବି ସଚ୍ଚିଦାନନ୍ଦ ରାଉତରାୟଙ୍କ ସମଗ୍ର କବିତାରେ ଡାଇଲେକ୍ଟିକାଲ ମ୍ୟାଟେରିଲିଜିମ୍ ଥିବାରୁ ସେ ପ୍ରକୃତ ପ୍ରଗତିଶୀଳ ଲେଖକ ମାତ୍ର ସୁରେନ୍ଦ୍ର ମହାନ୍ତିଙ୍କ ଗଳ୍ପରେ ସେହି ଶ୍ରେଣୀ ସଚେତନତା ଓ ଦ୍ବନ୍ଦ୍ବାତ୍ମକ ବସ୍ତୁବାଦ ନଥିବାରୁ ସେ ପ୍ରଗତିବାଦୀ ସ୍ରଷ୍ଟାର ଗୌରବ ପାଇପାରିନାହାନ୍ତି । ଏହି ଛୋଟ ନିବନ୍ଧ ପ୍ରକାଶ ପାଇବା ପରେ ଉଭୟଙ୍କ ମଧ୍ୟରେ ଥିବା ଦ୍ବନ୍ଦ୍ବର ଅବସାନ ଘଟିଥିଲା ।"[୪୨]

ଗଡ଼ଜାତ ଆନ୍ଦୋଳନ ପରିପ୍ରେକ୍ଷୀରେ ବାଜିରାଉତକୁ ପୋଲିସ ଗୁଳିର ଶିକାର ହେବାକୁ ପଡ଼େ । ୧୯୩୮ ମସିହା ଅକ୍ଟୋବର ୧୦ ତାରିଖରେ ବାଜିରାଉତକୁ ଗୁଳିମାଡ଼ ହେବା ସହିତ ତା'ର ସାଥୀମାନଙ୍କୁ ମଧ୍ୟ ସହିଦ ହେବାକୁ ପଡ଼ିଥିଲା । କବି ବାଜି ରାଉତଙ୍କୁ ନେଇ କବିତା ରଚନା କରି ବିଶ୍ବପ୍ରସିଦ୍ଧ ହୋଇପାରିଛନ୍ତି । ତାଙ୍କର ଏହି ପୁସ୍ତକ 'ଫର୍ଟ ପୋଏମ୍ସ ଏଣ୍ଡ ବୋଟ୍ ମ୍ୟାନ୍ ବ୍ଏ' କବିତା ଆନ୍ତର୍ଜାତିକ ଖ୍ୟାତି ଆଣିଦେବା ସହିତ ତରୁଣ ସଂଗ୍ରାମୀଗଣ ସ୍ବାଧୀନତା ସଂଗ୍ରାମକୁ ଲକ୍ଷ ପ୍ରଦାନ କରିଥିଲେ । ବାଜିରାଉତ ଭଳି ଏକ ଐତିହାସିକ ଚରିତ୍ର ଅବତାରଣା ବୋଧହୁଏ ଏଠାରେ ଅପ୍ରାସଙ୍ଗିକ ହେବ ନାହିଁ ।

ସୁତରାଂ କବି ସଚି ରାଉତରାୟଙ୍କ ଅଜସ୍ରସ୍ରାବୀ ଲେଖନୀରୁ ଅନେକ କାଳଜୟୀ ସୃଷ୍ଟି ପ୍ରଗତିଶୀଳ ସାହିତ୍ୟକୁ ସୁସମୃଦ୍ଧ କରିଅଛି । ପାଥେୟ ପୂର୍ଣ୍ଣିମା, ଅଭିଯାନ, ରକ୍ତଶିଖା, ବାଜିରାଉତ, ପଲ୍ଲିଶ୍ରୀ, ପାଣ୍ଡୁଲିପି, ଅଭିଯାନ, ହସନ୍ତ, ଭାନୁମତିର ଦେଶ, ଏସିଆର ସ୍ବପ୍ନ, ସ୍ବର୍ଗତ, ମାୟୋକୋ ଭର୍ଷ୍କ, କବିତା ସଂଗ୍ରହ, ୧୯୬୨, ୧୯୫୯, ୧୯୬୧, ୧୯୮୩, ୧୯୮୧, ୧୯୫୦, ୨୦୦୪ କବିତା ସଂକଳନଗୁଡ଼ିକ ସଚି ରାଉତରାୟଙ୍କୁ ଅମର କରିରଖିଥିବ । ସେ ହିଁ ଭଗବତୀଙ୍କ ପରେ ଓଡ଼ିଆ ପ୍ରଗତିବାଦୀ କବିତାର ମାର୍ଗଦର୍ଶକ ।

୧.୧୨ ସହିଦ ବାଜିରାଉତ ଓ ସମସାମୟିକ ସାହିତ୍ୟ:

ଓଡ଼ିଶାରେ ଭଗବତୀ ଚରଣ ପାଣିଗ୍ରାହୀଙ୍କ ମାର୍ଗଦର୍ଶନରେ ପରିଚାଳିତ କଂଗ୍ରେସ ସୋସିଆଲିଷ୍ଟ ପାର୍ଟିର ସର୍ବମାନ୍ୟ ନେତା ଥିଲେ ନବକୃଷ୍ଣ ଚୌଧୁରୀ, ମାଲତି ଦେବୀ, ପ୍ରାଣନାଥ ପଟନାୟକ, ମୋହନ ଦାସ, ଗତିକୃଷ୍ଣ ସ୍ବାଇଁ, ଗୋକୁଲ

ମୋହନ ରାୟ ଚୂଡ଼ାମଣି, ଗୁରୁଚରଣ ପଟନାୟକ, ରବିଘୋଷ ପ୍ରମୁଖ ନେତୃବର୍ଗ । "ପ୍ରାଣନାଥଙ୍କ ସଭାପତିତ୍ୱରେ ଜୟପ୍ରକାଶ ନାରାୟଣଙ୍କ ଉପସ୍ଥିତିରେ ଓଡ଼ିଶାରେ କଂଗ୍ରେସ – ସୋସାଲିଷ୍ଟ ପାର୍ଟିର ଯେଉଁ ବୈଠକ ବସିଲା । ତାହାର ସମ୍ପାଦକ ହେଲେ ଭଗବତୀ ଚରଣ ପାଣିଗ୍ରାହୀ ଓ ତାଙ୍କ ନେତୃତ୍ୱରେ କୃଷକ ସଭାର ପରିବ୍ୟାପ୍ତ ହେବା ସଙ୍ଗେ ସଙ୍ଗେ ଗଡ଼ଜାତ ପ୍ରଜା ବିଦ୍ରୋହ ମଧ୍ୟ ଘନୀଭୂତ ହୋଇଥିଲା ।"[୪୮]

ଏଣେ ଗଡ଼ଜାତ ପ୍ରଜାମଣ୍ଡଳ ଆନ୍ଦୋଳନ ୧୯୩୮ ଅକ୍ଟୋବର ୧୦ ତାରିଖରେ ବାଜି ରାଉତ ଓ ଅନ୍ୟ ପାଞ୍ଚ ଜଣ ସହିଦଙ୍କର ବଳିଦାନ 'ଲରେ ଜ୍ୱଳନ୍ତ ଶିଖା ଉତ୍ତୋଳନ କଲା । ୧୯୩୮ ଅକ୍ଟୋବର ୧୨ ତାରିଖରେ ବାଜିରାଉତ, ନଟ, ରଘୁ, ହୃଷୀ, ଗୁରି ଓ ଲକ୍ଷ୍ମଣଙ୍କ ପ୍ରଭୃତିଙ୍କୁ ନେଇ ଯେଉଁ ବିରାଟ ଗୋଲ ପଟୁଆର ରାଜଧାନୀ କଟକରେ ଚାଲିଥିଲା, ତାହାର ମୁଖ୍ୟ ଶକଟ ବାହକ ଥିଲେ ବିଶ୍ୱନାଥ ପଣ୍ଠାୟତ, ସଚି ରାଉତରାୟ, ଅନନ୍ତ ପଟନାୟକ ଓ ଗୋବିନ୍ଦ ମହାନ୍ତି ।

କଟକ ରେଳଷ୍ଟେସନ । ଶବମାନଙ୍କୁ ଧରି 'ନିପାଳ ଓ ବଳଦେବ ଲାଲା ଓହ୍ଲାଇଥିଲେ । ସାରା ଭାରତବର୍ଷ ଓ ଓଡ଼ିଶାରେ ଏହି ଗୁଲିକାଣ୍ଡ ଛ' ରଥୀଙ୍କୁ ସହିଦତ୍ୱ ଏକ ବିସ୍ଫୋରକ ଆବେଗ ସୃଷ୍ଟି କରିଥିଲା । ବିଭିନ୍ନ ଇଂରାଜୀ ଓ ପ୍ରାନ୍ତୀୟ ଖବର କାଗଜରେ ଏହା ପ୍ରମୁଖ ସମ୍ବାଦ ହୋଇ ବାହାରିଥିଲା । ଜାତୀୟ ନେତାମାନେ ଏହି ଘଟଣାର ତୀବ୍ର ନିନ୍ଦାବାଦ କରିଥିଲେ । ଅଜସ୍ର ଜନତା – ଯୁବଛାତ୍ର ଛୁଟି ଯାଇଥିଲେ ସେମାନଙ୍କର ପ୍ରାଣପ୍ରିୟ ସହିଦ ପରିଜନଙ୍କୁ ପାଛୋଟି ଆଣିବାକୁ । ସେମାନେ ଆଉ ଶବ ନୁହନ୍ତି, ମୃତ୍ୟୁର ଅମୃତମୟ ସ୍ୱର୍ଗର ସେମାନେ ଆଜି ସାମନ୍ତବାଦ ବିରୋଧୀ କ୍ରାନ୍ତିର ସବାକ୍ ତଥା ସଜୀବ ଯୋଦ୍ଧା । ଶବର (ଘରବୟ ଭକ୍ତୟଛ) ପୋଷ୍ଟମର୍ଟମ୍ ହୋଇଥିଲା କଟକ ବଡ଼ ମେଡ଼ିକାଲରେ । ଛାତ୍ରମାନେ ୭/୮ ଗୋଷ୍ଠୀରେ ବିଭକ୍ତ ହୋଇ ସହର ସାରା ପ୍ରଚାର କଲେ । ସହିଦମାନଙ୍କର ବାର୍ତ୍ତା ଗଳିଗଳିରେ ପହଞ୍ଚିଲା । ଅପରାହ୍ନ ୪ ଘଟିକାବେଳକୁ କଟକ ମେଡ଼ିକାଲରୁ ସହିଦମାନଙ୍କର ଅନ୍ତିମଯାତ୍ରାର ପଟୁଆର ଚାଲିବ । "ସେଦିନ କଟକ ନଗରର ରାସ୍ତାଘାଟରେ ଜନାକୀର୍ଣ୍ଣ । ଯେପରି ମହାଯାତ୍ରାର ମହାନାଟକ ଅଭିନୀତ ହେବାକୁ ଯାଉଛି । ଛ' ସହୀଦଙ୍କ ଛ' ଶଗଡ଼ ମିଳିଲା । ଶଗଡ଼ିଆମାନଙ୍କୁ ଶବ ନେବା ପାଇଁ ଶଗଡ଼ ଦେବାକୁ ଛାତ୍ରମାନେ ଅନୁରୋଧ କରନ୍ତେ ସେମାନେ ସଙ୍ଗେ ସଙ୍ଗେ ରାଜି

ହୋଇଗଲେ ।”(୪୯) ପ୍ରବଳ ଉଦ୍ଦୀପନା ଶୋକ ତଥା ଆବେଗରେ ପ୍ଲାବିତ ଜନସାଧାରଣ, ସ୍ତ୍ରୀଲୋକେ ଶୋକରେ ଅଧିରା ଥିଲେ । ବାଜି, ନଟ, ରଘୁ, ହୃଷୀ, ଗୁରି ଓ ଲକ୍ଷ୍ମଣ ନାମ ପରିବ୍ୟାପ୍ତ ହୋଇଛି ଜନତା ମୁଖରେ । ପ୍ରଜା ମଣ୍ଡଳ ଜିନ୍ଦାବାଦ୍, ବାଜିରାଉତ ଜିନ୍ଦାବାଦ, ରାଜଶଙ୍କର ପ୍ରତାପ – ମୁର୍ଦ୍ଦାବାଦ । ମଙ୍ଗଳାବାଗ ଛକରେ ପଟୁଆର ଶବ ଶୋଭାଯାତ୍ରା ଅଟକି ରହିଲା । “ଶବ ପଟୁଆରର ବ୍ୟବସ୍ଥା କରୁଥିବା ନବକୃଷ୍ଣ ଚୌଧୁରୀ, ଭଗବତୀ ଚରଣ ପାଣିଗ୍ରାହୀ ଓ ସାରଙ୍ଗଧର ଦାସ, ପ୍ରଧାନମନ୍ତ୍ରୀ ଓ ଅନ୍ୟ ମନ୍ତ୍ରୀମାନଙ୍କୁ ସହିଦମାନଙ୍କୁ ସମ୍ମାନ ଜଣାଇବା ପାଇଁ ଖବର ପଠାଇଥିଲେ । ପ୍ରଧାନମନ୍ତ୍ରୀ ଥାନ୍ତି ବିଶ୍ୱନାଥ ଦାଶ, ମନ୍ତ୍ରୀ ଥାଆନ୍ତି ନିତ୍ୟାନନ୍ଦ କାନୁନ୍‌ଗୋ ଓ ବୋଧରାମ ଦୁବେ । ବହୁ ସମୟ ଅପେକ୍ଷା କରାଗଲା ମାତ୍ର ସେମାନେ ଆସିଲେ ନାହିଁ । କ୍ରୋଧ ଓ ଉତ୍ତେଜନାର ଲହରୀ ଖେଳୁଥାଏ ସମବେତ ଛାତ୍ର ଜନତା ସମାବେଶରେ । ଚାଲିଲା ପଟୁଆର ବଡ଼ ବେପରବାୟରେ । ପୁର ନାରୀଙ୍କର ପୁଷ୍ପମାଲ୍ୟ ଅର୍ଘ୍ୟ ଓ ଶୋକୋଚ୍ଛ୍ୱାସରେ ଉଚ୍ଛୁଳି ପଡୁଥାଏ କଟକ ନଗର ।”(୫୦)

ଶୋଭାଯାତ୍ରା ଫାଟିପଡୁଥାଏ । ଢେଙ୍କାନାଳ, ସୁକିନ୍ଦା, ଆଠଗଡ଼, ବଡ଼ମ୍ବା, ନରସିଂହପୁର, ଜଗତ୍‌ସିଂହପୁର, ପୁରୀ, ଖୋର୍ଦ୍ଧା, କେନ୍ଦ୍ରାପଡ଼ା ଓ ଗଞ୍ଜାମ ଅଞ୍ଚଳରୁ ଲୋକେ ଅଜାଡ଼ି ହୋଇ ପଡ଼ିଥିଲେ । ଶକଟ ବାହକମାନଙ୍କ ସହିତ ଜନନେତା ନବକୃଷ୍ଣ ଚୌଧୁରୀ, ଭଗବତୀ ପାଣିଗ୍ରାହୀ, ସାରଙ୍ଗଧର ଦାସ, ପ୍ରାଣନାଥ ପଟ୍ଟନାୟକ, ରଣପୁର ନିର୍ବାସିତ ନେତା ରଘୁନାଥ ମିଶ୍ର, ବୀର ବୈଷ୍ଣବ, ଛାତ୍ରନେତା ଗଙ୍ଗାଧର ମହାପାତ୍ର, ମନମୋହନ ମିଶ୍ର, ନିଶାମଣି ଖୁଣ୍ଟିଆ, ସୁରେନ୍ଦ୍ର ନାଥ ଦ୍ୱିବେଦୀ, ଗୁରୁଚରଣ ପଟ୍ଟନାୟକ, ଲାଲମୋହନ ପଟ୍ଟନାୟକ, ମାଳତୀ ଚୌଧୁରୀ, ଗୋବିନ୍ଦ ପ୍ରଧାନ, ବିଜୟଚନ୍ଦ୍ର ଦାସ, ମୋହନ ଦାସ, ନୀଳମଣି ରାଉତରାୟ, କୃଷ୍ଣ ପ୍ରସାଦ ପଟ୍ଟନାୟକ ଓ ରାମକୃଷ୍ଣ ପତି ପ୍ରମୁଖଙ୍କ ନେତୃତ୍ୱରେ ହଜାର ହଜାର ଶୋକାକୁଳ ଜନସାଧାରଣ ଚାଲିଥାନ୍ତି । ଶୋଭାଯାତ୍ରା ଖାନନଗର ଅଭିମୁଖେ ଚାଲିଲା । ଲାଲବାଗଠାରେ ଶୋଭାଯାତ୍ରାର ବିପୁଳ ଜନସାଧାରଣ ଅଟକିଯାଇଥିବା ବେଳେ ସମବେତ ଅପେକ୍ଷାରତ ତଥା ଉତ୍କଣ୍ଠିତ ଲୋକକୁ କିଛି କହିବାକୁ ନବକୃଷ୍ଣ ବାବୁଙ୍କୁ ଓ ଭଗବତୀ ପାଣିଗ୍ରାହୀଙ୍କୁ ଅନୁରୋଧ କରାଗଲା । ଶୋକ ଗଦ୍‌ଗଦ୍ କଣ୍ଠରେ ଭଗବତୀ ଉଚ୍ଚାରଣ କରିଥିଲେ “ଦେଖିଯାଅ, ରାଜାର ‘ଉଜ,ଏହି ସୌରଭାନ୍ବିତ

ଫୁଲକୁ କିପରି ଅକାଳରେ ଝଡ଼େଇ ଦେଇଛନ୍ତି। ଜାତିର ଅପାପବିଦ୍ଧ ଯୁବକକୁ ଗୁଳିନଳିରେ ନିର୍ବାକ କରି ଦେଇଛନ୍ତି। ସହିଦର ଶରୀରରୁ ଝରିଥିବା ପ୍ରତିଟି ରକ୍ତର ଟୋପା ଆଗ୍ନେୟ ଶଳାକା ହେଇ ରାଜଶାସନ କକ୍ଷକୁ ବିଦୀର୍ଣ୍ଣ କରିବ ଓ ତା'ର ଅନ୍ତ ଘଟାଇବ। ଆଉ ଅତ୍ୟାଚାରୀ ରାଜା ଶୁଣ, ସହିଦର ରକ୍ତ ବୃଥା ଯିବ ନାହିଁ। ତେଣୁ ସାବଧାନ।"(୫୧)

ଖାନ୍‌ନଗରରେ ସହିଦ ଶବ ପହଞ୍ଚିଲାବେଳକୁ ଆସନ୍ନ ସନ୍ଧ୍ୟା। ମଲାଚଣ୍ଡିଆ ଓ ବାବଜି ଆଗ୍ରହର ସହିତ ସବୁ କରିଦେଲେ ଏପରିକି କାଠ ମଗାଇଦେଲେ। ବିରାଟ ଚିତାରେ ଶୁଆଇ ଦେଲେ ଶବମାନଙ୍କୁ। ଉପରେ ରହିଲା ବାଜିରାଉତ। ଭାରତ ମାତାକି ଜୟ, ବାଜି ରାଉତ ଅମର ରହେ ଧ୍ୱନିରେ ସନ୍ଧ୍ୟାର ଆକାଶ ପ୍ରକମ୍ପିତ ହେଉଥାଏ। ନୀରବ ଯନ୍ତ୍ରଣାରେ ଅତୀତ ସ୍ମୃତିକୁ କୋଳରେ ସଜାଡୁଥାଏ ନୀଳ ନିରବେଣୀ କାଠଯୋଡ଼ି। ଭଗବତୀଙ୍କ ବ୍ୟାକୁଳ ମନରେ ନାନା ଚିନ୍ତା ଆଲୋଡ଼ିତ ହେଉଥାଏ। ଏତିକି ବେଳେ ସଚ୍ଚି ରାଉତରାୟ ଖଣ୍ଡେ ପଥର ଉପରେ ବସି ଚିତାନଳର ଆଲୋକରେ କହିଲେ - "ଗୋବିନ୍ଦ, ଦେଲୁ ଖଣ୍ଡେ ବିଡ଼ି।" ଗୋବିନ୍ଦ ମହାନ୍ତି ଖଣ୍ଡେ ବିଡ଼ି ଦେଇ ଅଗ୍ନି ସଂଯୋଗ କଲେ। ସଚ୍ଚିବାବୁ ବିଡ଼ି ଫୁଙ୍କି ଫୁଙ୍କି ଲେଖିଲେ -

"ନୁହେଁ ବନ୍ଧୁ, ନୁହେଁ ଏହା ଚିତା
ଏ ଦେଶ ତିମିର ତଳେ ଏ ଅଲିଭା ସଳିତା
ନୁହେଁ ଏହା, ଜଳିଯିବା ପାଇଁ
ଏହାର ଜନମ ଏଥି ଜାଳିପୋଡ଼ି ଦେବାକୁ ଧସାଇ।"

ଏ ଶିଖା ଦେଇଛି ଆଜି ଇତିହାସ ହାତ ଟେକି ଦାନ ଶତାବ୍ଦୀର ଶ୍ରେଷ୍ଠଫୁଲ ମୁକୁଳିତ ମୃତ୍ୟୁହୀନ ପ୍ରାଣ, ଜ୍ୱଳନ୍ତ ଏ ଲେଲିହାନ ସ୍ୱାଦହୀନ ଶିଖାର ଅନଳେ, ଜୀବନର ମାଲ୍ୟ ଥରେ ମରଣର ଚାରୁ ସ୍ୱୟଂବରେ ରଚିବାକୁ ସୃଷ୍ଟିର ଭୂମିକା -

"ଉଷାର ଗୋପନ ଅର୍ଥ, ରଜନୀର ଲୁପ୍ତ ପାଦଟୀକା।"(୫୨)

ଉଭୟ ଆଧ୍ୟାତ୍ମିକ ଓ ଆଙ୍ଗିକ ବୈଭବରେ ବିଶେଷ ସୁଷମା ମଣ୍ଡିତ କବିତା ଭାବରେ ସଚ୍ଚି ରାଉତରାୟ 'ବାଜିରାଉତ' କାବ୍ୟଗ୍ରନ୍ଥ ଏକ ସଫଳ 'ପ୍ରାକ୍‌ସିସ୍'। କୁଳମଣି ଜେନା, ମାର୍କ୍ସବାଦ ଓ ଉତ୍ତର ଆଧୁନିକତାବାଦ।

ଓଡ଼ିଆ ପ୍ରଗତିବାଦୀ ଚିନ୍ତାଧାରା ଓ ଜାତୀୟବାଦୀ ଚିନ୍ତାଧାରା, ଉଭୟ ଭାବାଦର୍ଶ ବାଜି ରାଉତ ପାଖରେ ଏକତ୍ର ହୋଇଛି ଏବଂ ବାଜିରାଉତ ଚରିତ୍ରକୁ ନେଇ ଅନେକ କଥା, କାହାଣୀ କବିତା ରଚନା କରାଯାଇଛି । "ଓଡ଼ିଆ ଜନମାନସରେ ବୈପ୍ଲବିକ ଚେତନାକୁ ଅଧିକ ଉଦ୍ଦୀପ୍ତ କରିଛି ନୀଳକଣ୍ଠପୁରର ବ୍ରାହ୍ମଣୀ ନଦୀଘାଟର ଗୁଳି ଚାଳନା ଓ ନରସଂହାର ଚିତ୍ର । କବି ସଚି ରାଉତରାୟଙ୍କ କବି ମାନସରେ ବାଜିରାଉତ ସହିଦତ୍ୱ କିପରି ନାଟକୀୟ ରୂପ ଗ୍ରହଣ କଲା ତାହା ଉପର୍ଯ୍ୟୁକ୍ତ ଉଦାହରଣରୁ ସ୍ପଷ୍ଟ ହୋଇଥାଏ ।"(୫୩)

କବି ରଘୁନାଥ ଦାସ (ଜଟାୟୁ) (୧୯୧୯-୮୪) :

କବି ରଘୁନାଥ ଦାସ ଛାତ୍ରାବସ୍ଥାରୁ ପ୍ରଗତିବାଦୀ ଚେତନା ଦ୍ୱାରା ପ୍ରଭାବିତ ହୋଇଥିଲେ । ୧୯୩୬-୪୦ ମସିହାରେ ସେ ଥିଲେ ରେଭେନ୍ସା କଲେଜର ଛାତ୍ର । ସେହି ସମୟରେ ହୋଇଥିବା ଛାତ୍ର ଆନ୍ଦୋଳନରେ ନେତୃତ୍ୱ ନେଇ ସଂଗ୍ରାମୀ ଭାବେ ନିଜକୁ ପ୍ରତିପାଦିତ କରିଥିଲେ । କବିଙ୍କର କାବ୍ୟମାନସ କିପରି ସାମ୍ୟବାଦୀ ଚିନ୍ତାଧାରାକୁ ଆପଣେଇ ନେଇ ବୈପ୍ଲବିକ ଆହ୍ୱାନ ଦେଇଥିଲେ ତାହା ତାଙ୍କ 'ଅଗଷ୍ଟ ପନ୍ଦର ଓ ଅନ୍ୟାନ୍ୟ କବିତା'ରୁ ପ୍ରତିପାଦିତ ହୁଏ । ୧୯୪୭, ୧୯୪୮, ୧୯୪୯ ତିନିବର୍ଷର ଅଗଷ୍ଟ ପନ୍ଦରକୁ ନେଇ କବିତା ବିରଚିତ । ପ୍ରଥମ କବିତାଟି ଶଶିଭୂଷଣ ରଥଙ୍କ ସମ୍ପାଦିତ 'ଶତାବ୍ଦୀ' କବିତାରେ ପ୍ରକାଶ ପାଇଥିଲା । କବିତାଟିକୁ ପାଠ କରି ବିପ୍ଲବୀ କବି ରବି ସିଂ ସେଦିନ ଉଚ୍ଚକୋଟୀର ମନ୍ତବ୍ୟ ପ୍ରଦାନ କରିଥିଲେ ।

ଡଃ ବିଜୟଲକ୍ଷ୍ମୀ ଦାସଙ୍କ ମନ୍ତବ୍ୟ ଏଠାରେ ଉଲ୍ଲେଖନୀୟ – "ବର୍ଷ ବର୍ଷ ଧରି ଅଗଣିତ ଭାରତବାସୀଙ୍କର ଲହୁ ଆଉ ଲୁହକୁ ପାଥେୟ କରି ଆରମ୍ଭ ହୋଇଥିବା ଆଗ୍ନେୟ ବିଦ୍ରୋହର ସ୍ୱର୍ଣ୍ଣ ଫଳପ୍ରସୂ ହେଉଛି ଭାରତବର୍ଷର ସ୍ୱାଧୀନତା । ଗୁଳିଗୋଲା, ଲାଠି ମାଡ଼କୁ ଖାତିର ନ କରି ଜୀବନକୁ ବାଜି ଲଗାଇ ସଂଗ୍ରାମୀ ମନୁଷ୍ୟ ସ୍ୱାଧୀନତା ପାଇଁ ଆଗେଇ ଚାଲିଛି । କବି ରଘୁନାଥ ଭାରତବର୍ଷର ସମସ୍ତ ଜନତାଙ୍କୁ ବିପ୍ଳବର ଆଗ୍ନେୟ ମନ୍ତ୍ର ଉଚ୍ଚାରଣ କରିବା ପାଇଁ ଆହ୍ୱାନ ପ୍ରଦାନ କରିଛନ୍ତି ।"(୫୪)

"ତ୍ରିଂଶ କୋଟି ଭାରତୀୟ ଅନ୍ନହୀନ ସର୍ବହରା ଭାଇ

କାଙ୍ଗାଲ ହୋଇଛି ଦେଶ ମୁଠେ ଲୁଣ ବଂଚିବାର ପାଇଁ।

ଚାହୁଁ ଆମେ ପ୍ରାଣଥୋଉ ଖୋଲିବୁନି ଏ ମୁଠାର ଜୀବା

ବନ୍ଦୁକ ଆବାଜ ଆଗେ ବକ୍ଷ ଖୋଲି ଦିଅଇ ଜବାବ

ଉଲ୍ଲଂଗ 'କିର ଜଣେ ଆଗେ ଚାଲ ଜୟ ଜୟ ଗାନ୍ଧିଜୀର ଜୟ।"[୪୪]

ଭାରତର ତିରିଶି କୋଟି ଜନତା ସ୍ଥାନ, କାଳ, ପାତ୍ର ନିର୍ବିଶେଷରେ ଏକଜୁଟ ହୋଇ ଅନ୍ୟାୟ, ଅନୀତି, ଅରାଜକତାର ପ୍ରତିରୋଧ କରି ସତ୍ୟ ଧର୍ମର ବିଜୟ ଆଣିବେ। ଧରେ ଆଲୋକର ସାମାନ୍ୟ ଶିଖା ଅନ୍ଧକାରକୁ ଦୂର କଲା ପରି ସାମାନ୍ୟ ବନ୍ଦୁକଗୁଲିର ଆବାଜ ବିପ୍ଲବକୁ ଦୂରେଇ ଦେଇପାରିବ ନାହିଁ।

ଗଣଜୀବନର ସଂଗ୍ରାମୀ ପୃଷ୍ଠଭୂମିରେ ପର୍ଯ୍ୟବସିତ ଅଗଷ୍ଟ ପନ୍ଦର ଅସୁମାରୀ ଆଶା, ସ୍ଵପ୍ନ, ସ୍ଵପ୍ନଭଙ୍ଗ ଏବଂ ଶପଥର କବିତା। ୧୯୪୭ ମସିହାରେ କବି ଦେଖୁଛନ୍ତି ଉପନିବେଶବାଦର ଅବସାନ ଘଟିଛି। ବିଲାତି ଶାସନର ପୂର୍ଣ୍ଣଚ୍ଛେଦ ପଡ଼ିଛି। ଭାରତୀୟ ଜନତା ଦାବି କରେ ତା'ର ନ୍ୟାୟ୍ୟ ଅଧିକାର। ଭାରତବର୍ଷ ସ୍ଵାଧୀନତା ହାସଲ କରିଛି। ମାତ୍ର ଏ ଦେଶର ଅଗଣିତ ଜନସାଧାରଣ ଯେଉଁ ସ୍ଵାଧୀନତା ଆଗମନ କାଲର ଉ‍ତ୍ସବ ସମାରୋହ ସତେଯେପରି ନିର୍ଜୀବ ପାଲଟିଯାଇଛି। ସୁଖ ସ୍ଵପ୍ନ ମରୀଚିକା ପ୍ରାୟ ଦୂରେଇ ଯାଇଛି। କବିଙ୍କ ହୃଦୟରେ ମୋହଭଙ୍ଗ ଜାତ ହୋଇଛି।

"ମୁମୂର୍ଷୁ ପ୍ରାଣେ ସେ ଯେ ଜାଗିଥିଲା ଦୀପ୍ତ ଉନ୍ମାଦନା

ଆଜି ତା'ର ଦେଖ ଭସ୍ମ, ସବୁ ମିଥ୍ୟା, କ୍ରୂର ପ୍ରବଞ୍ଚନା।

ଶତ୍ରୁର ସେ ଥିଲା ଗଲା ଖାଲି ଗୋଟେ ମୁଣ୍ଡ ଧପାବାଜି।"[୪୬]

ରାତ୍ର ପାହିଲାବେଲକୁ ଯେଉଁ ସ୍ଵାଧୀନତା ପାଇଲୁ, ତାହା ଏକ ଶତ୍‍ତାର ଦଲିଲ ଏବଂ ଯେଉଁମାନେ ସାହେବଙ୍କ ପକେଟରୁ ଖଦଡ଼ ପକେଟକୁ ଆସିଲେ, ସେଥିରେ ରହିଗଲା କିଛି ଧପାବାଜି। ପୁନଶ୍ଚ କବି ସ୍ଵାଧୀନତାକୁ ପ୍ରତିଶ୍ରୁତିବଦ୍ଧ ଓ ସମ୍ଭାବନାମୟ କରିବାକୁ ଚାହିଁଛନ୍ତି। ବହୁ ଆଶା ଆକାଂକ୍ଷାର ସ୍ଵାଧୀନତା 'ଲବ୍ଧ ହେବା ପାଇଁ ଯେଉଁ ପଦକ୍ଷେପ ନେବା ତାହା କହିଛନ୍ତି ତାଙ୍କ କବିତାରେ –

"ମୂଲ୍ୟ ତା'ର କରିଥିଲି ଦୟାବନ୍ତ ଶତ୍ରୁର କରୁଣା

ହୁଡ଼ିଥିଲି ମୁକ୍ତିମାର୍ଗ – ଭୁଲିଥିଲି ବନ୍ଧନକୁ ଚୂନା

କରିବାକୁ ହେବ ମୋତେ ନିଜ ବଳେ ବଜ୍ର ମୁଷ୍ଟିଘାତେ

ଭୁଲିଥିଲି – ସୂର୍ଯ୍ୟ ସେ ଯେ ଜନ୍ମଲଭେ ରକ୍ତାକ୍ତ ପ୍ରଭାତେ ।"(୪୧)

କବି ରଘୁନାଥ ଏକ ରକ୍ତାମ୍ବରୀ ଉଷାର ଆବାହନ କରିଛନ୍ତି । ଡଃ ନିତ୍ୟାନନ୍ଦ ଶତପଥୀଙ୍କ ଭାଷାରେ "ସେ ସୂର୍ଯ୍ୟ ତଥାପି ପୂର୍ବ ଦିଗରେ ଉଇଁବାକୁ ବାକି ଅଛି । ସେ ସ୍ୱୟଂସିଦ୍ଧ ଓ ସ୍ୱୟଂ ମିଥ୍ୟାଚାର ସହିତ ସେଇ ନୂତନ ଦର୍ଶନର ଭାଗବଣ୍ଟା ସମ୍ମାଦ ନୁହେଁ । ସେଥିପାଇଁ କବି ହିଂସାତ୍ମକ ପନ୍ଥାକୁ ଅନୁମୋଦନ କରିଛନ୍ତି ।"(୪୨)

ସାମ୍ପ୍ରତିକ କବିତାରେ ଜଟାୟୁ ଏକ ବହୁ ଚର୍ଚିତ ପ୍ରଗତିଶୀଳ କବି ବୋଲି ଜଣାଶୁଣା । ଜଟାୟୁ ପକ୍ଷୀ 'ମିଥ୍' ଭାବେ ଯଦିଚ ପ୍ରୟୋଗ ହୋଇ ନାହିଁ ତଥାପି କବି ଜଟାୟୁ ପକ୍ଷୀ ଯେପରି ରାବଣ ରଥକୁ ଆଘାତ କରିଥିଲା, ସେହି ପରି କବି ପ୍ରତିବାଦର ପ୍ରମୁଖ ସ୍ୱର ହୋଇପାରିଛନ୍ତି ।

"ମୁଁ ଛାର ଜଟାୟୁ ପକ୍ଷୀ

ପ୍ରତିପକ୍ଷ ପ୍ରବଳ ପ୍ରତାପୀ

ମୁଁ ନୁହେଁ ତା'ର ସମକକ୍ଷ

ପ୍ରତିବାଦ କରିବି ତଥାପି,

ବେନି ପକ୍ଷ ଛିଡ଼ିଗଲା,

ଛିଡ଼ିଯାଉ, ନାହିଁ ମୋ ଶୋଚନା

ମୁଁ ରହିବି ଯୁଗେ ଯୁଗେ

ଯୁଯୁତ୍ସୁର ଜ୍ୱଳନ୍ତ ପ୍ରେରଣା ।"(୪୩)

ଜଟାୟୁ ପ୍ରବଳ ପ୍ରତାପୀ ଦୁରାଚାର ରାବଣକୁ ଯେ ବାଧା ଦେଇପାରେ, ସେହିପରି କବି କୌଣସି ପ୍ରତାପର ଅଧିକାରୀ ନୁହେଁ, ତଥାପି ସେ ପ୍ରତିବାଦ କରୁ ।

କୁନ୍ତଳା କୁମାରୀ ସାବତ (୧୯୦୦-୧୯୩୮) :

ସବୁଜ ଯୁଗ ସମସାମୟିକ କବି କୁନ୍ତଳା କୁମାରୀଙ୍କ କାବ୍ୟିକ ଚେତନା ଆଧାତ୍ମିକ ଚିନ୍ତାଧାରା ଯେମିତି ପ୍ରକାଶ ପାଇଛି, ଜାତୀୟ ଚେତନା ମଧ୍ୟ ସେତିକି

ପ୍ରକାଶ ପାଇଛି । "କିନ୍ତୁ ଅନ୍ତିମ ପର୍ଯ୍ୟାୟରେ କୁନ୍ତଲାଙ୍କ ଚିନ୍ତାଧାରା ବାସ୍ତବବାଦୀ ହୋଇଥିବା ଲକ୍ଷ୍ୟ କରାଯାଏ । କଲିକତା ରହଣି କାଲରେ ଲିଖିତ 'ଓଡ଼ିଆଣୀଙ୍କ କାନ୍ଦଣା', ପତିତାର କାନ୍ଦ ଇତ୍ୟାଦି ଏହି ଚିନ୍ତାଧାରାର କବିତା ।"[୩୦] ଡ଼ଃ ବିଜୟଲକ୍ଷ୍ମୀ ତାଙ୍କୁ ଜଣେ ବାସ୍ତବବାଦୀ କବି ଭାବରେ ଗ୍ରହଣ କରିଥିବାରୁ ସେ ପ୍ରଗତିବାଦୀ କବି ତାଲିକାଭୁକ୍ତ ହୋଇ ପାରନ୍ତି । ଚାଷୀ ଗୋକୁଳି ନାୟକର ଦୁଃଖ ବର୍ଣ୍ଣନାରେ କୁନ୍ତଲାଙ୍କର କବିତ୍ୱ ତାଙ୍କୁ ଏହି ଶ୍ରେଣୀଭୁକ୍ତ କରାଇଛି ।

"ଗୋକୁଳି ନାୟକ, ଗୋକୁଳି ନାୟକ ସବୁ ତୁ ସହୁ,

ମିଛରେ ଡାକୁ ତୁ ଭଣ୍ଡ ଠାକୁରଙ୍କୁ ହେ ମହାପ୍ରଭୁ

ପଥର ପଥର ଥିବ ଚିରକାଲ ବୋଲି ସିନ୍ଦୂର

ଡାକିଲେ ତୋ ଦୁଃଖ ଶୁଣିବକି ସେ ରେ ହେଲୁ ବାତୁଳ ।

ଏ ଦିଆଁ ଦେବତା ଧରମ ତ ସବୁ ତୁମ ବଇରି

ଗରିବ ଦଲିବା ପାଇଁ କିରେ ବାବୁ, ଜନ୍ମ ତାଙ୍କର ।"[୩୧]

ଗଡ଼ଜାତ ଆନ୍ଦୋଲନର ପ୍ରତିନିଧିତ୍ୱ କରିଛି ଗୋକୁଳି ନାୟକ । ଗଡ଼ଜାତ ଆନ୍ଦୋଲନ, ସ୍ୱାଧୀନତା ଆନ୍ଦୋଲନ ସହ ସମ୍ପୃକ୍ତ ଥିଲେ ମଧ ଏହି ଆନ୍ଦୋଲନକୁ ପ୍ରଗତିବାଦୀ / ସାମ୍ୟବାଦୀ ନେତାମାନେ ପରିଚାଲନା କରିଥିଲେ । କବିଙ୍କର 'ଶୁଣରେ ମଣିଷ ଭାଇ' ସେହିପରି ମାନବିକ ମୂଲ୍ୟବୋଧରେ ଅଭିମନ୍ତିତ । "ନାରୀ ଜାତିର ଉତ୍ଥାନ ଓ ମୁକ୍ତିପାଇଁ କୁନ୍ତଲାଙ୍କର ଅବଦାନ ଅବିସ୍ମରଣୀୟ ଜଣେ ଗୃହକର୍ତ୍ତା ତା'ର ସ୍ତ୍ରୀକୁ ନିର୍ମମ ମାଡ଼ ମାରିବାରୁ ଛାତ୍ରୀ କୁନ୍ତଲା ମାଡ଼ ଦେବାରୁ ନିବୃତ୍ତ କରିବାକୁ ପ୍ରବର୍ତ୍ତାଇ ଥିଲେ । ନଚେତ ତାକୁ ପୋଲିସରେ ଦେବାକୁ ଧମକାଇଥିଲେ । ନ ବର୍ଷ ବୟସରୁ ନାରୀ ଜୀବନର ଶକ୍ତି ସମ୍ବିତକୁ ପ୍ରତିଷ୍ଠା କରିବା ପାଇଁ କୁନ୍ତଲା ଶପଥ ଗ୍ରହଣ କରିଥିଲେ । ସାଧାରଣ ସଂସାରୀ ଦାନ୍ତ ମଟିଟାରେ ନିଜ ସ୍ତ୍ରୀକୁ ନିଷ୍ଠୁର ପ୍ରହାର କରିବାରୁ କୁନ୍ତଲା କାନ୍ଦିଥିଲେ ।"[୩୨] ତାଙ୍କର ଆନ୍ଦୋଲନାତ୍ମକ ପଦକ୍ଷେପ ଓ ବିଚାରଧାରା ତାଙ୍କୁ କେବଲ ଗାନ୍ଧିଦର୍ଶନରେ ବାନ୍ଧି ରଖିପାରିନାହିଁ । ଏତାଦୃଶ ତ୍ୟାଗ ଓ ସାହସ ନେଇ ତାଙ୍କୁ 'ମହିଲା ବନ୍ଧୁ' ଅଗ୍ରଣୀ ଅନୁଷ୍ଠାନ ଦୋଲ ପୂର୍ଣ୍ଣିମା ତା ୧୦.୦୩.୧୯୭୫ରେ 'ଉତ୍କଲ ଭାରତୀ' ଉପାଧି ପ୍ରଦାନ କରିଥିଲେ ।"[୩୩]

କୁନ୍ତଳା କୁମାରୀ କେନ୍ଦ୍ରାପଡ଼ାର ନସଢ଼ିପୁର କୃଷ୍ଣ ପ୍ରସାଦ ଦାସଙ୍କୁ ବିବାହ କରିଥିଲେ । ତାଙ୍କର ଜୀବନ ଦୀପ ଖୁବ୍ ସୀମିତ ଥିଲା, ମାତ୍ର ୩୮ ବର୍ଷ ୬ ମାସ ୧୫ ଦିନ ଏହି ଧରାଧାମକୁ ଆସିଥିଲେ । କେନ୍ଦ୍ରାପଡ଼ାବାସୀ ଶୋକ ସଭାରେ 'ନାରୀ ଶିରୋମଣି'ଙ୍କର ବିଦାୟରେ ମ୍ରିୟମାଣ ହୋଇ ପଡ଼ିଥିଲେ ।

କୃଷ୍ଣଚନ୍ଦ୍ର ତ୍ରିପାଠୀ :

ସବୁଜ ସମୟଖଣ୍ଡର କବି କୃଷ୍ଣଚନ୍ଦ୍ର ତ୍ରିପାଠୀ । ଉଭୟ ଜାତୀୟବାଦୀ ଓ ପ୍ରଗତିବାଦୀ ଚିନ୍ତାର କବି ଶ୍ରୀ ତ୍ରିପାଠୀଙ୍କ କବିତ୍ୱ ଏକ ଭିନ୍ନ ପରିଚୟ ଦିଏ । ମାଟି, ପାଣି, ପବନ, ଖୋର୍ଦ୍ଧାଗଡ଼ ଓ ମଣିଷର ଜୀବନକୁ ନେଇ ତାଙ୍କର କାବ୍ୟବିଭା ପ୍ରଭାଦୀପ୍ତ । "ମାଟିଦୀପ, ଅଗ୍ନିଶଙ୍ଖ, ବିପ୍ଳବ, କୁଟୀରବଂଶୀ ଓ ପଥରେଣୁ ଉ‍ଷ ଆଦି କବିତା ସ୍ତବକରେ ଦୀନ-ପୀଡ଼ିତମାନଙ୍କ ଜ୍ୱାଳା ଓ ଯନ୍ତ୍ରଣା ଅତି ଅନ୍ତରଙ୍ଗ ଭାବେ ପରିସ୍ଫୁଟ । ପ୍ରଗତିଶୀଳ ଚେତନା ସହିତ ଜାତୀୟବାଦୀ ଚିନ୍ତାଧାରାରେ ଯେ ନୂତନ ଙ୍କାର ଶୁଣିବାକୁ ପଡ଼େ ତାହା କୃଷ୍ଣଚନ୍ଦ୍ର ତ୍ରିପାଠୀଙ୍କ କବିତାର ବୈଶିଷ୍ଟ୍ୟ ।"[୭୪]

କୃଷ୍ଣଚନ୍ଦ୍ର ତ୍ରିପାଠୀଙ୍କ 'ଉ‍ଷ' କବିତା ସଂକଳନର ମୁଖବନ୍ଧରେ କବି ମାୟାଧର ମାନସିଂହ ଉଲ୍ଲେଖ କରିଛନ୍ତି – "ସୁଦୂରପଲ୍ଲୀ ଆଭ୍ୟନ୍ତରରେ, ଆପଣାର ଦରିଦ୍ର କୁଟୀରରେ ନିଃସଙ୍ଗ ନିଶୀଥର ମ୍ଳାନଦୀପ ଶିଖା ତଳେ ଏ‍ଇ କବି, ଦେଶର ସମଗାନକୁ ଅପେକ୍ଷା ନକରି ଯେପରି ନିରବଚ୍ଛିନ୍ନ ଭାବରେ ଅଗଣିତ କବିତାରେ ଦେଶ ଓ ଜାତିର ଦୁଃଖରେ ଅଭିଭୂତ ନିଜର କୋମଳ ଆତ୍ମାକୁ ଜାଳି ଚାଳିଛନ୍ତି, ତାହା ବିଚାର କରି ମୁଁ ମୁଗ୍ଧ ଭାବରେ ଠିଆ ହୋଇଛି ।"[୭୫] ମାନସିଂହଙ୍କ ମନ୍ତବ୍ୟରୁ ପ୍ରତିପାଦିତ ହୁଏ ଯେ, କବିଙ୍କ ମାନବବାଦୀ ସମ୍ବେଦନଶୀଳ ଆତ୍ମା ନିଜ ଗ୍ରାମ, ଦେଶ ସର୍ବୋପରି ଏକ ବୃହତ୍ତର ମାନବ ସମାଜର ଦୁଃଖ ଦୂର କରିବା ଉଦ୍ଦେଶ୍ୟରେ ଅଭିପ୍ରେତ । ଡଃ ବିଜୟଲକ୍ଷ୍ମୀ ଦାଶ କହନ୍ତି – "ମାନବବାଦୀ କାବ୍ୟ ଚେତନା ଧୀରେ ଧୀରେ ଭଗ୍ନରୂପ ଧାରଣ କରିଛି ସାମାଜିକ ବୈଷମ୍ୟ ଓ ଶୋଷଣ କ୍ଷେତ୍ରରେ ।" ତାହାର ପରିଚୟ ଦେଖିବାକୁ ମିଳେ ଅରଶଂଖ କବିତାରେ ।

“ମୁହଁଦେଖେ ସେଇଠାରେ

ଥାଏ ସ୍ୱାଧୀନତା ଯେଉଁଠାରେ

ମଣିଷ ମଣିଷ ମେଳେ

ଫୁଟେନାହିଁ ହିଂସା ବର୍ବରତା

ଯେଉଁଠାରେ ପୃଥିବୀର ସମସ୍ତ ବିବେକ

ଦେଖୁଥିବ ପୃଥିବୀରେ କେହି ନାହିଁ

ନିଃସ୍ୱ ବା ନିରେଖ।”(୭୨)

ମଣିଷ ସମାଜରେ ଯେଉଁଠି ଅସୂୟା, ପରଶ୍ରୀକାତରତା କି ହିଂସା ବର୍ବରତା ନଥାଏ, ତାହା ଏକ ସୁସ୍ଥ ସମାଜ। ସେଠି ବିଶ୍ୱର ସକଳ ବିବେକ ଐକ୍ୟବଦ୍ଧ ହୋଇ ମାନବିକତାର ଜୟକାର କରିବେ। ତେବେ ନିଃସ୍ୱ ନିପୀଡିତ ରହିବେ କାହିଁକି ?

ସେହିଭଳି ବିପ୍ଲବ କବିତାରେ ମାନବର ଏକାନ୍ତ ଆବଶ୍ୟକତା, ଖାନା, କପଡା, ମକାନ ଆଦି ବିଷୟରେ ବ୍ୟକ୍ତ କରିବାକୁ ଯାଇ କବି କହିଛନ୍ତି –

“ଦେଖାଇ ମୋହର ଆଗ୍ନେୟ ଶିଖା

ଶୋଷକ, ଶାସକ ସବୁ ଅହମିକା

ପୋଡିଜାଳି ମୁହିଁ କରଇ ଭସ୍ମ ସେଇ ଭସ୍ମାବଶେଷ ପରେ

ରଚିଯାଏ ମୋର ସପନର ଅଟାଳି

ବିପ୍ଲବ ମୁଁ ଯେ ବନ୍ଧୁ ଧରାଇ

ସ୍ତରେ ସ୍ତରେ ମୋର ସାମ୍ୟ ସୋହାଗ

କୋଟି ବିକ୍ରମେ ଢାଳି।”(୭୩)

ଆଗ୍ନେୟଶିଖାରେ କବି ଶୋଷକ, ଶାସକଙ୍କର ସମସ୍ତ ଅହମିକାକୁ ଜାଳି ଭସ୍ମକରି ଦେବାର ପ୍ରୟାସ ଆଣିଛନ୍ତି। ଏହି ବଡ଼ପଣ୍ଡା ତଥା କ୍ଷମତା ଧ୍ୱଜାଧାରୀଙ୍କ ଅବସାନ ପରେ ନିଜର ବିକ୍ରମ ବଳରେ ନୂତନ ସମାଜ ତଥା ସାମ୍ୟ ସୌଧ ନିର୍ମାଣ କରିବେ ବୋଲି ଆଶା ପୋଷଣ କରିଛନ୍ତି। କୃଷ୍ଣଚନ୍ଦ୍ର ତ୍ରିପାଠୀଙ୍କ କବିତାର ଆଭିମୁଖ୍ୟ ବିଷୟରେ ଡଃ ନିତ୍ୟାନନ୍ଦ ଶତପଥୀ କହନ୍ତି :

“ମୁକ୍ତିର ଅଗ୍ରଣୀ ଏଇ ବିପ୍ଲବୀ କେତେ ପତିତ, ପୀଡ଼ିତ, ପାତିତର ଆଖିରୁ ଆକୁଳ ଅଶ୍ରୁକୁ ପୋଛିଦେବ । ଏକ ଭସ୍ମାବଶେଷ ଉପରେ ସ୍ଥାପନ କରିବ ଅଞ୍ଜାଳି, ସାମ୍ୟବାଦ । ମୁମୂର୍ଷୁ ମଣିଷକୁ ନୂତନ ରୂପଶ୍ରୀ ପ୍ରଦାନ କରିବ । ଚତୁର୍ଦ୍ଦିଗରେ କେବଳ ମଣିଷର ଧମନୀରେ ନୂତନ ରକ୍ତ ପ୍ରବାହ ଛୁଟିବ ।”[୩୮]

ଲକ୍ଷ୍ମୀଧର ନାୟକ :

ପ୍ରାକ୍ ସ୍ୱାଧୀନତା କାଳରେ ବାମପନ୍ଥୀ କବି ଭାବରେ ଲକ୍ଷ୍ମୀଧର ନାୟକ କ୍ରାନ୍ତିର ସ୍ୱର ଉତ୍ତୋଳନ କରି ଆସିଛନ୍ତି । ପ୍ରଗତିବାଦୀ ପତ୍ରିକା ‘ନବପତ୍ର’ର ସେ ଥିଲେ ପ୍ରାଣ ପ୍ରତିଷ୍ଠାତା । ଏବେ ମଧ୍ୟ ଏହି ପତ୍ରିକା ବଞ୍ଚିରହିଛି । ତାଙ୍କର ଉପନ୍ୟାସ ‘ଫରକ୍‌ଢେରା ଭୋର୍’ ଅତି ଲୋକପ୍ରିୟ ବାମପନ୍ଥୀ ଉପନ୍ୟାସ । ତାଙ୍କର ‘ପ୍ରଳୟପଥେ’, ‘ପ୍ରଭାତ ଯାତ୍ରୀ’, ‘ବନ୍ଦିତର ଆଶା’ ଆଦି କବିତା ସଂକଳନରେ ଉଗ୍ର ବାମପନ୍ଥୀ ଚେତନା ସହିତ ମାନବୀୟ ଚେତନା ମେଦୁରିତ । ପ୍ରଭାତ ଯାତ୍ରୀ ଏକ ସାମ୍ୟ ସକାଳର ବନ୍ଦନା କରେ । ଶୋଷଣ ଚକ୍ର ତଳେ, ଭୋକ ମୁଠେ ମିଲୁ, ଖୋଲା ଢେରାକ କବିତା ଭଳି ଶ୍ରମଜୀବୀ ମଣିଷର ଆନ୍ତରିକ ସାରସ୍ୱତ ଆଲେଖ୍ୟ । ଶ୍ରମିକର ଶ୍ରମ ଓ ଅବଦାନ ମାଲିକମାନଙ୍କ ବିଳାସୀ ସର୍ବଗ୍ରାସୀ ପ୍ରବୃତ୍ତିରେ ନିଃଶେଷ ହୋଇ ଯାଇଥିବା ଲକ୍ଷ୍ୟ କରି କବି ଲକ୍ଷ୍ମୀଧର ଆଗ୍ନିକ ଆହ୍ୱାନ ଦେଇଛନ୍ତି ।[୩୯]

“ଏ ବିପ୍ଲବ କେହି ଯଦି ବ୍ୟର୍ଥକରେ

ମତେ ହତ୍ୟା କରେ

ଆଉ ମାରି ପୋତିଦିଏ

ମୁଁ ପୁଣି ଉଠିବି ବନ୍ଧୁ ମାଟିର ସମାଧିତଳୁ

ସଙ୍ଗେ ଧରି ଶତାଧିର ଲକ୍ଷ

କୋଟି ଭୋକିଲା ମଣିଷ ।”

“ଓଡ଼ିଆ ପ୍ରଗତିଶୀଳ ଚେତନା ଲକ୍ଷ୍ମୀଧରଙ୍କ ଉଦାର ବାଣୀ ତଥା ସ୍ୱର୍ଷିତ ଘୋଷଣାରେ ବିପ୍ଲବ ମୁଖର । କେହି ଯଦି କବିକୁ ମାରି ପୋତିଦିଏ, ହତ୍ୟା କରେ, ତଥାପି ସେ ସମାଧି ତଳୁ ସ୍ୱର୍ଷିତ ସ୍ୱରରେ ଶତାଧିର ଆଶା ଆକାଂକ୍ଷା ନେଇ ମଣିଷମାନଙ୍କ ପାଇଁ ଅବତୀର୍ଣ୍ଣ ହେବେ । ନିରନ୍ଦ ପ୍ରପୀଡ଼ିତ ମାନଙ୍କ ପକ୍ଷଭୁକ୍ତ

ହୋଇ କବି ପୁଞ୍ଜିବାଦୀ ମାଲିକମାନଙ୍କୁ ସତର୍କ କରାଇ ଦେଇଛନ୍ତି। ଯଦି ତାଙ୍କ କାବ୍ୟ କବିତାର ଉଊପ୍ତ ବାୟୁ ପ୍ରଗତିଶୀଳ ଆନ୍ଦୋଳନକୁ ଉଗ୍ର ରୂପ ଦେବାରେ ଲକ୍ଷ୍ମୀଧରଙ୍କ ସାହିତ୍ୟ ବଳିଷ୍ଠ ଭୂମିକା ଗ୍ରହଣ କରିଆସିଛି। ସବୁଠାରୁ ବଡ଼କଥା – ବିଚ୍ଛିନ୍ନ ଓଡ଼ିଆ ଅଞ୍ଚଳରେ ଲକ୍ଷ୍ମୀଧର ଓଡ଼ିଆ ସାହିତ୍ୟ ପ୍ରଚାର ପ୍ରସାର କରିବା ଦିଗରେ ତାଙ୍କର ଭୂମିକା ଅବିସ୍ମରଣୀୟ। ସ୍ୱାଧୀନତା ପ୍ରାକ୍‌କାଳ ଓ ପରବର୍ତ୍ତୀ କାଳର ସେ ଜଣେ କୃତବିଦ୍ୟ ପ୍ରଗତିବାଦୀ ସ୍ରଷ୍ଟା।"[୭୦] ଜଣେ ଲେଖକ ଓ ସଂଗଠକ ଭାବରେ ଡଃ ବାସୁଦେବଙ୍କ ସହିତ ତାଙ୍କର ସୁସମ୍ପର୍କ ରହିଥିଲା।

ମନମୋହନ ମିଶ୍ର :

ଉଊର ଚାଳିଶିର ପ୍ରଗତିବାଦୀ କବି ମନମୋହନ ମିଶ୍ର ଦଳଗତ ଓ ଧର୍ମଗତ ସଂକୀର୍ଣ୍ଣତା ବିରୋଧରେ ସ୍ୱର ଉଊୋଳନ କରି ଶ୍ରମିକ ସମାଜକୁ ଏକଜୁଟ୍ କରିବା ପାଇଁ ଉଦ୍ୟମ କରିଥିଲେ। ତାଙ୍କର ବିପ୍ଳବୀ ସଂଗୀତ ଗୁରୁ ଗମ୍ଭୀର ବାଣୀରେ ମୂର୍ଚ୍ଛନା ସୃଷ୍ଟିକରି ସମକାଳୀନ ସ୍ରଷ୍ଟାମାନଙ୍କ ମଧ୍ୟରେ ଲୋକପ୍ରିୟ ହୋଇପାରିଥିଲେ। ମୁକ୍ତିକାମୀ ମଣିଷ ମନରେ କୌଣସି ଅବମୂଲ୍ୟାୟନ ଆଣିବା ପାଇଁ କେବେ ସାଲିସ କରିନାହାନ୍ତି। ତାଙ୍କର ରଚିତ ରାଶିରାଶି ସଙ୍ଗୀତ ମଧ୍ୟରେ ବିପ୍ଳବୀ କାବ୍ୟ ମାନସର ପ୍ରଚୁର ଉପାଦାନ ଗୁମ୍ଫିତ। ଧନୀ ଓ ଶୋଷିତ ବର୍ଗର ସ୍ୱାର୍ଥ ବିରୋଧରେ ଏହି ସଙ୍ଗୀତମାଳା ଶାଣିତ ତରବାରି ତୁଲ୍ୟ।[୭୧]

କୋଟି କଣ୍ଠରେ ଶ୍ରମିକ ସମାଜାର ସ୍ୱାର୍ଥ ସୁରକ୍ଷା, ମୁକ୍ତିର ପିପାସା ଭଳି ଜନତାଙ୍କ ଡାକ, ରକ୍ତ ତୋଫାନୀ, ଆବାଜ୍, ମୁକ୍ତି ନିଶାଣ ତୋଳ ଆଦି ରଚନାରେ ଶାସନ ତନ୍ତ୍ରର ଅବସାନ ତାଙ୍କ କବିତାଗୁଡ଼ିକରେ ଯେପରି ପ୍ରତି'ଳିତ, ତାହା କ୍ଵଚିତ୍ କବିଙ୍କ କବିତାରେ ଦେଖିବାକୁ ମିଳେ।

୧୯୫୪ ମସିହାରେ ବାଲେଶ୍ୱର ଜିଲ୍ଲା ସ୍କୁଲରେ ପ୍ରଗତିଶୀଳ କବିତାର ପ୍ରାସଙ୍ଗିକତା ଉପରେ ଆଲୋଚନା ଚକ୍ର ଅନୁଷ୍ଠିତ ହୋଇଥିଲା। ସେହି ସଭାରେ ମନମୋହନ ମିଶ୍ର ଥିଲେ ମୁଖ୍ୟ ଅତିଥି, ଡଃ ଆଶୁତୋଷ ପରିଜା ସମ୍ମାନିତ ଅତିଥି ଓ ଡଃ ବାସୁଦେବ ଦାସ ଥିଲେ ମୁଖ୍ୟବକ୍ତା। ଆଲୋଚନାଚକ୍ର ସମାପ୍ତି ପରେ ସେମାନେ ସ୍ଥାନୀୟ ଡାକବଙ୍ଗଳାରେ ଅବସ୍ଥାନ କରିଥିଲେ। ତିନିଜଣଙ୍କ ମଧ୍ୟରେ

ବିଭିନ୍ନ ଆଲୋଚନା ହେଉ ହେଉ ରାତି ତିନିଟା ସମୟ ହୋଇଥିଲା । ବକ୍ତବ୍ୟ ଏହି କି ମନମୋହନ ମିଶ୍ରଙ୍କର ଦୁଇଟି ବିଶେଷତ୍ୱ ଯାହା ତାଙ୍କୁ ସ୍ୱତନ୍ତ୍ରତା ପ୍ରଦାନ କରିଥାଏ ।

ପ୍ରଥମ – ନେତାଜୀ ସୁଭାଷ ବୋଷଙ୍କ ସହିତ ତାଙ୍କର ସମ୍ପର୍କ, ଅନ୍ୟଟି ହେଲା ନକ୍‌ସଲ ଆନ୍ଦୋଳନକୁ ସମର୍ଥନ କରି କାରାରୁଦ୍ଧ ହେବା । ନକ୍‌ସଲ ଆନ୍ଦୋଳନର ସମର୍ଥକ ଭାବେ ନନ୍ଦିନୀ ଶତପଥୀ ମୁଖ୍ୟମନ୍ତ୍ରୀ ହେବା ପରେ ତାଙ୍କ ମକଦ୍ଦମା ବିହାରରୁ ଉଠାଇ ଆଣି ଓଡ଼ିଶାରେ ତା'ର ସମାଧାନ ହୋଇଥିଲା ।

"ସୁଭାଷ ବୋଷଙ୍କର ପ୍ରଥମ ଓଡ଼ିଶା ଗସ୍ତରେ ମନମୋହନ ବାବୁ ଖଲିକୋଟ କଲେଜର ସ୍ନାତକୋତ୍ତର ଛାତ୍ର । ପରବର୍ତ୍ତୀ ଯେଉଁ ଯୋଜନା ହୋଇଥିଲା – ସୁଭାଷ ବୋଷ ସମୁଦ୍ର ପଥରେ କଟକ ପ୍ରବେଶ କରିବେ ବୋଲି, ତାହା ଏକ ରୋମାଞ୍ଚକର କାହାଣୀ ।"(୭୭) ଯାହାକୁ ଆଶିଷ ମହାପାତ୍ର ତାଙ୍କ 'ଯୁଗସ୍ରଷ୍ଟା ଭଗବତୀ ଚରଣ' ପୁସ୍ତକରେ ସାମାନ୍ୟ ସୂଚନା ଦେଇଛନ୍ତି ।

ସୁଭାଷ ବୋଷ ୧୯୩୯ରେ ଓଡ଼ିଶା ଗସ୍ତରେ ଆସିବାବେଳେ ତାଙ୍କୁ ଯୁବନେତୃତ୍ୱ ଅଶୋକ ଦାସ, ବିବୁଧେନ୍ଦୁ ମିଶ୍ର, ଦିବାକର ପଟ୍ଟନାୟକ, ମନମୋହନ ମିଶ୍ର, ଯୁଗଳ କିଶୋର ପାଣିଗ୍ରାହୀ, ଶ୍ରୀହର୍ଷ ମିଶ୍ର ପ୍ରମୁଖ ତାଙ୍କ ସପକ୍ଷରେ ପ୍ରବଳ ପ୍ରଚାର ଚଳାଇଥିଲେ । କଟକରେ ନେତାଜୀ ହାତୀ ଉପରେ ଶୋଭାଯାତ୍ରାରେ ଗଲାବେଳେ ପ୍ରବଳ ଜନସମାଗମ ହୋଇଥିଲା । ନେତାଜୀ ଏକପକ୍ଷରେ ସମାଜବାଦୀ ସମାଜ କୃଷକ ଶ୍ରମିକର ରାଜ ଏବଂ ଯୋଜନାବଦ୍ଧ ସମାଜ ଗଠନ କଥା କହୁଥିବା ବେଳେ ଫାସିଷ୍ଟବାଦୀ ଶୃଙ୍ଖଳ କଥା ମଧ୍ୟ କହୁଥିଲେ ।

ଏହା ପରେ ୧୯୪୦ ଏପ୍ରିଲ ୧୩ ତାରିଖରେ ପୁରୀ ସିଂହ ଦରଜା ସାମ୍ନାରେ ଥିବା ଗାଣ୍ଡୁଆ ଚହରାଟାରେ ଜାଲିଆନାୱାଲା ଦିବସ ଉପଲକ୍ଷେ ଅନୁଷ୍ଠିତ ସାଧାରଣ ସଭାରେ କମ୍ୟୁନିଷ୍ଟ ଛାତ୍ରନେତା ମନମୋହନ ମିଶ୍ର ଏକ ଅଗ୍ନିବର୍ଷୀ ଭାଷଣ ଦେଇ କହିଥିଲେ; "ଭାରତକୁ ଏକ ଡକାୟତ୍ ଦଳ ଶାସନ କରୁଥିବା ବେଳେ ଆଉ ଏକ ଡକାୟତ ଦଳ ତାଙ୍କଠାରୁ ଏ ଦେଶକୁ ଛଡ଼ାଇ ନେବାକୁ ବସିଛନ୍ତି । ଦୁଇ ଡକାୟତ ଦଳକୁ ପିଟି ବାହାର କରିବାକୁ ହେବ । ଶେଷକୁ

ରାଜଦ୍ରୋହ ଅଭିଯୋଗରେ ମନମୋହନ ମିଶ୍ରଙ୍କୁ କାରାଦଣ୍ଡ ମିଳିଲା । ସେ ଜାମିନ୍‌ରେ ଆସିବା ସମୟ ଭିତରେ ନେତାଜୀ ସୁଭାଷ ବୋଷଙ୍କୁ କଲିକତା ଏଲ୍‌ଗିନ୍‌ ରୋଡ୍‌ରେ ସାକ୍ଷାତ କରିଥିଲେ ।"[୭୩] ଯେତେବେଳେ ସୁଭାଷଙ୍କୁ ୧୦୪° ଜ୍ୱର, ତଥାପି ସୁଭାଷ ଦେଖାଦେଇ ଜଳପଥରେ କିପରି ଆସିବାକୁ ହେବ ଯୋଜନା କରିଥିଲେ । ସେହି ବିପ୍ଲବୀ ମନମୋହନଙ୍କର କ୍ରାନ୍ତିକାରୀ ରଚନା ଏବେ ମଧ୍ୟ ସମୟୋପଯୋଗୀ ହୋଇଅଛି ।

ଆବାହନ କରିଛନ୍ତି –

ଶାନ୍ତିକାମୀ ମୁକ୍ତିକାମୀ – ଏକ ହୁଅ ଏକ ହୁଅ

ତୋ 'ସଳ ଲକ୍ଷ୍ମୀ ଡାକେ – ଏକ ହୁଅ ଏକ ହୁଅ

ତୋ ଖଣି ଖାଦାନ ଡାକେ – ଏକ ହୁଅ ଏକ ହୁଅ

ତୋ କୋଣାର୍କ ତାଜ ଡାକେ – ଏକ ହୁଅ ଏକ ହୁଅ

ତୋ ସ୍କୁଲ କଲେଜ ଡାକେ – ଏକ ହୁଅ ଏକ ହୁଅ

ତୋ ବଡ଼ ଦେଉଳ ଡାକେ – ଏକ ହୁଅ ଏକ ହୁଅ।[୭୪]

ଜନସାଧାରଣଙ୍କ ହୃଦୟରେ ଏକଦ୍ଦ ପ୍ରତିଷ୍ଠା ପାଇଁ ହେଲେ ବ୍ୟକ୍ତି ତା'ର ଚିନ୍ତାଧାରା ମଧ୍ୟରୁ ପାଶବିକ, ସ୍ୱାର୍ଥକୈନ୍ଦ୍ରିକ ପ୍ରବୃତ୍ତିକୁ ବାଦ୍‌ ଦେଇ ଗୋଷ୍ଠୀ କୈନ୍ଦ୍ରିକ ଦୃଷ୍ଟିକୋଣ ପୋଷଣ କରିବାକୁ ହେବ ।

ସୁନନ୍ଦ କର :

ସମସାମୟିକ କବିଙ୍କ ମଧ୍ୟରେ ସୁନନ୍ଦ କରଙ୍କ ଖ୍ୟାତି ସ୍ୱୀକୃତ । ୧୫୪୭ ମସିହା ପୂର୍ବରୁ ତାଙ୍କର ଲେଖନୀ ଚାଳନା ହୋଇଥିଲେ ମଧ୍ୟ ଲୋକଲୋଚନକୁ ଆସିଲା ୧୫୪୭ ମସିହାରେ । 'ଆଗାମୀକାଲି' ସଂକଳନରେ ତେରଗୋଟି କବିତା ପ୍ରଗତିବାଦୀ ଗୋଷ୍ଠୀଙ୍କ ଦ୍ୱାରା ପ୍ରଶଂସା ଲାଭ କରେ । ଜଣେ ସାମ୍ୟବାଦୀ କବିର ସ୍ୱପ୍ନ – ଶୋଷଣ ବିହୀନ ସମାଜ ପ୍ରତିଷ୍ଠା ସାଙ୍ଗକୁ ତାରତମ୍ୟର ପ୍ରାଚୀରକୁ ଭାଙ୍ଗି ଦେବାର ଦୃଢ଼ ପ୍ରତିଜ୍ଞା, 'ପ୍ରସ୍ତାବନା'ଠାରୁ 'ଯବନିକା' ମଧ୍ୟରେ ପ୍ରତିଫଳିତ ହୁଏ । କବି ସ୍ୱୟଂ ଘୋଷଣା କରିଛନ୍ତି –

"ସୈନିକ ଆମେ ଶପଥ ଘେନୁଛୁ ପ୍ରାଣେ

ଆଜିର ଏ ପ୍ରେତ ପିଶାଚ ବଳେ ନିର୍ମୂଳ କରି ରଣେ

ମୁର୍ଦ୍ଧାରେ ତା'ର ଗଢ଼ିବୁ ନୂତନ ଧରା

ଅମ୍ଲାନ ଯହିଁ ସୁନୀଳ ଗଗନେ ଦୀପ୍ତ ପ୍ରଗତି ତାରା ।"(୧୫)

କବି ସୁନନ୍ଦ କରଙ୍କର ନିର୍ଭୀକ ଆହ୍ୱାନ ଲକ୍ଷ୍ୟ କରାଯାଇପାରେ ଉଲ୍ଲିଖିତ ପଦ୍ୟକ୍ତିରୁ । କବି ବକ୍ର ଶପଥ ନେଇଛନ୍ତି ଶୋଷକ ଓ ଶାସକ ଗୋଷ୍ଠୀକୁ ଧରାଶାୟୀ କରି ତାଙ୍କରି ମୁର୍ଦ୍ଧାର ଉପରେ ନୂତନ ଧାରା ଗଠିତ ହେବ । ଯେଉଁ ଧରାରେ ଦୀପ୍ତ ପ୍ରଗତିର ଆଲୋକ ଝଲସି ଉଠିବ । "ଭାବବାଦୀମାନଙ୍କ ମତରେ ଈଶ୍ୱର ମଙ୍ଗଳମୟ ଏବଂ ତାଙ୍କ ସୃଷ୍ଟିରେ ସମସ୍ତେ ସମାନ ଏହି ପ୍ରଶ୍ନର ଉତ୍ତର ଖୋଜିଛନ୍ତି କବି ସୁନନ୍ଦ କର ।"(୧୬) ପୁଞ୍ଜିପତିମାନଙ୍କ ବିରୋଧରେ କବିଙ୍କର ସ୍ୱର ଶାଣିତ ଓ ତୀବ୍ର ହୋଇଛି । ପାଠକ କେବଳ କବିତାରୁ ଆନନ୍ଦ ବା ରସ ପାଆନ୍ତି ନାହିଁ; ପାଆନ୍ତି ସଂଗ୍ରାମର ପ୍ରେରଣା ଓ ସାମ୍ୟବାଦର ଅପୂର୍ବ ମୂର୍ଚ୍ଛନା ।

"ତୁମ ଦେଶ କୋଳେ ମଜୁରିଆ ମରେ

ଅନ୍ନ ମୁଠାଏ ପାଇଁ

ଲହୁ ଶୋଷି ତା'ର ପୁଞ୍ଜିପତି ସେ

ଅଏସେ ମାରଇ ହାଇ ।"(୧୭)

ଉଚ୍ଚ ପିଣ୍ଡାରେ ବସି କୁଞ୍ଚ କାନି ହଲେଇ ଅଳସ ଜୀବନଯାପନ କରୁଥିବା ଜମିଦାର, ମହାଜନ ଓ ଧନିକ ଶ୍ରେଣୀ ଗରିବର ଝାଲ ଲୁହଲହୁରେ 'ଲା 'ସଲ ଅଥବା ଅର୍ଜିତ ଧନ ଖାଇ ପେଟ ଫୁଲାଇ ବସିଥିବା ଲୋକ ଗରିବ କଥା ବୁଝନ୍ତି ନାହିଁ, ମୁଠାଏ ଅନ୍ନର ବିଚ୍ଛେଦ କିପରି ପାଗଳ କରିପାରେ । ଚୁଲି ତା'ର ବିଧବା ହୁଏ । ଅଥଚ ଦିବସ ସ୍ୱପ୍ନ ଓ ଘଷାମୋଡ଼ାରେ କାଳ କାଟନ୍ତି, ତାଙ୍କୁ ଓହ୍ଲାଇ ଆଣିବାକୁ ହେବ ଉଚ୍ଚ ପଥର ପିଣ୍ଡାରୁ ଅବା ସୌଧ ଭିତରୁ ।

ପ୍ରକୃତ ପକ୍ଷେ ଦେଖିବାକୁ ଗଲେ, କବି ସୁନନ୍ଦ କର ବିପ୍ଳବ ମାଧ୍ୟମରେ ଯୁଗାନ୍ତକାରୀ ପରିବର୍ତ୍ତନ ଆଣିବା ପାଇଁ ନିବେଦନ କରିଛନ୍ତି ସାଧାରଣ ଶୋଷକ ବର୍ଗଙ୍କୁ । କବିଙ୍କର ଏହି ଆହ୍ୱାନରେ ସମକାଳର ଜନସାଧାରଣ ନିଜକୁ ଉଦ୍‍ବୁଦ୍ଧ କରନ୍ତି । ସାଧୋରଣ ଜନତାର ଧମନୀରେ କବିଙ୍କର କବିତାଗୁଡ଼ିକ ପ୍ରବାହିତ ହୋଇ

ସେମାନଙ୍କୁ ଯୋଗାଏ ଅନ୍ୟାୟ, ଅତ୍ୟାଚାର ବିରୋଧରେ ସଂଗ୍ରାମ କରିବାର ଅସରନ୍ତି ପ୍ରେରଣା। "କବିର ସ୍ୱପ୍ନ ଥିଲେ ସୃଜନକୁ ଶଙ୍ଖଫୁଙ୍କି ଆବାହନ କଳାଭଳି ଭଗୀରଥକୁ ଲୋଡ଼ାହୁଏ ନାହିଁ ଶୁଭଲଗ୍ନ। ସ୍ୱପ୍ନ ନଥିଲେ ଜୀଇଁବା ପାଇଁ ସଜିଲ ହୁଏ ନାହିଁ ସରାଗର ଡୋଲି କି ପାଲିଙ୍କିରେ। ସ୍ୱପ୍ନ ନଥିଲେ ଛାତିଟା ଭିତରେ ହୃଦୟ, ହୃଦୟ ନହୋଇ ହୋଇଯାଏ ହୃତ୍‌ପିଣ୍ଡ।"[୯୮] ଅତଏବ ସୃଜନଶୀଳ ସ୍ୱପ୍ନ ସୁନନ୍ଦ କରଙ୍କୁ ଯେଉଁ ଜୀବନ୍ତ କବିତାର ଉପହାର ଦେଇଛି ତା' ଅତ୍ୟନ୍ତ ସୁଦୂର ପ୍ରସାରୀ।

୧.୧୩ ସାହିତ୍ୟ ସହିତ ଗଣମାନସ :

ପ୍ରଗତିବାଦୀ କବିତା ବା ସାହିତ୍ୟ ଜନଗଣଙ୍କର ଜୀବନଧାରା ଓ ଶୈଳୀ ଦ୍ୱାରା ପୁଷ୍ଟ ଓ ପୁଷ୍କଳ। ଏହା ସପନ ରାଇଜର ଗୋପନ କଥା ନୁହେଁ, କିମ୍ୱା ପରୀ ରାଇଜର କାହାଣୀ ନୁହେଁ। ଏପରିକି କ୍ରୋଡ଼ପତି ଓ ରାଜ-ଜମିଦାରଙ୍କର ଯାନ୍ତ୍ର କ୍ଷୁଧାର ବର୍ଷନା ନୁହେଁ। ସେମାନଙ୍କର ଜୀବନ ଅଛି, କିନ୍ତୁ କି ପ୍ରକାର ଜୀବନ ? କେବଳ ସମ୍ପତ୍ତି ବା ଅର୍ଥ ଚିନ୍ତନରେ ତାଙ୍କର ମାନସିକ ଭାରାକ୍ରାନ୍ତ। କାହା ତଣ୍ଟି ଚିପିଲେ, କେଉଁ ଉପାୟରେ କାହାଦ୍ୱାରା ଉତ୍ତମ ଶୋଷଣ ପ୍ରକ୍ରିୟା ସାଧିତ ହୋଇପାରିବ। ଏପରିକି କାଳିଦାସଙ୍କର ପ୍ରକ୍ରିୟା ସାଧିତ ହୋଇପାରିବ। ଏପରିକି କାଳିଦାସଙ୍କର ମତ, ଯେଉଁ କବି ଜନମାନଙ୍କ କଥା କହନ୍ତି ନାହିଁ, ସେ ବାଉଳର ପ୍ରଲାପ ମାତ୍ର। ଡକ୍ଟର ବାସୁଦେବ ଦାସଙ୍କ ମତ ମଧ୍ୟ ଅନୁରୂପ। ସେ କହନ୍ତି, "ପ୍ରାକ୍ ସ୍ୱାଧୀନତା କାଳରେ ଇଂ'ରେଜ ଶାସନର ପରିପୋଷକତା ଓ ତୁଷ୍ଟି ସାଧନ ଲାଗି ଆମେ ଅନେକ କିଛି ଅଜାଡ଼ି ଦେଲୁ। ସେଇ ସଂସ୍କାରର ଦୃଢ଼ ରେଖା ଧରି ସ୍ୱାଧୀନ ଉତ୍ତର ଜୀବନରେ ତାକୁ ହିଁ ପାଥେୟ କରି ରହିଯାଇଛୁ। ପରବର୍ତ୍ତୀ ନକଲି ବାଦ୍‌ଶାହା। ଓଡ଼ିଆ ସାହିବଙ୍କ କବଳରେପଡ଼ି ସାହିତ୍ୟିକ ସାଜିଛି ଗୋଡ଼ାଣିଆ। ସଂକଟ ଜର୍ଜରିତ ପୁଞ୍ଜିବାଦର ଅପଶାସନ ଦ୍ୱାରା ପୀଡ଼ିତ ସାଧାରଣ ଜନତା ପାଇଁ ହୋଇଛି ଚରମ ଅନ୍ତର୍ଘାତୀ।

ଯେଉଁ କବି / ଲେଖକ ଫାଇଲ୍ ନେଇ ମନ୍ତ୍ରୀଙ୍କଠାରୁ ଜନବିରୋଧୀ ଫାଇଲ୍‌ରେ ସ୍ୱାକ୍ଷର କରି ଆଣନ୍ତି ସେମାନଙ୍କୁ ସାହିତ୍ୟିକ ବା କବି କୁହାଯାଇ ନପାରେ। ଏହା ଦ୍ୱାରା ସାଧାରଣ ସ୍ୱାର୍ଥ ଓ ସତ୍ୟ ପ୍ରତିହତ ହୁଏ।"[୯୯] କାର୍ଲମାର୍କ୍ସଙ୍କ ଥିଓରୀ ଡଃ ଦାସଙ୍କ ମତକୁ ସମର୍ଥନ କରେ। 'Task of Revolutionary

Writers' ସମ୍ପର୍କରେ ବର୍ଣ୍ଣିତ ବସ୍ତୁଟି ଏହିପରି ! "Our artists and writers should work in their own field. Which is art and literature but their duty first and for most is to understand and know the people well... and artists and writers of high promise must for long periods of time, unreservedly and whole heartedly into the midst of the massed, the masses of workers peasants and soldiers, they must go into fiery struggle, go into the only broadcast, the highest source to observe, learn, study and analyze all man, all classes all kinds of people, all vivid patterns of life and struggle and all the raw materials of art and literature before they can proceed to creation."[୮୦] କଳାକାର ଓ ଲେଖକ ନିଜ ନିଜ କ୍ଷେତ୍ରରେ କାର୍ଯ୍ୟ କରି ଚାଲିଛନ୍ତି, ଯାହାକୁ ଆମେ କଳା ଓ ସାହିତ୍ୟ କହିପାରିବା । ମାତ୍ର ସେମାନଙ୍କ ଉଚ୍ଚକୋଟୀର ସଂକଳ୍ପ ରହିବା ଆବଶ୍ୟକ । ଏହା ହେଲେ ସେ କଳା ଓ କବିତା ସାମୟିକ ନ ହୋଇ ଦୀର୍ଘ ସ୍ଥାୟୀ ହେବ । ଏ ରୂପେ ଏକ ଆନ୍ତରିକତାର ଦଲିଲ ପାଇବେ ଶ୍ରମିକ, କୃଷକ ଓ ଗଣସମାଜ, ସୈନିକ, ସେମାନେ ଯେପରି ଯୁଦ୍ଧ ପାଇଁ ଅଗ୍ରସର ହୋଇପାରନ୍ତି ।

ସାହିତ୍ୟ ସହିତ ଗଣମାନସ ସଂପର୍କରେ ଡକ୍ଟର ବାସୁଦେବ ଦାସଙ୍କ ମତ ହେଉଛି; "କେତେବେଳେ କବିକୁ କ'ଣ କରିବାକୁ ପଡ଼ିବ, ସେ ହିଁ ପଞ୍ଚଜନ୍ୟ ନିନାଦ କରି ଜଣାଇଦିଏ ଉପଯୁକ୍ତ ପନ୍ଥା; ଉଚିତ ବ୍ୟବସ୍ଥା । କ୍ରାନ୍ତଦର୍ଶୀ ଚିନ୍ତାଶୀଳ କବିର ଅପେକ୍ଷା ବକ୍ର ଘୋଷଣା ଦିଏ ଦିଗ୍‌ଦର୍ଶନ । ଏହା ପରାଜୟ ବା ବିପର୍ଯ୍ୟୟର ଊର୍ଦ୍ଧ୍ୱରେ । କାରଣ ଏହି ଚିନ୍ତାଧାରା ପଛରେ ଅର୍ଥର ମୋହ ନଥାଏ କି ସ୍ୱାର୍ଥର ଆତ୍ମଶ୍ଲାଘା ନଥାଏ । ବିଧ୍ୱସ୍ତ ଜୀବନର ସକଳ ଜୀର୍ଣ୍ଣତା ମଧ୍ୟରେ କବିତା କରିବ ତାର ଜୟଯାତ୍ରା । ସୁତରାଂ ଯେଉଁ ଧାରାରେ ଯେଉଁ ମାର୍ଗରେ ପ୍ରଚଲିତ ଶାସନ ଓ ପୁଞ୍ଜିପତିର ଶୋଷଣ ଆଗେଇ ଚାଲିଛି ତାହାର ଗତିରୋଧ କରିବା ଦାୟିତ୍ୱ ସାହିତ୍ୟିକର । ବର୍ତ୍ତମାନର ସାମାଜିକ ଗଠଣ (Social Structure)କୁ ବଦଲାଇବା ଶାସକ ଗୋଷ୍ଠୀଙ୍କୁ ଜନପ୍ରେମୀ ମାର୍ଗ ଦର୍ଶାଇବା କେବଳ ସାହିତ୍ୟିକଠାରୁ ଆଶା କରାଯାଏ । ତେଣୁ ତ ତାଙ୍କୁ ଅନସ୍ୱୀକୃତ ବିଧାୟକ ଭାବେ କାର୍ଯ୍ୟ ଦିଆଯାଇଛି ।"(ସାହିତ୍ୟ ସଂହିତ, ୧୯୮୬, ବାଣୀମନ୍ଦିର, ଅୟବା)

ଔପନିବେଶିକ ଶାସନତନ୍ତ୍ର ଅବସାନ ଘଟିଲେ ଲୋକତନ୍ତ୍ର ପ୍ରତିଷ୍ଠା ହେବ । 'ଆମରି ଡଙ୍ଗାର ଆମେ ନାଉରୀ' ଦେଶ ଚଳାଇବା ଲୋକେ ସାଧାରଣଙ୍କ ଆର୍ଥ-ସାମାଜିକ ଦିଗକୁ ନିଶ୍ଚୟ ଦୃଷ୍ଟିପାତ କରିବେ । ମାତ୍ର ପୁରୁଣା ବୋତଲରେ ନୂଆ ମଦ ଢଳାଗଲା । ଲୋକେ ଯେଉଁଠି ଥିଲେ ସେଇଠି । ସ୍ୱପ୍ନର ମୋହଭଙ୍ଗ ଘଟିବା ହେଲା ଚରମ ଦୁର୍ଭାଗ୍ୟ ।

"ପ୍ରଗତିଶୀଳ ଚେତନା ଅବ୍ୟାହତ ରହିଛି । ନବ ବିପ୍ଲବର ମୂଲ୍ୟାୟନ ସ୍ଥାନ ପାଇଲା । ଶୋଷଣର ରୂପ ବଦଳି ସୂକ୍ଷ୍ମ ରୂପ ଗ୍ରହଣ କଲା । ଶାସନର କୌଶଳ ଲୋକଙ୍କୁ ଦୁର୍ବୋଧ ରହିଲା । ଅନ୍ୟାୟ, ଅତ୍ୟାଚାର, ରଣଭାର, ନାରୀ ନିର୍ଯ୍ୟାତନା, ଯୌତୁକ ନିର୍ଯ୍ୟାତନା, ମଦ୍ୟନିଶା ପ୍ରସାର ଆଦି ଶାସନ ତାନ୍ତ୍ରିକ ଅସହାୟତା କବିମାନସକୁ ଲହୁଲୁହାଣ କରିଛି । ବିଶ୍ୱଯୁଦ୍ଧର ଭୟାବହତା ଓ ବଜାର ଦର ବୃଦ୍ଧି ଲୋକଙ୍କୁ ବିଶେଷ ବାଧିଲା । ଅଫିସରେ କିଲାପୋତା ନଦେଲେ କାମହୁଏ ନାହିଁ । ୧୯୫୦ରୁ ୧୯୮୦ ଏବଂ ୧୯୮୦-୨୦୦୦ କାଳଖଣ୍ଡରେ କବିମାନଙ୍କ କବିତାର ସ୍ୱର ପ୍ରଗତିବାଦୀ ଚିନ୍ତନରେ ମର୍ମରିତ ହେଲେ ମଧ୍ୟ ସାମାଜିକ ଗଢ଼ଣ ଭୁଷୁଡ଼ି ପଡ଼ିବା କାରଣରୁ କବିତାର ଛନ୍ଦ, ଶୈଳୀ ଓ ବକ୍ତବ୍ୟ ଭିନ୍ନ ହେଲା । ଏହା ବ୍ୟତୀତ କୃଷକ ଆନ୍ଦୋଳନ, ଛାତ୍ର ଆନ୍ଦୋଳନ, ଶିକ୍ଷକ ଆନ୍ଦୋଳନ, ମହିଳା ସଶକ୍ତିକରଣ ଆନ୍ଦୋଳନ, ବେଦାନ୍ତ-ଭୂଷଣ, ବାଲିଆପାଳ ଘାଟି, ମଣ୍ଡଳ କମିଶନର ସଂରକ୍ଷଣ ଆନ୍ଦୋଳନ ହେତୁ ପ୍ରଗତିବାଦୀ କବିତା ଅଧିକ ସମୃଦ୍ଧ ହୋଇପାରିଛି । ସେମାନଙ୍କ ମଧ୍ୟରୁ କେତେକ କବି ପ୍ରଗତିବାଦୀ ଚିନ୍ତାରୁ ବାଟ ଭାଙ୍ଗି ଚାଲିଯାଇଛନ୍ତି ତ କେତେକ କବି ନିଷ୍ଠାପର ଭାବରେ ପ୍ରତିବଦ୍ଧତା ରକ୍ଷାକରି ସମାଜ ପୁନର୍ଗଠନରେ ନିଜକୁ ଉତ୍ସର୍ଗ କରିଛନ୍ତି ।"(୮୧)

ମନୋଜ ଦାସ, ଗୋଦାବରୀଶ ମହାପାତ୍ର, ସଦାନନ୍ଦ ଦାସ, କୃଷ୍ଣଚରଣ ବେହେରା, ରବି ସିଂ, ବ୍ରଜନାଥ ରଥ, ପ୍ରସନ୍ନ ପାଟଶାଣୀ, ହୁସେନ୍ ରବି ଗାନ୍ଧୀ, ବାସୁଦେବ ଦାସ, ଭଗବାନ ମହାପାତ୍ର, ବସନ୍ତ ମୁଦୁଲି, ବାସୁଦେବ ସୁନାନି, ପ୍ରଭାକର ଶତପଥୀ, ଦେବେନ୍ ଦାସ, ଚକ୍ରଧର ବେହେରା, ସରୋଜ, ଘନ ପରିଡ଼ା, ନୀଳମଣି ପରିଡ଼ା, ସୁଚେତା ମିଶ୍ର, ଆଶୁତୋଷ ପରିଡ଼ା, ପ୍ରଶାନ୍ତ ମିଶ୍ର,

ଦଣ୍ଡପାଣି ମହାପାତ୍ର, ଗୌରାଙ୍ଗ ରାଉତ, ଗୌରହରି ରାଉତ, ବଙ୍କିମ ମହାରାଣା, ବାଞ୍ଛାନିଧି ଦାସ, ପୀତାମ୍ବର ତରାଇ, ଅପର୍ଣ୍ଣା ମହାନ୍ତି, ଅନ୍ନପୂର୍ଣ୍ଣା ମହାନ୍ତି, ହେମନ୍ତ ରାଉତ, ସୁରେନ୍ଦ୍ର ବେହେରା, ଦ୍ବିତୀକୃଷ୍ଣ ମହାନ୍ତି, ପ୍ରଶାନ୍ତ ମିଶ୍ର, ସୁଚେତା ମିଶ୍ର, ରମେଶ ପତି, ପଦ୍ମ ଦାଶ, ଅମରେଶ ପଞ୍ଚନାୟକ, ବ୍ରହ୍ମାନନ୍ଦ ଦାସ, ସାବିତ୍ରୀ କବି, ପ୍ରଭାକର ବେହେରା, ଭରତ ବେହେରା, ପଦ୍ମନାଭ ନାୟକ, ଅମିୟ ମହାପାତ୍ର, ନିରାକାର ଦାସ, ନୃସିଂହ ତରାଇ, ଲେନିନ୍ ମହାନ୍ତି, ରମେଶ ଅଲୀ ବେଶାନ୍ତ, ଅମିୟ ପାଣ୍ଡବ, ସରସ୍ବତୀ ବେହେରା, ବିଜୟ ଉପାଧ୍ୟାୟ, କୁଲମଣି ଜେନା, ନରସିଂହ ପଞ୍ଚନାୟକ, ଦିଲ୍ଲୀପ ସ୍ବାଇଁ, ରଞ୍ଜିତା ନାୟକ, ଶତ୍ରୁଘ୍ନ ତରାଇ, ଅଶ୍ବିନୀ କୁମାର ମିଶ୍ର, ସନ୍ତୋଷ ଦାସ, ବିବେକାନନ୍ଦ ନାୟକ, କେଦାର ମିଶ୍ର, ମହମ୍ମଦ ଜମିଉଲ୍ଲା, ଜଳଧର ସ୍ବାଇଁ ପ୍ରମୁଖଙ୍କ ଲେଖନୀ ଏବେ ମଧ୍ୟ ଜାଗ୍ରତ । ବ୍ରଜେନ୍ଦ୍ର ଦଉ, ବ୍ରଜନାଥ ରଥ, ପ୍ରଭାକର ବେହେରା, ଡଃ ନାରାୟଣ, ପ୍ରସନ୍ନ ମିଶ୍ର ପ୍ରମୁଖ ମାଟିରୁ ହଜିଗଲେଣି । କିନ୍ତୁ ସ୍ବାଧୀନତା ପରବର୍ତ୍ତୀ ପ୍ରଗତିବାଦୀ କାବ୍ୟଚେତନା ସର୍ବଭାରତୀୟ ସ୍ତରରେ ଉଲ୍ଲେଖଯୋଗ୍ୟ ସ୍ଥାନ ଲାଭ କରିଛି ।

୧.୧୫ ଜଗତୀକରଣ / ଉଦାରୀକରଣ :

୧୯୮୦ ମସିହା ପର୍ଯ୍ୟନ୍ତ ଭାରତ ପି.ଏଲ୍. ୪୮୦ ଗହମ ପାଇଁ ଆମେରିକା ଉପରେ ନିର୍ଭର କରୁଥିଲା । ୟୁରୋପ, ଆମେରିକା ତାଙ୍କ ଦେଶରେ ଉତ୍ପାଦନ ଉପରେ ୪୦୦ ପ୍ରତିଶତ ୫୦୦ ପ୍ରତିଶତ ସବ୍ସିଡ଼ି ଦେଉଥିବାବେଲେ ଭାରତକୁ ଉତ୍ପାଦିତ ପଦାର୍ଥ ଉପରେ ମୂଲରୁ ସବ୍ସିଡ଼ି ନାହିଁ । 'ଲରେ ଚାଷୀ ରଣଗ୍ରସ୍ତ ହୋଇ ଆତ୍ମହତ୍ୟା କରିବାକୁ ବାଧ୍ୟ ହେଲେ । କେବଲ ଓଡ଼ିଶା ନୁହେଁ, ଧନୀ ରାଜ୍ୟ ପଞ୍ଜାବର କୃଷକକୁ ବି ଆତ୍ମହତ୍ୟା କରିବାକୁ ପଡ଼ିଛି ବୋଲି 'ଶୋଷଣ ଜାଲ ଓ ସାଧାରଣ ଜନତା' ଶୀର୍ଷକ ସ୍ବୟଂ (ସମାଜ, ମାର୍ଚ୍ଚ ୬)ରେ ଚିତ୍ତରଞ୍ଜନ ମହାନ୍ତି ଉଲ୍ଲେଖ କରିଛନ୍ତି । ଏବେ ସରକାର ନିଷ୍ପତ୍ତି ନେଇଛନ୍ତି ଦେଶର ସମଗ୍ର ଜମି ଠିକା ପ୍ରଣାଲୀରେ ଚାଷ କରିବାକୁ ଦିଆଯିବ । ତେଣୁ ଦେଶରେ ୨୦୨୧ ଫେବୃୟାରୀ ସୁଦ୍ଧା କୃଷକ ଆନ୍ଦୋଲନ ୧୦୦ ଦିବସ ଟପିଛି । କୃଷକର ବ୍ୟଥାକୁ ବର୍ଦ୍ଦାସ୍ତ କରିପାରିନାହାନ୍ତି କବି ବାସୁଦେବ । କୃଷକର ଆତ୍ମହତ୍ୟା ଉପରେ ଅନେକ କବିତା ଲେଖିଛନ୍ତି ।

"ବ୍ୟାଙ୍କ ମେନେଜର ପୁଲିସ ସହ / ଗାଡ଼ିରେ ଭର୍ତ୍ତି ଆସିବା ଦିନ
ସୁବନ ସାହୁ ନିଜକୁ ଟାଙ୍ଗିଦେଇଛି / ନିଜ ପିନ୍ଧା କାନିରେ / ଗାଁ ମୁଣ୍ଡ
ବରଗଛରେ

× × ×

ସରକାର ଥାଉ ଥାଉ / ଚୁଙ୍ଗୁଡ଼ି 'ଉଜ ଭାସିଗଲେ ତାର / ଲୋକ କହିଲେ –
ଦେଖିବା ରଣ ନେବ ସରକାର କେମିତି ଆଉ ।" (ଆଖି ଖୋଲିଲେ ଆକାଶ)

ଅନୁରୂପ ବୈପ୍ଲବିକ ଅଭିବ୍ୟକ୍ତି ଦେଖିବାକୁ ମିଳେ 'ଋଷୀ ମୃତ୍ୟୁ' ପୁରସ୍କାର
କବିତାରେ । ଭାରତ ତଥା ଓଡ଼ିଶାରେ ସହସ୍ରାଧିକ କୃଷକ ରଣର ଶୋଷଣ ଭାର
ସମ୍ଭାଳି ନପାରି ମାନସିକ ଭାରସାମ୍ୟ ହରାଇ ମୃତ୍ୟୁବରଣ କରିଛନ୍ତି । କବି
ବାସୁଦେବଙ୍କର କବିତାର ଭିତ୍ତି ଓ ପରିଣତି ଲକ୍ଷ୍ୟ କରାଯାଇପାରେ ।

"ଦୁଃଖ ବିହନ ବୁଣିଥିଲା କିଏ

ସୁଖର 'ସଲ ପାଇଁ

ଧାନ ମୂଳ ପରା ଜଳ ପାଇଲାନି

କାଳି ମୁଣ୍ଡ ଗଲା ଖାଇ ।"

କୃଷିମନ୍ତ୍ରୀ ମୃତ୍ୟୁ ଖବର ପାଇ ଗଣିଆ ସ୍ୱାକୁ ସାନ୍ତ୍ୱନାମୂଳକ ଅର୍ଥ ଦେଇଛନ୍ତି
ମାତ୍ର କୃଷକର ପତ୍ନୀ ଟଙ୍କାକୁ ତା' ମୁହଁକୁ ଫୋପାଡ଼ି ପ୍ରତିଶୋଧ ନେଇଛି –

"ଦାଣ୍ଡ ସାରା ଲୋକ ଛାତି ଭିଡ଼ାଭିଡ଼ି

ଜଳିଲା ପୋଲିସ ଗାଡ଼ି

ଜଣେ ମରି ନାହିଁ । ମରିଚି ଏ ଋଷୀକୁଳ ।"

କବି ବାସୁଦେବ ବିପ୍ଲବ ପାଇଁ କୃଷକ ସମାଜକୁ ଇଙ୍ଗିତ କରି ଦେଇଛନ୍ତି ।

ଏସବୁର ମୂଳକଥା ଜଗତୀକରଣ ବା ଉଦାରୀକରଣ ଓ ଘରୋଇକରଣ ।
ପୁଞ୍ଜିବାଦୀ ମା'ର ତିନିଟାୟାକ ତିଆଁଳା ଛୁଆ । ଏହି ନୀତି ଯେ ସମ୍ୱିଧାନର
ବିରୋଧରେ ହୋଇଛି ଏକଥା ରବି ସିଂଙ୍କ ବ୍ୟତୀତ କେହି ଉଚ୍ଚାରଣ କରିନାହାନ୍ତି ।
ଅଶୀ ଦଶକରେ ସାମ୍ରାଜ୍ୟବାଦୀ ଇଂଲଣ୍ଡର ରାଣୀ ମାର୍ଗାରେଟ ଆଟର ଏବଂ ନବ୍ୟ

ସାମ୍ରାଜ୍ୟବାଦର ଆମେରିକା ରାଷ୍ଟ୍ରପତି ରିଗାନ୍ ଉଦାରୀକରଣ ଓ ଘରୋଇ କରଣକୁ ପ୍ରୁଞ୍ଜି କରି ଯୁଦ୍ଧର ଡାକରା ଦେଇଥିଲେ । ରାଷ୍ଟ୍ର ପରିଚାଳନାରେ ଉଦାର ହେବା ବିଷାକ୍ତ ଗରଳ ଭାରତବର୍ଷର ନିମ୍ନ ବର୍ଗର / ନିମ୍ନ ମଧ୍ୟବିତ୍ତ ଶ୍ରେଣୀକୁ ତଳିତଳାନ୍ତ କରିବାରେ ଲାଗିଛି । କବି / ଲେଖକଙ୍କର ପ୍ରବଳ ପ୍ରତିକ୍ରିୟା ମଧ୍ୟ ପ୍ରକାଶ ପାଇ ଚାଲିଛି ଏହି ପୃଷ୍ଠଭୂମିରେ ।

୧.୧୬ ପ୍ରଗତିବାଦୀ କବିତାର ବୈଶିଷ୍ଟ୍ୟ :

କୌଣସି ଏକ ସମୟଖଣ୍ଡର ସାହିତ୍ୟ ବା କବିତା ସେହି ସମାଜ ବ୍ୟବସ୍ଥାର ଦର୍ପଣ ସଦୃଶ । କାରଣ ଜନଜୀବନ ମଧ୍ୟରୁ କବି ଉପାଦାନ ପାଏ । ଯଦି କବି / କବିବୃନ୍ଦ ସାମାଜିକ ବାସ୍ତବ ଚିତ୍ରକୁ ନିଖୁଣ ଭାବେ ଅଧ୍ୟୟନ କରିଥିବେ, ତେବେ ସମାଜ ଜୀବନର ଅବିକଳ ଚିତ୍ର ତୋଳି ପାରନ୍ତି । ପ୍ରଗତିବାଦୀ ଚିନ୍ତା ହିଁ ଏକ ବୈପ୍ଲବିକ ବିଚାର । ବୁଲେଟ୍ ଅପେକ୍ଷା 'ବାଲେଟ୍'ର ଅଧିକ କ୍ଷମତା । କମ୍ୟୁନିଜିମ୍ ହେଉଛି ଗଣତନ୍ତ୍ରର ଶୀର୍ଷ ପାହାଚର ବିଚାର । ବିପ୍ଲବ ବନ୍ଧୁକ ଦ୍ୱାରା ଯେତିକି ହୋଇପାରେ ତଦପେକ୍ଷା ବିଚାର ଦ୍ୱାରା ଅଧିକ ସଫଳତା ମିଳିପାରେ । ଏହି ପରିପ୍ରେକ୍ଷୀରେ କୁହାଯାଇଛି – "ସାମାଜିକ ସଭା ମାଧ୍ୟମରେ ସମାଜର ଦୋଛକିରେ କବି ଛିଡ଼ା ହୁଏ । ସାମାଜିକ ସଂଘର୍ଷର ବେଳାଭୂମିରୁ କବି ଅନୁଭୂତିର ଉପଳ ସାଉଁଟେ । ଜଣେ ବିପ୍ଲବୀ କବି ଇଚ୍ଛା କରି ବିପ୍ଲବୀ ହୁଏନା; ବରଂ ସାମାଜିକ ବିପ୍ଲବର ସଂଘର୍ଷମୟ ସ୍ଥିତି ବିପ୍ଲବୀ କବିକୁ ବିପ୍ଲବାତ୍ମକ ଚିନ୍ତା ଭାବନାରେ ନିକଟତର କରାଇଥାଏ । ଅଧିକନ୍ତୁ ସମାଜରେ ବିପ୍ଲବର ଭଙ୍ଗା ପଡ଼ିଗଲେ ବିପ୍ଲବୀ କବି ପ୍ରତିକ୍ରିୟାଶୀଳ ଚିନ୍ତା ଓ ଭାବନାର ବଶବର୍ତ୍ତୀ ହୋଇଯାଇପାରେ ।"[୮୨] ବିଶେଷତ୍ୱ ହେଲା ପୂର୍ବ ଅପେକ୍ଷା ଅଧିକ କ'ଣ କୁହାଯାଇଛି । ମହାକବି ଆଲ୍‌ଫ୍ରେଡ୍ ଟେନିସନ ତାଙ୍କ 'ମର୍ତ୍ତେଦି ଆର୍ଥର' କବିତାରେ କହିଛନ୍ତି – ପୁରାତନ ସିଂହାସନରୁ ଓହ୍ଲାଇଯାଉଛି, ନୂତନର ଅଭିଷେକ ହେଉଛି । ବିଚାରା ବେଡ଼ଭିୟର ବୁଢ଼ାରାଜାଙ୍କର ବିଶ୍ୱସ୍ତ କର୍ମଚାରୀ ଥିଲା, ସେ କ'ଣ କରିବ ବୋଲି ପଚାରିଛି । କ୍ଷର କ୍ଷୟ କ୍ଷୟରକ୍ଷ ମକ୍ଷବଭକ୍ଷରଭକ୍ଷସ, ଲରରକ୍ସଭକ୍ଷ କୁକ୍ଷବମ୍ବର ଭରଙ୍ଗ ନୃତନତାର କାର୍ଯ୍ୟକରିବ ଏବଂ ତାହାକୁ ହିଁ ଗ୍ରହଣ କରିବା ସମୀଚୀନ । ସର୍ବଦା ପରିବର୍ତ୍ତନକୁ ସ୍ୱାଗତ ଜଣାଇବା ବିଧେୟ । ଏହି ମର୍ମରେ ଡକ୍ଟର ବିଜୟଲକ୍ଷ୍ମୀ ଦାଶ ଉଲ୍ଲେଖ କରିଛନ୍ତି – "ଜାତୀୟ

ଜୀବନର ପୁରୁଣା ପ୍ରଥା ଉପରେ ନୂତନ ସ୍ୱର ଫିଟାଇବା ଯଦି ପ୍ରଗତିବାଦର ମୁଖ୍ୟ ଉଦ୍ଦେଶ୍ୟ ହୁଏ, ତାହା ହେଲେ ସ୍ୱାଧୀନତା ପୂର୍ବବର୍ତ୍ତୀ ସମୟର ପ୍ରଗତିବାଦୀ କବିତାର ଏହାହିଁ ମୁଖ୍ୟ ବୈଶିଷ୍ଟ୍ୟ ଥିଲା। ସାହିତ୍ୟର ସାମ୍ରାଜ୍ୟ ଯେତେବେଳେ ରୋମାଣ୍ଟିକ ପ୍ରେମ-ପ୍ରଣୟ ଦ୍ୱାରା ସୀମାବଦ୍ଧ ଥିଲା, ଏହି ବନ୍ଧନର ପାଚୀରକୁ ଭାଙ୍ଗିକରି ତା' ମଧ୍ୟରୁ ପ୍ରବେଶ କଲା ବୈଜ୍ଞାନିକ ଚିନ୍ତାସମ୍ମତ ପ୍ରଗତିବାଦ ବା ଯାହାର ଅନ୍ୟ ନାମ ମାର୍କ୍ସବାଦ ବା ସାମ୍ୟବାଦ।"[୮୬] ପ୍ରାକ୍ ସ୍ୱାଧୀନତା କାଲରେ ପ୍ରଗତିବାଦୀ କବିବୃନ୍ଦ କିପରି ଓଡ଼ିଆ କବିତାର ରୂପରେଖ ବଦଲାଇପାରିଛନ୍ତି, ତାହା ସେମାନଙ୍କ କବିତାରେ ବିଶଦ୍ ଆଲୋଚନା କରାଯାଇଅଛି। କେବଳ ଭାରତୀୟ ସାହିତ୍ୟ ନୁହେଁ, ବିଶ୍ୱ ସାହିତ୍ୟ ସହିତ ଯୋଡ଼ି ହୋଇଯାଇଛି ଓଡ଼ିଆ କବିତାର ଅପାରମ୍ପରିକ ରୀତି, ଗୀତି ଶୈଳୀ ଏବଂ ଆତ୍ମିକ ଓ ଆଙ୍ଗିକ ସୌନ୍ଦର୍ଯ୍ୟ ସମୃଦ୍ଧିଲାଭ କରିଅଛି। କବି ଶ୍ରୀ ଶ୍ରୀଙ୍କ ଟଙ୍କା କବିତାରୁ ପ୍ରଗତିବାଦୀ କବିତାର ବିଶେଷତ୍ୱ ବୁଝି ହେବ –

"Exhorted,

to behave decently

cried out to keep away from innocents,

to kindle the radiance in the eyes,

wash out evil from minds

and stop munehing the past."[୮୭]

ଯାହା ପୂର୍ବରୁ ଥିଲା, ତା'ଠାରୁ ଅଧିକ ଭଲ ହେବାର ଆହ୍ୱାନ ଆସିଛି ଏହି ସମୟର କବିତାରେ। ମାର୍ଜିତ ବ୍ୟବହାର ଓ ଆପଣାପଣରେ ସମସ୍ତ ଦେଖିବା। ମନର ମଳଦା ଧୋଇଦେବା ଏବଂ ପୁରାତନର ଅବସାନ ଘଟାଇ ନୂଆ ଚିନ୍ତନରେ ମନକୁ ଜଳାଇବା କବିର ଦାୟିତ୍ୱ। ପଙ୍ଗୁ ପ୍ରାଚୀନତାକୁ ପଛକୁ ଠେଲି ଆଗକୁ ଚାଲ।

ସର୍ବହରା ହତାଶିଆ ବ୍ୟକ୍ତିମାନଙ୍କୁ ସାହସ ଓ ସାହାରା ମିଳିଛି। ଅନ୍ୟ ପକ୍ଷରେ ପୁଞ୍ଜିପତି ଜମିଦାର ବୁଝିପାରିଛନ୍ତି ଅଧିକୃତ ସମ୍ପତ୍ତିରେ ଜନସାଧାରଣ ଅଂଶୀଦାର ଅଟନ୍ତି। ସୁବାରାଓ ପାଣିଗ୍ରାହୀ ତାଙ୍କ କବିତାରେ କହିଛନ୍ତି –

"Mark in us / there is redness
Red is our blood / to eacon,
There is spark in redness." [୮୪]

ରକ୍ତକେତନ ରକ୍ତର ପରିଚାୟକ। ଲକ୍ଷ୍ୟ କର, ଚିହ୍ନ ଓ ଜାଣ ଲୋହିତ ରଙ୍ଗରେ କିମିତି ନିଆଁଝୁଲ ଉଠୁଛି। ଅତଏବ ଲାଲ ସଂକେତ ହିଁ ନୂତନ ବିପ୍ଳବର ଆଭିମୁଖ୍ୟ। ବାସ, ବସ୍ତ୍ର ଓ ବଖୁରେ ଘର ପାଇଁ ପ୍ରାକ୍ ସ୍ୱାଧୀନତା କାଳର ପ୍ରତିଶ୍ରୁତି ଦେଇଛି। କୁସଂସ୍କାର ମୋଚନ କରିଛି। ଏହାହିଁ ପ୍ରଗତିବାଦୀ କବିତାର ଅନ୍ୟତମ ବୈଶିଷ୍ଟ୍ୟ–

(କ) ସମାଜର ନ୍ୟସ୍ତ ସ୍ୱାର୍ଥ ଗୋଷ୍ଠୀଙ୍କ ସମାଜ – ପରିପନ୍ଥୀ ନୀତି ବିରୋଧରେ ଉଦ୍ଦିଷ୍ଟ ଏହି ସାହିତ୍ୟର ଅନ୍ତଃସ୍ୱର ଥିଲା ଗଣାଭିମୁଖୀ ଅନୁଚିନ୍ତା। ଅର୍ଥାତ୍ ଏହା ସମାଜର ଅନୁନ୍ନତ ଶୋଷିତ ମାନବର ବାସ୍ତବଚିତ୍ର ପ୍ରକାଶ କରି ଗଣସାହିତ୍ୟ ହୋଇଯାଇଛି।

(ଖ) ଭିଡ଼ କୁସଂସ୍କାରଗ୍ରସ୍ତ ମଣିଷ ପଦାକୁ ବାହାରି କଥା କହିବାର ସାହସ ଦେଇଛି ଏବଂ ହକ୍ ପ୍ରାପ୍ୟ ପାଇଁ।

(ଗ) ପ୍ରଥମାବସ୍ଥାରେ ଏହି କବିତା ଜାତୀୟ ଭାବଧାରା ସଙ୍ଗେ ତାଲ ଦେଇ ସଂଗ୍ରାମ ଓ ଶାନ୍ତିର ଭାବଧାରାରେ ବେଶ୍ ସବଳିତ ହୋଇଥିଲେ ହେଁ ପରବର୍ତ୍ତୀ କାଳରେ ପରିବର୍ତ୍ତିତ ପରିସ୍ଥିତିରେ ଅଧିକ ଶାନ୍ତି ଅଭିମୁଖୀ ହୋଇଥିଲା। [୮୬]

(ଘ) ଏହି ସମୟର କବିତା ଗାନଯୋଗ୍ୟତା ହରାଇ ଆବୃତ୍ତି କଳାରେ ମଣ୍ଡିତ ହୋଇଥିଲା। ଉତ୍ତେଜନାପୂର୍ଣ୍ଣ ସ୍ଲୋଗାନ୍ ଓ ବୀରରସକୁ ବରଣ କଲା।

(ଙ) ସାଂସାରିକ ତେଲ ଲୁଣର ସମସ୍ୟା କବିତାରେ ରୂପାୟିତ ହେଲା।

ପ୍ରାକ୍ ସ୍ୱାଧୀନତା କାଳର ପ୍ରଗତିବାଦୀ କବିତାରେ ନିରନ୍ନ ବୁଭୁକ୍ଷୁର ଚିତ୍ର– ଚରିତ୍ର ରହିବା ସହିତ ଆନ୍ତରିକ ଓ ଆଙ୍ଗିକ ପରିବର୍ତ୍ତନ ହୋଇଅଛି।

(ଚ) ପ୍ରଗତିବାଦୀ କାବ୍ୟ ପରମ୍ପରା ଗଢ଼ି ଉଠିବା ପରେ କାବ୍ୟ ରଚନାର ଅବସାନ ଘଟେ। ଶିଳ୍ପକଳାରୁ ଉତ୍କର୍ଷ ନିମନ୍ତେ ଅଳଙ୍କାର ପ୍ରାୟ ନିର୍ବାସିତ। ଅତୀତରେ ଯେଉଁ ବିଦ୍ରୋହ ଇଂରେଜ ବା ସାମ୍ରାଜ୍ୟଶକ୍ତି ବିରୋଧରେ ହୋଇଥିଲା ତାହା ସିଧାସଳଖ କମ୍ପାନୀ, କର୍ପୋରେସନ ଓ ଶାସନ କାଳ ବିରୋଧରେ ଗଲା।

(ଛ) ପାଶ୍ଚାତ୍ୟ ସାହିତ୍ୟ ସଂସ୍ପର୍ଶରେ ଆସିବା 'ଳରେ ଓଡ଼ିଆ କବିର ଦୃଷ୍ଟିକୋଣ ବ୍ୟାପକ ହେଲା ଏବଂ ପାଶ୍ଚାତ୍ୟ ଗଢ଼ଣ କବିତାରେ ଦେଖାଗଲା। କବି ସଚ୍ଚି ରାଉତରାୟ, ଅନନ୍ତ ପଟ୍ଟନାୟକ, ରବି ସିଂ, ରଘୁନାଥ ଦାସ, ସଦାଶିବ ଦାଶ, ବାସୁଦେବ ଦାସ, ବ୍ରଜେନ୍ଦ୍ର ଦଉଙ୍କ ପରି କବିଙ୍କ କବିତା ଦୀର୍ଘ ନ ହୋଇ ସଂକ୍ଷିପ୍ତ କଳେବର ଧାରଣ କଲା।

(ଜ) ବିଂଶ ଶତାବ୍ଦୀର ଦ୍ୱିତୀୟାର୍ଦ୍ଧ ଅର୍ଥାତ୍ ୭୦ ଦଶକରେ କବିତା ଉଗ୍ରରୂପ ଗ୍ରହଣ କଲା। ୧୯୬୯ ମସିହାରେ ନକ୍ସଲ ଆନ୍ଦୋଳନ ଏବଂ ପରେ ମାଓ ଆନ୍ଦୋଳନ ଯୋଗୁଁ ଉଗ୍ର ପ୍ରଗତିବାଦୀ କବିଙ୍କ ରଚନାର ଉଗ୍ରଭାବ ଦେଖାଗଲା।

(ଝ) ନକ୍ସଲ ବା ମାଓବାଦୀ ସାହିତ୍ୟ ପ୍ରଗତିବାଦୀ ସାହିତ୍ୟ ହେଲେ ହେଁ ଯୁଦ୍ଧଂ ଦେହି ଡାକରା ଅବିସମ୍ବାଦିତ ମନେ ହେଲା।

(ଞ) ଲାଲ ସଲାମ / ଲାଲଝଣ୍ଡାର ପ୍ରବଳ ପ୍ରୟୋଗ କରାଯାଇଅଛି।

"Lal Salam of every village
Laal salaam of people sup surge
Laal salaam of Naxalbari
Srika Kulam and Telengana
And the laal sallam of the Red flag."[୮୭]

ପ୍ରତି ଗ୍ରାମକୁ ଲାଲ ସଲାମ, କର୍ମରତ ମଣିଷଙ୍କୁ ଲାଲ ସଲାମ, ନକ୍ସଲ ବାଡ଼ିକି ଲାଲ ସଲାମ, ଶ୍ରୀକାକୁଲମ ବିପ୍ଳବୀ ବାହିନ ଲାଲ ସଲାମ, ତେଲେଙ୍ଗାନାର ରଣକ୍ଷେତ୍ରକୁ ଲାଲ ସଲାମ, ଲାଲ ଝଣ୍ଡାକୁ ଲାଲ ସଲାମ ପରି ଏହି ଶବ୍ଦର ବ୍ୟବହାର ବହୁଳ ଯୋଗୁଁ କବିତାର ସ୍ୱତନ୍ତ୍ରତା ପ୍ରବେଶ କରେ।

ଭାରତର ବିଶିଷ୍ଟ ନକ୍ସଲ କବି ବାର୍ବରା ରାଓ ତାଙ୍କ ପତ୍ନୀ ଓଡ଼ିଆ ଆଗମନ ସମୟର ବୁକର ପୁରସ୍କାର ବିଜୟିନୀ ଅରୁନ୍ଧତୀ ରାୟ 'ନିସାନ' ସମାବେଶରେ ଯୋଗଦାନ କରିଥିଲେ। ଡକ୍ଟର ବାସୁଦେବ ଦାସଙ୍କର ଉଭୟଙ୍କ ସହିତ ଆଲୋଚନା ହୋଇଥିଲା। ବାର୍ବରା ରାଓ କହିଥିଲେ; "ଓଡ଼ିଶା ନକ୍ସଲର ଆଦିଭୂମି। ପୁରୀ ଜିଲ୍ଲାର ସୁବାସ ପାଣିଗ୍ରାହୀ ଆନ୍ଧ୍ରରେ ନାମ ବଦଳାଇ ସୁବା ରାଓ ନାମରେ ବିଶିଷ୍ଟ ନକ୍ସଲ

ନେତା ହୋଇଥିଲେ । ଏହି କାରଣରୁ ଓଡ଼ିଆ ପ୍ରଗତିବାଦୀ କବିତାରେ ଉଗ୍ର ସ୍ୱର ତେଜି ଉଠିଥିବା ସମ୍ଭାବନାମୟ ।"

(ଚ) ନାରୀବାଦ ବା ବାମାବାଦ ସ୍ୱାଧୀନତା ପରବର୍ତ୍ତୀ ପ୍ରଗତିବାଦୀ କବିତାର ମୁଖ୍ୟ ସ୍ୱର, ଯାହା ସ୍ୱାଧୀନତା ପୂର୍ବବର୍ତ୍ତୀ କାଳରେ ନଥିଲା । ତା'ର କାରଣ ନାରୀ ନିର୍ଯ୍ୟାତନା ବେଶି ହୋଇନଥିଲା ।

୧.୧୭ ସମୀକ୍ଷା :

ପରିଶେଷରେ କୁହାଯାଇପାରେ – ଆଜି ଯାହାକୁ ଆଧୁନିକ ବା ପ୍ରଗତିଶୀଳ / ପ୍ରଗତିବାଦୀ ବୋଲି ବିଚାର କରୁଛୁ, ତା'ର ଅଭ୍ୟୁଦୟ ଏକ ନିର୍ଦ୍ଦିଷ୍ଟ ଐତିହାସିକ ଓ ସାମାଜିକ ଅବସ୍ଥା ଭିତିରେ ହିଁ ହୋଇଛି । ବାସ୍ତବବାଦର ଆସ୍ଥାନ ଉପରେ ସ୍ୱାଧୀନତା ପରବର୍ତ୍ତୀ ପ୍ରଗତିବାଦୀ କବିତା / ସାହିତ୍ୟ ପ୍ରତିଷ୍ଠିତ । ବିଶ୍ୱ ସାହିତ୍ୟରେ ପ୍ରଗତିବାଦୀ ସାହିତ୍ୟ ବା କବିତା ବାସ୍ତବବାଦ, ସମାଜବାଦୀ ବାସ୍ତବତା, ବୈପ୍ଲବିକ ମାର୍କ୍ସୀୟ ଓ ଶ୍ରେଣୀ ସଂଘର୍ଷକୁ ବୁଝାଇ ଆସିଥିଲା ୧୯୮୦ ପର୍ଯ୍ୟନ୍ତ । କେତେକ ଆଲୋଚକ ଉତ୍ତର ଆଧୁନିକତା ନାମରେ ଏହାକୁ ନାମିତ କରିଥିଲେ ମଧ୍ୟ ପ୍ରଗତିବାଦର ସ୍ୱର ଏଯାବତ ନିସ୍ତବ୍ଧ ହୋଇନାହିଁ । ଡଃ ବାସୁଦେବ ଦାସଙ୍କ ମତରେ "ପ୍ରଗତିବାଦୀ ଚିନ୍ତାର ଅନ୍ତୁଡ଼ିଶାଳରୁ ଆଧୁନିକ/ ଉତ୍ତର ଆଧୁନିକ ଧାରାର କୁଆଁ କୁଆଁ ରାବ ।"

"ଆଧୁନିକ ସାହିତ୍ୟ ପ୍ରତୀକବାଦ, ଚିତ୍ରକଳ୍ପବାଦ, ପରାବାସ୍ତବବାଦ, ଅଭିବ୍ୟଞ୍ଜନାବାଦ, ଉଦ୍ଭଟ ଅସ୍ତିତ୍ୱବାଦୀ ସାହିତ୍ୟକୁ ବୁଝାଏ ।" ଯେଉଁ ବିଶେଷ୍ୟ ପଦ ସହିତ 'ବାଦ'[୮୮] ପ୍ରତ୍ୟୟ ଯୋଗ କରାଯାଇଛି, ତାହା ଯଥାର୍ଥ ମନେହୁଏ ନାହିଁ । ବାଦ ବା ସଂଜ୍ଞ (ଇଜିମ୍) ଏକ ଦାର୍ଶନିକଧାରାକୁ ବହନ କରିଥାଏ । କୌଣସି ଆଲଙ୍କାରିକ ଶବ୍ଦ କେବେ ବାଦ ହୋଇପାରେ ନାହିଁ । 'ଆଧୁନିକ' ସେହି ଭଗବତୀ ପାଣିଗ୍ରାହୀଙ୍କର ଏକ ଅପୂର୍ବ ଚିନ୍ତନ ମାତ୍ର ଉତ୍ତର ଆଧୁନିକତାର ଭାବାଦର୍ଶ ଏ ପର୍ଯ୍ୟନ୍ତ ସୃଷ୍ଟି ହୋଇପାରି ନାହିଁ । ମୂଳତଃ ଓଡ଼ିଆ ପ୍ରଗତିବାଦୀ ସାହିତ୍ୟର ୨ୟ ଧାରା ୧୯୫୦–୨୦୦୦ ମସିହା ପର୍ଯ୍ୟନ୍ତ ଓଡ଼ିଆ ସାହିତ୍ୟକୁ ଏକ ଦିଗଦର୍ଶନ ଦେଇଆସିଅଛି ଏବଂ ଏହି ବୈପ୍ଲବିକ ଧାରା – ମାର୍କ୍ସୀୟ ସାମ୍ୟଧାରା ବା ନକ୍ସଲ

ଧାରାରେ କବି ବାସୁଦେବ ଦାସ ଏକ ଶୁଭ ଅଥଚ ପ୍ରମୁଖ ଉଚ୍ଚାରଣ ଏଥିରେ ସନ୍ଦେହ ନାହିଁ ।

ଡ଼ଃ କୁଳମଣି ଜେନାଙ୍କ ମତରେ "ପ୍ରଗତିବାଦୀ ଓ ଆଧୁନିକ ଦୁଇଧାରାର ବିଶ୍ୱସ୍ତରର ସଫଳ କବି ବୋଦଲାୟାର (ଆଧୁନିକ) ପ୍ରଗତିବାଦୀର ହେଲେ ବେଖ୍ତେର୍ । ଓଡ଼ିଆ ସାହିତ୍ୟରେ ସଚି ରାଉତରାୟ ଏହି ଉଭୟ ଧାରାର ଯୁଗସ୍ରଷ୍ଟା ଭାବରେ ପରିଚିତ ।"[୮୯] ବଙ୍ଗଳାର ସୁକାନ୍ତ ଭଟ୍ଟାଚାର୍ଯ୍ୟ ଓ ଜୀବନାନନ୍ଦ ପାଣି ଏ ଦିଗରେ ଅଭିନନ୍ଦନୀୟ । ବାସୁଦେବ ଦାସ ଉଗ୍ର ପ୍ରଗତିବାଦର କବିତା ଲେଖି ବହୁ ପ୍ରତିଷ୍ଠିତ କବିଙ୍କର ରୋଷର ଶିକାର ହେବାରୁ ତାଙ୍କ କବିତାର ପ୍ରଚାର ପ୍ରସାର ଘଟିପାରି ନାହିଁ, 'ଯାହା ହେଲେ ତ ସାମାନ୍ୟ' । ସେ ଗାଁର ଏକ 'ବଣମଲ୍ଲୀ' ସଦୃଶ । କବିତାଗୁଡ଼ିକ ବାସ୍ତବତାର ଉଚ୍ଚୁଙ୍ଗ ଶିଖରରେ । ଏହି କାରଣରୁ, ସେ ସମାଜକୁ ପରୀକ୍ଷାନିରୀକ୍ଷା କରି ବହୁ ଝଡ଼ଝଞ୍ଜାର ସମ୍ମୁଖୀନ ହୋଇଛନ୍ତି । ତେଣୁ ଏକବିଂଶ ଶତାବ୍ଦୀର ଜଣେ ପ୍ରତିବଦ୍ଧ ପ୍ରଗତିବାଦୀ କବି ଭାବରେ ପ୍ରତିଷ୍ଠିତ ହୋଇପାରିଛନ୍ତି କବି ବାସୁଦେବ ଦାସ । ଜୀବନଭରି ଭଲ ପାଇଛନ୍ତି ସାହିତ୍ୟକୁ ଓ ମଣିଷର ସହୃଦୟତାକୁ । "ଓଡ଼ିଆ ଭାଷା-ସାହିତ୍ୟ ସମ୍ପର୍କରେ ଆଲୋଚନା କଲେ ତାଙ୍କ ଆଖିରୁ ଝରିପଡ଼େ ଅନୁଭବର ଭାବପ୍ରବଣ ଲୋତକଧାରା । ଶିକ୍ଷା, ଶିକ୍ଷକ, ଶିକ୍ଷାୟତନ – ସମ୍ବନ୍ଧୀୟ ବହୁ ଗବେଷଣାତ୍ମକ ପ୍ରବନ୍ଧ ଲେଖି, ପାଠକ ମହଲରେ ପରିଚୟର ପରିଧିଟେ ସୃଷ୍ଟି କରିପାରିଛନ୍ତି । ତାଙ୍କ ସାରସ୍ୱତ ସଂଗ୍ରାମର ଫଳଶ୍ରୁତି ସ୍ୱରୂପ ୨୫ ଖଣ୍ଡ ପୁସ୍ତକ ଏବଂ ଅନେକ ପାଣ୍ଡୁଲେଖ୍ୟ ରହିଛି । ତାଙ୍କର ଭବ୍ୟ ସଂକଳନ 'ପୁଣ୍ୟ ମାଟିର ଦୁଃଖ' ଓ 'ଚାଲ କୁରୁକ୍ଷେତ୍ର' ଦ୍ୱୟ ଏକ ଏକ ପରୀକ୍ଷାଧର୍ମୀ କବିତା ସ୍ତବକ ।"[୯୦] ଅଭାବ ଅନଟନ କିପରି ବିବେକ ବେକକୁ ମୋଡ଼ିଦିଏ ଏହି ସମାଜବାଦୀ ବାସ୍ତବତାକୁ କବି ଦେଖାଇ ଦେଇଛନ୍ତି ମାର୍ମିକ ପଦରେ ।

"ହେ ସ୍ୱପ୍ନଭୁକ୍ ଦଳ !

ଓହ୍ଲାଇ ଆସ ମାଟିର ଚଟାଣକୁ

ଦେଖିବ –

ସୁଧା ସହିତ ସ୍ନୋଭର ରତିକ୍ରୀଡ଼ା

ଅଭାବ ମାଡ଼ି ବସିଛି ବିବେକ

ଖସିପଡୁଛି ଛାତିର ଚେଲ

କାହାର ସ୍ତନରୁ ଖସୁଚି ମାଂସ ପଲପଲ ।"(୫୧)

କବି ଏହି ଦୃଶ୍ୟ ଦେଖି ହୃଦୟରେ ଶେଲବିଦ୍ଧ ଯନ୍ତ୍ରଣା ଅନୁଭବ କରିଛନ୍ତି । ଅଭାବରୁ କିଶୋରୀ ବକ୍ଷରେ ସ୍ତନ ଅଙ୍କୁରିପାରୁନାହିଁ ତ କାହାର ଛାତିରୁ ଖସିପଡୁଛି ପରକାୟ ପ୍ରୀତିରେ ସ୍ତରସ୍ତର ମାଂସ । ଗାଁ ଆସିଲେ କବି ଗାଁ ମାର ଅନେକ ମନୋବେଦନା ଶୁଣନ୍ତି – "ମୋ ରୋଗୀଣା ଗାଁ / ପିଲାମାନେ ବିଦେଶରେ / ଆଖିରେ ପୁରାଇ ଲୁହ / ଅନ୍ତରରେ କୋହ / ଚାହିଁଚି ତା' ଚିରା ଲୁଗା / ବଦଳିବ / ପାନଖିଆ ଆସିବ ଡାକରେ / ଏ‌ଇ ମାତ୍ର ଦଶରା ଆଗରେ ।"(୫୨)

"ନୁହେଁ ବନ୍ଧୁ, ନୁହେଁ ଚାଟୁକାର

ନୁହଁଇ ସ୍ତାବକ

ଅସ୍ତାଚଳେ ମୁ ରକ୍ତ କରବୀ

ଦେବା ପାଇଁ ଉଷାଗର୍ଭା ରଜନୀକୁ

କାଳିର ସତ୍ତକ / ଏ ଥିଲା ଦାବି ।"(୫୩)

କବିଙ୍କର ଅନ୍ୟ ଏକ ଭବ୍ୟ ସଂକଳନ (୨୦୧୯ ନଭେମ୍ବର) ଆତ୍ମପ୍ରକାଶ କରିଛି – 'ଚାଲ କୁରୁକ୍ଷେତ୍ର' ଏକ ପରୀକ୍ଷାମୂଳକ ସ୍ତବକ । ପୁସ୍ତକର ପ୍ରଥମ କବିତା 'ଚାଲ କୁରୁକ୍ଷେତ୍ର' ସତ୍ୟବାଦୀ ମାସିକ ପତ୍ରିକା ପ୍ରଥମ ସଂଖ୍ୟା ୨୦୧୭ର ପ୍ରଥମ କବିତା ଭାବେ ସ୍ଥାନିତ ହୋଇଥିଲା । ବଂଚିରହିବା ଆଜି ଏକ ବୈପ୍ଳବିକ ଆହ୍ବାନ ।

"ଆସନ୍ତୁ ଗୋଟେ ସାଧା ସିଧା ଜୀବନ ବଂଚିବା

ଏ ସମାଜର ଶବମାନେ ହିଁ

ନୀତିନିୟମ ବୟାନ କରନ୍ତି,

କାରଣ,

ପୁଣ୍ୟ ପ୍ରତି ଅନ୍ଧ ଉତ୍ସୁକତା ।"(୫୪)

ଆଜିର ସମାଜରେ ବଂଚିବା ପାଇଁ ପରଚରଣରେ ଚୁମ୍ବନ ଢାଲୁ ନିତି, ଯାହା ତିରିଶ ବର୍ଷ ତଳେ କବି ବାସୁଦେବ ଲେଖିଥିଲେ ତା'ର ପୁନରାବୃଭି ଘଟି ଚାଲିଛି ।

ଆମେ ବଂଚିବା ପାଇଁ ବଚସ୍ବର

ଆମ ଚାଟୁ କରିବା ପାଇଁ ପୁରସ୍କାର

ନିଜକୁ ଭାରତୀୟ ବା ଓଡ଼ିଆ

ପରିଚୟ ଦେବାର ମିଠା ମିଠା କୁଣ୍ଠା।[୫୪]

ବିଚାର ଓ ବିବେକକୁ ବନ୍ଧା ପକାଇ ଭାରତୀୟ କିମ୍ବା ଉତ୍କଳୀୟ କେବେ ବଂଚି ରହିବାକୁ ଚାହାନ୍ତି ନାହିଁ। ଏପରିକି ମହାତ୍ମାଗାନ୍ଧୀ ମଧ ନୈତିକ ଓ ହକ୍ ଦାବିର ଲଢ଼େଇ ଚାହିଁଥିଲେ। ଏଣୁ ବାସୁଦେବ ସାଲିସହୀନ ସଂଗ୍ରାମକୁ ପସନ୍ଦ କରିଅଛନ୍ତି ତାଙ୍କର ସମଗ୍ର କାବ୍ୟସଭାରେ। ବିଶ୍ବ ଇତିହାସରେ 'କୁରୁକ୍ଷେତ୍ର ଯୁଦ୍ଧ' ହିଁ ଭୟାବହ ଯୁଦ୍ଧ ଭାବେ ଚର୍ଚ୍ଚିତ। ଦୌର୍ଯ୍ୟୋଧନୀ ଶାସନର ଅବସାନ ନିମନ୍ତେ ଯୁଦ୍ଧର ପ୍ରୟୋଜନ ଥିଲା। ସେହିପରି କବି ବାସୁଦେବ ପ୍ରଚଳିତ ବ୍ୟବସ୍ଥାରେ ଥିବା ଦ୍ବନ୍ଦ୍ବ, ସଂଘାତ, ଅନୀତି-ଦୁର୍ନୀତି, ନାରୀ ନିର୍ଯ୍ୟାତନାର ସଂସ୍କାର ଆଣିବା ଲାଗି ଘନଘଟା ଯୁଦ୍ଧ ଅନିବାର୍ଯ୍ୟ ବୋଲି ପ୍ରକାଶ କରିଛନ୍ତି।

"ଜୀବନଠାରୁ କ'ଣ ଈଶ୍ବର ମହାନ ?

ତେବେ କ'ଣ ପାଇଁ ତୋଷାମଦ

କ୍ଷମତାସୀନ ଅନ୍ଧ ଧୃତରାଷ୍ଟ୍ରଙ୍କ ପଛରେ ?

ଏବେ କୁରୁକ୍ଷେତ୍ର ଆମର ଲକ୍ଷ୍ୟସ୍ଥଳ ହେଉ

ଜିଆଁବାର ରାସ୍ତାଟିଏ ମାତ୍ର।"[୫୫]

କବି ପରବର୍ତ୍ତୀ କବିତାରେ ଜୀବନର ତିକ୍ତ ଅନୁଭୂତି ଓ ଖେଦ ତାଙ୍କୁ ବିପ୍ଳବର ବଢ଼ଦାଣ୍ଟକୁ ଟାଣି ଆଣିଛି। ଏପରିକି ଜାତିଆଣାଭାବର ଶିକାର ହେବା ସହିତ ବିଶ୍ବାସଘାତକତାର ବ୍ୟୂହରେ ଲଢ଼ିଛନ୍ତି।

"ପଢ଼ିଲି ଚାଟଶାଳୀରୁ ହାଇସ୍କୁଲ / ସେଠିରେ ଦରମା ନ ଦେଇ

ପଦାରେ ଠିଆ ହେବା, / କିମ୍ବା ନାଁ କଟିବାର / ବାରମ୍ବାର ଧମକରେ

କେବେ କେବେ କାହାର ଅବ୍ୟକ୍ତ କରୁଣାରେ।

ପୁନଶ୍ଚ କଲେଜ ପଢ଼ାବେଳେ / ଯଦିଚ ସ୍ବାଧୀନ / ଟିଉସନରୁ ଉପାର୍ଜନ କରି କବିତା ଗଳ୍ପ ଲେଖି ଛାତ୍ରନେତା ହେଲି / ବିଦ୍ରୋହୀ ପଣରେ।

ମନ ମୋର ଚେତାଇ ଦେଲା / ତୁ ଏଣିକି କୁରୁକ୍ଷେତ୍ର ସମରରେ /

ବିଶ୍ୱାସ ରଖ ଓ ଆଗେଇ ଯାଅ

ନୂତନ ସ୍ୱପ୍ନର ସହର / ବରଂ କୁରୁକ୍ଷେତ୍ର ଭଲ ।"(୯୭)

ବିପ୍ଲବ ଗଢ଼, କମ୍ୱିଂ ଅପରେସନ, ବଇରା ଫେରିବ କେବେ ?, କୁରୁସଭା, ଲେନିନ୍, ମାଓ, ମାତ୍ର ଓଲିକର ସମର, ଜନମତ, ଆପେ ଆପେ ଗିର' ପ୍ରଭୃତି କବିତାରେ ବାସୁଦେବଙ୍କର ପ୍ରତିବଦ୍ଧତା ଓ ସାମାଜିକ ଅଙ୍ଗୀକାର ତାଙ୍କୁ ଜଣେ ଶ୍ରେଷ୍ଠ ପ୍ରଗତିବାଦୀ କବିର ଖ୍ୟାତି ଦେଇଛି । ଏହି ପରିପ୍ରେକ୍ଷାରେ 'ଅବଧୂତରୁ ଅଭିଯାତ୍ରୀ' ପୁସ୍ତକରେ ପ୍ରଫେସର ଭଗବାନ ଜେନା ବାସୁଦେବଙ୍କ କବିତାର ଆକଳନ କରିଛନ୍ତି ।

୧.୧୮ ଇଂରାଜୀ ପୁସ୍ତକ 'ଅବଧୂତରୁ ଅଭିଯାତ୍ରୀ'ରେ ବାସୁଦେବ :

Poet Basudev Das is an active creative writer "Literary activist and fighter in the Kendrapara literary arena. The origin of poet Basudev Das is from the thick of uncompromising struggle against the autocratic congress rule in Kendrapara region."(98) During the sixth and seventh decades of the last century his active coworker was Poet Aparna Mohanty coming from the D.S.W. front and a whole timer of the socialist unity centre. Aparna has by that time passing through the common life experience has become accustomed to the auster life style of a proletarian. Out of the joint endeavor of poet Basudev Aparna, story writer Prahallad Nath and Annapurna Mohanty the 'Pragatisheela Kabi Kalamandir' at Kendrapara has been born.

This organisation continued its work under the presidentship of Basudev Das. Movement against the test range of Baliapal, the decision to set up a Naval Training Centre of Chilika, and against the Balco movement to drive it out from Gandhamardana hills Pragatisheela Kabi Kalamadhari was at the front. Baishnab Charan Samal writes, where ever he felt the degeneration is the society, greed the name of service, autocratile trend is polities or vanity through slavish subjugation, then Basu Babu's pen become aggressive outcome to the bullet words.

In Basudev's views the horizon is free from haziness. He has clearly grasped the demonic grip of the USA over politics, economy and society in his materialist view. He has said in the poem 'Operation Bharat' in his collection 'Patritarpan' -

"The democratic breast of Bharat

In operated upon with the sharp knife

Of poverty by the American doctor

To give it a socialist revival."[99]

The ruler in India actually down represented the people their work is to placate USA and flater Russia. Soon after being elected by the people through jugglery they join the sacrificial yojana of finishing the people, the poet discovers their atrocious character in the following manner -

"Those whom you put on the throne

Bestowed power, put garlan on them

They started smashing out heads

The history is written in blood

In words unintelligible."[100]

(Ghasakati Jai Parichha Pana)

'Basudev's poetry contains flashes of life. There is social commitment even through he lives in the coastal region of Odisha, he has joined his voice with that of writers far off such French poet Louis Aragon. Russian poet Myakovsky or English Poet Auden. As the various social sufferings come rushing before his eyes -

"He writes in a voice that shakes one's heart-

You can't live. You can bear

In the Guardian knot of exploitation

The workers and farmers,

Get kiks on their stomach

Snatching away food from their hands."[101]

(Hata Mutha tora utha)

Basu Basu's pen keeps faith only in a revolution to resolve the main contradictions in our present society those who are at the call of the haves who exploit people expressing lack of faith in revolution and shy away from the path of struggle are urged by the poet to come to the right path. Revolution must come about someday. The poet is singing welcome even today.

Oh friend,

The show four revolution is not at the end

We'll have a socialist state

On this green beautiful earth

Spreading the knots of Lord Shiva's hair in the skies

I'll only sing the revolutionary songs

For the good of the earth.[102]

(Rakta Karabi Uthiba Phuti)

The poetic person of the poet is revolutionary along with that he is for sacrifice like the legendry Dadhichi. He is ready to sacrifice this life for the cause of the dalit and the oppressed. This is the commitment of the poet for the country and the society. The poet has issued a stern urge to the class fighters and humanist in his poem Dadhichi.

Rise the revolution up in revolt

Burn fires burn

Urge to build forts

Break the ruling machine.

The poet is a good organiser, eloquent speaker and critic infra. His creative and critical writings in prose have been touching new horizons in Odisha literature. This poet is a partisan in epoch making struggle and a future prophet. There is no exaggeration in this statement.[103] (Extracted from Abadhuta to Abhijatri : B Das translated by Prof. Bhagaban Jena)[1]

(ଖ) କବି ବାସୁଦେବ ଦାସଙ୍କ ପ୍ରତିଭା ଓ ପରିଚିତି

ମାଟି ସିଲଟରେ ଖଡ଼ିର ଯୁଦ୍ଧ

"ମୋତେ ଚାରିବର୍ଷ ଚାରିମାସ ହେବାରୁ ଆମ ନଇକୂଳପଡ଼ାର ଚାଟଶାଳୀରେ ମୋ ସାଆନ୍ତ ମା' ସରଦେଇ ନେଇ ଛାଡ଼ିଲା । ଇନ୍ଦ୍ରମଣି ଦାସ ତଥା ତା'ର ନାତି ବାବାଜୀଚରଣ ଦାସଙ୍କ ଦାଣ୍ଡଘରେ ଚାଟଶାଳୀ ବସୁଥାଏ । ମୋର ସାଆନ୍ତ ମା'ଙ୍କ ବାପା ହେଉଛନ୍ତ ଆୟବାର ଭଗବାନ ଦାସ । ଚାଟଶାଳୀ ଅବଧାନ ଭଗବାନ ନାୟକ, ତାଙ୍କ ଘର ପଞ୍ଚାମୁଣ୍ଡାଇର ପନ୍ତୁରୀ ଗ୍ରାମ । ସାଆନ୍ତ ମା' ତାଙ୍କୁ ଧରମବାପ କରିଥାଏ, ଯେ କି ବୟସରେ ସାଆନ୍ତ ମା'ଠୁଁ ଦଶବର୍ଷ ବୟସରେ ସାନ । ଯାହାହେଉ, ଅବଧାନଙ୍କୁ ଡକାଇ 'ସିଦ୍ଧା' ଚାଉଳ ଥାଳିଏ, ବନ୍ତଳ କଦଳୀ, ଆଉ କିଛି ପରିବା, ନଡ଼ିଆ ଓ ଆଠଅଣା ପଇସା କଂସାଥାଳିରେ ଟେକିଦେଲା । ହଳଦୀପାଣିରେ ଗୋଡ଼ ଧୋଇ ମୋତେ ପଠାଇଲା ।

ଆଙ୍ଗୁଠି ଭଳି 'ଗୋଟାଳି' ଖଡ଼ିରେ ପ୍ରଥମେ ତଳେ ତିନିଟି '୦' ବ୍ରହ୍ମା–ବିଷ୍ଣୁ–ମହେଶ୍ୱର, ଲେଖିଛି । ତା' ପରେ ମାଟି ସିଲଟରେ ମଡ଼ାଣ ହେଲା । କଳା ସିଲଟରେ ଧଳାଗାର ଟାଣିଦେଲା ପରେ ମନ ମୋର ଖୁସ୍ ହୋଇଗଲା । ମେଘରେ ବିଜୁଲି ମାରିବାର ଦୃଶ୍ୟ ପ୍ରକଟ ହେଲା । ଶୁନ୍କୁ ଏ କାହିଁକି ବ୍ରହ୍ମା–ବିଷ୍ଣୁ–ମହେଶ୍ୱର କୁହାଯାଏ, ତାହା ଅବଧି ମୋର ସଂଶୟ ଦୂର ହୋଇପାରିନାହିଁ । ଅବଶ୍ୟ ସନାତନୀ

ବିଚାରରେ ଶୂନ୍ୟ ଓ ସୃଷ୍ଟି ତତ୍ତ୍ୱର ପ୍ରାକାଶ୍ୟ ଏଠିରେ ନିହିତ; ହେଲେ ତାହାର ସ୍ପଷ୍ଟ ଆଲୋଚନା କୃତ୍ରାପି ମୋତେ ମିଳିନାହିଁ। ବ୍ରହ୍ମା–ବିଷ୍ଣୁ–ମହେଶ୍ୱରକୁ ହାସଲ କଲାପରେ 'ଅ, ଆ' ଲେଖା ହୋଇଗଲା। ତା' ପରେ ପଡ଼ିଲା ଜଟିଳ ସମସ୍ୟା, ହ୍ରସ୍ୱ 'ଇ' ଓ ଦୀର୍ଘ 'ଈ' ଭଳି ଦୁଇଟି ବର୍ଷ। ଦୁଇଟି ଶୂନ୍ୟକୁ ଗାଇଛନ୍ଦ କରି ବୁଲାଇବା କଷ୍ଟକର ହୋଇପଡ଼ିଲା। ଚେଷ୍ଟାକରି 'ଭେଦକ' ପାରିଲି ନାହିଁ।[୧୦୪] ହ୍ରସ୍ୱଇ – ଦୀର୍ଘଈଙ୍କ ଉତରେ ମୋତେ ଖଟଟଲେ, କବାଟ କଣରେ କେବେକେବେ ଗୁହାଳ ସଂଗାଠରେ ଲୁଚିବାକୁ ପଡ଼ୁଥିଲା। ଆମ ଗାଁର ଆରପଡ଼ାରେ ପଧାନିଆଙ୍କର ଏକ ଚାଟଶାଳୀ ଥିଲା। ମାତ୍ର ପଧାନପଡ଼ାର ଲୋକେ ସମସ୍ତେ ରାମଚନ୍ଦ୍ର ମଙ୍ଗରାଜ। କହିଲି, ବୋଉ, ଏଠି ପାଠ ହବ ନାହିଁ। ମାମୁ ଗାଁରେ ଭାଇ ପଢୁଛି, ମୁଁ ମାମୁଗାଁ ଗଲେ ପାଠହବ। ବଡ଼ ମାମୁଙ୍କର ପୁଅ ନଥିଲେ, ସାନମାମୁ ବାହା ହୋଇ ନଥାନ୍ତି। ଅଭାବ ଥିଲେ ବି ସ୍ନେହ ଶ୍ରଦ୍ଧାର ଊଣା ନଥିଲା। ଆମ ଗାଁରେ ସ୍କୁଲ ଖୋଲିଲା। ସେଥାରୁ ଅନାମିକା ଶ୍ରେଣୀ ଶେଷ ହେବା ବେଳକୁ ଗାଁର ମାମଲତଦ୍କାର ବାପାଙ୍କୁ ବାଧ୍ୟ କଲେ ଆଣିବା ପାଇଁ।[୧୦୪] ମାମୁ ଗାଁ ନଳଢୁଲିଆ ଛାଡ଼ି ଗ୍ରାମକୁ ଫେରିବାକୁ ହେଲା।

କେନ୍ଦ୍ରାପଡ଼ା ସଦର ମହକୁମାରୁ ୧୫ କି.ମି. ଦୂର ପୂର୍ବକୁ ଗୋବରୀ ନଦୀକୂଳରେ। ଉରଗକୁଟିଲା ଗୋବରୀର କୂଲେ କୂଲେ ସୁନ୍ଦର ସବୁଜ ଜଙ୍ଗଲ। ବକ୍ଷରେ କୋଲନଦ ଦାର ପରି ଲମ୍ୱିଯାଇଛି ଏଇ ଚିରସ୍ରୋତା ତଟିନୀ। କୃଷିକର୍ମର ଏକ ବୃହତ୍ ରଙ୍ଗଶାଲା। ପୁଣ୍ୟ କରିଥିଲେ ଏଠି ଜନ୍ମ ହେବାର ସୁଯୋଗ ମିଳେ ବୋଲି ଧାରଣା। ଏଇ ନଦୀପଥରେ ଇଷ୍ଟ ଇଣ୍ଡିଆ କମ୍ପାନୀ ଷ୍ଟିମର ଯୋଗେ ପ୍ରବେଶ କରିଥିଲେ। ଗଣ୍ଟାକିଆ ପେଣ୍ଠସ୍ଥଲୀ। ବେପାର ବାଣିଜ୍ୟର ଏକ ଆମଦାନୀ ରପ୍ତାନୀ କେନ୍ଦ୍ର। ଗଣ୍ଟାକିଆରୁ ଆମ ଗାଁକୁ ବାଟ ନଥିଲା। ନଦୀ କୂଲରେ ପାଦଚଲା ରାସ୍ତାରେ ଗାଁକୁ ଯିବାକୁ ପଡ଼େ। ଗାଁ ମୁଣ୍ଡରୁ କଣ୍ଠରା ଘର, ଧୋବା ଘରର ଦାଣ୍ଟ ଉପରେ ଗଲେ ତେଣିକି ନକ୍ସାର ରାସ୍ତାରେ ଯିବାକୁ ହେବ ଆମ ଘରକୁ। ଗାଁ ପ୍ରାଥମିକ ବିଦ୍ୟାଳୟରେ ଶିକ୍ଷକ ଆସନ୍ତି, ଯା'ନ୍ତି, ସେକ୍ରେଟେରୀଙ୍କ ସହ ମାଷ୍ଟ୍ରଙ୍କର ଅନେକ ସମୟରେ ପଡ଼େନା। ଯାହା ହେଉ, ବିଦ୍ୟାଧର ଜେନାଙ୍କ ପରେ ଆସିଲେ ନଟବର ପ୍ରଧାନ। ଜଣେ ଉତ୍ତମ ଶିକ୍ଷକ, ଗୀତ, ବାଦ୍ୟ, ଖେଲ, ମାମଲତି ସବୁଥିରେ

ସେ ପାରଙ୍ଗମ । ଠିକ୍ ଓସ୍କାର ଓ୍ୱାରଲଡ଼୍‍ଙ୍କ ଠସକ୍ଷକ୍ଷବକ୍ଷର ୫ମକ୍ଷକ୍ରୁକ୍ଷ ମାଷ୍ଟ୍ରଙ୍କ ଭଳି । ତାଙ୍କୁ ହିଁ ଆଦ୍ୟଗୁରୁର ସମ୍ମାନ ଦେଇଥାଏ । ଅନେକ ଭାବ ଓ ବିଶ୍ୱାସର ସେ ବିଷାଣୀ ।

ଘୋଡ଼ାର କେଇଟା ଶିଙ୍ଗ :

ଫେବ୍ରୁଆରୀ ମାସ । ଗାଁର ବାବା ପରଶୁରାମ ପରମହଂସ ଜଣେ ପ୍ରସିଦ୍ଧ ମହାପୁରୁଷ । ତାଙ୍କ ମଠର ସପ୍ତାହ ଓ ଅଷ୍ଟପ୍ରହର ନାମଯଜ୍ଞ ଅନୁଷ୍ଠିତ ହୁଏ । ବିଦ୍ୟାଳୟ ୩ ଦିନ ବନ୍ଦ ହୁଏ । ଗାଁର ହଳ, ଧାନମଳା ମଧ୍ୟ ବନ୍ଦ ରହେ । କିନ୍ତୁ ସରକାରୀ ଛୁଟି ନଥିବାରୁ ସେଦିନ ବାବୁ ଓ ବଡ଼ ଅଫିସର ଆସିଲେ ସ୍କୁଲ ପରିଦର୍ଶନ କରିବା ପାଇଁ । ନଟ ମାଷ୍ଟ୍ର ଦଉଡ଼ି ଦଉଡ଼ି ଗାଁର ପିଲାଙ୍କୁ ଗୋଟାଇ ଆଣିଲେ । ବାବୁ କହିଲେ କେବଳ ସ୍କୁଲ ସବ୍‍-ଇନିସ୍‍ପେକ୍ଟରଙ୍କୁ ବୁଝ଼ି ପଢ଼ୁଥିଲା । ନଖ କାଟି, ଦାନ୍ତ ପାଉଁଷରେ ମଞ୍ଜନ କରି ସଫା. ସୁତୁରା ହୋଇ ଆସିବାକୁ ପଡ଼େ । ତାଙ୍କ ସାଥିରେ ଆସିଥିଲେ ସ୍ୱେଶାଲ ଇନ୍‍ସ୍‍ପେକ୍ଟର । ଅଞ୍ଚଳ ଅଧିକାରୀଙ୍କୁ ଏ କ୍ଷମତା ମିଳିଥାଏ । ଅଧୁନା ଯାହାଙ୍କୁ ତହସିଲଦାର କୁହାଯାଉଛି, ସେହି ପୋଷ୍ଟ ହିଁ ଅଞ୍ଚଳ ଅଧିକାରୀଙ୍କର ।

ବାସୁଦେବ ଖଣ୍ଡେ ଖାକି ପେଣ୍ଟ ଓ ତଉଲିଆ ପକାଇ ଆସିଥିଲେ । ୨ଟାବେଳେ ବାବୁ ଓ ସ୍ୱେଶାଲ ଇନିସ୍‍ପେକ୍ଟର ପହଞ୍ଚି ପିଲାଙ୍କୁ ପରୀକ୍ଷା କଲେ । ସେଦିନ ସବୁ ପିଲାଙ୍କର ବାପା ବା ମୁରବୀ ଓ ସ୍କୁଲ ସେକ୍ରେଟାରୀ ଆସିଥାନ୍ତି । ସ୍ୱେଶାଲ ଇନିସ୍‍ପେକ୍ଟରଙ୍କ ନାମ ଶ୍ରୀଯୁକ୍ତ ଦାମୋଦର ଚଇନି ତିଓଲ ଅଞ୍ଚଳରେ । ସେ ଯେତେ ପ୍ରଶ୍ନ ପଚାରିଲେ – ବାସୁଦେବ 'ଟା' ଟ୍ ହାତ ଟେକୁଥାଆନ୍ତି ଏବଂ ଉତ୍ତର ବି ଦେଉଥାନ୍ତି । ମାନସାଙ୍କ ବି କହିଲେ ।

ତମ ରାଜ୍ୟର ରାଜ୍ୟପାଳଙ୍କ ନାମ କ'ଣ ?

ବାସୁଦେବ – ଶ୍ରୀ ଭୀମସେନ ସାଇରେ

ବାବୁ – ମୁଖ୍ୟମନ୍ତ୍ରୀଙ୍କ ନାମ କ'ଣ – ମାନ୍ୟବର ନବକୃଷ୍ଣ ଚୌଧୁରୀ ।

ତା' ପରେ କହିଲେ (ଶାଠ), ସେ କୋଣକୁ ଯାଅ ।

କୋଣରେ ଏକ ବଳଦର ଛବି ଟଙ୍ଗା ହୋଇଥାଏ । ତାକୁ ଦର୍ଶାଇ କହିଲେ – ସେ ଘୋଡ଼ାର କେତୋଟି ଶିଙ୍ଗ ଅଛି ?

ବାସୁଦେବ – ଘୋଡ଼ାର ମୋଟେ ଶିଙ୍ଗ ନାହିଁ । ଏହା ଘୋଡ଼ା ନୁହେଁ । ଏକ ବଳଦର ଛବି । ଏ ଚିତ୍ର ଆମ ଗାଁର କନ୍ଦିଆ ମଲିକ ଆଙ୍କିଛି ।

ସମଗ୍ର ଉପସ୍ଥିତ ପିଲା ବଡ଼ ମଣିଷ ହସି ହସି ବେଦମ ହୋଇଗଲେ । ସ୍କେଶାଲ ଇନ୍‌ସ୍‌ପେକ୍‌ଟର ଖୁସି ହୋଇ – ବାସୁଦେବଙ୍କ ବାପାଙ୍କୁ ଡାକି କହିଲେ ଏ ପିଲାକୁ ପଢ଼ାଅ, ଭଲ ମଣିଷ ହେବ । କେନ୍ଦ୍ରାପଡ଼ା ଲୋକାଲ ବୋର୍ଡ୍‌କୁ ଯାଇ ଏ ଚିତ୍ରା ଦେଖାଇ ଟଙ୍କା ଆଣିବ, ତା'ର ପୁରସ୍କାର ।

ପୁରସ୍କାର ୫ ଟଙ୍କା ସିନା ମିଲିଲା, କିନ୍ତୁ ସାରା କେନ୍ଦ୍ରାପଡ଼ା ଅଞ୍ଚଳରେ ବାସୁଦେବଙ୍କ ନାମ ବିଖ୍ୟାତ, ପ୍ରଚାର ହୋଇଗଲା । ଯିବା ମାତ୍ରେ ଲୋକାଲ ବୋର୍ଡ୍ ଉପସଭାପତି ସଚିଦାନନ୍ଦ ମହାନ୍ତି କୋଳରେ ବସାଇ ମିଠା ଖୋଇବା ସହ ଆଶୀର୍ବାଦ କଲେ – 'ତୁ ଭଲ ମଣିଷ ହେବୁ' । ସଚିଦାନନ୍ଦ ମହାନ୍ତିଙ୍କ ଘର ଗରାପୁର, ସେ ବିଶିଷ୍ଟ ସ୍ୱାଧୀନତା ସଂଗ୍ରାମୀ ।[୧୦୬] ବାସୁଦେବ ଥିଲେ ମେଧାବୀ ଓ ପ୍ରତ୍ୟୁତ୍ପନ୍ନମତି । ପ୍ରାଥମିକ ବିଦ୍ୟାଳୟରେ ତାଙ୍କର ଅସାଧାରଣ ପ୍ରତିଭାର ପରିଚୟ ମିଲିଥିଲା ।

ପ୍ରାଇମେରୀ, ଅପର ପ୍ରାଇମେରୀ ପର୍ଯ୍ୟନ୍ତ ଶ୍ରେଣୀରେ ପ୍ରଥମ ହୋଇଯାଉଥିଲେ । ଗାଁର ବାହାଘର ଉପହାରପତ୍ର ବା ଟାପରା ଲୋକଙ୍କୁ ନେଇ ଗୀତବାନ୍ଧି ଚିଡ଼ାଇ ଦେଉଥିଲେ ।

ଘର କୋରଖର ଚିତ୍ର :

ଦିନକର ଘଟଣା ବାସୁଦେବ ସ୍କୁଲକୁ ଫେରି ଦେଖନ୍ତି, ତାଙ୍କ ଘର ଆଗ ଲୋକାରଣ୍ୟ । ଖଟ, ପଲଙ୍କ, ସିନ୍ଦୁକ, ପିଉଲ ହଣ୍ଡା, ହାଣ୍ଡି, ବାଲ୍‌ଟି, ରନ୍ଧୁଆ ପ୍ରଭୃତି ଉପକରଣ ଜମା ହୋଇଛି । ବାସୁଦେବ ଦେଖନ୍ତି ବାପା ତାଙ୍କର ମୁଣ୍ଡରେ ହାତ ଦେଇ କାନ୍ଦୁଛି । ବୋଉ ମେଲା ଘରେ ଆଲୁଳିତ ବେଶରେ ଲୋଟୁଛି – କିଛି ବୁଝିପାରିଲେନି ବାସୁଦେବ, ଭାବିଲେ ଘରେ ନିଆଁ ଲାଗିଛି । ଭଉଣୀ ବସନ୍ତ କାନ୍ତୁରେ ସଟିଯାଇଛି ନଟୀପରି । ବୋଉକୁ ପଚରିବାରୁ – ଅଧିକ ଉଚ୍ଚ କଣ୍ଠରେ କାନ୍ଦିଲା, କହିଲା 'ସବୁ ପୋଡ଼ିଗଲା' ! ସତରେ ଦୁଇଜଣ ମହାଜନ ରୂପେ ଖିଲାପ କାରଣରୁ ଘର କ୍ରୋଖ କରି ସମସ୍ତ ଆସବାବ ନିଲାମ କରିନେଲେ ! ବାସୁଦେବଙ୍କ ପ୍ରାଣକୁ ଲାଗିଥିଲା ପ୍ରଚଣ୍ଡ ଆଘାତ । ତାଙ୍କର 'ବହ୍ନିମଲ୍ଲାର' କବିତାରେ ଫୁଟିଉଠିଛି ମହାଜନୀ ଅତ୍ୟାଚାରର ଚିତ୍ର –

"ଲୁଣ୍ଠନ କଲ ଯାହା,

ମୁଁ ପାରେ ନ କହି, କହୁଚି ଧମନୀ

ସ୍ବଦନେ ଆହା ଆହା,

ଧନ୍ୟବାଦ ମୋ ଘେନ

ଅଛ ଯେତେ ମହାଜନ।"

ଶିଶୁ ବାସୁଦେବ ଅନ୍ତରରେ ଜଳି ଉଠିଥିଲା। ବିଦ୍ରୋହର ବହ୍ନି।

ବଂଶ ଗୌରବ :

ବାସୁଦେବଙ୍କ ସରକାରୀ କାଗଜପତ୍ରରେ ଜନ୍ମ ତାରିଖ ୨୧ ଅକ୍ଟୋବର ୧୯୪୭, ମାତ୍ର ପ୍ରକୃତ ଜନ୍ମ ଫେବୃଆରୀ ୧୦, ମାଘ ନବମୀ ତିଥି। ତାଙ୍କ ବଂଶଧର ପୁରୀ ଜିଲ୍ଲା କାକଟମଙ୍ଗଳା ଅଞ୍ଚଳରୁ ୧୭୫୦ ପରେ ପୁରୀ ଗଜପତି ରାଜାଙ୍କଠାରୁ ଅମୃତମନୋହି ଜମିଜାଗିରି ପାଇ ଆସିଥିଲେ – ତୁଳସୀକ୍ଷେତ୍ର କେନ୍ଦ୍ରାପଡ଼ାର ସିଦ୍ଧ ବଳଦେବଙ୍କୁ ଅମୃତ ବା ନିତ୍ୟାନ୍ନ ଲାଗି କରାଇବେ ଏବଂ ନେତ ଚଢ଼ାଇବେ। ରଥଯାତ୍ରାରେ ମରହଟ୍ଟା ଶାସନ କାଳରେ ଏମାନଙ୍କର ସେବା ଥିଲା। କାଳକ୍ରମେ ଗୋବରୀ ନଦୀ କୂଳସ୍ଥ ଆୟବା ପଞ୍ଚାୟତ ଅନ୍ତର୍ଗତ ନରଣପୁର (କେନ୍ଦ୍ରାପଡ଼ା) ଗ୍ରାମରେ ବାସ କରୁଥିଲେ। ବଂଶର ବିସ୍ତାର କ୍ରମେ ଆୟବା ଗ୍ରାମରେ ବାସ କରିଥିଲେ। ଇଂରେଜ ସରକାର ଜଗନ୍ନାଥ ମହାପ୍ରଭୁଙ୍କର ସମସ୍ତ ସମ୍ପତ୍ତି ହାତକୁ ନେଇଗଲା ପରେ ଏମାନେ ମଧ୍ୟ ସ୍ବଗୃହୀନ ହୋଇ ପଡ଼ିଲେ। ଏଣୁ ବିକ୍ଷିପ୍ତ ଭାବରେ ଏଇ ଦାସ ବଂଶ ବୈଷ୍ଣବ ଧର୍ମାବଲମ୍ବୀ ବିଭିନ୍ନ ସ୍ଥାନରେ ଗାଁ କରି ରହିଲେ। ବିଶେଷ କରି ମିଷ୍ଟର ମଧୁସୂଦନ ଦାସ (ମଧୁବାବୁ) ଇଂରେଜ ସରକାର ବିରୋଧରେ ମକଦମା କରି ଜୟଯୁକ୍ତ ହେବା ପରେ ପାଟରାଣୀ ସୂର୍ଯ୍ୟମଣି ପାଟ ମହାଦେଇ ଯେଉଁ ସମ୍ପତ୍ତି ଲାଭ କଲେ ତାହା ଏମାର ମଠ ଦାୟିତ୍ବରେ ଅମୃତମନୋହି ସଂପତ୍ତି ଜଗନ୍ନାଥ ଓ ବଳଦେବଙ୍କୁ ନେତ ଓ ନିତ୍ୟାନ୍ନ ଲାଗି ଭୂମିଦାନ କରିଥିଲେ। ଏଠାରେ ଉଲ୍ଲେଖନୀୟ ଯେ, ଗୋପାଳ ଜାତିର ଲୋକେ ଯଦୁବଂଶୀ କ୍ଷତ୍ରିୟ। ପୁରୀ ରାଜା ଗଜପତି ମହାରାଜାଙ୍କର ନାଗସ୍ୟ ଗୋତ୍ରୀୟ ଗୋପାଳ ବୋଲି ବିଭିନ୍ନ ପ୍ରମାଣ ଦେଇ ଦାବି କରନ୍ତି। ସୂର୍ଯ୍ୟାସ୍ତ ଆଇନ ବଳରେ ଏମାନେ ଜମିହରା ହୋଇ ଦାରିଦ୍ର୍ୟ ବରଣ କରିଥିଲେ।

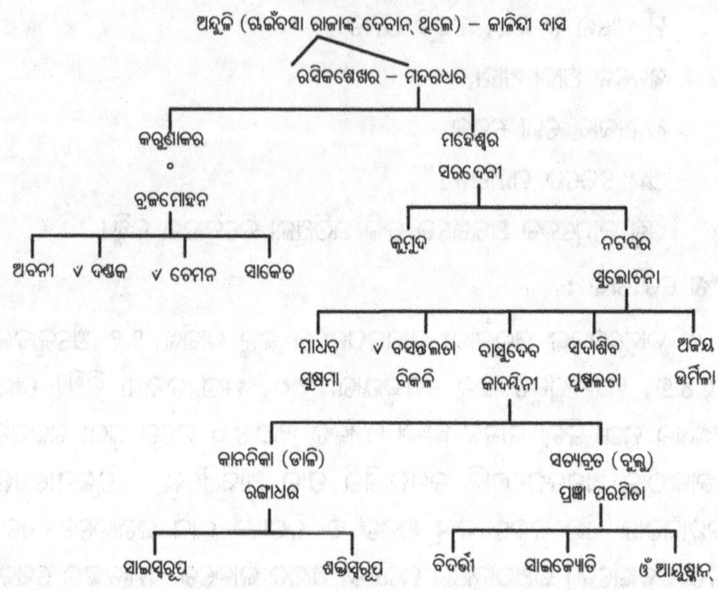

ବଂଶଧରମାନେ ଓଡ଼ିଶୀ ବୈଷ୍ଣବ । ଅଚ୍ୟୁତାନନ୍ଦ ମହାପୁରୁଷ ଗୋସାଇଁ ପନ୍ଥୀ ନିଷ୍ଠାପର ବୈଷ୍ଣବ ଥିଲେ । ଗୁରୁ ଗୋସାଇଁଙ୍କଠାରୁ ଦୀକ୍ଷା ନେଇ ଧର୍ମାଚରଣ କରୁଥିଲେ ।

ଜେଜେବାପା ଇଂରେଜ ସାହେବଙ୍କ ପାଖରେ ଚାକିରି କରି ୧୯୫୦ ମସିହାରେ ରେଙ୍ଗୁନ୍‌ରୁ ଆସି ୧୯୫୨ ମସିହାରେ ଦେହତ୍ୟାଗ କରିବା ବେଳେ ସାଆନ୍ତ ମା' ସରଦେବୀଙ୍କର ୪୪ ମସିହାରେ ଦେହାନ୍ତ ହେବା ନଟବର ପରିବାର ପାଇଁ ଘୋର ସଂକଟ ଉପସ୍ଥିତ ହେଲା । ନଟବର ଥିଲେ ଏକୋଇର ବଳା ବିଶିକେଶନ, ସ୍ନେହ ଆଦରରେ ବଢ଼ିଥିଲେ । ଚାଷ ମଧ ଜାଣି ନଥିଲେ । ୭ଟି ସନ୍ତାନଙ୍କୁ ଭରଣପୋଷଣ ହେଲା କଠିନ ବ୍ୟାପାର । ମଣିଷ ହିସାବରେ ନଟବର ଖୁବ୍ ଭଲ, ସାଧାସିଧା ଓ ଧର୍ମପ୍ରାଣ । ୧୯୩୪ ମସିହା ମେ ମାସରେ ୨୧-୩୦ ତାରିଖ ଥିଲା ମହାମାନବ ମହାତ୍ମା ଗାନ୍ଧୀଙ୍କର ହରିଜନ ପଦଯାତ୍ରା । ସେତେବେଳେ ନଟବରର ବୟସ ଥିଲା ଅଠର । ନିଜ ଅଜା-ଆୟବାର ଭଗବାନ ଦାସ ସହିତ ସେ

ହରଡ଼ ଝୋଟି ଧରି ଆସିଥିଲେ । ୨ ଦିନ ରୋଷେଇ ବାସ କରି ଖାଇ, ରହିଲେ ଏବଂ ଗାନ୍ଧିଜୀଙ୍କୁ ଦର୍ଶନ କରିଥିଲେ । ଗରାପୁର ଡାକବଙ୍ଗଳାରେ ୧୯୩୪ ମସିହା ମେ ମାସ ୨୮ ତାରିଖ ମୌନ ଦିବସରେ ସମସ୍ତେ ପ୍ରାର୍ଥନା ସଭାରେ ପ୍ରାର୍ଥନା କରିଥିଲେ । ଏ ସମ୍ପର୍କରେ ଉଲ୍ଲେଖ ଅଛି – "ଏହି ଲେଖକର ବାପା ନଟବର ଦାସ, ଆୟବା ଭିକାରି ନାୟକ, ଆନନ୍ଦଦାସ, ଚିନ୍ତାମଣି ଲେଙ୍କାଙ୍କ ସହିତ ଆସିଥିଲେ । ତାଙ୍କ ଅଜା, ମାମୁ ଦଶସେର ବସାଦହି ଆଣି ଆସିଥିଲେ । ଅଜା ଭଗବାନ ଦାସଙ୍କର ଆର୍ଥିକ ଅବସ୍ଥା ସ୍ୱଚ୍ଛଳ ଥିଲା ଏବଂ ବହୁ ଗାଈ ମଇଁଷି ତାଙ୍କର ଥିଲା । ସ୍ୱାଧୀନତା ସଂଗ୍ରାମ ପାଣ୍ଠିକୁ ୨ ଟଙ୍କା ଲେଖା ଚାନ୍ଦା ଦେଇଥିଲେ ।"(୧୦୨) ପିତା ଜଣେ ଉଦାର ଓ ଦାନଶୀଳ ବ୍ୟକ୍ତି ଥିବାରୁ ବହୁ ଖର୍ଚ୍ଚୀ ହୋଇ ଦରିଦ୍ର ହୋଇ ଯାଇଥିଲେ । ୧୯୫୫ ମସିହା ପ୍ରଳୟଙ୍କରୀ ବନ୍ୟାରେ ସମଗ୍ର ସବ୍‌ଡିଭିଜନରେ ବହୁ ଧନ ଜୀବନ ନଷ୍ଟ ହୋଇଥିଲା । ନଟବରଙ୍କ ପରିବାର ଅକଥନୀୟ ଦାରିଦ୍ର୍ୟ ବରଣ କଲା ।

ବାସୁଦେବଙ୍କର ମାତା ସୁଲୋଚନା ଦେବୀ ଜଣେ ବୁଦ୍ଧିମତୀ, ଧର୍ମପ୍ରାଣା ଓ ବିଚକ୍ଷଣା ମହିଳା ଥିଲେ । ଦିନଯାକ ଖଟି ଖଟି ବହୁ ସନ୍ତାନର ଜନନୀ ଅଧ୍ୟେ ଭାଗବତ ଅଥବା ନିଶାମଙ୍ଗଳା ବାର ଓଷା ବା ଖୁଳଣାସୁନ୍ଦରୀ କାବ୍ୟ ଛାନ୍ଦଟିଏ ନ ପଢ଼ିଲେ ଶୁଅନ୍ତି ନାହିଁ । ତାଙ୍କର ବିଶ୍ୱାସ ମଙ୍ଗଳା ଓଷା କଲେ ଶକ୍ତିମୟୀ ମଙ୍ଗଳା ସବୁ ଦୁଃଖ ଦୂର କରିଦେବେ ।

ସୁଲୋଚନା ଦେବୀ ମହାତ୍ମାଗାନ୍ଧୀଙ୍କ ବିଚାରରେ ପ୍ରଭାବିତ ହୋଇଥିଲେ । ତାଙ୍କ ବଡ଼ ଭାଇ ଗୋକୁଳଚନ୍ଦ୍ର ଦାସ କଲିକତାରେ ସୁଭାଷ ଚନ୍ଦ୍ର ବୋଷଙ୍କ ପକ୍ଷ ନେଇ ଇଂରେଜମାନଙ୍କ ସହ ଲଢ଼ି ମୃତ୍ୟୁବରଣ କରିଥିଲେ । ଅରଟରେ ସୂତା କାଟିବା, ସୂତାକଟା ଶିଖାଇବା, ଉଲ୍‌ର ସମସ୍ତ ବେଶ ପୋଷାକ ତିଆରି କରିବାରେ ସେ ପ୍ରବୀଣା ଥିଲେ । ଗାଁର ଅନ୍ୟ ସ୍ୱାଲୋକମାନଙ୍କୁ ଏହି ବିଚାରରେ ଯିବାକୁ ପ୍ରରୋଚନା ଦେଇଥିଲେ । ଏପରିକି ବାସୁଦେବଙ୍କର ବଡ଼ଭାଇ ମାଧବ ସୂତାକଟା ଓ ଉଲ୍ କାମ କରିବା, ଏଣ୍ଟିପୋକ ଚାଷ କରିବା ଆଦି ରଚନାତ୍ମକ କାମ କରୁଥିଲେ । ମାତା ସୁଲୋଚନା ଦେବୀଙ୍କ ସମ୍ପର୍କରେ ସ୍ୱାଧୀନତା ସଂଗ୍ରାମୀ ରାଜକିଶୋର ପଟ୍ଟନାୟକ ଉଲ୍ଲେଖ କରିଛନ୍ତି । "ନରଣପୁର ଗ୍ରାମବାସୀଙ୍କ ଦ୍ୱାରା ପ୍ରତିଷ୍ଠିତ ଏକ

ଘରୋଇ ସ୍କୁଲରେ ମୁଁ କିଛିକାଳ ଶିକ୍ଷକ ନିଯୁକ୍ତ ଥିଲି। ସେଠାରେ ଶିକ୍ଷାଦାନ ସହ ସୂତାକଟା, ଅସ୍ପୃଶ୍ୟତା ନିବାରଣ, ପଂକ୍ତି ଭୋଜନ ଆଦି କାର୍ଯ୍ୟରେ ଗ୍ରାମର ଯୁବକ ତଥା ଗ୍ରାମବାସୀମାନଙ୍କୁ ପ୍ରଭାବିତ କରାଏ। ଏଠାରେ ପୂଜ୍ୟ ଗୁରୁଦେବ ପରଶୁରାମ ପରମହଂସଙ୍କ ଆଶ୍ରମରେ ଏକ ଉସ୍ବ ଦିନରେ ସ୍ଥାନୀୟ କର୍ମୀ ଶ୍ରୀଚରଣ ସ୍ୱାଇଁ, କେଲୁଚରଣ ଖଟୁଆ, ସୀତାରାମ ସେଠୀ, ସୁଲୋଚନା ଦେବୀ ପ୍ରଭୃତି ମିଶି ଜାତିଧର୍ମ ନିର୍ବିଶେଷରେ ଏକ ବଡ଼ଧରଣର ପଂକ୍ତି ଭୋଜନ କରାଇବା ଫଳରେ ସେ ଗ୍ରାମର ମକଦମ ପରିବାରର ରକ୍ଷଣଶୀଳ ଯୁବକମାନେ ଆମକୁ ଆକ୍ରମଣ କଲେ ଏବଂ ଆଶ୍ରମ ମଧ୍ୟରେ ଘେରାଓ କରି ରଖିଲେ। ବାବା ମହୋଦୟଙ୍କ କରୁଣା ଏବଂ ତତ୍କାଳୀନ କେନ୍ଦ୍ରାପଡ଼ାର କଂଗ୍ରେସ ନେତା ସଚିଦାନନ୍ଦ ମହାନ୍ତିଙ୍କ ଦ୍ୱାରା ପୋଲିସ ସହାୟତାରେ ସେଠାରୁ ମୁକ୍ତ ହେଲୁ।[୧୦୮] ଏହିଭଳି ମହିୟସୀ ମହିଳାଙ୍କ ଗର୍ଭରୁ ଭୂମିଷ୍ଠ ହୋଇଥିଲେ ବାସୁଦେବ ଦାସ ତୃତୀୟ ଗର୍ଭର ସନ୍ତାନ। ୧୯୪୬ ଫେବୃୟାରୀ ୧୦ ତାରିଖ ଅର୍ଥାତ୍ ମାଘ ନବମୀ ରବିବାର ତିଥିରେ। ପୁନଶ୍ଚ ବାସୁଦେବଙ୍କ ଜନ୍ମ ସମ୍ପର୍କରେ ଉଲ୍ଲେଖ ଅଛି – “୧୯୪୭ ମସିହା ଅକ୍ଟୋବର ୨୧ ତାରିଖ, ଏଭଳି ଏକ ଲଳିତ ଲଗ୍ନରେ ପିତା ନଟବର ଦାସ ଓ ମାତା ସୁଲୋଚନା ଦେବୀଙ୍କ ଔରସରୁ ଯାଦବ ବଂଶରେ ଆୟବା ନରଣପୁର ଗ୍ରାମରେ କୋଳମଣ୍ଡନ କରିଥିଲେ। ମାତା ସୁଲୋଚନା ଦେବୀ ଜଣେ ଆଦର୍ଶ ମହିଳା, ଧର୍ମପରାୟଣା, ପତିବ୍ରତା, ସୁଜନନୀ ଥିଲେ। ଗାଁର ପ୍ରଥମ ପାଠୋଇ ବୋହୂ ହିସାବରେ ସେ ପରିଚିତା। ନଳଢ଼ିଆ ଗ୍ରାମର ବରକନ୍ଦାଜ ମାନଗୋବିନ୍ଦ ଦାସ ଓ ରୋଦନୀ ଦେବୀଙ୍କଠାରୁ ଜନ୍ମଗ୍ରହଣ କରିଥିଲେ ୧୯୨୦ ମସିହାରେ।”[୧୦୯]

"21ˢᵗ October 1947 was a red letter day in the life of Das family of Naranpur, PO-Ayaba under Kendrapara district, when the couple Late Natabar Das and Late Sulochana Devi were blessed with a boy child. It was forecasted by the wiseman them there that the child will one day glorify the family by his noteworthy deeds."[୧୧୦]

ଏହି ବାଳକ ତୃତୀୟ ଶ୍ରେଣୀରେ ଅସାଧାରଣ ପ୍ରତିଭା ଦେଖାଇପାରିଥିଲେ। ଗୋବରୀ ମାଇନର ସ୍କୁଲରେ ପଢ଼ିବାବେଳେ ୫ମ ଶ୍ରେଣୀରେ ମା'ଙ୍କର ଅକାଳ

ମୃତ୍ୟୁ ଘଟିବାରୁ ଦୁଃଖ, ଦାରିଦ୍ର୍ୟ ଓ ମହାଜନୀ ଶୋଷଣାର ଶିକାର ହୋଇ ପୋଜିସନ ହରାଇଥିଲେ ।

ସାରଲାଙ୍କ କୃପା :

କିନ୍ତୁ ଏହି ସମୟରେ ବହୁ କାରୁଣ୍ୟ ମଥିତ କବିତାରେ ଅଶ୍ରୁ ନିଗାଡ଼ି ଭାଙ୍ଗି ପଡ଼ିଥିଲେ । ସପ୍ତମ ଶ୍ରେଣୀ ପରୀକ୍ଷା ଦେଇ ପାଦରେ ଚାଲିଚାଲି ସାରଲା ଠାକୁରାଣୀଙ୍କ ପାଖରେ ଅଧିଆ ପଡ଼ିଥିଲେ । ସାରଲାଙ୍କ ପୂଜକ ପରମାନନ୍ଦ ରାହୁଲ ତାଙ୍କ ଘରକୁ ନେଇ କହିଲେ – ମା'ଙ୍କର ହୁକୁମ ହୋଇଛି, ତମେ ବଡ଼ ବିଦ୍ୱାନ ହେବ । ତମ କଣ୍ଠରେ ସାରଲା ବିଜେ କରିବେ । କିନ୍ତୁ ସବୁ କାର୍ଯ୍ୟ ବିଳମ୍ବରେ ସାଧିତ ହେବ । ଡକ୍ତର ବାସୁଦେବ ଦାସ କହନ୍ତି – ତାଙ୍କର ଜଣେ ଖୁଡ଼ୀ ପରି ମହିଳା ତାଙ୍କ ଆଗରେ ଉଭା ହୋଇଗଲେ । ବାସୁଦେବ କହିଲେ – "ଖୁଡ଼ୀ କୁଆଡ଼େ ଆସିଛ, ସେ କହିଲେ ତମକୁ ଦେଖିବାକୁ ଆସିଛି । ଏହାପରେ ବାସୁଦେବ ଅଧୈର୍ଯ୍ୟ ହୋଇ କ୍ରନ୍ଦନ କରିଥିଲେ ।"(୧୧୧) ପ୍ରକୃତରେ ତାଙ୍କର ସକଳ ଆଶା ଅଭିଳାଷ ବିଳମ୍ବରେ ପୂର୍ଣ୍ଣ ହୋଇଅଛି ।

ଶିକ୍ଷା ଓ ଶିକ୍ଷାୟତନ :

Dr. Basudev Das whom I fondly call Basu is a man of wonders. He lost his mother in childhood. His parents were not rich, but his father and mother cherished an ambition for his future. He strove to fulfil their wishes being born in a backward family in veer feudal class conscious social system, he started right from his childhood to rise up to the parents expectations.(୧୧୨) To my mind he succeeded to a great extent.(୧୧୩) ଅଧ୍ୟାପକ ନନ୍ଦକିଶୋର ପରିଡ଼ାଙ୍କର ମନ୍ତବ୍ୟ ଅତୀବ ସ୍ମରଣୀୟ । ବାସୁଦେବଙ୍କ 'ବୋଉ' ତାଙ୍କ ମାମୁଘରେ ମୃତ୍ୟୁବରଣ କରିବା ଠିକ୍ ପୂର୍ବରୁ କହିଥିଲେ – "ସ୍କୁଲ କମେଇ କରିବୁନି, ମନ ଦେଇ ପାଠ ପଢ଼ିବୁ, ଯେତେକ କଳର୍ସ ପାଇବୁ ଏବଂ ବାପାଙ୍କୁ କହିବୁ ଦୁଆଲି ପକାଇ ଧାନ କାଟିବେ ନାହିଁ ।" ଏହି ଶେଷ ବାକ୍ୟଟି ବାସୁଦେବଙ୍କ ହୃଦୟରେ ଗାର ହୋଇ ରହିଗଲା । ଲକ୍ଷ୍ୟପଥରେ ଅଗ୍ରସର ହେବାକୁ ସଂକଳ୍ପ କରିଥିଲେ ।"(୧୧୪)

ଗୋବରୀ ମଧ ଇଂରାଜୀ ବିଦ୍ୟାଳୟରେ ଶିକ୍ଷକ ମୁରଲୀଧର ପ୍ରଧାନ ଓ ୭ ନଟ୍ବର ସାମଲଙ୍କ ପ୍ରେରଣାରେ ସେ କବିତା ଲେଖାରେ ମନୋନିବେଶ କରିଥିଲେ ।

ମାଇନର (ଏମ୍.ଇ)ରେ କୃତବିଦ୍ୟ ହେବା ପରେ ପଟ୍ଟାମୁଣ୍ଡାଇସ୍ଥ ଏମ୍.ଏନ୍. ହାଇସ୍କୁଲରେ ଅଧ୍ୟନ କଲେ । ତାଙ୍କର କବିତ୍ୱର ପ୍ରଶଂସା କରି ପ୍ରଧାନଶିକ୍ଷକ ବିଶ୍ୱନାଥ ମିଶ୍ର ଓ ଦୁର୍ଯ୍ୟୋଧନ ନାୟକ ତାଙ୍କୁ କବି ଓ 'ଲୋକାଲ ବାର୍ଡ୍' ସମ୍ୱୋଧନ କରୁଥିଲେ । କେତେକ ଗ୍ରାମ ସହପାଠୀଙ୍କର ଅନ୍ୟ ଜଣେ ଲେଖକ ତଥା ଶିକ୍ଷକ ସେମାନଙ୍କର ବନ୍ଧୁ ସମ୍ପର୍କ; ସେ ସାରଙ୍କ ବହି ସ୍କୁଲରେ ଚଳୁଥିଲା । ସେ କହିଲେ ମୋତେ ତୁ ଲେଖି ଦେବୁ ବା ଯାଇ ପିଲା ଲେଖୁଛନ୍ତି ଲେଖିବୁ । ବାସୁଦେବ କହିଲେ ମୋ ଲେଖାରେ ମୋ ନାଁ ରହିବ ତ ? ଏଥିରେ ସେ କ୍ଷୁବ୍ଧ ହେଲେ । ସାଙ୍ଗ ଚୁଗୁଲି କହିବାରୁ ବାସୁଦେବଙ୍କ 'ଫ୍ରୀ ସିପ୍' କଟିଗଲା । ଦେଖାଗଲା ସେ ସ୍କୁଲରେ ବନ୍ଧୁଙ୍କର ଈର୍ଷା ଅସୂୟାର ପାହାଡ଼ । ଏଣୁ କ'ଣ କରିବେ ଚିନ୍ତା କରିପାରିଲେ ନାହିଁ । ସେହି ସମୟରେ ମାଇନର ଶିକ୍ଷା ଦେଇଥିବା ଶିକ୍ଷକ ତାଙ୍କୁ ବୁଦ୍ଧି ବତାଇ ଦେଲେ – ୭ ମୁରଲୀଧର ପ୍ରଧାନ । ତାଙ୍କ ପରାମର୍ଶ ଅନୁଯାୟୀ ବାସୁଦେବ ଗଜେଶ୍ୱର ବିଦ୍ୟାପୀଠ, ଦେଉଳପଡ଼ାର ପ୍ରଧାନଶିକ୍ଷକ ସଂକର୍ଷଣ ପ୍ରତିହାରୀଙ୍କୁ ଏକ ହୃଦୟସ୍ପର୍ଶୀ ପତ୍ର ଲେଖିଥିଲେ । ପତ୍ରଟି ଏହିପରି ଥିଲା –

"ପୂଜାସ୍ପଦ ଗୁରୁଦେବ ପଦେ ନମେ ତମ ଦେବ

ଅତି ଦୀନହୀନ ମୁହିଁ କି ଦ୍ରବ୍ୟ ଦେବି

ଭକ୍ତି ମୋହର ଅକ୍ଷତ ଶୋଣିତ ହୋଇବ ଘୃତ

କର ପଲ୍ଲବ ଦୂର୍ବାରେ ପଦ ପୂଜିବି

ଚୈତନ୍ୟ ମୋ ହେବ କ୍ରମୁକ

ମନ ମୋହର ହୋଇବ ଘଣ୍ଟା ବାଦକ ।

ରହି ଦୂରେ ବହୁ ଦୂରେ ତାତନା ମହାନ୍ତି ଘରେ

ଟିଉସନ କରି ପଢ଼େ ମନ୍ମଥ ନାଥେ

ମର ମର ଯେତେ କଥା ସରମରେ ଲେଖୁନି ତା

କରମର କଥା କହି ହୁଏ କି ସତେ

ତବ ଆଶୀର୍ବାଦ ସମ୍ବଳ

ଉଚ୍ଚଶିକ୍ଷା ପାଇଁ ମୋର ମନ ପ୍ରବଳ।"

ଦଶମ ଶ୍ରେଣୀର ଜଣେ ଛାତ୍ରର ପ୍ରତିଭାରେ ବିମୁଗ୍ଧ ହୋଇ ଗୁରୁଜୀ ସଂକର୍ଷଣ ପ୍ରତିହାରୀ ବାସୁଦେବଙ୍କ ପତ୍ରର ଉତ୍ତର ମଧ୍ୟ କବିତାରେ ଦେଇଥିଲେ। ତହିଁରୁ ପ୍ରଥମ ପଦଟି ଉଦ୍ଧାର କରାଗଲା।

"ପାଇ ବାସୁଦେବ ତୁମ ଚିଟାଉ

ଲେଖିବାକୁ ମନ କି ଚାଉଟାଉ

ସାହିତ୍ୟ ପ୍ରତିଭା କବି ଚାତୁରୀ

ତୁମଠାରେ ଲାଗେ ରହିଛି ଭରି

ନୁହେଁ ମୁଁ ଗ୍ରାହକ ସାର ଯେ,

ତୁମ ଗୁଣ ରାଶି ପରିଚୟ ପାଇ

ପାରିବି ଦେଇ ଆଦର ଯେ।"(୧୧୫)

'ଗୁଣ ଚିହ୍ନେ ଗୁଣିଆ' ନ୍ୟାୟରେ ସଂକର୍ଷଣ ପ୍ରତିହାରୀ ବାସୁଦେବଙ୍କ ଶିକ୍ଷାର ଦାୟିତ୍ୱ ସମ୍ପନ୍ନ କରିବାବେଳେ ସେହି ବିଦ୍ୟାଳୟର ପ୍ରାଣ ପ୍ରତିଷ୍ଠାତା ପ୍ରଦୀପ ଜେନା ମଧ୍ୟ ସହାୟତା କରିଥିଲେ। ସଂକର୍ଷଣ ପ୍ରତିହାରୀଙ୍କ ପତ୍ନୀ ମଞ୍ଜୁଶ୍ରୀ ଓ ପ୍ରଦୀପ ଜେନାଙ୍କ ପତ୍ନୀ ବିଭାବତୀ ବାସୁଦେବଙ୍କୁ ଅନୁରୂପ ସ୍ନେହ ଶ୍ରଦ୍ଧା ଦେବା ସହିତ କହୁଥିଲେ ଆମକୁ ଗୋଟା ଲେଖା କବିତା ଲେଖି ଶୁଣାଇବୁ୍ଟି। ତାହାହିଁ ହୋଇଥିଲା। ବାସୁଦେବ ଦଶମ–ଏକାଦଶ ଶ୍ରେଣୀରେ ଗଭୀର ଅଧ୍ୟୟନ ସହିତ ସାହିତ୍ୟ ସାଧନାରେ ମନୋନିବେଶ କରିଥିଲେ।

ଗଜେଶ୍ୱର ବିଦ୍ୟାପୀଠର ଐତିହ୍ୟ ଓ ପରମ୍ପରା ଉଚ୍ଚକୋଟୀର। ମୁଖପତ୍ର 'ଆନନ୍ଦ' ନାମରେ ହାତଲେଖା ପତ୍ରିକା ପ୍ରକାଶ ପାଉଥାଏ। ବାସୁଦେବ ଦାସ ମଧ୍ୟ 'ମୈତ୍ରୀ' ନାମରେ ଏକ ହାତଲେଖା ପତ୍ରିକା ୧୦ଟି ସଂଖ୍ୟା ପ୍ରକାଶ କରିଥିଲେ, ଯାହା ପଦ୍ମଶ୍ରୀ କାଳିନ୍ଦୀ ଚରଣ ପାଣିଗ୍ରାହୀଙ୍କ ପ୍ରଶଂସା ଲାଭ କରିଥିଲା।

ଗଜେଶ୍ୱର ବିଦ୍ୟାପୀଠରୁ ମାଟ୍ରିକରେ କୃତବିଦ୍ୟ ହେବା ପରେ କେନ୍ଦ୍ରାପଡ଼ା ମହାବିଦ୍ୟାଳୟରେ ଅଧ୍ୟୟନ କଲେ । ଏହି ସମୟରେ ତାଙ୍କ ସାଧନାର ବାସ୍ନା ସମସ୍ତଙ୍କୁ ଆମୋଦିତ କରିଥିଲା । କଲେଜରେ ପ୍ରବନ୍ଧ ଓ ଗଳ୍ପ ପ୍ରତିଯୋଗିତାରେ ବରାବର ପ୍ରଥମ ପୁରସ୍କାର ଲାଭ କରୁଥିବା ସମୟରେ କବିତାରେ ଭଗବାନ ମହାପାତ୍ର ପ୍ରଥମ ହୋଇ ଯାଉଥିଲେ । କେନ୍ଦ୍ରାପଡ଼ା ମହାବିଦ୍ୟାଳୟ ଅଧ୍ୟାପକ ଧୀରେନ୍ଦ୍ର ନାଥ ଶତପଥୀ ତାଙ୍କୁ ଅଧିକ ସାହାଯ୍ୟ ଓ ତାଙ୍କ ପ୍ରତିଭା ବିକାଶରେ ସହାୟକ ଥିଲେ । ବାସୁଦେବଙ୍କର ପୋଷାକ ଥିଲା ଖଣ୍ଡେ ଛୋଟ ଖଦଡ଼ ଧୋତି, ଚାଦର ବା 'ତେଇ, ଖଣ୍ଡେ ଝୁଲା ବ୍ୟାଗ୍, ଯାହା ଅଦ୍ୟାବଧି ତାଙ୍କର ନିରାଭରଣ ପୋଷାକ ହୋଇରହିଅଛି । କେନ୍ଦ୍ରାପଡ଼ା କଲେଜ ସେତେବେଳେ ଇଟା ସିମେଣ୍ଟର ହର୍ମ୍ୟ ନଥିଲା, ମାତ୍ର ତା' ଭିତରେ ବିଦ୍ୟା, ଜ୍ଞାନ, ବିଜ୍ଞାନ ଓ ସଂସ୍କୃତିର ଯେଉଁ ଅନୁଶୀଳନ ଓ ଅନୁଧ୍ୟାନ ଥିଲା, ତାହା ସମ୍ପୂର୍ଣ୍ଣ ଜୀବନ ଧର୍ମିତାକୁ ପ୍ରଭାବିତ କରିଥିଲା । ଶିକ୍ଷକ ତଥା ପ୍ରିନ୍ସିପାଲ ଡକ୍ଟର ବେଣୁଧର ପ୍ରଧାନ ଉଇଁକୋଟୀର ଛାତ୍ରବତ୍ସଲ ଗୁରୁ ଓ ବିଦ୍ୱାନ ଥିଲେ । ବାସୁଦେବଙ୍କ ସ୍ୱଭାବ ଓ ସେବା ସମସ୍ତଙ୍କୁ ଭଲ ଭାବେ ସ୍ପର୍ଶ ଦେଇପାରିଥିଲା ।

NMR ଋକିରି :

ଜନନେତା ପୂର୍ବତନ ମନ୍ତ୍ରୀ ପ୍ରହ୍ଲାଦ ମଲ୍ଲିକଙ୍କ ଜୀବନୀଗ୍ରନ୍ଥରେ ସୁପ୍ରିୟା ମଲିକ ଉଲ୍ଲେଖ କରିଛନ୍ତି— "କେନ୍ଦ୍ରାପଡ଼ାର ଡକ୍ଟର ବାସୁଦେବ ଦାସ, ଓଡ଼ିଶାର ଖ୍ୟାତନାମା ପ୍ରାବନ୍ଧିକ ଓ କବି । ସେ ମଧ୍ୟ କେତେ ଜଣ ବନ୍ଧୁଙ୍କ ସହିତ ପ୍ରହ୍ଲାଦଙ୍କ କ୍ୱାର୍ଟରେ ରହୁଥିଶଲ । ବାସୁବାବୁ ଓ ତାଙ୍କର ବନ୍ଧୁମାନଙ୍କୁ ପ୍ରହ୍ଲାଦଙ୍କ ପତ୍ନୀ ଶାନ୍ତିପ୍ରିୟା ନିଜେ ରାନ୍ଧି ଖାଦ୍ୟ ପରିବେଷଣ କରିଛନ୍ତି । ବାସୁବାବୁଙ୍କ କଲମରୁ ଅଗ୍ନିବର୍ଷୀର କବିତା ଜନ୍ମନେଇ ଛାତ୍ର ଆନ୍ଦୋଳନକୁ ତେଜି ଥିଲା । ଛାତ୍ର ଆନ୍ଦୋଳନ ସମୟରେ ଜଣେ ଛାତ୍ରନେତା ରୂପେ ସେ ପ୍ରହ୍ଲାଦ ବାବୁଙ୍କୁ କଠୋର ସମାଲୋଚନା କରୁଥିଲେ ସୁଦ୍ଧା ପ୍ରହ୍ଲାଦ ମଲିକଙ୍କର ତାଙ୍କ ପ୍ରତି କୌଣସି ବିଦ୍ୱେଷ ନଥିଲା କିମ୍ବା ତାଙ୍କ ପ୍ରତି ଶ୍ରଦ୍ଧା ଊଣା ହୋଇ ନଥିଲା । ଦଶମ ଶ୍ରେଣୀର ଛାତ୍ର ଥିବାବେଳେ ବାସୁବାବୁ ଓ ତାଙ୍କର ବନ୍ଧୁ ଶରତ ଜେନା ପ୍ରହ୍ଲାଦ ବାବୁଙ୍କୁ ସାକ୍ଷାତ କରି ଖଣ୍ଡେ ଖଣ୍ଡେ ଋକିରି ଦେବା ପାଇଁ ଅନୁରୋଧ କରିଥିଲେ । ପ୍ରହ୍ଲାଦବାବୁ ତାଙ୍କୁ କହିଥିଲେ; "କଷ୍ଟେମଷ୍ଟେ

ଆଉ ଗୋଟିଏ ବର୍ଷ ପାଠ ପଢ଼ିଦିଅ (ଅର୍ଥାତ୍ ୧୧୩ ଶ୍ରେଣୀଯାଏ ଥିବା ମାଟ୍ରିକ ପାଶ କର)। ତା'ପରେ ତୁମକୁ କ୍ଲର୍କ ପୋଷ୍ଟରେ ରଖିଦେବି।" ଫେବୃଆରୀ ମାସରେ ଦଶମ ଶ୍ରେଣୀର ବାର୍ଷିକ ପରୀକ୍ଷା ସରିବା ପରେ ସେ ଉଭୟ ପୁନର୍ବାର ସାକ୍ଷାତ କରିବାରୁ, ପ୍ରହ୍ଲାଦବାବୁ ବାସୁବାବୁଙ୍କୁ ଲିଫ୍ଟ ଇରିଗେସନ **NMR** ପୋଷ୍ଟରେ ଓ ଶରତ ଜେନାଙ୍କର ଭାଇ ମଙ୍ଗୁଲିକୁ ଟୋଲ ଗେଟ୍‌ର ଖଲାସୀ କାମରେ ନିଯୁକ୍ତି କରିଦେଲେ। ଦାରିଦ୍ର୍ୟର ତାଡ଼ନା ଏତେ ଅଧିକ ଥିଲା ଯେ, ବାସୁବାବୁଙ୍କର ମାଟ୍ରିକ୍ ପାଶ କରିବା ପାଇଁ ସୁଦ୍ଧା ସମ୍ବଳର ଅଭାବ ଥିଲା। ଏକମାସ ଉଣେଇଶି ଦିନର **NMR** ଚୁକିରି ପରେ ରାଜଗଡ଼ର ସଂକର୍ଷଣ ପ୍ରତିହାରୀ ପ୍ରଧାନଶିକ୍ଷକ ଥିବା ଗଜେଶ୍ୱର ବିଦ୍ୟାପୀଠରେ ପାଠ ପଢ଼ାଇଲେ। ତାଙ୍କର ଗୁରୁଜୀ କ୍ରମେ ଗାନ୍ଧିବାଦୀ ଆଦର୍ଶ ଶିକ୍ଷକ ଥିଲେ ଏବଂ ସେ ପ୍ରହ୍ଲାଦ ମଲ୍ଲିକଙ୍କର ଛାତ୍ର ଥିଲେ। ବାସୁବାବୁଙ୍କ ପାଠପଢ଼ା ଖବର ପାଇ ପ୍ରହ୍ଲାଦବାବୁ ବାସୁବାବୁଙ୍କୁ ଡକାଇ କହିଲେ "ମୁଁ ତୁମ ପ୍ରତି ଅନ୍ୟାୟ କରିଛି। ତୁମେ ଭଲ ପିଲା। ଯାଅ ପଢ଼ିବ। ପଢ଼ିବା ହିଁ ତୁମପାଇଁ ପ୍ରକୃଷ୍ଟ କର୍ତ୍ତବ୍ୟ।" ତେବେ ଇରିଗେସନ ଅଫିସ ଏକମାସ ଉଣେଇଶ ଦିନର ଯେଉଁ ଷାଠିଏ ଟଙ୍କା ଦେଇଥିଲେ, ସେଇ ଅର୍ଥ ବାସୁବାବୁଙ୍କୁ ମାଟ୍ରିକ୍ ପାଶ ପରେ କେନ୍ଦ୍ରାପଡ଼ା କଲେଜରେ ନାମ ଲେଖାଇବାରେ ସାହାଯ୍ୟ କଲା। ବାସୁବାବୁ ଯେତେବେଳେ ଯେଉଁ ପିଲାର ନାମ ସୁପାରିଶ କରିଛନ୍ତି, ସେ ପିଲାର ଶିକ୍ଷାପାଇଁ ଅବା ଆର୍ଥିକ ସଙ୍କଟକୁ ଦୂର କରିଛନ୍ତି ପ୍ରହ୍ଲାଦ ବାବୁ।"

(ସୁପ୍ରିୟା ମଲ୍ଲିକ, ଫଲଗୁ, ପୃ.୬୯-୭୦)

୧୯୬୪ ଛାତ୍ର ଆନ୍ଦୋଲନରେ ବାସୁଦେବ :

ବାସୁଦେବଙ୍କ ଭାଷାରେ – "ଇତିହାସର ସେ ଅତିହାସ କଥା

ଜଳିଲା ଦେଶ

କୃଷ୍ଣ କେତନ ଉଡ଼ୁଡ଼ୀନ ହେଲା

ଆକାଶ ଦେଶ।

ଶୁଣ ଡାକ ଦିଏ ଅଗ୍ନି ଯୁଗର କୁକୁଟ

ନାମଦଗ୍ନିର ସୀତାକୁ ତମେ

ପିନ୍ଧ ବିଜୟ ମୁକୁଟ।"

ଗୁରୁଜୀ ସଂକର୍ଷଣ ପ୍ରତିହାରୀ ଜଣେ ବିଶିଷ୍ଟ ଗାନ୍ଧିବାଦୀ ଓ ନୀତିନିଷ୍ଠ ପ୍ରଧାନଶିକ୍ଷକ। ୧୯୬୪ ମସିହା ସେପ୍ଟେମ୍ବର ୨୬ ତାରିଖରେ କଟକ କଲେଜ ଛକରେ ଶଶଧର ଦାସ ନାମକ ରେଡ଼ିଓ ଦୋକାନୀ ଓ ଇଂଜିନିୟରିଂ କଲେଜର ଛାତ୍ର ଉମାଶଙ୍କର ଦାସଙ୍କର କଳହରୁ ଉତ୍ପନ୍ନ ହେଲା ଏକ ଭୀଷଣ ଗଣ୍ଠଗୋଳ ଓ ସଂଘର୍ଷ, ଯାହା ବ୍ୟାପୀ ଯାଇଥିଲା ସମଗ୍ର ରାଜ୍ୟର କୋଣାନୁକୋଣକୁ। ତିନି ଜଣ ଛାତ୍ର (ବ୍ରହ୍ମପୁର, ଜଗତ୍‌ସିଂହପୁର ଓ ଯାଜପୁର) ପୋଲିସ ଗୁଳିରେ ସହିଦ ହୋଇଥିଲେ।

କେନ୍ଦ୍ରାପଡ଼ାରେ ଏହି ବିପ୍ଳବର ଲେଲିହାନ ଶିଖା ଆଗ୍ରାମ ସହର ପ୍ରଜ୍ୱଳିତ ହୋଇଥିଲା। ଗଜେଶ୍ୱର ବିଦ୍ୟାପୀଠର ଛାତ୍ର ବାସୁଦେବ ଦାସ ଅନ୍ୟାୟ ଦୁର୍ନୀତିଗ୍ରସ୍ତ ଓ ଛାତ୍ର ହତ୍ୟାକାରୀ ସରକାରଙ୍କ ବିରୋଧରେ ଶୋଭାଯାତ୍ରା କରିବା ସହିତ ଅନ୍ୟ ହାଇସ୍କୁଲଗୁଡ଼ିକୁ ସଂଗଠିତ କରି ମହାକାଳପଡ଼ା ଥାନାରେ କଳାପତାକା ଉଡ଼ାଇ ପୋଲିସ ଦ୍ୱାରା ପ୍ରହୃତ ହୋଇଥିଲେ। ମାର୍ଶୀଘାଇ ହରତାଳ କଲେ। ସ୍କୁଲ କେବଳ ବନ୍ଦ ରହିଲା ନାହିଁ, ବାସୁଦେବଙ୍କୁ ଛାତ୍ରାବାସ ତ୍ୟାଗ କରିବାକୁ ଆଦେଶ ହୋଇଥିଲା। ବିଭିନ୍ନ ସ୍ଲୋଗାନ ଦେବା ସହ ତତ୍କାଳୀନ ମୁଖ୍ୟମନ୍ତ୍ରୀ ବୀରେନ୍ ମିତ୍ରଙ୍କ ସ୍ତ୍ରୀ ଭୂମିକାରେ ଅଭିନୟ କରି ବିଧବା ହେଉଥିଲେ, ଯାହା ସାଧାରଣ ଲୋକଙ୍କୁ ଖୁବ୍ ଅଭିଭୂତ କରି ପକାଉଥିଲା।

ଦୀର୍ଘ ୨ ମାସ ପରେ ଅର୍ଥାତ୍ ନଭେମ୍ବର ମାସ ୧୦ ତାରିଖରେ ଛାତ୍ର ଆନ୍ଦୋଳନ ମା' ରମାଦେବୀ ଓ ଆଡ଼ଭୋକେଟ୍ ଜେନେରାଲ ଦୀନବନ୍ଧୁ ସାହୁ ଓ ପ୍ରହ୍ଲାଦ ମଲିକଙ୍କ ମଧ୍ୟସ୍ଥାରେ ସ୍ଥଗିତ ହୋଇଥିଲା। କେନ୍ଦ୍ର ସରକାର ଗୃହମନ୍ତ୍ରୀ ଗୁଲଜାରିଲାଲ ନନ୍ଦାଙ୍କୁ ଓଡ଼ିଶାର ଛାତ୍ର ଆନ୍ଦୋଳନର ଯଥାର୍ଥତା ସମ୍ପର୍କରେ ଜାଣିବାକୁ ପଠାଇଥିଲେ। ନନ୍ଦା ଦେଖିଲେ ଛାତ୍ରନେତା କୌଣସି ମନ୍ତ୍ରୀଙ୍କୁ ସ୍ୱୀକାର କରୁନାହାନ୍ତି। ତେଣୁ ମା' ରମାଦେବୀ ଓ ଦୀନବନ୍ଧୁ ସାହୁଙ୍କୁ ଦାୟିତ୍ୱ ନ୍ୟସ୍ତ କରିଥିଲେ। ପ୍ରହ୍ଲାଦବାବୁ ବୀରେନ ମିଶ୍ରଙ୍କ ପ୍ରତିନିଧି ଥିଲେ। ସେ ସମୟ ଛାତ୍ର ନେତା – ତ୍ରିଲୋଚନ କାନୁନ୍‌ଗୋ, ଭାଗବତ ବେହେରା, ପ୍ରଫୁଲ୍ଲ ଘଡ଼ାଇ, ଉମେଶ ଚନ୍ଦ୍ର ସିଂହ, ରାଜୁ ସିଂ ପ୍ରମୁଖ।[୧୨] ଆଲୋଚନା କ୍ରମେ ଛାତ୍ର ଆନ୍ଦୋଳନ ସ୍ଥଗିତ ରହିଲା ଏବଂ ଜଷ୍ଟିସ ସତ୍ୟଭୂଷଣ ବର୍ମନ ତଦନ୍ତ କମିଶନ ବସିଲା।

ଅସର' ମିଆଁର ଗୁମାସ୍ତା :

ଛାତ୍ର ଆନ୍ଦୋଳନରେ ନେତୃତ୍ୱ ନେଇ ସ୍କୁଲରେ ବିଶୃଙ୍ଖଳା ସୃଷ୍ଟି କରିଥିବାରୁ ତାଙ୍କୁ ଶିକ୍ଷକ ଭଜକୃଷ୍ଣ ରାଉତ ଛାତ୍ରାବାସରୁ ବିଦା କରାଯାଇଥିଲା। ସେ ଅନଶନ କଲେ। ଶେଷରେ ସ୍କୁଲ ଛାଡ଼ି କଟକ ପଳାଇଗଲେ। କିଛିଦିନ ନିରୁଦ୍ଦିଷ୍ଟ ରହିଲେ। ଶିକ୍ଷା ବିଭାଗରେ ଶଂଖ୍ୟପଦାର ରବୀନ୍ଦ୍ରନାଥ ଦାସ ଥିଲେ। ତାଙ୍କ ପାଖରେ ଦୁଃଖ କହିବାରୁ ସେ ତାଙ୍କୁ ସପ୍ଲାଇ ଅଫିସର ବନମାଳି ମିଶ୍ରଙ୍କୁ କହି ସରକାରୀ ବିକ୍ରୟ କେନ୍ଦ୍ରରେ ରଖାଇ ଦେଲେ। ମାଲିକ ଅସର' ମିଆଁ, ରାଇଟିଆ ଲୋକ। ବିଜୁ ପଟ୍ଟନାୟକଙ୍କ ଭାରି ଟାଣୁଆ ସମର୍ଥକ। ଏଣୁ ତିନିଟା ୱାର୍ଡର ସେ ଡିଲର। ସେ ମାସିକ କୋଡ଼ିଏ ଟଙ୍କାରେ ଚାକିରି କଲେ। ସେହି ବିଭାଗର ଜଣେ କର୍ମଚାରୀଙ୍କ ପାଖରେ ଘରଭଡ଼ା ପାଞ୍ଚଟଙ୍କା ଦେଇ ରହିଲେ ଏବଂ ଦଶ ଟଙ୍କା ଖାଇବା ବାବଦ ଦେଲେ। ଅସର' ରାତିରେ କାଗଜପତ୍ର କାମ କରିବାକୁ ଦେଇଥିଲେ ଟଙ୍କା / ଦିଟଙ୍କା ଦେଇ ଦିଅନ୍ତି। କହନ୍ତି ମାଷ୍ଟେ-ନିଅ ସିନେମା ଦେଖିବ। ନଭେମ୍ବର ୨୦ ତାରିଖରୁ ଫେବ୍ରୁଆରୀ ସରସ୍ୱତୀ ପୂଜାଯାଏ ତିନିମାସ ରହିଗଲେ। ଗୁରୁଜୀ ସଂକର୍ଷଣ ପ୍ରତିହାରୀ ସନ୍ଧାନ ନେଇ ବାସୁଦେବଙ୍କୁ ଫେରାଇ ଆଣିଲେ ଏବଂ ବାସୁଦେବ ଏକାଦଶ ଶ୍ରେଣୀ ପଢ଼ିଲେ। ଇତ୍ୟବସରରେ ସଂକର୍ଷଣ ପ୍ରତିହାରୀ ଗଜେଶ୍ୱର ବିଦ୍ୟାପୀଠ ତ୍ୟାଗକରି ତେଲକୋଇ ଚାଲିଗଲେ। ବିଦ୍ୟାଳୟର ପ୍ରତିଷ୍ଠାତା ୭ ପ୍ରଦୀପ ଜେନା ବାସୁଦେବଙ୍କୁ ଅବଶିଷ୍ଟ ସମୟ ପଢ଼ିବାରେ ସାହାଯ୍ୟ କଲେ।

ଜାତକ ଚିରିଲେ :

ଗଣକ କୋଷ୍ଠୀ ଦେଖି କହିଲା – ୟାର ଦଶାରେ ଖରାପ। ବୃହସ୍ପତି ଭଲ ନାହାନ୍ତି। ପରୀକ୍ଷା 'ଲ ଭଲ ହେଲାପରି ଜଣା ଯାଉନାହିଁ। ବାସୁଦେବ ଖଟ ଆଡ଼ିଲେ ଲେଖିଦେଲେ ଶ୍ରୀବସ କହିଛି – "ଫେଲ୍ ହେବି।" ଠିକ୍ ରୁମ୍ ଖୋଲିବା ମାତ୍ରେ ଏଇ ଲେଖାଟି ଆଖିକୁ ଉଜ୍ଜ୍ୱଳ ଦିଶେ। ସଚେତନ ହୋଇ ଉଠନ୍ତି ବାସୁଦେବ। ମନଦେଇ ପଢ଼ିଲେ। ଗଣିତରେ ଦୁର୍ବଳ ଥିବାରୁ ସେ ତାଙ୍କ ଉପର ଶ୍ରେଣୀର ଛାତ୍ର ଧ୍ରୁବ ସୂତାରଙ୍କ ଠାରୁ ବୁଝାବୁଝି କଲେ। ପରୀକ୍ଷାରେ କୃତବିଦ୍ୟ ହେବାରୁ ଜାତକ ଚିରି ଫିଙ୍ଗିଦେଲେ। ନିଜେ ନିଜର ଭାଗ୍ୟ ନିର୍ମାଣ ପାଇଁ ଶପଥ ଗ୍ରହଣ କରିଥିଲେ। ଦୃଢ଼ମନା ବାସୁଦେବଙ୍କର ସଂକଳ୍ପ ପରବର୍ତ୍ତୀ କାଳରେ ପ୍ରମାଣିତ ହୋଇଅଛି।

ମାଟ୍ରିକ୍ ପାଶ୍ ଓ କେନ୍ଦ୍ରାପଡ଼ା ମହାବିଦ୍ୟାଳୟ :

ଏକାଦଶ ଶ୍ରେଣୀରେ କୃତବିଦ୍ୟ ହେବା ପରେ ସଂକର୍ଷଣ ପ୍ରତିହାରୀଙ୍କ ପାଖକୁ ତେଲକୋଇ ଚାଲିଗଲେ । ସେଠାରେ ତିନିମାସ ଆନନ୍ଦରେ ବିତାଇ କବିତା 'କେଉଁଝରର ବୁକେ' ଏକ ପ୍ରକୃତିକାବ୍ୟ ରଚନା କରିଥିଲେ । ଦୁଃଖର କଥା ୧୯୭୧ ବାତ୍ୟାରେ କାବ୍ୟଟି ନଷ୍ଟ ହୋଇଗଲା ।

Late Dinabandhu Sahoo and Late Nimain Charan Das did the spade mark of the college. The foundation stone of the college was laid on 12th February 1959 by Late H.K. Mahatab, the then Chief Minister of Odisha.

ଏହି କଲେଜ ଏକ ଜ୍ଞାନ ମନ୍ଦିର । ଜୁଲାଇ ମାସରେ କେନ୍ଦ୍ରାପଡ଼ା ମହାବିଦ୍ୟାଳୟରେ ତାଙ୍କର ବ୍ୟକ୍ତିତ୍ୱର ବିକାଶ ହେଲା । ୨୫୬ ଛାତ୍ରଙ୍କର ଶ୍ରେଣୀ ପ୍ରତିନିଧି ଓ ପରବର୍ଷ ଛାତ୍ର ସଂସଦର ଉପସଭାପତି । ଏହି ସମୟରେ 'ଶ୍ରାବଣୀ ସାହିତ୍ୟ ସଂସଦ'ର ଯୁଗ୍ମ ସମ୍ପାଦକ ହୋଇଥିଲେ । ସଙ୍ଗେ ସଙ୍ଗେ କବିତା, ଗଳ୍ପ, ପ୍ରବନ୍ଧ ରଚନା କରି କଲେଜରେ ଲଗାତର ପ୍ରଥମ ପୁରସ୍କାର ପାଇଥିଲେ । ଅଧ୍ୟକ୍ଷ ଡକ୍ଟର ବେଣୁଧର ପ୍ରଧାନଙ୍କଠାରୁ ଅଧ୍ୟାପକମାନଙ୍କ ପର୍ଯ୍ୟନ୍ତ ଶ୍ରଦ୍ଧାର ପାତ୍ର ଥିଲେ । ଧୋତି ଚାଦର ପିନ୍ଧା ବାସୁଦେବ । ୧୯୭୧ ବାତ୍ୟାରେ ସେ ଇଂଜିନିୟରିଂ ସ୍କୁଲର ଗୃହ ଦଖଲ କରିବା, ସେବା କରିବା ଆଦି କାର୍ଯ୍ୟରେ ଅଗ୍ରଣୀ ଥିଲେ । ଏହି ସମୟରେ ମା' ରମାଦେବୀ, ଅନ୍ନପୂର୍ଣ୍ଣା ମହାରଣାଙ୍କ ଘନିଷ୍ଠ ସମ୍ପର୍କରେ ଆସି ପ୍ରିୟଭାଜନ ହୋଇଥିଲେ ।

କଂଗ୍ରେସର ବିଜୁ ପଟ୍ଟନାୟକ ବ୍ୟାରେନ୍ ମିତ୍ର ସରକାରଙ୍କ ଦୁର୍ନୀତି ଓ ଛାତ୍ର ଆନ୍ଦୋଳନ ଉପରେ ସତ୍ୟଭୂଷଣ ବର୍ମନ କମିଶନ ବସିଥିଲା । ୨୦ ମାସ ପରେ ଜଷ୍ଟିସ୍ ସତ୍ୟ ଭୂଷଣ ବର୍ମନ ରିପୋର୍ଟ ବିରୋଧରେ ପୁନଶ୍ଚ ଆନ୍ଦୋଳନ ହେଲା । ଛାତ୍ର ନେତା ବାସୁଦେବ ଦାସଙ୍କ ଅଗ୍ନିବର୍ଷୀ ଭାଷଣ ଶୁଣି ହାଇସ୍କୁଲର ଅନେକ ଛାତ୍ରଛାତ୍ରୀ ପ୍ରାଚୀର ଲଂଘନ କରି ଚାଲିଆସିଥିଲେ ।

"ଶୁଣ ଡାକଦିଏ ଅଗ୍ନିଯୁଗର କୁକ୍କୁଟ / ଜମଦଗ୍ନିର ସନ୍ତାନ ତମେ ପିନ୍ଧ ବିଜୟ ମୁକୁଟ ।"

୧୯୬୭ ମସିହା ଅଗଷ୍ଟ ମାସର ଛାତ୍ର ଅଶାନ୍ତି କଂଗ୍ରେସ ସରକାର ତଥା ପ୍ରଥିତଯଶା ଜନନେତା ବିଜୁ ପଟ୍ଟନାୟକଙ୍କୁ ଗାଦିଚ୍ୟୁତ କରିବାର କାରଣ ହୋଇଥିଲା ।

ସମାଜସେବା, ସାହିତ୍ୟ ସେବା, ଛାତ୍ର ୟୁନିୟନର ଉପସଭାପତି ହୋଇ ବାସୁଦେବ ପ୍ରତ୍ୟେକଙ୍କର ପରିଚିତ ହୋଇଥିଲେ । ଏହି ସମୟରେ ତାଙ୍କର ଗଳ୍ପ 'ସେଦିନର ଛାୟା' ଓ ଜୀବିକା, ବିଦଗ୍ଧ କବି ଅଭିମନ୍ୟୁ ସାମନ୍ତ ସିଂହାର, ଭାଷା ଓ ଜାତୀୟତା ପ୍ରବନ୍ଧ କଳିଙ୍ଗ, ପ୍ରଜାତନ୍ତ୍ର, ଉଦ୍ଧରଣ ଆଦି ପତ୍ରପତ୍ରିକାରେ ପ୍ରକାଶ ପାଇ ତାଙ୍କୁ କବିର ଖ୍ୟାତି ଆଣି ଦେଇଥିଲା ।

୧୯୬୭ ବାତ୍ୟା ପ୍ରଳୟଙ୍କରୀ ବାତ୍ୟାରେ ରିଲିଫ୍ କାର୍ଯ୍ୟ :

ପ୍ରଳୟଙ୍କାରୀ ବାତ୍ୟାର ଆଦ୍ୟ ଆଭାସ ମିଳି ନଥିଲା । ଏହା ଥିଲା ଅଭୂତପୂର୍ବ । ଅକ୍ଟୋବର ୯ ତାରିଖ, ଦୁଇଟା ବେଳେ ଗୋଟା ଝୁଙ୍କ ଆସିଲା । କେନ୍ଦ୍ରାପଡ଼ା ମହିପାଳସ୍ଥ ରଙ୍ଗାଧର ମହଲାଙ୍କ ଘରେ ବାସୁଦେବ ଡଃ ଧୀରେନ୍ଦ୍ର ଶତପଥୀ ପାଖରେ ରହୁଥିଲେ । ହଠାତ୍ ଦ୍ୱିତୀୟ ଝୁଙ୍କରେ ଉପରୁ ଉଠିଗଲା ଛପର, ଯାହାର ବର୍ଣ୍ଣନା କରିହେବ ନାହିଁ । ରାତ୍ରରେ ଗୋଟିଏ ଖଟ ଉପରେ ସମସ୍ତଙ୍କୁ କାଳ କାଟିବାକୁ ପଡ଼ିଥିଲା । ସେ ସମୟରେ ରେଡ଼ିଓ ବ୍ୟତୀତ ଅନ୍ୟ ଗଣମାଧ୍ୟମ ନଥିଲା । ପାଣିପାଗର ସୂଚନା କହିଲେ କେବଳ ଚାଷୀ ଓ ମତ୍ସ୍ୟଜୀବୀମାନଙ୍କ ପାଇଁ ଉଦ୍ଦିଷ୍ଟ ଥିଲା । ଭୋର ୪ଟା ବେଳକୁ ତତ୍କାଳୀନ ବିଧାନସଭା ସଦସ୍ୟ ସରୋଜକାନ୍ତ କାନୁନ୍‌ଗୋ ଓ ପ୍ରାକ୍ତନମନ୍ତ୍ରୀ ଭାଗବତ ପ୍ରସାଦ ମହାନ୍ତି ଧୀରେନ୍ଦ୍ର ଶତପଥୀ ଓ ବାସୁଦେବ ଦାସଙ୍କୁ ଡାକ ପକାଇଲେ । ବଞ୍ଚ ରହିଯାଇଛନ୍ତି, ଏହାହିଁ ଭଗବାନଙ୍କର କୃପା । ତାରଖୁଣ୍ଟି ଫୋନ୍ ଖୁନ୍ତ ମୋଡ଼ି ହୋଇଯାଇଥାଏ ।

କେନ୍ଦ୍ରାପଡ଼ା କଲେଜ ସଂଲଗ୍ନ ଇଂଜିନିୟରିଂ କଲେଜ ବନ୍ଦ ହୋଇଥାଏ । ଘର ଓ କ୍ୱାର୍ଟର୍ସ ଅନେକ ଫାଙ୍କା ପଡ଼ିଥାଏ । ବାସୁଦେବ ଓ ବିଜୟ ମହାପାତ୍ର ପ୍ରଥମେ ଗୋଟିଏ କ୍ୱାର୍ଟର୍ସ ତାଲା ଭାଙ୍ଗି ଦଖଲ କରି ରହିଲେ । ସେ ସୌଧଟି ମହିଳା ହଷ୍ଟେଲରେ ହୋଇଅଛି । ଅନ୍ୟ ଦରିଦ୍ର ଛାତ୍ର ଯେଉଁମାନେ ବାସହରା ଥିଲେ ସେମାନଙ୍କୁ ସହାୟତା ଦେଲେ । ପ୍ରିନ୍‌ସପାଲ ବେଣୁଧର ପ୍ରଧାନ ଏସବୁର ପରିପନ୍ଥୀ ଥିଲେ ହେଁ ଉପାୟହୀନ ହୋଇଗଲେ । ବାସୁଦେବ ଥିଲେ ଛାତ୍ର ୟୁନିୟନର ଉପସଭାପତି ଓ ବାଗ୍‌ପଟୁ । ତାଙ୍କ ସହ ଥିଲେ ଆଜିର ରାଜନେତା ବିଜୟ ମହାପାତ୍ର ।

ପ୍ରଥମେ ଡକ୍ଟର ହରେକୃଷ୍ଣ ମହତାବ କେନ୍ଦ୍ରାପଡ଼ାରେ ପହଞ୍ଚି ଧାରେନ୍ଦ୍ର ଶତପଥୀଙ୍କୁ ଖୋଜିଲେ । ଏହି ସମୟରେ କଲେଜ ଛାତ୍ରଙ୍କ ଦୁଃଖ ଦୁର୍ଦ୍ଦଶା ବର୍ଣ୍ଣନା କରି ଛାତ୍ର ୟୁନିୟନର ଉପସଭାପତି ଭାବେ ବାସୁଦେବ ଡକ୍ଟର ମହତାବଙ୍କୁ ଲିଖିତ ଦାବି ଦେଇଥିଲେ । ମା' ରମାଦେବୀ ଚୌଧୁରୀ, ଅନ୍ନପୂର୍ଣ୍ଣା ମହାରଣା ତଥା ସର୍ବୋଦୟ ଓ ଭୂଦାନ ସମିତିର କର୍ମୀମାନେ ଆସି କଲେଜରେ ରିଲିଫ୍ କେନ୍ଦ୍ର ଖୋଲିଲେ । ଏସ୍‌ଡିଓ ଅଫିସରେ ଅନୁରୂପ ଗ୍ରାମାଞ୍ଚଳ ପାଇଁ ସେବାଦେବାର ବ୍ୟବସ୍ଥା ହୋଇଥିଲା । ମାତ୍ର ରାସ୍ତାଘାଟର ସୁବିଧା ନଥିବାରୁ ଅନେକ ଜାଗାରେ ସରକାରୀ ସାହାଯ୍ୟ ପହଞ୍ଚିପାରିନଥିଲା ।

ମା' ରମାଦେବୀଙ୍କ ଆଦେଶ ମତେ ବାସୁଦେବ ଏହି ରିଲିଫ୍ କାର୍ଯ୍ୟରେ ପ୍ରଥମେ ଭାଗବତ ପ୍ରସାଦ ମହାନ୍ତି, ପ୍ରଫେସର ଖଗେଶ୍ୱର ମହାପାତ୍ରଙ୍କ ସହିତ କେତେକ ଅଞ୍ଚଳରେ ଚୁଡ଼ା, ଚାଉଳ, ଅଟା, ଲୁଗା, ଗୁଡ଼, ଲଣ୍ଠନ ଆଦି ବଣ୍ଟନ କାର୍ଯ୍ୟ କରିଥିଲେ ।

ମହାକାଳପଡ଼ା ବ୍ଲକ୍ ଥିଲା ସବୁଠାରୁ କ୍ଷତିଗ୍ରସ୍ତ । ମା' ରମାଦେବୀ ବାସୁଦେବଙ୍କୁ ପଠାଇ ଅଗମ୍ୟ ଅଞ୍ଚଳକୁ ଲୁଗା ଓ ଶୀତବସ୍ତ୍ର ଦେବାର ବ୍ୟବସ୍ଥା କରିଥିଲେ । ଏତଦ୍ ବ୍ୟତୀତ ଅଳାଇଲୋ ପଞ୍ଚାୟତରେ ହରିଜନ ବସ୍ତିର ମରାମତି ଓ ଗୃହନିର୍ମାଣ କାର୍ଯ୍ୟରେ ଗୋଟିଏ ମାସ ଲାଗିଥିଲା । ତାଙ୍କର ଆନ୍ତରିକ ସେବା ଓ ତ୍ୟାଗରେ ମା' ରମାଦେବୀ ଓ ଅନ୍ନପୂର୍ଣ୍ଣା ମହାରଣା ଅତି ଖୁସି ହୋଇଥିଲେ । ବାସୁଦେବ ଶିକ୍ଷା ଅପେକ୍ଷା ସେବାକୁ ଗୁରୁତ୍ୱ ଦେଇ ତାଙ୍କ ପରିବାରର ଦୁଃସ୍ଥିତି ସମ୍ପର୍କରେ ଚୁନୀଆରା ବା ଅନ୍ନପୂର୍ଣ୍ଣା ମହାରଣାଙ୍କୁ ଜଣାଇଥିଲେ । ନିଜ ଘର ଭାଙ୍ଗି ପଡ଼ିଥିବା ବେଳେ ସେ ଅନ୍ୟମାନଙ୍କ ଗୃହ ନିର୍ମାଣ କରାଉଥିଲେ ।[୧୭] ରିଲିଫ୍ କାର୍ଯ୍ୟ ସମାପ୍ତ ହେବାବେଳକୁ ମା' ରମାଦେବୀଙ୍କର ଏକ ପତ୍ର ପାଇ ବାସୁଦେବ କଟକର ଥୋରିଆ ସାହି ଭୂଦାନ ଅଫିସ, ଯାହା ଅଧୁନା ଗୁଣନିଧି ଭବନରେ ପରିଣତ ହୋଇଅଛି, ସେଠାରେ ପହଞ୍ଚିଥିଲେ । ଭୂଦାନ ଅଫିସରେ ତାଙ୍କ ଭାଗ୍ୟୋଦୟ ହେଲା ବୋଲି କୁହାଯାଇପାରେ । ମା' ରମାଦେବୀ ଚୌଧୁରାଙ୍କର ସେହି ଅଭୟ ଆଶୀର୍ବାଦମୂଳକ ପତ୍ର ଉପସ୍ଥାପନ କଲେ ଅପ୍ରାସଙ୍ଗିକ ହେବନାହିଁ ।[୧୮] ସତ୍ୟବାଦୀ ପଞ୍ଚସଖା ତଥା ପଣ୍ଡିତ ଗୋପବନ୍ଧୁଙ୍କର ସହଯୋଗୀ

ଆଚାର୍ଯ୍ୟ ମହାଶୟଙ୍କ ସେବାରେ କେତେ ମାସ ରହିଥିଲେ?

ଶ୍ରଦ୍ଧେୟ ବାସୁଦେବ,

ଚୁନୀଠାରୁ ତମ କଥା ଶୁଣିଲି। କମ୍ବଳ ନେଇ ଏ ଯେଉଁ ଟ୍ରକ୍ ଯାଉଛି, ତମେ ପ୍ରସ୍ତୁତ ଥିବ ଟ୍ରକ୍ ଫେରିବା ବେଳେ ତମେ ସେ ଟ୍ରକ୍‌ରେ କଟକ ଆସିଲେ କାମ ବିଷୟରେ କଥାବାର୍ତ୍ତା କରିଯିବ। ମୁଁ ତମ ପାଇଁ କାମ ବ୍ୟବସ୍ଥା କରିଛି। ତମେ ଆସିଲେ ଯାହା ଠିକ୍ କରିବ। ଧୀରେନ୍ଦ୍ର ବାବୁ ଓ ତାଙ୍କ ପତ୍ନୀଙ୍କୁ ନମସ୍କାର।

କଟକ

ରମାଦେବୀର ଆଶୀର୍ବାଦ

୦୧.୦୧.୧୯୬୮

ତୃଷାର୍ତ୍ତର ତୃଷା ହରିବା ଭଳି ମା'ଙ୍କର ପତ୍ର ଖଣ୍ଡିକ ତାଙ୍କ ମନରୁ ବହୁ ଆଶଙ୍କା ଦୂର କରିଥିଲା। ତେଣେ ପାରିବାରିକ ସ୍ଥିତି ଥିଲା ଅବର୍ଣ୍ଣନୀୟ ଦାରିଦ୍ର୍ୟର ସରୋବର। ବାପା କରିଥିବା ରଣ ଏବଂ ରଣଦାତା ମହାଜନ ଶାଗୁଣା ପରି ଟପଟପ ହାଣିବାର ଦୃଶ୍ୟ ତାଙ୍କ ଆଖିର ସମସ୍ତ ସବୁଜ ସ୍ୱପ୍ନକୁ ମାରି ଦେଉଥାଏ। ମା' ରମାଦେବୀଙ୍କୁ କଟକ ଥୋରିଆ ସାହି ଭୂଦାନ ଅଫିସରେ ଦେଖାକରି ସେ କୃତକୃତ୍ୟ ହେଲେ। ମା' ବରାଦ କଲେ ଆଶ୍ରମର ନୀତିନିୟମ ମାନି ଚଳିବ।

"ଏଠାରେ ଆଚାର୍ଯ୍ୟ ମହାଶୟ ଅଛନ୍ତି। ଆଚାର୍ଯ୍ୟ ମହାଶୟ କିଏ ଜାଣିଛ?"

ବାସୁଦେବ କହିଲେ, "ସତ୍ୟବାଦୀ ପଞ୍ଚସଖାଙ୍କ ମଧରୁ ଅନ୍ୟତମ। ଚାଲଲଡ଼ ଇଜ୍ଜୀ ଗ୍ରାମାର ଲେଖିଛନ୍ତି।"

ରମାଦେବୀଙ୍କର ପ୍ରଶ୍ନର ଉତ୍ତର ଦେବା ପରେ ଚୁନୀ ଅପା / ଅନ୍ନପୂର୍ଣ୍ଣ ମହାରଣା ତାଙ୍କୁ ନେଇ ପରିଚୟ କରାଇ ଦେଲେ। ଆଚାର୍ଯ୍ୟ ମହାଶୟଙ୍କ ପ୍ରାଇଭେଟ୍ ସେକ୍ରେଟାରୀ କେନ୍ଦ୍ରାପଡ଼ାର ବିଶିଷ୍ଟ ସ୍ୱାଧୀନତା ସଂଗ୍ରାମୀ ତଥା ଲୋକାଲ ବୋର୍ଡ଼ର ଉପସଭାପତି ସଚିଦାନନ୍ଦ ମହାନ୍ତି ଅସୁସ୍ଥ ଏବଂ ତାଙ୍କ ପରିବାର ଅସୁବିଧାରେ ଅଛି। ରହିବେ ନାହିଁ। କିପରି ଯତ୍ନ ନେବାକୁ ହେବ ସେ ବତାଇ ଦେବାପରେ ବାସୁଦେବ ଆଚାର୍ଯ୍ୟ ମହାଶୟଙ୍କ ସେବା ସହିତ ରିଲିଫ କାଗଜପତ୍ର କରିବା ଏବଂ ସର୍ବୋଦୟ ପତ୍ରିକା ପ୍ରକାଶନରେ ବୁଲୁ ଭାଇ / ମନମୋହନ ଚୌଧୁରୀ ଓ ଅନାଦି

ନାୟକଙ୍କୁ ସାହାଯ୍ୟ କରିବାରେ ଲାଗିଲେ। ଏହି ସମୟରେ ଆଶ୍ରମରେ ଏମାନଙ୍କ ବ୍ୟତୀତ ଶରତ ମହାରଣା, ଈଶ୍ୱର ଲାଲ ବ୍ୟାସ, ହରେକୃଷ୍ଣ ବିଶ୍ୱାଳ, ନିର୍ମଳ ରାୟ, କର୍ମଦେବ ମହାରଣା, ବିପିନ୍ ପ୍ରଧାନ, ସୁରେନ୍ଦ୍ର ମହାନ୍ତି, କ୍ଷେତ୍ରବାସୀ ପତି (ସ୍ୱାଧୀନତା ସଂଗ୍ରାମୀ), ସାବିତ୍ରୀ, ଲକ୍ଷ୍ମୀପ୍ରିୟା, ସୁଭଦ୍ରା, ନରହରି ସ୍ୱାଇଁ ପ୍ରମୁଖ ଅନ୍ତେବାସୀ ଭାବେ ବିଭିନ୍ନ ଦାୟିତ୍ୱ ନିର୍ବାହ କରୁଥିଲେ। ବାସୁଦେବ ମା'ଙ୍କ ସାଥିରେ ସଂଖ୍ୟାରେ ଖାତା ନେଇ ଚାନ୍ଦା ଆଦାୟ କରିବାକୁ ଯାଆନ୍ତି। ତାଙ୍କର ସୁନ୍ଦର ସ୍ୱଭାବ, କର୍ତ୍ତବ୍ୟନିଷ୍ଠା ଦେଖି ସମସ୍ତେ ଖୁସି ହେଉଥିଲେ। ଅନ୍ନପୂର୍ଣ୍ଣା ମହାରଣାଙ୍କ ପୁତ୍ର ଜ୍ଞାନଦେବ ମହାରଣା ସମୟେ ସମୟେ ଆସିରହନ୍ତି। ସେହିପରି ମାଲତୀ ଚୌଧୁରୀ, ପୂର୍ବତନ ମୁଖ୍ୟମନ୍ତ୍ରୀ ନବକୃଷ୍ଣ ଚୌଧୁରୀ ଆସନ୍ତି ବିଭିନ୍ନ କାମରେ ଅନୁଗୁଳ ବାଜିରାଉତ ଛାତ୍ରାବାସରୁ। ଚିତ୍ତରଞ୍ଜନ ଦାସ ଆସନ୍ତି ଚମ୍ପଉ ମୁଣ୍ଡାରୁ, ବିନୋଦ କାନୁନ୍‌ଗୋ, ଯେ ଜ୍ଞାନମଣ୍ଡଳର ପ୍ରଣେତା ସେ ମଧ୍ୟ ବରାବର ଆସୁଥିଲେ। ମଝିରେ ମଝିରେ ସର୍ବୋଦୟ ମଣ୍ଡଳର ସଭା ହୁଏ, ସେହି ସମାବେଶ ତ୍ୟାଗ ତିତିକ୍ଷାର ମନ୍ଦାକିନୀ ବୁହାଇ ଦେଇଥାଏ। ଆସନ୍ତି ଓଡ଼ିଶାର ମୁଖ୍ୟମନ୍ତ୍ରୀ ନନ୍ଦିନୀ ଶତପଥୀ ଓ କବି କାଳିନ୍ଦୀ ଚରଣ ପାଣିଗ୍ରାହୀ, କବି ମାୟାଧର ମାନସିଂହ– ଏମିତି ଅନେକ ମନୀଷୀଙ୍କ ସହିତ ପରିଚିତ ହୋଇଯାନ୍ତି ବାସୁଦେବ। ଆଚାର୍ଯ୍ୟ ମହାଶୟ ଦୃଷ୍ଟିଶକ୍ତି ହରାଇ ସାରିଥାନ୍ତି। କାନକୁ ଅଲ୍ପ ଶୁଭୁଥାଏ। ପିଲାଙ୍କ ପରି କଥା କହନ୍ତି– ଅତି ସରଳ ଓ କୋମଳ। ତା'ରି ଭିତରେ ବାସୁଦେବଙ୍କର ଅନେକ ପ୍ରଶ୍ନର ଉତ୍ତର ଦେବାବେଳେ ଗୋପବନ୍ଧୁ, ଗୋଦାବରୀଶ, କୃପାସିନ୍ଧୁ ମିଶ୍ରଙ୍କ ଜୀବନର କାହାଣୀ କହନ୍ତି ଏବଂ କାନ୍ଦି ପକାନ୍ତି। ସେଠାରେ ବାସୁଦେବ 'କଳିଙ୍ଗସେନା' କାବ୍ୟରଚନା କରିବା କରିଥିଲେ। ତାଙ୍କର ଅନେକ ରଚନା 'ସର୍ବୋଦୟ', କଳିଙ୍ଗ ଓ ସଂସାର ପତ୍ରିକାରେ ପ୍ରକାଶ ପାଉଥିଲା। ବାସୁଦେବ ଆସି ମଝିରେ ପରୀକ୍ଷା ଦେଇ ଚାଲିଗଲେ। ତାଙ୍କ ସାନଭାଇ ଅଜୟକୁ ମଧ୍ୟ ନେଇଗଲେ। ଛୁଟିଟି ସେଠାରେ କଟିଲା। ଆଶ୍ରମର ଅଜୟ-ସୁରେନ୍ଦ୍ର ବାବୁଙ୍କ ଝିଅ ରାଜଲକ୍ଷ୍ମୀ ଚାଉଳରୁ ଗୋଡ଼ି ବାଛିବା କାମରେ ଲଗାନ୍ତି। ସେବା ପାଇଁ ଆମର ଶିକ୍ଷା ଉଦ୍ଦିଷ୍ଟ। ଏଣୁ ସେବା ଯଦି ଉନ୍ନତ ଓ ଆନ୍ତରିକ ହୋଇପାରିଲା ତେବେ ଶିକ୍ଷା ଯେତିକି ହେଲା ହେଲା, ବୁଲୁବାବୁ ମାଟ୍ରିକ୍ ପାଶ୍ କରି

ନଥିଲେ ମାତ୍ର ସେ ତାଙ୍କ ଭଣଜା କର୍ମଦେବଙ୍କୁ ସେତେବେଳେ ପ୍ରଫେସନାଲ ଶ୍ରେଣୀର ସମସ୍ତ ପାଠ ପଢ଼ାଇ ପାରୁଥିଲେ । କେତେ ଏମ୍.ଏ.କୁ ପାଠ ପଢ଼ାଇବେ ।

ଏଣେ ସଂକର୍ଷଣ ପ୍ରତିହାରୀ ତାଙ୍କ ଶ୍ୱଶୁର ବିଶିଷ୍ଟ ସ୍ୱାଧୀନତା ସଂଗ୍ରାମୀ ବିଶ୍ୱନାଥ ପରିଡ଼ା ଓ ଶାଶୂ ଛାୟାଦେବୀଙ୍କୁ ମୋ ପାଠପଢ଼ିବା ପାଇଁ ଚାପ ପକାଇଥିଲେ । କେନ୍ଦ୍ରାପଡ଼ା କଲେଜରେ ବି.ଏ.ରେ ସେ ବେଣୁ ବାବୁଙ୍କୁ କହି ନାମ ମଧ ଲେଖାଇ ଦେଲେ ।

ଭୂଦାନ ଅଫିସରେ ବାସୁଦେବ ମାସିକ ଟ. ୯୦/- ଙ୍କା ପାଇଲେ । ୨ ଟଙ୍କା ପାଇଁ ଯେ ବିକଳ ହେଉଥିଲା, ସେ ଏତେ ଗୁଡ଼ା ଟଙ୍କା । ଖାଇପି, ପାଇଲେଣି, ତା'ରବା ଅଧିକ ଚାକିରି କ'ଣ ହେବ ।

ମା' ମାଉଣ୍ଟଆବୁ ସର୍ବଭାରତୀୟ ସର୍ବୋଦୟ ସମ୍ମିଳନୀକୁ ଗଲେ । ଚୁନୀ ଅପା ସମେତ ବହୁ ନେତୃବୃନ୍ଦ ଗଲେ ଜୟପ୍ରକାଶ ନାରାୟଣଙ୍କୁ ସାକ୍ଷାତ କରି ଓଡ଼ିଶାର ସ୍ଥିତି ଜଣାଇବେ । ଏହି ସମୟରେ ନିର୍ମଳ ରାୟ ପରିଚାଳନାରେ ଥିଲେ । ଆଜିର ବିଶିଷ୍ଟ ସାହିତ୍ୟିକ ଶୈଳଜରବି ଭୂଦାନ ଅଫିସ ଆସି ଭଲମନ୍ଦ ବୁଝାବୁଝ କରୁଥିଲେ । ସେ ଏମ୍.ଏ. ଅଧ୍ୟନ କରୁଥାନ୍ତି ।

ଦିନେ ବାସୁଦେବ ସଂଘବଦ୍ଧରେ ସିନେମା ଦେଖି ରାତିରେ ଫେରୁଥିଲେ । ସେକେଣ୍ଡ ସୋ'ରୁ ଫେରିବାବେଳେ ନିର୍ମଳ ରାୟ ଦେଖିଲେ । ପରଦିନ ରବୀନ୍ଦ୍ର ସାହୁ (ଶୈଳଜ ରବି)ଙ୍କୁ ଏ କଥା କହିଲେ । ଏଥାରେ ଆମେ ଆଦର୍ଶ ଦେଖାଇବାର ଅର୍ଥ କ'ଣ ହିନ୍ଦୀ ଫିଲ୍ମ ଦେଖିବା ? ବାସୁଦେବଙ୍କ ବିବେକ ବାଧା ଦେଲା । ଅନୁତାପ କଲେ । ଆଚାର୍ଯ୍ୟ ମହାଶୟ ଏ କଥା ଜାଣିଲେ କାନ୍ଦି ପକାଇବେ! ବିବେକର ଦଂଶନରେ ବାସୁଦେବ ଭୂଦାନ ଅଫିସ୍ ଛାଡ଼ିଲେ । ସେ ଫିଲ୍ମ କେବେ ଦେଖି ନଥିଲେ । ଯାହା ଦେଖିଲେ ତାହା ଆଦର୍ଶ ବିରୋଧୀ । ନୈତିକ ମୂଲ୍ୟବୋଧକୁ ବଳି ପକାଇ ଏହି ପବିତ୍ର ପାଠକୁ କଳୁଷିତ କରିବା ଅଧିକ ଦୋଷାବହ ।

ତଥାପି ଜୀବନଧର୍ମର ବୃହତ୍ତର ସତ୍ୟ ଭାବରେ ସେ ଜ୍ଞାନ ଆହରଣ ଓ ଜ୍ଞାନ ବିତରଣ କରିବାର ସଂକଳ୍ପ ନେଇଥିଲେ । ଯାହାକି ପରବର୍ତ୍ତୀ କାଳରେ ଗୋବରୀ ହାଇସ୍କୁଲରେ ଅଧ୍ୟବସାୟ ବଳରେ ସଂଶୋଧିତ ହୋଇଥିଲା । କେନ୍ଦ୍ରାପଡ଼ା କଲେଜରେ ବି ନାଁ ଗଢ଼ୁଥିଲା ।

ଭୂଦାନ ଅଫିସରୁ ଗୋବରୀ ହାଇସ୍କୁଲ :

ଆୟବା ପଞ୍ଚାୟତ – ୨୨ ଖଣ୍ଡ ମୌଜା ଅଞ୍ଚଳ ଭିତରେ ଗୋଟେ ହାଇସ୍କୁଲ ନଥିଲା । ୧୯୬୭ରେ ପ୍ରସ୍ତାବିତ ସ୍କୁଲଟି କେତେକ ବିଶିଷ୍ଟ ଲୋକ ଆରମ୍ଭ କରିଥିଲେ । ବାତ୍ୟାରେ ସ୍କୁଲଘର ସମେତ ସବୁକିଛି ଧୂଳିସାତ ହୋଇଗଲା । ପଞ୍ଚାୟତର ବାସୁଦେବ ଦାସ ଓ ରାମଚନ୍ଦ୍ର ସ୍ୱାଇଙ୍କୁ ବିଦ୍ୟାଳୟର ସମ୍ପାଦକ ଶ୍ରୀଚରଣ ସ୍ୱାଇଁ ବାଧ୍ୟକଲେ ଶିକ୍ଷକତା ପାଇଁ । ସେହି ସମୟରେ ଜଣେ ଗ୍ରାଜୁଏଟ ମିଳିବା କଷ୍ଟକର ଥିଲା । ସ୍କୁଲ ଗୋବରୀ ମାଇନର ସ୍କୁଲରେ ଚାଲୁଥିଲା । ମାଇନର ସ୍କୁଲର ଶିକ୍ଷକ ଓ ଅନ୍ୟଜଣେ ଶିକ୍ଷକ ଚଲାଇଥିଲେ । ରାମଚନ୍ଦ୍ର ସ୍ୱାଇଁ ବାସୁଦେବ ଦାସଙ୍କ ନାମ ଶିକ୍ଷକ ତାଲିକାରେ ଗଡ଼ାଯାଉଥିଲା ।

ବାସୁଦେବ ଗାଁକୁ ଗଲାପରେ ଏହି ଦୁଇଜଣଙ୍କୁ ବାଧ୍ୟ କଲେ । 'ତମେ କଟକ ଭୂଦାନ ଅଫିସରେ ରହିବ କାହିଁକି ? ଆମ ଅଞ୍ଚଳରେ ରହି ଶିକ୍ଷାର ବିକାଶ ନ କରିବ କାହିଁକି ?' ରାମଚନ୍ଦ୍ର ଓ ବାସୁଦେବ ଉଭୟ ସେହି ଗାଁର ଓ ସହପାଠୀ । ରାମଚନ୍ଦ୍ର କହିଲେ 'ତୁ ଯଦି ରହିବୁ – ମୁଁ ରହିବି ।'

ଏହିପରି ଏକବ୍ରତ ପାଳନ କରିବା ପରି ହେଲା । ରାମଚନ୍ଦ୍ର ଓ ବାସୁଦେବ ଅନ୍ୟ ଜଣେ ସଂସ୍କୃତ ଶିକ୍ଷକଙ୍କୁ ନେଇ ବିଧ୍ୱସ୍ତ ଗୋବରୀ ହାଇସ୍କୁଲକୁ ଧ୍ୱସ୍ତ ସ୍ତୂପରୁ ଉଠାଇଲା । ମାତ୍ର ୧୭ ପିଲା ଥିଲେ । ଏ ଦୁଇଜଣଙ୍କ ଯୋଗଦାନ ପରେ ୭୦ ପିଲା ଆସିଲେ । ସ୍କୁଲର ବି ଛାତ୍ରାବାସ ହେଲା । ପ୍ରାୟ ୩୦ ଜଣ ପିଲା ଅନ୍ତେବାସୀ ହୋଇ ରହିଲେ । ଭୂଦାନ ଅଫିସରେ ବାସୁଦେବଙ୍କୁ ପାରିତୋଷିକ ଟ.୯୦ଙ୍କା ମିଳୁଥିଲା । ଏଠାରେ ୧୦୦ ଟଙ୍କା ମିଳିଲା । ଏଣେ ପରିବାରର ଆର୍ଥିକ ସ୍ଥିତି ବଡ଼ ଶୋଚନୀୟ । ତାଙ୍କ ବାପା ଛ ହଜାର ଟଙ୍କା କରଜରେ ରଣଗ୍ରସ୍ତ ଥିଲେ ।

ବାସୁଦେବ ଆଚାର୍ଯ୍ୟ ମହାଶୟଙ୍କଠାରୁ ଯେଉଁ ଶିକ୍ଷା ତାଲିମ ପାଇଥିଲେ, ତାହା ଏହିଠାରେ ପ୍ରୟୋଗ କଲେ । ପ୍ୟାରୀମୋହନ ଆଚାର୍ଯ୍ୟଙ୍କୁ ବର୍ଖାସ୍ତ କରି ରେଭେନ୍ସା କଲେଜରୁ ବିଦା କରାଯାଇଥିଲା । ତାଙ୍କ ସାଥୀ ଗୋବିନ୍ଦ ରଥ ଓ ମଧୁସୂଦନ ରାଓ ପି.ଏମ୍. ବିଦ୍ୟାପୀଠ ନିର୍ମାଣ କରିଥିଲେ । ବାସୁଦେବ କହିଥିଲେ ସେମାନେ ଯଦି ପାରିଥିଲେ ଆମେ କରିପାରିବା ନାହିଁ କାହିଁକି ? ରାମଚନ୍ଦ୍ର ଛାତ୍ରାବାସର

ଦାୟିତ୍ଵ ନେଇ ରହିଲେ । ବାସୁଦେବ ବିଦ୍ୟାଳୟର ପରମିସନ ଓ ରେକଗ୍ନିସନ ପାଇଁ ଲାଗିଲେ । ୧୯୫୯ ମସିହା ଜୁନ୍ ମାସରେ ପରମିସନ୍ ମିଳିଲା, ୧୯୭୦ରେ ୧୧ଶ ଶ୍ରେଣୀରେ ମାଟ୍ରିକ ପରୀକ୍ଷା ଦେଇ ଉତ୍ତମ 'ଲ ହେତୁ ସୁନାମ ଚାରିଆଡ଼େ ଖେଳିଗଲା ।

ସ୍କୁଲର ଅବସ୍ଥା ଶୋଚନୀୟ । ଆର୍ଥିକ ଅନଟନ ମଧ୍ୟରେ ଗତି । ଶିକ୍ଷକ ଦି' ପଇସା ନ ପାଇଲେ ଚଳିବ କିପରି ? ତା' ଛଡ଼ା ସ୍କୁଲର ଘର ମଧ୍ୟ ଦରକାର । ସ୍କୁଲକୁ ଲାଗିଥିବାର ୨ୟ ଏକର ଗୋଚର ଚାଷ କରି ସ୍କୁଲ ନିର୍ମାଣରେ ଉପ୍ତନ୍ନ ଧାନ, ଝୋଟ ବ୍ୟୟ କରାଯିବ । ତାହା ବି ହେଲା । ଯୋଗକୁ ପାଟକୁରା ବିଧାୟକ ଚକ୍ରଧର ଶତପଥୀ ୨୫୦୦ ଟଙ୍କା ମରୁଡ଼ି ଗ୍ରାଣ୍ଟ ଟଙ୍କ ପରେ ବିଧାୟକ ଏବଂ ରାଜକିଶୋର ନାୟକ ସାତହଜାର ଟଙ୍କା ଦେଇଥିଲେ । ଏପରି ଗୋଟିଏ ୧୦୦ ଫୁଟ୍ ଲମ୍ବ ବିଶିଷ୍ଟ ଘର ଖଣ୍ଡେ ନିର୍ମିତ ହୋଇଥିଲା ।

ଅକାଳେ ବଜ୍ରପାତ । ୧୯୭୧ ମସିହା ବାତ୍ୟାରେ ସେହି ବିରାଟ ଚାଳଘରଟି ଧ୍ଵଂସପ୍ରାପ୍ତ ହୋଇଗଲା । ସେ ଘର ଉପାଦାନ ଓ ଅନ୍ୟାନ୍ୟ ମିଶି ୬୦ ହାତର ଏକ ପକ୍କାଘର ନିର୍ମାଣ କରାଗଲା । ଗୋବରୀ ବିଦ୍ୟାଳୟ ସବୁ ପ୍ରକାର ଉନ୍ନତିରେ ଏକ ଅଗ୍ରଣୀ ଅନୁଷ୍ଠାନ ହୋଇ ଠିଆ ହେଲା । ଆଉ ଦୁଇଜଣ ମହାନୁଭବ ବ୍ୟକ୍ତି ନଟବର ସାମଲ ଓ ମାଗୁଣି ଚରଣ ସ୍ଵାଇଁଙ୍କ ସହଯୋଗ ଭୁଲିବାର ନୁହେଁ । ସମସ୍ତେ କହିଲେ ରାମ ବାସୁ ସ୍କୁଲ । ବାସୁଦେବ ଜୀବନ କର୍ମର ମିତ୍ର ଓ ଧର୍ମଭୂମି ଭାବେ ବିଦ୍ୟାଳୟର ନିର୍ମାଣ କଲେ । ପ୍ରଥମେ ପଞ୍ଚାୟତର ପ୍ରତ୍ୟେକ ପରିବାରରେ ଗୁଡ଼ି ଗୋଟା ଲେଖା ଦେଇ ମା'ମାନଙ୍କୁ ଅନୁରୋଧ କରି, ସେମାନେ ଭାତରନ୍ଧା ଚାଉଳରୁ ମୁଠାଏ ସେ ଗୁଡ଼ିରେ ପକାଇବେ । ଏଭଳି ମୁଠି ଚାଉଳ, ଲୋକଙ୍କ ବାଡ଼ିରୁ ବାଉଁଶ, କାଠ, ଛଣ ଯୋଗାଡ଼ କରି ଅନୁଷ୍ଠାନ କରିବାକୁ ହୁଏ ବୋଲି ଆଜି ଲୋକେ କଳ୍ପନା କରିପାରିବେ ନାହିଁ । ଯାହାହେଉ, ବିଦ୍ୟାଳୟ କ୍ରମ ଉନ୍ନତି ଅଞ୍ଚଳ କାହିଁକି ଜିଲ୍ଲାରେ ପରିକୀର୍ତିତ ହେଲା । ପ୍ରତିଷ୍ଠାତା ଶ୍ରୀଚରଣ ସ୍ଵାଇଁ ଓ ପ୍ରଥମ ପ୍ରଧାନଶିକ୍ଷକ ରାଧାକାନ୍ତ ବାୟୀ ମୁଠି ଚାଉଳ ପୁଞ୍ଜିରେ ଆରମ୍ଭ କରିଥିବା ଅନୁଷ୍ଠାନ ସୁନାମ ଅର୍ଜନ କଲା । ସେହି ଅନୁଷ୍ଠାନରୁ ବାସୁଦେବ ରାଜ୍ୟପାଳ ପୁରସ୍କାର ପାଇବା ସଙ୍ଗେ ଅନ୍ୟାନ୍ୟ ଶୈକ୍ଷିକ କ୍ଷେତ୍ରରେ ସ୍ଵୀକୃତି ଲାଭ କଲେ ।

ରାଧାନାଥ ଟ୍ରେନିଂ କଲେଜ :

ବି.ଏଡ୍ ଟ୍ରେନିଂ ଏ‌ଣ୍ଡ୍ ଦେଇ କୃତିତ୍ୱର ସହ ଭର୍ତ୍ତି ହେଲେ । ଗୁରୁ ଛାତ୍ରମାନଙ୍କ ସ୍ଥାଇପେଣ୍ଟ ନ ଥିବାରୁ ଆନ୍ଦୋଳନ ମୂଳକ ପଦକ୍ଷେପ ନେଲେ । ବାସୁଦେବ ହେଲେ ନିଖିଳ ଓଡ଼ିଶା ଟ୍ରେନିଂ କଲେଜ ଛାତ୍ର ସଂଗଠନର ସମ୍ପାଦକ । ସଂଗଠନର ପଇସା ଅଭାବ ହେବାରୁ ହାତରୁ ମୁଦ୍ରିକା ବିକ୍ରୟ କରି ଆନ୍ଦୋଳନ ଚଲାଇଲେ । ଛ' ଗୋଟି ଟ୍ରେନିଂ କଲେଜ ଯାଇ ସଂଗଠିତ କରି ଜୟଯୁକ୍ତ ହେଲେ । ସମସ୍ତେ ବର୍ଦ୍ଧିତ ହାରରେ ସ୍ଥାଇପେଣ୍ଟ ପାଇଲେ । ଏହି ସମୟରେ ଡ଼ଃ ହରେକୃଷ୍ଣ ମହତାବ, ଶିକ୍ଷାମନ୍ତ୍ରୀ ଯଦୁନାଥ ଦାଶ ମହାପାତ୍ର ପ୍ରମୁଖଙ୍କ ସହ ତାଙ୍କର ଘନିଷ୍ଠତା ହୋଇଥିଲା । ପୁନଶ୍ଚ ଗୋବରୀ ହାଇସ୍କୁଲରେ ସେ ଯୋଗଦାନ କଲେ । ବି.ଏଡ୍ ପାଶ ଉତ୍ତାରୁ ଘରୋଇ ଭାବେ ଓଡ଼ିଆ ଏମ୍.ଏ ପରୀକ୍ଷା ଦେଇ କୃତବିଦ୍ୟ ହେଲେ ।

ଗବେଷକ ବାସୁଦେବ ଦାସ :

ପିଲାଦିନରୁ ବାସୁଦେବ ଥିଲେ ଅନିସନ୍ଧିସୁ । ମା' ସୁଲୋଚନା ଦେବୀ, ଆଲି, କନିକାର ରାଜ ଇତିହାସ ସବୁ କହନ୍ତି, ସେମିତି ତାଙ୍କ ବାପା କିପରି ୧୯୩୪ ମସିହା ମେ ମାସ ୨୮–୨୯ରେ ଗରାପୁର ଡାକବଙ୍ଗଲାରେ ଗାନ୍ଧିଜୀଙ୍କୁ ଦର୍ଶନ କରିଥିଲେ ତାହା ତାଙ୍କ ପିତାଙ୍କଠାରୁ ଶୁଣିଥିଲେ । ତାଙ୍କ ଶାଳକ ବିଶିଷ୍ଟ ସାହିତ୍ୟିକ ବିଷ୍ଣୁ ପ୍ରସାଦ ବାହାଲିଆଙ୍କ ପ୍ରେରଣା ଏବଂ ବିଶିଷ୍ଟ ବିଦ୍ୱାନ ଡକ୍ଟର ଦୋଲଗୋବିନ୍ଦ ଶାସ୍ତ୍ରୀଙ୍କ ଦିଗ୍‌ଦର୍ଶନରେ ଗବେଷଣା କରି ଉତ୍କଳ ବିଶ୍ୱ ବିଦ୍ୟାଳୟରୁ ଡକ୍‌ରାଲ (ପିଏଚ୍.ଡ଼ି) ଡିଗ୍ରୀ ହାସଲ କଲେ ୧୯୮୩ ମସିହାରେ । ଏଯାବତ୍ କେହି କେନ୍ଦ୍ରାପଡ଼ାର ଅଧିଷ୍ଠାତୃ ଦେବ ବଳଦେବଙ୍କ ଉପରେ ଗବେଷଣା କରି ନ ଥିଲେ । ଡ଼ଃ ଦାସ ହେଉଛନ୍ତି ଓଡ଼ିଶାର ପ୍ରଥମ ପିଏଚ୍.ଡ଼ି ଉପାଧିଧାରୀ ହାଇସ୍କୁଲ ଶିକ୍ଷକ ଏବଂ ତୁଳସୀକ୍ଷେତ୍ରର ଆଦି ଗବେଷକ । 'ଓଡ଼ିଆ ସାହିତ୍ୟ, ଧର୍ମ ଓ ସଂସ୍କୃତିରେ ତୁଳସୀକ୍ଷେତ୍ର' ଶୀର୍ଷକ ସନ୍ଦର୍ଭ ପ୍ରଫେସର ଡ଼ଃ କାହ୍ନୁଚରଣ ମିଶ୍ର ଓ ପ୍ରଫେସର ଡ. ଗଙ୍ଗାଧର ବଳଙ୍କ ଦ୍ୱାରା ଉଚ୍ଚ ପ୍ରଶଂସିତ ହୋଇଥିଲା । ବହୁ ଗୁପ୍ତ ତଥ୍ୟ ଓ ଐତିହ୍ୟ ଉନ୍ମୋଚନ କରି ବାସୁଦେବ ଚର୍ଚ୍ଚାକୁ ଆସିଥିଲେ । ତୁଳସୀକ୍ଷେତ୍ର ପଣ୍ଡିତ ସଭା ତାଙ୍କୁ 'ପଣ୍ଡିତ' ଉପାଧି ଦେଇଥିଲେ । ଏହାଦ୍ୱାରା ତୁଳସୀ କ୍ଷେତ୍ର ମର୍ଯ୍ୟାଦା ଲାଭ କଲା ।

ସାରସ୍ଵତ ସାଧନା :

କବି ବାସୁଦେବ ଦାସ ତାଙ୍କ ଛାତ୍ରାବସ୍ଥାରୁ ସାହିତ୍ୟ ସାଧନାରେ ମନୋନିବେଶ କରି ବହୁବାର ପୁରସ୍କୃତ ହୋଇଥିଲେ । କେନ୍ଦ୍ରାପଡ଼ା ମହାବିଦ୍ୟାଳୟରେ ତାଙ୍କ ସାରସ୍ଵତ ପ୍ରତିଭାର ବିକାଶ ଘଟିଥିଲା । କବିତା, ଗଳ୍ପ, ଉପନ୍ୟାସ ଓ କାବ୍ୟ ରଚନା କରି ଶିକ୍ଷକମାନଙ୍କର ପ୍ରିୟପାତ୍ର ହୋଇପାରିଥିଲେ । ତାଙ୍କର ପ୍ରଥମ ଗଳ୍ପ 'ସେଦିନର ଛନ୍ଦ' ପ୍ରକାଶ ପାଇବା ପରେ ତାଙ୍କ ପ୍ରାଣରେ ଉତ୍ସାହ ଖେଳିଯାଇଥିଲା । 'ଉତ୍ତରଣ' ପତ୍ରିକାରେ ପ୍ରଥମ ଛପା ଅକ୍ଷର ତାଙ୍କ ମନରେ ଗଭୀର ଆତ୍ମବିଶ୍ୱାସ ସୃଷ୍ଟି କରିଥିଲା । ଦ୍ୱିତୀୟ ଗଳ୍ପ 'ଜୀବିକା' ପ୍ରଜାତନ୍ତ୍ରରେ, ତୃତୀୟ କବିତା ଓ ପ୍ରବନ୍ଧ 'କଳିଙ୍ଗ'ରେ ପ୍ରକାଶ ପାଇଥିବାରୁ ସୁରେନ୍ଦ୍ର ମହାନ୍ତିଙ୍କର ଶୁଭାଶୀର୍ବାଦ ଲାଭ କରିଥିଲେ । ସେହିପରି ସେ ଭୂଦାନ ଅଫିସ ଆଜିର ଗୁଣନିଧ୍ର ଭବନ ଥୋରିଆ ସାହିରେ ଥିବାବେଳେ କଳିଙ୍ଗ, ସର୍ବୋଦୟ ପତ୍ରିକା ଓ ସଂସାରରେ ବହୁ ଲେଖା ପ୍ରକାଶ ପାଇଥିଲା । ସମ୍ପ୍ରତି ୨୫ ଖଣ୍ଡ ପୁସ୍ତକ ଲୋକଲୋଚନକୁ ଆସିଅଛି । ଜୀବନର ଅନ୍ଵେଷାରେ ଏବେ ମଧ ଡଃ ଦାସ ସାଧନାରତ । କବି ବାସୁଦେବ ଦାସ ଜଣେ ଅଗ୍ରଣୀ ପ୍ରଗତିଶୀଳ ସ୍ରଷ୍ଟା ବୋଲି ଓଡ଼ିଶା ସଂସ୍କୃତି ବିଭାଗର ଏକ ପତ୍ରରୁ ପ୍ରମାଣ ମିଳେ । ୧୯୭୨ ମସିହାରେ ବାସୁଦେବ ପୁସ୍ତକ ପ୍ରକାଶନ ନିମନ୍ତେ ଏକ ପାଣ୍ଡୁଲିପି ପଠ କରିଥିଲେ । ୧୯୭୩ରେ 'ଅଗ୍ନିବୀଣା' ପତ୍ରିକା ରବି ସିଂ ଓ ଅନ୍ନଦା ରାୟଙ୍କ ସମ୍ପାଦନାରେ ପ୍ରକାଶ ପାଇବାରୁ ସମ୍ଭବତଃ ଏହି କାରଣବଶତଃ ପାଣ୍ଡୁଲିପିଟି ଫେରିଆସିଥିଲା । ଏଥିରେ ୨୯ଟି କବିତା ଥିଲା । ଉକ୍ତ ପତ୍ରର ନକଲ ସନ୍ନିବିଷ୍ଟ କରିବା ଏକ ଐତିହାସିକ ଆବଶ୍ୟକତା ।

Office of the Director

Cultural Affairs, Orissa, Bhubaneswar

No. C.G.V - 2/736965, DCA dt. 10.09.73

From : The Director, Cultural Affairs, Orissa

Sub.: Grants to authors for publication of manuscript - return of manuscript 1972-74.

Sir,

Your manuscript ଅଗ୍ନିବୀଣା could not complete for grant of financial assistance for publication. Hence, it is returned herewith, the receipt of which may please be acknowledged.

Yours faithfully

S/d

For Director

Cultural Affairs, Orissa

Parida : S/d

Enc : Manuscript

ମାତ୍ର ଆଜି ଏ ଶୃଙ୍ଖଳାର ଅଭାବ ବୋଲି ଡ. ଦାସ ମତବ୍ୟକ୍ତ କରନ୍ତି ।

ଶ୍ରାବଣୀ ସାହିତ୍ୟ ସଂସଦ ଓ କବି କଲମଧାରୀ :

କେନ୍ଦ୍ରାପଡ଼ା କଲେଜରେ ପ୍ରତିଷ୍ଠିତ ' ଶ୍ରାବଣୀ ସାହିତ୍ୟ ସଂସଦ'ର ଶନିବାର ନିୟମିତ ବୈଠକ ବସେ । ସଭାପତି ଅଧ୍ୟାପକ ବ୍ରହ୍ମାନନ୍ଦ ଦାସ, ସମ୍ପାଦକ ଭଗବାନ ମହାପାତ୍ର, ବାସୁଦେବ ଥିଲେ ଯୁଗ୍ମ ସମ୍ପାଦକ । ଏହି ସାହିତ୍ୟ ଅନୁଷ୍ଠାନଟି ବହୁ ସ୍ରଷ୍ଟାଙ୍କୁ ୧୯୬୫ରୁ ୧୯୭୫ ପର୍ଯ୍ୟନ୍ତ ନିୟମିତ ପ୍ରେରଣା ଦେଇ ଆସିଥିଲା । କାଳକ୍ରମେ କବି ଦୀପକ ମିଶ୍ର, ନନ୍ଦକିଶୋର ପରିଡ଼ା, ନୃସିଂହ ତ୍ରିପାଠୀ, ରବିସ୍ୱାଇଁ, ଡଃ ଅପର୍ଣ୍ଣା ମହାନ୍ତି, ଶ୍ରୀରାମ ଦାସ, ଅଲେଖ ପଢ଼ିଆରୀ – ଅନେକ ଛାତ୍ର ଶିକ୍ଷକଙ୍କ

ସମାବେଶରେ ସାହିତ୍ୟ ସାଧନାର ଏକ ଭିତ୍ତିଭୂମି ପଡ଼ିଥିଲା । ଅବଶେଷରେ ୧୯୮୪ ମସିହାରେ ତ୍ରିଦିବସୀୟ ସାରସ୍ୱତ କାର୍ଯ୍ୟକ୍ରମ ସମାପ୍ତି ପରେ ଶ୍ରାବଣୀର ଯବନିକାପାତ ଘଟିଥିଲା । ସଜି ରାଉତରାୟଙ୍କ ଗାଡ଼ି ବିଦା କରିବାକୁ ବାସୁଦେବ ନିଜ ହାତରୁ ସୁନାମୁଦି ବିକ୍ରି କରି ଗାଡ଼ିକୁ ୧୮୦ ଟଙ୍କା ଦେଇଥିଲେ । ବାସୁଦେବ ନୀରବ ରହିବା ବ୍ୟକ୍ତି ନୁହଁନ୍ତି । ସାହିତ୍ୟ ସଂଗଠନ ଓ ସୃଷ୍ଟି ତାଙ୍କର ପରମ କର୍ତ୍ତବ୍ୟ ମନେ କରନ୍ତି ।

ସେ 'ପ୍ରଗତିଶୀଳ କବି କଲମଧାରୀ' ସଂସଦ ଗଠନ କରି ପ୍ରଗତିବାଦୀ ଦର୍ଶନ ପ୍ରତି ବିଶେଷ ଆଲୋକପାତ କରିଥିଲେ । ସଭାପତି ନିଜେ ବସୁଦେବ ଦାସ, ଉପସଭାପତି ଡଃ ଅପର୍ଣ୍ଣା ମହାନ୍ତି, ସମ୍ପାଦକ ଥିଲେ ଅନ୍ନପୂର୍ଣ୍ଣା ମହାନ୍ତି । ସୁବାସ ମହାପାତ୍ର, ପଦ୍ମନାଭ ନାୟକ, ଅଦ୍ୱୈତ ମହାନ୍ତି ପ୍ରହ୍ଲାଦନାଥ (ଆଲି) ହରେକୃଷ୍ଣ ବରାଳ ଏଭଳି ଜିଲ୍ଲାର ବିଭିନ୍ନ ଅଞ୍ଚଳର ସଦସ୍ୟମାନଙ୍କୁ ନେଇ ଆଲୋଚନା ଚାଲିଥିଲା । ମୁଖ୍ୟ ପୃଷ୍ଠପୋଷକ ଥିଲେ ସମାଜବାଦୀ ଓକିଲ ଶ୍ରୀକୁଲମଣି ଦାସ, ଡା. ବିଶ୍ୱପ୍ରକାଶ କାନୁନ୍‌ଗୋ, ଦେବେନ୍ଦ୍ର ରାୟ ଓ ଓକିଲ ସୁରେନ୍ଦ୍ର ଚନ୍ଦ୍ର ସେନାପତି । ମୁଖପତ୍ର 'ସମ୍ଭାବନା' ପ୍ରକାଶିତ ହୋଇଥିଲା ।

ଏହି ଅନୁଷ୍ଠାନ ପ୍ରତ୍ୟେକ ରବିବାର ବସୁଥିଲା । ଏପରିକି ଜଗତସିଂହପୁର-ପାରାଦ୍ୱୀପ ୧୫ ନମ୍ବର, ସିଂଟାଳି ଓ ଭୂତମୁଣ୍ଡେଇ ପ୍ରହରାଜପୁରରେ ମଧ୍ୟ ମାସିକ ବୈଠକ ବସୁଥିଲା । ଏଥିରେ ରବି ସ୍ୱାଇଁ, ଦୁର୍ଯ୍ୟୋଧନ ସ୍ୱାଇଁ, ପୀତାମ୍ବର ତରାଇ, ଭାସ୍କର ପରିଚ୍ଛା, କ୍ଷେତ୍ରବାସୀ ଜେନା, ଭଗବାନ ମହାପାତ୍ର ପ୍ରମୁଖ ଯୋଗଦାନ କରୁଥିଲେ । କେନ୍ଦ୍ରାପଡ଼ାରୁ ଅନ୍ନପୂର୍ଣ୍ଣା, ସୁବାସ ମହାପାତ୍ର, ବାସୁଦେବ ଦାସ, ରମେଶ ପ୍ରତାପ ଓ ଅପର୍ଣ୍ଣା ମହାନ୍ତି ପ୍ରମୁଖ ଯାଇ ପ୍ରଗତିଶୀଳ ଚେତନାର ଲେଖାମାନ ପାଠ କରୁଥିଲେ ଏବଂ ତା' ଉପରେ ଆଲୋଚନା କରାଯାଉଥିଲା । ଏହି ଅନୁଷ୍ଠାନରେ ବିପ୍ଲବୀ କବି ରବି ସିଂ, ଡଃ ନାରାୟଣ, ଆଶୁତୋଷ ପରିଡ଼ା, ଦୀପକ ମିଶ୍ର, ବ୍ରହ୍ମାନନ୍ଦ ଦାସ, ଗୌରାଙ୍ଗ ରାଉତ, ଲକ୍ଷ୍ମୀ ନାରାୟଣ ରାୟସିଂହ, ବାଞ୍ଛାନିଧି ଦାସ, ବୈଷ୍ଣବ ପରିଡ଼ା, ପୀତବାସ ବେଉରିଆ, ନଟବର ଶତପଥୀ, ଧନେଶ୍ୱର ସାହୁ, କୁଲମଣି ଜେନା, ଗୌରହରି ରାଉତ ପ୍ରମୁଖ ବିଶେଷ ସଭାଗୁଡ଼ିକରେ ଯୋଗଦାନ କରୁଥିଲେ । ୧୯୮୫ ମସିହାରେ ତ୍ରିଦିବସୀୟ ଆଲୋଚନାଚକ୍ର, ଚିତ୍ରପ୍ରଦର୍ଶନୀ ଓ

କବିତା ପାଠୋତ୍ସବ ଲକ୍ଷ୍ମୀନାରାୟଣ ଧର୍ମଶାଳାରେ ଅନୁଷ୍ଠିତ ହୋଇଥିଲା। ସେହିପରି ବିଏଡ୍ କଲେଜରେ ୪୦୦ କବିଙ୍କର ୯୪ ମସିହାରେ ସମାବେଶ ହୋଇଥିଲା। ଏହି ସଭାକୁ ସାହିତ୍ୟ ଏକାଡେମୀ ସଭାପତି ମନୋରମା ମହାପାତ୍ର ଉଦ୍ଘାଟନ କରିଥିଲେ। ବଂଶୀଧର ଦାଶ, ହରେକୃଷ୍ଣ ବରାଳ, ପ୍ରହ୍ଲାଦ ନାଥ, କୃଷ୍ଣଚନ୍ଦ୍ର ବର୍ଷ୍ଟିଆ ପ୍ରମୁଖ ମହିମାମଣ୍ଡିତ କରିଥିଲେ। ୨୦୦୪ ପର୍ଯ୍ୟନ୍ତ ଏ ଅନୁଷ୍ଠାନ ଜୀବନ୍ତ ଥିଲା। ମଣ୍ଡଳ କମିଶନ ଉପରେ ମତ ପାର୍ଥକ୍ୟ ନେଇ କେତେ ବନ୍ଧୁ ସଂଗଠନ ଛାଡ଼ିଥିଲେ।

ଲେଖକ ଶିଳ୍ପୀ ବୁଦ୍ଧିଜୀବୀ ସଂଘ :

ଅଗ୍ନିବୀଣା ୧୯୮୪ରେ ଆତ୍ମପ୍ରକାଶ କରେ। କବି ରବି ସିଂ ଓ ଅନ୍ନଦା ପ୍ରସାଦ ରାୟଙ୍କ ସମ୍ପାଦନାରେ ପ୍ରକାଶ ପାଇଥିଲା 'ଅଗ୍ନିବୀଣା' ୧୯୭୩ ମସିହାରେ। ପ୍ରଗତିବାଦୀ ଲେଖକଙ୍କର ଏହା ଗୋଟାଏ ତୀର୍ଥ ଥିଲା। କାଳକ୍ରମେ କବି ରବି ସିଂ ଓ ଡଃ ନାରାୟଣଙ୍କର ମତ ପାର୍ଥକ୍ୟ ଘଟିଲା। ସେମାନେ ଅଗ୍ନିବୀଣା ଛାଡ଼ିଦେଲେ ଡଃ ନାରାୟଣଙ୍କୁ ସମ୍ପାଦନା କରିବା ପାଇଁ। ଡଃ ନାରାୟଣ ପିପୁଲ୍ସ ୱାର ଗ୍ରୁପ୍ ବା ନକ୍ସଲର ଦୃଢ଼ ସମର୍ଥକ ଥିଲେ। ତାଙ୍କରି ନେତୃତ୍ୱରେ ଲେଖକ ଶିଳ୍ପୀ ବୁଦ୍ଧିଜୀବୀ ସଂଘ ଓ ଅଗ୍ନିବୀଣା ସମ୍ପାଦନା ଚାଲିଲା। ଅନୁଷ୍ଠାନର ଘୋଷଣାପତ୍ର ଥିଲା ବଡ଼ ଚମତ୍କାର। ୧୯୮୪ରେ ବାସୁଦେବ ଏହି ଅନୁଷ୍ଠାନରେ ଅଂଶଗ୍ରହଣ କରନ୍ତି। ଅନୁଷ୍ଠାନର ମୁଖ୍ୟ କେନ୍ଦ୍ର ଥିଲା ମାର୍କୋଣା ବରୀ ରୋଡ଼ସ୍ଥ ଡଃ ନାରାୟଣଙ୍କ ବାସଭବନ। ଡଃ ନାରାୟଣଙ୍କ ପତ୍ନୀ କବିତା ପଟ୍ଟନାୟକ ମୁଖ୍ୟ ପରିଚାଳିକା। ପ୍ରତ୍ୟେକ ମାସର ଶେଷ ରବିବାର ବୈଠକ ବସେ। ସାମ୍ପ୍ରତିକ ସ୍ଥିତି ଓ ପରିସ୍ଥିତିର ପୁଙ୍ଖାନୁପୁଙ୍ଖ ଆଲୋଚନା ହୁଏ। ମଣ୍ଡଳ କମିଶନ, ବେଦାନ୍ତ ଭୂଷଣ, ବାଲିଆପାଲ ଘାଟି, ବସ୍ତି ଉଚ୍ଛେଦ ଆଦି ଅନେକ ସମସ୍ୟା ଉପରେ ଆଲୋଚନା ଓ ଆନ୍ଦୋଳନ ହେଉଥିଲା। ପଥପ୍ରାନ୍ତର ନାଟକ ଜରିଆରେ ସଚେତନତା ଅଣାଯାଉଥିଲା, ପଦଯାତ୍ରା ବି ହେଉଥିଲା। ୧୯୯୫ ମସିହା ପର୍ଯ୍ୟନ୍ତ ନିୟମିତ 'ଅଗ୍ନିବୀଣା' ପ୍ରକାଶନ ଓ ଆନ୍ଦୋଳନ ହେଉଥିଲା। ଶେଷକୁ ଚକ୍ରଧର ବେହେରା, ବାସୁଦେବ ଦାସ ଓ ସମୀର ରଞ୍ଜନ ଅଗ୍ନିବୀଣାକୁ ୧୯୯୯ ଯାଏ ଚଲାଇ ରଖିଥିଲେ। ବିଭିନ୍ନ କାରଣରୁ ସଂଗ୍ରାମୀମାନେ ଛତ୍ରଭଙ୍ଗ ଦେବାପରି ମନେ ହେଲା। ଯାହା ହେଉ ଡଃ ନାରାୟଣଙ୍କର

ପ୍ରଗତିବାଦୀ ଚେତନା ତତ୍ତ୍ୱ ଓ ତଥ୍ୟପୂର୍ଣ୍ଣ ଦିଗ୍‌ଦର୍ଶନ ପାଇଁ ପ୍ରଶଂସନୀୟା। ଶେଷଯାଏ ବାସୁଦେବ ଏହି ଧାରାରେ ରହିଆସିଥିଲେ। ୨୦୦୯ ମସିହାର କେନ୍ଦ୍ରାପଡ଼ା ଜିଲ୍ଲା ସାହିତ୍ୟ ସଂସଦର ସଭାପତି ହୋଇ ସେ ବାମପନ୍ଥୀ ମତାଦର୍ଶରେ ବିଶ୍ୱାସ ରଖି ସାହିତ୍ୟ ଓ ସମାଜ ପ୍ରତି କର୍ତ୍ତବ୍ୟ କରି ଚାଲିଛନ୍ତି।

ଗୋବରୀରୁ ଏମ୍.ଏନ୍. ହାଇସ୍କୁଲ ଓ DIET, କଟକ :

୧୯୯୯ ମସିହାରେ ବାତ୍ୟା ବେଳେ ବାସୁଦେବ ଥିଲେ ଜଗତ୍‌ସିଂହପୁର ସରକାରୀ ବାଳିକା ଉଚ୍ଚ ବିଦ୍ୟାଳୟରେ। ସମ୍ପୃକ୍ତ ବିଦ୍ୟାଳୟର ପ୍ରଧାନ ଶିକ୍ଷିକା ଶାନ୍ତିଲତା ରାଉତରାୟ ୩୦ ଘଣ୍ଟା ପରେ ତାଙ୍କ ଘରକୁ ନେଲେ। ଗୋଟିଏ ଚୌକିରେ ବସି ଆଉ ଏକ ଚୌକିରେ ଗୋଡ଼ ଲମ୍ବାଇ ସମଗ୍ର ବାତ୍ୟାର କରାଳ ଦୃଶ୍ୟ ସେ ଦେଖିଥିଲେ ଏବଂ ଭୋଗିଥିଲେ। ବୋର୍ଡ ପ୍ରେସିଡେଣ୍ଟ ତଥା ଶ୍ରମ କମିଶନର ଦଣ୍ଡନିରୋଧ ମିଶ୍ର ବାସୁଦେବଙ୍କ ପାଇଁ ବିଚଳିତ ହୋଇ ଇନ୍‌ସପେକ୍ଟରଙ୍କୁ ୱେୟାରଲେସ ଯୋଗେ ଖବର ଦେଲେ। ଗୋବରୀ ସ୍କୁଲ ସୁଖ୍ୟାତି ବୃଦ୍ଧି ସଙ୍ଗେ ସଙ୍ଗେ ବାସୁଦେବଙ୍କୁ ରାଜ୍ୟପାଳ ପୁରସ୍କୃତ କରିଥିଲେ। ତାଙ୍କର ଗୋବରୀ ସ୍କୁଲରେ ପ୍ରଧାନଶିକ୍ଷକ ଭାବେ ଛବର୍ଷରୁ ଊର୍ଦ୍ଧ୍ୱ ଥିଲା ସୁବର୍ଣ୍ଣଯୁଗ।

ଏମ୍.ଏନ୍. ହାଇସ୍କୁଲ ଶିଳିପୁରରେ ଥିବା ଅବ୍ୟବସ୍ଥା, ଯୋଗୁଁ ସେ ସ୍କୁଲଟିର ରେକଗ୍ନିସନ୍ ବନ୍ଦ ହୋଇଯିବାର ସମ୍ଭାବନା ଥିଲା। ପ୍ରଧାନଶିକ୍ଷକ ହୋଇଯିବା ପରେ ଜମି ଦୁଇ ଏକର ଜିଲ୍ଲାପାଳଙ୍କଠାରୁ (ସ୍କୁଲ ଗୃହ ନିମିତ୍ତ) ଆଣି, ଦ୍ୱିମହଲା ସୌଧ ନିର୍ମାଣ କରାଇଥିଲେ ଓ ଉତ୍ତମ ପରୀକ୍ଷା 'ଲ ଦେଇପାରିଥିଲେ। ସେଠାରୁ ସେ ପ୍ରମୋଶନରେ DIET, କଟକ ଡୋଲିପୁରକୁ ଅଧ୍ୟାପକ ହୋଇଗଲେ। ସେଠାରେ ସିଟି, ଗୁରୁଛାତ୍ର ତଥା ଶିକ୍ଷକ ଶିକ୍ଷିକାମାନଙ୍କ ଅଧ୍ୟାପନରେ ନିଜେ ଆତ୍ମସନ୍ତୋଷ ଲାଭ କରିବା ସହ ଅନୁଷ୍ଠାନର ସୁଖ୍ୟାତି ଆଣିବାରେ ସହାୟକ ହୋଇଥିଲେ। ଇତି ମଧ୍ୟରେ ସେ ରିସୋର୍ସ ପର୍ସନ, ବୋର୍ଡ ମେମ୍ବର, ଷ୍ଟେଟ୍ ରିସୋର୍ସ ପର୍ସନ ଓ ପାଠ୍ୟପୁସ୍ତକ ପ୍ରଣୟନ ଆଦି କାର୍ଯ୍ୟ କରି ସୁବିଖ୍ୟାତ ହୋଇ ପାରିଥିଲେ। ତାଙ୍କର କବିତ୍ୱରେ ମୁଗ୍ଧ ହୋଇ ଅଧ୍ୟକ୍ଷ ନିମାଇ ଚରଣ ସ୍ୱାଇଁ କବି ବାସୁଦେବ ଦାସଙ୍କୁ ୨ୟ ରାଧାନାଥ କହି, ରାଧାନାଥ ଛାତ୍ରାବାସର ପ୍ରଥମ କକ୍ଷଟି ରହିବା ପାଇଁ ବ୍ୟବସ୍ଥା

କରିଥିଲେ । ସେ ୨୦୦୫ ମସିହା ଶେଷଭାଗରେ ଢୋଲିପୁର DIET ଅର୍ଥାତ୍ ଜିଲ୍ଲା ଶିକ୍ଷା ପ୍ରଶିକ୍ଷଣ ପ୍ରତିଷ୍ଠାନରୁ ଅବସର ଗ୍ରହଣ କରିଥିଲେ । ତାଙ୍କ ସମ୍ମାନାର୍ଥେ 'ବାସୁଦେବ ପରିକ୍ରମା' ପ୍ରକାଶ ପାଇଥିଲା ।

ବାସୁଦେବ ଦାସଙ୍କ ଛାତ୍ରବତ୍ସଲତା :

ବାସୁଦେବ ଦାସଙ୍କୁ ଜନ୍ମରୁ ଶିକ୍ଷକ କହିଲେ ବଡ଼କଥା ହେବ ନାହିଁ । ସେ ହାଇସ୍କୁଲ ଓ କଲେଜରେ ପିଲାଙ୍କୁ ଟିଉସନ କରି ଶିକ୍ଷା ସମାପ୍ତ କରିଛନ୍ତି । ବିଶିଷ୍ଟ ସର୍ବୋଦୟ ନେତା ଓ ଶିକ୍ଷାବିଦ୍ ଶରତ ମହାରଣାଙ୍କ ସଂସ୍ପର୍ଶରେ ଆସିବା ପରେ ନିଜକୁ ମାର୍ଜିତ କରିନେଲେ । ଶ୍ରେଣୀର ଶେଷ ପିଲାଟି ଯଦି ବୁଝିପାରିଛି, ତେବେ ତମର ଶିକ୍ଷାଦାନ ସଫଳ ହୋଇଛି ବୋଲି ଜାଣିପାରିବ । ଏ ଥିଲା ଆଚାର୍ଯ୍ୟ ମହାଶୟଙ୍କ ଉପଦେଶ ।

ବାସୁଦେବ ଜଣେ ସଂସ୍କାରବାଦୀ ଶିକ୍ଷକ ଓ ବିପ୍ଲବୀ ଲେଖକ । ତାଙ୍କ ସ୍କୁଲରେ ହରିଜନ ପିଲାଙ୍କୁ ସରସ୍ୱତୀ ପୂଜା ଓ ଗଣେଶ ପୂଜାରେ ନଡ଼ିଆ ବାଡ଼େଇବାର ସୁଯୋଗ ମିଳୁନଥିଲା । ସେମାନେ ତାଙ୍କ ସାଆନ୍ତଙ୍କ ଘରୁ ଉଖୁଡ଼ା ନଡ଼ିଆତେ ଧରି ସ୍କୁଲକୁ ଆସନ୍ତି । ତା' ସଙ୍ଗେ ସେମାନଙ୍କୁ ଅଲଗା ବସାଯାଏ ଏବଂ ନଡ଼ିଆ ବାଡ଼େଇବାର ସୁଯୋଗ ସୁଯୋଗ ଶିକ୍ଷକମାନେ ଦିଅନ୍ତି ନାହିଁ । ୧୯୬୧ ମସିହାରେ ବାସୁଦେବ ଓ ତାଙ୍କ ସାଥୀ ଶିକ୍ଷକ ରାମଚନ୍ଦ୍ର ସ୍ୱାଇଁ ଏହାକୁ ଏକ ସମ୍ମାନଜନକ ସମସ୍ୟା ଭାବେ ଗ୍ରହଣ କଲେ । ମାଇନର ସ୍କୁଲ ଓ ହାଇସ୍କୁଲ ଏକତ୍ର ପୂଜା ହେଉଥିଲା । ସେମାନେ ପୃଥକ୍ ହୋଇଗଲେ । ହାଇସ୍କୁଲରେ ହରିଜନ ପିଲା ନଡ଼ିଆବାଡ଼ଠାରୁ ସମସ୍ତ ସୁଯୋଗ ପାଇଲେ ।

ସମାଜ ସଂସ୍କାର :

ତାଙ୍କ ଗ୍ରାମରେ ସେବାକାରୀ ବାରିକ ବରଯାତ୍ରୀଙ୍କର ଗୋଡ଼ ଧୋଇବାକୁ ରାଜି ହେଲେ ନାହିଁ । ଏଣୁ ପ୍ରତିପୱିଶାଳୀ ଲୋକେ ବାରିକଘର ଚାରିପାଖରେ ବାଡ଼ ବୁଜିଦେଲେ । ଯଦ୍ୱାରା ବାରିକ ପରିବାର ଘରୁ ବାହାରି ପାରିଲେ ନାହିଁ । ବାସୁଦେବ ବାବୁ ତାଙ୍କ ଘରୁ ରୁଟି-ଭଜା କରି ବାରିକ ଘରେ ଦେଇଆସନ୍ତି ବା ବାଡ଼ିକରି ଘରକୁ ପକାଇଥା'ନ୍ତି । ଥାନାରେ ଏହି ବିଷୟ ଜଣାଇ ମୀମାଂସା କରିଥିଲେ । ରକ୍ଷଣଶୀଳ ଲୋକଙ୍କ ରୋଷର ଶିକାର ହୋଇଥିଲେ । ଏଭଳି ଅନେକ

ସଂସ୍କାରମୂଳକ କାର୍ଯ୍ୟ କରିବାରେ ସେ ଆନନ୍ଦ ପାଆନ୍ତି । ଧୋବା ହରିଜନଙ୍କ ଉପରେ ଅତ୍ୟାଚାରରୁ ମଧ୍ୟ ତତ୍କାଳୀନ ଏସ୍ଡ଼ିଓ ରବୀନ୍ଦ୍ର ନାଥ ଦାସଙ୍କୁ କହି ପୋଲିସ ପଠାଇ ବନ୍ଦ କରିଥିଲେ ଓ ଥାନାରେ ମୀମାଂସା ହୋଇଥିଲା । ବାହାର ଗରିବ ଲୋକ ଝିଅ ବିବାହ କରି ପାରୁନଥିଲେ ବାସୁଦେବ ସେଠି କମର ଭିଡ଼ନ୍ତି । ଯଉତୁକ ହୀନ ଦଶଗୋଟି ବିବାହ କରାଇ ଅଛନ୍ତି, ଏପରିକି ପୂର୍ବତନ ମନ୍ତ୍ରୀ ପ୍ରହ୍ଲାଦ ମଲ୍ଲିକ, ମଧୁସାଗରର ଚିନ୍ତାମଣି ଗୁରୁଜୀ ଓ ପୂର୍ବତନ ମନ୍ତ୍ରୀ ଭାଗବତ ବେହେରାଙ୍କ ସହାୟତାରେ ଏପରି କନ୍ୟାଦାନ କରିବାର ଦୃଷ୍ଟାନ୍ତ ରହିଛି । ସ୍କୁଲର ସମ୍ପାଦକ ଝିଅ ବାହାଘର ପ୍ରସ୍ତାବ ପକାଇ ଆସି ମୃତ୍ୟୁମୁଖରେ ପଡ଼ିଲେ । ତାଙ୍କ ଝିଅ ରେଣୁକୁ ବିବାହ କରାଇଥିଲେ । ସ୍ୱପରିବାର ବ୍ୟତୀତ ହାତରୁ ଅର୍ଥବ୍ୟୟ କରି ଦଶଟି କନ୍ୟାଦାନ କରିଛନ୍ତି ।

ସାମ୍ପ୍ରଦାୟିକ ସଦ୍ଭାବନା :

୧୯୬୯ ମସିହାରେ ସରସ୍ୱତୀ ମେଢ଼କୁ ବିସର୍ଜନ କରିବା ନେଇ କେନ୍ଦ୍ରାପଡ଼ାରେ ହିନ୍ଦୁ ଓ ମୁସଲମାନ ସମ୍ପ୍ରଦାୟ ମଧ୍ୟରେ ସଂଘର୍ଷ ଦେଖାଦେଲା । ସେହି ସମୟରେ ମଧୁସାଗର ବିଦ୍ୟାପୀଠ ଅଞ୍ଚଳାଇଠାରେ 'ଗ୍ରାମଦାନ' ଭୂଦାନ କାର୍ଯ୍ୟ ଚାଲିଥିଲା । ଗୋବରୀ ସ୍କୁଲର ସମ୍ପାଦକ ଓ ଶିକ୍ଷକ ବାସୁଦେବ ଦାସ ଅଂଶଗ୍ରହଣ କରିଥିଲେ । ସ୍କୁଲର ସମ୍ପାଦକ ଶ୍ରୀଚରଣ ସ୍ୱାଇଁ ଜଣେ ସର୍ବୋଦୟ କର୍ମୀ । କେନ୍ଦ୍ରାପଡ଼ାର ଏହି ସଂଘର୍ଷର ଲେଲିହାନ ଶିଖାକୁ ନିର୍ବାପନ କରିବା ପାଇଁ ମା ରମାଦେବୀ, ଆଚାର୍ଯ୍ୟ ହରିହର ଦାସ, ବୁଲୁବାବୁ, ରୁନୀଆପା ପ୍ରମୁଖ ଆଦି ଶାନ୍ତି କମିଟି ପ୍ରତିଷ୍ଠା କରି ସାମ୍ପ୍ରଦାୟିକ ସଦ୍ଭାବନାର ଉଦ୍ୟମ ହୋଇଥିଲା । କର୍ଫ୍ୟୁ ହୋଇଥିଲା ଏବଂ ୭ ଜଣ ଲୋକ ମୃତ୍ୟୁବରଣ କରିଥିଲେ । ଶାନ୍ତି କମିଟିର ମୁଖ୍ୟ ଆଚାର୍ଯ୍ୟ ହରିହର ସେତେବେଳକୁ ଦୃଷ୍ଟିଶକ୍ତି ହରାଇଥାନ୍ତି । ସେ ଦୁଇମାସ ଗରାପୁର ବିଚିତ୍ରାନନ୍ଦ ମହାନ୍ତିଙ୍କ ଘରେ ଅବସ୍ଥାନ କଲେ ଏବଂ ତାଙ୍କର ସେବା ଦାୟିତ୍ୱରେ ବାସୁଦେବ ରହିଲେ । ପୂର୍ବତନ ମନ୍ତ୍ରୀ ଭାଗବତ ପ୍ରସାଦ ମହାନ୍ତିଙ୍କ ବାସଭବନରେ ଶାନ୍ତି କମିଟି ପ୍ରତିଦିନ ବସେ ଏବଂ ବାସୁଦେବ ତାଙ୍କୁ ଜିପ୍‌ରେ ଆଣନ୍ତି, ସାଥିରେ ଗରାପୁର ନିଅନ୍ତି । ସୁତରାଂ ଶାନ୍ତି ଓ ସଦ୍ଭାବନା ପ୍ରତିଷ୍ଠା କ୍ଷେତ୍ରରେ ବାସୁଦେବଙ୍କର ଅଦ୍ୟାବଧି ମଧ୍ୟ ଭୂମିକା ରହିଅଛି ।

ଶିକ୍ଷକତା ଓ ପରବର୍ତ୍ତୀ କାଳରେ ଅଭାବୀ ଛାତ୍ରଙ୍କ ଉଚ୍ଚରୋଚ୍ଚର ଶିକ୍ଷା କଣ୍ଠେ ମୁକ୍ତ ହସ୍ତରେ ଅର୍ଥଦାନ କରିବା ଓ ସେମାନଙ୍କ ଗ୍ରାସାଚ୍ଛାଦନ ଛାତ୍ର ବତ୍ସଲତାର ଅନୁପମ ଦୃଷ୍ଟାନ୍ତ ରଖିଛନ୍ତି । ସଂଖ୍ୟାଲଘୁ ଛାତ୍ରଛାତ୍ରୀଙ୍କୁ ନିଃଶୁଳ୍କ ଶିକ୍ଷାଦାନ ଓ ସମାଜ ସେବାକୁ ଜୀବନର ବ୍ରତ କରି ଚାଲିଛନ୍ତି ।

ରାଜ୍ୟପାଳ ପୁରସ୍କାର :

ଗୋବରୀ ହାଇସ୍କୁଲର ବିକାଶ କ୍ଷେତ୍ରରେ ତାଙ୍କର ବିପୁଳ ଅବଦାନ, ଛାତ୍ରବତ୍ସଲତା, ଶିକ୍ଷା ନୈପୁଣ୍ୟ, କାର୍ଯ୍ୟଦକ୍ଷତା, ସାକ୍ଷରତା ଅଭିଯାନ, ସମାଜସେବା ଓ ବନୀକରଣ ଆଦି ବହୁମୁଖୀ ପ୍ରତିଭାକୁ ବିଚାର କରି ଗଣଶିକ୍ଷା ବିଭାଗ ତଥା ମାଧ୍ୟମିକ ଶିକ୍ଷା ବିଭାଗ ୧୯୯୯ ମସିହା ପାଇଁ ତାଙ୍କୁ ରାଜ୍ୟପାଳ ପୁରସ୍କାର ଦେଇଥିଲା । ତାଙ୍କୁ ପ୍ରଶଂସିତ କରି ଶିକ୍ଷା ବିଭାଗ କମିଶନର ଶ୍ରୀ ଅଶୋକ ତ୍ରିପାଠୀ IAS କହିଥିଲେ ରାଜ୍ୟପାଳଙ୍କୁ – "One of the jwells of my department and renowned headmaster, Kendrapara circle." ଏହା ଥିଲା ତାଙ୍କ ନିନ୍ଦକମାନଙ୍କ ବିପକ୍ଷରେ ଏକ ଅପୂର୍ବ ବିଜୟ ।

ରାଷ୍ଟ୍ରପତି ଏ.ପି.ଜେ. ଅବ୍ଦୁଲ କାଲାମ୍ଙ୍କ ସହ ସାକ୍ଷାତକାର :

ଭାରତର ମହାମହିମ ରାଷ୍ଟ୍ରପତି ଏ.ପି.ଜେ. ଅବ୍ଦୁଲ କାଲାମ ୨୦୦୩ରେ ଓଡ଼ିଶା ଗସ୍ତରେ ଆସି ଭାରତ ବର୍ଷର ସାର୍ବଭୌମ ଗଣତନ୍ତ୍ର କିପରି ପ୍ରତିଷ୍ଠା ଲାଭ କରିବ ଏବଂ ଏ ଦିଗରେ ଶିକ୍ଷକମାନଙ୍କର ଭୂମିକା ସମ୍ପର୍କରେ ଜୟଦେବ ଭବନରେ ଶିକ୍ଷକମାନଙ୍କ ସହିତ ଭାବ ବିନିମୟ ହୋଇଥିଲା । ବିଶେଷ କରି ରାଜ୍ୟ ଓ ଜାତୀୟ ପୁରସ୍କାରପ୍ରାପ୍ତ ଶିକ୍ଷକମାନଙ୍କ ମତାମତ ଆହ୍ୱାନ କରିଥିଲେ । ତା. ୧୪.୦୫.୨୦୦୩ ରିଖର ଏକ ମନୋଜ୍ଞ ସଭ୍ୟା । କୌଣସି ପ୍ରୋଟୋକଲ ନଥିଲା । ଡକ୍ଟର କାଲାମ ପଛ ପଟରୁ ଏକାକୀ ପ୍ରବେଶ କଲେ । ପୋଲିସ କିମ୍ବା ତାଙ୍କର ଅଙ୍ଗରକ୍ଷୀ ତାଙ୍କ ସହ ନଥିଲେ । ଏହା ଏକ ବିରଳ ସ୍ମୃତି ବାସୁଦେବଙ୍କ ପାଇଁ ତଥା ରାଜ୍ୟ ପାଇଁ । ତାଙ୍କର ପ୍ରଶ୍ନ ଥିଲା – " ୨୦୨୦ ସୁଦ୍ଧା ଭାରତରେ ସାର୍ବଭୌମ ଗଣତନ୍ତ୍ର କିପରି ପ୍ରତିଷ୍ଠା ହୋଇପାରିବ ? " ଅନ୍ୟମାନଙ୍କ ସହ ଡ. ବାସୁଦେବ ଦାସ ଉତ୍ତର ଦେଇଥିଲେ– Democratic setup Education is implemented in our schools. ଭାରତର ଭାଗ୍ୟ ଶ୍ରେଣୀ କୋଠରୀରେ ନିର୍ମିତ ହୁଏ । ସମ୍ପ୍ରତି ଯେଉଁମାନେ

ହାଇସ୍କୁଲର ଛାତ୍ରଛାତ୍ରୀ, ସେମାନେ ବିଦ୍ୟାଳୟରୁ ଗଣତାନ୍ତ୍ରିକ ତାଲିମ ପାଇ ପ୍ରତିଷ୍ଠିତ ନାଗରିକ ହୋଇଯାଇଥିବେ । ସୁତରାଂ ଗଣତାନ୍ତ୍ରିକ ସଫଳତା ଆସିବା ସମ୍ଭାବନାମୟ । ବାସୁଦେବଙ୍କୁ ପ୍ରଶଂସା ସହିତ Gandhian Principle of Education ଉପରେ ଦୂରଦର୍ଶନରେ ଏକ ଆଲୋଚନା ଉପସ୍ଥାପନ କରିବାକୁ କୁହାଯାଇଥିଲା ଏବଂ ବାସୁଦେବ ଯଥାରୀତି ପାଳନ କରିଥିଲେ ।

ବିଶ୍ୱକବି ସମ୍ମିଳନୀରେ ବାସୁଦେବ (39th WORLD CONGRESS OF POET) :

ଉତ୍କଳମାତାର ସୁଯୋଗ୍ୟ ସନ୍ତାନ ଡକ୍ଟର ଅଚ୍ୟୁତ ସାମନ୍ତଙ୍କ କର୍ତ୍ତୃକ ପ୍ରତିଷ୍ଠିତ 'କୀଟ ଓ କିସ୍' ବିଶ୍ୱବିଦ୍ୟାଳୟ ସାହିତ୍ୟ ସଂସ୍କୃତିର ଏକ ମହନୀୟ ପୀଠ । 'କାଦମ୍ବିନୀ' ପାରିବାରିକ ସାହିତ୍ୟ ପତ୍ରିକା ପରିବାର ଆନୁକୂଲ୍ୟରେ ହୁଏ – ସର୍ବଭାରତୀୟ ସ୍ତରର ସାହିତ୍ୟ ମେଳା ଡ. ଇତି ସାମନ୍ତ । ସେହିପରି ୩୯ତମ ବିଶ୍ୱକବି ସମ୍ମିଳନୀ ୨୦୧୯ ଅକ୍ଟୋବର ୨ ତାରିଖରୁ ୬ ତାରିଖ ପର୍ଯ୍ୟନ୍ତ ଅନୁଷ୍ଠିତ ହୋଇଥିଲା । ଓଡ଼ିଶାର ବିଶିଷ୍ଟ କବିମାନଙ୍କ ମଧ୍ୟରେ କବି ବାସୁଦେବ ଅନ୍ୟତମ କବି ଭାବରେ ଆମନ୍ତ୍ରିତ ହୋଇଥିଲେ । କବି ଅପର୍ଣ୍ଣା ମହାନ୍ତି, ଶତ୍ରୁଘ୍ନ ପାଣ୍ଡବ, ସେନାପତି ପ୍ରଦ୍ୟୁମ୍ନ କୁମାର ପ୍ରମୁଖଙ୍କ ସହିତ ସେ ଥିଲେ ସମ୍ବର୍ଦ୍ଧିତ କବି । ୮୩ଟି ଦେଶର ୧୩୦୦ କବିଙ୍କର ମହା ସମ୍ମିଳନୀ ଅନୁଷ୍ଠିତ ହୋଇଥିଲା । ଓଡ଼ିଆ କବି ସମ୍ମିଳନୀ ମଞ୍ଚରେ ଥିଲେ ପଦ୍ମଶ୍ରୀ ରମାକାନ୍ତ ରଥ, ପଦ୍ମବିଭୂଷଣ ସୀତାକାନ୍ତ ମହାପାତ୍ର, ଡଃ ପ୍ରତିଭା ଶତପଥୀ, ଡଃ ରାଜେନ୍ଦ୍ର ପଣ୍ଡା, ଡଃ ଇତି ସାମନ୍ତ ପ୍ରମୁଖ । ଡଃ ଅଚ୍ୟୁତ ସାମନ୍ତଙ୍କର ସ୍ୱାଗତ ଭାଷଣ ଥିଲା ଅନିର୍ବଚନୀୟ ଆହ୍ୱାନ ଓ ଆବେଗମୟ । ବାସୁଦେବଙ୍କର 'ରୁଲ କୁରୁକ୍ଷେତ୍ର' କବିତା ପ୍ରଶଂସିତ ହୋଇଥିଲା ।

ଭାଷା ସୁରକ୍ଷା ସମ୍ମିଳନୀ :

ଓଡ଼ିଶାର ସାମ୍ୟବାଦୀ ବିପ୍ଲବୀ, ପୂର୍ବତନ ରାଜ୍ୟସଭା ସଂସଦ ତଥା ସାରସ୍ୱତ ସାଧକ ବୈଷ୍ଣବ ଚରଣ ପରିଡ଼ା (୧୯୪୦–୨୦୧୮)ଙ୍କ ନେତୃତ୍ୱରେ ଓଡ଼ିଆ ଭାଷା ସୁରକ୍ଷା ଓ ନବକୃଷ୍ଣ ଚୌଧୁରୀଙ୍କ ୧୯୫୪ ମସିହା ଭାଷା ଆଇନ କାର୍ଯ୍ୟକାରୀ କରିବା ଲକ୍ଷ୍ୟରେ ସମଗ୍ର ଓଡ଼ିଶାରେ ଭାଷା ସୁରକ୍ଷା ସମ୍ମିଳନୀ ଗଠିତ ହୋଇଥିଲା । ଡକ୍ଟର ବାସୁଦେବ ଦାସ ଏହି ସମ୍ମିଳନୀରେ ଅନ୍ୟତମ ଅଗ୍ରଣୀ ପୁରୁଷ ଏବଂ

କେନ୍ଦ୍ରାପଡ଼ା ଜିଲ୍ଲା ଭାଷା ସୁରକ୍ଷା ସମ୍ମିଳନୀର ସଭାପତି ଭାବେ କାର୍ଯ୍ୟ କରିଆସିଛନ୍ତି । ଏପରିକି ଭୁବନେଶ୍ୱରରେ ଭାଷା ପାଇଁ ତା. ୨୮.୦୪.୨୦୧୬ରିଖରେ ବିଶ୍ୱଭୂଷଣ ହରିଚନ୍ଦନ, ଡ. ଦେବୀ ପ୍ରସନ୍ନ ପଟ୍ଟନାୟକ, ଗଣେଶ୍ୱର ବେହେରା, ରାଧାକାନ୍ତ ସେଠୀ, ଶିବାଜୀ ପଟ୍ଟନାୟକ, ଡ. ନିତ୍ୟାନନ୍ଦ ଶତପଥୀ ପ୍ରମୁଖଙ୍କ ସହିତ ବାସୁଦେବ ଗିର' ହୋଇଥିଲେ । ୫ଟି ଭ୍ୟାନରେ ବୁଲାଇ ୨ ଘଣ୍ଟା ପରେ ପୋଲିସ ଆନ୍ଦୋଲନକାରୀଙ୍କୁ ଛାଡ଼ିଥିଲା । ତା.୦୧.୧୨.୨୦୧୨ରିଖରେ କେନ୍ଦ୍ରାପଡ଼ାରେ ତାଙ୍କ ନେତୃତ୍ୱରେ ସହା ସମ୍ମିଳନୀ ଅନୁଷ୍ଠିତ ହୋଇ ଶାସ୍ତ୍ରୀୟ ଭାଷା ପାଇଁ ଦାବି କରାଯାଇଥିଲା ।

ଉତ୍କଳ ସମ୍ମିଳନୀ ଜିଲ୍ଲା ଶାଖା ସଚିବ :

କେନ୍ଦ୍ରାପଡ଼ା ଏକ ସ୍ୱତନ୍ତ୍ର ରାଜସ୍ୱ ଜିଲ୍ଲା ହେବା ପରେ କେନ୍ଦ୍ର ସମ୍ମିଳନୀ ସଭାପତି ୭ ବସନ୍ତ କୁମାର ପାଣିଗ୍ରାହୀ, ପଦ୍ମଚରଣ ନାୟକ ପ୍ରମୁଖ ଆସି ତା.୧୬.୦୮.୧୯୯୬ରିଖରେ ଏକ ଜିଲ୍ଲା ଶାଖା ସମ୍ମିଳନୀ ପ୍ରତିଷ୍ଠା କରିଥିଲେ । ପ୍ରଫେସର ନନ୍ଦକିଶୋର ପରିଡ଼ା ସଭାପତି, ଡ. ବାସୁଦେବ ଦାସ ସଚିବ ଡ. ଅପର୍ଣ୍ଣା ମହାନ୍ତି ଉପ-ସଭାପତି ଭାବେ କାର୍ଯ୍ୟ କରି ଓଡ଼ିଆ ଭାଷାର ବିକାଶ ଦିଗରେ ଅନେକ କାର୍ଯ୍ୟ କରିଛନ୍ତି । ତାଙ୍କ ନେତୃତ୍ୱରେ ତା.୦୧.୦୪.୨୦୨୨ରେ ଜିଲ୍ଲା ସମ୍ମିଳନୀର ରଜତ ଜୟନ୍ତୀ ସମାରୋହ 'ଲକ ସହିତ ଏକ ସ୍ମରଣିକା ପ୍ରକାଶ ପାଇଅଛି ।

ଜାତୀୟ ଭାଷା ସମ୍ମିଳନୀ :

ପଚିଶିତମ ଜାତୀୟ ଭାଷା ସମ୍ମିଳନୀ ରେଭେନ୍‌ସା ବିଶ୍ୱବିଦ୍ୟାଳୟରେ ୨୦୧୯ ଅକ୍ଟୋବରରେ ଅନୁଷ୍ଠିତ ହେବା ପ୍ରତ୍ୟେକ ଓଡ଼ିଆଙ୍କ ପାଇଁ ଗୌରବର ବିଷୟ । ଡକ୍ଟର ନଟବର ଶତପଥୀ, ଡକ୍ଟର ବିଜୟଲକ୍ଷ୍ମୀ ଦାଶଙ୍କ ଉଦ୍ୟମ ଓ ନେତୃତ୍ୱରେ ଆୟୋଜିତ ହୋଇଥିଲା ଏହି ସମ୍ମିଳନୀ । ବିଶିଷ୍ଟ ଭାଷାବିଦ୍ ଦେବୀ ପ୍ରସନ୍ନ ପଟ୍ଟନାୟକ ଉଦ୍‌ଘାଟନ କରିଥିବା ବେଳେ ଭାରତୀୟ ଭାଷାର ପ୍ରମୁଖରଥୀ ଅତିଥି ଭାବେ ଭାଷା ସଂସ୍କାର ଓ ଭାଷା ସୁରକ୍ଷା ସମ୍ପର୍କରେ ଆଲୋକପାତ କରିଥିଲେ । ଓଡ଼ିଆ ଭାଷାବିଦ୍ ବିଶେଷ ସଂଖ୍ୟକ ନଥିଲେ ଏହାର ଗୁରୁତ୍ୱ ବେଶ ଉପଲବ୍ଧ । ଆମନ୍ତ୍ରଣ କ୍ରମେ ଅଧ୍ୟାପିକା ଡଃ ବାସନ୍ତୀ ମହାନ୍ତି, ଡକ୍ଟର ବାସୁଦେବ ଦାସ, ଡକ୍ଟର

ବିଜୟଲକ୍ଷ୍ମୀ ମହାନ୍ତି ପଟ୍ଟନାୟକ ପ୍ରମୁଖ ଅଂଶଗ୍ରହଣ କରିଥିଲେ । ଓଡ଼ିଆ ଭାଷାପ୍ରୀତି ଓ ଭାଷା ସୁରକ୍ଷା ପାଇଁ ବାସୁଦେବଙ୍କର ସମ୍ୟକ୍ ଅବଦାନ ରହିଅଛି ।

ବହୁମୁଖୀ ବ୍ୟକ୍ତିତ୍ୱ : ମାଧ୍ୟମିକ ଶିକ୍ଷା ପରିଷଦ

ବିଶିଷ୍ଟ ଶିକ୍ଷାବିଦ୍ ଶୁକଦେବ ସାହୁଙ୍କ ଦୃଷ୍ଟିରେ ବାସୁଦେବ ଦାସ ଜଣେ ବହୁମୁଖୀ ପ୍ରତିଭା ଓ ତାଙ୍କର ବ୍ୟକ୍ତିତ୍ୱ ସମାଜର ବିଭିନ୍ନ ଦିଗରେ ପରିଲକ୍ଷିତ । ଅନୁଜ ପ୍ରତିମ ଡଃ ଦାସ ଜଣେ ଦକ୍ଷ ଶିକ୍ଷକ । ଓଡ଼ିଶା ରାଜ୍ୟ ଶିକ୍ଷକ ସମାଜର ଜୀବନ ଜୀବିକାର ସୁଦୃଢ଼ ଭିତ୍ତିଭୂମି ସୃଷ୍ଟି କରିବାକୁ ଓଡ଼ିଶା ରାଜ୍ୟ ମାଧ୍ୟମିକ, ନିମ୍ନ-ମାଧ୍ୟମିକ ଶିକ୍ଷକ ମହାସଂଘ ଗଠନ କରାଯାଇଥିଲା । କେନ୍ଦ୍ରାପଡ଼ା ଶିକ୍ଷା ଜିଲ୍ଲାର ମଣ୍ଡଳ କମିଟି ସଭାପତି ଓ ଓସ୍ଥା କାର୍ଯ୍ୟକାରୀ କମିଟିର ଜଣାଶୁଣା ସଦସ୍ୟ ଥିଲେ । ସେ ୧୯୯୫ ମସିହାରେ ଓଡ଼ିଶା ଶିକ୍ଷକ ସଂଘ ତରଫରୁ ମହାଭାରତୀୟ ଶିକ୍ଷକ ସଂଘରେ (୧୯୯୫) ପ୍ରତିନିଧିତ୍ୱ କରିଥିଲେ ଏବଂ କୈଶୋର ଶିକ୍ଷା ଆଲୋଚନା ଚକ୍ରରେ ଅଂଶଗ୍ରହଣ କରିଥିଲେ ।

ଶିକ୍ଷକମାନଙ୍କର ଜୀବନ ଜୀବିକାରେ ସ୍ୱାର୍ଥରକ୍ଷା, ପ୍ରତ୍ୟକ୍ଷ ବେତନ ଦାନ, ଶିକ୍ଷା ବିଭାଗୀୟ ପ୍ରଶାସକମାନଙ୍କ ଅଯଥା ହସ୍ତକ୍ଷେପ ଏବଂ ଚାକିରି ସୁବିଧା ପାଇଁ ଆୟୋଜନ କରାଯାଇଥିବା ସଭାସମିତି, ବିକ୍ଷୋଭ, ଷ୍ଟାଇକ୍, ଘେରାଉ, ବନ୍ଦ, ଧାରଣା ଓ ଅନଶନରେ ସଂଗ୍ରାମୀ ବାସୁଦେବ ବାବୁ ପ୍ରାୟ ଦଶଥର ପୋଲିସ କର୍ମକର୍ତ୍ତାଙ୍କ ଦ୍ୱାରା ଗିର' ହୋଇଥିଲେ ଏବଂ ଫୌଜଦାରୀ ମକଦମାରେ ପଡ଼ି ନିର୍ଯ୍ୟାତନା ଭୋଗ କରିଥିଲେ । ଏପରିକି ତାଙ୍କର ରାଷ୍ଟ୍ରପତି ପୁରସ୍କାର ଏହି କ୍ରିମିନାଲ କେସ୍ ଯୋଗୁଁ ବାତିଲ ହୋଇଯାଇଥିଲା । ଚନ୍ଦକା ଜଙ୍ଗଲ, ହାଡ଼ିଆପଠା, କୌଶଲ୍ୟାଗଙ୍ଗା, ମଞ୍ଝେଶ୍ୱର ଶିକ୍ଷାଞ୍ଚଳ ଆଦି କ୍ଷେତ୍ରରେ ପୋଲିସ ଗିର' କରି ଛାଡ଼ିଆସେ । ବାସୁଦେବ ବାବୁ ପ୍ରକୃତରେ ହାଡ଼େ ହାଡ଼େ ବିପ୍ଲବୀ ।[୧୧୯] ଓଡ଼ିଶାରେ ମାଧ୍ୟମିକ ଶିକ୍ଷାର ଗୁଣାତ୍ମକମାନ ବୃଦ୍ଧି ଓ ବ୍ୟାପକ ପ୍ରସାର ନିମିତ୍ତ ରାଜ୍ୟ ସରକାର ୧୯୫୬ ମସିହାରେ ମାଧ୍ୟମିକ ଶିକ୍ଷା ପରିଷଦ ଗଠନ କରିଥିଲେ । ଡକ୍ଟର ଦାସ ଓଡ଼ିଶା ମାଧ୍ୟମିକ ଶିକ୍ଷା ବୋର୍ଡର ବିଭିନ୍ନ କମିଟିରେ ବିଭିନ୍ନ ସମୟରେ ସଭ୍ୟ ଥିଲେ । ସେ ଉଚ୍ଚ ମାଧ୍ୟମିକ ଶିକ୍ଷା ପରିଷଦ ସହିତ ୧୯୮୮ ମସିହାରୁ ସମ୍ପୃକ୍ତ । ବିଶେଷ କରି ଓଡ଼ିଆ ଭାଷା ବିଶାରଦ ଡଃ ଶୁଭେନ୍ଦ୍ର ମୋହନ ଶ୍ରୀଚନ୍ଦନ ସିଂହ ତାଙ୍କୁ

ପୁସ୍ତକ ପ୍ରଣୟନ ଓ ସିଲାବସ୍ କମିଟିରେ ରଖାଇଥିଲେ। ଡଃ ଦାସ ନିର୍ଭୀକ ସମାଲୋଚକ। ସେ ପରିଷଦର ଉନ୍ନତି କଳ୍ପେ ପ୍ରସ୍ତାବମାନ ଦେଇଥିଲେ।

ତା ୨୭.୦୭.୨୦୦୧ ରିଖ ମାଧ୍ୟମିକ ଶିକ୍ଷା ପରିଷଦ ଅଧିବେଶନରେ ସଦସ୍ୟ ଶ୍ରୀ ଦାସ ୧୨ ପରୀକ୍ଷାର୍ଥୀ କପି କରିବା, ୨୬ ମାତୃଭାଷାର ଜ୍ଞାନ ବୃଦ୍ଧି କରିବା ଓ ପୁରାତନ ଶିକ୍ଷକମାନଙ୍କ ପାଇଁ ଗାଇଡ୍ ପୁସ୍ତକ ପ୍ରଣୟନ କରିବା ଦିଗରେ ଗୁରୁତ୍ୱ ଆରୋପ କରିଥିଲେ।

ପରିଷଦର ୪୫ତମ ବାର୍ଷିକ ବିବରଣୀରେ ଆୟବ୍ୟୟ ଟଙ୍କା ବଜେଟ୍ ପ୍ରୋଭିଜନରେ ୧୧ କୋଟି ୭ ଲକ୍ଷ ଟଙ୍କା ଦର୍ଶାଇଥିଲେ। ଅବଶିଷ୍ଟ ୨ କୋଟି ୭୨,୦୯୮୪୨ ଟଙ୍କା ସମ୍ପର୍କରେ ଶ୍ରୀଦାସ ସନ୍ଦେହ ମୋଚନ ପାଇଁ ପ୍ରଶ୍ନ ଉଠାଇଥିଲେ। ପରିଷଦର ସମ୍ପାଦକ ସଠିକ୍ ଉତ୍ତର ଦେଇପାରି ନଥିଲେ। ଶେଷରେ ବାଦାନୁବାଦ ହେଲା ଏବଂ ଗିର ନ ମିଳିବାର କାରଣ ମାନିବା ପରେ ତା'ର ସଂଶୋଧନ ପାଇଁ ଗୃହକୁ ସୂଚନା ଦେଇଥିଲେ। ଏଭଳି ଅନେକ ସମସ୍ୟାକୁ ଡଃ ଦାସ ଦୃଷ୍ଟିକୁ ଆଣିଥିଲେ। ଇଂରାଜୀ ପତ୍ର ୨୦୦ କରିବାର ପ୍ରସ୍ତାବକୁ ଦୃଢ଼ ଯୁକ୍ତି ଦେଇ ଖଣ୍ଡନ କରିଥିଲେ।[୧୭୦] ସେ ଶିକ୍ଷା ବିଭାଗର କମିଶନର ଅଶୋକ ତ୍ରିପାଠୀଙ୍କୁ ସାକ୍ଷାତ ମାଧ୍ୟମିକ ଶିକ୍ଷା ପରିଷଦର ସମସ୍ୟା ଦୃଷ୍ଟିକୁ ଆଣିଥିଲେ। 'ଲରେ ସେହି ସମ୍ପାଦକକୁ ତୁରନ୍ତ ବଦଳି କରାଯାଇଥିଲା। ମାଧ୍ୟମିକ ଶିକ୍ଷା ପରିଷଦର ସଭାପତି ତଥା ବିଶିଷ୍ଟ କବି ନିରଞ୍ଜନ ପାଢ଼ୀ ଏବଂ ଅଧିକାଂଶ ଇନ୍‌ସପେକ୍ଟର ସଦସ୍ୟଗଣ ତାଙ୍କ ପ୍ରତି ଶ୍ରଦ୍ଧା ଓ ସମ୍ମାନ ଜଣାଇଥିଲେ। ତାଙ୍କର କାର୍ଯ୍ୟ ଦକ୍ଷତା ପାଇଁ କେନ୍ଦ୍ରାପଡ଼ାର ଶିକ୍ଷା ମଣ୍ଡଳାଧୀଶ ଡକ୍ଟର ଶରତ କୁମାର ବିଶ୍ୱାଳ ଓ ଶ୍ରୀ ଚନ୍ଦ୍ରଶେଖର ମହାନ୍ତିଙ୍କର ପ୍ରଶଂସାର ପାତ୍ର ହୋଇଥିଲେ ଏବଂ ୧୯୯୯ ମସିହା ପାଇଁ ତାଙ୍କୁ ରାଜ୍ୟପାଳ ପୁରସ୍କାର ମିଳିଥିଲା।

DIET କଟକ ଡୋଲିପୁର ଅଧ୍ୟାପକ :

୧୯୮୮ ମସିହାରେ କଟକ ଜିଲ୍ଲା ପ୍ରଶିକ୍ଷଣ-ପ୍ରତିଷ୍ଠାନ ଯାଜପୁର ଅନ୍ତର୍ଗତ ଡୋଲିପୁରରେ ସ୍ଥାପିତ ହୋଇଥିଲା। ଶିକ୍ଷକ ତାଲିମ କ୍ଷେତ୍ରର ଏକ ପୁରାତନ ତୀର୍ଥ। ବାସୁଦେବ ପ୍ରମୋସନ ପାଇ ସେଠାରେ ଯୋଗଦାନ କଲେ। ଡଃ ବାସୁଦେବ ଦାସଙ୍କ ଆଗମନରେ ଜିଲ୍ଲା ଶିକ୍ଷା ପ୍ରଶିକ୍ଷଣ ପ୍ରତିଷ୍ଠାନରେ ଅନେକ ଢ଼ାଞ୍ଚା ବଦଳିଗଲା।

ନୈତିକ ଓ ଆଧ୍ୟାମିକ ଶିକ୍ଷାର ଅନୁଶୀଳନ ହେଲା । ସନ୍ଧ୍ୟା ସକାଳେ ପ୍ରାର୍ଥନା କରିବା ଏବଂ ଗୀତା ବା ଭାଗବତ ଅଧ୍ୟୟନ ଆରମ୍ଭ ହେଲା । "ମାତ୍ର ବାସୁ ସାର୍ ଆସିବା ପରେ ପ୍ରାର୍ଥନାରେ ଗୋଟାଏ ଦିବ୍ୟ ଅନୁଭୂତି ଜାତ ହେଲା । ଓଁ କାରମ୍ କରିବା ମାତ୍ରେ ଆମ ମନ ଓ ହୃଦୟ ଉଚ୍ଚକୁ ଉଠିଲା ପରି ମନେହେଲା । ବୈଦିକ ପ୍ରାର୍ଥନା, ସ୍ତବ ଓ ଗୀତା ଆଲୋଚନାରେ ୩୦ ମିନିଟ୍ ବା ଗୋଟା ପିରିୟଡ୍ ଚାଲିଯାଏ । ପ୍ରାର୍ଥନାରେ ଏତେ ସମୟ ଖର୍ଚ୍ଚ କରିବାରେ ଅଭ୍ୟାସ ନଥିବାରୁ ପ୍ରଥମେ ଅଡ଼ୁଆ ଅଡ଼ୁଆ ଲାଗୁଥିଲା । ମାତ୍ର କ୍ରମଶଃ ଏପରି ଅଭ୍ୟାସରେ ପଡ଼ିଗଲା ଯେ, ଆମ ଘରକୁ ଗଲେ ବି ପ୍ରାର୍ଥନା କଲୁ । ପ୍ରାର୍ଥନା ଜୀବନର ଗୋଟେ ଶୈଳୀ ପାଲଟିଗଲା । ପ୍ରାର୍ଥନା ନକଲେ କ'ଣ ଛାଡ଼ିଲା ଛାଡ଼ିଲା ପରି ମନେହୁଏ ।"

ସନ୍ଧ୍ୟା ପ୍ରାର୍ଥନା ବ୍ୟତୀତ – ଊଷା ପ୍ରାର୍ଥନାକୁ ସେ ବିଶେଷ ଗୁରୁତ୍ୱ ଦିଅନ୍ତି । କାରଣ ଚରିତ୍ର ଗଠନର ଏକ ମାର୍ଗ ଭାବେ ପ୍ରାର୍ଥନା ବିଚାର୍ଯ୍ୟ । ନିଜେ ରାତି ୪ଟାରୁ ଉଠି ଓଁ କାରମ୍, ସୁପ୍ରଭାତମ୍, ଗାୟତ୍ରୀ ଜପ ଶେଷ କରି ଆମ୍ଭମାନଙ୍କୁ ଡାକନ୍ତି । ୪.୩୦ଟାରୁ ପ୍ରାୟ ୪୫ ମିନିଟ୍ ନିର୍ଦ୍ଦିଷ୍ଟ ପ୍ରାର୍ଥନା କରିବାକୁ ହୁଏ । ସେହି ପ୍ରାର୍ଥନା, ଗୀତା ଚର୍ଚ୍ଚାରେ ସିନ୍ଦୂରା ଫାଟେ । ତା' ପରେ ବାହାରି ପଡ଼ନ୍ତି ସଫେଇ କାମକୁ । ଆମ୍ଭେମାନେ ପରିବେଶ ପରିଷ୍କାର ରଖିବା ପାଇଁ ତାଙ୍କଠାରୁ ଶିଖିଁ ଓ ତାଙ୍କ ତାଗିଦ୍‌ର ଯଥାର୍ଥତା ଉପଲବ୍ଧ ହୁଏ ।[୧୯୧] ଏହା ବ୍ୟତୀତ ସ୍ଟଡ଼ି ସମୟରେ ବୁଲିବୁଲି ରୁମ୍‌ଗୁଡ଼ିକ ତଦନ୍ତ କରନ୍ତି । କିଏ କିପରି ପଢୁଛନ୍ତି, ତାହା ବ୍ୟକ୍ତି ବିଶେଷଙ୍କୁ ନ କହି ଶ୍ରେଣୀରେ ପଢ଼ାଇବାବେଳେ ମଜାରେ ମଜାରେ ଅଭିନୟ ଛଳରେ କହିଥିବେ ବୁଝିଲା ଲୋକ ବୁଝିବ । ଉପଦେଶ କମ୍ କାର୍ଯ୍ୟ ତାଙ୍କର ଅଧିକ । ଏଣୁ ସେ କେବଳ ପ୍ରିୟପାତ୍ର ହେଲେ ନାହିଁ ଭକ୍ତି ରାଜ୍ୟର ଜଣେ ଅସାଧାରଣ ବ୍ୟକ୍ତି ପାଲଟିଗଲେ । ସେ ପିଲାଙ୍କୁ ଧରି ଗୋଟିଏ ବଗିଚା ନିର୍ମାଣ କରିଦେଇଥିଲେ । ଯାହାକୁ ବହୁଦିନ ପର୍ଯ୍ୟନ୍ତ 'ବାସୁଦେବ ଗର୍ଦ୍ଦନ' ବୋଲି କୁହାଯାଉଥିଲା । ପିଲାଙ୍କ ବ୍ୟତୀତ ଅଧ୍ୟକ୍ଷ ତଥା ଅଧ୍ୟାପକ–ଅଧ୍ୟାପିକାମାନେ ମଧ୍ୟ ତାଙ୍କୁ ଗଭୀର ଶ୍ରଦ୍ଧା, ସମ୍ମାନ ଜଣାଉଥିଲେ ।[୧୯୨]

ଏଭଳି ଜଣେ ମହାନ ପ୍ରତିଭାବାନ୍ ବ୍ୟକ୍ତିଙ୍କ ସମ୍ପର୍କରେ ଅଧିକ ଜାଣିବା ପାଇଁ ସ୍ୱତଃ ଆଗ୍ରହ ସୃଷ୍ଟି ହୋଇଥିଲା ତାଙ୍କର ସାନ୍ନିଧ୍ୟ ଲାଭ ପାଇଁ ତାଙ୍କ କୋଠରୀକୁ ଆସେ । ସାରଙ୍କ ପାଖରେ କି କିନିଆ ଥିଲା ଯେ, ଖୁବ୍ କମ୍ ଦିନେ ଡି.ଆଇ.ଇ.ଟି.

ଡୋଲିପୁରର ସମସ୍ତ ଛାତ୍ରଛାତ୍ରୀଙ୍କର ଜ୍ଞାନ ପିପାସାର କେନ୍ଦ୍ରବିନ୍ଦୁ ପାଲଟିଛନ୍ତି । ପିଲାମାନେ ସାରଙ୍କୁ ଅତ୍ୟନ୍ତ ଆପଣାର ଭାବିନେଇ ତାଙ୍କ ବ୍ୟକ୍ତିତ୍ୱରେ ମୁଗ୍ଧ ହୋଇ ନିଜକୁ ସଜାଡ଼ି ନିଅନ୍ତି । ତାଙ୍କ ସଂସ୍ପର୍ଶରେ ଆସି ପିଲାମାନଙ୍କ ମଧ୍ୟରେ ଥିବା ଲୁକ୍କାୟିତ ପ୍ରତିଭା ଆତ୍ମପ୍ରକାଶ କରିଥିଲା । ସେ 'ଉନ୍ମୁଖ' ପ୍ରାଚୀର ପତ୍ର ପ୍ରକାଶ କରିବା ସହିତ 'ଅକଡ଼ମ' ଏକ ପ୍ରୋଜେକ୍ଟ ବାହାର କରିଥିଲେ ତାହାର ପଟାନ୍ତର ନାହିଁ ।[୧୭୩] ସୀମନ୍ତିନୀ ମିଶ୍ର କହନ୍ତି– "ସାରଙ୍କ ସଂସ୍ପର୍ଶରେ ଯେବେଠୁ ଆସିଲି, ସମୟାନୁବର୍ତ୍ତିତା ଓ ଶୃଙ୍ଖଳା ପ୍ରଥମ ସାକ୍ଷାତରେ ବାରି ହୋଇପଡ଼ୁଥିଲା । ଶିକ୍ଷାଦାନର ପ୍ରାରମ୍ଭରେ ବି ଲୋଲ ହସଟିଏ ଛାଟିଦେଇ ସମସ୍ତଙ୍କ ଦୃଷ୍ଟିର କେନ୍ଦ୍ରବିନ୍ଦୁ ପାଲଟି ଯାଆନ୍ତି । ସେ ଥିଲେ ନୂତନତ୍ୱର ପ୍ରତୀକ ।"[୧୭୪] ଗୁରୁଛାତ୍ର – ତଥା ଅଧ୍ୟାପକ ଗଣ ଡ. ଦାସଙ୍କ ପ୍ରଜ୍ଞା ଓ ପ୍ରତିଭାର ଭୂୟୋ ଆକଳନ କରିଛନ୍ତି । ସେମାନଙ୍କ ମଧ୍ୟରୁ ଅଳ୍ପ କେତେଜଣଙ୍କର ସଂକ୍ଷିପ୍ତ ଆଲେଖ୍ୟ ପ୍ରଦାନ କରାଯାଉଅଛି ।

"The name of Dr. Basudev Das, is highly regarded and welcome everywhere as I know. In our DIET when we enter into our classroom, at that moment a glimpse of pleasure and smile appears on the face of all the students. He is very punctual and sincere. What he says, he does it. He always come to our class in time. His age can't stand in the way of his determination. He has been awarded a lot of medals for his idealism and performance. Any where he goes, he should the seed of morality and truthfulness."[୧୭୫]

Dr. Das, is a man of principle. He lives is truth and seldom tells lie. He is very polite. He does everything according to his principle. He has a great quality that he loves beauty also loves nature simultaneously. Simple living and high thinking is his motto of life. [୧୭୬] An ideal teacher is one, who is very sincere, punctual, active and dutiful. Dr. Basudev Das is one of them. He comes to the DIET at the right time. He knows that if he will go late, the students will follow him and the whole institution will run late. So he is very careful about it. He comes to our class in the first period and takes our attendance. He always wears simple dress and the dress is always neat and clean. He is our friend, guide and philosopher inside and outside the classroom.(୧୧୧)

He is both physically and mentally strong, although he suffers from PID (back pain) the three main tips said to us one is life dedicated to duty is life fulfilled. 2nd truth will always triumph over false hood. 3rd goodman never deviate from the path of virtue. He could teach all the subjects. This is Odia, English, Geography, Psychology etc. But his special liking subject is Odia. He is our teacher, guide and philosopher. He is one of the best teacher that I have seen.(୧୨ୱ) ଡଃ ଦାସ ମାନସିକ ଓ ଶାରୀରିକ କ୍ଷେତ୍ରରେ ଦୃଢ଼ । ଯଦିଚ ମେରୁଦଣ୍ଡ ପୀଡ଼ାରେ ପୀଡ଼ିତ ଥିଲେ ତଥାପି ତାଙ୍କର ଶିକ୍ଷାଦାନ ଓ କର୍ତ୍ତବ୍ୟନିଷ୍ଠା ଥିଲା ଅନନ୍ୟ ସାଧାରଣ । ସେ ଓଡ଼ିଆ, ଭୂଗୋଳ, ମନସ୍ତ୍ତ୍ୱ ପଢ଼ାଇ ମନୋମୁଗ୍ଧ କରିଦେଇଥିଲେ । ସେ ଜଣେ ଅନନ୍ୟ ସାଧାରଣ ଗୁରୁ । ବାସୁଦେବ ଦାସଙ୍କ ଶୈକ୍ଷିକ ଦକ୍ଷତା, ପ୍ରଶାସନିକ କୁଶଳତା ଓ ବ୍ୟକ୍ତିତ୍ଵ ବିଷୟରେ ଅଧ୍ୟାପକ ଅକ୍ଷୟ କୁମାର ଦାସଙ୍କ ମନ୍ତବ୍ୟ ଅପରିହାର୍ଯ୍ୟ ମନେହୁଏ । ବାସୁଦେବ ଦାସଙ୍କୁ ଅକ୍ଷୟ ବାବୁ ତାଙ୍କ ଛାତ୍ରାବସ୍ଥାରୁ ଜାଣିଥିଲେ ବୋଲି ଉଲ୍ଲେଖ କରିଛନ୍ତି ।

He was also an able administrator as a headmaster of M.N. High School, Kendrapara. The remarkable achievement of the student in H.S.C. Exam during his headmastership proved his efficiency and caliber. No doubt he is the worthy person of Kendrapara soil. ×××

ଜଣେ ଦକ୍ଷ କୁଶଳୀ ତଥା ସୁଯୋଗ୍ୟ ପ୍ରଧାନଶିକ୍ଷକ ଭାବେ ଜିଲ୍ଲାରେ ସୁଖ୍ୟାତି ଅର୍ଜନ କରିଛନ୍ତି । କେନ୍ଦ୍ରାପଡ଼ା ମାଟିର ଜଣେ ସୁଯୋଗ୍ୟ ଦାୟାଦ । ସେହିପରି ମାଧ୍ୟମିକ ଶିକ୍ଷା ପରିଷଦରେ ଦୀର୍ଘକାଳ ସମ୍ପୃକ୍ତ ଓ ସଦସ୍ୟ ରହି ଅନେକ ସୁପରାମର୍ଶ ଦେଇ ଓଡ଼ିଶାରେ ସୁଖ୍ୟାତି ଅର୍ଜନ କରିଛନ୍ତି । ସମଗ୍ର ଓଡ଼ିଶାର ବିଭିନ୍ନ ଅନୁଷ୍ଠାନର ଛାତ୍ରଛାତ୍ରୀ ସେମାନଙ୍କ ସନ୍ଦେହ ଦୂର କରିବାକୁ ଡଃ ଦାସଙ୍କୁ ପ୍ରଶ୍ନ ପଚାରିଥାନ୍ତି । ହାଇସ୍କୁଲ-ଶିକ୍ଷକତା ବ୍ୟତୀତ DIET ଓ P.G କ୍ଷେତ୍ରରେ ତାଙ୍କର ଅସାମାନ୍ୟ

ପ୍ରତିଭାର ପରିଚୟ ମିଳିଛି । For his outstanding performance achievement and Ph.D degree he was transfer to DIET Cuttack Dolipur. All the pupil teacher and member of staff feel proud for Dr. Das., I am sure, no one can estimate his magic in teaching. He is just like an icon before the pupil-teachers. He is also a voracious reader who at this stage read everything he could lay his hands on. He is fearless. He has never bothered anyone and on the whole, got good treatment from all.[১৯৫]

ତାଙ୍କର ଅସାଧାରଣ କୃତିତ୍ୱ, ଯୋଗ୍ୟତା, ଅଭିଜ୍ଞତା ଆଦି ତାଙ୍କୁ ଜଣେ ପ୍ରବୀଣ ଅଧ୍ୟାପକ କରି କଟକ ଜିଲ୍ଲା ଡୋଲିପୁର ଡାଏଟ୍‌କୁ ଆଣିଥିଲା । ସରକାରୀ କର୍ତ୍ତୃପକ୍ଷ ଇନ୍‌ସପେକ୍ଟର ତାଙ୍କୁ ଆଦୌ ଛାଡୁନଥିଲେ ମାତ୍ର ସେ ଏକ ଉଚ୍ଚସ୍ତରକୁ ଗଲେ ଜ୍ଞାନର ଦିଗ୍‌ବଳୟ ସ୍ପର୍ଶ ମିଳିବ । ତା' ବ୍ୟତୀତ ଉଚ୍ଚତର ସୋପାନକୁ ଉନ୍ନୀତ ହେବେ । ତାଙ୍କର ଯୋଗଦାନ ପରେ କଟକ ଡାଏଟରେ ଜ୍ଞାନର ହିଲ୍ଲୋଳ ଖେଳିଗଲା । ସେ ପାଲଟିଗଲେ ସାଧନାର ବିମୂର୍ତ୍ତ ପ୍ରତୀକ ସଦୃଶ । ତେଣୁ ଉଚ୍ଚ ସମ୍ମାନର ପାତ୍ର ପାଲଟି ଯାଇଥିଲେ । He is successfully marching ahead with his usual writing in Odia. His bradened and matured interest has turned towords life is more serious problems which is reflected in his novels, poetry and essays. He is true Gandhian. His life is an example of blameless, morals, conduct, simplicity - at behaviour, politeness and firsh determination. In true sense, he is an unusual and extraordinary person. I personally praise him to for his great personality.[১৯৬]

ଏକଦା ରାଜ୍ୟ ସ୍ତରୀୟ ପ୍ରତିଯୋଗିତାର ନେତୃତ୍ୱ ନେଇ ଲର୍ଣିଂ-ଟିଚିଙ୍ଗ ବିଷୟରେ ଶେଲିପୁର ଡାଏଟ୍‌କୁ ପ୍ରଥମ କରାଇ ପ୍ରଶଂସିତ ହୋଇଥିଲେ । ୧୯୬୯ ମସିହାରୁ ୨୦୦୫ ମସିହା ମଧ୍ୟରେ ଜଣେ ଆଦର୍ଶ, ନୀତିବାନ, ମୂଲ୍ୟବୋଧର ସର୍ଜନଶୀଳ-ଶିକ୍ଷାବିଦ୍ ଭାବରେ ଭାଷା ସାହିତ୍ୟ ଅଧ୍ୟୟନ ପରମ୍ପରାରେ ତାଙ୍କର ଅବଦାନ ସ୍ୱତନ୍ତ୍ର ସ୍ୱାଦ ଓ ସ୍ମୃତି ଶିକ୍ଷାର୍ଥୀ, ଶିକ୍ଷକ-ଶିକ୍ଷାପ୍ରେମୀ ସାହିତ୍ୟ ପ୍ରାଣ ବୁଦ୍ଧିଜୀବୀଙ୍କ ନିକଟରେ ସମର୍ଥିତ ଓ ପ୍ରଶଂସିତ ହୋଇଅଛି ।

କାବ୍ୟ କବିତାରେ ବାସୁଦେବଙ୍କ ଗୁଣାନୁବାଦ :

ବିଭିନ୍ନ କାବ୍ୟ କବିତାରେ ବାସୁଦେବ ଦାସଙ୍କ ନାମ ଓ ଗୁଣର ଚର୍ଚ୍ଚା କରାଯାଇଅଛି । ସାରସ୍ୱତ ସାଧକ, ସାମ୍ୟବାଦୀ ବିପ୍ଲବଙ୍କର, ଶିକ୍ଷା ଓ ସଂସ୍କୃତିର ବିକାଶ କ୍ଷେତ୍ରରେ କେବଳ କେନ୍ଦ୍ରାପଡ଼ା ନୁହେଁ, ଓଡ଼ିଶାର ବିଭିନ୍ନ ଅଞ୍ଚଳରେ ତାଙ୍କର ସୁଖ୍ୟାତି ରହିଛି । 'ଓଡ଼ିଆ ସାହିତ୍ୟ ଧର୍ମ ଓ ସଂସ୍କୃତିରେ ତୁଳସୀକ୍ଷେତ୍ର' ବିଷୟରେ ଡକ୍ଟର ଦୋଳଗୋବିନ୍ଦ ଶାସ୍ତ୍ରୀଙ୍କ ତତ୍ତ୍ୱାବଧାନରେ ଗବେଷଣା କରି ୧୯୮୩ ମାସିହାରେ ଉକ୍ରଳ ବିଶ୍ୱବିଦ୍ୟାଳୟରୁ ପିଏଚ୍.ଡି. ବା ଡକ୍ଟରାଲ ଉପାଧି ଲାଭ କରିବା ପରେ ତାଙ୍କୁ ବଳଦେବ ମନ୍ଦିରରେ ବିପୁଳ ସମର୍ଦ୍ଦନା ସହ ପଣ୍ଡିତ ସଭା 'ପଣ୍ଡିତ' ଉପାଧି ପ୍ରଦାନ କରିଥିଲେ । ଇତି ପୂର୍ବରୁ କେନ୍ଦ୍ରାପଡ଼ା ବଳଦେବ ବା ତୁଳସୀକ୍ଷେତ୍ର ଉପରେ କେହି ଗବେଷଣା କରି ନଥିଲେ । ସେ ତୁଳସୀକ୍ଷେତ୍ରର ଆଦି ଗବେଷକ ଏବଂ ହାଇଣ୍ଡସ୍କୁଲ ଶିକ୍ଷକ ଭାବେ ଓଡ଼ିଶାରେ ପ୍ରଥମ ଶିକ୍ଷକ, ଗବେଷକ ଭାବେ ଗୌରବାନ୍ଦିତ । ସେହି ବିଷୟକୁ ଆଧାର କରି ବିଶିଷ୍ଟ କବି ମୃତ୍ୟୁଞ୍ଜୟ ମହାନ୍ତି ଲେଖିଛନ୍ତି –

"ତୁଳସୀ ଭୁବନେ ସେ ଗୋବରୀ ଏବେ ପୁଣ୍ୟତୋୟା ଗୋଦାବରୀ

ରେବତୀ ପତିର ପଦାର୍ଚ୍ଚନ ଆଶେ ବାହେ ସାରସ୍ୱତ ତରୀ

ତୁମେ ଦେଉଳର ପ୍ରାଚୀ ଆଶା ରୂପେ ନାଆକୁ ଚଲାଇ ନେବ

ଅମରାବତୀର ତୁମେ କ'ଣ କେଉଁ ଦେବଦୂତ ବାସୁଦେବ ?

ଆଜି ଶ୍ରେଣୀହୀନ ଅର୍ଥନୀତି ସାମ୍ୟ-ସମାଜ କାମନା କାରି

ସୁ ପ୍ରଗତିଶୀଳ ସାହିତ୍ୟାନୁଷ୍ଠାନ, କବି ଓ କଲମଧାରୀ

ଜୟ ଧ୍ୱଜାବାହୀ ବାସୁଦେବ ତୁମେ ପ୍ରତିଷ୍ଠାତା ସଭାପତି

ବିପ୍ଲବର ମୁଖପାତ୍ର ସମ୍ଭାବନା ଘେନିକର ଅଗ୍ରଗତି।" (୧୩୧)

ତୁଳସୀ କ୍ଷେତ୍ରର ଗବେଷଣା କ୍ଷେତ୍ରରେ ସଫଳତା ପରେ – ଡ଼ଃ ଦାସ ପ୍ରଗତିବାଦୀ ଚିନ୍ତାଧାରାର ଶ୍ରେଣୀ ଚେତନା ଓ ବେସାଲିସ ସଂଗ୍ରାମରେ ଧାସଦେବା କଥା ମୃତ୍ୟୁଞ୍ଜୟ ମହାନ୍ତି କହିଛନ୍ତି ।

କବି ନିର୍ମଳ କୁମାର ଗିରି 'ଚିର ବନ୍ଦନୀୟ' କବିତାରେ ବାସୁଦେବଙ୍କର ତ୍ୟାଗ, ତିତିକ୍ଷା ଓ ସାହିତ୍ୟର ପରାକାଷ୍ଠା ବର୍ଣ୍ଣନା କରିଛନ୍ତି ।

“ହୁଅ ତୁମେ ଗଣଙ୍କର

ଶିକ୍ଷକ ଜାତିର ମଉଡ଼ମଣି ହେ

କୋଣାର୍କର ନବ ଚୂଡ଼ା

ଶ୍ରେଣୀ ପ୍ରକୋଷ୍ଠରେ ସୂର୍ଯ୍ୟ ଉଁଅନ୍ତି

ତମେ ହୋଇଗଲେ ଛିଡ଼ା ।

ଆସନ୍ତି ଟାଗୋର, କବି ବାଇରଣ

ଟି.ଏସ୍ ଇଲିୟଟ୍

ପରିବର୍ଦ୍ଧନର ସୁରାକ ବାଣ୍ଡ,

ମନେ ସମ୍ରାଟର ଥାଟ ।

ବିପ୍ଳବର ଓଁକାର,

ସମତା ମମତା–ମାନବ ପ୍ରୀତିର

ତମେ ତୋଳ ଙ୍କାର ।”(୧୩୨)

ବାସୁଦେବ ଜଣେ କୃତବିଦ୍ୟ ଶିକ୍ଷକ ଭାବେ ଶ୍ରେଣୀ ପ୍ରକୋଷ୍ଠକୁ ଜୀବନ୍ତ କରି ତୋଳନ୍ତି । ନିର୍ମଳ ବାବୁ ବାସୁଦେବଙ୍କର ବହୁ ପାଇଟା ପ୍ରସଙ୍ଗରେ ନୀରବ ରିହିନାହାନ୍ତି । ସାମ୍ୟବାଦୀ ବିପ୍ଳବର ଝଡ଼ ଶ୍ରେଣୀଠାରୁ ବାହାର ପର୍ଯ୍ୟନ୍ତ ସୃଷ୍ଟି କରିଆସିଛନ୍ତି ।

କବି ଅନନ୍ତ କିଶୋର ଜେନା ବାସୁଦେବ ଦାସଙ୍କ ସମ୍ପର୍କରେ ଉଲ୍ଲେଖ କରନ୍ତି –

“ଜ୍ଞାନର ଡାକ୍ତର କେନ୍ଦ୍ରାପଡ଼ାରେ

ରୋଗୀ ଆସେ ନାହିଁ ପାଖେ,

ଖୋଜି ଖୋଜି ରୋଗୀ ସେବାକର ପରା

କ୍ଷମା ଖାଲ ରାସ୍ତା ଯାକେ ।

ବଳଦେବବୋଉ ବିଶାରଦ ତମେ

ଜ୍ଞାନ ପ୍ରେମୀାଜ୍ଞାନୀ ପ୍ରେମୀ

ପ୍ରଗତିବାଦର ମହା ମସୀଧର

ଦଲିତ ଉତ୍ଥାନ କାମୀ ।”(୧୩୩)

କବି ଅନନ୍ତବାବୁ ବାସୁବାବୁଙ୍କ ଜଣେ ଧୀଶକ୍ତି ସଂପନ୍ନ ଜ୍ଞାନୀ ଭାବେ ବିଚାର କରିବା ସହିତ ପତିତ, ଦଲିତ ଓ ସର୍ବହରାଙ୍କର ଉତ୍ଥାନ ପାଇଁ ଜଣେ ଉତ୍ସର୍ଗୀକୃତ ବ୍ୟକ୍ତି ବୋଲି ବିଚାର କରିଛନ୍ତି ।

‘ଚିରନମସ୍ୟ’ କବିତାରେ ସୁଶ୍ରୀ ବିଶ୍ୱେଶ୍ୱରୀ ସମଗ୍ର ଜୀବନ ସଉଌାକୁ ବର୍ଣ୍ଣନା କରିଛନ୍ତି । ତହିଁରୁ ଦୁଇଟି ପଂକ୍ତି ଉଦ୍ଧାର କରାଯାଇପାରେ –

“ଆକାଶଟା ଝୁଲିଯାଏ

କାନ୍ଧର କାନ୍ଧରେ

ଉଭରୀୟ ଇନ୍ଦ୍ରଧନୁ ସମ

ହୃଦୟରେ ପୁଞ୍ଜିଭୂତ ବ୍ୟଥା ଭରି

ଧ୍ରୁବତାରା ଲକ୍ଷ୍ୟ କରି

ଚାଲିଥାନ୍ତି ଗହଳ କାଟି କାଟି

ଗାଇ ଏ ମାଟିର ଜୟ

ଚିର ନିର୍ଭୟ ଉଦାସ ଆକାଶ

ସେ ହୁଅନ୍ତି ବାସୁଦେବ ଦାସ ।

×   ×   ×

ସାମ୍ୟବାଦ, ଭାବବାଦ

ସ୍ଥିତିବାଦ–ଚେତନା ପ୍ରବାହ

ରହସ୍ୟର ଗୂଢ଼ ତତ୍ତ୍ୱ

ତାଙ୍କ କଣ୍ଠୁ ଝରୁଥାଏ

ଜୀବନ ବେଦର ଓଁକାର ।”(୧୩୪)

କବି ବାସୁଦେବ ଜୀବନର ବହୁ ୫୦୍‌ଝଞ୍ଝା ଅତିକ୍ରମ କରି ଲକ୍ଷ୍ୟ ପଥରେ ପ୍ରଧାବିତ। ତାଙ୍କର ପ୍ରଚଣ୍ଡ ପ୍ରତିଭା ତାଙ୍କର ସହକର୍ମୀ ଓ ଅନ୍ୟମାନଙ୍କ ପାଇଁ ଅସୂୟାର କାରଣ ହେଲା। ବୈପ୍ଲବିକ ମୂଲ୍ୟବୋଧକୁ ଭିନ୍ନ ଅର୍ଥରେ ନେଇ ମାଲି ମୋକଦ୍ଦମାରେ ବି ପକାଇଦେଲେ। ବଡ଼ ଆଶ୍ଚର୍ଯ୍ୟ କଥା ଏକ ଦଲ ଗଡ଼ିଆରୁ ସେ ଲୁହା ରଡ଼ ଚୋରି କରିବା ଭଳି ମିଥ୍ୟା କେସ୍‌ ତାଙ୍କ ନାମରେ ହୋଇଥିଲା। ଏପରିକି ତାଙ୍କୁ ଖାଦ୍ୟରେ ସ୍ଲୋରଡ଼ ଦେଇ ମେରୁହାଡ଼ ବେମାର କରି ଦିଆଗଲା। ତଥାପି ପଥଚ୍ୟୁତ ହୋଇ ନଥିଲେ। ଜୀବନ ବେଦ ସାମ୍ୟ ଦର୍ଶନକୁ ପାଥେୟ କରି ରହିଛନ୍ତି।

କବି ଚାରୁଲତା ଭୂୟାଁ ଡଃ ବାସୁଦେବ ଦାସଙ୍କୁ ଜଣେ ବିପ୍ଲବୀ ଭାବେ ସମ୍ମାନ ଦେବା ସହ ବାସୁଦେବଙ୍କ କବିତାର ଜଣେ ମୁଗ୍ଧ ପାଠିକା। ତାଙ୍କ 'ହେ ବିପ୍ଲବୀ' କବିତାରୁ ଗୋଟିଏ ସ୍ୱାଞ୍ଝା ଉଦ୍ଧାର କରିବା ସମୀଚୀନ ହେବ।

"ବାର୍ଦ୍ଧକ୍ୟ ସିନା ଗ୍ରାସିଛି ଶରୀର

ଉଦାର କିନ୍ତୁ ମନ

ଆଜି ବି ସତେଜ ନିସ୍ତେଜ ଦେହେ

ସେଦିନର ଯଉବନ।

କାନ୍ଧେ କାର୍ମୁକ ଜଗାଇ ଚାଲିଛି

ଜୀବନ କୁରୁକ୍ଷେତ୍ରେ

ସାମ୍ୟଗାନର ବହ୍ନ–ମଲ୍ଲାର

ଫୁଟି ଉଠେ ବେନି ନେତ୍ରେ।"

କବି ନିରୀହ ମୁହଁରେ ଦୁର୍ବାର ହସ ଦେଖିଛନ୍ତି। ଦାରୁଣ ବ୍ୟଥାରେ ବାସୁଦେବ ପ୍ରଲୟର ଗାଥା ଗାଇଛନ୍ତି। ତଥାପି ସାମ୍ୟଗାନର ଜୟ ଜୟକାର କରିଛନ୍ତି।[୧୩୪] ବାସୁଦେବଙ୍କର ଭିନ୍ନ ଭିନ୍ନ କ୍ଷେତ୍ରରେ ରହିଥିବା କୃତିତ୍ୱ ବହୁ ଲୋକଙ୍କର ପ୍ରଶଂସାର ସାମଗ୍ରୀ ହୋଇଅଛି। ତାଙ୍କର ବହୁମୁଖୀ ପ୍ରତିଭାରେ ଅନୁପ୍ରାଣିତ ହୋଇଥିବା ଲେଖକମାନେ ସ୍ୱୀକାର କରିଛନ୍ତି। ଦୀର୍ଘ ପଇଁତିରିଶ ବର୍ଷ ଧରି ଚିର ରୁଗ୍‌ଣା ପକ୍ଷାଘାତ ପୀଡ଼ିତା ପତ୍ନୀଙ୍କୁ ଧରି ଜୀବନର ଦୁର୍ବାର ଯାତ୍ରା ତାଙ୍କୁ ଜଣେ ସଂଗ୍ରାମୀ ରୂପେ

ସଜାଇଛି । ନାରୀ ସୁରକ୍ଷା ଓ ନାରୀର ମୂଲ୍ୟବୋଧକୁ ନିଜ ଜୀବନ ସୀମାରେ କାର୍ଯ୍ୟକାରୀ କରିଛନ୍ତି । ଏହାଛଡ଼ା ପ୍ରଫେସର ବୈଷ୍ଣବ ଚରଣ ସାମଲ, ପ୍ରଫେସର କୃଷ୍ଣଚରଣ ବେହେରା, ଡ଼଼ ଦିଲୀପ ସ୍ୱାଇଁ, ରବି ସ୍ୱାଇଁ, ଡ଼଼ ଶୁଭେନ୍ଦ୍ର ମୋହନ ଶ୍ରୀଚନ୍ଦନ ସିଂହ, କୃଷ୍ଣ ସିଂହ, ଭାଗବତ ପ୍ରସାଦ ମହାନ୍ତି ଓ ଡ. ସୁପ୍ରିୟା ମଲିକ ସେମାନଙ୍କ ଲେଖା ଓ ପୁସ୍ତକରେ ବାସୁଦେବଙ୍କ କଥାରେ ଉଲ୍ଲେଖ କରିଛନ୍ତି ।

ସାହିତ୍ୟ ଏକାଡ଼େମୀ ସଦସ୍ୟ :

୧୯୫୭ରେ ଗଠିତ ଓ ପ୍ରତିଷ୍ଠିତ ଓଡ଼ିଶା ସାହିତ୍ୟ ଏକାଡ଼େମୀ ରାଜ୍ୟର ସର୍ବବୃହତ୍ ଭାଷା ସାହିତ୍ୟ ପ୍ରତିଷ୍ଠାନ । ପୂର୍ବେ ୧୩ଟି ଜିଲ୍ଲା ଥିବାସ୍ଥଲେ ୧୯୯୩ ମସିହାରୁ ୩୦ଟି ଜିଲ୍ଲାରେ ବିଭକ୍ତ ହୋଇଅଛି । ତଦନୁଯାୟୀ ପ୍ରତ୍ୟେକ ଜିଲ୍ଲାରୁ ପ୍ରତିନିଧି ମନୋନୀତ ହେବା ନ୍ୟାୟରେ ଡକ୍ତର ବାସୁଦେବ ଦାସ ଏପ୍ରିଲ ୨୦୧୭ଠାରୁ ଜୁଲାଇ ୨୦୨୦ ପର୍ଯ୍ୟନ୍ତ ସାଧାରଣ ପରିଷଦର ସଦସ୍ୟ ଭାବେ କାର୍ଯ୍ୟ ସମ୍ପାଦନ କରିଛନ୍ତି । କେନ୍ଦ୍ରାପଡ଼ାରେ ସାହିତ୍ୟିକ ବାତାବରଣ ସୃଷ୍ଟିକରି ପ୍ରଶଂସାର୍ହ ହୋଇଛନ୍ତି । ଚାରିଗୋଟି ଗପଘର, ଦୁଇଟି ଆମ ଗାଁ ସାହିତ୍ୟ, ଦୁଇଟି ଜିଲ୍ଲାସ୍ତରୀୟ ଉତ୍ସବ ଏବଂ କବି ଦୀପକ ମିଶ୍ର ଜୟନ୍ତୀ, ବ୍ୟାସକବି ଶ୍ରାଦ୍ଧ ଶତବାର୍ଷିକ ପାଳନ କରି ଦକ୍ଷ ସଂଗଠନର ପରିଚୟ ଦେଇଛନ୍ତି । ତାଙ୍କର ଯୁକ୍ତିନିଷ୍ଠ ସୁପାରିଶରେ ପଦ୍ମଶ୍ରୀ ବୀଣାପାଣି ମହାନ୍ତି, ଡ଼଼ ରାମଚନ୍ଦ୍ର ବେହେରା ଅତିବଡ଼ି ପୁରସ୍କାର ବିଜୟୀ ହୋଇଛନ୍ତି ।

ଏହାଛଡ଼ା କେନ୍ଦ୍ରାପଡ଼ା ଜିଲ୍ଲା ସାହିତ୍ୟ ସଂସଦର ଦୀର୍ଘ ଏଗାର ବର୍ଷ ସଭାପତି ଥାଇ ଅନୁଷ୍ଠାନ ପାଇଁ ଜମି କରି ଏବଂ ଚଉଦ ଲକ୍ଷ ଅର୍ଥ ବ୍ୟୟରେ ସୌଧ ନିର୍ମାଣ କରିଛନ୍ତି । ସାଂସଦ ବୈଷ୍ଣବ ପରିଡ଼ା ଦଶଲକ୍ଷ ଟଙ୍କା ପାଣ୍ଠିରୁ ଦେବା ଯେପରି ସ୍ମରଣୀୟ, ସ୍ୱାଧୀନତା ସଂଗ୍ରାମୀ କୁମାର ମିଶ୍ର ବାସୁଦେବ ଦାସଙ୍କ ବ୍ୟକ୍ତିତ୍ୱରେ ମୁଗ୍ଧ ହୋଇ ଦଶଲକ୍ଷ ଟଙ୍କା ମୂଲ୍ୟର ଏକଗୁଣ୍ଠ ଜମି ସାହିତ୍ୟ ଅନୁଷ୍ଠାନକୁ ଦାନ କରିଥିଲେ । ଏଥିରୁ ସ୍ପଷ୍ଟ ହୁଏ ଯେ, ଡ଼଼ ଦାସ ଜଣେ ସୁସଂଗଠକ ତଥା ଲୋକପ୍ରିୟ ସାହିତ୍ୟିକ ଓ କବି ।

କବି ବାସୁଦେବ ଦାସଙ୍କ ସୃଷ୍ଟି ସମ୍ଭାର

(କାବ୍ୟକବିତା)

୧। ଏ ମାଟିର ଆଗୁଆ 'ଉଜ –୧୯୬୯–୭୦ – ସଂସାର ପତ୍ରିକା କ୍ରମଶଃ ପ୍ରକାଶିତ

୨। ବହ୍ନି ମହ୍ଲାର କବିତା ସ୍ତବକ – ୧୯୯୫ – ଅଭୟା ପ୍ରେସ୍

୩। ଜୟ ଜନନୀ – ୧୯୯୫ – ଗୁରୁଜୀ ବୁକ୍ ଷ୍ଟୋର

୪। ଶଙ୍ଖର ଅଭିସାର – ୧୯୯୫ – ବଟୀଘର – ଚଣ୍ଡିଖୋଲ

୫। କଳିଙ୍ଗ ସେନା (କାବ୍ୟ) – ୧୯୮୬ – ପ୍ରଜ୍ଞା ପ୍ରେସ୍, କେନ୍ଦ୍ରାପଡ଼ା

୬। ପରିତର୍ପଣ (କବିତା) – ୨୦୦୬

୭। ଆଖି ଖୋଲିଲେ ଆକାଶ – ୨୦୦୮

୮। ପ୍ରଶାନ୍ତି ପଥେ – ଭ୍ରମଣ କାବ୍ୟ – ୨୦୦୬

୯। ଅନ୍ନପୂର୍ଣ୍ଣା (କାବ୍ୟ) – ୨୦୧୧ (ପାର୍ବତୀ କାବ୍ୟର ଅବଶିଷ୍ଟାଂଶ)

୧୦। ପୁଣ୍ୟ ମାଟିର ଦୁଃଖ (କବିତା) – ୨୦୧୬

୧୧। ଚାଲ କୁରୁକ୍ଷେତ୍ର (କବିତା) – ୨୦୧୯, ପ୍ରକାଶକ – ଲେଖାଲେଖି

୧୨। ନିର୍ବାଣ (କାବ୍ୟ) – ୨୦୧୯

୧୩। ଅକ୍ଷର ଆହବ (କବିତା) – ୨୦୨୦ – ଯନ୍ତ୍ରସ୍ଥ

ପରିତର୍ପଣର ହିନ୍ଦୀ ଅନୁବାଦ – ହରିଭାଇ ଆର୍ଯ୍ୟନ (ଯନ୍ତ୍ରସ୍ଥ)

ଜୟ ଜନନୀ ହିନ୍ଦୀ ଅନୁବାଦ – ଡକ୍ଟର ସୁମିତ୍ରା ପ୍ରତିହାରୀ (ଯନ୍ତ୍ରସ୍ଥ)

୨୦୦ ପ୍ରଗତିବାଦୀ କବିତା ପ୍ରକାଶ ଅପେକ୍ଷାରେ ପାଣ୍ଡୁଲିପି

ଗଦ୍ୟ ବିଭବ

୧। ସାହିତ୍ୟ ସହିତ (ଆଲୋଚନା) – ୧୯୮୬, ପ୍ରଜ୍ଞା ପ୍ରିଣ୍ଟର୍ସ, କେନ୍ଦ୍ରାପଡ଼ା

୨। ସମାଲୋଚନା ପ୍ରସଙ୍ଗ – ୧୯୯୨, ଗୋକର୍ଣ୍ଣିକା, ଜାରକା ଧର୍ମଶାଳା

୩।   ଜୁଆରକୁ କିଆଁ ଭୟ – ଲଳିତ ନିବନ୍ଧ – ୨୦୦୯, ପ୍ରବାହ – ଦେବୀଦ୍ୱାର, ଯାଜପୁର

୪।   ଅଭିଳାଷର ଅଭିମନ୍ତ୍ର – ୨୦୦୯, ଦେବୀଦ୍ୱାର, ଯାଜପୁର

୫।   ମୁକ୍ତିର ମହାସୂର୍ଯ୍ୟ – ନେଲସନ୍ ମାଣ୍ଡେଲା – ୧୯୯୨, ଲେଖକ ସମବାୟ ସମିତି, ଭୁବନେଶ୍ୱର

୬।   ବାଣୀକଣ୍ଠ ନିମାଇଚରଣ (ଜୀବନୀ) – ୨୦୦୮, ପୂଜ୍ୟପୂଜା ସଂସଦ, କେନ୍ଦ୍ରାପଡ଼ା

୭।   ମାଟିର ମହାଦ୍ରୁମ ସଂଗ୍ରାମୀ ପୁରୁଷୋତ୍ତମ ଜୀବନୀ – ୨୦୧୪, ପୁରୁଷୋତ୍ତମ ନାୟକ ସ୍ମୃତି ସଂସଦ

୮।   ପ୍ରେମ ଓ ଅଶ୍ରୁ – ଉପନ୍ୟାସ – ୨୦୧୪

୯।   ଗୁରୁଘର ପାଠ – ଗଳ୍ପ – ୨୦୧୭, ସତ୍ୟାର୍ଥୀ ସ୍ୱୟଂ ପ୍ରକାଶ – ପ୍ଲଟ୍‍–୬୪୭/ ଏ, ନୟାପଲ୍ଲୀ

୧୦।   ଅନ୍ଧାରର ଆଖି – ଉପନ୍ୟାସ – ୨୦୧୮, ସାଇ ପ୍ରକାଶନୀ, କେନ୍ଦ୍ରାପଡ଼ା

୧୧।   ତୁଳସୀକ୍ଷେତ୍ରର ଐତିହ୍ୟ ଓ ସାଂସ୍କୃତିକ ପରମ୍ପରା (ଯନ୍ତ୍ରସ୍ଥ)

୧୨।   ବିଦଗ୍ଧା ରାଧା – ଉପନ୍ୟାସ (ଯନ୍ତ୍ରସ୍ଥ)

୧୩।   ଓଡ଼ିଆ ସାହିତ୍ୟରେ ପ୍ରଗତିଶୀଳ ଚେତନା – ୨୦୧୭

ପ୍ରମୁଖ ପୁରସ୍କାର ଓ ସମ୍ମାନ

୧।   ଶ୍ରାବଣୀ ସାହିତ୍ୟ ସମ୍ମାନ – ୧୯୮୪

୨।   ଜିଲ୍ଲା ସାମୟିକ ସମ୍ମାନ – ୧୯୮୫

୩।   ଜିଲ୍ଲାର ବିଶିଷ୍ଟ ନାଗରିକ ସମ୍ମାନ, ୧୯୯୯

୪।   ଡ. ହରେକୃଷ୍ଣ ମହତାବ ସମ୍ମାନ, ବାଲେଶ୍ୱର, ୨୦୦୩

୫।   ଗଦାଧର ମିଶ୍ର ସାହିତ୍ୟ ସମ୍ମାନ – କୋମନା – ନୂଆପଡ଼ା, ୧୯୯୧

୬। ଡଃ ଦୋଳଗୋବିନ୍ଦ ଶାସ୍ତ୍ରୀ ସାରସ୍ୱତ ସମ୍ମାନ, କଟକ–୨୦୧୮

୭। ଦକ୍ଷିଣ ଓଡ଼ିଶା ସାହିତ୍ୟ ସମ୍ମାନ – ୨୦୧୦

୮। କୃତୀଶିକ୍ଷକ ରାଜ୍ୟପାଳ ପୁରସ୍କାର – ୧୯୯୯

୯। ଗୋକର୍ଣ୍ଣିକା ପୁରସ୍କାର – ୨୦୧୨

୧୦। ତୁଳସୀ ପୁରସ୍କାର – ୨୦୧୪

୧୧। ଆର୍ତ୍ତବଲ୍ଲଭ ମହାନ୍ତି ସାରସ୍ୱତ ସମ୍ମାନ, ୨୦୧୪

୧୨। ଓଡ଼ିଶା ସାହିତ୍ୟ ଏକାଡ଼େମୀ ସାରସ୍ୱତ ସଂବର୍ଦ୍ଧନ – ୨୦୦୯

୧୩। ଦେବଗଡ଼ ସାରସ୍ୱତ ସମ୍ବର୍ଦ୍ଧନା – ୨୦୧୯

୧୪। କାଦମ୍ବିନୀ ସାରସ୍ୱତ ସମ୍ବର୍ଦ୍ଧନା (କଟକ) – ୨୦୧୨

୧୫। ଗୋଧୂଳି ସମ୍ମାନ, ଭୁବନେଶ୍ୱର – ୨୦୧୨

୧୬। ସାହିତ୍ୟ ଭାସ୍କର ଉପାଧି – କଳିଙ୍ଗ ନଗର ପୁସ୍ତକମେଳା – ୨୦୧୬

୧୭। କବିରତ୍ନ ଉପାଧି, ବାଲେଶ୍ୱର ମହିଳା ସଂଗଠନ – ୨୦୧୮

୧୮। ଜୟଭାରତୀ ସାହିତ୍ୟ ସମ୍ମାନ, ଚାନ୍ଦୋଲ, କେନ୍ଦ୍ରାପଡ଼ା – ୨୦୧୯

୧୯। ପ୍ରଫେସର କାହ୍ନୁଚରଣ ସାହିତ୍ୟ ସମ୍ମାନ, ପଟ୍ଟାମୁଣ୍ଡାଇ, ୨୦୧୩

୨୦। ନୂତଙ୍ଗ ସାହିତ୍ୟ ସମ୍ମାନ, ନୟାଗଡ଼ – ୨୦୦୮

୨୧। ଭାଗବତ ପ୍ରସାଦ ମହାନ୍ତି ସାରସ୍ୱତ ସମ୍ମାନ – ୨୦୧୯

୨୨। ଏକାମ୍ର ଶିଶୁ ସାହିତ୍ୟ ସମ୍ମିଳନୀ – ଶିଶୁ ସାହିତ୍ୟ ସମ୍ମାନ

୨୩। କଜଳପାତିଆ ଭଦ୍ରଲୋକ – ବ୍ୟଙ୍ଗ ସାହିତ୍ୟ ସମ୍ମାନ

୨୪। ଆଦିକବି ସାରଳା ଦାସ ସମ୍ମାନ, ତିର୍ତ୍ତୋଲ – ୨୦୧୮

୨୫। ଉକ୍ରଳ ଯାଦବ ମହାସଭା ସମ୍ମାନ – ୨୦୦୧

୨୬। କେନ୍ଦ୍ରାପଡ଼ା ଜିଲ୍ଲା ସାହିତ୍ୟ ସଂସଦ – ସାରସ୍ୱତ ସମ୍ମାନ ୨୦୦୮

୨୭। ଗାଁ ମାଟି ସାହିତ୍ୟ ସମ୍ମାନ – ଗରଦପୁର – ୨୦୦୮

୨୮। ମନୋରମା ଦାସ – ସହଯୋଗୀ ପୁରସ୍କାର – ୨୦୧୨

୨୯। ରାଜ୍ୟ ପ୍ରତିଭା ସମ୍ମାନ, କଟକ – ୨୦୦୮

୩୦। ସମ୍ବାଦ କଳିକା ସମ୍ମାନ – ୨୦୦୯

୩୧। ଜଗତ୍‌ସିଂହପୁର ଜିଲ୍ଲା ସାହିତ୍ୟ ପରିଷଦ – ୨୦୧୨

୩୨। ଜୟୀପୁରା ଉର୍ଦ୍ଦୁ ବିଦ୍ୟାଳୟ ସମ୍ବର୍ଦ୍ଧନା – ୨୦୧୨

୩୩। ତୁଳସୀ ଚେତନା ପରିଷଦ, କେନ୍ଦ୍ରାପଡ଼ା – ୨୦୧୨

୩୪। ଓଡ଼ିଶା ମିଳିତ କର୍ମଜୀବୀ ସଂଘ – ୨୦୧୬

୩୫। ରାଜଶ୍ରୀ କଳା ସାହିତ୍ୟ – ୨୦୧୨

୩୬। ପାଟାମର ରାଉତ ସମ୍ମାନ – ୨୦୦୯

୩୭। ରତ୍ନାକର ମାଣିଆ ସମ୍ମାନ, ଭୁବନେଶ୍ୱର – ୨୦୦୩

୩୮। ଆଦିକବି ସାରଳା ସମ୍ମାନ, ଝଙ୍କଡ଼ – ୨୦୧୨

୩୯। ରାଷ୍ଟ୍ରପତିଙ୍କ ସାକ୍ଷାତ୍କାର ସମ୍ମାନ – ୨୦୦୩

୪୦। ପଦ୍ମଶ୍ରୀ ସୁରେନ୍ଦ୍ର ମହାନ୍ତି ସାରଥି ସମ୍ମାନ – ୨୦୧୮

୪୧। ଦୈନିକ 'ଶ୍ରୁତି' ସମ୍ମାନ – ୨୦୧୨

୪୨। ସାରଳା ସାହିତ୍ୟ ସଂସଦ, କଟକ – ସଂବର୍ଦ୍ଧନ, ୨୦୨୨

୪୩। କାଳିଦାସ ସମ୍ମାନ, ଦବକରପୁର କେନ୍ଦ୍ରାପଡ଼ା – ୨୦୧୫

୪୪। ଭଗବାନ ଜେନା ସ୍ମାରକୀ ସମ୍ମାନ – ୨୦୨୨

ସମ୍ପାଦନା :

୧। ଅଗ୍ନିବୀଣା – ତ୍ରୈମାସିକ ୧୯୮୫–୨୦୦୦

୨। ତ୍ରିଧାରା – ନବମ–ଦଶମ ଶ୍ରେଣୀ – ବୋର୍ଡ଼ ବହି

୩। ତ୍ରିଶିଖା – ଧାରେନ୍ଦ୍ର ଶତପଥୀଙ୍କର ରଚନାବଳୀ

୪। ନିଆରା ଶିକ୍ଷକ – ଭଗବାନ ଜେନାଙ୍କ ଜୀବନଧାରା

୫। ତୁଳସୀ – ୧୯୯୨ରୁ ୨୦୧୮

୬। ଦିଗ୍‌ବଳୟ – ସାଂ.ସଂ. ମୁଖପତ୍ର – ୨୦୦୯ରୁ ୨୦୨୨

୭।   ସଂବର୍ତିକୀ – ଦ୍ୱିମାସିକ – ୨୦୧୫ରୁ ୨୦୧୭

୮।   ସର୍ବଶିକ୍ଷା ଅଭିଯାନ ପ୍ରାଇମର ୧, ୨, ୩ – ୧୯୯୬ରୁ

୯।   ସମ୍ଭାବନା – ପ୍ରଗତିଶୀଳ କବିତା ୩ଟି ୧୯୯୨, ୧୯୯୩, ୧୯୯୪

୧୦।   ଟେକ୍ସଟ ବୁକ୍ – SCERT, ଓଡ଼ିଶା

୧୧।   ନିର୍ମଳ ହୃଦୟା ନିର୍ମଳା – ସର୍ବୋଦୟ କର୍ମୀ ଜୀବନ

୧୨।   ପାଗଳ କୃଷ୍ଣ ଦାସ (କବି) – ସ୍ମରଣିକା

ଅନ୍ତଃଟୀକା

୧।   ମିଶ୍ର କୃଷ୍ଣ, ନବପତ୍ର ସମ୍ପାଦକୀୟ ଅଗଷ୍ଟ ୨୦୧୮, ପୃ-୫

୨।   ତତ୍ରେବ, ପୃ-୬

୩।   ଦାସ ବାସୁଦେବ, ସାହିତ୍ୟ ସହିତ – ୧୯୮୬, ବାଣୀମନ୍ଦିର ଆୟବା, ପୃ-
      ୫୨।

୪।   ସାହୁ ଧନେଶ୍ୱର – ମାର୍କ୍ସବାଦ ଓ ଉଉର ଆଧୁନିକତାବାଦ ଓ ସାହିତ୍ୟ
      ଏକାଡେମୀ, ପୃ-୧୫।

୫।   ସାହୁ ଧନେଶ୍ୱର – ହେତୁବାଦୀ ପ୍ରବନ୍ଧ ସଭାର, ପୃ-୫୦।

୬।   ଦାସ ବିଷ୍ଣୁପଦ – ଉଉର ପ୍ରଗତି ସାହିତ୍ୟ – ଅନୁରୂପା – ୨ୟ ବର୍ଷ ୬ଷ୍ଟ
      ସଂଖ୍ୟା ୨୦୦୦, ପୃ-୧୭

୭।   ଦାଶ ବିଜୟଲକ୍ଷ୍ମୀ – ଆଧୁନିକ ଓଡ଼ିଆ କବିତାରେ ପ୍ରଗତିବାଦୀ ଚେତନା,
      ଚିତ୍ରୋପ୍ସଳା ପବ୍ଲିକେଶନ, ପୃ-୬।

୮।   ଦାସ ବାସୁଦେବ – ଶବର ଅଭିସାର – ବଟୀଘର – ଚଣ୍ଡିଖୋଲ ମୁଖବନ୍ଧ

୯।   ତତ୍ରେବ

୧୦।   ତତ୍ରେବ

୧୧।   ଦାଶ ବିଜୟଲକ୍ଷ୍ମୀ – ନବପତ୍ର ଅଗଷ୍ଟ – ୨୦୧୮, ପୃ-୧୬

୧୨।   Mao-tse-tung - Selected works, Vol-IV, P-428

୧୩। ଚାଣକ୍ୟନୀତି

୧୪। କଠୋପନିଷଦ

୧୫। ଏମିଲ୍ ବର୍ଣ୍ସ୍ – ମାର୍କ୍ସବାଦ କ'ଣ – ପୃ-୨

୧୬। ତତ୍ରୈବ, ପୃ-୩

୧୭। ଦାଶ ବିଜୟଲକ୍ଷ୍ମୀ – ଓଡ଼ିଆ କବିତାରେ ପ୍ରଗତିବାଦୀ ଚେତନା, ପୃ-୧୮

୧୮। ଜ୍ୟୋତିବସୁ – ଭାରତର ସ୍ୱାଧୀନତା ସଂଗ୍ରାମରେ କମ୍ୟୁନିଷ୍ଟମାନଙ୍କ ଭୂମିକା, ପ୍ରଗତି ପ୍ରକାଶନୀ, ପୃ. ୨

୧୯। ଜ୍ୟୋତିବସୁ – ପ୍ରଗତି ପ୍ରକାଶନୀ, ୟୁନିଟ୍-୯, ପୃ-୪

୨୦। ଜ୍ୟୋତିବସୁ – ପ୍ରଗତି ପ୍ରକାଶନୀ, ୟୁନିଟ୍-୯, ପୃ-୪

୨୧। ଦାଶ ବିଜୟଲକ୍ଷ୍ମୀ – ଓଡ଼ିଆ କବିତାରେ ପ୍ରଗତିବାଦୀ ଚେତନା, ପୃ-୨୬

୨୨। ପାଣିଗ୍ରାହୀ ବନମାଲି – କିଛି ଆଲୋଚନା କିଛି ସମାଲୋଚନା, ପୃ-୧୨

୨୩। ଶତପଥୀ ବିଜୟ କୁମାର – ଓଡ଼ିଆ ସାହିତ୍ୟରେ ପ୍ରଗତିବାଦୀ ଧାରା

୨୪। ଦାଶ ବିଜୟଲକ୍ଷ୍ମୀ – ନବପତ୍ର ଜୁଲାଇ-୨୦୧୮, ପୃ-୧୮

୨୫। ତତ୍ରୈବ

୨୬। ଦାସ ବାସୁଦେବ – ସମାଲୋଚନା ପ୍ରସଙ୍ଗ – ଗୋକର୍ଣ୍ଣିକା ୧୯୯୪, ପୃ-୬୨

୨୭। ତତ୍ରୈବ, ପୃ-୬୩।

୨୮। ଦାସ ବିଜୟଲକ୍ଷ୍ମୀ – ଓଡ଼ିଆ କବିତାରେ ପ୍ରଗତିବାଦୀ ଚେତନା

୨୯। Mao Dze Dong - All India Language for revolutionery culture 1506-1983, ମୁଖବନ୍ଧ

୩୦। ପଟ୍ଟନାୟକ ଅନନ୍ତ, ଉଦ୍‌ବୋଧନୀ

୩୧। ଶତପଥୀ, ନିତ୍ୟାନନ୍ଦ – ସବୁଜରୁ ସାମ୍ପ୍ରତିକ ୫ମ ସଂସ୍କରଣ, ଗ୍ରନ୍ଥ ମନ୍ଦିର-୨୦୦୮, ପୃ-୨୪୬

୩୩। ଦାସ ବାସୁଦେବ – ସାହିତ୍ୟ ସହିତ – ୧୯୮୬, ପୃ-୪୮।

୩୩। ପଟ୍ଟନାୟକ ପଠାଣି – ଓଡ଼ିଆ ସାହିତ୍ୟର ଇତିହାସ, ପୃ-୪୮୫

୩୪। ଦାସ ବାସୁଦେବ – ସମାଲୋଚନା ପ୍ରସଙ୍ଗ, ଗୋକର୍ଣ୍ଣିକା, ପୃ-୬୪

୩୫। ପାଣିଗ୍ରାହୀ କାଳିନ୍ଦୀ ଚରଣ – କ୍ଷଣିକ ସତ୍ୟ, ପୃ-୯୧

୩୬। ପାଣିଗ୍ରାହୀ କାଳିନ୍ଦୀ ଚରଣ – ବାଜିରାଉତ କୃଷକକଣ ୧୯୩୮, ପ୍ରକାଶିତ

୩୭। ଶତପଥୀ ନିତ୍ୟାନନ୍ଦ – ସବୁଜରୁ ସାମ୍ପ୍ରତିକ ୨୦୦୮ ସଂ, ପୃ-୨୩

୩୮। ପାଣିଗ୍ରାହୀ କାଳିନ୍ଦୀ ଚରଣ – ଆଗାମୀ (ଛୁରାଟିଏ ଲୋଡ଼ା), ପୃ-୧୧୯

୩୯। ପଟ୍ଟନାୟକ ବୈକୁଣ୍ଠ – ବନ୍ୟାର ବିପ୍ଳବ – ଉତ୍କଳ ସାହିତ୍ୟ (୧୯୩୩),
      ୩୫ ଭାଗ

୪୦। ଦାଶ ବିଜୟଲକ୍ଷ୍ମୀ – କବିତାରେ ପ୍ରଗତିଶୀଳ ଚେତନା – ପୃ-୯୦-୯୧।

୪୧। ପଟ୍ଟନାୟକ ଅନନ୍ତ – ଅଲୋଡ଼ା ଲୋଡ଼ା, ପୃ-୪୫

୪୨। ଦାସ ବାସୁଦେବ – ସମାଲୋଚନା ପ୍ରସଙ୍ଗ – ପୃ-୬୬

୪୩। ତତ୍ରୈବ

୪୪। ଶତପଥୀ ନିତ୍ୟାନନ୍ଦ, ସବୁଜରୁ ସାମ୍ପ୍ରତିକ-୨୦୦୮, ପୃ-୨୧୯

୪୫। ଦାସ ବାସୁଦେବ – ସମାଲୋଚନା ପ୍ରସଙ୍ଗ, ପୃ-୬୫

୪୬। ତତ୍ରୈବ, ସାମ୍ପ୍ରତିକ ଓଡ଼ିଆ ପ୍ରଗତିବାଦୀ ଶୀଳ କବିତା

୪୭। ତତ୍ରୈବ

୪୮। ମହାପାତ୍ର ଆଶିଷ – ବିପ୍ଳବୀ ଯୁଗସ୍ରଷ୍ଟା ଭଗବତୀ ୨୦୧୬, ପୃ୨୦୧,
      ପ୍ରକାଶକ ଭଗବତୀ ପାଣିଗ୍ରାହୀ ପ୍ରତିଷ୍ଠାନ, ୪୧୭, ସହିଦ ନଗର

୪୯। ତତ୍ରୈବ

୫୦। ତତ୍ରୈବ

୫୧। ତତ୍ରୈବ

୫୨। ତତ୍ରୈବ

୫୩। ମହାରାଣା ସୁରେନ୍ଦ୍ର କୁମାର – ଓଡ଼ିଆ ସାହିତ୍ୟର ଇତିହାସ, ୨୦୧୦,
      ପୃ-୪୧୨

୫୪। ଦାଶ ବିଜୟଲକ୍ଷ୍ମୀ, ଓଡ଼ିଆ କବିତାରେ ପ୍ରଗତିବାଦୀ ଚେତନା, ପୃ-୧୦୧

୫୫। ଦାସ ରଘୁନାଥ - କବିତା ସମଗ୍ର, ଚିତ୍ରୋତ୍ପଳା ପ୍ରକାଶନୀ, ପୃ-୪

୫୬। ତତ୍ରୈବ

୫୭। ତତ୍ରୈବ, ଅଗଷ୍ଟ ପନ୍ଦର ୧୯୪୮

୫୮। ଶତପଥୀ ନିତ୍ୟାନନ୍ଦ - ସବୁଜରୁ ସାମ୍ପ୍ରତିକ, ପୃ-୩୧୦

୫୯। ଏ ଚିଉ ଚିତ୍ତଇ ଯାହା - ରଘୁନାଥ କବିତା ସମଗ୍ର ମୁଖବନ୍ଧ, ପୃ-୬୫

୬୦। ଦାଶ ବିଜୟଲକ୍ଷ୍ମୀ - ଓଡ଼ିଆ କବିତାରେ ପ୍ରଗତିବାଦୀ ଚେତନା, ପୃ-୭୩

୬୧। କୁନ୍ତଳା କୁମାରୀ ଗ୍ରନ୍ଥାବଳୀ, ଗଡ଼ଜାତ କୃଷକ, ପୃ-୩୦୪

୬୨। ସାମଲ ପ୍ରମୋଦ କୁମାର - ଓଡ଼ିଆ ସାହିତ୍ୟର ଦିଗ ଓ ଦର୍ଶନ, ନାଳନ୍ଦା, ବିନୋଦବିହାରୀ, ପୃ-୧୬୮

୬୩। ତତ୍ରୈବ, ପୃ-୧୮୨

୬୪। ଦାସ, ବାସୁଦେବ, ସମାଲୋଚନା ପ୍ରସଙ୍ଗ, ପୃ-୭୧

୬୫। ଦାଶ ବିଜୟଲକ୍ଷ୍ମୀ, କବିତାରେ ପ୍ରଗତିବାଦୀ ଚେତନା, ପୃ-୮୮

୬୬। ତ୍ରିପାଠୀ କୃଷ୍ଣଚନ୍ଦ୍ର, ଅଗ୍ନିଶୃଙ୍ଗ କୃତ ଗ୍ରନ୍ଥାବଳୀ, ପୃ-୬୩୮

୬୭। ତତ୍ରୈବ, ବିପ୍ଲବ - ଦିଗ୍‌ବଳୟ, ପୃ-୨୪୪

୬୮। ଶତପଥୀ ନିତ୍ୟାନନ୍ଦ ସବୁଜରୁ ସାମ୍ପ୍ରତିକ (୫ ସଂ°), ପୃ-୧୪୩

୬୯। ଦାସ ବାସୁଦେବ, ସମାଲୋଚନା ପ୍ରସଙ୍ଗ, ପୃ-୭୦

୭୦। ତତ୍ରୈବ, ପୃ-୭୦

୭୧। ତତ୍ରୈବ, ପୃ-୬୧

୭୨। ତତ୍ରୈବ

୭୩। ମହାପାତ୍ର, ଆଶିଷ, ଯୁଗସ୍ରଷ୍ଟା ଭଗବତୀ ଚରଣ - ପୃ-୧୦୬

୭୪। ମିଶ୍ର ମନମୋହନ, ଏକ ହୁଅ - ଆବାଜ

୭୫। କର ସୁନନ୍ଦ - ପ୍ରସ୍ତାବିନା - ଆଗାମୀକାଲି, ପୃ-୧

୭୬। ଦାଶ ବିଜୟଲକ୍ଷ୍ମୀ, ପ୍ରଗତିବାଦୀ ଚେତନା, ପୃ-୧୭୧

୭୭। କର ସୁନନ୍ଦ - କବିତା ଆଗାମୀକାଲି, ପୃ-୧୮

୭୮। ପାଢ଼ୀ ବେଣୁଧର - ପ୍ରବନ୍ଧ ଇସ୍ତାହାର ୧୪୦, ପୃ-୧୬୦

୭୯। ଦାସ ସାହିତ୍ୟ ସହିତ - ସାହିତ୍ୟ ସହିତ ଗଣମାନସ, ପୃ-୭୧

୮୦। All India League to evolutionary culture 150 cfo, 1983

୮୧। ଦାସ ବାସୁଦେବ - ସମାଲୋଚନା ପ୍ରସଙ୍ଗ, ପ୍ରଗତିଶୀଳ କବିତା-୩, ପୃ-
୬୧

୮୨। ଜେନା କୁଳମଣି - ମାର୍କ୍ସବାଦ ଓ ଉତ୍ତର ଆଧୁନିକତା- ୨୦୧୮, ପୃ-୯୫

୮୩। ଦାଶ ବିଜୟଲକ୍ଷ୍ମୀ, ଓଡ଼ିଆ କବିତାରେ ପ୍ରଗତିବାଦୀ ଚେତନା, ଲେଖାଲେଖି,
ପୃ-୩୭

୮୪। Sri Sri, ଆନ୍ଧ୍ରକବି, Jhanjha, All India League

୮୫। Panigrahi Subarao ଅନୁବାଦ ଜଗମୋହନ କବିତା, Redness

୮୬। ମହାରଣା ସୁରେନ୍ଦ୍ର କୁମାର, ଓଡ଼ିଆ ସାହିତ୍ୟର ଇତିହାସ, ପୃ-୪୯୨

୮୭। Cheraband Raju - Laal Salaam Song

୮୮। ଜେନା କୁଳମଣି, ମାର୍କ୍ସବାଦ ଓ ଉତ୍ତର ଆଧୁନିକତା, ପୃ-୮୯।

୮୯। ତତ୍ରୈବ

୯୦। ପାତ୍ର ରଂଜିତା ସହଯୋଗୀ - ୨୦୧୮ ଡିସେମ୍ବର ସାମ୍ୟବାଦର ରଣ
ହୁଙ୍କାର, ପୃ-୫୭।

୯୧। ଦାସ ବାସୁଦେବ - ପୁଣ୍ୟ ମାଟିର ଦୁଃଖ, ପୃ-୧୧୪

୯୨। ତତ୍ରୈବ, ପୃ-୭୭

୯୩। ତତ୍ରୈବ, ପୃ-୧୮

୯୪। ଦାସ ବାସୁଦେବ, ଚାଲ କୁରୁକ୍ଷେତ୍ର, ପ୍ରକାଶକ- ଲେଖାଲେଖି, ୨୦୧୮,
ପୃ-୯୫।

୯୫। ତତ୍ରେବ, ପୃ-୧୦

୯୬। ତତ୍ରେବ, ପୃ-୧୦

୯୭। ତତ୍ରେବ, ପୃ-୧୬

୯୮। ଅବଧୂତରୁ ଅଭିଯାତ୍ରୀ – ବାଣୀନିଧି Translated by Prof. Bhagaban Jena

୯୯। ତତ୍ରେବ

୧୦୦।ତତ୍ରେବ

୧୦୧।ତତ୍ରେବ

୧୦୨।ତତ୍ରେବ

୧୦୩।ତତ୍ରେବ

୧୦୪।ଦାସ ଡା. ବାସୁଦେବ, ଅନନ୍ତ ନିର୍ଝର, ପୂଜାସଂଖ୍ୟା–ଜୀବନ ସ୍ମୃତି, ପୃ-୯୩

୧୦୫।ତତ୍ରେବ, ପୃ-୯୪

୧୦୬।ଦାସ ବାସୁଦେବ – କବି ବାସୁଦେବ ଦାସଙ୍କ ସହ ସାକ୍ଷାତକାର

୧୦୭।ଦାସ ବାସୁଦେବ – ସଂଗ୍ରାମୀ ପୁରୁଷୋତ୍ତମ ନାୟକ, ୨୦୧୪, ପୃ-୭୮

୧୦୮।ମୁକ୍ତି ତରଙ୍ଗ : ସ୍ୱାଧୀନତାର ସୁବର୍ଣ୍ଣ ଜୟନ୍ତୀ ସ୍ମରଣିକା ୧୯୯୭, ପୃ-୭୬।

୧୦୯।ଘଡ଼ାଇ ଗୋବିନ୍ଦଚନ୍ଦ୍ର ବାସୁଦେବ ପରିକ୍ରମା ୨୦୦୫, ପୃ-୩୯

୧୧୦।ବେହେରା, ବସନ୍ତ କୁମାର : ବାସୁଦେବ ପରିକ୍ରମା, ପୃ-୫୫

୧୧୧।ସାକ୍ଷାତକାର ବାସୁଦେବ ଦାସଙ୍କ ସହିତ

୧୧୨।Dash Braja Kishore - A Versatile Genius of Odisha, 2017, Foreward N.K. Parida

୧୧୩।ଘଡ଼ାଇ ଗୋବିନ୍ଦଚନ୍ଦ୍ର – ବାସୁଦେବ ଦାସ ପରିକ୍ରମା – ପୃ-୩୯

୧୧୪।ପ୍ରଗତିବାଦୀ ତା ୦୬.୦୮.୧୯୮୯ ରବିବାର – ସାକ୍ଷାତକାର

୧୧୫।ଦାସ ବାସୁଦେବ – କବିତାର କରାମତି – ଅନନ୍ତ ନିର୍ଝର ୨୦୧୫ ପୂଜା, ପୃ-୫୦

୧୧୬।ସିଂହ ରାଜକିଶୋର, ଫ୍ରେଣ୍ଡସ୍ କଲୋନୀ, ଓଡ଼ିଶାରେ ଛାତ୍ର ଆନ୍ଦୋଳନ

୧୧୭।ଚୌଧୁରୀ ବୀଣାପାଣି – ଜୀବନୀ ଲେଖିକାଙ୍କ ଠାରୁ

୧୧୮।ଚୌଧୁରୀ ମା' ରମାଦେବୀଙ୍କ ପତ୍ର – ତା ୦୧.୦୧.୧୯୬୮

୧୧୯।ସାହୁ ଶୁକଦେବ – ବାସୁଦେବ ପରିକ୍ରମା, ପୃ-୨୪

୧୨୦।ତତ୍ରୈବ, ପୃ-୨୫

୧୨୧।ରାୟ ସୁଧାଂଶୁ ଶେଖର, ବାସୁଦେବ ପରିକ୍ରମା, ପୃ-୩୬

୧୨୨।ତତ୍ରୈବ

୧୨୩।ଘଡ଼ାଇ ଗୋବିନ୍ଦ ଚନ୍ଦ୍ର, ପୃ-୩୮

୧୨୪।ମିଶ୍ର ସୀମାନ୍ତିନୀ, ପୃ-୩୦

୧୨୫।ମିଶ୍ର ମିନାକ୍ଷୀ Its not an end, ପୃ-୫୭

୧୨୬।ତତ୍ରୈବ

୧୨୭।Mishra Adyasha A Man of Principle ପରିକ୍ରମା, ପୃ-୫୮

୧୨୮।Jena Mrutyunjaya Manas Magic ପରିକ୍ରମା, ପୃ-୫୯

୧୨୯।Das Akshaya Kumar OES - A Legend of our time, ପୃ-୭୦

୧୩୦।ତତ୍ରୈବ

୧୩୧।ମହାନ୍ତି ମୃତ୍ୟୁଞ୍ଜୟ – ମଧୁସାଗର (କାବ୍ୟ) – ୧୯୯୦, ପୃ-୪୯

୧୩୨।ଗିରି ନିର୍ମଳ କୁମାର – ଚିରବନ୍ଦନୀୟ ପରିକ୍ରମା, ପୃ-୪୮

୧୩୩।ଜେନା ଅନନ୍ତ କିଶୋର – କବିତା କେନ୍ଦ୍ରାପଡ଼ା, ବାଲେଶ୍ୱର କାନପୁର ସନ୍ତରାଗାଡ଼ିଆ, ପୃ୨୧

୧୩୪।ସୁଶ୍ରୀ ବିଶ୍ୱେଶ୍ୱରୀ – ଚିର ନମସ୍ୟ – ପରିକ୍ରମା, ପୃ-୫୦

୧୩୫।ଭୂୟାଁ ଚାରୁଲତା – ଉଦ୍‌ଭାସ, ପ୍ରକାଶକ-ଲେଖାଲେଖି, ପୃ-୭୦

କବି ବାସୁଦେବ ଦାସଙ୍କ କାବ୍ୟ-ପରିଧି

(କ)   କବି ବାସୁଦେବଙ୍କ କାବ୍ୟର ଭାବବସ୍ତୁ

କବି ବାସୁଦେବ ଦାସଙ୍କ କବିତାରେ ବ୍ୟକ୍ତିସତ୍ତା ଓ କବିସତ୍ତା ମଧ୍ୟରେ ପ୍ରାୟତଃ କୌଣସି ପାର୍ଥକ୍ୟ ପରିଲକ୍ଷିତ ହୋଇ ନଥାଏ । ଏକଦା କାର୍ଲମାର୍କ୍ସ କହିଥିଲେ – "My poetry is my poetic individuality, style is the man." ଅର୍ଥାତ୍ କବିତା ମୋ କବି ବ୍ୟକ୍ତିତ୍ୱର ପରିପ୍ରକାଶ । ମଣିଷର କଳେବର, ରଙ୍ଗ, ଆକାର ଭିନ୍ନଭିନ୍ନ ହୋଇଥିବାବେଲେ, ତାହାର ମାନସିକ ଉତ୍ତରଣର କ୍ରିୟା ପ୍ରାୟ ସମାନ । କବିତ୍ୱ ହେଉଛି ମନନଶୀଳତାର ଏକ ଉନ୍ମେଷ । ମଣିଷର ଭାବଭୂମିରେ ପୁଣି ଜଗତ ବନ୍ଦା । କବିତାର ପ୍ରଥମ ସତ୍ୟ ହେଉଛି – ବିଶ୍ୱକଲ୍ୟାଣ ବା ମାନବର ଶୁଭକାମନା । ମାର୍କ୍ସବାଦୀ କବି କୁଳମଣି ଜେନାଙ୍କ ଭାଷାରେ "କବିଙ୍କ ଅସ୍ତିତ୍ୱ ବା କବିସତ୍ତା ସାମାଜିକ ସତ୍ତା ଦ୍ୱାରା ନିର୍ଦ୍ଧାରିତ ହୋଇଥାଏ । ସାମାଜିକ ସତ୍ତା ମାଧ୍ୟମରେ ସମାଜର ଦୋଛକିରେ କବି ଛିଡ଼ାହୁଏ । ସାମାଜିକ ସଂଘର୍ଷର ବେଲାଭୂମିରୁ କବି ଅନୁଭୂତିର ଉପଲ ସାଉଁଟେ । ଜଣେ ବିପ୍ଲବୀ କବି ଇଚ୍ଛା କରି ବିପ୍ଲବୀ କବି ହୁଏ ନାହିଁ । ବରଂ ସାମାଜିକ ବିପ୍ଲବର ସଂଘର୍ଷମୟ ସ୍ଥିତି କବିକୁ ବିପ୍ଲବାତ୍ମକ ଭାବନାର ନିକଟତର କରାଇଥାଏ ।"

୨.୧ ସାମାଜିକ ପୃଷ୍ଠଭୂମି :

ବାସୁଦେବ ଦାସଙ୍କ ସାମାଜିକ ପୃଷ୍ଠଭୂମି ଥିଲା ଶୋଷଣ ପୀଡ଼ିତ ଜାତିଆଣ ହୀନମନ୍ୟତାର ଏକ ମର୍ମଚ୍ଛୁଦ ଭାଷଣ ଉପତ୍ୟକା । ୧୯୫୨–୫୪ରେ ସାଆନ୍ତ ବାପା ମହେଶ୍ୱର ମାତାମହୀ ସର ଦେଢ଼ଙ୍କର ବିୟୋଗ ପରେ ଅଚାନକ ଦାରିଦ୍ର୍ୟ କବଲିତ କରିନେଲା ତାଙ୍କ ପରିବାରକୁ । ଭ୍ରାତୃ ଦ୍ୱନ୍ଦ୍ୱର କାରଣରୁ ଖଜଣା ନଦେବା ଅପରାଧରେ ବାଟିଏ ଜମି ନିଲାମ ହୋଇଯାଇଥିଲା । ୧୯୫୫ ମସିହାର ପ୍ରଲୟଙ୍କାରୀ ବନ୍ୟା ଧୋଇ ନେଇଥିଲା ସବୁ ଆଶାର ଫସଲ । ଜାଉ ଖାଇବ ନାହିଁ ବୋଲି ତାଙ୍କ ଭାଇ ମାଧବ ଦାସ କଲିକତା ଯାଇ ପାନ ଦୋକାନରେ ଚାକିରି

କଲେ । ତୃତୀୟ ଶ୍ରେଣୀରେ ପଢ଼ିବା ବେଳେ ମହାଜନ ୩ ଜଣ ଆସି ଏକ ସଙ୍ଗରେ ତାଙ୍କର ସମସ୍ତ ଆସବାବପତ୍ର ଓ ସ୍ଥାବର ସମ୍ପତ୍ତିକୁ କରଗତ କରିନେଲେ । ସ୍କୁଲରୁ ଆସି ବାସୁଦେବ ଦେଖନ୍ତି ଦାଣ୍ଡସାରା ମଣିଷ, ଖଟ, ପଲଙ୍କ, ସିନ୍ଦୁକ, ପିତ୍ତଳ ହଣ୍ଡା ୨ଟା, ପିତ୍ତଳ କୁଣ୍ଡ ୨ଟା, ପାଣିଢ୍ରମ୍, ୬ଟା ଭଲ ଘୋଡ଼ା କମ୍ବଳ, ୨ଟା ଗାଈ ଏସବୁ ନିଲାମ ହେଉଛି । ଗାଁ ମୁଖିଆ ଗୋଟେ ବଡ଼ ଚାନ୍ଦୁଆକୁ ଟ. ୫୦ଙ୍କାରେ ନିଲାମ ନେଲେ, ଯାହାର ଦାମ ସେ ସମୟରେ ହେବାର ଥିଲା ଅନ୍ୟୁନ ଦୁଇ ହଜାର ଟଙ୍କା । ବାସୁଦେବ ଦେଖନ୍ତି ବାପା ମୁଣ୍ଡରେ ହାତ ଦେଇ ବସିଛନ୍ତି । ମା' ସୁଲୋଚନା ବାହୁନୁଛନ୍ତି । ବାସୁଦେବ ଭାବିନେଲେ ଘର ପୋଡ଼ିଗଲା । କିନ୍ତୁ କେଉଁଠି ନିଆଁ ଲାଗିବାର ସଙ୍କେତ ନଥିଲା । ବୋଉକୁ ପଚାରିବାରୁ ବୋଉ ବୁକୁ'ଟା କ୍ରନ୍ଦନରେ କୋଳାଇ ନେଇ କୁହନ୍ତି, 'ସବୁ ପୋଡ଼ିଗଲା ।' 'ଛଇଲି' ବୋଲି ଛଡ଼ାଟା ଯିଏକି କବିଙ୍କର ଅତି ପ୍ରିୟ ସାଥୀ ଥିଲା, ତାକୁ ନେବା ସମୟରେ କବି ଯାଇ (ମା'ଙ୍କ ଆଦେଶରେ) ଯଦୁ ସାହୁ ଗୋଡ଼ଧରି ପଡ଼ିଲେ । ଆଉ କହିଲେ ମୋ ଗାଈ ମୋତେ ଦେଇଦିଅ । କେତେ ପରେ ସେ କହିଲେ ଯେ ହଉ ତୋ କଥା ରହିଲା । ଆଉ କୋଡ଼ିଏ ଟଙ୍କା ଦେଇଦେବୁ । ଏହାପରେ ସବୁ କିଛି ଡଙ୍ଗାରେ ବୁହା ହୋଇଗଲା ନଇ ଆର ପାରିକୁ । ଶାନ୍ତିପୁରୀ ପାଟ, ଭାଗଲପୁରୀ ମଟା (ମା'ଙ୍କର) ବି ମହାଜନ ନେଇଗଲେ । ଶେଷରେ ମା' ତାଙ୍କର ତନ୍ତବୁଣା ଖଦୀ ଖଣ୍ଡିଏ ପିନ୍ଧିଥିଲେ । ବାସୁଦେବଙ୍କ କବିତାରେ ଏହି ମର୍ମ ବିଦାରକ ଉପଲବ୍ଧିର ନିବିଡ଼ ରୂପ କଳାତ୍ମକ ରୂପ ନେଇ ପ୍ରକାଶିତ ହୋଇଛି ପରବର୍ତ୍ତୀ କାଳରେ ।

> "ଏଥୁଡ଼ି ଜାଳୁ ମନ୍ଥର ଗତି
>
> କରି ମୁଁ ତୁହ୍ରାଭୂମେ
>
> ଅଗ୍ନିଯୁଗର କୁକୁଟ ବାଇ
>
> ଆସିଛି ପୂର୍ବ ଯାମେ
>
> ତପ୍ତ ତରଳ ଲାଭ,
>
> ଜଠର ମୋର ଶୂନ୍ୟଗର୍ଭା
>
> ଆଙ୍କି ଧରିତ୍ରୀ ଶୋଭା ।(୧)

ମାଟିରେ ପାଦ ଥାପିବାବେଳକୁ ଶୋଷଣର ଶିକାର ହୋଇ ଲୁଣ୍ଠନ ତାଙ୍କ ଜୀବନକୁ ସାଧି ଦେଇଥିଲା । ଘୋଡ଼ାଚଢ଼ା ବାଉଁଶ ଦାଣ୍ଡର ଭିକାରି ହୋଇଯାଇଥିଲେ ସେଦିନ । ସେଦିନର ମହାଜନଙ୍କ ଅତ୍ୟାଚାରର ସୂଚନା ମିଳେ 'ବହ୍ନି ମହ୍ଲାର' କବିତା (୧ମ ସଂକଳନରେ) –

"ଯେଦିନ ମୁହିଁ ଚାଲିଲି ପଦ

ପୃଥିବୀ ଥିଲା ଘୋର ନିସ୍ତବ୍ଧ

ଜାଡ୍ୟ ଆଉ ଅନ୍ଧକାର

ଦଣ୍ଡାୟମାନ ଘୋର ପ୍ରାଚୀର

ଶିଥିଲ ବଳଗା ସିନ୍ଧୁ ଘୋଟକ

ଶିଥିଲ ମୋର ରକ୍ତ ×××

ମୁଁ ପାଲଟିଛି ମାଂସାଶୀ ହିଂସା ଭକ୍ତ ।"[୨]

୧ ୯ ୬୯ ମସିହାରେ ରଚିତ କବିତାରେ ତରୁଣ ବାସୁଦେବ ସମସ୍ତ ଅନୁଦାର ପରିମଣ୍ଡଳକୁ ତାଙ୍କ କବିତା ମଧକୁ ଟାଣି ଆଣିଛନ୍ତି କେବଳ ବିଦ୍ରୋହରେ ନୁହେଁ ଊର୍ଷିତ କ୍ରୋଧରେ ।

"ମୋ ବାପାର ଗଳେ ଦେଇ ଫୁଲମାଳା

ସଜାଇଲ ତମେ ଆଜାଦ ପାଗଳା

ଲୁଣ୍ଠନ କଲ ଯାହା,

ମୁଁ ପାରେନି କହି

କହୁଛି ଧମନୀ ସ୍ପନ୍ଦନେ ଆହା ଆହା

ଧନ୍ୟବାଦ ମୋ ଘେନ

ଅଛ ଯେତେ ମହାଜନ ।"

ଏତାଦୃଶ ସାମାଜିକ ପୃଷ୍ଠଭୂମି ଉପରେ ତାଙ୍କ କାବ୍ୟସୌଧ ପ୍ରତିଷ୍ଠିତ । ତାଙ୍କ ପିତା ନଟବର ଥିଲେ ଧୀର, ଉଦାର ଓ ଗାନ୍ଧିଚେତନାର ମଣିଷଟିଏ । ସେ

୧୯୩୪ ମସିହା ମେ ୨୮ ତାରିଖରେ ଗରାପୁର ଡାକବଙ୍ଗଲାରେ ଦର୍ଶନ କରନ୍ତି ଗାନ୍ଧୀ ମହାତ୍ମାଙ୍କୁ ଅଜା ଭଗବାନ ଦାସଙ୍କ ଦ୍ୱାରା। ସେତେବେଲେ ତାଙ୍କ ବୟସ ୧୮ ବର୍ଷ। କିନ୍ତୁ ମା' ସୁଲୋଚନା ଏହାକୁ ବିରୋଧ କରି ଗାଁ ମୁଖିଆଙ୍କ ମୁହଁରେ ଜବାବ ଦେଇଥିଲେ। ୧୯୪୮ରେ ପ୍ରଥମଥର ପାଇଁ ପଙ୍କ୍ତି ଭୋଜନରେ ସାମିଲ ହୋଇ ସର୍ବଧର୍ମ ଓ ଜାତି ସମାନ ବୋଲି ଜାଣିବାକୁ ପାଇଥିଲେ। ସେତେବେଲର ତଥାକଥିତ ମୁରବୀମାନେ ତାଙ୍କୁ 'ମୋସଲ ଚଢ଼ି' କହି ଉପହାସ କରୁଥିଲେ।

୧୯୫୫ରେ ଆଉ ଏକ ନବଚେତନାର ପରିପ୍ରକାଶ ଘଟିଥିଲା କବିଙ୍କ ଜୀବନରେ। ସନ୍ତ ବିନୋବା ଭାବେ ଆଲିରୁ ପଞ୍ଚମୁଣ୍ଡାଇ, ପଞ୍ଚମୁଣ୍ଡାଇରୁ ବୋଧଗ୍ରାମ ଭୂଦାନ ପଦଯାତ୍ରା କରୁଥିଲେ। ବାସୁଦେବଙ୍କ ଗାଁ ଗୋବରୀ ନଦୀ ପାର ହେଲେ ବୋଧଗ୍ରାମ ପଡ଼େ। ସ୍କୁଲରେ ମା' ସୁଲୋଚନାଙ୍କ ସଙ୍ଗରେ କବି ବାସୁଦେବ ଯାଇ ତାଙ୍କୁ ତାଙ୍କ ପିତୃବ୍ୟ ଜମିକୁ ଫେରିପାଇବାକୁ କହିଲେ। ଅଧିକନ୍ତୁ ଅନ୍ୟ ଏକ ଗ୍ରାମରେ (ବାଲିଗୋଠ) ଥିବା ୨୦ ଗୁଣ୍ଠ ଜମି ଦାନ ଦେବାକୁ କହିଥିଲେ। ଅଥଚ ତାହା ତ ହେଲା ନାହିଁ, ଅଧିକନ୍ତୁ ଯେଉଁ ଦିନ ତାଙ୍କ ସିପ୍ କଟିଗଲା, ସେ ଦରମା ନ ଦେଇ ପଦାରେ ଠିଆହେଲେ – ସେଦିନ ତାଙ୍କର ବିଦ୍ରୋହୀ ମନ ଗାଇଥିଲା –

"ଆପଣ ନ ଦେଲେ, ଦେବାକୁ ଅଛନ୍ତି

ଉଦାର ମହାନ ଲୋକ

ମୋ ପାଠରେ କେବେ, ଡୋରି ପଡ଼ିବନି

ରଖିବି ବୋଉର ଟେକ।"

ସତକୁ ସତ ସେ ଜଣେ ଆଦର୍ଶ ପ୍ରଧାନ ଶିକ୍ଷକ ସଂକର୍ଷଣ ପ୍ରତିହାରୀଙ୍କୁ ଏକ ଆବେଗପୂର୍ଣ୍ଣ କବିତା ଲେଖିଥିଲେ, ଯାହା ସଂକର୍ଷଣ ପ୍ରତିହାରୀ ପାଠ କରି ଅଭୟ ପ୍ରତିଶ୍ରୁତି ଦେଇଥିଲେ କବିତାରେ –

"ପାଇ ବାସୁଦେବ ତମ ଚିଟ୍ଆଉ

ଲେଖିବାକୁ ମନ କି ଟାଉ ଟାଉ

ସାହିତ୍ୟ ପ୍ରତିଭା କବି ଚାତୁରୀ

ତୁମ ଠାରେ ଲାଗେ ରହିଛି ଭରି

ନୁହେଁ ମୁଁ ଗ୍ରାହକ ସାର ଯେ

ତୁମ ଗୁଣରାଶି, ପରିଚୟ ପାଇ

ପାରିବି ଦେଇ ଆଦର ଯେ।"

ଏହି ପତ୍ର ଖଣ୍ଡକ ଥିଲା ତାଙ୍କ ଅଗ୍ରଗତିର ମହାସନଦ। ସେହି ପ୍ରଧାନଶିକ୍ଷକ ଜଣକ ଧୀର, ଉଦାର, ଜ୍ଞାନର ଗଙ୍ଗା, ଗାନ୍ଧିବାଦର ମହାନଦୀ ତୁଲ୍ୟ। ସେ ସଂଗ୍ରାମୀ ପରିବାରର ବ୍ୟକ୍ତି ହୋଇଥିବାରୁ ତାଙ୍କର ଅନୁକମ୍ପା ହିଁ କଟକ ଶିକ୍ଷାଦାନକୁ ତ୍ୱରାନ୍ଵିତ କରିଥିଲା।

୧୯୬୪ ଛାତ୍ର ଆନ୍ଦୋଳନ – ଦାଅଡ଼ବତି ଯେପରି ସାମାନ୍ୟ ନିଆଁ ସଂଯୋଗକୁ ଅପେକ୍ଷା କରିଥାଏ, ସେହିପରି ତରୁଣ ବିପ୍ଳବୀ ବାସୁଦେବଙ୍କ ପାଇଁ ଆସିଥିଲା ୧୯୬୪ର ଦୁର୍ବାର ଛାତ୍ର ଆନ୍ଦୋଳନ, ଯାହା ବାସୁଦେବଙ୍କର ପୁଞ୍ଜୀଭୂତ କ୍ରୋଧ ଓ ଅସନ୍ତୋଷକୁ ପ୍ରକାଶ କରିବାରେ ସମର୍ଥ ହୋଇଥିଲା। ସମଗ୍ର ମହାକାଳପଡ଼ା ଥାନାର ବିଦ୍ୟାଳୟଗୁଡ଼ିକୁ ବୈପ୍ଳବିକ ଆହ୍ୱାନରେ ଏକତ୍ର ପୂର୍ବକ ଜାଗରଣ ଆଣିଥିଲେ ସେ। ତା ୨୮.୦୯.୧୯୬୪ରେ ଅଧିକାଂଶ ଖବର କାଗଜରେ ପୃଷ୍ଠାମଣ୍ଡନ କଲା– "ମା'ମାନଙ୍କର ଦାବି, ଆମ ପିଲାଙ୍କୁ ଖଲାସ କର।" ଏ ପ୍ରକାର ଆବେଗପୂର୍ଣ୍ଣ ସମ୍ବାଦ ବହୁ ବୁଦ୍ଧିଜୀବୀଙ୍କୁ ବିଚଳିତ କରିଥିଲା ସେଦିନ।

ପ୍ରକୃତ ଘଟଣା ତା ୨୫.୦୯.୧୯୬୪ ରିଖରେ ବଜାରଦର ବୃଦ୍ଧି ପାଇଁ ବିରୋଧୀ ରାଜନୀତି ଆନ୍ଦୋଳନ ଉଦ୍ଦିଷ୍ଟ ଥିଲା, ଯାହାକୁ ପ୍ରତିବାଦ କୁହାଯାଏ। ମାତ୍ର ୨୬ ତାରିଖ ସକାଳୁ ଇଂଜିନିୟରିଂ ଛାତ୍ର ଶଶଧର ଦାସ ରେଳ‌ୱେ ହ‌ସ୍ଟେଲରୁ ଆସି କଲେଜ ଛକରେ ଜଳଖିଆ କରୁଥିଲା। ରାଜେନ୍ଦ୍ର ସିଂହ କୁହନ୍ତି ସେ ଶୌର ହେବାକୁ ଆସିଥିଲେ। ରେଡ଼ିଓ ଦୋକାନୀ ଉମାଶଙ୍କରଙ୍କ ଦୋକାନରେ ବାକି କରିଥିଲେ। ଏହି ବାକି ଟଙ୍କା ଆଦାୟ ପାଇଁ ଶଶଧର ଦାସଙ୍କୁ ଟାଣିଆଣିଥିଲା। ଶଶଧର ତାଙ୍କ ଛାତ୍ରାବାସ ପିଲାଙ୍କୁ ଆଣି ରେଡ଼ିଓ ଦୋକାନୀ ସହ ବଚସା କରିଥିଲା। ୨୧ ତାରିଖ ସୁଦ୍ଧା। ଷ୍ଟେସନ ବଜାରରୁ ରାଣୀହାଟ ପୋଲିସ ଛାଉଣୀ। ସ୍ୱୟଂ ଏସ୍.ପି. ଆସିବାରୁ ତାଙ୍କ ଗାଡ଼ିଟିକୁ ଟେଙ୍ଗାରେ ବାଡ଼େଇ ଭାଙ୍ଗିଦେଇଥିଲେ ଛାତ୍ରମାନେ। ପୋଲିସ ଭୟରେ ଲ' କଲେଜ ଛାତ୍ରାବାସରେ ଆଶ୍ରୟ ନେଇଥିବା ଲୋକଙ୍କୁ ପଶି ପିଟିଲା।

୨୮ ତାରିଖକୁ ଅବସ୍ଥା ଥିଲା ଅସମ୍ଭାଳ। ଦୁର୍ଜୟ ଦୁର୍ବାର ଛାତ୍ର ଜନତାଙ୍କୁ ନିମନ୍ତ୍ରଣ କରିବା ସରକାରଙ୍କ ଆୟତ୍ତ ବାହାରେ ଥିଲା। ୧୪୪ ଧାରା ଜାରି ସତ୍ତ୍ୱେ ମେଡ଼ିକାଲ କଲେଜ ଛାତ୍ର, ରେଭେନ୍‌ସା କଲେଜ ଛାତ୍ର ଓ ଖ୍ରୀଷ୍ଟ କଲେଜ ଛାତ୍ରଙ୍କୁ ଏକ ଲେଲିହାନ ବହ୍ନି ଅଶାନ୍ତ କରିସାରିଥିଲା। କଂଗ୍ରେସ ସଭାପତି 'କାମରାଜ ନାଦର' ଯୋଜନାରେ ମୁଖ୍ୟମନ୍ତ୍ରୀ ପଦ ତ୍ୟାଗ କରି ବିଜୁ ପଟ୍ଟନାୟକ ଯାଇଥିଲେ ସୁଦ୍ଧା। ତାଙ୍କରି ଇଙ୍ଗିତରେ ବୀରେନ୍‌ ମିତ୍ର ମୁଖ୍ୟମନ୍ତ୍ରୀ ଓଡ଼ିଶା ଶାସନ ପରିଚାଳନା କରୁଥିଲେ। ବିକ୍ଷୁବ୍ଧ ଛାତ୍ରଙ୍କୁ ଦମନ କରିବା ପାଇଁ ମୁଖ୍ୟମନ୍ତ୍ରୀ ବୀରେନ୍‌ ମିତ୍ର ତାଙ୍କର ସହପାଠୀ ପଦ୍ମନାଭ ମିଶ୍ରଙ୍କୁ ଶାସନ କାର୍ଯ୍ୟରେ ବ୍ୟବହାର କରିବା ସହ ରେଭେନ୍‌ସା କଲେଜର ଛାତ୍ର ୟୁନିୟନ ସଭାପତିଙ୍କୁ ଓଡ଼ିଶା ବାହାରକୁ ପଠାଇ ଦେଇଥିଲେ। ପ୍ରଥମ ଦଫାରେ ଛାତ୍ର-ଅଣଛାତ୍ର ୧୭୦ ଗିରଫ ହୋଇଥିଲେ। ତ୍ରିଲୋଚନ କାନୁନ୍‌ଗୋ ଛାତ୍ର ଆନ୍ଦୋଳନର ନେତୃତ୍ୱ ପରିଚାଳନା କରିଥିଲେ। ବିଶିଷ୍ଟ ସମାଜବାଦୀ ନେତା ଭାଗବତ ବେହେରାଙ୍କୁ ଧରିବା ପାଇଁ ପୋଲିସ ୧୦ ହଜାର ଟଙ୍କା ପୁରସ୍କାର ଘୋଷଣା କରିଥିଲା। କ୍ରମେ ସମଗ୍ର ଓଡ଼ିଶାର କଲେଜ ଓ ସ୍କୁଲକୁ ଛାତ୍ର ଅଶାନ୍ତି ବ୍ୟାପିଯାଇଥିଲା। ଏହି ସମୟରେ ପ୍ରଜାତନ୍ତ୍ର ସମ୍ପାଦକ ଜାନକୀ ବଲ୍ଲଭ ପଟ୍ଟନାୟକ ଓ କବି ରବି ସିଂ ଛାତ୍ର ଜନତାକୁ ଉତ୍ସାହପୂର୍ଣ୍ଣ ବାଣୀ ଶୁଣାଉଥିଲେ।[ଗ]

ବ୍ରହ୍ମପୁରରେ ବସନ୍ତ କୁମାର ଆଚାର୍ଯ୍ୟଙ୍କ ସମେତ ଯାଜପୁର ଓ ଜଗତ୍‌ସିଂହପୁରରେ ମୋଟ୍‌ ୩ ଜଣ ଛାତ୍ର ପୋଲିସ ଗୁଳିରେ ସହିଦ ହେବା ପରେ କେନ୍ଦ୍ର ସରକାର ଓଡ଼ିଶା ସରକାରଙ୍କ ଦୁର୍ବଳତା ଜାଣିବା ପରେ କେନ୍ଦ୍ରମନ୍ତ୍ରୀ ଗୁଲଜାରଲାଲ ନନ୍ଦା ଆସି ମା' ରମାଦେବୀ, ଆଚାର୍ଯ୍ୟ ହରିହର ଦାସ, ମାଲତୀ ଚୌଧୁରୀ ଓ ଦୀନବନ୍ଧୁ ସାହୁଙ୍କୁ ଏହାର ସମାଧାନ ଦାୟିତ୍ୱ ନ୍ୟସ୍ତ କରିଥିଲେ। କାରଣ କୌଣସି ମନ୍ତ୍ରୀ ବା ବିଧାୟକଙ୍କ ସହିତ ସାଲିସ କରିବାକୁ ଛାତ୍ର ନେତାଏ ପ୍ରତ୍ୟାଖ୍ୟାନ କରିଥିଲେ। ବିଚାର ବିଭାଗୀୟ ତଦନ୍ତ ଦାବିକୁ ସରକାର ଅସ୍ୱୀକାର କରିବା ପରେ ତା ୦୫.୧୧.୧୯୬୪ରେ ଆନ୍ଦୋଳନ ସ୍ଥଗିତ ହୋଇଥିଲା।

ହାଇକୋର୍ଟର ଜଣେକ ଜଜ୍‌ ସତ୍ୟଭୂଷଣ ବର୍ମନ କମିଶନ ତାଙ୍କର ରିପୋର୍ଟରେ ଶାସନଗତ ଅସଙ୍ଗତି ସମ୍ପର୍କରେ ଦର୍ଶାଇଥିଲେ ୧୯୬୬ ମସିହା

ଅକ୍ଟୋବର ମାସରେ । ପୁନର୍ବାର ୧ ୯ ୬୬ ମସିହାରେ ଛାତ୍ର ଅଶାନ୍ତି ଉଗ୍ର ହୋଇଥିଲା । ଏହି ଐତିହାସିକ ଛାତ୍ର ଆନ୍ଦୋଳନ ହେତୁ ବିଜୁ ପଟ୍ଟନାୟକଙ୍କ ଭଳି ତୁଙ୍ଗନେତା ଦୀର୍ଘ ୨୭ ବର୍ଷ ମୁଖ୍ୟମନ୍ତ୍ରୀକୁ ଫେରିପାରି ନଥିଲେ ।

ସେଦିନର ଏହି ଆହ୍ବାନ ବାସୁଦେବଙ୍କୁ ଉନ୍ମାଦ କରିଥିଲା । ସେ ସ୍କୁଲ ଛାତ୍ରମାନଙ୍କ ନେତୃତ୍ଵ ନେଇ ମହାକାଳପଡ଼ା ଥାନାରେ କଳାପତାକା ଉଡ଼ାଇଥିଲେ । ପୋଲିସ ଲାଠି ଖାଇଥିଲେ । ତାଙ୍କ ଭାଷାରେ—

"ଇତିହାସର ସେ ଅତିହାସ କଥା ଜଳିଲା ଦେଶ

କୃଷ୍ଣ କେତନ ଉଡ୍ଡୀୟାନ ହେଲା ଆକାଶ ଦେବୀ ।"

ଏହି ଛାତ୍ର ଆନ୍ଦୋଳନ ଯୋଗୁଁ ତାଙ୍କୁ ଛାତ୍ରାବାସରୁ ବିଦା କରାଗଲା । ସେ ବିଦ୍ୟାଳୟରେ ଅନଶନ କଲେ ଏବଂ ଅନ୍ୟତ୍ର ଗଜେଶ୍ଵର ବିଦ୍ୟାପୀଠର ସମ୍ପାଦକଙ୍କ ଘରେ ରହି ୧୧ଶ ଶ୍ରେଣୀ ବୋର୍ଡ଼ ପରୀକ୍ଷା ଦେଇ କୃତକାର୍ଯ୍ୟ ହେଲେ ।

ପୁନଶ୍ଚ କେନ୍ଦ୍ରାପଡ଼ା କଲେଜର ସେ ହେଲେ ଛାତ୍ରନେତା । ଛାତ୍ର ୟୁନିୟନର ଉପସଭାପତି । ସେତେବେଳେ ତଦନ୍ତ କମିଶନଙ୍କ ବିରୋଧରେ ତୀବ୍ର ଆନ୍ଦୋଳନ ହେଲା । ଏହି ଅବସରରେ କବି ବାସୁଦେବ 'ଉଦ୍ବୋଧନୀ' କବିତାରେ ଲେଖିଛନ୍ତି—

"ଜଳ ଜଳ ଜଳ ହେ ବାଡ଼ବା ଜଳ

କ୍ୟାପୁ ବୀରେନ୍ ଆସନ

କ୍ୟାପୁ ବର୍ମନ ଆସନ

କଂଗ୍ରେସର ତ ଅଙ୍ଗୀକାର ଭଙ୍ଗ

ଟଳିଯାଉ ସିଂହାସନ ।

'ଷଣ୍ଢ ମା' ପେଟରୁ ଜଟ' ନ୍ୟାୟରେ ବାସୁଦେବ ଦାସ ଶୈଶବରୁ କବିତାକୁ ଆପଣେଇ ପାରିବା ଭଳି ଜୀବନଶୈଳୀର ପ୍ରତ୍ୟେକ କ୍ଷେତ୍ରରେ ତାଙ୍କର ଆସିଛି ୂଢ଼, ବିପ୍ଳବ, ସାମାଜିକ ହୀନମନ୍ୟତା, ଆର୍ଥିକଶୋଷଣ ଏବଂ ହିତ ଶତ୍ରୁମାନଙ୍କର କପଟ ପଶାଖେଳ । ଏହି ପରିପ୍ରେକ୍ଷୀରେ ସେ ବିପ୍ଳବୀ, ସମାଜ ବ୍ୟବସ୍ଥା ତାଙ୍କୁ ବିଦ୍ରୋହୀ କରିଛି । ଏଭଳିକି ଶିକ୍ଷକତା ମଧ୍ୟରେ ଶିକ୍ଷକ ଆନ୍ଦୋଳନ ତାଙ୍କ ଚେତନାକୁ

ଅଧିକ ରସସ୍ରାବୀ କରିପାରିଛି । ଏହି ସମୟ ଖଣ୍ଡ ଭିତରେ ସେ ସାମ୍ୟବାଦୀ /
ପ୍ରଗତିବାଦୀ କବି ହେବା କଥା ବିଚାର କରାଯାଇ ନପାରେ । କିନ୍ତୁ ସ୍ଥିତାବସ୍ଥା
ଚାଲିବା ପାଇଁ ସେ ଗାଇ ଛଠନ୍ତି –

“ସଚିବ ମାର୍ଗେ ଆହ୍ୱାନ ଆସେ

ଶୁଣ ଶୁଣ ମଦଖୋର ମନ୍ତ୍ରୀ,

କବି କଲମରେ ଭୈରବ ରଚେ

ଅଗ୍ନିବୀଣାର ତ°ତ୍ରୀ ।”

୧ ୯ ୬୮ ମସିହା ଜାନୁଆରୀ ମାସରେ ମା' ରମାଦେବୀଙ୍କଠାରୁ ପତ୍ର ପାଇ
ବାସୁଦେବ ଥୋରିଆ ସାହିସ୍ତ ଭୂଦାନ ଅଫିସରେ ଯୋଗଦାନ କରନ୍ତି । ଯାହା
ଆଜିର ଗୁଣନିଧି ଭବନ । ସେହି ସମୟରେ ସେ ସତ୍ୟବାଦୀ ଯୁଗର ସନ୍ତ ଆଚାର୍ଯ୍ୟ
ହରିହରଙ୍କ ସେବା ଦାୟିତ୍ୱରେ ରହିଲେ । ବିଶିଷ୍ଟ ସ୍ୱାଧୀନତା ସଂଗ୍ରାମୀ ସଚ୍ଚିଦାନନ୍ଦ
ମହାନ୍ତି ଅସୁସ୍ଥ ହୋଇ ଚିକିସ୍ସା ପାଇଁ ଗଲେ । ଆଚାର୍ଯ୍ୟ ମହାଶୟଙ୍କ ସେବା ସହିତ
ସର୍ବୋଦୟ ପତ୍ରିକା ସମ୍ପାଦନରେ ସହାୟତା କରୁଥିଲେ କବି ବାସୁଦେବ ।

ଦିନକର କଥା – କୃଷ୍ଣ ସିଂ, ନିଶାକର ଦାସଙ୍କ ସହ ବାସୁଦେବ ଗଲେ
ଛତ୍ରବଜାର ପରିବା କିଣିବା ପାଇଁ । ବାଟରେ କୃଷ୍ଣ ସିଂ କହିଲେ ଗୋଟେ ଗୁପ୍ତ
ଖବର ଅଛି । ଉତ୍କଣ୍ଠାର ସହ ବାସୁଦେବ ତାଙ୍କ ମୁଖମଣ୍ଡଲକୁ ଚାହିଁଲେ । ସେ ଉତ୍ତର
ଦେଲେ ଏନ୍.ଭି. ଅର୍ଥାତ୍ ନକ୍ସଲ ନେତା ନାଗଭୂଷଣ ପଟନାୟକ କବି ରବି
ସିଂଙ୍କ ରାଜାବଗିଚା ଉଆସରେ ଅଛନ୍ତି । ତିନିଜଣ ସେଠାକୁ ଗଲେ । ନାଗଭୂଷଣଙ୍କୁ
ଗୋପନରେ ଡାକ୍ତରଖାନା ନେବା ପାଇଁ ବ୍ୟବସ୍ଥା ଚାଲିଥାଏ । ରିକ୍ସାଟି
ଅପେକ୍ଷାମାଣ । ଇତ୍ୟବସରରେ କବି ରବି ସିଂଙ୍କ ପତ୍ନୀ ବକୁଳ ଦେବୀ ଜଣେ
ଦୀର୍ଘକାୟ ବ୍ୟକ୍ତିଙ୍କୁ ଧରି ଆସିଲେ । ସେହି ପୁରୁଷ ପୁଙ୍ଗବଙ୍କୁ ଦେଖି ବାସୁଦେବଙ୍କର
ଆତ୍ମବିଶ୍ୱାସ ଜାତ ହେଲା ଯେ, ବିପ୍ଲବୀ ଏହି ପ୍ରକାର ତ୍ୟାଗୀ ଓ ଲଢ଼େଇର ସର୍ଦ୍ଧାର
ହୋଇଥିବେ । ଆଖି ଦୁଇଟା ଜ୍ୱଳମାନ । ମଥାର କେଶ ସିଂହ କେଶର ପରି ।
ସେତେବେଳେ ତାଙ୍କ ଗୋଡ଼ରେ ଯେଉଁ ଗୁଲି ବାଜିଥିଲା, ତାହା ପଚି ସେଥିରେ
ପୋକ ହୋଇଗଲାଣି । ସେ ଡାକ୍ତରଖାନା ଯିବାବେଳେ ବକୁଳ ଦେବୀଙ୍କୁ ରବି ସିଂ

ଟଙ୍କା ଦେଲେ । ରିକ୍ସାରେ ଶାଢ଼ି ଗୁଡ଼େଇ ଦିଆଗଲା । ତା' ପରେ ରବି ସିଂ ଏମାନଙ୍କୁ କହିଲେ – "କ'ଣ ବିପ୍ଳବୀ ହୋଇଗଲ ! ଖବରଦାର୍ କାହାକୁ କହିବ ନାହିଁ ।" ବାସୁବାବୁ ଉତ୍ତର ଦେଇଥିଲେ – "ମୁଁ ଗୁରୁ ପାଇଲି – ଏଣିକି ଚାଲିବି ।" ତା' ପରେ ବାସୁଦେବ ଦାସ ଭୂଦାନ ଅଫିସରେ ଆସି ଲେଖିଲେ ନାଁଟି ମୋର ନକ୍ସଲ ଓ ନ ହେବି କାହିଁକି ନକ୍ସଲ ।

ତା.୨୧.୦୫.୧୯୬୭ରିଖରେ ବଙ୍ଗଦେଶର ନକ୍ସଲବାଡ଼ି ନାମକ ଗ୍ରାମରେ କୃଷକ-ମାଲିକର ସଂଘର୍ଷ ତୀବ୍ର ରୂପ ଧାରଣ କରିଥିଲା । ଯେଉଁ ଆନ୍ଦୋଳନରେ ଚାରୁ ମଜୁମ୍‌ଦାର, କାହ୍ନୁ ସାନ୍ୟାଲ ଓ ନାଗଭୂଷଣ ପଟ୍ଟନାୟକ ସବୁ ସଂଶ୍ଳିଷ୍ଟ ଥିଲେ । ସମଗ୍ର ଭାରତବର୍ଷର ଦୃଷ୍ଟି ଆକର୍ଷଣ କରିଥିଲା ଏହି କୃଷକ ଓ ଜମି ମାଲିକର ସଂଘର୍ଷ । ଏହା ମାର୍କ୍ସବାଦୀ ଚିନ୍ତାଧାରାର ନିକଟବର୍ତ୍ତୀ ଏକ ଦର୍ଶନ ଭାବେ ବିବେଚିତ । ସେହି ରଣାଙ୍ଗନରେ ଅବତୀର୍ଣ୍ଣ ହୋଇଥିବା ନାଗଭୂଷଣ ପଟ୍ଟନାୟକ ପୋଲିସ ଆଖିରେ ଧୂଲି ଦେଇ ଆସି ବିପ୍ଳବୀ ରବି ସିଂଙ୍କ ବସାଘରେ ଆତ୍ମଗୋପନ କରିଥିଲେ । ସ୍ୱୟଂ ରବି ସିଂ ମଧ୍ୟ 'ନକ୍ସଲ' ନେତା ସାଜି ଆନ୍ଦୋଳନକୁ ସମର୍ଥନ ଜଣାଇଥିଲେ ।

୧୯୬୧ ମସିହା ବେଳକୁ ଭୂଦାନ ଆନ୍ଦୋଳନର ବିଦ୍ରୋହୀ ବିଶ୍ୱାମିତ୍ର ବିନୋବା ଭାବେ ଘୋଷଣା କରିଥିଲେ ଯେ, "କରୁଣାରେ ଯଦି ନ ହେଲା, କାନୁନ୍‌ରେ କର, କାନୁନ୍‌ ନ ହେଲେ କତଲରେ ହିଁ ଭୂ-ବନ୍ଧନ ଓ ଆର୍ଥନୀତିକ ସମତା ଆସିବ ।" ଏଣୁ ନକ୍ସଲ ଗ୍ରାମର ଚାଷୀ କଦଳ ଏକ 'ବାଦ'ରେ ପରିଣତ ହେବାବେଳକୁ ବିନୋବା ଭାବେଙ୍କର କରୁଣା-କାନୁନ-କତଲ ଭିତରେ ସାମାନ୍ୟ ସାର୍ଥକ ମନେହେଲା ବୋଲି ବିପ୍ଲବ ଆଧାରିତ ରଚନା 'ସର୍ବୋଦୟ' ପତ୍ରିକାରେ ସ୍ଥାନ ପାଇଲା । ମନମୋହନ ଚୌଧୁରୀ, ଅନାଦି ନାୟକ, ବିକ୍ରମ କେଶରୀ ବିଶ୍ୱାଳ, କୃଷ୍ଣ ସିଂ ପ୍ରମୁଖ ଏତାଦୃଶ ଭାବାଦର୍ଶରେ ସାହିତ୍ୟ ରଚନା କରିଥିଲେ । କନିକାର ବିପ୍ଳବୀ ପ୍ରଫୁଲ୍ଲ ଦାସ ଭୂଦାନ ଆନ୍ଦୋଳନରେ ଥାଇ ତାଙ୍କର ସମଗ୍ର ସୃଷ୍ଟିକୁ ଗାନ୍ଧିବାଦରୁ ମାର୍କ୍ସୀୟ ଚେତନା ଆଡ଼କୁ ମୁହାଁଇ ଦେଇଥିଲେ । କବି ବାସୁଦେବ ଦାସ ଏହି ପରିବେଶ ମଧ୍ୟରେ ମାର୍କ୍ସଙ୍କ ବିଷୟରେ ଯଥା ମାର୍କ୍ସ କ'ଣ କହିଥିଲେ : 'ଭାବାଦର୍ଶକୁ ମାର୍କ୍ସ-ଝୁଟା ବେଦନା' (False Consciousness) ନାମରେ ଅଭିହିତ କରିଛନ୍ତି ।

ସେ ଏହାକୁ Gamesobscure ସହ ତୁଳନା କରିଛନ୍ତି । ଭାବାଦର୍ଶ ଫଟୋ ନୁହେଁ, ଫଟୋର ଓଲଟ ଅସ୍ତିତ୍ୱ । ମଣିଷ ମୁକ୍ତିବୋଧ ଯୁକ୍ତ ସମୀକ୍ଷକ, ଧ୍ୟାନସ୍ଥ ହେବାର ଦୃଷ୍ଟିଭଙ୍ଗୀର ଅଭାବରୁ ଭ୍ରମଜାଲରେ ନିକ୍ଷିପ୍ତ ହୁଏ; ମଧୁର ମିଥ୍ୟାକୁ ଆଦରି ନିଏ । ଭାଗ୍ୟ, ଭାଗ୍ୟବାଦ, ଭଗବାନ, ଧର୍ମ ଅର୍ଥ କାମ ମୋକ୍ଷ ଇତ୍ୟାଦି ଭାବବାଦୀ ଧାରଣାକୁ ଆପଣାଏ । ନିଜକୁ ପୁଞ୍ଜି ଓ ରାଷ୍ଟ୍ରର କ୍ରୀଡ଼ନକ ପାଲଟାଏ । ଭାବାଦର୍ଶର ଧର୍ମୀୟ ଖୋଲପାକୁ ଉନ୍ମୋଚିତ କରିବାକୁ ଯାଇ କାର୍ଲମାର୍କ୍ସ ଧର୍ମର ସମାଲୋଚନା କରିଛନ୍ତି । ତାଙ୍କର ଧର୍ମ ସମ୍ପର୍କିତ ସମୀକ୍ଷାମୂଳକ ଅବବୋଧ ବିଜ୍ଞାନ ସମ୍ମତ ଓ ଉଚ୍ଚକୋଟୀର । ମାର୍କ୍ସ ଅନ୍ୟାନ୍ୟ ନାସ୍ତିକଙ୍କ ଭଳି ଈଶ୍ୱର ଅଛନ୍ତି ନାହାଁନ୍ତିର ଯୁକ୍ତି ଭିତରକୁ ପଶିନାହାନ୍ତି । ବରଂ ଅତ୍ୟନ୍ତ ସମ୍ବେଦନଶୀଳ ଭାବରେ ସେ ଧର୍ମ ଓ ଈଶ୍ୱରଙ୍କୁ ହୃଦୟହୀନ ପୃଥିବୀରେ ହୃଦୟ, ଆତ୍ମାହୀନ ପରିବେଶର ଆତ୍ମା, ନିପୀଡ଼ିତର ହାହାକାର ଓ ସର୍ବୋପରି ମଣିଷର ଅଫିମ ନିଶା ବୋଲି କହିଛନ୍ତି ।

Kalmarks Eary writing - Pengeen ପୁସ୍ତକରେ କୁହାଯାଇଛି– "It is the oprium of the people. The abolition of religion as the illusory happiness of the people is the demand for their real happiness." ଧର୍ମର ଆଧ୍ୟାତ୍ମିକ ଦିଗଟି ଲୋକପ୍ରିୟ । ନିଶାଗ୍ରସ୍ତ ବ୍ୟକ୍ତିର ମାନସିକତା ନେଇ ହକ୍ ଦାବି ଓ ସଂଗ୍ରାମ ପ୍ରତି ବିମୁଖ କରିଥାଏ । ଏହି ଦୃଷ୍ଟିରୁ ଧର୍ମର ବାହ୍ୟସଭାକୁ ପରିହାର କରି ସଂଗ୍ରାମ ପ୍ରତି ବିମୁଖ କରିଥାଏ । ଏହି ଦୃଷ୍ଟିରୁ ଧର୍ମର ବାହ୍ୟସଭାକୁ ପରିହାର କରି ସଂଗ୍ରାମୀ ହେବାର ଆହ୍ୱାନ କାର୍ଲମାର୍କ୍ସଙ୍କୁ ଜଣେ ସ୍ୱତନ୍ତ୍ର ଦାର୍ଶନିକର ପରିଚୟ ଦେଇପାରିଥିଲା ।

ଶୋଷଣ, ଅନ୍ୟାୟ, ଦୁର୍ନୀତି, ଜାତିବାଦ, ଆଞ୍ଚଳିକବାଦ ଓ ବୈଷମ୍ୟ ବୃଦ୍ଧି ପାଇଥାଏ । ଅର୍ଥ କହିଲେ ଶ୍ରମର ଠୁଳୀଭୂତ ରୂପ, ତାହା ଉତ୍ପାଦନ ବା ଉପାର୍ଜନ ହୋଇପାରେ । ଶ୍ରମଲୁଣ୍ଠନ ହିଁ ଅର୍ଥ ଶୋଷଣ, ଆର୍ଥିକ ଶଠତା ମଧ୍ୟ ଶ୍ରମଶକ୍ତିର ଅପହରଣ । ମାର୍କସବାଦୀଙ୍କ ମତରେ ଶ୍ରମ ହିଁ ମଣିଷର ପ୍ରାକୃତିକ ଗୁଣାବଳୀ । ଶ୍ରମ ହିଁ ମଣିଷର ସୃଜନଶୀଳତାର ଉସ୍ର । ପ୍ରକୃତିଗତ ଭାବରେ ଶ୍ରମ ପ୍ରକ୍ରିୟାରେ ମଣିଷ ସ୍ୱାଧୀନ । ମାର୍କ୍ସଙ୍କ ମତରେ ଶ୍ରମ ମଣିଷର ଜୀବନଚର୍ଯ୍ୟା ସହିତ ଜଡ଼ିତ ।

ଭୂଦାନ ଅଫିସରେ ବାସୁଦେବ ବହୁ ବିଶିଷ୍ଟ ପ୍ରଗତିଶୀଳ ଲେଖକ ଓ ନେତାଙ୍କ ସହିତ ମିଶିବାର ସୁଯୋଗ ଲାଭ କଲେ – କବି କାଳିନ୍ଦୀଚରଣ ପାଣିଗ୍ରାହୀ, ଶ୍ରୀମତୀ ନନ୍ଦିନୀ ଶତପଥୀ, ଲୋକନାଥ ଚୌଧୁରୀ, ମନ୍‌ମୋହନ ମିଶ୍ରଙ୍କଠାରୁ ଆରମ୍ଭ କରି ଶ୍ରମିକ ୟୁନିୟନ ନେତାଙ୍କୁ ଭେଟି ପାରିଥିଲେ । ସର୍ବୋପରି ନବକୃଷ୍ଣ ଚୌଧୁରୀ ସେହି କାଳର ବିପ୍ଲବୀ ପ୍ରଫୁଲ୍ଲ ଦାସଙ୍କର ଏକ ପୁସ୍ତକର ମୁଖବନ୍ଧ ଲେଖିବାବେଳେ ଯେଉଁ ଶାଣିତ ବକ୍ତବ୍ୟ ଦେଇଥିଲେ ତାହା ତାଙ୍କୁ ଅଧିକ ଉଦ୍‌ବୁଦ୍ଧ କରିଥିଲା । କୁସଂସ୍କାରପୂର୍ଣ୍ଣ ପୁରାତନ ପ୍ରଥା ଉପରେ ଆଘାତ କରିବା ପ୍ରଥମ ସର୍ତ୍ତ ବୋଲି ଗ୍ରହଣ କରିଥିଲେ ।

ଆଶିଷ ମହାପାତ୍ର ତାଙ୍କ ଯୁଗସ୍ରଷ୍ଟା ଭଗବତୀ ପାଣିଗ୍ରାହୀ ଗ୍ରନ୍ଥରେ ଉଲ୍ଲେଖ କରିଛନ୍ତି– "ପଚାସଢ଼ା ଚିନ୍ତାଧାରା ଓ ଅନ୍ଧବିଶ୍ୱାସ ଓ ତଥାକଥିତ ଋଷିମୁନିମାନେ ଭାରସାମ୍ୟହୀନ ଭାବେ ପ୍ରଣୟନ କରିଥିବା ନୀତିନିୟମ ଉପରେ ଶାଣିତ ଆଘାତ ନ କଲେ ନୂତନ ଯୁଗର ଅଭ୍ୟୁଦୟ ହୋଇପାରିବ ନାହିଁ ବୋଲି ବ୍ୟକ୍ତ କରିଛନ୍ତି ।" ଉପର୍ଯ୍ୟୁକ୍ତ ତଥ୍ୟ ବାସୁଦେବଙ୍କୁ ବିଶେଷ ପ୍ରଭାବିତ କରିଥିଲା । ସେହି ସମସାମୟିକ ଘଟଣା ପ୍ରବାହ ଦେଇ ସେ ରଚନା କରି ଚାଲିଲେ ବିପ୍ଲବୀ କବିତା ଓ କାବ୍ୟ ।

ପ୍ରତିବାଦ ସହିତ ପ୍ରତିବଦ୍ଧତା ନ ରହିଲେ ତାହା ପ୍ରଗତିବାଦୀ ସାହିତ୍ୟ ହୋଇପାରେ ନାହିଁ । ପ୍ରଗତିବାଦୀ ସାହିତ୍ୟର ଯେଉଁ ସର୍ତ୍ତାବଳୀ ଲିପିବଦ୍ଧ ହୋଇଆସିଛି ସେଗୁଡ଼ିକ ପ୍ରାୟ କବି ବାସୁଦେବ ଦାସ ତାଙ୍କ କବିତାରେ ପରିଶୀଳିତ କରିଛନ୍ତି । ଏହି ସବୁ ତାଙ୍କ କବିତାର ଅନ୍ତଃପ୍ରଜ୍ଞା ବା ଭାବଭୂମି–

୧ । ଧର୍ମୀୟ ଭଣ୍ଡାମି ବା ମୌଳବାଦୀ ବିରୋଧରେ ସ୍ୱର ଉତ୍ତୋଳନ ।

୨ । ମହାଜନୀ / ଔଦ୍ୟୋଗିକ ଶୋଷଣ ବିରୋଧରେ ପ୍ରତିବାଦ ।

୩ । ଅବିଚାର ଓ ବିସଙ୍ଗତି ବିରୋଧରେ ପ୍ରତିବାଦ ଓ ପ୍ରତିବଦ୍ଧତା ।

୪ । ନାରୀମୁକ୍ତିର ଆହ୍ୱାନ ।

୫ । ଜାତିବାଦ ବିରୋଧରେ ସ୍ୱର ଉତ୍ତୋଳନ ।

୬ । ସାମ୍ପ୍ରଦାୟିକ ସଦ୍‌ଭାବନା ଓ ଧର୍ମୀୟ ସହନଶୀଳତା ।

୭ । ଗଣମୁଖୀ ଆବେଦନ

୮। ପୀଡ଼ିତ ପ୍ରତି ସହାନୁଭୂତି

୯। ଉଗ୍ର ବାମପନ୍ଥୀ ଆଦର୍ଶରେ ଆସ୍ଥା ସ୍ଥାପନ।

୧୦। କୃଷକ-ସର୍ବହରା ଶ୍ରେଣୀ ପ୍ରତି ସମ୍ବେଦନଶୀଲତା

୧୧। ସାମାଜିକ ଦ୍ବନ୍ଦ୍ୱ / ସଂଘର୍ଷର ଚିତ୍ର ଉପସ୍ଥାପନ

୧୨। ସମାଜବାଦୀ ବାସ୍ତବତାର ରୂପାୟଣ।

କବି ବାସୁଦେବ ଦାସ ତାଙ୍କ ସଂଗ୍ରାମର ଆଦର୍ଶ ଉପରେ ବେଶ୍ ଆସ୍ଥାବାନ। ସେ ତାଙ୍କର 'ପରିତର୍ପଣ' କବିତା ପୁସ୍ତକର 'ଯତ୍‍କିଞ୍ଚିତ୍' ମୁଖବନ୍ଧରେ ପ୍ରଗତିଶୀଲ ସଂଗ୍ରାମକୁ ଚମତ୍କାର ରୀତିରେ ବ୍ୟକ୍ତ କରିଛନ୍ତି। ଯଥା- "ଦିନ ଆସିବ, ଆମ୍ଭମାନଙ୍କର ଆଶା ଆକାଂକ୍ଷା ପୂର୍ଣ୍ଣ ହେବ। ହୁଏତ ମୁଁ ଏ ଧରା ଧାମରେ ନଥିବି। ମାତ୍ର ମୋର ଉତ୍ତର ପୁରୁଷ ମୁଁ ଛାଡ଼ିଯାଇଥିବା ସଂଗ୍ରାମର ସୂତ୍ରକୁ ପୁନଶ୍ଚ ଗ୍ରହଣ କରି ଅଗ୍ରଗାମୀ ହେବେ। ସେମାନେ ଜାଣନ୍ତୁ, ଦୁର୍ଗମ ମୋର ପଥ, ଦୁର୍ବାର ମୋର ସାହସ, ଦୁର୍ଭେଦ୍ୟ ମୋର ଦୁର୍ଗ, ଲଢ଼େଇରେ ମୋର ଜିତାପଟ। କାପୁରୁଷ ପଛରେ କରନ୍ତି ଷଡ଼ଯନ୍ତ। ସେଇ 'ଲଜ୍ଜାବିଜୟୀ' ମାନଙ୍କର କପଟ ପଶାର ଖେଳ ଆଜି ଚୁରୁମାର ହୋଇଯାଇଛି।"

(୧) ଧର୍ମୀୟ ଭଣ୍ଡାମୀ / ମୌଳବାଦୀ ବିରୋଧୀ ସ୍ବର :

କବି ବାସୁଦେବ ସଂସ୍କାରଶୀଲ ସଚେତନ କବି। ଆରମ୍ଭରୁ ସେ ଧର୍ମ ନାଁରେ ଚାଲିଥିବା ପ୍ରବଞ୍ଚନାର ବିରୋଧ କରି ଲେଖିଆସିଛନ୍ତି। 'ପରିତର୍ପଣ' କବିତା ସଂକଳନର ପ୍ରଚ୍ଛଦପୃଷ୍ଠାରେ ଜଗନ୍ନାଥଙ୍କ ଅଙ୍ଗୁମୋଚନ ଚିତ୍ର ପାଠକୁ ସ୍ତବ୍ଧ କରିଥାଏ। ଧର୍ମ ନାମରେ ଶୋଷଣ ଏକ ଧାରାରେ ପରିଣତ ହୋଇଥିବାର ମନେହୁଏ।

"ସତ୍ୟର ସିଂହଦ୍ଵାରେ / ଉଭା ହୋଇ ଶୋଷିତ ପୀଡ଼ିତ

ଚଢ଼ିବେ / ଆନନ୍ଦ ବଜାରେ

ପ୍ରେମର ପ୍ରସାଦ ସେବିତ।

ଚେତନାର ଶରଧା ବାଲିରେ / କବି ଗଢ଼େ ଜୟ ନଦଘୋଷ

ବିତାଅ ଉନ୍ନିଦ୍ର ରଜନୀ / ସାଧନାର ବାଇଶି ପାହାଚ।"

କବି ନକରାତ୍ମକ ଭାବ ପୋଷଣ ନ କରି ଜଗନ୍ନାଥଙ୍କୁ ଏକ ସକାରାତ୍ମକ ଦୃଷ୍ଟିରେ ଅଥଚ ନୂତନ ଚେତନା ଭିତରେ ଦେଖିଛନ୍ତି। ଚେତନାର ଶରଧାବାଲିରେ ଗଡ଼ି ଗଡ଼ି, ସାଧନାର ବାଇଶି ପାହାଚ ଚଢ଼ି ଚଢ଼ି, ଆନନ୍ଦ ବଜାରର ପ୍ରେମର ପ୍ରସାଦ ପାଇ ସଫଳତାର ଜଗନ୍ନାଥଙ୍କୁ ଦର୍ଶନ କର।

କବିର କବିତାରେ ରହିଛି ସାର୍ବଜନୀନ କଲ୍ୟାଣର ଆବେଦନ। ଭାବ ପ୍ରବଣତାରେ ଭାସିଯିବା କବିର ସ୍ୱଭାବ ନୁହେଁ। କବି ବାସୁଦେବଙ୍କ ଉଦାତ୍ତ ଘୋଷଣା।

"କବି ନୁହେଁ ଭଣ୍ଡ ଭକ୍ତ / ନୁହଁଇ କୀର୍ତ୍ତନ ପାଗଳ

ମାଗେ ସେ ଶରଧା ବାଲି / ବିକାଶର ସଶବ୍ଦ ମର୍ଦ୍ଦଳ।"

ତେଣୁ କବିର ସାମାଜିକ ଅଙ୍ଗୀକାରବଦ୍ଧତା ହେଉଛି ସାର୍ବଜନୀନ ଜୀବନବୋଧ ଉପରେ ଆଧାରିତ ବିକାଶବାଦକୁ ଆଗେଇ ନେବାକୁ ଜଗନ୍ନାଥଙ୍କୁ ସମାଲୋଚନା କରିବା ପରିବର୍ତ୍ତେ ଉତ୍କଳୀୟ ଜନମାନସର ମହାନ ପ୍ରତିଭୁଙ୍କୁ ଅଧିକନ୍ତୁ ପ୍ରାର୍ଥନା କରିବାକୁ ଉଚିତ୍ ମନେ କରିଛନ୍ତି।

"ସେଇଠି ପ୍ରଣତି ମୋର / ଅନୁରାଗେ ମୋ ପରିତର୍ପଣ

ଯେଉଁଠି ସାମନ୍ତ ମାଗେ / ଝାଡ଼ୁଦାର ପଣ

ପ୍ରାର୍ଥନା ମୋ କିଛି ନାହିଁ / ମାନବତାର ମହା ଅନ୍ୱେଷଣ।"

ସତ୍ୟ-ଧର୍ମର ନିର୍ମମ ଭାବରେ ଦର୍ଣ୍ଣଚିପା ଚାଲିଥିବା ଭଳି ବାସ୍ତବ ଘଟଣା ତାଙ୍କ କବିତାରେ ବିମୂର୍ତ୍ତ ରୂପ ଗ୍ରହଣ କରିଛି। ପ୍ରକୃତି ମଧ୍ୟରେ ବିଦ୍ରୋହର ସ୍ୱର ଅନ୍ୟ କବିବୃନ୍ଦ ଦେଖି ନଥିବା ସ୍ଥଳେ ବାସୁଦେବ ତାଙ୍କ କବିତାରେ ପ୍ରକୃତିକୁ ଆଧାର କରିଛନ୍ତି। ଅନ୍ୟାୟ, ଧର୍ମ ନାମରେ ଚାଲିଥିବା ଶଠତା ପ୍ରତି ତାଙ୍କର ପ୍ରତିବାଦ ଅତି ଅନ୍ତରଙ୍ଗ ରୂପଲାଭ କରିଛି।

"ରାତ୍ରି ତମାମ ବାଜୁଥାଏ / ନଡ଼ିଆ ଗଛରେ ଅଶ୍ୱର ଏସରାଜ

ଗର୍ଜୁଥାଏ ରାଜନେତା ସମ / ତାଳଗଛ ଭାଷଣରେ ବିଦ୍ରୋହର ସ୍ୱର।"

ସତ୍ୟ ହିଁ ଧର୍ମ। ବୈଦିକ ଗ୍ରନ୍ଥରେ ସତ୍ୟ / ପରମ ସତ୍ୟକୁ ଈଶ୍ୱର ଭାବେ ସଂଜ୍ଞାନ ଦିଆଯାଇଛି। ସତ୍ୟର ଅନ୍ୟ ନାମ ରତ। ସାମାଜିକ ଜୀବନର ବାସ୍ତବତା ସତ୍ୟର ମାର୍ଗଦେଇ ରତୁରେ ପରିଶୋଳିତ ହୁଏ। ଏହା ପାପ ବିନାଶ କରିଥାଏ।

“ଓ’ମ୍ ରତଂ ଚ ସତ୍ୟଂ ଚଭୀଦ୍ଧାର ଉପସୋଧ୍ୟଜାୟତ

ତତୋ ରାତ୍ର୍ୟ ଜାୟତ ତ୍ରତଃ ସମୁଦ୍ରୋ ଅର୍ଣ୍ବଃ ।” (ରଗ୍ ୧୦/୧୯୦/୧)

ରଗ୍‌ବେଦର ‘ଅଘମର୍ଷଣ’ ଅଧ୍ୟାୟରେ ଉକ୍ତ ମନ୍ତ୍ର ଉଚ୍ଚାରଣ କରାଯାଇଅଛି । ଋଷି ମଣିଷର ଦର୍ଶନରେ ପ୍ରତିଫଳିତ ହୋଇଛି ସତ୍ୟ ଅର୍ଣ୍ବ ପରି ଚିରପବିତ୍ର ଓ ହିତକାରୀ । କର୍ମ ନାମରେ ପାଷାଣ୍ଡମାନଙ୍କର ହୀନ ଅଭିଳାଷକୁ କବି ପ୍ରକାଶ କରିଛନ୍ତି :—

“ସତ୍ୟର କୁଡ଼ିଆଘରେ / ସାତାଙ୍କ କଲିଜା ଥରେ

ଈଶ୍ବରଙ୍କ ଡାଳ ପାଲା ଖସିପଡ଼େ / ଅଦୂର ହୁଙ୍କାରେ

ମାରୀଚ ମାୟାରେ / କୋମଳ ନିଷ୍ପାପ ସତ୍ୟର ତଣ୍ଟିଚିପା ହୁଏ ।”

(‘ପରିତର୍ପଣ’ – ଶୂନ୍ୟ ଭାଗଫଳ)

ଈଶ୍ବରବାଦକୁ ଗୌଣ କରି କବି ତାଙ୍କର ପ୍ରଣୀତ ‘ଭୂମି ଓ ଭୂମିକା’ କବିତା ସଂକଳନରେ ଅଙ୍କନ କରିଛନ୍ତି ଈଶ୍ବରଙ୍କ ମାନଚିତ୍ର । ବେଦରେ ଈଶ୍ବରଙ୍କର କୌଣସି ସ୍ବରୂପ ନ ଥିବାବେଳେ ପୁରାଣମାନଙ୍କରେ ତାଙ୍କର ସ୍ବରୂପ, ଅବତାର ଲୀଳାଦି ବର୍ଣ୍ନ କରାଯାଇଅଛି । ପୁରାଣର ଅତିରଞ୍ଜନ, ଚାରିତ୍ରିକ ସ୍ଖଳନ ଓ ପ୍ରେମର ବିକୃତ ଆଖ୍ୟା ସାଧାରଣ ମଣିଷକୁ ଭାଗ୍ୟବାଦ / ପୂର୍ବଜନ୍ମ ଡୋରିରେ ବାନ୍ଧିଦେଇ ସମାଜ ବ୍ୟବସ୍ଥାକୁ କରିଛି ବିଭ୍ରାନ୍ତ । ଦାରିଦ୍ର୍ୟ, ଶୋଷଣ, ହରଣ ଆଦି ପୁରାଣର ସୌଖୀନ ବସ୍ତୁକୁ ଲୋକେ ଆକଣ୍ଠ ପାନ କରିଥାନ୍ତି । ଫଳରେ ଏହାର ପ୍ରକୃତ ଉଦ୍ଦେଶ୍ୟ ଭ୍ରଷ୍ଟ ହୋଇଯାଏ । ଏହି ପରିପ୍ରେକ୍ଷୀରେ ମାନବର ଶକ୍ତି ଓ ସ୍ବମିତକୁ ଡଃ ବାସୁଦେବ ଦାସ ଗୁରୁତ୍ବ ଦେଇଛନ୍ତି । କବି ମାତାପିତାଙ୍କୁ ତାଙ୍କ ଜୀବନର ଶ୍ରେଷ୍ଠତ୍ବ ପ୍ରଦାନ କରନ୍ତି ।

“ସିଏ କ’ଣ ଈଶ୍ବରର କୁଲି ?

ପିତାଙ୍କର ଔରସର ପୌରୁଷ ମୁଁ

ସଂତାନ ମୋ ନାମ

ମୋ ବାପାର ଯଥାର୍ଥ ପ୍ରମାଣ

ସୃଷ୍ଟିର ନିଶାଣ,

ମା'ର ମାତୃତ୍ୱ ପାଇଁ ଅଲିଭା ସ୍ୱାପ୍ନ ।" (ଆଖି ଖୋଲିଲେ ଆକାଶ)

କବି ବାସୁଦେବ ଭୀମଭୋଇଙ୍କ ପରି ମାତା ପିତା ସୁକୃତରୁ ଜାତ ହେବାର ଗୌରବ ଲାଭ କରିଛନ୍ତି ।

"କାହିଁଗଲେ ଈଶ୍ୱର ଉଭେଇ

କେତେ ବଡ଼ କ୍ଷୁଦ୍ର ସିଏ ମିଳିଲା ତ ନାହିଁ ?"

ବେଦ, ପୁରାଣ, ଶାସ୍ତ୍ରମାନଙ୍କରେ ଈଶ୍ୱରଙ୍କ ପ୍ରଶସ୍ତିର ଅଭାବ ନାହିଁ, କିଏ ଭୂମା, କିଏ ବ୍ରହ୍ମ, କିଏ ସର୍ବଶକ୍ତିମାନ ଓ ସର୍ବବ୍ୟାପକ କହିବା ସହିତ ଶଙ୍ଖଚକ୍ରଧାରୀଙ୍କୁ ଉଭା କରାଇ ନାରାୟଣର ଆସନରେ ଅବତୀର୍ଣ୍ଣ କରି ଦେଇଛନ୍ତି ।

"ବେଦଗୀତା, ଭାଗବତ ପୁରାଣ କୋରାନ

ଈଶ୍ୱରଙ୍କ ବସାଘର,

ଧର୍ମସିନା ସୁଖର କାରଣ,

କୋରାନ୍ ଗୀତାରେ ଦିନେ ହଜିଗଲା ଆତ୍ମା

ଡାକିଡାକି ଅନ୍ଧାର କୋଠିରେ, ଶ୍ମଶାନରେ

କାନ୍ଦି ବୁଲି, ଈଶ୍ୱର ଅବା ମଣିଷର ଛାଇ

ଆପଣି ଅଭିଯୋଗ, ଦରଖାସ୍ତ

କଥା କିଛି କହିଲେ ତ ନାହିଁ ?" (ବହ୍ନିମନ୍ଦାର – ଈଶ୍ୱରର ମାନଚିତ୍ର)

କବି ଦୁଃଖ, ଅନାହାର ଓ ଅଭାବ ଭିତରେ ପ୍ରାର୍ଥନା କରିଛନ୍ତି । ଦେବାର୍ଚ୍ଚନା କରିଛନ୍ତି, କେହି ତାଙ୍କ କଥା ଶୁଣିବାର ସେ ସ୍ୱୀକାର କରନ୍ତି ନାହିଁ । ଈଶ୍ୱର ସ୍ୱର୍ଗର ଲୋକ, ଐନ୍ଦ୍ରଜାଲିକ, ମାୟାରେ ସବୁ କିଛି ଓଲଟ୍‌ପାଲଟ କରନ୍ତି । ଏଣୁ କବିଙ୍କର ବିଶ୍ୱାସ ବ୍ୟାହତ ହୋଇଛି । କବିଙ୍କ ମତରେ ମଣିଷ ଯାହାଠାରୁ ଲାଭପାଏ ବା ଭୟ କରେ । ତାଙ୍କୁ ହିଁ ପୂଜାକରେ । ମଣିଷ ମଣିଷ ଦ୍ୱାରା ହିଁ ସମାଜରେ ବିକଶିତ ଓ ପ୍ରସିଦ୍ଧ ହୋଇଥାଏ ।

"ସୂର୍ଯ୍ୟର ଧର୍ମ ଦିଏ ଆଲୋକ ଓ ତେଜ

ପୃଥିବୀଟା ଘୂରି ଘୂରି ଦିନରାତି,

ଋତୁଙ୍କର କାର୍ଯ୍ୟ,

ସକଳେ ସମାଜ ବାଦେ, ପରଶଇ ବାୟୁ

ଅଗ୍ନି ନିଜେ ଧର୍ମେ ଜଳେ ଆଉ ପରମାୟୁ

ଏ ତ ଶାଶ୍ୱତ ଧର୍ମ, ପରମ କର୍ତ୍ତବ୍ୟ

ମାନବର ମାନବତା, ସୁକର୍ମ

ସଦା ଈଶ୍ୱର ମନ୍ତବ୍ୟ।" (ଈଶ୍ୱରର ମାନଚିତ୍ର, ଭୂମି ଓ ଭୂମିକା)

ଉକ୍ତ ସଂକଳନର 'ଭୂମିକା–ସରସ୍ୱତୀଙ୍କର' କବିତାରେ ରହିଛି ମାନବିକତାର ସ୍ୱୀକୃତି ଆଉ ସାଧନାର ପରାକାଷ୍ଠା। ତାଙ୍କୁ ଅତିମାନବୀୟ ନାରୀ ରୂପରେ ଚିତ୍ରଣ କରାଯାଇଛି। କବିଙ୍କ ମତରେ –

"କିଏ କହେ ବାଣୀ ତୁମେ

ଶିବରାଣୀ ବିଶ୍ୱର ଜନନୀ

ହାତରେ ବଲ୍ଲୁକୀ ନାମ ବୀଣାପାଣି।"

ସରସ୍ୱତୀ ଜଣେ ଦକ୍ଷ କଳାକାର ଶିଳ୍ପ ଗୌରବ ମଣ୍ଡିତା ବିଚିତ୍ର ଚିତ୍ରର, ବାଙ୍ମୟ ବିଭୂତି। ତାଙ୍କର ପ୍ରଚଳିତ ରୂପ ଓ ପୂଜାକୁ କବି ଉପହାସ କରିଛନ୍ତି। ପୂର୍ବଜ କବିକୁଳଙ୍କର ସ୍ତୁତିକୁ ପାଥେୟ କରି କବି କହନ୍ତି ପ୍ରକୃତିର ପ୍ରଶାନ୍ତି କୋଳରେ ମଧ ତୁମକୁ ପାଇ ପାରିନାହିଁ। ପାଇଥିବ ସୁଦକ୍ଷ ଶିଳ୍ପୀଟିଏ ତାହାର କଳ୍ପନାର ଭୂମି ଓ ଭୂମାରେ।

"ମୋର ସ୍ୱପ୍ନିଲ ଭୂମିରେ

ତମର ସେ କୋମଳ ଚରଣ

ପଡ଼ିବାର ପ୍ରଚ୍ଛାୟା ପାଇନି କାହିଁରେ ?

ସକଳେ ନଇବେଦ୍ୟ ଆରପି ବିକଳେ

ପୂଜନ୍ତି ଚରଣ ତଳେ ପଡ଼ି ଯେତେବେଳେ

ମୁଁ କିନ୍ତୁ ପ୍ରାଣ ଖୋଲି ହସେ।"

‘ଚନ୍ଦ୍ରସେଣର ଦୁର୍ଗା ପୂଜା’ରେ ଶାଣିତ ବ୍ୟଙ୍ଗ, ଭୀରୁ, କାପୁରୁଷ ଓ ଶଠମାନେ ଦୁର୍ଗାପୂଜା କରି ସମାଜ ବ୍ୟବସ୍ଥାରେ ସୃଷ୍ଟି କରିଛି ବ୍ୟଭିଚାର । ନା ଦୁର୍ଗା କିଛି ବୀରତ୍ୱର ସଂକେତ ଦିଏ, ନା ବୀର ପୁଙ୍ଗବମାନେ ସତ୍ୟ, ଶାନ୍ତି, ନାରୀ ସ୍ୱାଧୀନତା ପାଇଁ ଜାଗ୍ରତ ହୁଅନ୍ତି । ବରଂ

“ରାବଣ ବଧ ପାଇଁ / ରାମଚନ୍ଦ୍ର ପୂଜିଥିଲେ / ଅଭୟ ଚରଣ

ସେ ଏକ ଅତୀତ ଯାହାର / ଅର୍ଥ ନାହିଁ ମିଲେ

ଧନୁର୍ବାଣ କାନ୍ଧେ ଧରି / ସ୍ରୋତହରା ନଦୀ ତୀରେ ତୀରେ ସମାଜର ପ୍ରତିଚ୍ଛବି ସାହିତ୍ୟ ବା କବିତାରେ ପ୍ରତି‘ଲିତ ହୁଏ । ବିଂଶ ଶତକର ଶେଷାର୍ଦ୍ଧରେ କିଛି ମାତ୍ରାରେ ଯୌନ ଉଚ୍ଛୃଙ୍ଖଳତା ପ୍ରକାଶ ପାଇଥିବା ଦୃଷ୍ଟିରୁ ସରସ୍ୱତୀ / କିମ୍ବ ଦୁର୍ଗା ଦୁଷ୍କର୍ମରୁ ମଧ ବାଦ୍ ପଡ଼ି ନ ପାରନ୍ତି ।

“ରୂପ ସମ ନାୟିକା ଭଳି...

ତେଣୁ ଆମ ଭକ୍ତି ଶ୍ରଦ୍ଧା ।

ବିଂଶ ଶତକର ଅପରାହ୍ନରେ ××

ଖୁବ୍ ହେଲେ ପାଖେ ପାଖେ ଆଧୁନିକା ନାରୀ,

ତୁମର ଶାଣିତ କଟାକ୍ଷ ତଳେ

ହେବୁ ଆମେ ବିନତ ଶିକାରୀ ।”

‘ଭିକ୍ଷା’ କବିତାରେ ବ୍ୟଙ୍ଗ ଓ ବିଦ୍ରୋହର ସ୍ୱର ପ୍ରତିଫଳିତ ହୋଇଛି । ଜଗନ୍ନାଥଙ୍କ ଆନନ୍ଦ ବଜାର ଆଚଣ୍ଡାଳ ବ୍ରାହ୍ମଣର ଏକ ସାତ୍ତ୍ୱିକ ସଂପ୍ରୀତିର କେନ୍ଦ୍ର ଥିଲା । ‘ଭୋଜନ ନୁହଁଇ, ଜ୍ଞାନ ଏ ଯଜ୍ଞକର୍ମ, ମାତ୍ର ଆନନ୍ଦ କଲୁଷିତ ବଜାର ହୋଇଛି ବିନଷ୍ଟ, ସର୍ବଧର୍ମର ସମନ୍ୱୟ କ୍ଷେତ୍ର ବୋଲି ଏକହଜାର ବର୍ଷ ତଳେ ଘୋଷିତ ହୋଇଥିବା ବାଣୀ ଆଜି ମାତ୍ର କତିପୟ ପୂଜାପଣ୍ଡାଙ୍କର ଅକ୍ତିୟାରରେ ରହିଛି । ଯୁବତୀଟିଏ ଦର୍ଶନାଭିଲାଷୀ ନେଇ ରତ୍ନବେଦୀ ପାଖରୁ ଫେରିବା ବେଳକୁ କାହାର ସ୍ୱର୍ଷଚେନ୍ ଯାଇଛି ତ କାହାର ଉଡ଼ୁଙ୍ଗ କୁଚକୁ ଆଘାତ କରାଯାଇଛି ।

“ଠକପୂଜା ପଢ଼ିଆରୀ ବ୍ରାହ୍ମଣବାଦର

ପାଖୁଡ଼ା ତ ଏକ ଏକ ମେଲିଥାଏ ତା’ର

ଲକ୍ଷ୍ମୀମାନଙ୍କ ଛାତ ବାଜିବାର ଦିନ

ଜଗାବଲିଆର ଆସିଥିଲା ଜାଗରଣ ×××।”

ପୂର୍ବ ଚେତନାର ‘ପୁତ୍ରୋହମ୍ ପୃଥିବ୍ୟା’କୁ କବି ଫେରାଇବାର ଆହ୍ୱାନ ଦେଇଛନ୍ତି।

“ଆର୍ଯ୍ୟମାନେ କୁଳର ତିଲକ

ଗୋପ ବୃନ୍ଦାବନ ପୀରତି ମାଧୁର୍ଯ୍ୟ

କରିନେଇ ତମେ ସାମନ୍ତୀ କଦର୍ଯ୍ୟ

ପରିହର ପରିହର

ପାଦ ପଡ଼ିଗଲେ ଅପବିତ୍ର ହୁଏ

ପଥର ଚଟାଣ ତା’ର ?”

‘ଦୁଇ ପ୍ରଶ୍ନ ଅଜଣା ଚୋରକୁ’ କବିତାରେ କବି ବାସୁଦେବ ଦାସ ପୀଡ଼ିତ ପ୍ରତି ସହାନୁଭୂତି ପ୍ରକଟ କରିବାକୁ ଯାଇ ପ୍ରଶ୍ନ କରିଛନ୍ତି :-

“ରେ ରେ ନିଶ୍ୱାଣ ଦେବତା

କାଷ୍ଠ ଓ ପାଷାଣର ଅନ୍ତିମ ଶଯ୍ୟାରେ

କହିପାର କଥା,

ଶକ୍ତି ସଂବିତ୍ ଅମୋଘ ବାଣରେ

ତମେ ଯଦି ଦେବତା ଭୂଷିତ

କୈଫିୟତ୍ ନେଇଗଲେ ମୋତେ।”

ଶୋଷଣର ଅମୋଘ କଳା ଏ ଦେବତା ପୂଜାର ପଛରେ ନିହିତ ଥିବାରୁ ନିନ୍ଦା କରାଯାଇଛି। ମାନବିକତାର ହତ୍ୟା ହେଇଛି। ପୂର୍ବର ଆଧ୍ୟାତ୍ମିକ ଚେତନା ନିର୍ବାସିତ ହୋଇଯାଇଅଛି। ‘ଏଇତ ସ୍ୱର୍ଗଦ୍ୱାର’ କବିତାରେ କିପରି ଜଗନ୍ନାଥ

ଚେତନାର ଅସଲ ଲକ୍ଷ୍ୟ ବି ଭ୍ରାନ୍ତିକର ହୋଇପଡ଼ିଛି ଏବଂ ଶବଦାହରେ ମଧ୍ୟ ଶଠତା ଓ ଠକାମୀ ବଢ଼ି ବଢ଼ି ଚାଲିଛି ତାହା ପ୍ରତିଫଲିତ ହୋଇଛି। ଧର୍ମର ସାର୍ବଜନୀନ ପ୍ରେମ ଓ ମାନବ କଲ୍ୟାଣ ଉପରେ କବି ଶତଜିହ୍ୱ ହୋଇ ସ୍ୱର ଉତ୍ତୋଲନ କରିଛନ୍ତି।

ପରୋକ୍ଷରେ କବି ଉତ୍କଲମଣି ଗୋପବନ୍ଧୁଙ୍କର ଆପ୍ତବାଣୀକୁ ସ୍ୱୀକାର କରିଛନ୍ତି ଏବଂ 'ପରୋପକାରାୟ ସ୍ୱର୍ଗାୟ' ମଧ୍ୟ ଧର୍ମ ଓ ଈଶ୍ୱରଙ୍କୁ ଭେଟିବାକୁ କହିଛନ୍ତି।

"ପ୍ରଜା ପାଇଁ କଲେ ପ୍ରଜାପତି ସୃଷ୍ଟି

ପ୍ରଜା ପାଇଁ ଇନ୍ଦ୍ରଜାଲ କରେ ବୃଷ୍ଟି

ପ୍ରଜା ପାଇଁ ଉଦେ ଚନ୍ଦ୍ର ଦିବାକର

ପ୍ରଜା ପାଇଁ ବହେ ଶତ ନଦୀ ଧାରା।" (ପଣ୍ଡିତ ଗୋପବନ୍ଧୁ ଦାସ)

ଏହି ମର୍ମରେ – "ପ୍ରାକୃତିକ ଧନ ଅର୍ଥ

ଚଉବର୍ଗ ଧରା / ସ୍ରଷ୍ଟାର ଚିର / ମଣିଷର ଉପକାର /

ତାକୁ ବାଦ୍ ଦେଇ / କେଉଁ ଧର୍ମ କହ / ଜୀବନ ପାଇଁ କି

ହେବ ଏତେ ଉପକାର / କେଉଁ ସ୍ୱର୍ଗରେ / ସ୍ୱାଧୀନତା ତାର

ଖାଦ୍ୟବସନେ / ନିର୍ମମେ ତମେ ହର।"

ଯେଉଁ କ୍ଷେତ୍ରରେ ପୂଜକ-ଶ୍ରଦ୍ଧାଳୁ ମଧ୍ୟରେ ଭଗବାନଙ୍କୁ କେନ୍ଦ୍ର କରି ଦଲାଲି ଚାଲିଛି ସେଠାରେ ଧର୍ମ ନାହିଁ କିମ୍ୱା ଭଗବାନ ନାହାଁନ୍ତି। ଏହି ବାସ୍ତବତାର ଚିତ୍ରଅଙ୍କନ କରିବାରେ ବାସୁଦେବ ଧୁରୀଣ –

"କାହାର ମନ୍ଦିର ଲୋଡ଼ା / କାହାର ମସ୍‌ଜିଦ୍ /

କେଉଁଠି ରଥ ଅବା ଯଜ୍ଞ / ଏ ସବୁ ମଣିଷ ପାଇଁ ତ ?"

ଯଦି ମଣିଷ ପାଇଁ ସେଠାରେ 'ସୁଖ ଏ ଶାନ୍ତି କିମ୍ୱା ସାନ୍ତ୍ୱନା ନାହିଁ ସେ କ୍ଷେତ୍ର ଛଲ-ଧର୍ମକ୍ଷେତ୍ର।

"ଭାବ ପ୍ରବଣତାରେ / ଭୁଲିଯିବା ଓ ଭିଜିଯିବା / ମସ୍ତିଷ୍କକୁ

ଶୂନ୍ୟ କରିବା / ପାଗଲାମୀ ନୁହେଁ / ଇତିହାସ ପାଇଁ ଦାୟ /

ଶକ୍ତ ଅପରାଧ ।"

ଆଖି ଖୋଲିଲେ ଆକାଶ, ଶଢର ଅଭିସାର, ବହ୍ନି ମହ୍ଲାର, ଦୁର୍ବାର ଦୂର୍ବା
(ଯଁତ୍ରସ୍ତ) ସଂକଳନ ଗୁଡ଼ିକରେ ଭାଗବତ୍ ଚିନ୍ତନ ପାଠଗୁଡ଼ିକର ଅସ୍ୱାଭାବିକତାର
ବିରୋଧରେ କବିତା ମାନ ରଚିତ ।

ବ୍ୟାସଦେବଙ୍କର ମହାଭାରତର ଉକ୍ତିଟି ଏ ପ୍ରସଙ୍ଗରେ ଉଲ୍ଲେଖନୀୟ –

'ଯନ୍ତୋର ଧର୍ମସ୍ୟ ପରାଭବାୟ' ଯାହା ଦ୍ୱାରା ପରାଭବ ଓ ଯନ୍ତ୍ରଣା ମିଳେ,
ତାହା କିପରି ଧର୍ମ ହେଲା ? କବି ବାସୁଦେବ, ଅନନ୍ତ ପଟନାୟକ, ସଚିଦାନନ୍ଦ
ରାଉତରାୟ ଓ କବି ରବି ସିଂଙ୍କ ରଚନା ଦ୍ୱାରା ପରୋକ୍ଷ ଭାବେ ପ୍ରଭାବିତ
ହୋଇଥିବା ବିଶ୍ୱାସ । ମାତ୍ର ତାଙ୍କର ବକ୍ତବ୍ୟ – "ଯେତେବେଳେ ହାଇସ୍କୁଲ ଛାତ୍ର-
ନବମ ଶ୍ରେଣୀରୁ ଏପ୍ରକାର ଚିନ୍ତାଧାରା ଆସିଥିଲା । ଦୁଃଖ-ଦାରିଦ୍ର୍ୟର କଷାଘାତକାରୀ
ଈଶ୍ୱରଙ୍କୁ ସେ ଦୋଷାରୋପ କରିଛନ୍ତି ।"

(୨) ମହାଜନୀ ଔଦ୍ୟୋଗିକ ଶୋଷଣ ବିରୋଧୀ ସ୍ୱର :

ବିଶ୍ୱରେ ମାନବ ସମାଜ ପାଇଁ ଦାରିଦ୍ର୍ୟ ଏକ ଅଭିଶାପ । ଦାରିଦ୍ର୍ୟ ସୃଷ୍ଟିହୁଏ
ଶ୍ରମର ଲୁଣ୍ଠନରୁ । ଶ୍ରମ ହିଁ ପୁଞ୍ଜି । ଶ୍ରମ ଶକ୍ତିର ବିନିଯୋଗରେ ଯାହା ଉତ୍ପାଦିତ ବା
ଉପାର୍ଜିତ ହୁଏ ତା'ର ସାମଗ୍ରିକ ରୂପ 'ଅର୍ଥ' । ଶ୍ରମଶକ୍ତିର ଅଜ୍ଞାତ ଅପହରଣରେ
ସଂକଟର ସୂତ୍ରପାତ ଘଟେ । ଆର୍ଥ-ସାମାଜିକ ବୈଷମ୍ୟ ଉତ୍କଟ ହୁଏ । କାହାର
ତିନିତଲ ପ୍ରାସାଦ ଥିବା ସ୍ଥଲେ କାହାର ପଲାଖଣ୍ଡେ ନାହିଁ । କାହାର ପଲଉ ଫୋପଡ଼ା
ହେବାବେଲେ କାହାର ପଖାଳ ପେଜର ଅଭାବ । ଶୋଷଣର ରାକ୍ଷସୀ ରୂପକୁ
କୁହାଯାଇଛି ଇଂରାଜୀ ଭାଷାରେ 'ଏକ୍ସପ୍ଲ୍ୱଏଟେସନ୍' । ଏହି ଶୋଷଣ ଦ୍ୱାରା
ମାନବିକ ମୂଲ୍ୟବୋଧର ସର୍ବନାଶ ଘଟେ । କୌଣସି ବ୍ୟକ୍ତି ତାହାର କପାଲରେ
ଗରିବ ହେବାର ଭାଗ୍ୟଧରି ଆସି ନଥାଏ । ଅଭାବରୁ ସ୍ୱଭାବ ନଷ୍ଟ ହୁଏ । ଉପ୍ୟସିତ
କ୍ରୋଧ ଆସେ, 'ସଂଘର୍ଷର ସୂତ୍ରପାତ ଘଟେ । ବିଶ୍ୱରେ ଏହି ମହା ସଂଘର୍ଷ ଦିନେ
ଉକ୍ତରୂପ ଧାରଣ କରିଥିଲା । ୧୮୪୮ ମସିହା ଜୁନ୍ ମାସରେ ପ୍ୟାରୀ କମ୍ୟୁନ୍‌ରେ

“ସ୍ୱୟଂ ମାର୍କସ ଉପଲବ୍ଧି କରିଥିଲେ – ପ୍ୟାରିସ୍ ନଗରୀର ଶ୍ରମିକମାନଙ୍କ ସଂଗ୍ରାମ ଏତେ ଦୂର ଗତି କରିପାରିଛି । ଆଗାମୀ ନେତୃତ୍ୱକୁ ଆଗେଇ ନେଇପାରିବେ । ୧୮୭୧ ମସିହାରେ ତାଙ୍କର ଧାରଣା ଦୃଢ଼ୀଭୂତ ହୋଇଥିଲା । ଏଣୁ ପୁରାତନ ଶାସକ ଶ୍ରେଣୀ ଦ୍ୱାରା ନିପୀଡ଼ିତ ସମସ୍ତ ଲୋକଙ୍କର ସହଯୋଗ ଅନିବାର୍ଯ୍ୟ । ପରବର୍ତ୍ତୀ କାଳରେ ଏହି ବିପ୍ଳବ ପରିଚାଳନାର ତରିକା ଭିନ୍ନ ରୂପ ନେବାକୁ ବାଧ୍ୟ ହେଲା । ବିଶେଷ କରି ୧୯୭୦ ପରବର୍ତ୍ତୀ ସମାଜ ବ୍ୟବସ୍ଥା ପୂର୍ଣ୍ଣାଙ୍ଗ ଗ୍ରହଣୀୟ ହୋଇପାରିନାହିଁ ।

ଷାଠିଏ ଦଶକରେ ଆମେରିକାର ସମାଜବିଜ୍ଞାନୀଗଣ ନୂତନ ପ୍ରକାରର ସାମାଜିକ ଦ୍ୱନ୍ଦ୍ୱ ସମ୍ପର୍କରେ ନବ୍ୟ ସମାଜ ବିଜ୍ଞାନର ଅବତାରଣା କରିଛନ୍ତି । ହେରୋଇକ୍ ଏହି ନବ୍ୟ ସମାଜବାଦର ଦିଗ୍‌ଦର୍ଶକ । ତାଙ୍କ ମତରେ ଶୋଷଣକୁ କେନ୍ଦ୍ରକରି ଦ୍ୱନ୍ଦ୍ୱ ବିଭିନ୍ନ ଦିଗକୁ ସଂପ୍ରସାରିତ ହୁଏ । ପରିବାରରୁ ଆରମ୍ଭ କରି ଧନୀ-ପୁଞ୍ଜିପତି ଏବଂ ବହୁରାଷ୍ଟ୍ରୀୟ କମ୍ପାନୀର ଶୋଷଣ ଉଲ୍ଲେଖ୍ୟଯୋଗ୍ୟ ।

ରୁଷିଆ କବି ଲିଓନିଦ୍ ମାର୍ତିନୋଭଙ୍କ ୧୯୭୨ କବିତାରେ ଏପରି ସାମାଜିକ ବୈଷମ୍ୟ, ଆର୍ଥିକ ତାରତମ୍ୟ ଓ ଦ୍ୱନ୍ଦ୍ୱର ଚିତ୍ର ସ୍ପଷ୍ଟ ବାରି ହୁଏ ।

“We poor? Non-sense!

are we rich?

We are but not is words they preach

Rich poor labels of the bust

are both alien to us

our day is not and it has come to last

we are a race of youth

such is the simple truth...”

ଶ୍ରେଣୀ ଚେତନା, ଦ୍ୱନ୍ଦ୍ୱ, ବୈଷମ୍ୟ ଓ ଆର୍ଥିକ ବ୍ୟବଧାନକୁ ଧୂଲିସାତ୍ କରି ସାଧାରଣ ସତ୍ୟରେ ଉପନୀତ ହେବା ଯୁବ ସମାଜ ସମ୍ମୁଖରେ ଆହ୍ୱାନ ।

ମହାଜନୀ ଶୋଷଣରେ ଉତ୍ପୀଡ଼ିତ ହୋଇ ବାସୁଦେବ ଦାସଙ୍କର ସୃଷ୍ଟି ହୋଇଛି ବୈପ୍ଳବିକ କ୍ଷୋଭ । ଚତୁର୍ଥ ଶ୍ରେଣୀର ଛାତ୍ର ମନରେ ସେଦିନ ଆସିଥିଲା

ବିଦ୍ରୋହର ସ୍ୱର। ମାଆଙ୍କର ଅଶ୍ରୁ ପୋଛି ଭାବିଥିଲେ ଏହି ଅବ୍ୟବସ୍ଥାର ପ୍ରତିକାର କରିବେ। ପରବର୍ତ୍ତୀ କାଲରେ ତାଙ୍କର ଏହି ଭାବନା କବିତାରେ ଜଳି ଉଠିଥିଲା। ଯାହା ଏହିପରି ପ୍ରତିଫଳିତ,

"ଏବୁଢ଼ିଶାଲୁ ମନ୍ଥର ଗତି

କରି ମୁଁ ତନ୍ଦ୍ରା ଭୂମେ

ଅଗ୍ନିଯୁଗର କୁକ୍କୁଟ ବାଇ

ଆସିଛି ପୂର୍ବ ଯାମେ

ତପ୍ତ ତରଳ ଲାଭା

ଲାଲେ ଲାଲ ରକ୍ତିମ ଆଭା

ଜଠର ମୋର ଶୂନ୍ୟ ଗର୍ଭା

ଆଙ୍କି ଧରଣୀ ଶୋଭା।

ଯେଦିନ ମୁହିଁ ଚାଲିଲି ପଦ

ପୃଥିବୀ ଥିଲା ଘୋର ନିଃଶବ୍ଦ

ଜାଡ୍ୟ ଆଉ ଅନ୍ଧକାର

ଦଣ୍ଡାୟମାନ ଘୋର ପ୍ରାଚୀର

ଶିଥିଲ ବଲ୍ଗା-ସିନ୍ଧୁ ଘୋଟକ

ଶିଥିଲ ଥିଲା ରକ୍ତ,

ମୁଁ ପାଲଟିଲି ମାଂସାଶୀ ହିଂସା ଭକ୍ତ।"[୧]

×   ×   ×

"ମୋ ବାପାର ଗଲେ ଦେଇ ଫୁଲମାଲା

ସଜାଇଲ ତମେ ଆଜାଦ୍ ପାଗଲା

ଲୁଣ୍ଠନ କଲ ଯାହା

ମୁଁ ପାରେନି କହି, କହୁଛି ଧମନୀ

ସ୍ୱଦନେ ଆହା ଆହା,

ଧନ୍ୟବାଦ ମୋ ଘେନ

ଅଛ ଯେତେ ମହାଜନ।"[୨] (ବ୍ରହ୍ମମ୍ହାର, ୧୯୬୯)

ଏହି କବିତାର ରଚନାକାଳ ୧୯୬୯, ମାତ୍ର ବ୍ରହ୍ମମ୍ହାର ପୁସ୍ତକାକାର ନେଇଥିଲା ୧୯୮୬। ମହାଜନୀ ଶୋଷଣ, ବ୍ୟାଙ୍କର କୃଷିରିଣ ଶୋଷଣ ଓ କମ୍ପାନୀ ବା କର୍ପୋରେଟ୍ ଶୋଷଣ ବିରୋଧରେ କବି ବାସୁଦେବଙ୍କର ସ୍ୱର ତୀବ୍ର। ଅଧିକାଂଶ କବିତାରେ ଶୋଷଣ / ଧସ୍ତାବାଜିର ସ୍ପଷ୍ଟ ଚିତ୍ର ଥିଲେ ହେଁ ଅଛ କେତେ ଦୃଷ୍ଟାନ୍ତରେ କବି ପ୍ରତିଭାର ସ୍ୱତନ୍ତ୍ରତା ଦର୍ଶାଯାଇଅଛି।

"ଧ୍ୱଂସର ଉତ୍ସବ ତାନେ / ତାଣ୍ଡବର ବିଶାଳ ଶୋଷଣ

ନିରୀହ ପ୍ରାଣର ପୀଡ଼ା / ସର୍ବହରା ହାହାକାର

ମୁକୁଳା ଆକାଶ ତଳେ / ଦୃପ୍ତ ତା'ର ବାହୁ ଖୋଜେ

ଭୀମ ସମ ଦୁଃଶାର ବିଷାକ୍ତବାହୁ

କୁରୁକ୍ଷେତ୍ରେ ଅଶାନ୍ତ ପ୍ଲାବନ।" (ପ୍ଲାବନ)

ମାର୍କିନ୍ ରାଷ୍ଟ୍ର ପୁଞ୍ଜିବାଦୀ ଶୋଷଣକୁ ଗଭୀର ଅଧ୍ୟୟନ କରି ତା' ଉପରେ କଠୋର କୁଠାରଘାତ କରିଛନ୍ତି।

'ଅପରେସନ୍ ଭାରତ' କବିତାରେ ଦେଖନ୍ତୁ –

"ଭାରତର ଗଣତନ୍ତ୍ର ବକ୍ଷ / ଅପରେସନ୍ ହେଉଛି

ମାର୍କିନ୍ ଡାକ୍ତର ହାତରେ / ସମାଜବାଦ ଜୀବନ୍ୟାସ ପାଇଁ।

କ୍ଲିଣ୍ଟନ୍ଙ୍କ ପାଣିପଟା ରକ୍ତରେ / ଏର୍.ଭି. ଚାଲିଛି

ଏଣିକି ବନ୍ଦ କରିଦିଅ ଚୁଲିଜଳା / ଶୋଷକର ପେଜଗଳା

ନିଦ ବଟିକା ଖାଇ ଶୋଇଯାଅ...।"[୩]

ଆମେରିକାକୁ କବି ମାନବଜାତିର ଦୁଷ୍ମନ୍ ବୋଲି କହିବାକୁ ପଛେଇ ନାହାଁନ୍ତି କାରଣ ସୋଭିଏତ୍ ଦେଶକୁ ଖଣ୍ଡ ଖଣ୍ଡ କରି ଗ୍ଲାସନସ୍ତ, ପେରିସ୍ତୋଇକା କରିବା ଆମେରିକାର ସୁପରିକଳ୍ପିତ ଚକ୍ରାନ୍ତ।

'ଦିଆସିଲି' ଛୋଟ ବସ୍ତୁଟେ। କାଠି ସରିଗଲେ ଖୋଳ ମଧ କାମରେ ଲାଗେ। ସେବାକରେ ରୋଗୀର ଓ ପିଲାଙ୍କର। ମଣିଷ ଶୋଷିତ ହେବା ପରେ ଖାଲି ଖୋଳପା ଥିଲେ ବି ସେ ବିଦ୍ରୋହର କେନ୍ଦ୍ରବିନ୍ଦୁ ହୋଇପାରେ। କବି ବାସୁଦେବଙ୍କ ଭାଷାରେ –

"ସାଧାରଣ ମଣିଷର / ସବୁ ସାମର୍ଥ୍ୟ ଶୋଷିତ ହେବା ପରେ /

ଖୋଳପାଟା ସେମିତି / ବାରୁଦ ଯାହାର ଆତ୍ମା / କାଠି ଯାହାର ଅଙ୍ଗ /

ନିଆଁ ଯାହା ଲକ୍ଷ୍ୟ / ଜାଳିଦିଏ ଦୀପ ×××।[୪]

କ୍ଷୁଦ୍ର ବସ୍ତୁଟିଏ କିପରି ସଂଗ୍ରାମର ଆୟୁଧ ହୋଇପାରେ ତାହା କବି ବାସୁଦେବଙ୍କର କବିତାରେ ଉପସ୍ଥାପିତ।

(୩) ପ୍ରତିବାଦ ଓ ପ୍ରତିବନ୍ଧତା :

କବି ବାସୁଦେବଙ୍କର ପିତା ନଟବର ଦାସ ୧୯୩୪ ମସିହାରେ ଗାନ୍ଧିଜୀଙ୍କର ହରିଜନ ଯାତ୍ରା ବେଳେ ଗରାପୁର ଡାକ ବଙ୍ଗଳାରେ ମହାତ୍ମାଗାନ୍ଧୀଙ୍କୁ ଦର୍ଶନ କରି ଅହିଂସାବ୍ରତ ପାଳନ କରିଥିଲେ। ଅପର ପକ୍ଷରେ ତାଙ୍କର ମାମୁ ଗୋକୁଳାନନ୍ଦ ଦାସ ସୁଭାଷ ବୋଷଙ୍କ ସଂଗ୍ରାମରେ ସାମିଲ ଥିବା କାରଣରୁ ମାତା ସୁଲୋଚନା ଦେବୀଙ୍କ ଉପରେ ସେହି ଗାନ୍ଧିବାଦ ଚିନ୍ତାଧାରାର ପ୍ରଭାବ ପଡ଼ିଥିଲା। ଭାଇ ମାଧବ ଦାସ ସ୍ମୃତ୍ୟଞ୍ଜରେ ବାଲ୍ୟ ସମୟ ବିତାଇଥିଲେ। ଯଦିଚ ପ୍ରତ୍ୟକ୍ଷ ସଂଗ୍ରାମରେ ଅବତୀର୍ଣ୍ଣ ହୋଇନାହାନ୍ତି ସେ ତଥାପି ସେମାନଙ୍କର ମାନସିକ ଚିନ୍ତାଧାରା ଥିଲା କିନ୍ତୁ ଆଦର୍ଶବାଦୀ।

କବି ବାସୁଦେବ ସାମ୍ୟବାଦୀ ଚିନ୍ତାଧାରାକୁ ଆପଣେଇବା ଥିଲା ତତ୍କାଳୀନ ଦୃଢ଼ ସଂକଳ୍ପ। 'ଲୋହିତ ଚକ୍ରବାଳ' କବିତାରେ ସେ ଉଡ଼ାଇଛନ୍ତି ରକ୍ତକେତନ। ଯେଉଁଥିରେ ସେ ନିର୍ଭୀକ ଭାବେ କହିଛନ୍ତି –

"ସମାଜବାଦରେ / ଜନମ ଆମର / ସମାଜ ବାଦରେ / ମହାବିଲୟ

ଜନମ କାଳରେ / ଅନିଳ ଅନଳ / ସମୁଦ୍ର ଅରଣ୍ୟ / ଅରୁଣ କିରଣ /

ସବୁ ଥିଲା ଅଛି ମୁକ୍ତ।"

ଆଜି ବି ଏ ଧରା / ଚଉହଦି ଭରା / ପ୍ରକୃତି ପସରା / ଏଇଟି ଆଚମିତ।"[୧]

ଏଠାରେ ଉଲ୍ଲେଖନୀୟ ଯେ, କବି ବାସୁଦେବଙ୍କର ସାହିତ୍ୟଗୁରୁ ସଂକର୍ଷଣ ପ୍ରତିହାରୀ ଥିଲେ ଏକନିଷ୍ଠ ତପସ୍ୱୀ। ବେସାଲିସ୍ ଚିନ୍ତାର ଆଦର୍ଶକୁ ନେଇ ଜୀବନବ୍ୟାପୀ ସଂଘର୍ଷ କରିଛନ୍ତି। ସେ ବେଦ-ବିଦ୍ୱାନ ତଥା ଗାନ୍ଧିଦର୍ଶନର ଦ୍ରୋଣାଚାର୍ଯ୍ୟ ହେଲେ ହେଁ, ସେ ନିଜର ନିଷ୍ଠାରେ ଅବିଚଳିତ ଥିଲେ। ବାସୁଦେବଙ୍କ ଜୀବନ ଓ କବିପ୍ରତିଭା ଉପରେ ତାଙ୍କର ପ୍ରଭାବ ପଡ଼ିବା ସ୍ୱାଭାବିକ। ଏକ କବିତାରେ କବି ଗାଇ ଉଠିଛନ୍ତି –

“ମାତ୍ର ଶଙ୍କର କିଂକର ସାଜି

ବାଇଲି ବସି ମୁଁ ରୁଦ୍ର ବୀଣା

ତା’ ପରେ ଦେଖିଲି

ରବି ସିଂ ହୃଦ ବିଦୀର୍ଣ୍ଣ ହୋଇଛି

ପଡ଼ିଲା ଜଣା।”

କବି ସଂକର୍ଷଣଙ୍କ ପ୍ରଭାବ ପରେ ବିପ୍ଳବୀ ରବି ସିଂଙ୍କ ବିଦୀର୍ଣ୍ଣ, ଅପ୍ରୀତିକର କବିତା, ‘କ୍ଷତ’ ଆଦି କବିତା ପୁସ୍ତକ ପାଠକରି ସେହି ରବି ସିଂଙ୍କ ଘରେ ନାଗଭୂଷଣଙ୍କୁ ଦର୍ଶନ କରି ଶୋଷଣ ଅତ୍ୟାଚାର ବିରୋଧରେ ଲଢ଼େଇ କରିବାକୁ ବଜ୍ର ଶପଥ ଗ୍ରହଣ କରିଥିଲେ। ଯଦିଚ କାବ୍ୟରେ ଯଥାର୍ଥରେ ସେ ପାଳନ କରିଛନ୍ତି – ତଥାପି ‘ଦାରିଦ୍ର୍ୟ କଟିଃ ବୁଦ୍ଧି’ ଭଳି ସବୁକ୍ଷେତ୍ରରେ ଶୋଷଣ, ଅତ୍ୟାଚାର ଓ ରାଜନୀତିର ଭଣ୍ଡ ନେତାଙ୍କୁ ସାମ୍ନା କରିବା ସମ୍ଭବ ହୋଇନାହିଁ ବୋଲି ସେ ମତବ୍ୟକ୍ତ କରିଛନ୍ତି।

ସଂଗ୍ରାମ ସରେ ନାହିଁ, କି ବିପ୍ଳବୀ ମରେ ନାହିଁ, ବିପ୍ଳବୀର ବିଜୟ ଅବଶ୍ୟମ୍ଭାବୀ। ‘ଦି ଟୋପା ଲୁହର ମାନଚିତ୍ର’ କବି ବିପ୍ଳବର ଅବଶେଷରେ କହନ୍ତି –

“ସେମିତି ତ ଆଶାର ବୋଇତ

ଲାଗିଯିବ ସମୁଦ୍ର ତଟରେ।

ଖେଲିବାକୁ ହବ କିତ୍ କିତ୍ ଭକ୍ତର ଡେଉରେ।” (ପରିତର୍ପଣ, ପୃ–୭୦)

ସଫଳତା ଆପେ ଆପେ ଆସି ନଥାଏ । ସୁଯୋଗ ପାଇଁ ପ୍ରସ୍ତୁତ ହେବାକୁ ପଡ଼େ । ହକ୍ ପ୍ରାପ୍ୟ ପାଇବା ପୂର୍ବରୁ ଲକ୍ଷ୍ୟର କେନ୍ଦ୍ରବିନ୍ଦୁ ପାଖରୁ ତୀର ନିକ୍ଷେପ କରିବାକୁ ପଡ଼େ । ବିପ୍ଲବୀ ସୁଭାଷ ବୋଷ ଏକଦା ଜନସାଧାରଣଙ୍କୁ କହିଥିଲେ – "ମୋତେ ରକ୍ତ ଦିଅ – ମୁଁ ଦେବି ସ୍ୱାଧୀନତା ।" ଅନୁରୂପ ଚେତନା – 'ନୂଆବର୍ଷ ଅବନା ମାଟିରେ' ସେ ଶୁଣାଇଛନ୍ତି –

"ମୋତେ ରାତିଟିଏ ଦିଅ / ମୁଁ ଦେବି ସ୍ୱପ୍ନ

ସ୍ୱପ୍ନଟିଏ ଦେଲେ / ଦେବି ତୁମକୁ / ରକ୍ତିମ ସକାଳ

ସକାଳ ଦେଲେ / ଲାଲ ଚୁକୁ ଚୁକୁ ସୂର୍ଯ୍ୟ

ଯେ ଭାଙ୍ଗି ପାରେ / ଅନ୍ଧାର ପ୍ରାଚୀର ।" (ପରିତର୍ପଣ, ପୃ-୬୦)

ସୂର୍ଯ୍ୟ ଆପେ ଆପେ ଆସେ ନାହିଁ । ରକ୍ତାମ୍ବରୀ ଉଷାର ଗର୍ଭ ଫାଡ଼ି ପୂର୍ବାକାଶରେ ତାଙ୍କୁ ଜନ୍ମଦିଏ । ବିପ୍ଲବର ଏହାହିଁ ପ୍ରକୃଷ୍ଟ ଉଦାହରଣ । ରାତ୍ରିର ନିରନ୍ଧ୍ର ଅନ୍ଧକାର ଭିତରୁ ଲୋହିତ ସୂର୍ଯ୍ୟକୁ ଆବାହନ କରିବାରେ କବିର ଆଦର୍ଶ ପ୍ରତି'ଳିତ । କବି ବଂଶବାର ପ୍ରତିଶ୍ରୁତି ଦିଏ । ବାସୁଦେବ ଦାସଙ୍କ କବିତାରେ ବଂଚି ରହିବାର ପ୍ରଚୁର ପ୍ରତିଶ୍ରୁତି ଭରି ରହିଅଛି । ସମସାମୟିକ କବିଙ୍କ ଅପେକ୍ଷା କବି ବାସୁଦେବଙ୍କର ନିର୍ଭୀକ ଅଥଚ ଶାଣିତ ଆହ୍ୱାନ ପ୍ରଶଂସନୀୟ । ସ୍ୱର୍ଗୀୟ ମନ୍ଦାକିନୀ ଆସିଥିଲେ ଧରାପୃଷ୍ଠକୁ ଅଭିଶପ୍ତ ବଂଶକୁ ମୁକ୍ତି ଅର୍ପଣ ପାଇଁ । ଏହି ମିଥ୍ ମାଧ୍ୟମରେ ବିପ୍ଲବର ଏକ ଅଦ୍ଭୁତ ଦୃଶ୍ୟପଟ ଆଙ୍କିଛନ୍ତି କବି ତାଙ୍କର 'ନୂଆ ରକ୍ତର ଢେଉ' କବିତାରେ ।

"ଆଗେ ଆଗେ ଗଲେ / ଶଙ୍ଖ ନିନାଦେ

ପଛେ ବିପ୍ଲବ ଗଙ୍ଗା ।

ମାନେ ନାହିଁ ସେ ତ / କୂଳ କି କିନାରା

କାମ ତା' ଗଡ଼ା ଭଙ୍ଗା ।" (ପରିତର୍ପଣ- ପୃ-୧୯)

ପୁରାଣ ଯୁଗରେ ଦଧୀଚି ମହର୍ଷି ଦେବତାମାନଙ୍କ ପ୍ରାଣରକ୍ଷା ପାଇଁ ସ୍ୱଅସ୍ଥି ଅର୍ପଣ କରିଥିଲେ । ଏହି 'ମିଥ୍' ଅନ୍ତରାଳରେ କବି ବାସୁଦେବ ଦାସ ପ୍ରଗତିବାଦୀ ଆନ୍ଦୋଳନକୁ ସକ୍ରିୟ କରିବା ଉଦ୍ଦେଶ୍ୟରେ ଆତ୍ମତ୍ୟାଗର ମହାମନ୍ତ୍ର ଗାନ କରିଛନ୍ତି ।

"ଆମରି ଭିତରେ ଦଧୀଚି ଅସ୍ଥି

ନାହିଁ କି ବଜ୍ରବାଣ

ରକ୍ତ–ରାଜୀବ – ବିକଚହାସ୍ୟେ

ପୂର୍ଣ୍ଣ କରିବା ପ୍ରାଣ,

ହାଡ଼ର ବଜ୍ରବାଣା ତୁ

ରୁଧିର ଫଲ୍ଗୁ ରଚି

ଜଳିବା ଆମେରେ ଦାଉ ଦାଉ ହୋଇ

ପୁରାତନ ଯିବ ଘୁଂଚି।"

ତଥାକଥିତ ମୂଲ୍ୟବୋଧନକୁ ନ ଟାଳିଲେ ନୂତନ ସର୍ବହରା ମୂଲ୍ୟବୋଧ ପ୍ରତିଷ୍ଠା ହୋଇପାରିବ ନାହିଁ। ମାର୍ଟା ଡ଼ି ଅର୍ଥର କାବ୍ୟରେ ଇଂରାଜୀ କବି ଆଲ୍ଫ୍ରେଡ଼ ଟେନିସନ ଏହି ମର୍ମରେ ଲେଖିଥିଲେ - "The old order changeth keeping place new." ।

ସୁତରାଂ ପୁରାତନ ଘୁଣଖିଆ ସମାଜକୁ ନୂତନ ରୂପ ଦେବାକୁ ହେଲେ ନବ୍ୟ ପ୍ରଗତିବାଦୀ ଚେତନାର ସଂଗ୍ରାମ କରିବାକୁ ପଡ଼ିବ।

(୪) ଗଣତନ୍ତ୍ର / ଜନବାଦୀ ସ୍ୱର :

ଡଃ ବାସୁଦେବ ଦାସ ଓଡ଼ିଆ ସାହିତ୍ୟ ଜଗତରେ ବେଶ୍ ପରିଚିତି ହାସଲ କରିସାରିଥିବା ଜଣେ ପ୍ରାବନ୍ଧିକ, ସମାଲୋଚକ, ସ୍ୱୟଂକାର, କାବ୍ୟକାର ଓ ଗବେଷକ। ଉତ୍ତର ସତୁରୀ କାଳରୁ ଜଣେ ପ୍ରତିଭାବନ୍ତ ସ୍ରଷ୍ଟାର ସ୍ୱୀକୃତି ଲାଭ କରିଥିବା ଏହି ନିରଳସ, ସାଧକ ଓଡ଼ିଆ କବିତାରେ ଏକ ସ୍ୱର୍ଦ୍ଧିତ ସ୍ୱର। ତାଙ୍କ କବିତାର ବୃଉରେ ପ୍ରଗତିବାଦୀ ଚିନ୍ତାଚେତନାର ଅପୂର୍ବ ସ୍ଫୁରଣ ପରିଲକ୍ଷିତ। ଯଥାର୍ଥରେ କୁହାଯାଇଛି– "ବାସୁଦେବ ଦାସଙ୍କ କବିତାରେ ନିଜ ଭାବାବେଗ ଓ ଉପଲବ୍ଧି ପ୍ରକାଶ କରନ୍ତି ନିଜସ୍ୱ ଶୈଳୀରେ, ସାବଲୀଳ ଭାଷାରେ, ସାମ୍ୟବାଦୀ ଚିନ୍ତାଧାରା ଓ ଅଭିବ୍ୟକ୍ତିର ବ୍ୟଞ୍ଜନାରେ ତାଙ୍କ କବିତାଗୁଡ଼ିକ ଶାଣିତ। 'ବ୍ରହ୍ମମହ୍ଲାର', 'ଶବର ଅଭିସାର', 'ପରିତର୍ପଣ' ଓ 'ଆଖି ଖୋଲିଲେ ଆକାଶ', 'ରକ୍ତ କୁରୁକ୍ଷେତ୍ର' ଆଦି କବିତା ସଂକଳନ ତାଙ୍କ ବୈପ୍ଲବିକ ଚିନ୍ତା ଓ ଚେତନାର ଯଥାର୍ଥ ପରିଚାୟକ।

୧୯୯୦ ଦଶକରେ ସୋଭିଏତ ରୁଷରେ ଗ୍ଲାସନସ୍ତ-ପେରିସ୍ତ୍ରୋଇକା ପ୍ରଭାବ ବିସ୍ତାର କଲାଫଳରେ ସମଗ୍ର ବିଶ୍ୱରେ ସାମ୍ୟବାଦୀ ଶିବିରରେ ବିଭେଦର ସୂତ୍ରପାତ ଘଟିବା ସହିତ ଭାରତବର୍ଷରେ ଆନ୍ଦୋଳନରେ ଭଙ୍ଗା ପଡ଼ିଗଲା । ମାତ୍ର ଡକ୍ଟର ଦାସ ମିଖାଇଲ ଗୋର୍ବାଚୋଭଙ୍କ ଏହି ଜନବିରୋଧୀ ଦର୍ଶନକୁ ଉପହାସ କରି ସେଇ ମାର୍କ୍ସବାଦ ଓ ପ୍ରଗତିବାଦ ତତ୍ତ୍ୱ ବଖାଣି ଚାଲିଛନ୍ତି ପୂର୍ବବତ୍ । କାବ୍ୟ ବିଭବରେ ଖଟିଖିଆ, ମେହେନତି ମଣିଷର ଲହୁ-ଲୁହ, ବ୍ୟଥା ବେଦନା ଓ ଶୋଷଣର ସାଙ୍ଗିକ ଉଚ୍ଚାରଣରେ । ସେ କେବଳ ସାମ୍ୟବାଦର ଜୟଗାନ କରିନାହାନ୍ତି, ପରନ୍ତୁ ଦେହ, ମନ, ପ୍ରାଣ ତାଙ୍କର ବାମପନ୍ଥୀ ଚେତନା ବିଧୌତ । ସର୍ବହରାଙ୍କ ଦୁଃଖ-ଶୋକରେ ତାଙ୍କ ଚିତ୍ତ ଆର୍ଦ୍ର ଓ କରୁଣ-କରୁଣାରେ ସ୍ନାନ, ସ୍ନିଗ୍ଧ । ସେଇ ଅପାଙ୍କ୍ତେୟ, ଅବହେଳିତ ଓ ଅତ୍ୟାଚାରିତ ଜନ-ଜୀବନକୁ ପାଥେୟ କରି ତାଙ୍କ କାବ୍ୟଚେତନା ଏକାନ୍ତ ବିଶ୍ୱସ୍ତ ।

ଯଦିଚ ମଧ୍ୟଯୁଗୀୟ କାବ୍ୟ– (କଳିଙ୍ଗସେନା, ସୁରୂପା ଗୋବରୀ, ନିର୍ବାଣ, ଅନ୍ନପୂର୍ଣ୍ଣା, ପ୍ରଶାନ୍ତି ପଥେ) ରଚନାରେ କବି ମନୋନିବେଶ କରି ପ୍ରଶଂସାର୍ହ ହୋଇଥିଲେ ମାତ୍ର କାବ୍ୟିକ ତରଙ୍ଗାୟିତ ହାସ୍ୟ-ଲାସ୍ୟରେ ପରିତୃପ୍ତି ଲାଭ କରିପାରିନାହାନ୍ତି । ମୁହଁ ଫେରାନ୍ତି ସେ / ସମାଜର ନିମ୍ନବର୍ଗର ମଣିଷମାନଙ୍କ ଶୁଖିଲା ମୁହଁ, ଖଙ୍କ ପେଟ ଓ ପଶିଲା ଭୋକିଲା ଆଖି ଆଡ଼କୁ... । ଦେଖନ୍ତୁ ତ ତାଙ୍କ ଦଗ୍ଧ ଅନ୍ତରର ଅଭିବ୍ୟକ୍ତିକୁ – "ନିୟମିତ ଯାର ଚୁଲି ଜଳୁନାହିଁ / ହାଣ୍ଡି ମାରୁଚି ମାଙ୍କଡ଼ ଚିତ୍ / ଭାତକଂସାରେ ମୃଦଙ୍ଗ ବାଜୁଛି / ଛୁଆ ଝୁଣ୍ଟାଏ ମା'ର ଛାତି / ଦଲିତ ବୁଭୁକ୍ଷ ପାଇଁ / କଲମ ଧରିଛି ତମରି ପାଇଁ।" ଆଦି ପଂକ୍ତିରେ କବି ହୃଦୟର ସମ୍ବେଦନଶୀଳତା ସ୍ପଷ୍ଟ ବାରିହୁଏ । କାଳ କାଳ ଧରି ସାଧାରଣ ମଣିଷକୁ ସମାଜର ଧନୀ-ସାହୁକାର ଶୋଷଣ-ପେଷଣ କରି ସଜାଇଛି ଦରିଦ୍ର, ଦଲିତ ସର୍ବହରା । ଆର୍ଥନୀତିକ ବୈଷମ୍ୟ ସମାଜର ଏମାନଙ୍କୁ ଠେଲିଦେଇଛି ରସାତଳକୁ । ସର୍ବହରାଙ୍କ ଉପରେ ଚାଲିଛି ବସିଖିଆଙ୍କ ଜୁଲମ, ପ୍ରଜାଙ୍କ ଉପରେ ରାଜା-ଜମିଦାରଙ୍କ ବେଠି, ବେଗାରି ଓ କୋରଡ଼ାମାଡ଼ ସଜାଇଛି ଶ୍ରେଣୀ ବିଭାଜନ ପଦ୍ଧତି । ମାଲିକ- ମୂଲିଆ, ସାଆନ୍ତ-ଚାକର ଓ ସାହୁକାର-ଦାସ ଆଦି ସାମାଜିକ ବୈଷମ୍ୟ ମଧ୍ୟ ଏଇ ଆର୍ଥନୀତିକ ଶୋଷଣ ଓ ଗଢ଼ଣରୁ ଉତ୍ପନ୍ନ ହୋଇଅଛି । ପୁନଶ୍ଚ ଶିଳ୍ପବିପ୍ଳବ ଓ

ଶିଳ୍ପାୟନକୁ କେନ୍ଦ୍ରକରି ସାମନ୍ତବାଦୀ ଉପରେ ପ୍ରତିଷ୍ଠିତ ହେଲା ନବ୍ୟ ଶ୍ରେଣୀବିଭାଜନ, ଯାହାକି ପୁଞ୍ଜିପତି, ମାଲିକ, ଶ୍ରମିକ ବା ବୁର୍ଜୁଆ-ସର୍ବହରା ଭଳି ଖାପଛଡ଼ା ବିଭେଦ । ବ୍ୟବଧାନ ଯେତେ ପରିମାଣରେ ମୁଣ୍ଡଟେକିବ, ସେହି ଅନୁପାତରେ ଶ୍ରେଣୀ ସଂଗଠନ ଓ ଶ୍ରେଣୀ ସଂଘର୍ଷ ହେବ ବିପ୍ଲବର ଆୟୁଧ ।

ଅନ୍ୟ ପକ୍ଷରେ ଅଭାବୀ ମଣିଷମାନଙ୍କର ଘରଛପର ହୋଇପାରେନା, ଦିନରେ ଖରା, ରାତିରେ ତାରା ଦେଖନ୍ତି । ରୋଗବାଧିକା ଲାଗି ବଟିକାଟେ ପାଆନ୍ତିନି, ତାହାର ପିଲାପିଲିଙ୍କ ଭବିଷ୍ୟତ ଅନ୍ଧାର, ଖାଁ ଖାଁ ସଂସାର, ନୁଖୁରା ତା'ର ଜୀବନଧାରା । ଏହିମାନଙ୍କ ମନରେ କବି ଚେତନାର ବାରୁଦ ଖଞ୍ଜି ଦିଅନ୍ତି :– "ତୋର ମଧୁବନ... / ଦଖଲ କରିଛି କାରସାଦି କରି / ଡାକିନିଏ ଥରେ ଗର୍ଜିବା ପାଇଁ / କଲମ ଧରିଛି ତମରି ପାଇଁ ।" କବି ହତବାକ୍ ପାଲଟିଛନ୍ତି ସାମାଜିକ ଦୁରବସ୍ଥା ଓ ଦୁଃସ୍ଥିତିର ଜଘଣ୍ୟ ପରିଣାମକୁ ଲକ୍ଷ୍ୟ କରି । ସ୍ୱପ୍ନ ବିଲାସୀ ମଧୁବନ ଆଶାୟୀ କବିକୁଳ କଳ୍ପନାରେ ହଜିଯାଇଛନ୍ତି ବାସ୍ତବତାର ଧୂସର କ୍ଷେତକୁ ଏଡ଼ାଇଦେଇ ! ଯଦି କ୍ରାନ୍ତିଦର୍ଶୀ କବି ସମାଜ ସଚେତନ ନ ହୁଏ, ତେବେ ସମ୍ଭାବ୍ୟ ପରିଣାମ ପାଇଁ କବିକୁ ଉତ୍ତରସୁରୀ ଦାୟୀ କରିବେ କାହିଁକି ? କାହିଁ ଏଇ ମେହନତି ମଣିଷର ଶାଗପେଜ – ତେଲଲୁଣର କଇଁଆ ସଂସାର ପ୍ରତି କାରୁଣ୍ୟ ମଥିତ ସ୍ୱର ? କବି ବାସୁଦେବ ଏହି ଶୂନ୍ୟତାର ଉତ୍ତରରେ ଆପଣାର ଘୋଷଣା କରନ୍ତି – "ଦୀର୍ଘ ତିରିଶବର୍ଷ ଧରି ଏ ସାଧନା ସେହି ଆକାଂକ୍ଷିତ ମଣିଷମାନଙ୍କ ମୁହଁରେ ବତୁରୀ ହସଟିକେ ଉକୁଟାଇବା ପାଇଁ । କବିତାର ଦର୍ପଣରେ ସେହି ବିସ୍ତୃତ ବିଶ୍ୱର ବିମ୍ବ; ତିନି ଦଶନ୍ଧି ଧରି ଆଙ୍କି ଚାଲିଛନ୍ତି ବିଧବା ଚୁଲିର ହସ ଆଣିବାକୁ । କେବଳ କଲମମୁନରେ କବି ବାସୁଦେବଙ୍କର ତାକତ୍ ସୀମିତ ନୁହେଁ, ଶାଣିତ ବକ୍ତବ୍ୟ । ଆନ୍ଦୋଳନର ଯଜ୍ଞବେଦୀରେ ନିର୍ଭୀକତା ପ୍ରଦର୍ଶନ ତାଙ୍କ ନୈତିକ ଶକ୍ତିର ପରିଚୟକ । ତାଙ୍କ କବିତାର ମଞ୍ଜିରେ ରହିଛି ସର୍ବହରା ଦଲିତମାନଙ୍କର ଜୟଗାନ, ବିଜୟ ଯାତ୍ରା ଏବଂ ଦୁରନ୍ତ ପ୍ରେରଣାର ଅମାପ ଆହ୍ୱାନ । କେଉଁଠି ଗଛିତ, କେଉଁଠି ମାଟି ଓ କେଉଁଠି ସମୟ, ଏମାନେ ଉପଲକ୍ଷ୍ୟ ମାତ୍ର । ଏମାନଙ୍କୁ ନେଇ ଶ୍ରେଣୀ ସଂଗ୍ରାମରେ ବ୍ରତୀ ହେବାର ସାହାସ ପ୍ରକାଶ କରିଚାଲିଛନ୍ତି ।

ତଥାକଥିତ ବାମପନ୍ଥୀମାନଙ୍କୁ କେନ୍ଦ୍ରାପଡ଼ା ବକ୍ଷ ଉପରେ ଦଣ୍ଡାୟମାନ ଚାକୁଣ୍ଡାଗଛ ମାଧ୍ୟମରେ ପ୍ରଗତିବାଦର ଗୂଢ଼ତତ୍ତ୍ୱ ବତାଇ ଦେଉଛନ୍ତି 'ବଞ୍ଚି-ବଞ୍ଚାଇବା' (ଲିଭ୍ ଏଣ୍ଡ ଲେଟ୍ ଲିଭ୍) କବିତାରେ। ଖରା, ବର୍ଷା, ଶୀତ, କାକର ଓ ମାଙ୍କଡ଼ଙ୍କ ଉତ୍ପାତ ସତ୍ତ୍ୱେ ଗଛଟି ଭାଙ୍ଗି ପଡ଼ିଛି କି? ହାର ମାନିବା କ'ଣ ଜାଣେ? ଉଚ୍ଚୁଙ୍ଗ ବାହୁ ପ୍ରସାରି ନୀଳ ଆକାଶକୁ ସାମ୍ୟର ଆହ୍ୱାନ ଦେଉଛି। ଊର୍ଦ୍ଧ୍ୱରେ ଲୋହିତ ସମତଳ ଯଦି ସମ୍ଭବ, ସୂର୍ଯ୍ୟ-ନକ୍ଷତ୍ର ଯଦି ସାମ୍ୟରକ୍ଷାରେ ନୀରତ ପ୍ରତୀୟମାନ, ତେବେ ମାଟିର ମଣିଷ ପାଖରେ କାହିଁକି ହଜି ହଜି ଯିବ ଏ ଗୌରବ? ସାତତାଳ ମାଟିକୁ ତା ଚେର ଲମ୍ବିୟାଇଥିବାବେଳେ ମସ୍ତକ ଉତ୍ତୋଳନ କରି ଠିଆହୋଇଛି ଅଣଚାଷ ପବନ ଓ ଅନେଶତ ବାତ୍ୟାକୁ ଚାଲେଞ୍ଜ କରି। ସମୁଦ୍ରରୁ ସୁନାମୀ ମାଡ଼ିଆସୁ, ତା'ର କି ଭୟ! ସେ ତ ସଂଗ୍ରାମଲାଗି ଜନ୍ମରୁ ଉଦ୍ୟତ। ବରଂ ତା' ଡାଲପତ୍ର ଟାଣିଭାଙ୍ଗି ଜାଲକରି - କିଏ କେତେ ନେଇଛନ୍ତି ଓ ଅତ୍ୟାଚାର କରି ଚାଲିଛନ୍ତି। ଗଛର ବକ୍ତବ୍ୟ କ'ଣ ଶୁଣନ୍ତୁ -

"ମୁଁ ସଙ୍ଗା କମ୍ୟୁନିଷ୍ଟ / ସଂଗ୍ରାମ ମୋର ସୁଖ / ଦେଇ ଦେବାରେ ଆନନ୍ଦ/ ନେବା ମୋର ଅପରାଧ / କହ ତ?/ କେହି ଜଳ ବୁନ୍ଦେ ମୋ ମୂଳରେ ଢାଲିଛ?" ତଥାପି ଆଦର, ସ୍ନିଗ୍ଧ-ଶୀତଳ ଛାୟା ଦେବାରେ କେବେ କୃପଣ ହୋଇନାହିଁ। ଏଠି ବ୍ରିଟିଶ ସାମ୍ରାଜ୍ୟବାଦୀର ଲାଲ ଆଖି ଆଉ ଚାବୁକ ମାଡ଼ ଦେଖିଛି ଏବଂ କହିଛି - "କେତେ ଦିନକୁ ମନ ବାନ୍ଧିଛୁ ଆଃ?" ଫିରିଙ୍ଗିଗଲେ, ଆସିଲେ ଆମ ଖଦଡ଼ ଶୁକ୍ଲାମ୍ବର ଧର ବିଷ୍ଣୁମାନେ; ଏମାନେ ନିରତଭୋଗ ପାଇବାରେ ଡାଆଁଣା। ତଥାପି ଏ ମାଟିର ଗୌରବ ନେଇ ବଞ୍ଚିବା ଓ ବଞ୍ଚାଇବାକୁ ପଡ଼ିବ। ଏକଜୁଟ୍ ହେବା ଜରୁରୀ। ଏକାଠି ହେଲେ ସମ୍ଭବ ହେବ ପ୍ୟାରୀ କମ୍ୟୁନ୍।

ପ୍ରଗତିବାଦୀ ସ୍ଲୋଗାନ୍‌ଧର୍ମୀ କବିତାର ସ୍ରଷ୍ଟା ବାସୁଦେବ ଆଦରି ନେଇଛନ୍ତି କଥନଶୈଳୀ ବା ଉପବାକ୍ୟ ଶୈଳୀ। ତାହାରି ମଧ୍ୟରେ ଜୀବନ ଦର୍ଶନ, ବାମପନ୍ଥୀ ଆଦର୍ଶ ଓ ମାଟିମନସ୍କତାର ଭାବାବେଗ ପାହାଡ଼ୀ ଝରଣା ପରି ଝରିଆସିଛି। "ମାଟି ଡାକେ ମେଘକୁ ଆ / ମେଘ ପାଣିକୁ/ ଜଳ ସମୁଦ୍ରକୁ, ସମୁଦ୍ର ପ୍ରତୀକ୍ଷା / ଆକାଶକୁ... ତା' ପରେ ମାଟି... ଆକାଶ-ସମୁଦ୍ର ଏକ ବିନ୍ଦୁରେ ଅଭିନ୍ନ ପାଲଟିଯାଆନ୍ତି, ଯେଉଁଠି ଏକତା-ସମତା ଆପଣାଛାଏଁ ବର୍ଷିପାରେ ବିଶ୍ୱହିତରେ।

ତା' ପରେ ମାଟି-ଆକାଶ-ଜଳ ସବୁ ଶାନ୍ତି। ସବୁ ସନ୍ତୋଷର ବତୁରା ପ୍ରେମ। ଏଇମାନଙ୍କର ସମଷ୍ଟିରେ ମାଟି ହୁଏ ରଜସ୍ୱଳା, ଝରଣା ଡେଙ୍ଗାପଡ଼େ ଗିରି କନ୍ଦରରୁ, ନଦନଦୀ ବାଣ୍ଡିଯାଆନ୍ତି ବଞ୍ଚିବାର ସଜଳସ୍ୱପ୍ନ। ମାଟି ହେବ ମା'/ ଆ-ଥାରେ ମେଘ ତୁଆ / ବର୍ଷାର ରୋଷଣୀ, ଆକାଶର ବିଜୁଳି ଓ ଘଡ଼ଘଡ଼ିର ଡମ୍ବରୁ ନାଦ। କବିଙ୍କ ଭାଷାରେ − "ତୋର ଗୋଟାଏ ଡାକରା ଆଣିଦବ / ମେଘର ଜିଭରେ ଅମାପ ଅମୃତ / ବରଷିବ ସକଳ ମୁଖରେ / କେବଳ ଡାକର / ଘଡ଼ଘଡ଼ି ତାନ।" ଏଠି ସ୍ରଷ୍ଟା ମାନସର ବିପ୍ଳବର ତୂର୍ଯ୍ୟନାଦ ଅତ୍ୟନ୍ତ ସ୍ପଷ୍ଟ।

କାର୍ଲମାର୍କ୍ସଙ୍କ ମତରେ − "ମାନବ ହେବ ପ୍ରାକୃତିକ ଓ ପ୍ରକୃତି ହେବ ମାନବୀୟ।" ବାସୁଦେବ ଦାସ ତାଙ୍କ କାବ୍ୟର ଛତ୍ରେ ଛତ୍ରେ ଏହି ତତ୍ତ୍ୱର ସୂକ୍ଷ୍ମ ଅନୁଶୀଳନ କରିଥିବା ବିଶ୍ୱାସ। ପ୍ରାକୃତିକ ଜଡ଼ ପଦାର୍ଥରେ ମାନବିକ କଣ୍ଠସ୍ୱର ବା ଜୀବନସଭାକୁ ଉପଲବ୍ଧ କରିଥିଲେ ପ୍ରକୃତି ବାଁଚି ରହିବ ଏବଂ ପ୍ରକୃତି ସୁପର୍ଣ୍ଣା ଥିଲେ ଜୀବଜଗତ ଜୀବନ ଧାରଣରେ ସମର୍ଥ ହୋଇପାରିବେ। ମାନବ ପ୍ରାକୃତିକ ହେବା ଅର୍ଥ ସ୍ୱଚ୍ଛନ୍ଦ ଓ ସ୍ୱାଭାବିକ ହେବ ଜୀବନଶୈଳୀ। କିନ୍ତୁ ଆଧୁନିକ ମଣିଷ ଉପଭୋଗର ପ୍ରଚଣ୍ଡ ନିଶାରେ କୃତ୍ରିମତାକୁ ସାଦର ଗ୍ରହଣ କରି ଅମାନବିକତାକୁ ବରଣ କରିଛି। ଫଳରେ ପରିବେଶ ଜୀବନାନୁକୂଳ ହେବା ପରିବର୍ତ୍ତେ ପ୍ରତିବନ୍ଧ ଭାବେ ଦୃଶ୍ୟମାନ।

ଅଶ୍ରୁ ବର୍ଷାୟାନ ହେଲେ କ୍ରୋଧ ବା କ୍ଷୋଭର ରୂପ ଗ୍ରହଣ କରେ। ଦାବୀ ସାବ୍ୟସ୍ତ ହେବାର ବିଡ଼ମ୍ବନା ଆମନ୍ତ୍ରଣ କରେ ବିପ୍ଳବକୁ। ତେଣୁ ଡକ୍ତର ଦାସଙ୍କ କବିତାର ଛତ୍ରେ ଛତ୍ରେ ନିଆଁ ବରଷିଛି − କଥାରେ, ଗାଥାରେ, ଲେଖାରେ ଓ ରାଷ୍ଟ୍ରରେ। ସୌଦାଗରୀ କାଇଦାରେ ବିପଣୀ ବାନ୍ଧିଥିବା ସ୍ୱାର୍ଥାନ୍ୱେଷୀ କବିମାନଙ୍କୁ ତାଙ୍କର ଅଗ୍ନିବର୍ଷୀ ଆହ୍ୱାନ, ଏପରିକି, ଉଚ୍ଚ ପିଣ୍ଡାରେ ବସି କୁଞ୍ଜିକାନି ହଲାଇ ମାମଲତି କରି ଚାଲିଥିବା ବିଳାସୀ ବ୍ୟକ୍ତିକୁ କଡ଼ା ସମାଲୋଚନା ତାଙ୍କ କବିତାରେ ସୃଷ୍ଟି କରିଛି ପ୍ରତିସ୍ପର୍ଦ୍ଧାର ସ୍ୱର। କ'ଣ ପାଇଁ ତେଲିଆ ମୁଣ୍ଡରେ ତେଲ ? ଭାବ- ବିଳାସ ଆଣି ପାରିବ କି ସାମାଜିକ ବାସ୍ତବତା ଆଉ ଜୀବନର ଅନୁପମ ଛନ୍ଦ ? କବି କିନ୍ତୁ ସାମ୍ୟଦର୍ଶନରେ ଦେଖାଇପାରିବେ 'ସର୍ବେ ଭବନ୍ତୁ ସୁଖିନଃ'। 'ହିଂସାର ବାଦଲ ତଲୁ ଆଣିଦେବେ ପୌର୍ଷମାସୀ ଜୋଚ୍ଛନା, ବେସାହାରା ନିଖୋଜ

ମଣିଷମାନଙ୍କୁ ସୁଧର୍ମା ସଭାରେ ବସାଇ ସର୍ବହରାମାନଙ୍କର ଏକ ନାୟକତ୍ୱ ପ୍ରତିଷ୍ଠା ତାଙ୍କ କାବ୍ୟାରାଧନାର ଏକାନ୍ତ ଲକ୍ଷ୍ୟ ।

ସମାଜର ବଡ଼ଦାଣ୍ଡ କାହିଁ କେତେ ଲମ୍ବ, ଆଖିର ସୀମା ପରପାରିରେ, ସବୁ ଏଠାରେ କେମିତି ଅଲଗା ଅଲଗା, ଖାପ ଖାପଛଡ଼ା, ବକାସୁର କ୍ଷଣ୍ଡାସୁର, ଅଘା, ଚାଣୁର ଆଦି ଆସୁରୀ ଶକ୍ତିରେ ଚାଲିଛି ଶୋଷଣ, ଅତ୍ୟାଚାର, ଧର୍ଷଣ, ଠକେଇ, କିଲାପୋତା ବିବିଧ ପ୍ରକାର ପାପାଚାର । ଗରିବ ମେହନତି ମଣିଷଙ୍କର ରକ୍ତ ଶୋଷଣ କରିବାର ମହୁଲି ମଦିରା ନିଶାରେ ସେମାନେ ଅଭ୍ୟସ୍ତ । ଅନ୍ଧ ଧୃତରାଷ୍ଟମାନେ କେବଳ ଆତ୍ମକୈନ୍ଦ୍ରିକ ସ୍ୱାର୍ଥର ସ୍ୱପ୍ନରେ ନିମଜ୍ଜିତ ଥାନ୍ତି । ପାରାଦ୍ୱୀପ ଝୁମ୍ପୁଡ଼ି ପୋଡ଼ି, ସତ୍ୟନଗର ବସ୍ତି ଉଚ୍ଛେଦ, ଛବିରାଣୀ ହତ୍ୟା, ବିଲାସିଣୀ ଓ ଜ୍ୟୋତ୍ସ୍ନାରାଣୀ ଧର୍ଷଣ ପରି ଘଟନାମାନ ଉତ୍ତର ଅଶୀକାଳର ବାସ୍ତବତା ବହନ କରେ । କବି ବାସୁଦେବ କେତେକ ମିଥ୍ ଜରିଆରେ ଘଟନାର ଅଭିବ୍ୟକ୍ତି ବାଢ଼ିବା ବେଳେ ଖଳ ଦୁଃଶାସକମାନଙ୍କର ଆଶୁ ଅବସାନ ନିମନ୍ତେ ମଧ୍ୟ ଦିଗ୍‌ଦର୍ଶନ ରଖି ପାରିଛନ୍ତି । ପ୍ରତିପକ୍ଷମାନଙ୍କ ଦର୍ପକୁ ଆହ୍ୱାନ ଦେଇ ନିର୍ଭୀକତା ପ୍ରଦର୍ଶନ କରିଛନ୍ତି,

"ବାଜି ମାର, ବାଜି ମାର

ମୁଁ ଆସିଚି ସାତତାଳ ପଙ୍କୁ

ମୁଁ ଆସିଚି ଅଗ୍ନି ପଦ୍ମ / ଜଳ ଯକ୍ଷ ଭୂମୁଁ

କିଏ ବଂଚେ ପାରାଭାଡ଼ି ଶୀତତାପେ

ମୁଁ ବଂଚିବି ଦୀନହୀନ / ବିନ୍ଧାଣିକ ଶେଯ ସୁପାତିରେ ।" (ଅଗ୍ନିପଦ୍ମ)

ଏଠାରେ କ୍ଲାସ୍‌ ଆଉଟ୍‌ଲୁକ୍ ବା ଶ୍ରେଣୀ ଚେତନା ସମ୍ପର୍କରେ କବିଙ୍କ ଦୃଷ୍ଟିଭଙ୍ଗୀ ଅନାବିଳ, ଅଥଚଶ୍ରେଣୀ ସଂଗ୍ରାମର ଇଙ୍ଗିତ ଅଧିକ ସ୍ପଷ୍ଟ ହୋଇଯାଇଛି । ଏମାନଙ୍କ ହାତ ମାଟିଥାଡ଼େ, ମୁଣ୍ଡ ବୋଝ ବୁହେ, ରାସ୍ତା ପଡ଼େ, କୋଠା ତିଆରି ହୁଏ, କାରଖାନା ବସେ, ଶସ୍ୟ 'ଲାଏ, କପଡ଼ା ତିଆରି ହୁଏ, ସଭ୍ୟତା ରୂପ ନିଏ । ତଣ୍ଟିକଟା ବାବୁଭାୟିମାନେ କେବେ ଏସବୁ ଗଢ଼ନ୍ତି ନାହିଁ ବରଂ ଆକଣ୍ଠ ଉପଭୋଗରେ କେବଳ ସ୍ୱପ୍ନାବିଷ୍ଟ । ସେଇମାନଙ୍କ ମା'ର ପାଣିକାଚ ସାବିତ୍ରାର ଅମ୍ଲାନ ସଂକେତ, ତଣ୍ଟିଚିପା କଳାଟଙ୍କରେ ତିଆରି ସ୍ୱର୍ଣ୍ଣବଳା ଏଠାରେ ନିତାନ୍ତ ତୁଚ୍ଛ । ଏଭଳିକି କେହି

କେହି କବି ଲେଖକ ମଧ୍ୟ ବର୍ଣ୍ଣିତ ବ୍ୟଥିତ ଚିତ୍ରର ବହିର୍ଭୂତ ନୁହଁନ୍ତି । ତେଣୁ କବିତାର ଆତ୍ମପୁରୁଷ ସେହି ମୋହନଟି ମଣିଷ ପଣର ପଣ-ପ୍ରତିଜ୍ଞା ଶୁଣାନ୍ତି – "ବାଜି ମୁଁ ମାରିଛି ଦେବି ଜରାସନ୍ଧେ ମାଟିରେ ଗଡ଼ାଇ / ଛୋଟମେଳେ ଛୋଟ ହୋଇ / ବଂଚିଥାଏ ଅଗ୍ନିପଦ୍ମ ହୋଇ ।" ସର୍ବହରା ଦଲିତ ଗୋଷ୍ଠୀଙ୍କୁ ଚିର ସଜାଗ ବା ଜାଗ୍ରତ ହେବା ପାଇଁ କବିଙ୍କର ଉଦ୍‌ବୋଧନ । କବି ସେମାନଙ୍କ ଭିତରେ ଜଣେ ହୋଇ ସଂଗ୍ରାମର ଡାକରା ଦେଇଛନ୍ତି ଏବଂ ଅନେକ ପ୍ରଗତିଶୀଳ ଆନ୍ଦୋଳନରେ ମଧ୍ୟ ପ୍ରତ୍ୟକ୍ଷ ଅଂଶଗ୍ରହଣ କରିଥିବାରୁ କବିସଭା ସହିତ ବ୍ୟକ୍ତିସତ୍ତାର ସାମ୍ୟ ବାସୁଦେବଙ୍କୁ କରିଛି ବାସ୍ତବବାଦୀ ଓ ସଚ୍ଚା ମଣିଷ ।

ସାଆନ୍ତିଆ ଡାଙ୍ଗର ଉପର ଚାକଚକ୍ୟ ଲୋକ ଦେଖାଣିଆ ବେଢ଼ଙ୍ଗ ସଭ୍ୟତାର କବି ଘୋର ବିରୋଧୀ । ଯୁଗ ଯୁଗ ଧରି ବସିଖିଆଙ୍କ ଖିଆଲି ସ୍ୱଭାବ ମରିହଜି ଯାଆନ୍ତି, ଜାତିକାର୍ଡ଼ି ଧ୍ୱଜାଧାରୀ କେଉଁ ଅକାଳ ସମୟ ଗର୍ଭରେ । ସେଦିନର ମହାନ୍ ରାଜା ଲାଙ୍ଗୁଲା ନରସିଂହ ଦେବଙ୍କ ରାଜକୀୟ ମାନସିକତା, ବାରଶହ ବିନ୍ଧାଣିଙ୍କ ପୁରୁଷତା ଯୋଗୁଁ ଉତ୍କଳ ଜନନୀ ହରାଇଲା ଯୋଗ୍ୟତମ ସନ୍ତାନ ଧର୍ମ ମହାପାତ୍ରୁକୁ । ଧରମାର ଅବର୍ତ୍ତମାନରେ ସାଗର କାନ୍ଦୁଚି ଫୁଲି ଫୁଲି, ଝାଉଁବଣ ଲୁହ ଝରାଏ ରାତ୍ରିର ନିର୍ଜନ ପ୍ରହରରେ ସାଇଁ ସାଇଁ ସ୍ୱରରେ । ଭଗ୍ନ କୋଣାର୍କର ବୁକୁ'ଟା ଆର୍ତ୍ତନାଦ ନୀରବ ନିଶୀଥରେ । ଏ ଜାତି କ'ଣ ଶିଖିଚି ପ୍ରତିଭା ପୂଜା ? ଦେଇଚି ପୂଜ୍ୟପୂଜାର ମର୍ଯ୍ୟାଦା ? ସେଦିନ ପ୍ରଭାତରୁ ବିନ୍ଧାଣିକୁଳ ରାଜନଙ୍କୁ ଚିରବନ୍ଦ୍ୟ ପ୍ରତିଭାର କଳାକୁଶଳତା ଦେଖାଇଥିଲେ ବଢ଼େଇ ଜାତି କ'ଣ ନିଷିଦ୍ଧ ହୋଇଯାଇଥାନ୍ତା ? ମିଛ ଯଶର ଶିରିପା ଓ କବଚ କୁଣ୍ଡଳ ଭୂଷିତ ଶିଳ୍ପୀ ଉତ୍‌ଫୁଲ୍ଲ ହେବାରେ ଯେଉଁ କାଳିମାର ତିଳକ ଲଲାଟରେ ଲାଗିଗଲା, ତାହା କ'ଣ ବିଷ୍ଣୁ ମହାରଣାର ଅନ୍ତର୍ବେଦନାକୁ ପ୍ରଶମିତ କରିପାରିଛି ? କବି ବାସୁଦେବଙ୍କ ବିଷୁବ୍ଧ ପ୍ରାଣ ଗାଇଉଠିଛି "ଲାଗିଲା ନାହିଁ ଶିଶୁହତ୍ୟା ପାତକର ଦୋଷ ? / ଗିଲିଦେଲା ରାଜତୃଷା ଯଶ-ଅଟ୍ଟହାସ୍ୟ / ଆଉ କି ସେମିତି ଗଢ଼ିଛି ଜାତି କେଉଁ ଦେଶରେ ? / ତାହା ଥିଲା ଏ ଜାତିକୁ ଶେଷ ଉପହାର ।" (କୋଣାର୍କର କାନ୍ଦ) ଏମିତି ଶତ ଶତ ଧରମା ବଲି ପଡ଼ନ୍ତି ରାଜାଙ୍କ ଖିଆଲି ପଣରେ । ସେମାନଙ୍କ ଅସହାୟତାର ଦୀର୍ଘଶ୍ୱାସ ମିଳାଇଯାଏ ଅନନ୍ତ ନୀଳିମାରେ, ବିକ୍ଷୁବ୍ଧ ସାଗର ତାଣ୍ଡବ ନୃତ୍ୟରେ । ତଥାପି ଏହି

ସର୍ବହରା ଶ୍ରମିକଦଳ କୃଷ୍ଣନାଗର ଦଂଶନେ ସେମାନେ କି ପଡ଼ିବେ ନଈଁ ଅନୀତି ଦୁର୍ନୀତି ଆଗରେ ମୁଣ୍ଡ ନୁଆଁଇବେ।

ବାସୁଦେବ କବିତାର ଆତ୍ମପୁରୁଷ ସମସ୍ତଙ୍କୁ ସସ୍ନେହ ସଂଭାଷଣପୂର୍ଣ୍ଣ ତାଗିଦ୍। ଏବେ ହକ୍ ଆଦାୟର ସମୟ ଉପଗତ। ଶୋଇଲା ସିଂହର ମୁଖରେ ଶିକାର ପ୍ରବେଶ କରେ ନାହିଁ, "ନାହିଁ ସୁପ୍ତସ୍ୟ ସିଂହସ୍ୟ ମୁଖେ ପ୍ରବିଶ୍ୟନ୍ତି ମୃଗାଃ।" ଏଣୁ ଉଦ୍ୟମ ଲୋଡ଼ା, ଲୋଡ଼ା ନିରନ୍ତର ପ୍ରଚେଷ୍ଟା, ହଟାଇବାକୁ ହେବ ପରାଙ୍ଗ ପୁଷ୍ଟମାନଙ୍କୁ। ଆଉ ଭୁଲ ନ କରିବା ପାଇଁ ସେମାନଙ୍କର ତାଗିଦ୍, "ଶ୍ୟେନ୍‌ଗନ୍‌ ଗୁଲି ଡର ନାହିଁ / ସାଲିସ୍ ପାଲିସ୍ କର ନାହିଁ / ପିଞ୍ଜର ହାଡ଼ରେ ଶାଣିତ କଟାରି / ହସ୍ତେ ଝୁଲାଇ / ବେସାଲିସ ମନ୍ତ୍ର କଣ୍ଠେ ଉଚାରି / ଶ୍ରେଣୀ ଚେତନାର କର୍ମକାଣ୍ଡରେ / ବେସାଲିସ ମନ୍ତ୍ର କଣ୍ଠେ ଉଚାରି / ସାମ୍ୟ ସ୍ୱର୍ଗଙ୍କା ଆଗେହେ।" (ଆଉ ଏ ଭୁଲ କର ନାହିଁ) ସର୍ବହରା ମଥା ଟେକି ଠିଆ ନ ହେଲେ, ପୁଞ୍ଜିବାଦର ବିନାଶ ହେବ ନାହିଁ। ଆର୍ଥିନୀତିକ ସମତା ନାହିଁ ତ ସ୍ୱାଧୀନତା ନାହିଁ। ସାମ୍ରାଜ୍ୟବାଦୀ ମାର୍କିନ୍ ରାଷ୍ଟ୍ର ପୁଞ୍ଜିନିବେଶ ଦ୍ୱାରା ବିଶ୍ୱବିପଣୀକୁ ଦଖଲ କରିବାର ଚକ୍ରାନ୍ତ ଚଳାଇ ଆସିଛି। ଯାହାର ଫଳଶ୍ରୁତି ଅଭିଶପ୍ତ ଉଙ୍କେଲ ଚୁକ୍ତି ଓ ଉଦାରୀକରଣର ପରାଭବ ଭୋଗ କରିବାକୁ ପଡ଼ୁଛି। ଭାରତବର୍ଷ ଭଳି ବୃହତ୍ ଗଣତାନ୍ତ୍ରିକ ରାଷ୍ଟ୍ର 'ଅନଲ ଦେଖିଣ ପତଙ୍ଗ' ନ୍ୟାୟରେ ବିପଥଗାମୀ ହେବା ଦୋଷାବହ। ସାଧାରଣ ମଣିଷ ଅଣନିଶ୍ୱାସ। କବିତାର ଆତ୍ମପୁରୁଷ ଡଃ ଦାସଙ୍କୁ ଏପରି ସ୍ଥିତିହୀନ ସ୍ଥିତିମ୍ରିୟମାଣ କରିଛି। ତାଙ୍କ କବିତାରେ ରହିଛି ନିର୍ଭୀକ ଭାବନାର ସ୍ପଷ୍ଟ ମୁଦ୍ରାଙ୍କ। "ପୃଥିବୀର ମାନଚିତ୍ରୁ ଁ / ସାମ୍ରାଜ୍ୟବାଦ / ଲିଭିଯିବା ବେଳେ / ପୁଞ୍ଜିବାଦ କପଟ ପଶାର / ମାର୍କିନ ଶକୁନି / ପରଘର ଦେଶ ଧ୍ୱଂସରେ / ନର ସଂହାରେ / ମାତୁଲ ରହସ୍ୟ ଫୁଟେ।" (ବଞ୍ଚିବା କହ କେହ୍ନେ) ଶାନ୍ତି ଲାଭ ପାଇଁ କବିଙ୍କର ବିକଳ ପ୍ରୟାସ। ଆଜିର ସମାଜ ବସ୍ତୁବାଦୀ ବିଚାରରେ ଭାରାକ୍ରାନ୍ତ। ଗ୍ରାମ, ନଗ୍ର, ଜନପଦ, ସମଗ୍ର ଦେଶରେ ଅଶାନ୍ତ କ୍ଷୁବ୍ଧ ଜନତା, କେଉଁଠି ମାଟିର ଘାଟିର ଲାଠିର କମାଣ ବି ଗର୍ଜନ କରୁଛି। ପ୍ରକୃତ ପକ୍ଷେ ମାଟିର ଚିର ସହୋଦର ହେଉଛନ୍ତି ସାଧାରଣ ମଣିଷ।

ମାଟି ମାଆଟି ସୁବର୍ଣ୍ଣମୟୀ ଧରିତ୍ରୀ ସାଇତି ରଖିଛି ତାହାର ପେଟତଲେ। ସେଥି ହରିଜନ, ଗିରିଜନ ଓ ଶ୍ରମିକ ମଣିଷର ମହାତୀର୍ଥ କଳିଙ୍ଗ ନଗରୀ ଖଣି

ଖାଦାନର ଅପୂର୍ବ ଗଣ୍ଡାଘର । କଳିଙ୍ଗ ନଗର ଥିଲା ବିଜୁବାବୁଙ୍କ ସ୍ୱପ୍ନର ଅମରାବତୀ । କିନ୍ତୁ ଆଜି ମହାବିପଭିର କାରଣ ହେଲା । କମ୍ପାନୀ ବା କର୍ପୋରେଟ୍ ସ୍ୱାର୍ଥ ଅଧିକାଂଶ ସୁବିଧାବାଦୀ ମଣିଷଙ୍କୁ କରିଛି ପ୍ରଭାବିତ । ଶ୍ରମଜୀବୀ ସୁବିଧାବାଦୀ ନୁହଁନ୍ତି । ତାଙ୍କର ଆନନ୍ଦ ରହିଛି ସଂଗ୍ରାମରେ । ଖାଇବା, ଶୋଇବା, ଘର ଜଗିବା ଓ କାରଖାନା ଚଳାଇବା ତାଙ୍କ ଜୀବନର ସ୍ୱ ଧର୍ମ ଭାବେ ବିଚାର୍ଯ୍ୟ । କିନ୍ତୁ ହୋଇଛି କ'ଣ ? ପାରମ୍ପରିକ ଅସ୍ତ୍ରଶସ୍ତ୍ରେ ସୁସଜ୍ଜିତ ଖଟିଖିଆ ବାହିନୀ ସରକାରୀ ଗୁଣ୍ଡାରାଜ ପୋଲିସ୍ 'ଉଜର ସାମ୍ନା କଲେ । ୨୦୦୬ ନବବର୍ଷରେ ୧୪ ଜଣ ସହିଦ୍ ହେଲେ । ପୁଲିସ ମଧ୍ୟ ନିହତ ହେଲା । ଦୁର୍ଭାଗ୍ୟର କଥା ପୋଷ୍ଟମର୍ଟମ୍‌ବେଳେ ଦୁଇଜଣଙ୍କର ହସ୍ତପାପୁଲି ଓ ଲିଙ୍ଗଚ୍ଛେଦ କରାଯିବା ବିଶ୍ୱର ବିରଳ ଘଟଣାରେ ପରିଣତ ହେଲା । କଳିଙ୍ଗ ନାମରେ ଜନଯୁଦ୍ଧ ଏକ ନୂତନ ପ୍ୟାରୀକମ୍ୟୁନ୍ କରିବା ପାଇଁ ଉଦ୍ଦିଷ୍ଟ ଥିଲା । ଏପରି ଏକ ଲୋମହର୍ଷଣକାରୀ ଐତିହାସିକ ଯୁଦ୍ଧ ସମ୍ପର୍କରେ ପ୍ରଥମେ ବାସୁଦେବ ଦାସ ଏକ 'ମୁକ୍ତକ' ରଚନା କରି ସଂଗ୍ରାମୀ ମାନସିକତାକୁ କ୍ଷିପ୍ରତର କରିଛନ୍ତି – 'ନୂଆ ରକ୍ତର ଢେଉ'ରେ (୨୦୦୮ ମସିହାରେ ପ୍ରକାଶିତ 'ପରିତର୍ପଣ' ସଂକଳନରେ ଏହା ଏକ ସୁନିର୍ବାଚିତ କବିତା ଭାବେ ସ୍ଥାନିତ ଏବଂ ଏହି ପୁସ୍ତକକୁ ତତ୍କାଳୀନ ମନ୍ତ୍ରୀ ଦେବାଶିଷ ନାୟକ ଓ ପଦ୍ମନାଭ ବେହେରା ଉନ୍ମୋଚନ କରିଥିଲେ ।) ରକ୍ତପିପାସୁମାନଙ୍କର ବୀଭତ୍ସ ନାରକୀୟ କାଣ୍ଡର ଘୋର ନିନ୍ଦା କରିଛନ୍ତି କବି । କେତେ ନିର୍ଲ୍ଲଜ ସେଇ ପିଶାଚମାନଙ୍କର ଗରିବ ଶ୍ରମିକ ଶ୍ରେଣୀ ପ୍ରତି ଜୁଗୁପ୍ସା–

"ପାପୁଲି କାଟିଲ ଲିଙ୍ଗକୁ କାଟିଲ

କାଟିଲ ବିପ୍ଳବୀ ଗଳା

କେଉଁ ସେବା ତ୍ୟାଗ ଦେଇଛ କୃତଘ୍ନ

ଚଳାଇଲ ଗୁଲିଗୋଲା ।"

ବିପ୍ଳବୀ କିନ୍ତୁ ଚିର ଅମର । ମରିଗଲେ ଯଦିଓ ଇତିହାସର ରଥଚକ୍ର ତଳେ କେତେ ଜଣ ଭକ୍ତ । କବିଙ୍କ ମତରେ ସେମାନେ ଆୟୁଷ୍ମାନ । ବିପ୍ଳବ ପଥର ମହାନ ଦିଗ୍‌ଦର୍ଶକ । "ବିପ୍ଳବ ଏକ ପାହାଡ଼ୀ ଝରଣା / ବିପ୍ଳବ ଏକ ପଥ / ବିପ୍ଳବ ଆସେ ଗିରି କନ୍ଦରୁ / ବିପ୍ଳବ ଭଗୀରଥ ।" ଧୂର୍ଜଟୀମାନଙ୍କୁ ଆହ୍ୱାନ ଦେଇଛନ୍ତି

କବି। ଏବେ ଜଟା ଖୋଲିଦେବାର ବେଳ। ହାତମୁଠାକୁ ଶକ୍ତ କରି ପୁଞ୍ଜିବାଦୀର ଛାତିର ଲହୁରେ ଆରମ୍ଭ ହେଉ ପବିତ୍ର ରଙ୍ଗମୟ ହୋଲି ଉତ୍ସବ।

"ଶୋଷଣର ଏଇ ସମର ଘାଟୀରେ ବୋମାପଡୁ ବୋମା ପଡୁ
ପୁଞ୍ଜିବାଦର ଛାତିର ରକତେ ଧରା ହେଉ ଜୁଡୁବୁଡୁ।"

ସେହି ଭାବାଦର୍ଶର ବହୁ ସୃଷ୍ଟି ତାଙ୍କର ଦୃଷ୍ଟି ପଥାରୂଢ଼ ହୁଏ। ପଥହରା, ପଛଘୁଞ୍ଚା ହେଉଥିବା ଖଟିଖିଆ ଶ୍ରମିକ ଶ୍ରେଣୀକୁ ନବମନ୍ତ୍ର ଫୁଟିବାରେ କବି ବାସୁଦେବ ସିଦ୍ଧହସ୍ତ। "ହାତମୁଠା ତୋର ଉଠା / କମ୍ପିବ ହିମାଦ୍ରୀ / ଗର୍ଜିବ ଉଦଧି / ଆରାବଳୀ ଦେବ ରଡ଼ି / ଲକ୍ଷ୍ୟପଥରେ / କଦମ ତାଲ / ଜଲଦି ତୁ ଉଠା ଉଠା।" ଏଣିକି ଶ୍ରେଣୀ ଚେତନା ମଧରେ ବିଭ୍ରାଟ ସୃଷ୍ଟିକାରୀ ଶକ୍ତିର ଆଖି ଖୋଲିଯିବ। ହସି ଉଠିବ ମୂଲିଆ ଦୁନିଆ।

ମାର୍କ୍ସ ଗୋଟିଏ ବଡ଼ କଥା କହିଥିଲେ, "ସଂଗ୍ରାମ ହିଁ ସୁଖ।" ଦୁନିଆର ମଜଦୁର ଏକ ହୁଅ। ଏବଂ ମଣିଷ ପ୍ରାକୃତିକ (ସ୍ୱାଭାବିକ) ହେଉ ଏବଂ ପ୍ରକୃତି ମାନବୀୟ ହେଉ। ଖଣି ଖାଦାନ, ଜଳ-ଜମି-ଜଙ୍ଗଲ ଭିତରେ ମାନବିକ ସମ୍ବେଦନଶୀଳ ହେବା ଚାହେଁ। ଅତଏବ ମଣିଷ ନିଜର ହକ୍ ପାଇବାକୁ ହେଲେ ଜଡ଼-ଜୀବ ପ୍ରତି ଅଶେଷ ବିଚାର ପୋଷଣ କରିବା ଉଚିତ୍। ସ୍ଥୁଳତଃ କବି ଦାସ ପ୍ରଗତିଶୀଳ ଚିନ୍ତା ଚେତନାରେ ଯେପରି ଅଗ୍ରଣୀ; ଜୀବ ଜଗତକୁ ନେଇ ଏକ ନମ୍ବର ସଚ୍ଚା ବିପ୍ଳବୀ, ତାଙ୍କ କବିତା ସମାଜର ବହୁ ସମସ୍ୟାକୁ ସମାଧାନ କରିବା ପାଇଁ ପାଖରେ ଠିଆ ହୋଇଆସିଛନ୍ତି।

ଅନ୍ୟ ପକ୍ଷରେ ସଂଗ୍ରାମ କରିଛନ୍ତି କବି ବାସୁଦେବ କ୍ଷତବିକ୍ଷତ ହୋଇଛନ୍ତି। ପରିସ୍ଥିତିକୁ ମୁକାବିଲା କରିଛନ୍ତି। ଅନ୍ୟାୟର ଶିକାର ହୋଇଛନ୍ତି। ଭାଙ୍ଗିପଡ଼ି ନାହାନ୍ତି। ଶାରୀରିକ ଅସୁସ୍ଥତା ସତ୍ତ୍ୱେ ମନୋବଳ ସୁଦୃଢ଼ କରିଛନ୍ତି। ମୂଲ୍ୟବୋଧର ସେ ଉପାସକ। ସାମାଜିକ ନୈତିକତାର ସେ ରୂପକାର। ଯେଉଁଠି ସେ ଅନୁଭବିଛନ୍ତି ସମାଜର ସ୍ଖଲନ, ନୈତିକତାର ଅବକ୍ଷୟ, ଧର୍ମ ନାମରେ ପ୍ରତାରଣା, ସେବା ନାମରେ ଭୋଗ, ରାଜନୀତି ନାମରେ ସ୍ୱେଚ୍ଛାଚାରିତା ଓ ଗୋଲାମ ଦାସମାନଙ୍କର ଆତ୍ମଚାରିତା, ସେଇଠି ତାଙ୍କ ଲେଖନୀ ବନ୍ଦୁକର ସଂଗୀନ ପାଲଟି ଯାଇଛି। ସେଥିରୁ

ବାହାରିଛି ଶଢ଼ର ଗୁଲି। ସେ ମୋହଗ୍ରସ୍ତ ନୁହନ୍ତି, ମୋହମୁକ୍ତ। ତେଣୁ ତାଙ୍କର କବିତା ସମଗ୍ର ଚେତନାରେ ଶାଣିତ, ସାମାଜିକ ଅଙ୍ଗୀକାରବଦ୍ଧତାରେ ଦୀପ୍ତିମନ୍ତ। 'ପରିତର୍ପଣ' ଏହି ଚେତନାର ଏକ ରମ୍ୟରୂପ। ଏହା ତଥାକଥିତ ଧର୍ମିକ ଓ ସମାଜକୁ ନାନା ଭାବରେ ବିଭକ୍ତ କରି ସୁଖଭୋଗରେ ଲିପ୍ତ ରହୁଥିବା ବଡ଼ପଣ୍ଡାମାନଙ୍କ ପ୍ରତି ଏକ ଆଗ୍ନେୟ ଚେତାବନୀ।

କାବ୍ୟପୁରୁଷଙ୍କ ଦୃଷ୍ଟିରେ ମାଟି ଓ ମଣିଷ ପ୍ରମୁଖ ସ୍ଥାନ ଅଧିକାର କରିଛି। ସେ ଉପଲବ୍ଧ କରିଛନ୍ତି ଯାହାର ମାଟି ପ୍ରତି ମମତା ନାହିଁ, ମାଟିର ବାସ୍ନାରେ ଯିଏ ବାସ୍ନାୟିତ ନୁହେଁ, ସିଏ ମଣିଷକୁ ଭଲପାଏନା, ମଣିଷର ଉଦ୍ଧରଣ ପାଇଁ ଚିନ୍ତା କରେନା। ମଣିଷ ହିଁ ବାରମ୍ବାର ପଢ଼ିବାକୁ ଚେଷ୍ଟା କରିଅଛନ୍ତି। ଯେତେ ପଢ଼ିଲେ ମଧ୍ୟ, ତଥାପି ବାକି ରହିଯାଏ ମଣିଷ ରୂପକ ପୁସ୍ତକର ପୃଷ୍ଠାରେ। କବି ସ୍ୱପ୍ନଜୀବୀ ନୁହେଁ, ସଂଗ୍ରାମୀ। ରୁଦ୍ର କଠୋର ବାସ୍ତବତାକୁ ସେ ମୁକାବିଲା କରେ। ବାସ୍ତବତାର ଅନ୍ତଃଭେଦ କରି ସତ୍ୟକୁ ଆବିଷ୍କାର କରେ। ୫ଢ଼ର ଦରିଆ ଡାକରେ କବି ଶିରସ୍ତ୍ରାଣ ପରିଧାନ କରି ଦୁର୍ମଦ ଗତିରେ ଆଗେଇ ଆସେ, "ଜୀବନର ସ୍ୱର୍ଗଦ୍ୱାରେ / ଜାଳିବାକୁ ଶୋଷଣ ଦୁର୍ନୀତି।" ତାର ଆହ୍ୱାନରେ ଶୋଷିତ ପୀଡ଼ିତ ଦଳ ସତ୍ୟର ସିଂହ ଦରଜାକୁ ଅତିକ୍ରମ କରି ଆନନ୍ଦ ବଜାରରେ ପ୍ରେମର ପ୍ରସାଦ ସେବନ କରିବେ। କାବ୍ୟ ପୁରୁଷଙ୍କ ଦୃଷ୍ଟିରେ – "ଚେତନାର ଶରଧା ବାଲିରେ / କବି ଗଢ଼େ ଜୟ ନନ୍ଦିଘୋଷ।" 'ପରିତର୍ପଣ' କବିତାରେ କାବ୍ୟପୁରୁଷ ଜଗନ୍ନାଥ– ଚେତନା ମଧ୍ୟ ଦେଇ ଯେପରି ପାପୀ, ପତିତ, ଶୋଷିତ, ନିର୍ବିଶେଷରେ ଏକ ମଣିଷ ଜାତିର ପରିକଳ୍ପନା କରିଅଛନ୍ତି, ଯେପରି ମହୋଦଧି, ସ୍ୱର୍ଗଦ୍ୱାର, ସିଂହ ଦରଜା, ମନ୍ଦିର ବେଢ଼ା, ଆନନ୍ଦ ବଜାର, ମହାପ୍ରସାଦ ସେବନ, ଶରଧାବାଲି, ନନ୍ଦିଘୋଷ, ରତ୍ନବେଦୀ, ମେଘନାଦ ପାଚେରୀ, ଚକାଢୋଲା ଇତ୍ୟାଦି ମିଥ୍ ପ୍ରୟୋଗ କରି ସତ୍ୟ, ପ୍ରେମ, ଶ୍ରଦ୍ଧା, ମୈତ୍ରୀର ବାଣୀ ଶୁଣାଇଛନ୍ତି ତାହା ତାଙ୍କ ବଳିଷ୍ଠ କବିତ୍ୱର ପରିଚୟ ଦେଇଥାଏ। ଏହି କବିତାରେ ଜଗନ୍ନାଥ ଭକ୍ତି ନୁହେଁ; ମଣିଷ ପ୍ରତି ପ୍ରେମ ହିଁ ମୁଖ୍ୟ ଆବେଦନ। ମାନବ ହିଁ ସତ୍ୟ ସନାତନ। ମାନବର ସଂଜ୍ଞା ଖୋଜିବାକୁ ଆହ୍ୱାନ ଦେଇ କାବ୍ୟପୁରୁଷ ଉଚ୍ଚାରଣ କରନ୍ତି –

"କବି ନୁହେଁ ଭଣ୍ଡ ଭକ୍ତ / ନୁହଁଇ କୀର୍ତ୍ତନ ପାଗଳ

ମାଗେ ସେ ଶରଧା ବାଲି / ବିକାଶର ସଶକ୍ତ ମର୍ଦ୍ଦଳ।"

କାବ୍ୟପୁରୁଷଙ୍କ ପାଖରେ ବଡ଼ଦାଣ୍ଡ ମଣିଷର ସ୍ୱାଧୀନ ଚେତନାର ପ୍ରଶସ୍ତ ପ୍ରତୀକ । ତାହା ଆବଦ୍ଧ ନୁହେଁ, ମୁକ୍ତ ଓ ପରିବ୍ୟାପ୍ତ । ପତିତପାବନ ବାନା ସାମ୍ୟର ପ୍ରତୀକ । କାବ୍ୟପୁରୁଷଙ୍କର ଅନୁରାଗଦୀପ୍ତ ପରିତର୍ପଣ ଓ ପ୍ରାର୍ଥନା ସେଇଠି ଓ ଆକାଂକ୍ଷା – 'ମାନବତାର ମହା ଅନ୍ଦେଷଣ' । ଏହି ଅନ୍ଦେଷଣ ତାଙ୍କର ଜୀବନବ୍ୟାପୀ । ଶିକ୍ଷକତାକୁ ଜୀବନର ବ୍ରତ କରିନେଇଥିବା ଏହି ସ୍ୱାଭିମାନୋଦୀପ୍ତ କାବ୍ୟପୁରୁଷ ଭଲପାଇ ବସିଛନ୍ତି ମାଟିକୁ, ମଣିଷକୁ, ସଂସ୍କୃତିକୁ ଓ ସର୍ବୋପରି ଜୀବନକୁ । ଯେଉଁଠି ସେ ଅନୁଭବ କରିଛନ୍ତି ମଣିଷ ନାମରେ ଅମଣିଷକୁ, ଦେଶସେବୀ ନାମରେ ଆତ୍ମସୁଖଭୋଗୀ ପ୍ରବଞ୍ଚକମାନଙ୍କୁ, ଧର୍ମ ନାମରେ ପ୍ରହସନକୁ, ସାହିତ୍ୟ ନାମରେ ହିପୋକ୍ରାସିକୁ ସେଇଠି ତାଙ୍କର କବିତାରେ ଶବ୍ଦମାନେ ବୋମା ପାଲଟିଯାଇଛନ୍ତି । ସେ ଚାହିଁଛନ୍ତି ଛଳନାମୁକ୍ତ ଶାନ୍ତ ସମାହିତ ଜୀବନ, ଯାହାହେବ ସାମ୍ୟ ଓ ମୈତ୍ରୀର ଉଦ୍‌ବୋଧକ । କାବ୍ୟପୁରୁଷ ମନେ କରିଛନ୍ତି ଆଜିର ସମାଜ ଯେପରି ପାଲଟି ଯାଇଛି କୁରୁକ୍ଷେତ୍ର ଓ ସେଇ କ୍ଷେତ୍ରରେ ସୃଷ୍ଟି ହେଉଛି ରକ୍ତର ପ୍ଳାବନ । ଏଇ ସମାଜରେ ସର୍ବହରାଙ୍କର ଆକୁଳ ହାହାକାର । ଅଥଚ ସେଇମାନଙ୍କ ନାଁରେ ରାଜନୀତି ଓ ଶାସନ ଚାଲେ । ସର୍ବହରା ରହିଯାଏ ଯେଉଁ ଅନ୍ଧାରକୁ ସେଇ ଅନ୍ଧାରରେ । ଆଜି ଅହଲ୍ୟାମାନଙ୍କର ଦୁର୍ବଳ ମୁହୂର୍ତ୍ତକୁ ଲୁଟିବା ପାଇଁ ଭଦ୍ରପୋଷାକୀ ଦେବତାମାନେ କି ଉଦ୍ୟତ । ଏପରି କ୍ଷେତ୍ରରେ କବିର କର୍ତ୍ତବ୍ୟ କ'ଣ ? ଲେଖକର ଦାୟିତ୍ୱ କ'ଣ ? ଏଇ ପ୍ରଶ୍ନ କାବ୍ୟପୁରୁଷଙ୍କ ଭିତରେ ଦେଖାଦେଇଛି ଓ ସେ ଉତ୍ତର ପାଇଛନ୍ତି ବ୍ୟାସକବି ଫକୀରମୋହନଙ୍କ ଲେଖାରେ । ସିଏ ଯେମିତି – "ଭାଷାର ଡଗର / ମୂକଜନେ ଦେଇ ଭାଷା / ନିରକ୍ଷର ହାତରେ ଅକ୍ଷର / ଏ ଜାତିର ହେ ପୟଗମ୍ବର ।" (ପାହାନ୍ତି ତାରା) କାବ୍ୟପୁରୁଷ ଅନୁଭବ କରିଛନ୍ତି ସେହି ପୟଗମ୍ବରଙ୍କ ଛ'ମାଣ ଆଠଗୁଣ୍ଠ' ଜମି ଯେପରି ପାଲଟିଯାଇଛି ଏଇ ଓଡ଼ିଶା ଭୂଇଁ । ଏଇ ଭୂଇଁରେ ଏବେବି ରେବତୀମାନେ ନୀରବରେ ଲୁହ ଢାଳୁଛନ୍ତି । ସତେଯେମିତି ସେ ଧରାଇ ଦେଇଛନ୍ତି ଶୋଷିତ ହାତରେ କଟାର ।

କାବ୍ୟପୁରୁଷ ଜାଣନ୍ତି ସୃଷ୍ଟି ପଥରେ ଅନ୍ଧାର ଓ ଆଲୋକର ଯୁଗପତ୍ ଗତି ମାତ୍ର ଏହି ଗତି ପଥରେ ଆଲୋକର ହିଁ ଜୟଯାତ୍ରା । ସୃଷ୍ଟି ନିକଟରେ ଧ୍ୱଂସ ନତଜାନୁ ଦାସ । ଧ୍ୱଂସ ଶେଷ ନୁହେଁ । ଧ୍ୱଂସ ପରେ ସ୍ରଷ୍ଟା ପୁଣି ବଜାଏ ସର୍ଜନର

ମୋହନ ବେଣୁ। ଧ୍ୱଂସ ସେଇଠି ପରାଜିତ ହୋଇଯାଏ। ଗଣେଶଙ୍କ ଶିରଶ୍ଛେଦ ପରେ ତାଙ୍କ ମଥାରେ ପୁଣି ସ୍ରଷ୍ଟା ଯୋଡ଼ିଦିଏ ହସ୍ତୀମୁଣ୍ଡ। କାବ୍ୟ ପୁରୁଷଙ୍କ ଭାଷାରେ – "ସର୍ଜନା ପାଇଁ ସ୍ରଷ୍ଟା / କେବେହେଁ / ହୋଇନାହିଁ ପଶ୍ଚାତ୍‌ପଦ।" (ସୃଷ୍ଟିପଥେ) କାବ୍ୟପୁରୁଷ ସ୍ପଷ୍ଟ ଅନୁଭବ କରିଛନ୍ତି ଯେ, କୌଣସି ସଂକଟ ବା ଧ୍ୱଂସ ଭିତରେ ସେ ଆଦୌ ବିଚଳିତ ନୁହଁନ୍ତି। କାରଣ ସ୍ରଷ୍ଟା ବିଚଳିତ ହୋଇଗଲେ ଆଉ କିଏ ସର୍ଜନରେ ମୋହନ ବେଣୁ ବାଦନ କରିବ ? ସେହି ତ ଧ୍ୱଂସସ୍ତୂପ ଉପରେ ନୂଆ ସୃଷ୍ଟି ପାଇଁ ପ୍ରେରଣା ଦିଏ। ସେହି ସମାଜ ଓ ରାଷ୍ଟ୍ର ସଚେତନ କାବ୍ୟପୁରୁଷ ଜାଣେ –

"ଦାରିଦ୍ର୍ୟର ଟେବୁଲ ଉପରେ

ପୁଞ୍ଜିବାଦର ଧାରୁଆ ଛୁରୀରେ

ଭାରତର ଗଣତନ୍ତ୍ର ବକ୍ଷ

ଅପରେସନ୍‌ ହେଉଛି

ମାର୍କିନ୍‌ ଡାକ୍ତର ହାତରେ

ସାମ୍ୟବାଦ ଜୀବନ୍ୟାସ ପାଇଁ।" (ଅପରେସନ ଭାରତ)

ଆଜିର ଭାରତବର୍ଷ ବିପର୍ଯ୍ୟସ୍ତ। ଗଣତନ୍ତ୍ର ନାମରେ ସୁବିଧାବାଦ ଓ ଉପଭୋଗବାଦର ବୀଭତ୍ସ ନୃତ୍ୟ। ରାଷ୍ଟ୍ରୀୟ ସ୍ୱାଭିମାନବୋଧ ବିଲୁପ୍ତ। ପୁଞ୍ଜିବାଦୀ ଆମେରିକାର କବଳରେ ଭାରତର ଆତ୍ମା ସଂକୁଚିତ। କାବ୍ୟପୁରୁଷଙ୍କ ବ୍ୟଙ୍ଗୋକ୍ତିରେ – "ଆମେରିକାନ୍‌ ଶିକ୍ଷାର କୋଳରେ/ ଗଣତନ୍ତ୍ର ସମୃଦ୍ଧ ହେବ/ ଜୋତା ପାଲିସ୍‌ ପରି।" ଏହି ପରିବେଶ ଓ ମାନସିକତାରୁ ଭାରତ ଆଜି ମୁକ୍ତ ନୁହେଁ। ଗଣତାନ୍ତ୍ରିକ ସମାଜବାଦ ନାମରେ କ୍ଷମତା ଓ ଉପଭୋଗର କାଳରଡ଼ି। କାବ୍ୟପୁରୁଷଙ୍କର ତେଣୁ ଆତ୍ମାର ବାଣୀ –

"ଯେଉଁମାନଙ୍କୁ ସିଂହାସନ ଦେଲୁ

କ୍ଷମତା ଦେଲୁ, ଫୁଲମାଳ ଦେଲୁ

ସେମାନେ ଆଗ ଆମରି ଖପୁରୀ ତାଡ଼ିଲେ

ତଡ଼ା ଖପୁରୀର ଇତିହାସ ଲେଖାଯିବ

ରକ୍ତର କାଲିରେ / ଅବୁଝା ଭାଷାରେ ।" (ଘାସ କାଟି ଯା'ର ପରିଛାପଣ)

ଘାସ କଟାଲିମାନେ ବାଘ ବନିଗଲେ । ହେଣ୍ଡାଲ ଛାଡ଼ିଲେ । ବାହାରକୁ ଭଦ୍ରଖୋଲ ପିନ୍ଧି ଭିତରେ ନାରକୀୟତା ସୃଷ୍ଟି କଲେ । ସେମାନେ ବୁଝିଲେ ନାହିଁ ମଣିଷ କଥା, ଦେଶ କଥା, ସାଧାରଣ ମଣିଷମାନେ ବଂଚିତ ଆଉ ଶୋଷିତ ହେଲେ । ସେମାନଙ୍କୁ ଭାଗ ଭାଗ କରିଦିଆଗଲା । ସେମାନେ କାଠି ନଥିବା ଦିଆସିଲିଖୋଲ ପରି ପଡ଼ିରହିଲେ । ଦେହରେ କିନ୍ତୁ ବାରୁଦ ଅଛି । କାଠ ଘସିଲେ ନିଆଁ ଜଲିବ । ସେଇ ନିଆଁ ଘରପୋଡ଼ି ଦିଏ, ଲଙ୍କା ଦହନ କରେ, ସାମ୍ରାଜ୍ୟକୁ ଛାରଖାର କରିଦିଏ । ସେଇ ନିଆଁ ଜଲିବାର ସମୟ ହୋଇଗଲାଣି । କେବଲ କାଠ ଘସିବାର ଅପେକ୍ଷା ।

ଆଜି ସମାଜରେ କେତେ ନିରୀହା ଯୁବତୀଙ୍କର ଅସହାୟତା ସୃଷ୍ଟି କରିଛି ଉଘ୍ରୀଡ଼କ ଦୃଶ୍ୟ । କେତେ କରୁଛନ୍ତି ଆତ୍ମହତ୍ୟା । କେତେ ସରଲ ନିଃସ୍ୱ ମଣିଷଙ୍କର ଦୁଃଖ ଓ ଯନ୍ତ୍ରଣା । ଯେଉଁ ଝିଅଟିଏ କେତେ ଆନନ୍ଦରେ କୁଆଁର ପୁନେଇ ପାଲନ କରିଥିଲା । ପରବର୍ଷକୁ ତା'ର ଝୁଲନ୍ତ ଶରୀର ଛାତରୁ ଝୁଲୁଥାଏ ମାଟି ଉପରେ । ସେ ରାହା ଖୋଜୁଥାଏ ମାଟି କୋଲରେ ପାଦ ଥାପିବାକୁ । ମାତ୍ର ସେ ରାହା ପାଏ ନାହିଁ, ସାହା ପାଏ ନାହିଁ । ଆଜିର ଏହିପରି ଅଗଣିତ ନିରୀହମାନେ ମୁଖାପିନ୍ଧାମାନଙ୍କ ଷଡ଼ଯନ୍ତ୍ର ପଡ଼ି ହାହାକାର କରୁଛନ୍ତି । ଏଇ ବାଘମାନଙ୍କ ପିଠିରେ ପଚାନାଉ ସାଜିଛନ୍ତି ସାଧାରଣମାନେ । କାବ୍ୟପୁରୁଷ ଏପରି ଛଲନା ଓ ପ୍ରତାରଣାକୁ ଉପଲବ୍ଧ କରିଛନ୍ତି । କହିଛନ୍ତି ଯେଉଁ ଦେଶରେ ସ୍ୱାଧୀନତା ପରେ ଲୋକେ ଯଦି ଲୁଣ ମୁଠାଏ ନ ପାଇଲେ ତେବେ ସେଇ ସ୍ୱାଧୀନତାର ମୂଲ୍ୟ କ'ଣ ? ବରଂ ସର୍ବତ୍ର ଚାଲିଛି ଅତୀତର ସେଇ ବ୍ରିଟିଶ ରାଜ ନୂଆ ରୂପରେ । ସେଇ ଶୋଷଣ ଆଉ ପୀଡ଼ନ, ସେଇ ଅତ୍ୟାଚାର ଆଉ ସ୍ୱେଚ୍ଛାଚାର । ସେତେବେଲେ ସେଇ ମାଟିର ମଣିଷମାନଙ୍କ ଛାତି ତାତି ଉଠିବ, ସେତେବେଲେ କେଉଁ ଟାଟା ବିରଲା ବା କେଉଁ ରାଜନୀତି ଥୟ ପଡ଼ିବ ନାହିଁ । ଆଜି ଦେଶରେ ଯେପରି ଧର୍ମ ଆଉ ଜାତି ନାମରେ ସଂଘର୍ଷ ଚାଲିଛି, ରାଜନୀତି ମୁଖ ବିସ୍ତାର କରୁଛି, ନରନାରୀ ପିଲା ବୃଦ୍ଧ ଯେପରି ବଲି ପଡ଼ୁଛନ୍ତି, ସେଥିରେ ଏ ଦେଶର ଭାଗ୍ୟ ଭବିଷ୍ୟତ କ'ଣ

ହେବ ? ମାନବତାବାଦୀ କବି ତ ଏଇଥିପାଇଁ ମାନବିକତାର ତୂରୀ ବଜାଇବାକୁ ଉଦ୍‌ବୋଧନ ଦେଇଅଛନ୍ତି ।

ଆଫ୍‌କାରେ କଳାଗୋରା ସଂଘର୍ଷ । ଭାରତରେ ଜାତିଧର୍ମର ସଂଘର୍ଷ । ମାର୍କିନ ଦେଶର ଦୁର୍ବଳ ଦେଶ ଉପରେ ଆକ୍ରମଣ । ସନ୍ତ୍ରାସବାଦୀଙ୍କର ସର୍ବତ୍ର ପ୍ରମତ୍ତ ଲୀଳା, ନରସଂହାର । ଲେଖକର ମୁଣ୍ଡ ନିଲାମ ପାଇଁ ନୋଟିସ୍ । ଶାସକର ଶୋଷଣ ବଜାର ବେଶ୍ ଗଢ଼ା / ନେତାଙ୍କର ଜନତା ସହ ଶଠତାର ଲଢ଼େଇ ।" ଏଣେ ଦୁଃଖ ଆଉ ଶୋକରେ ଦେଶ ଭାସୁଛି, ଭାସୁଛି ମଧ ଓଡ଼ିଶା । କାବ୍ୟ ପୁରୁଷ ଏକ ବାସ୍ତବ ଚିତ୍ର ଦେଇ କହନ୍ତି –

"ମଣିଷ ମାରୁଛି ମଣିଷ ମରୁଛି

ମଣିଷ ଚାଲିଛି ଜଳି

ମଣିଷ ଗଢ଼ୁଛି, ମଣିଷ ଭାଙ୍ଗୁଛି

ଧର୍ମ ଆଇନ୍ ଜାଲି

ମଣିଷ ବିକୁଛି ପିଲା

ମଣିଷ କିଣୁଛି ମଣିଷ ପାଖରୁ

ଭାତଲୁଗା ଲାଗି ପାଲା ।" (ଉନ୍ନବ ବ୍ୟାନବେ)

୧୯୯୨ରେ କଳାହାଣ୍ଡି ପିଲା ବିକ୍ରି ହେବାର ଚିତ୍ର ଏହି କବିତା ସବଳିତ । ଏଇ ଦୁଃଖଦ ପରିସ୍ଥିତିକୁ ଦେଖି ମଧ ସୁବିଧାବାଦୀ ରାଜନେତାଏ ବୁଝୁନାହାନ୍ତି । ସିଂହାସନକୁ ମଜଭୁତ ରଖିବାପାଇଁ ସେମାନେ କେବଳ ବ୍ୟସ୍ତ । କାବ୍ୟପୁରୁଷ କିନ୍ତୁ ନିଶ୍ଚିତ ଏକ ସିଦ୍ଧାନ୍ତରେ ଉପନୀତ ହୋଇଛନ୍ତି – 'ଅରିଷିତମାନେ ଜାତୀୟ ପୁରୁଷ / କବିର ଦିବ୍ୟ ଶୋଭା ।' ଓଲାଶୁଣିର ମହାପୁରୁଷ ଅରଷିତ ଦାସ ରାଜପୁରୁଷ ହୋଇ ମଧ ସାଧାରଣ ମାଟିର ମଣିଷ ପାଖକୁ ଧାଇଁ ଆସିଥିଲେ । ସିଏ ଗୋଟିଏ କଥା ସୂଚାଇଦେଲେ ଯେ ଜାତି ବଡ଼ ନୁହେଁ, ଧର୍ମ ବଡ଼ ନୁହେଁ; ବଡ଼ ହେଉଛି ମଣିଷ । ଅରଷିତ ଓ ନିରାହମାନେ ମୋହମୁକ୍ତ ହୋଇ ଆଗେଇ ଆସିଲେ ସବୁ ଛଳନାର ମୁଖା ଖୋଲିଯିବ, ସମାଜ ଓ ରାଷ୍ଟ୍ର ହେବ ଧନ୍ୟ । ମାତ୍ର ଏହି ମୋହମୁକ୍ତି ଘଟୁନାହିଁ । ନେତା ଓ ବଡ଼ବଡ଼ିଆମାନେ ରିଲିଫ୍ ମାରି ଖାଇଯାଆନ୍ତି । ହୁଡ଼କୋ

ଲୋନ୍ ବାଟବଣା ହୁଏ। ରାଜନେତା ବାଜିମାରେ। ନିରୀହର ଲୁହ ନଦୀ ହୋଇ ବହିଯାଏ। ଶାସକର ପାଉଣା କିନ୍ତୁ ଉଣା ହୁଏ ନାହିଁ। ନ୍ୟାୟ ପତିର କୁଟିଳ ନୟନ ପାଏ ନାହିଁ। ମଦର ସୁଅ ଛୁଟେ। ମଣିଷମାନେ ମାଛି ପରି ମରନ୍ତି। ମଦ ବ୍ୟବସାୟୀ ସୁନାପୁଅ ସାଜେ। ଲେଖକ ଆତ୍ମହତ୍ୟା କରେ। ସତ୍ୟର ତଣ୍ଟି ଚିପାଯାଏ। ମିଥ୍ୟା ରାଜୁତି କରେ। କବିଙ୍କର ବକ୍ତବ୍ୟ –

“ସତ୍ୟର କୁଡ଼ିଆ ଘରେ

ସୀତାଙ୍କ କଲିଜା ଥରେ

ଈଶ୍ୱରଙ୍କ ନୀଳ ପାଲା ଖସିପଡ଼େ

ଅଦୂର ହୁଙ୍କାରେ / ମାରୀଚ ମାୟାରେ

କୋମଳ ନିଷ୍ପାପ ସତ୍ୟର / ତଣ୍ଟି ଚିପାଯାଏ

ନିର୍ବୋଧ ବାରଶହ / ବଢ଼େଇଙ୍କ ଗୁରୁ ଗୁଞ୍ଜନରେ।” (ତମେ ସବୁ ଶୁଣ)

ମାଟି ଓ ମଣିଷଙ୍କ ପ୍ରତି ଶ୍ରଦ୍ଧା ନିବେଦନ କରୁଥିବା ଏହି ବିଦ୍ରୋହୀ କବି ବାରମ୍ବାର ଶୁଣାଇଛନ୍ତି ସାର୍ବିକ ବିପ୍ଳବର ମନ୍ଦ୍ର ଧ୍ୱନି। ତାଙ୍କର ବିଶ୍ୱାସ ବିଂଶ ଶତାବ୍ଦୀ ଭାରତକୁ ସ୍ୱାଧୀନତା ଦେଲା। ଏକବିଂଶ ଶତାବ୍ଦୀ ହେବ ମହାମାନବିକତାର ଯୁଗ। ଏ ଶତାବ୍ଦୀ ହେବ ମୁକ୍ତ ଗଣତନ୍ତ୍ରର ଶତାବ୍ଦୀ, ମଣିଷର ଶତାବ୍ଦୀ। ଏହି ସମ୍ଭାବନା ମନ ଭିତରେ ନାନା ପ୍ରଶ୍ନ ସୃଷ୍ଟି କରୁଥିଲେ ମଧ୍ୟ କାବ୍ୟପୁରୁଷ ଯେ ଗୋଟାଏ ନୂତନ ସ୍ୱପ୍ନ ଦେଖିଛନ୍ତି, ତାହା ଉପଲବ୍ଧ ହୁଏ। କବି ଅନ୍ତରର ମୁଗ୍ଧ ଅଭିନନ୍ଦନ ଜଣାଇଛନ୍ତି ଖଟିଖିଆ ମଣିଷମାନଙ୍କ ପ୍ରତି। ଗଭୀର ପ୍ରତିକ୍ରିୟା ପ୍ରକାଶ କରିଛନ୍ତି ଜୀଅନ୍ତା ଯୁବତୀକୁ ଖିନ୍‌ଭିନ୍ କରି ଉପଭୋଗ କରୁଥିବା ବର୍ବରମାନଙ୍କ ପ୍ରତି। ତାକୁ ବୀଭସ୍ସ ଭାବରେ ହତ୍ୟା କରୁଥିବା ସଇତାନ ଗଣ ଓ ସେଇ ମୃତ ପଚାସଡ଼ା ଶରୀରକୁ ନେଇ ଫାଇଦା ଉଠାଉଥିବା ଗଣମାଧ୍ୟମ ଓ ରାଜନେତାମାନଙ୍କୁ ସେ ସମାଲୋଚନା କରିବା ସଙ୍ଗେ ସଙ୍ଗେ ଶୁଣାଇଛନ୍ତି ବିପ୍ଳବର ବାଣୀ –

“ସରିନାହିଁ ବନ୍ଧୁ ସରିନାହିଁ ଆମ / ବିପ୍ଳବ ନାଟ

ସବୁଜ ସୁନ୍ଦର ଧରାରେ ଗଠନ / ସାମ୍ୟରାଷ୍ଟ

ଧୂର୍ଜଟୀ ଖୋଲି ଧୂଁସର ଜଟା / ଆକାଶ ମେଲି

ସୃଷ୍ଟି ହିତରେ ବିପ୍ଳବୀ ଗୀତ / ଗାଇବି ଖାଲି ।"

(ରକ୍ତ କରବୀ ଉଠିବ ଫୁଟି)

ବିପ୍ଳବୀ କବି ଜଣେ ଆଦର୍ଶ ଶିକ୍ଷକ । ଶିକ୍ଷକର ସମସ୍ୟା ପ୍ରତି ସରକାର କର୍ଣ୍ଣପାତ ନ କରି ଶିକ୍ଷକ ସମାଜ ଶାନ୍ତିପୂର୍ଣ୍ଣ ପ୍ରତିବାଦ ଜଣାଇଲା । ମାତ୍ର ସରକାର ପୋଲିସ୍ ଦ୍ୱାରା ସେମାନଙ୍କ ଉପରେ ଅତ୍ୟାଚାର କଲା । ସେତିକିବେଳେ ଶିକ୍ଷକ କବିଙ୍କ ହୃଦୟରେ ଯେଉଁ ବିପ୍ଳବର ଅଗ୍ନି ଜଳିଉଠିଲା ତାହାହିଁ ବାଣୀ ରୂପଧାରଣ କରି ପ୍ରକାଶ ପାଇଲା । ତାଙ୍କର ବଜ୍ର ଆହ୍ୱାନ -

"ବିପ୍ଳବ କର ବିଦ୍ରୋହ କର

ଜାଲରେ ବହ୍ନି ଜାଳ

ଆହ୍ୱାନକର ଆହବ ରଚନେ

ଭାଙ୍ଗୁ ଶାସନ କଳ ।" (ଦଧୀଚି)

କାବ୍ୟପୁରୁଷ ବିପ୍ଳବୀ ନିଶ୍ଚୟ, ମାତ୍ର ଅଧିକନ୍ତୁ ସେ ଦଧୀଚି ପରି ଆତ୍ମତ୍ୟାଗୀ । ଅତ୍ୟାଚାରିତ ଓ ଦଳିତଙ୍କ ମୁକ୍ତି ପାଇଁ ସେ ନିଜକୁ ଉତ୍ସର୍ଗ କରିବାକୁ ପ୍ରସ୍ତୁତ । 'ବୋମା କହେ କଥା' କବିତାରେ ସେହି ବିପ୍ଳବର ଧ୍ୱନି । 'ଡେକାଡେନ୍ସିର କବିତା'ରେ କାବ୍ୟପୁରୁଷ ଶୁଣାଇଛନ୍ତି ମାର୍କିନ୍ ପୁଞ୍ଜିପତିର ଅବାଧ ବିସ୍ତାର ଓ ସାମ୍ୟବାଦର ପତନର ବାଣୀ । ସାମ୍ୟବାଦ ଯେ ବିଜ୍ଞାନସମ୍ମତ ତାହାକୁ ଜଳାଇ ଦେଇଛନ୍ତି । 'ଲୋହିତ ଚକ୍ରବାଳ', 'ହାତମୁଠା ତୋର ଉଠା', 'ଆପଣା ବସନ ପରକୁ ବିକି', 'ନୂଆବର୍ଷ ଅବନା ମାଟିରେ' ଆଦି କବିତା କାବ୍ୟପୁରୁଷଙ୍କ ମାଟି ଓ ମଣିଷ ସଂପ୍ରୀତିକୁ ଘୋଷଣା କରେ । କାବ୍ୟପୁରୁଷ କହନ୍ତି-

"ମାଟିରେ ବୀଜଟିଏ ପୋତ

ପୂରିଯିବ ସବୁରି କାମନା

ନୂଆବର୍ଷ ପିନ୍ଧାଇବ

ପାଟଶାଢ଼ୀ ମୋର ଏ / ଅବନା ମାଟିକୁ ।"

ମାଟି ଅବନା । ପ୍ରୀତିର ଆଧାର । ସେଇ ଅବନା ମାଟି ଉପରେ ମଣିଷ ସତ୍ୟ ଓ ସୁନ୍ଦର । ସେଇ ମଣିଷକୁ ଶୋଷଣ କରିବାର ଅଧିକାର କାହାର ନାହିଁ । ଯିଏ ଶୋଷଣ କରେ ତା'ର ପତନ ଅନିବାର୍ଯ୍ୟ । ଯିଏ ଧର୍ମ ଓ ସମ୍ପ୍ରଦାୟ ନାମରେ ମଣିଷକୁ ଭାଗ କରେ ସିଏ ମଧ୍ୟ ଅଚିରେ ଧ୍ୱଂସ ପାଇଯାଏ । ଧର୍ମ ବଡ଼ ନୁହେଁ, ବଡ଼ ମଣିଷ । ମଣିଷକୁ ଅସ୍ୱୀକାର କରି କେଉଁ ଧର୍ମ ତିଷ୍ଠିପାରେ । ଏହି ଚିନ୍ତନ ପ୍ରତି'ଲିତ 'ଶୂନ୍ୟ ଭାଗ'ଲ' କବିତାରେ । ସ୍ୱାର୍ଥପିଶାଚମାନେ ମାଟି ଓ ମଣିଷକୁ ବୁଝନ୍ତି ନାହିଁ । ଜୀବନକୁ ଜାଣନ୍ତି ନାହିଁ । ଯିଏ ମଳୀନ ମାଟିର ବାସ୍ନା ଆଘ୍ରାଣ କରିପାରେ ଓ ଦରଫୁଟା ମଲ୍ଲୀଫୁଲର ସ୍ୱପ୍ନ ଜାଣିପାରେ, ସିଏ ଜୀବନର ମୂଲ୍ୟ ବୁଝିପାରେ । ଯିଏ ଜୀବନର ମୂଲ୍ୟକୁ ବୁଝେ ସିଏ ଭଲପାଏ ମାଟି ଓ ମଣିଷକୁ । କାବ୍ୟପୁରୁଷ ଏହି ସତ୍ୟକୁ ନେଇଛନ୍ତି ବିଭିନ୍ନ କବିତାରେ । ଶିକ୍ଷକର ଯନ୍ତ୍ରଣା ଓ ବିଶାଳ ହୃଦୟବ୍ୟଥାକୁ ମଧ୍ୟ ଫୁଟାଇଛନ୍ତି 'କଳାପଟାର ଲୁହ' ପରି କବିତାରେ । ସେ ନୈରାଶ୍ୟବାଦୀ ନୁହନ୍ତି; ଆଶାବାଦୀ । ତେଣୁ ତାଙ୍କ ଦୃଷ୍ଟିରେ ବିପ୍ଲବର ମୃତ୍ୟୁ ନାହିଁ । ବିପ୍ଲବ ଆସିନାହିଁ ଆସିବ, ଶୋଷଣ ଥିଲା ପର୍ଯ୍ୟନ୍ତ, ସ୍ୱେଚ୍ଛାଚାର ଥିଲା ପର୍ଯ୍ୟନ୍ତ । ବିପ୍ଲବ ଆସିଲେ ଫୁଲ ଫୁଟିବ, 'ଲ ଧରିବ । ଆଶାର ବୋଇତ ଲାଗିଯିବ ସମୁଦ୍ର କୂଳରେ । ହୁଏତ ସେ ରକ୍ତର ଢେଉରେ କିତି କିତି ଖେଳିବ ମାତ୍ର ଭାଙ୍ଗିପଡ଼ିବ ନାହିଁ ନୈରାଶ୍ୟରେ । ଶିବକୁ କେହି ଶବ କରିପାରେନା । ଶିବ ହିଁ ମଙ୍ଗଳର ବାର୍ତ୍ତା । ସେ ହିଁ ବିପ୍ଲବର ଧୂର୍ଜ୍ଜଟୀ । ସେହି ବିପ୍ଲବର ତାଣ୍ଡବରେ ବଳିପଡ଼ନ୍ତି ଦକ୍ଷ ପ୍ରଜାପତିମାନେ । ମାଟି ଓ ମଣିଷ ସଚେତନ କବି ମାତ୍ରେଇ ସେଇ ଧୂର୍ଜ୍ଜଟୀ ସମ ତାଣ୍ଡବ ରଚନା କରିପାରନ୍ତି ଓ ମଙ୍ଗଳର ବାଣୀ ଶୁଣାଇପାରନ୍ତି । 'ଜନ ଗର୍ଜ୍ଜନ', 'ନୂଆ ରକ୍ତର ଢେଉ', ଆଦି କବିତା ସେଇ ବୈପ୍ଲବିକ ଚେତନାର ମଧ୍ୟ ଗୋଟିଏ ଗୋଟିଏ ପ୍ରାଣବନ୍ତ ଅଭିବ୍ୟକ୍ତି ।

କବି ବାସୁଦେବ ଦାସଙ୍କ କବିତାଗୁଡ଼ିକ ମୁଖ୍ୟତଃ ମାଟି ଓ ମଣିଷ ପ୍ରତି ଗଭୀର ଶ୍ରଦ୍ଧାର ଆନ୍ତରିକ ପରିପ୍ରକାଶ । ସେଇ ଶ୍ରଦ୍ଧାରୁ ଯେଉଁଠି ମାଟି ଓ ମଣିଷ ପ୍ରତି ଅତ୍ୟାଚାର ଓ ଶୋଷଣ ହେଉଛି, ସେଇଠି ସେ ବିଦ୍ରୋହୀ ହୋଇଛନ୍ତି । ତାଙ୍କର ଲକ୍ଷ୍ୟ ଏକ ଶୋଷଣ ମୁକ୍ତ ସାମ୍ୟ ସମାଜ । ଏହି ଉଦ୍ଦେଶ୍ୟ ତାଙ୍କ କବିତାଗୁଡ଼ିକରେ ଯେ ପ୍ରତିସରିତ ତାହା ସହଜରେ ଅନୁଭବ କରାଯାଇପାରେ ।

କବି ବାସୁଦେବ ବିପ୍ଳବୀ, ସମାଜବାଦୀ। ସେ ମଧ୍ୟ ଆଦର୍ଶବାଦୀ। କାରଣ ସେ ଶିକ୍ଷକ। ଏକ ପକ୍ଷରେ ଶିକ୍ଷକତାର ଆଦର୍ଶ ଓ ମଣିଷ ଗଠନ କରିବାର ସଂକଳ୍ପ, ଅନ୍ୟ ପକ୍ଷରେ ସାମାଜିକ ବୈଷମ୍ୟର ବିଲୋପ ଓ କ୍ଷମତାନ୍ଧଙ୍କର ହିପୋକ୍ରାସିର ପତନ ପାଇଁ ସାର୍ବିକ ବିପ୍ଳବ, ତାଙ୍କ ବ୍ୟକ୍ତିତ୍ୱର ଦୁଇଟି ଦିଗ। ଏ ସଂପର୍କରେ ପୂର୍ବରୁ ଆଲୋଚିତ। ଏହାକୁ ଛାଡ଼ିଦେଲେ ଏହି କାବ୍ୟପୁରୁଷଟି ଯେ କେତେ ଦୁଃଖଦ ସ୍ମୃତିରେ ବିଜଡ଼ିତ; ନିଜସ୍ୱ ପୃଥିବୀରେ କେତେ ଏକଲା ଓ କରୁଣ ତାହା ତାଙ୍କ କବିତାମାନଙ୍କରେ ମଧ୍ୟ ଉଦ୍‌ଭାଷ୍ୟ। ସେ ବିପ୍ଳବୀ, ଧର୍ମ-ସଂପ୍ରଦାୟ ବିରୋଧୀ ମାତ୍ର ଅନିର୍ବଚନୀୟ ଈଶ୍ୱରଙ୍କ ଅନ୍ତର ଭିତରେ ଉପଲବ୍ଧି କରନ୍ତି। ଯେଉଁମାନେ ଈଶ୍ୱର ନାମରେ ଧପ୍ପାବାଜି କରନ୍ତି ସେମାନଙ୍କ ପ୍ରତି ତାଙ୍କର ଲେଖନୀ ଖଡ୍‌ଗହସ୍ତ। ଆଲୋକର କବି ସେ। ଆଲୋକକୁ ସ୍ୱାଗତ କରିଛନ୍ତି; ବିରୋଧ କରିଛନ୍ତି ଅନ୍ଧାରକୁ। ସକଳ ଯନ୍ତ୍ରଣା, ଅସହାୟତା ଓ ଦୁଃଖ ଭିତରେ କାବ୍ୟପୁରୁଷ ଜୀବନ ଜୀଇଁଛନ୍ତି। ଏଇ ଜୀବନ ଜୀଇଁବା ଓ ଜୀଇଁବା ପରି ଜୀଇଁବା ତାଙ୍କ କବିତାର ମର୍ମବାଣୀ ସେ କହନ୍ତି –

“ମୁଁ ମରୁଛି ମୋ ଭିତରେ ବାରମ୍ବାର

ଆଶା ଓ ଆଶଙ୍କାର ବ୍ୟୂହରେ ଉଠୁଛି ପଡ଼ୁଛି

ପୁଣି ପଡ଼ୁଛି ଉଠୁଛି, କଣ୍ଠରେ ମହାପୁରୁଷଙ୍କ

ନାମ ଓ ବାଣୀର କୀର୍ତ୍ତନ।” (ଜୀବନ ବଞ୍ଚିଛି ଏଠି)

କାବ୍ୟପୁରୁଷ ଜାଣନ୍ତି ମୃତ୍ୟୁ ସତ୍ୟ। ତାହାଠାରୁ ଆହୁରି ସତ୍ୟ ‘ବଞ୍ଚିବାର– ଅଦମ୍ୟ ସଂଗ୍ରାମ’। ଏହି ସଂଗ୍ରାମର ଲକ୍ଷ୍ୟ ଜୀବନକୁ ଉପକ୍ରମରୁ ଉପସଂହାର ପର୍ଯ୍ୟନ୍ତ ଜାଣିବା। ଯେତେବେଳେ ସେ ଜୀବନ ମରଣର ସଂଘର୍ଷ ଭିତରେ ଛଟପଟ ହେଉଥାନ୍ତି ସ୍ୱପ୍ନରେ ସେ ଦେଖିଛନ୍ତି କବି ରମାକାନ୍ତ ରଥଙ୍କୁ। ବୋଧହୁଏ କାବ୍ୟପୁରୁଷ ଗଭୀର ଭାବରେ ଭଲପାଆନ୍ତି ରମାକାନ୍ତ ରଥଙ୍କୁ ଓ ସେଥିପାଇଁ ତାଙ୍କ ସ୍ୱପ୍ନରେ ସେ ଆସିଯାଇଛନ୍ତି ଓ ପ୍ରକାଶ କରିଛନ୍ତି ସହାନୁଭୂତି। କାବ୍ୟପୁରୁଷ ଯନ୍ତ୍ରଣାକୁ ମାତ୍ର ସେ ଅସହାୟ ନୁହନ୍ତି। କବିସତ୍ତାଟି ବଡ଼ଦୁର୍ମଦ ଅଥଚ ଅତିଶୟ ସମ୍ୱେଦନଶୀଳ। ‘ଝୁଲା ପୌଷମାସୀ’ କବିତା ସେଇ ସମ୍ୱେଦନାବୋଧର ମାର୍ମିକ ଆଲେଖ୍ୟ। ‘ବାଘ ପିଠିରେ

ପଚା ନାଉ' କାବ୍ୟପୁରୁଷଙ୍କ ବ୍ୟକ୍ତି-ଜୀବନର ମର୍ମଚିତ୍ର। ପିଲାଦିନେ ବୋଉ ପିଠିରେ ପଚାନାଉ ହେଉଥିବା କାବ୍ୟପୁରୁଷଙ୍କ ସ୍ମୃତି ଜୀବନ୍ତ ହୋଇଉଠିଛି। ଏହି ସ୍ମୃତି ଯୋଡ଼ି, ହୋଇଯାଇଛି ଶୋଷକମାନଙ୍କ ପିଠିରେ ପଚାନାଉ ହେବା ଘଟଣା ସହିତ। ଏହି ଶୋଷକମାନେ ହିଁ ବାଘ। ଏମାନେ କଙ୍କଣ ଦେଖାଇ ଭୁଲାନ୍ତି ଓ ରକ୍ତପାନ କରନ୍ତି। କାବ୍ୟପୁରୁଷଙ୍କର ପୁଣି ମନେପଡ଼ିଛି ପିଲାଦିନ। ଖାଲିପେଟରେ ବିତାଉଥିବା ସଂଜ ଓ ସକାଳ। ପରିଣତ ବୟସରେ ଏହି ସ୍ମୃତି ବିପ୍ଲବରେ ହୋଇଛି ରୂପାନ୍ତରିତ।

ବିଭିନ୍ନ କବିତାରେ କାବ୍ୟପୁରୁଷଙ୍କ ବ୍ୟକ୍ତିସତ୍ତା ସ୍ବତଃ ଉଙ୍କୁଟିଉଠିଛି। ସାମାଜିକ ସତ୍ତା ମଧଦେଇ ବ୍ୟକ୍ତିସତ୍ତାଟି ହୋଇଛି ଶାଣିତ। ବ୍ୟକ୍ତି-ଦୁଃଖ ସମଗ୍ର ଦୁଃଖରେ ପରିଣତ ହୋଇଛି। ବ୍ୟକ୍ତି-ସମସ୍ୟା ସମଗ୍ର ସମସ୍ୟାରେ ହୋଇଛି ରୂପାନ୍ତରିତ। ବ୍ୟକ୍ତିର ଚିନ୍ତନ ଏକାନ୍ତ ବ୍ୟକ୍ତିଗତ ହୋଇଗଲେ ତାହା ସମଗ୍ରକୁ ସ୍ପର୍ଶ କରେ ନାହିଁ। କବି ବାସୁଦେବ ଏକଥା ଉପଲବ୍ଧି କରିଛନ୍ତି। ଯେଉଁ କବିତାରେ ବ୍ୟକ୍ତିବୋଧର ଅଭିବ୍ୟକ୍ତି ଆସିଛି ତାହା କ୍ରମଶଃ ହୋଇଯାଇଛି ସମଗ୍ର ଅଭିମୁଖୀ। ନିଜର ବାଲ୍ୟଜୀବନର ଦୁଃଖ ଓ ଅଭାବ, ବୋଉ ସହିତ ଆତ୍ମୀୟତା, ଶିକ୍ଷକ ଜୀବନର ସମସ୍ୟା ସବୁ କିଛି ରୂପାନ୍ତରିତ ହୋଇଛି ସମାଜର ବୃହତ୍ତମ ସତ୍ତା ସହିତ। 'ବୋଉ' କବିତାଟି କବିଙ୍କର ବ୍ୟକ୍ତିଗତ ଭାବନାର ଅଭିବ୍ୟକ୍ତି ହୋଇଥିଲେ ମଧ ତାହା ଯେପରି ସମସ୍ତ ବୋଉଙ୍କ ହୃଦୟକୁ ସ୍ପର୍ଶ ଦିଏ। ବୋଉ ସଦାବେଳେ ବୋଉ। ତା'ର ପରିଚୟ ହିଁ ବୋଉ। ସେଠି ବୟସ ଗୌଣ। ସ୍ନେହ ମମତା ଓ ତ୍ୟାଗର ସେ ଜୀବନ୍ତ ମୂର୍ତ୍ତି। କବିଙ୍କ ଭାଷାରେ ବୋଉ 'ସମୁଦ୍ର ଭଳି ଗଭୀର / କଇଁଫୁଲ ଭଳି ଆଶାବାଦିନୀ / ବର୍ଷଣ ମେଘ ସମ ହିତାକାଂକ୍ଷୀ। ମୂଳଦିଏ କଥାରେ, କଅଁଳ ଡାକରେ / ଝରିପଡ଼େ ସ୍ବର୍ଗର ଶତ ଅମୃତ।" ବେଶ୍ ଚମକ୍କାର ଭାବରେ ବୋଉର ଚିରନ୍ତନ ଭାବ ପ୍ରକଟିତ। ଏହିପରି କେତେକ କବିତାରେ କବିଙ୍କର ଦୁଃଖ ଓ ଯନ୍ତ୍ରଣା ସୂଚିତ ହୋଇଥିଲେ ମଧ ସେସବୁ ହୋଇଯାଇଛି ସମଗ୍ରାଭିମୁଖୀ।

କବି ବାସୁଦେବ ଦାସ ଛଳ ବୌଦ୍ଧିକତାର କବି ନୁହଁନ୍ତି। ହୃଦୟର କଥାକୁ ସେ ସିଧାସଳଖ କହିଛନ୍ତି। କେଉଁଠି ସେ ଶବ୍ଦକୁ ବୋମାରେ ରୂପାନ୍ତରିତ କରିଦେଇଛନ୍ତି ତ ଅନ୍ୟ କେଉଁଠି ଶବ୍ଦକୁ କାନ୍ତ କୋମଳ କରିଦେଇଛନ୍ତି। କେଉଁଠି

ବୌଦ୍ଧିକତାର ଆଟୋପ ନାହିଁ । ସମାଜ, ମଣିଷ ଓ ମାଟି ସମ୍ପର୍କରେ ତାଙ୍କର ଯେଉଁ ପ୍ରତିକ୍ରିୟା ଓ ଭାବ ଆସିଛି ତାହାକୁ ସେ ପ୍ରକାଶ କରିଛନ୍ତି । ଆବେଗ ଅଛି ମାତ୍ର ତାହା ସଂଯତ । ରାଜନୀତି, ପ୍ରଶାସନ, ଧନକୁବେର, ପୋଲିସ ଇତ୍ୟାଦି ପ୍ରତି ଯେପରି ତାଙ୍କର ତୀର୍ଯ୍ୟକ ଦୃଷ୍ଟି ପ୍ରସାରିତ ସେହିପରି ମାଟି, ମଣିଷ, ସମାଜ ଓ ରାଷ୍ଟ୍ର ପ୍ରତି ତାଙ୍କ ହୃଦୟର ଗଭୀର ମମତା ପ୍ରକଟିତ ହୋଇଛି । ଗୋଟାଏ ସ୍ନେହ ଶ୍ରଦ୍ଧାପୂର୍ଣ୍ଣ ସାମ୍ୟ ସମାଜ ତାଙ୍କ କବି-ଦୃଷ୍ଟିରେ ପ୍ରାଧାନ୍ୟ ଲାଭ କରିଛି । ସର୍ବୋପରି ମଣିଷ ହୋଇଛି ତାଙ୍କ କବିତାର ମୌଳସଭା । ଏଥି ପାଇଁ 'ପରିତର୍ପଣ' କବିତା ପୁସ୍ତକ ବିଶେଷ ତାତ୍ପର୍ଯ୍ୟପୂର୍ଣ୍ଣ ।

(ଖ)   କବି ବାସୁଦେବଙ୍କ କବିତାର ଆଙ୍ଗିକ ବୈଚିତ୍ର୍ୟ :

ଆଙ୍ଗିକ ବୈଶିଷ୍ଟ୍ୟ କହିଲେ ରଚନା ଶୈଳୀକୁ ବୁଝାଇଥାଏ । ଏଥିରେ ପ୍ରୟୋଜିତ ଶବ୍ଦ ଗୌରବ, ଆଳଙ୍କାରିକ ଭାଷାର ସଂଯୋଜନା, ଉପସ୍ଥାପନାରୀତି, କାବ୍ୟ କୌଶଳ ଇତ୍ୟାଦିର କଳାତ୍ମକ ବିଭବକୁ ଆଙ୍ଗିକ (ରକ୍ତବନ୍ଧ) ଶିଳ୍ପ ରୂପ ଭାବରେ ଗ୍ରହଣ କରାଯାଇପାରେ । କବିତାର ଆତ୍ମିକ ଆବେଦନ କ୍ଷେତ୍ରରେ ପ୍ରବେଶ କରିବା ପୂର୍ବରୁ ପାଠକ ତାହାର ଆଙ୍ଗିକ ସୌଷ୍ଠବ ଦ୍ୱାରା ହିଁ ଆକର୍ଷିତ ହୋଇଥାଏ । ବାସୁଦେବଙ୍କ କବିତାରେ ଶବ୍ଦାଡ଼ମ୍ବର ସାଙ୍ଗକୁ ଅଲଙ୍କାର ଅନୁପ୍ରାସ ପ୍ରାଚୀନରୀତି ଅନୁସୃତ ହୋଇଥିବା ସ୍ଥଳେ ସାଂପ୍ରତିକ କବିତାର ଶିଳ୍ପରୀତି ମଧ୍ୟ ପାଠକକୁ ମୁଗ୍ଧ କରିଥାଏ । ଶବ୍ଦ ଗୁଁ'ନରେ ବାସୁଦେବଙ୍କ କଳାତ୍ମକତା ଅନ୍ୟ କବିଙ୍କଠାରୁ କୌଣସି ଗୁଣରେ ନ୍ୟୂନ ନୁହେଁ । ବରଂ ସମସାମୟିକ ପ୍ରଗତିଶୀଳ କବିଙ୍କର ରଚନାରେ ଭାବ ବୈଚିତ୍ର୍ୟ ଥାଇପାରେ ମାତ୍ର 'ପଦଲାଲିତ୍ୟ'ର ଅଭାବ ପରିଲକ୍ଷିତ । ଏଥିରେ ମିଥ୍, ରୂପକଳ୍ପ, ଯମକ, ଉପମା ଓ ଅନୁପ୍ରାସର ସମ୍ଭାର ପରିଲକ୍ଷିତ । କ୍ଷେତ୍ର ବିଶେଷରେ ବାସୁଦେବଙ୍କ ଶବ୍ଦର ବ୍ୟୂହ ଭିତରେ ଭାବର ଅଭିମନ୍ୟୁ ମୁକୁଳି ପାରି ନଥିବା ମନେହୁଏ । ଆଧୁନିକ କାବ୍ୟର ବିଭିନ୍ନ କୌଶଳ ତାଙ୍କ କବିତାର ଶିଳ୍ପରୂପକୁ କରିଥାଏ ବିମଣ୍ଡିତ ।

୧.   ମିଥ୍ :

ମିଥ୍‍ର ଓଡ଼ିଆ ପରିଭାଷାରେ ପୁରାଣ କଳ୍ପ । ଏହା ପ୍ରାଚୀନ ଗ୍ରୀକ୍ ଶବ୍ଦ Mythosରୁ ଉତ୍ପନ୍ନ ହୋଇଛି । ପୃଥିବୀର ବିଭିନ୍ନ ଦେଶରେ ପ୍ରାଚୀନ ପୁରାଣ,

ଇତିହାସ, ଲୋକକଥା, କିମ୍ବଦନ୍ତୀକୁ ମିଥ୍ ଭାବେ ଗ୍ରହଣ କରାଯାଇପାରେ। ସାଧାରଣତଃ ବିଶ୍ୱସୃଷ୍ଟି, ପ୍ରଳୟ, ଇହଜନ୍ମ – ପରଜନ୍ମ ଆଦି ଅଲୌକିକ କାହାଣୀ ମିଥ୍‌ର ଅନ୍ତର୍ଭୁକ୍ତ ଥିଲା। ଯେକୌଣସି ଉପାଖ୍ୟାନ ଦେଇ ମିଥ୍‌ର ସ୍ୱରୂପ ନିର୍ଣ୍ଣୟ କରାଯାଇ ଏହାର ଅଲୌକିକତା ଉଦ୍‌ବୋଧନ ପରିଲକ୍ଷିତ ହୁଏ। "ଅର୍ଥାତ୍ ମିଥ୍ କନ୍‌ସେପ୍‌ଟିର ମୌଳିକ ଅର୍ଥ ମାନବଭାଗ୍ୟ ବା ମାନବ ସଂସ୍କୃତି ସହ ଏକାତ୍ମୀଭୂତ ଅନାଦିକାଳ ଧରି ଜଡ଼ିତ।"[୧] କୌଣସି ନା କୌଣସି ଭାବରେ ଅଲୌକିକତା ନିର୍ଭର କାହାଣୀ ବିଂଶ ଶତାଧୀରେ ମିଥ୍ ପ୍ରତି ବିଶେଷ ଭାବେ ଆଗ୍ରହ ପ୍ରକାଶ ପାଇବା ସଂଗେ ସଂଗେ ମିଥ୍‌ର ସ୍ୱରୂପକୁ ବ୍ୟାପକ ଓ ବହୁ ଦିଗରୁ ଆଲୋକପାତ କରିବାର ଉଦ୍ୟମ ହୋଇଅଛି। ଏହାର ମୁଖ୍ୟ କାରଣହେଲା ପ୍ରତ୍ନତାତ୍ତ୍ୱିକ ଅଧ୍ୟୟନରେ ବୈଜ୍ଞାନିକ ଦୃଷ୍ଟିକୋଣ ଏବଂ ମନସ୍ତାତ୍ତ୍ୱିକ ବିଶ୍ଳେଷଣ ପରିପ୍ରେକ୍ଷୀରେ ଏହାର ଅଧ୍ୟୟନ ଏକ ଗୁରୁତ୍ୱପୂର୍ଣ୍ଣ ଭୂମିକା ନେଇଅଛି।

ଭାରତୀୟ ସାହିତ୍ୟରେ ପ୍ରଥମେ ବଂଗଳାର ପ୍ରଖ୍ୟାତ ସ୍ରଷ୍ଟା ବିଶ୍ୱକବି ରବୀନ୍ଦ୍ରନାଥ ମିଥ୍ ପ୍ରୟୋଗ କରିଥିବା ଜଣାଯାଏ। କେବଳ କବିତା ନୁହେଁ, ନାଟକଗୁଡ଼ିକୁ ମଧ୍ୟ ମିଥ୍‌ରେ ଐଶ୍ୱର୍ଯ୍ୟମଣ୍ଡିତ କରିଛନ୍ତି ରବୀନ୍ଦ୍ରନାଥ ବୋଲି ଡ. ଗିରୀଶ ଚନ୍ଦ୍ର ମିଶ୍ର ତାଙ୍କ ପୁସ୍ତକରେ ଉଲ୍ଲେଖ କରିଛନ୍ତି।[୨] ଓଡ଼ିଆ ସାହିତ୍ୟ ତଥା କବିତାରେ ପରବର୍ତ୍ତୀ କାଳରେ ମିଥ୍ ବ୍ୟବହାରର ନବୀନ ପ୍ରୟାସ କରନ୍ତି ସଚ୍ଚି ରାଉତରାୟ। ରାମାୟଣ, ମହାଭାରତ ଆଦିର ବିଷୟବସ୍ତୁକୁ ବ୍ୟାପକ ଅର୍ଥରେ ବ୍ୟବହାର କରାଯାଇଛି ଆଧୁନିକ କବିତାରେ।

ବିଂଶ ଶତାଧୀର ଆଧୁନିକ ଓଡ଼ିଆ କବିତା ବିଶ୍ୱ ଚିନ୍ତାଧାରା ସହ ନିବିଡ଼ ଯୋଗସୂତ୍ର ସ୍ଥାପନ କରିଛି। ବିଶ୍ୱ ସାହିତ୍ୟରେ ପାଶ୍ଚାତ୍ୟ କବିତା ଆଜିର ଆଧୁନିକ ଇଂରାଜୀ କବିତା ଉପରେ ପ୍ରଭାବ ପକାଇଅଛି। ଓଡ଼ିଆ ସାହିତ୍ୟରେ ମହାକବି ସଚ୍ଚିଦାନନ୍ଦ ରାଉତରାୟଙ୍କ କବିତା ମାଧ୍ୟମରେ ଆଧୁନିକ ପ୍ରଗତିବାଦୀ କବିତାକୁ ପ୍ରବେଶ କରେ ମିଥ୍। ଏକ ବ୍ୟାପକ ପରିସର ମଧ୍ୟ ପରିପ୍ରକାଶ ପାଏ ସ୍ୱାଧୀନତାର ପରବର୍ତ୍ତୀ କାଳରେ। ପ୍ରାଚୀନ ଉତ୍କଳର ଦୈନ୍ୟ ଦୁର୍ଦ୍ଦଶା ତଥା ତାହା ଉପରେ ଅତ୍ୟାଚାର ହୋଇଆସୁଥିବା ଚିତ୍ର ପ୍ରଦାନ କରିବା ପରିପ୍ରେକ୍ଷୀରେ ପାଞ୍ଚାଲିର ବସ୍ତ୍ରହରଣର ମିଥ୍‌କୁ ଆରୋପ କରିଛନ୍ତି।[୩] ସଂସ୍କୃତ ମହାଭାରତର ସଭାପର୍ବରେ

ଏହି ବସ୍ତ୍ରହରଣର ଉପାଖ୍ୟାନ ଲିପିବଦ୍ଧ ରହିଛି । ଏହି କ୍ରମରେ ମିଥ୍‌ର ଆରୋପ ପରବର୍ତ୍ତୀ କବିଙ୍କ କବିତାରେ ସୁସଂଗତ ଭାବେ କରାଯାଇଛି । ମିଥ୍‌ ମିଥ୍‌ ନ ହୋଇ ରହସ୍ୟପୂର୍ଣ୍ଣ ସାଧାରଣ ଅର୍ଥ ବହନ କରି ଓଡ଼ିଆ କବିତାକୁ ମହିମା ମଣ୍ଡିତ କରିଛି ।

ପାହାନ୍ତି ତାରା, ଡେକାଡେନ୍‌ସିର ଦଧିଚି, ନାଥୁରାମର ଦେଶେ, କୋଣାର୍କର କାନ୍ଦ, ମଙ୍ଗଳାଷ୍ଟକ, ରୁଟିର ଦେବତା, ନୀଳକଣ୍ଠୀ ପ୍ରିୟତମା, ନହୁଷ, ଅଗିରା ପୁନେଇଁ, ସ୍ୱର୍ଗଦ୍ୱାର, ଚାଲ କୁରୁକ୍ଷେତ୍ର ଓ ଖାରବେଳ ଓ ଆଉରଙ୍ଗଜେବ ଆଦି କବିତା ମିଥ୍‌ଧର୍ମୀ କବିତା । କବିଙ୍କର ବକ୍ତବ୍ୟ ପୌରାଣିକ ଓ ଐତିହାସିକ ଚରିତ୍ର ମାଧ୍ୟମରେ ପ୍ରକାଶିତ ହୋଇଅଛି । ବର୍ଣ୍ଣନାଧର୍ମୀ ନ ହୋଇ ସୂଚନା ଧର୍ମୀ ହେବାର ଲକ୍ଷ୍ୟ କରାଯାଏ । ନହୁଷ ଏକ ପୌରାଣିକ ଚରିତ୍ର, ଯେ କି ପୁତ୍ରର ଯୌବନ ହରଣ କରି ଯୌବନର ଶୃଙ୍ଗାରକୁ ପରିଶାନ୍ତ କରିବାର ଅଭିବ୍ୟକ୍ତି ବଳବତୀ ହୋଇଅଛି । 'ପରିତର୍ପଣ' କବିତାରେ ଦାରୁକୁ ମଧ ମିଥ୍‌ ଭାବେ ଗ୍ରହଣ କରାଯାଏ ।

"ଦାରୁ ନୁହେଁ / କାରୁ ନୁହେଁ

ମାନବର ସତ୍ୟ ସନାତନ'

ଯକ୍ଷର ପ୍ରିୟ ନୀରବେ ବାହୁନେ

କର କଂକଣ ନୀରବିତ

+ + +

ଭଙ୍ଗା ମାନିନୀ କାନ୍ଦୁଛି ଶୁଣ

ରୋମାଣ୍ଟିକ୍‌ ବାଳା ରାଗେ ।

ମୋ ପ୍ରିୟା ଖୋସିଛି ବଳକା ପଂକ୍ତି

କେତକୀର ସମ / କୃଷ୍ଣ କବରୀ ଭାଗେ ।"

ଯଦିଓ ଏଠାରେ ସେଦିନର ପ୍ରେମ ଗୌରବ ସମ୍ପର୍କରେ କବି ପୁରାଣ ଓ ଇତିହାସର ଚରିତ୍ରଶାଳା ଖୋଲିଛନ୍ତି, ସେଥିରେ ଆଧୁନିକ ପ୍ରେମିକ ଓ ପ୍ରେମୀର ଅନୁରାଗ କଥା ବ୍ୟକ୍ତ ହୋଇଅଛି । ସେଥିରେ ରହିଛି ଶ୍ରେଣୀ ଚେତନାର କଥା । 'ଚାଲ କୁରୁକ୍ଷେତ୍ର' ସଂକଳନରେ ମିଥ୍‌ର ସାର୍ଥକ ପ୍ରୟୋଗ ନିହିତ । 'ସମୁଦ୍ର

ନବକଳେବର' ଏଠାରେ ଜଗନ୍ନାଥଙ୍କ ନବକଳେବରକୁ କବି ଚମକ୍କାର ରୀତିରେ ସାମ୍ୟବାଦୀ ଦର୍ଶନରେ ରୂପ ଦେଇଛନ୍ତି। ଗୁରୁଚରଣ ପଟ୍ନାୟକଙ୍କ ବିଚାରଧାରା କବିଙ୍କୁ ପ୍ରଭାବିତ କରିଥିବା ବିଶ୍ୱାସ। ସମୁଦ୍ର ଚିର ସବୁଜ। ତା'ର ଯୌବନର ହ୍ରାସ ନାହିଁ କି ବୃଦ୍ଧି ନାହିଁ। ସମୁଦ୍ରର କାୟାକଳ୍ପକୁ ନବୀକରଣ କରିବା କାହାର ଅଧିକାର ଅଛି ? ସେହିପରି ଜଗନ୍ନାଥ ମହାଜାଗତିକ ଚେତନାର ପ୍ରତୀକ ଭାବେ ବିଚାର୍ଯ୍ୟ। ତାଙ୍କର ନବକଳେବର କରାଇ ହଇଚଇ ସୃଷ୍ଟି କରିବା ପ୍ରଥାକୁ କବି ବାସୁଦେବ ପସନ୍ଦ କରିନାହାନ୍ତି। 'ଚାଲ କୁରୁକ୍ଷେତ୍ର' ମିଥ୍ ହେଉଛି ସଂଗ୍ରାମର ପ୍ରତିଧ୍ୱନି। ବିନା ଯୁଦ୍ଧରେ ସୂଚ୍ୟଗ୍ରେ ମେଦିନୀ ଦେବାପାଇଁ ଯେପରି ମହାମାନୀ ଦୁର୍ଯ୍ୟୋଧନଙ୍କ ପକ୍ଷରେ କାଲ ହେଲା, ସେହିପରି କୁରୁପତି ପୁଞ୍ଜିପତିମାନଙ୍କ ପାଇଁ କୁରୁକ୍ଷେତ୍ର ରଚନା ଜରୁରୀ ହୋଇଛି ବୋଲି ବାସୁଦେବଙ୍କର ଆହ୍ୱାନ।

ବଇରା ଏକ ସାଧାରଣ ଗ୍ରାମ୍ୟ ଚରିତ୍ର। ତାକୁ କାବୁ କରି କିଛି ଉଦ୍‌ଭ୍ରାନ୍ତ ମକଦମ ଘରର ଯୁବକ ତା' ବୋହୂକୁ ଧର୍ଷଣ କରିଛନ୍ତି। ସେହି ହରିଜନ ଦଲିତ ଲୋକଟି ଗାଁକୁ ପିଠି କରି ଛାଡ଼ି ଚାଲିଯାଇଛି ପାଣ୍ଡବଙ୍କ ସଦୃଶ। ମାତ୍ର ଫେରିଛି ଶକ୍ତିଶାଳୀ ହୋଇ ସଂଗଠିତ କରି ଦଲିତମାନଙ୍କୁ। ତାହାର ପୁତ୍ର ନଲିତା ବାଡ଼ିଆ ପିଟଣାରେ ଅତ୍ୟାଚାରୀର ହାତଗୋଡ଼ ଭାଙ୍ଗି ଚୂନା କରିଦେଇଛି। ବଇରା ଫେରିବ କବିତାର ଦ୍ୱିତୀୟ ଭାଗ 'କୁରୁସଭା'। ସେଥିରେ ନିମ୍ନ ମଧ୍ୟବିଉର ସଂଘର୍ଷ ଘଟିଛି। କୁରୁସଭା ମିଥର ବ୍ୟାପକ ଅର୍ଥ କବିତାକୁ କରିଛି ଭାବଗର୍ଭ। 'ହେ ବୁଦ୍ଧ, ଆଉଥରେ ହସ' କବିତାରେ ଅହିଂସାର କିପରି ହତାଦର ଓ ବି'ଲତା ପ୍ରକାଶ ପାଇଛି ତାହା ଏହି କବିତାର ବିଷୟବସ୍ତୁ। ବୁଦ୍ଧଙ୍କର ହସର ଏକ ବିରାଟ କାନଭାସ୍ କବି ବାସୁଦେବଙ୍କ କବିତାରେ ସଫଳ ଭାବରେ ରୂପାୟିତ ହୋଇଛି। 'ବରଂ କୁରୁକ୍ଷେତ୍ର ଭଲ' କବିତା କବିଙ୍କର ମାନସିକ ଭିଭିଭୂମିକୁ ସୂଚିତ କରେ। ସାମାଜିକ କଠୋର ବାସ୍ତବତାକୁ ଉପେକ୍ଷା କରାଯାଇ ରାଜନୀତିକ କ୍ଷମତା ପ୍ରୟୋଗ କିପରି ସାଧାରଣ ଜୀବନକୁ ବିକୃତ ବିକଳାଙ୍ଗ କରି ଦେଉଅଛି, ତାହାର ପ୍ରତି'ଲନ ଘଟିଛି 'ବରଂ କୁରୁକ୍ଷେତ୍ର ଭଲ' କବିତାରେ। କବି ମଧୁସୂଦନ ରାଧଙ୍କର ଉକ୍ତି 'ବରଂ ନିବାସ ଭଲ ରଣକ୍ଷେତ୍ରରେ' ଭାବାଦର୍ଶ ଏହି କବିତାର ପୃଷ୍ଠଭୂମି ହୋଇପାରେ। କବି ଜୀବନ ଏଠାରେ ଦୁର୍ବିସହ ହୋଇପଡ଼ିଛି ତାଙ୍କ ଯନ୍ତର ବ୍ୟୂହ ମଧ୍ୟରେ। ତେଣୁ

କୁରୁକ୍ଷେତ୍ର ନିବାସକୁ ଅଧିକ ପସନ୍ଦ କରିଛନ୍ତି । ଯୋଦ୍ଧାଙ୍କ ସାଙ୍ଗରେ ଯୁଦ୍ଧ ସିନା, କପଟୀ ଗାରଡ଼ମାନଙ୍କ ସହିତ କି ଯୁଦ୍ଧ ? 'ମାତ୍ର ଓ କିଙ୍କର ଯୁଦ୍ଧ' ସେହି ମହାଭାରତର କୁରୁକ୍ଷେତ୍ର ସମରକୁ ଇଙ୍ଗିତ କରିଥାଏ । ଆଉ ଓଲିଏ ବା ବେଲାକର ଯୁଦ୍ଧରେ ସମାପ୍ତ ହୋଇଥାନ୍ତା ଦୌର୍ଯ୍ୟଧନୀ ଇତିହାସ । ୧୭ ଦିନ ଓଲିଏ ଯୁଦ୍ଧରେ କପଟା ସୂର୍ଯ୍ୟାସ୍ତ ଘଟଣାଟି ବେଶ୍ ପକ୍ଷପାତିତା ଆସିବା ପରେ ଓଲିଏ ଯୁଦ୍ଧ ବାକି ରହିଗଲା । ଯଦି ଓଲିଏ ଯୁଦ୍ଧ ହୋଇଥାନ୍ତା, ତେବେ ଦୁର୍ଯ୍ୟୋଧନଙ୍କୁ ମାନସରୋବର ଯାଇ ଲକ୍ଷ୍ମୀଙ୍କ କୋଳରେ ଆଶ୍ରୟ ନେବାକୁ ପଡ଼ିନଥାନ୍ତା । କବି ବାସୁଦେବ ସତ୍ୟସାଇ ବାବାଙ୍କର ଏକ ଆହ୍ୱାନଧର୍ମୀ ବାଣୀକୁ ସମ୍ଭବତଃ ଏହି କବିତା ଅନ୍ତରାଳରେ ସାଇତିଛନ୍ତି ଭାବନାର ନିର୍ଯ୍ୟାସରେ –

"Life is a challenge – most it

Follow the matter

Face the devil

Fight till end

Finish the game." (ଜୀବନ ଏକ ଆହ୍ୱାନ)

ନେତୃତ୍ୱର ଅନୁସରଣ କର, ସଇତାନର ମୁଖା ଖୋଲ, ଶେଷ ପର୍ଯ୍ୟନ୍ତ ସଂଗ୍ରାମ କର ଏବଂ ତା' ପରେ ଖେଲର ସମାପ୍ତ ଘୋଷଣା କର । ଏହି ମର୍ମରେ କବିଙ୍କର ଲେନିନ୍ କବିତା ଅତ୍ୟନ୍ତ ତାତ୍ପର୍ଯ୍ୟପୂର୍ଣ୍ଣ । ଲେନିନ ଏକ ମିଥ୍ ଭାବେ ବିଚାର୍ଯ୍ୟ । ଜାର୍ ଶାସନର ମହାଚକ୍ରାନ୍ତ ଓ ଘନଘଟା ଯୁଦ୍ଧରେ ଲେନିନ୍ ଜଣେ ବୃଦ୍ଧାଙ୍କ ପାଖରେ କୋଠା ଉପରେ ଥିବା ଛପରଘରେ ଆଶ୍ରୟ ନେଇ ରାତ୍ରରେ ଶୟନ କରନ୍ତି । ପୋଲିସ ତାଙ୍କର ସନ୍ଧାନ ପାଇପାରେ ନାହିଁ । କିନ୍ତୁ ଯେଉଁଦିନ ଲେନିନ୍ ବିଜୟ ମଣ୍ଡିତ ହେଲେ ସେହି ବୃଦ୍ଧାଙ୍କୁ ଯାଇ ତାଙ୍କର ଶୁଭେଚ୍ଛା ଜଣାଇ ଆସିଲେ । ସାମାଜିକ ଜୀବନର ରୁଦ୍ର ବୈଶାଖୀ ଭିତରେ ବୃଦ୍ଧାଟି ଶୀତଳସ୍ନିଗ୍ଧ କୃପ ପରି ତୃଷ୍ଣା ମେଣ୍ଟାଉଛି ସଂଗ୍ରାମୀ ଲେନିନ୍ଙ୍କର । ଉକ୍ତ ମିଥ୍ ପ୍ରୟୋଗରେ ବାସୁଦେବଙ୍କର କବିତ୍ୱ ମହିମାମଣ୍ଡିତ ବୋଲି କୁହାଯାଇପାରେ ।

ବିଶ୍ୱପ୍ରସିଦ୍ଧ କୋଣାର୍କ ମନ୍ଦିରକୁ ନେଇ ବହୁ ସାହିତ୍ୟ ସୃଷ୍ଟି ହୋଇଛି ଓ ଚର୍ଚ୍ଚା ମଧ୍ୟ ହୋଇଛି । ମାତ୍ର ଧରମା ବା ଧର୍ମ ମହାପାତ୍ରର ମୃତ୍ୟୁ ସମ୍ପର୍କରେ ତଦନ୍ତ ଦାବି

କରିଛନ୍ତି କବି ଶ୍ରୀଦାସ । ବିଶିଷ୍ଟ ସାହିତ୍ୟିକ ହରପ୍ରସାଦ ଦାସଙ୍କ ମତରେ ଧରମାକୁ ରାଜା ୭ ୨ ମାଢ଼ ସୁନା ପୁରସ୍କାର ଦେଇଥିବା ବେଳେ ତାହାର ମୃତ୍ୟୁ ଏକ ଷଡ଼ଯନ୍ତ୍ର ଜନିତ, ତାହା ତଦନ୍ତ ହେବା ସମୀଚୀନ । କେତେ ଦେଶପ୍ରାଣ ଯୁବକ ଆଜି ମଧ୍ୟ ବଳି ପଡ଼ୁଛନ୍ତି, ତା'ର ହିସାବ ସରକାରଙ୍କ ପାଖରେ ନାହିଁ । ଏପରିକି ଘନ ଜଙ୍ଗଲ, ଶୈଳ କନ୍ଦରରେ ଯୁଦ୍ଧରତ ମାଓ / ନକ୍ସାଲ ଏକ ରୀତିମତ ଯୁଦ୍ଧ କରୁଥିବାବେଳେ ସେମାନଙ୍କୁ ସମ୍ମାନ ମିଳୁନାହିଁ । ଧରମା ଚରିତ୍ର ମାଧ୍ୟମରେ ସତ୍ୟର ଉଦ୍‌ଘାଟନ କରିବା କବିଙ୍କର ଦାବି ଅମୂଲକ ନୁହେଁ ।

"ଧରମାର ଶବ ଭାସେ ସମୁଦ୍ର ବେଲାରେ

ଧରମା ମରିଛି – ସନ୍ତ୍ରାସବାଦୀଙ୍କ ଗୁଲିରେ

ମନ୍ତ୍ରୀ କହିଲେ ବିଧାନ ସଭାରେ ।" (ପୁଣ୍ୟ ମାଟିର ଦୁଃଖ)

ସତ୍ୟର ଅପଲାପ ବିଧାନସଭାରେ ଏକ ପରମ୍ପରାରେ ପରିଣତ । ମନ୍ତ୍ରୀଙ୍କର ଏହି ଉକ୍ତି ପ୍ରତି କବିଙ୍କର ମୁଖା ଖୋଲିବାର ପ୍ରୟାସ ଅତ୍ୟନ୍ତ ସ୍ପଷ୍ଟ ହୋଇଯାଇଛି । ତାଙ୍କର ଅନ୍ୟ ଏକ କବିତା କୋଣାର୍କ ଦର୍ଶନ ଆବେଗପୂର୍ଣ୍ଣ କାର୍ଡ଼ି କିରୀଟିନୀ ହୋଇଥିବା ବେଳେ ଧର୍ମପଦ ଆତ୍ମ ବଲିଦାନ ସମ୍ପର୍କରେ ରାଜା ଲାଙ୍ଗୁଲା ନରସିଂହ କିପରି ନୀରବ ରହିଲେ ବୋଲି 'ଧର୍ମପଦ' କବିତାରେ ପଣ୍ଡିତ ଗୋପବନ୍ଧୁ ଦାସଙ୍କୁ ପ୍ରଶ୍ନ କରିଛନ୍ତି କହିଲେ ବଡ଼କଥା ହେବନାହିଁ ।

ଅନ୍ୟାୟ, ଅବିଚାରକୁ ବିରୋଧ ନ କରି ଧରମା 'ନମୋ ନିରଞ୍ଜନ ନିଖିଲ ନିଦାନ'କୁ ପ୍ରାର୍ଥନା କରି ସାଗର ବକ୍ଷକୁ ଲଙ୍ଘ ପ୍ରଦାନ କରିବା ଯଥାର୍ଥ ନୁହେଁ । କବି ଶ୍ରୀଦାସ ମିଥ୍‌କୁ ଯୁଗୋପଯୋଗୀ କରିପାରିଛନ୍ତି । ସମସାମୟିକ ପ୍ରସଙ୍ଗକୁ ନେଇ ମିଥ୍ ନିର୍ମାଣ କରିବାର ଏକ ଅଭିନବ ଉଦ୍‌ହରଣ । କୌଶଳ ପରିଲକ୍ଷିତ ହୁଏ ବାସୁଦେବଙ୍କ କବିତାରେ ।

(୯) ଚିତ୍ରକଳ୍ପ :

କବି ବାସୁଦେବ ଦାସଙ୍କ କବିତାରେ ପ୍ରତୀକ ଓ ଚିତ୍ରକଳ୍ପର ପ୍ରୟୋଗ ମୌଲିକ ବିଭବକୁ ପ୍ରଦାନ କରିଛି ଏକ ଅପରୂପ ପରିପାଟୀ । 'ଖରାବେଳ' କବିତାରେ ଖରା ଆସେ ଲର୍ଡ଼ କ୍ଲାଇବ୍ ଭଲି । ସକାଳର ଚୂଲି କବିତାକୁ ଲିପି ପୋଛି

ନିଆଁ ଜାଳିଦେଲେ ଚୁଲି ପାଲଟିଯାଏ ନବବଧୂ। ଉପାସୀ ଘର ଚୂଲିକୁ 'ବିଧବା', କହିବା, 'ସାଆନ୍ତ ସାଇ ପୋଲର ଉପାଖ୍ୟାନ', ଭିକାରିର କଂସାରେ ମୃଦଙ୍ଗ ବାଜିବା, ଅପୂର୍ବ ଅଧିବାସ, ଶରତର ଚିନ୍ତା, ପାହାଚ ପାହାଚ, ଶବ ବାହକ, ଅକ୍ଷରେ ଅକ୍ଷରେ ସତ, ମାଟିର ପଣତ, କାରାଗାର ବିକଚ୍ଛ, ଦୋହଲିଲା ସିଂହାସନ, ଇତିହାସ ସହ ସାକ୍ଷାତ୍‌, ଖୁସିରେ ଅଛ, ଖୋଲରୁ ମୁକୁଲିବାର ଅଛି, ଅଭଙ୍ଗା ଦର୍ପଣ, ଏ ମାଟିର ଅମୃତ ଚେତନା, ନିଜ ଘରେ ନିଜେ ଅଚିହ୍ନା, ଅକ୍ଷର ଆହବ ଆଦି ଅଧିକାଂଶ କବିତାରେ ପ୍ରତୀକ ଓ ଚିତ୍ରକଳ୍ପର ସଫଳ ପ୍ରୟୋଗ ପରିଲକ୍ଷିତ ହୋଇଥାଏ। ଶବର ଅଭିସାର ପୁସ୍ତକରେ 'ମଙ୍ଗଳକଣ୍ଠକ' କବିତାରେ ଏପରି ଏକ ଆଙ୍ଗିକ ପରିପାଟୀ ପରିଦୃଷ୍ଟ।

“ସାଧନାର ସିଂହଦ୍ୱାରେ / ମଥା ନଈଁ ମାଗିଲି ମୁଁ / ଶବର ତୂଣୀର
ଏଇ ସ୍ୱପ୍ନର ଢେଉ / ସବୁଜ ସମ୍ଭାବନାର କେନାଲ ପ୍ରସାରିତ ହୁଏ /
ବିଦ୍ୟୁତ୍‌ର ଅବରୋଧ ସମସ୍ତ ଚାନେଲ।”

(କିମ୍ୱା)

“ଲମ୍ପଟ ସନ୍ନ୍ୟାସୀ, କ୍ରୋଧୀ ମାଷ୍ଟର / ଅହଂକାରୀ କବି ବିଳାସୀ ଶାସକ/
ମଦ୍ୟପ ବିଚାରପତି / କାମାନ୍ଧ ପୋଲିସ ବାହାପିଆ ନେତା /
ଖାଉ ଅଫିସର / ହଳପିଆ ଓକିଲ / ଉଦଣ୍ଡୀନାରୀ / ଏକତ୍ର ହେଲେ
ଯେଉଁବେଳ, ସେହି ବେଳ ହିଁ ଖରାବେଳ / ଖରାବେଳର ଅନ୍ୟନାମ
ଲଙ୍ଗଳା ଖଣ୍ଡାର ଚାହାଁଣୀ।”

ଏହା ଏକ ବିଚିତ୍ର ଚିତ୍ରକଳ୍ପର ରୂପ ବହନ କରିଛି ସାମାଜିକ ବିପ୍ଳବ କ୍ଷେତ୍ରରେ। କବିଙ୍କର ପୂର୍ବ ଉଗ୍ରବକ୍ତବ୍ୟ ଶିଥିଳ ହୋଇଛି ସତ; ମାତ୍ର ତାଙ୍କର ପ୍ରଚଣ୍ଡ ସଂଗ୍ରାମୀ ମନୋଭାବ ଲଙ୍ଗଳା ଖଣ୍ଡାର ଚାହାଁଣୀରେ ପଟ୍‌'ଳିତ। ଫରୁଟିର ଦେବତା'ରେ ମିଥ୍ ସହ କିପରି ଚିତ୍ରକଳ୍ପ ସଂଯୋଜିତ ତାହା ଲକ୍ଷ୍ୟ କରିବାର କଥା। 'ତମର ଆଖି ଦୁଇଟି / ଦି'ପଟ ରୁଟି ନୁହେଁ ତ ଆଉ କ'ଣ? / ରୁଟି ଉପରେ ଆଖିଡୋଲା / ଦି' ମେଞ୍ଜା ଗୁଡ଼ଭଲି ଦିଶେ / ଯେଉଁଦିନ ଏ ରୁଟିର / ନାଟବନ୍ଦ ହେବ ଜନାର୍ଦନ / ସେ ଠିକ୍ ମଣିଷ ପାଖରେ / ତମେ ହେବ ଜୀବନ୍ତ ଜଗନ୍ନାଥ।”

ଫରିକ୍ସାର ସକାଳ' କବିତାରେ ଦେଖନ୍ତୁ ସୂର୍ଯ୍ୟ ଜଣେ ମଜଦୁର ପରି ଆସେ। "ଆକାଶ ମଥାରେ / ତା' ସୂର୍ଯ୍ୟ ହୁଏ / ଗେରୁଆ ଗାମୁଛାର ଠେକା ବିହଙ୍ଗ କାକଳୀରେ / ଖୁଁ-ଖୁଁ କାଶି / ଚାଲୁଥାଏ ଆଗକୁ ସକାଳର ଧୂମରେଖା / ତା' ପିକାରୁ ଉଠେ / ଘେରିଯାଏ ଗାଁର ଇଲାକା / ରିକ୍ସା ଏକ / ଚଲା ପୃଥ୍ୱୀ ଶ୍ରମ ଓ କର୍ମର ××× ତଥାପି ତା' ଆଶାର ଆକାଶ / ଦିଗ୍‌ବଳୟ ବଢ଼େ – ନବପୁଷ୍ଟ କଢ଼େ।"

ତାଙ୍କର ସମଗ୍ର କାବ୍ୟ – କବିତାରେ ପ୍ରତୀକ ଚିତ୍ରକଳ୍ପର ପ୍ରୟୋଗ ଆଙ୍ଗିକ ସୌଷ୍ଠବକୁ କରିଛି ପ୍ରାଣବନ୍ତ।

(୩) କାବ୍ୟିକ ଅଳଙ୍କାର :

ଆଧୁନିକ କବିତାରେ ରୂପକ, ଉପମା ଅନୁପ୍ରାସ ଅଳଙ୍କାର ବହୁଳ ପ୍ରୟୋଗ ହୋଇଛି। ମାତ୍ର ଅନୁପ୍ରାସ ଯମକ କ୍ଷେତ୍ରରେ ରାଧାମୋହନ ଗଡ଼ନାୟକ, ଅନନ୍ତ ପଟନାୟକଙ୍କ ଭଳି ଅନ୍ୟ ପ୍ରଗତିଶୀଳ କବି ସେଭଳି ଅଳଙ୍କାର ପ୍ରୟୋଗ କରିଥିବା ବିରଳ ମନେହୁଏ। ବାସୁଦେବଙ୍କ କବିତାରେ ଅନୁପ୍ରାସ, ଯମକ, ସ୍ୱଭାବୋକ୍ତି, ଅତିଶୟୋକ୍ତି ଭଳି ଶବ୍ଦାଳଙ୍କାର ଓ ଅର୍ଥାଳଙ୍କାରର ସାର୍ଥକ ପ୍ରୟୋଗ ପରିଲକ୍ଷିତ ହୁଏ।

(କ) ଅନୁପ୍ରାସ –   "ମୋ ପ୍ରିୟା ଖେଳେଇ

ଶିଉଳୁଁ ଶଇଲେ

ସାରିବନ୍ଦ ସୋପାନରେ

(ସ) ଅନୁପ୍ରାସ –   "ଦିଗନ୍ତେ ଟାଙ୍ଗିଛି

ଇନ୍ଦ୍ରଧନୁର

ନୂଆ ଏକ ଇଶ୍ତାହାରେ।

ମସ୍ତକେ ତାର

ଲାଲ ସୂର୍ଯ୍ୟ ରଶ୍ମି

ଓଠରେ ଅରୁଣ ହାସ।

(କ) ଅନୁପ୍ରାସ –   "କଳାରଙ୍ଗୀ ଶାଢ଼ୀ

କଳେବର ବେଢ଼ି

ବିହଙ୍ଗ କାକଳୀ

ବଂଶୀ ବିତାନେ

ଅଭିମାନିନୀରେ ଦୃପ୍ତ ତା'ର ଉପହାସ।"(୧)

+   +   +

ମୁଁ ଯେ ଇତିହାସ

କଙ୍କରିତ କୂଲେ

(ଲ)   ଚହଲା ଚପଲା ବାଲା

ନାଟି ମୋର ସମତା ସୌମ୍ୟା

ପଲ୍ଲୀର ମଲ୍ଲୀମାଲା

ଗେରସ୍ତ ମୋର ହଲାୟୁଧ ଧାରୀ

ଟାଳେ ଶିଳା-ଶୂଳା-ଟେଳା

ଦୁର୍ଜୟ ତା'ର ପଗଡ଼ି ଉଡ଼ାଏ

ମାଟିର ଲାଠିର ବନ୍ଦିତ ଶ୍ଲୋକମାଲା।(୨)

୧। 'ବ' ନିୟମ – 'କଳିଙ୍ଗ ସେନାର' ପ୍ରଥମ ଛାନ୍ଦଟି 'ବ' ନିୟମରେ ରଚିତ।

"ବିଶ୍ୱ ବିବର୍ତ୍ତନେ ଦିନେ ବିଶପତ୍ର ହରି

ବାରିଧି କୂଲେ ବିଶ୍ରାମ ଶ୍ରାନ୍ତି ଅପହରି

ବିଲୋକନ କଲେ ଲୋକ ବିଶାଳ କପୁର

ବିଲୋଳ ହାସ ବିଧିରେ ଧାର ସର୍ବନର।"

ଉତ୍କଳ ଦେଶର ସୃଷ୍ଟି ଓ ଜୀବନ ଯାତ୍ରାରେ ନାରାୟଣଙ୍କର ଦୃଷ୍ଟିଭଙ୍ଗୀ ପ୍ରକାଶ ପାଇଛି। ସେହିପରି – ଉତ୍କଳର ନାମକରଣରେ 'ବ' ଅନୁପ୍ରାସ ସହିତ ରହିଛି କଳ୍ପନାର ଚମତ୍କାରିତା। ଯଥା –

"ବିତରି ଲଳିତ କଳା କଳ୍ପନା ମାଧୁରୀ

ବିହିବ ଉତ୍କଳ ନାମ ଭାରତ ବିସ୍ତାରି ।

ବ୍ରହ୍ମ ବୋଲାଇ ଦାରୁ ପାଷାଣ ନିର୍ଝର

ବିଧ୍ୱାସିବେ ଦେବଗଣ ଦୁର୍ମ୍ମଦ କର୍ବୁର ।"

ଉତ୍କଳର ନାମ ସମ୍ପର୍କରେ କୌଣସି ଓଡ଼ିଆ କାବ୍ୟ ସୂଚନା ଦେଇ ନଥିବାବେଳେ ବାସୁଦେବ, ଉତ୍କଳର ବୈଶିଷ୍ଟ୍ୟ ପ୍ରଦାନ କରିଅଛନ୍ତି ।

(୨) ଅନୁପ୍ରାସ : ଏହି କାବ୍ୟରେ ଛେକାନୁପ୍ରାସ, ଲାଟାନୁପ୍ରାସ, ଆଦ୍ୟ– ପ୍ରାତାନୁପ୍ରାସ ଉନ୍ନତ ରଚନାଙ୍କୁ ରକ୍ଷା କରିପାରିଛି ।

"ଗାଙ୍ଗଜ ସୁତ ଯାଉଥିଲେ ଚଲି

ଗଗନ ମାର୍ଗରେ

କଳିଆଜି କଳି ଭାଲିଦେଲେ ତାଲି

ଭାଙ୍ଗିଲା ମେଳିରେ ।

ବାରଦ ଖଣ୍ଡିଲେ ନାରଦ ମହର୍ଷି

ମାୟା ଦରବରେ

ସଂଗେ ଅସ୍ତରାଗ ରଙ୍ଗର ରସାଲ

ଖସିଲା ସେଠାରେ ।

ଅମର ବରଙ୍କ କମର ପରୀକ୍ଷା

କରିବା ସମରେ

ଲେଖାଥିଲା ତହିଁ ପ୍ରାପ୍ତ ହେବ

ଏହି ବର ଯୁବତୀରେ ।"

ପକ୍ୱ ମାୟା ରସାଲ ଧରି ତିନି ସଖୀ ଚାଲିଲେ ଜଣେ ବିଚାରକଙ୍କ ପାଖକୁ । ଏହି ସମୟରେ ମଗଧ ରାଜ ବୃହସ୍ପତି ମିତ୍ରଙ୍କ ପୁତ୍ର ପୁଷ୍ପମିତ୍ର ପାରିଧରେ ଆସିଥିଲେ ଉତ୍କଳ । ଏହି ଦେବୀବୃନ୍ଦ ତାଙ୍କ ନିକଟରେ ଫେରାଦ ହେଲେ କଳହର ସମାଧାନ

କରିବା ପାଇଁ। ତୃତୀୟ ସର୍ଗରେ ଉକ୍ତ ବର୍ଷନା ବିଦଗ୍ଧ ପାଠକ ଲକ୍ଷ୍ୟ କରିବାକୁ ଅନୁରୋଧ –

"ନ୍ୟାୟବନ୍ତ ଜନ ନିକଟେ ମିଳିଲେ

ଧରି ଆମ୍ର 'ଳ ତିନି

ଅଚଳ ଅଞ୍ଚଳେ ଦେଖିଲେ ଚଞ୍ଚଳେ

ବିରାଜିତ ଯୁବା ମଣି

ମଗଧ ଅଧୀପ ନିଧି ପାରିଧିରେ

ଆସିଥିଲେ ଶୁଣ ଧାରେ।"

ମଗଧ ରାଜପୁତ୍ରଙ୍କ ଗ୍ରହଦୋଷ ଥିଲା। ସେ ଏକ କାମାସକ୍ତ ପୁରୁଷ ହୋଇପାରନ୍ତି। ଦୁର୍ଯ୍ୟୋଗକୁ ସେ ତିନି ଶକ୍ତିମୟୀଙ୍କୁ ହାବୁଡ଼ିଲେ। ତିନି ଦେବୀ ନିଜର ପାରଦର୍ଶିତା ଦର୍ଶାଇ ରାଜପୁତ୍ରଙ୍କୁ ପ୍ରଲୋଭିତ କରିଥିଲେ।

"ଭବିଷ୍ୟ ନରେଶ କିଏ ସେ ବାଳୀଶ

କିଏ ରୂପ ଗୁଣବତୀ

କମଳୀ ପୁଛନ୍ତି ମୁଁ ପାରିବି ଦେଇ

ସିଂହାସନ ସ୍ୱର୍ଣ୍ଣଛତି।"

ପରବର୍ତ୍ତୀ ସର୍ଗରେ ମଗଧ କୁମାର ରତିଦେବୀଙ୍କୁ ଶ୍ରେଷ୍ଠା କରି ରସାଳ ଦାନ କରିଛନ୍ତି।

"ରମଣୀ ଲାଭକୁ କୁମରମଣି ମଣି ହରଷ

ରତି ହସ୍ତେ ପାତି ରସାଳ ମତି ଖୁସି ବିଶେଷ।"

ଏଥିରେ ସାଗର ତନୟା ଲକ୍ଷ୍ମୀ କ୍ରୁଦ୍ଧ ହୋଇ ଓ ବାଗ୍‌ଦେବୀ ରାଜକୁମାରଙ୍କର ମତିଭ୍ରମ କରି ଚାଲିଗଲେ। ମଗଧରାଜ କୁମାର ସ୍ୱଦେଶ ପ୍ରତ୍ୟାବର୍ତ୍ତନ କରି ତାଙ୍କ ପିତାଙ୍କୁ ଏଭଳି ଏକ ଜଟିଳ ସମସ୍ୟା ସମାଧାନ କରିଛନ୍ତି ବୋଲି ଗୌରବର ସହ ବ୍ୟକ୍ତ କରିଛନ୍ତି। ମାତ୍ର ବୃହସ୍ପତି ମିତ୍ର ଏପରି ଏକ ହୀନ ବିଚାରକୁ ନାପସନ୍ଦ କରି ପୁତ୍ରକୁ ଠିକ୍‌ର କରିଛନ୍ତି ଏବଂ ତାଙ୍କୁ ରାଜ୍ୟରୁ ବିଦା ହୋଇଯିବାର ଆଦେଶ ଜାରି କରିଛନ୍ତି।

"ବୃହସ୍ପତି ମିତ୍ର ଖଡ୍ଗ ଧରି କୁଲାଙ୍ଗାରକୁ

କି କଲୁରେ କାମ ପିପାସୁ ତେଜି ବାଣୀମାତାଙ୍କୁ।

ମୋ ଦେଶେ ଅବିଦ୍ୟା ମଡ଼କ ହେଲେ ସଡ଼କ ପରେ

ବୃହସ୍ପତି ହସ୍ତେ ଛିଡ଼ିବ ତୋର ମସ୍ତକ ହେଲେ।"

ପିତାଙ୍କର ଯୁଗୁପସାର ଶିକାର ହୋଇ ରାଜକୁମାର ଫେରିଛନ୍ତି ନିରାପଦସ୍ଥଳୀ, ଆଦର୍ଶ ରାଜା ମହାମେଘ ବାହାନ ଐର ଖାରବେଲଙ୍କ କଳିଙ୍ଗ ଦେଶକୁ। ପ୍ରାକୃତିକ ରମଣୀୟ ପରିବେଶରେ ଭ୍ରମଣ କରୁଛନ୍ତି।

ଶଢ଼ାଳଙ୍କାର "ବନଜ ନିନ୍ଦିତ ବନଜା ବାଲା

ବନେ ଭ୍ରମନ୍ତି

କନକ ମଣ୍ଡିତା କାମିନୀ କାମେ

ମନେ ଅଛନ୍ତି

ଶାଳ ତାଳ ମାଳ ରସାଳ

କାହିଁ ହେତ୍ତାଳ ବନ

ପିଆଶାଳ ସାଥେ ପ୍ରସୂନ ପଂକ୍ତି

ଅଲି ଗୁଁଜନ।

କେହି ଶ୍ୟାମା କେହି ଗୌରୀ ସେ ତ

ଲଲାମ ଭୂଷା

କାହା ବେଣୀ ପୃଷ୍ଠେ ଲୋଟଇ ତାର

ତେଲିଙ୍ଗୀ ଖୋସା।

ନିର୍ଝର ଝର୍ଝର ତାନରେ

ପିକର ସ୍ୱନ

ଚିରବସନ୍ତର ବନରେ ପ୍ରାଣୀ

ହର୍ଷିତ ମାନ।"

ଚତୁର୍ଥ ପର୍ଯ୍ୟାୟରେ ଖାରବେଲଙ୍କର ସୁରମ୍ୟ ରାଜପ୍ରାସାଦରେ ତାଙ୍କର ସର୍ବ ଗୁଣାଳଙ୍କୃତ କନ୍ୟା ସେନା ଅଛନ୍ତି । ସେ ବିଦୁଷୀ ଓ ବୀରାଙ୍ଗନା । ଅଶ୍ୱଚାଳନାରେ ପାରଦର୍ଶିନୀ । ତାଙ୍କର କୌମାର୍ଯ୍ୟ ଅପସରି ଯାଇଛି । ସେ ଯୌବନ ପ୍ରାପ୍ତା । କବି ବାସୁଦେବଙ୍କ ଯୌବନ ବର୍ଣ୍ଣନା ଅନୁପ୍ରାସ ମିଳନରେ ପ୍ରାସଙ୍ଗିକ ଓ ମନୋଜ୍ଞ ହୋଇପାରିଛି ।

> "ଅଙ୍ଗ ରାଗ ରଙ୍ଗ ଢଙ୍ଗ ବଦଳି
>
> ଚଙ୍ଗ ଚଙ୍ଗ ଗଜ ଗମନା ବାଳୀ
>
> ତରଙ୍ଗ ତରଙ୍ଗ ଭ୍ରୁଭଙ୍ଗେ ଖେଳି
>
> ସାଙ୍ଗୋ ପାଙ୍ଗୋ ଆଶେ ମନ ପଖାଳି
>
> ଜଙ୍ଘ ପ୍ରତୁଲ ବର୍ତ୍ତୁଲ ଯେ
>
> ଅନଙ୍ଗ ବାଣ ସଂଘାତେ ଶୋଣିତ ସେ
>
> ଶୋଣିତ ଦୃଶ୍ୟ ଦୁକୂଲେ ଯେ ।(୧)
>
> ମଘବାରେ ଅର୍ପି ଜଘଣ୍ୟ ଶାପ
>
> ଘନମେଘ ଆଗମନର ସାପ
>
> ଜଲଦ ଜଲଜ ହେଲେଣି ଅରି
>
> ପିକବାଣୀ ଶୁଣି ବେଦନା ଭାରି
>
> ଗବାକ୍ଷ କପାଟ ପାଟ ଯେ
>
> ବଂଶୀ ସ୍ୱନ ତାନ ବ୍ୟଥିତ ବଦନ
>
> ନ କରଇ କର୍ଣ୍ଣେପାତ ଯେ ।

ଛାନ୍ଦଟି ସମ୍ପୂର୍ଣ୍ଣ ଯୌବନ ବର୍ଣ୍ଣନା ଓ ଫ୍ରଏଡ଼ୀୟ ତତ୍ତ୍ୱରେ ସମାପ୍ତ ।

ତେର ଜିଲ୍ଲାର ଭାବ ବ୍ୟଞ୍ଜନା – କବି ବାସୁଦେବ ମଗଧରାଜ କୁମାରଙ୍କୁ ପହଞ୍ଚାଇ ଦେଇଛନ୍ତି । ରମଣୀୟ ଓ ଚରଣାର ଚର୍ଚ୍ଚର ତାନ ସହିତ ତେରଟି ଜିଲ୍ଲାର ବର୍ଣ୍ଣନା ଦେଇଛନ୍ତି । ଜିଲ୍ଲାଗୁଡ଼ିକର ନାମ ଦୈର୍ଥକବୋଧକ ବା ଶ୍ଲେଷରେ ବିଚାର ବିମର୍ଷ ହୋଇଅଛି ।

“ଏକାମ୍ର-କଟକେ ପୂରିତ

ପୁରୀ ସୁନ୍ଦରଗଡ଼

ବାଲେଶ୍ୱର ନୃତ୍ୟ ଛଟକ

ଦିଶେ ଶିଖାମଉଡ଼।

ଗରବ ମୟୂର ଭଙ୍ଗୀ ସେ

ସର୍ବ କୁଶଳ ବୀର।

କୃଷ୍ଣ ରାଗ ଶୋଭାନିନ୍ଦିତ

ଆଶ୍ମ କେ କେଉଁଝର।

ବଲାଙ୍ଗିର ଖର ତଡ଼ିତ

ଯଥା ବନ ବାଥିରେ

ଗଞ୍ଜାଚଳ ଚୂଳ ଦୋଲାଇ

ବାଳା ଚଲନ୍ତି ଖରେ।”

ଗୋଟିଏ ଅର୍ଥରେ ଜିଲ୍ଲା ଓ ତାହାର ମାହାତ୍ମ୍ୟ, ଅର୍ଥ ଅର୍ଥରେ ଶିଶୁମାନଙ୍କର କ୍ରୀଡ଼ା ଏଠିରେ ପ୍ରତିପାଦିତ ହୋଇଅଛି। ଜାତୀୟ ଜୀବନର ପ୍ରାଣଧାର ଲେଖାଛଲରେ ପ୍ରବାହିତ।

ଷଷ୍ଠ ପର୍ଯ୍ୟାୟରେ ପୁଷ୍ପମିତ୍ର (ବା କାମପାଳ ମିତ୍ର) ଶିଶୁପାଳ ଗଡ଼ରେ ପ୍ରବେଶ କରି ସୁରମ୍ୟ ରାଜପ୍ରାସାଦ ଲକ୍ଷ୍ୟ କରି ଚାଲୁଛନ୍ତି। ଏହି ସମୟରେ ଅସୀ ଖେଳ ଖେଲି ରାଜଜେମା ପ୍ରବେଶ କରି ଦେଖିଲେ ଜଣେ ଅପରିଚିତ ଯୁବକର ପ୍ରବେଶ। ତେଣୁ ତାଙ୍କର ନାସା ଘଷା କରି ତାଙ୍କୁ ବନ୍ଦୀ କରି ରଖିନେଲେ।

“ସ୍ୱଭାବେ ସରଳ ହୃଦୟ।

ସ୍ନେହ ଭାବ ପ୍ରଚୁର

ଯୁବରାଜ ନଗ୍ନ ଆକୃତି

ମୁକ୍ତି କାରଣ ସାର।

କରୁ ଉପବନେ ବିହାର

ପ୍ରଣୟର ସରାଗ

ଜନମିଲା ଯୁବା ଅନ୍ତରେ

ନିବେଦି ଅନୁରାଗ।”

ପ୍ରେମ ଏକ ପ୍ରଗାଢ଼ ଅଧାତ୍ମ ଶକ୍ତି । ସେ କାହାକୁ ସ୍ୱୀକାର କରେ ନାହିଁ । ସକଳ ଶକ୍ତିକୁ ପରାସ୍ତ କରିବା ପାଇଁ ଉନ୍ମୁଖ । ଏକ ରାଜକନ୍ୟା ସେନା ମଗଧ ରାଜକୁମାରଙ୍କର ଚିର ମାନସୀ ହେବାକୁ ଯାଉଛି । ଏହି ସମୟରେ ସମ୍ରାଟ ଖାରବେଳ ଦିଗ୍‌ବିଜୟରେ ଯାଇଛନ୍ତି । ଶତ ପ୍ରହରୀଙ୍କୁ କାବୁ କରିବା ଭଳି ଶକ୍ତି ଥିଲା ଏକମାତ୍ର କନ୍ୟା ସେନାଙ୍କର । ତାଙ୍କର ଅସାଧାରଣ ବୀରତ୍ୱ ପାଖରେ ବେଶ୍ ବୀରବୃନ୍ଦ ପଦାନତ ହେଉଥିଲେ । ପୁଷ୍ପମିତ୍ର ଚାହିଁଛନ୍ତି ସେନାଙ୍କ ସହ ମଗଧ ରାଜପ୍ରାସାଦ ଯିବା ପାଇଁ । କଳିଙ୍ଗ ସମ୍ରାଟଙ୍କର କନ୍ୟା ଭୀରୁତାର ବଂଶବର୍ଦ୍ଧିନୀ ହୋଇ ପ୍ରେମରେ ପ୍ରସ୍ଥାନ କରିବ ରାଜପ୍ରାସାଦରୁ ।

ବ୍ୟାଘ୍ରାଗତି ଅଳଙ୍କାର :

ସପ୍ତମ ସର୍ଗରେ ବ୍ୟାଘ୍ର ଗତି ଅଳଙ୍କାରପୂର୍ଣ୍ଣ କଥୋପକଥନ ବଡ଼ ଚମକ୍ରାର, ରସାଳ ଓ ମାଧୁର୍ଯ୍ୟଭରା ସେନା ଘରୁ ଗୋଡ଼ କାଢ଼ିବାକୁ ସତତ ଅରାଜି ହେବାରୁ ସେ କହିଛନ୍ତି –

> “ବ୍ୟାଘ୍ର ଗତିରେ ଭାଷୁଛନ୍ତି ନାଗର
>
> ନଗର ତେଜିବାରେ ନାଗରୀବର,
>
> ବାରଣ ବେନି ବାରେ ବାରଣ କର
>
> କରମ ସୁଖକର ହେବ ଅପାର ।
>
> ପାରଙ୍ଗମା ତୁ ପାରୁ ନ ପାରିବାର
>
> ବାରଣ ଗତି ତାର ବାରଣ ସାର ।”

ପରିଶେଷରେ ସେନା ମଗଧ ରାଜକୁମାରଙ୍କ ସହିତ ମଗଧ ରାଜଧାନୀ ଚାଲିଯାଇଛି । ଦିଗ୍‌ବିଜୟରୁ ଫେରି ଖାରବେଳ ସେନାକୁ ନ ଦେଖି ବିବ୍ରତ ହୁଅନ୍ତି ଏବଂ ଘଟନା ଅବଗତି ହେବା ପରେ ମଗଧ ଅଭିଯାନର ଯୋଜନା କରିଛନ୍ତି ।

ଶୁଣନ୍ତେ ନୃପତି କୋପେ ଜର

ବହିଲେ ଆଦେଶ

ବଜାଅ ଦୁନ୍ଦୁଭି ପୁନର୍ବାର ହେବ

ରାଜଗୃହ ଧ୍ୱଂସ ।

ଲନିଳା କୁଲିଙ୍ଗ ବିଜୟ ନଗରୁ

ଆସନ୍ତୁ ପାଇକ

ସଂବଲପୁର ସମ୍ବଲ ବୀର

ସାଥିରେ ସୈନିକ

ପୁର ଚିରାଟକ ପରାୟ କଟକ

ବିରଜା ମଣ୍ଡଳ।

ମଗଧ ଅଭିଯାନ :

ସମଗ୍ର କଳିଙ୍ଗ ବୀରମାନଙ୍କୁ ଆହ୍ୱାନ ଦେଇ ଯୁଦ୍ଧଯାତ୍ରା କରିଛନ୍ତି – ଇତି ପୂର୍ବରୁ ମଗଧ ଦେଶକୁ ୧୧ ଥର ପରାସ୍ତ କରିଥିଲେ। ପ୍ରାଚୀନ କଳିଙ୍ଗ ଯୁଦ୍ଧର ସେ ପ୍ରତିଶୋଧ ନେଇ ମଗଧବାସୀଙ୍କୁ ଉଚିତ୍ ଶିକ୍ଷା ଦେଇଥିଲେ। କବିଙ୍କର ଆଧୁନିକ ଯୁଦ୍ଧ ବର୍ଣ୍ଣନା ଅତି ଚମତ୍କାର।

ସମର ଡଙ୍କା ଶଙ୍କା ସୃଜଇ ମନେ

କାଳିଙ୍ଗୀ ଗଣେ ମଗଧ ଅଭିଯାନେ।

ଅଶ୍ୱ, ଗଜ ପଦାତି ଦୁର୍ମଦ ବୀର

ଅତୀତ ପ୍ରତିଶୋଧେ ଜିଂଘାସା ସାର।

ବିମାନେ ଖରେ ଖରେ ଖରେ ଛୁଟିଲେ

ବୋମା ବରଷି ଘରେ ଘରେ ଘୋଟିଲେ

କମାଣ୍ଡର ନିର୍ଦ୍ଦେଶେ କମାଣ ମାନ

ପାଟର୍ଣ ଚ୍ୟାଙ୍କେ ଗୁଳିଗୋଲା ବର୍ଷଣ

ମିଜାଇଲ ପେଷଣ ଲେଜର ତ୍ରାସେ

ମେସିନ୍ ଗନ୍ ଘନ ଘନ ପ୍ରକାଶେ।

ଘମାଘୋଟ ଲଢ଼େଇ ପରେ ବୃହସ୍ପତି ମିତ୍ର ଶରଣ ପଶି ସନ୍ଧି କରିବା ସହିତ କସ୍ମିନ୍ କାଳେ ମଗଧ କଳିଙ୍ଗ ଦେଶ ଆକ୍ରମଣ କରିବ ନାହିଁ। କନ୍ୟା–

ଜାମାତାଙ୍କୁ ଖାରବେଳଙ୍କ ପାଖରେ ସମର୍ପଣ କଲେ। ମହାପଦ୍ମନନ୍ଦ କଳିଙ୍ଗରୁ ଘେନିଯାଇଥିବା ଜୀନ ମୂର୍ତ୍ତିକୁ ଉଦ୍ଧାର କରିଲେ। ଏହି ମହାବିଜୟ ପାଳନ ଅବକାଶରେ ନିଜର ସ୍ମୃତିପଟରେ ଭାସି ଉଠିଲା।

ଖାରବେଳ ଧୃଷାଙ୍କ ପାଣିଗ୍ରହଣ :

ଖାରବେଳ ପାକିସ୍ତାନ, ଆ'ଗାନିସ୍ତାନ, ବେଲୁଚିସ୍ତାନ ଜୟ କଲାବେଳେ ସେ ଆ'ଗାନିସ୍ତାନର ପଟଲରାଜ ମଜିରଙ୍କ ସହ ଯୁଦ୍ଧ କଲାବେଳେ ଆହତ ହୋଇଥିଲେ। ସୈନ୍ୟ ଛାଉଣୀ ମଧରେ ଜଣେ ବୀର ସୈନିକ ଯାଇ ସେବା କରିଛନ୍ତି। ଉକ୍ତ ସୈନ୍ୟଙ୍କର ସ୍ପର୍ଶରୁ ଖାରବେଳ ଜାଣିନେଲେ ଏ ଯୁବକ ନୁହଁନ୍ତି, ଯୁବତୀ।

> "ସେବକ ସେବା ମୁଞ୍ଜି ଦୂର ପାଖରୁ
>
> ସେ ହସ୍ତ ଚାଳନାରେ ମୋଦ ବିହରୁ।
>
> ଆନନ ନିରୀକ୍ଷଣ ଜାତ ସଂଶୟ
>
> ଯୁବକ ନୁହେଁ ବୀରାଙ୍ଗନା ନିଶ୍ଚୟ।
>
> କି ପୁରସ୍କାର ବୀର କଳିଙ୍ଗଠାରୁ
>
> ଆଶା କରେ ସନ୍ତୁଷ୍ଟ ସେବା ପାଦରୁ।
>
> + + +
>
> ହସି ଭାଷିଲା ଧୃଷୀ ତବ ମାନସୀ
>
> ତଟିନୀ ନୀରଧାରେ ଯେ ଥିଲା ବସି।"

ପଟଲରାଜ ମଜିର ଯୁଦ୍ଧରେ ପରାସ୍ତ ହେବା ପରେ ତାଙ୍କ ବୀରାକନ୍ୟା ଧୃଷୀ ସମର ପରିଚାଳନା କରିଥିଲେ। ଯେଉଁଠିରେ କଳିଙ୍ଗ ନୃପତି ଆହତ ହୋଇ ବିଶ୍ରାମ କରିଥିଲେ। ସେହି ଧୃଷାଙ୍କ ପରିଚୟ ପାଇ କଳିଙ୍ଗ ସମ୍ରାଟ ଯୁଦ୍ଧ ବିରତି ଘୋଷଣା କରିବା ସହିତ ଧୃଷାଙ୍କର ପାଣିଗ୍ରହଣ କରି କଳିଙ୍ଗ ପ୍ରତ୍ୟାବର୍ତ୍ତନ କରିଥିଲେ।

ଏହି ଲେଖକ ଉକ୍ତ ତଥ୍ୟ ଗୋଦାବରୀଶ ମହାପାତ୍ର ଓ ଆଚାର୍ଯ୍ୟ ମହାଶୟଙ୍କ ଠାରୁ କିମ୍ବଦନ୍ତୀ ଶୁଣି ତାହାକୁ ବାକ୍ୟରୂପ ପ୍ରଦାନ କରିଛନ୍ତି। ଏଥିରେ ଚରମ

ବିପ୍ଲବର ବାଣୀ ଶୁଣାଯାଇଅଛି । ଏଯାବତ୍ ଖାରବେଳଙ୍କ ସମ୍ପର୍କରେ ଇତିହାସକାର ବିଶେଷ ଅଗ୍ରଗତି କରି ନଥିବା ବେଳେ ଏହି ବିଷୟବସ୍ତୁ ପ୍ରତିଟି ଓଡ଼ିଆ ପାଇଁ ପ୍ରଣିଧାନର ବିଷୟ ।

ଅତି ସରଳ ଗାଉଁଲି ଭାଷା – ଘରେ ରହିବା (ଘରଯୋଗ୍ୟ ହେବା), ଘଟସୂତ୍ର (ବିବାହ) ଅମରବରଙ୍କ କମର ପରୀକ୍ଷା କରିବା ସମୟରେ, ଭଳି ବହୁ ଶବ୍ଦ ଖଣ୍ଡ କାବ୍ୟରେ ମିଳିଥାଏ ।

ଆଧୁନିକ କାବ୍ୟ ପ୍ରତି ମନ୍ତବ୍ୟ:

ଆଧୁନିକ କାବ୍ୟଧାରାକୁ କବି ବିରୋଧ କରି ନଥିଲେ ମଧ ସହଜରେ ଗ୍ରହଣ କରି ପାରି ନଥିବା ପ୍ରତ୍ୟକ୍ଷ କରାଯାଏ ।

"ଆଧୁନିକ ଖଡ଼୍ଗେ ପ୍ରାଚୀନ ବଳି

ଅଧୁନା କରନ୍ତି ଯା କବି ମଣ୍ଡଳୀ ।

ବାସୁଦେବ ବିଷାଦ କାବ୍ୟ ପୁରୁଷ

ବିଂଶ ଶତାବ୍ଦୀ ଶେଷେ ସାଜେ ନ'ସ ।

ସ୍ଵାଗତ ଭାଇ ବାଇଗଣ ଟ'ଗୁ

ହେବେ କାବ୍ୟକଳାରେ ଆମ୍ଭର ଗୁରୁ ।

ଇଲିୟଟଙ୍କୁ କେହି କହେନି ଉଠ

କାବ୍ୟ ଜଗତେ ସଚିବାକୁ ପ୍ରକଟ ।

+++

ଆଧୁନିକ ପ୍ରୟୋଗବାଦୀ ଧାରାକୁ ୧୯୬୮ ମସିହାରେ ବିରୋଧ କରି କବିତା ଲେଖିଥିବା ବାସୁଦେବ ୪ ଖଣ୍ଡ କାବ୍ୟ ଓ ୭ ଖଣ୍ଡ ପ୍ରଗତିଶୀଳ କବିତା ସଂକଳନ କରି ପାରିଛନ୍ତି । ଶେଷରେ 'ଜାଗତ' କବିତାରେ କବି ଆଧୁନିକ ଓଡ଼ିଶାର ରୂପକାର, ମାଟିର ବରପୁତ୍ର ତଥା ଓଡ଼ିଶାର ପ୍ରାକ୍ତନ ମୁଖ୍ୟମନ୍ତ୍ରୀ ବିଜୁ ପଟନାୟକଙ୍କ ଜୀବନାଲେଖ୍ୟ ପ୍ରଦାନ କରିଅଛନ୍ତି । କାବ୍ୟଟି ବୀର ଓ ଶୃଙ୍ଗାର ରସରେ ମେଦୁରିତ । କଳିଙ୍ଗବୀରଙ୍କର ଏହା ଏକ ଅପୂର୍ବ ଆଲେଖ୍ୟ ।

ଅନ୍ତଃଟୀକା

୧।   ଜେନା କୁଳମଣି – ମାର୍କ୍ସବାଦ ଓ ଉତ୍ତର ଆଧୁନିକତାବାଦ, ଲେଖାଲେଖି
        – ୨୦୧୮, ପୃ-୯୫

୨।   ଦାସ ବାସୁଦେବ – ବହ୍ନି ମହ୍ଲାର (ସର୍ବୋଦୟ ପତ୍ରିକା) ସଂକଳନ –
        ୧୯୮୬ରେ ଅଭୟା ପ୍ରେସ୍‌ରେ ପ୍ରକାଶିତ।

୩।   ସିଂହ ରାଜେନ୍ଦ୍ର ପ୍ରସାଦ – ୧୯୬୪ ଐତିହାସିକ ଛାତ୍ର ଆନ୍ଦୋଲନ –
        ୨୦୧୬।

୪।   ସିଂହ ରବି– ରବି ସିଂଙ୍କ ସଂକ୍ଷିପ୍ତ ଜୀବନୀ – ବାଢ଼ିଆଙ୍କ ଦାସ ୨୦୧୬,
        କବିତା ମାନପତ୍ର, ପୃ-୧୮୧।

୫।   ଜେନା କୁଳମଣି – ମାର୍କ୍ସବାଦ ଓ ଉତ୍ତର ଆଧୁନିକବାଦ, ପୃ-୧୨,
        ୨୦୧୬।

୬।   ମହାପାତ୍ର ଆଶିଷ – ଯୁଗସ୍ରଷ୍ଟା ବିପ୍ଳବୀ ଓ ଭଗବତୀ ଚରଣ, ପୃ-୩୯୦,
        ୨୦୧୬।

୭।   ଦାସ ବାସୁଦେବ – ଓଡ଼ିଆ ସାହିତ୍ୟରେ ପ୍ରଗତିଶୀଳ ଚେତନା, ୧ମ
        ଅଧ୍ୟାୟ, ୨୦୧୮।

୮।   What is Communism?

୯।   ଦାସ ବାସୁଦେବ – ପରିତର୍ପଣ – ୨୦୦୬, ପୃ-୫।

୧୦। ତତ୍ରେବ, ପୃ-୯।

୧୧। ତତ୍ରେବ, ପୃ-୧୧।

୧୨। ଦାସ, ବାସୁଦେବ, 'ପରିତର୍ପଣ', ସାଇ ପ୍ରକାଶନୀ, କେନ୍ଦ୍ରାପଡ଼ା, ୨୦୦୬।

୧୩। ମହାରଣା, ସୁରେନ୍ଦ୍ର– ଓଡ଼ିଆ ସାହିତ୍ୟର ଇତିହାସ, ପୃ-୫୩୫।

୧୪। ସାମଲ ବୈଷ୍ଣବ ଚରଣ – 'ସହଯୋଗୀ' ଦ୍ୱିଭାଷୀ – ଶ‌ଢ଼ର ବୋମାରେ
        ଖେଳୁଥିବା କବି।

ସ୍ୱାଧୀନତା ପରବର୍ତ୍ତୀ ପ୍ରଗତିବାଦୀ କାବ୍ୟ ପରମ୍ପରା ଓ କବି ବାସୁଦେବ ଦାସ ଏକ ତୁଳନାମୂକ ଅଧ୍ୟୟନ

ଭାରତବର୍ଷର ସାମ୍ୟ ସଂସ୍କୃତି ତାକୁ ମହତୀ କରି ଗଢ଼ିଛି । "ପ୍ରାଚୀନ କାଳରୁ ସାମ୍ୟ ଦର୍ଶନ ଓ ସମଦର୍ଶନ" ଏହି ଭାରତରେ ଥିଲା । ଭାରତର ମାଟି ସେଥିପାଇଁ ଯଥେଷ୍ଟ ଉର୍ବର,(୧) ବେଦର ସମାନ ମନ୍ତ୍ର ସମିତିଃ ସମାନି କିମ୍ଭ ସମାନୀ ଆକୃତୀ / ସମାନା ହୃଦୟାନି ବଃ, ସମାନ ମନ୍ତ୍ର ବୋ ମନୋ / ଯଥା ଚଃ ସୁ ସହମତି ।(୨) ସାମ୍ୟ ଚେତନାର ଏହି ଦର୍ଶନ ବହନ କରିଛି ଆମର ପ୍ରାଚୀନ ଧର୍ମଗ୍ରନ୍ଥ ରୁକ୍‌ବେଦ । ରୁକ୍‌ବେଦ କହେ – ସମାଜର ସମସ୍ତ ଲୋକଙ୍କର ଧେୟ ସମାନ ହେଉ । ହୃଦୟରେ ଦିବ୍ୟାନୁଭୂତି ସମ ଭାବରେ ବିକଶିତ ହେଉ, ମାନସିକ ଚିନ୍ତାଚେତନା ସମସମାଜ ଗଠନ ସମପରିମାଣରେ ଗତିଶୀଳ ହେଉ । ପ୍ରତ୍ୟେକ ମଣିଷ ସମାନ ସୁଯୋଗ ଓ ଉପଭୋଗର ଅଧିକାର ପାଇପାରନ୍ତୁ ।" ଏତାଦୃଶ ସାମ୍ୟ ଚିନ୍ତନର ପ୍ରତିଫଳନ ଘଟିଛି ଶ୍ରୀମଦ୍ ଭାଗବତରେ –

"ଦିବ୍ୟଂ ଭୌମଂ ଚାନ୍ତରୀକ୍ଷଂ ବିତ୍ତ ମଚ୍ୟୁତ ନିର୍ମିତଂ

ତତ୍ ସର୍ବ ମୁପଭୁଞ୍ଜାନ ଏତତ୍ କୁର୍ଯ୍ୟାତ୍ ସ୍ୱତୋବୁଧଃ

ଯାବତ୍ ଭ୍ରିୟେତ୍ ଜଠରଂ ତାବତ୍ ସ୍ବତ୍ଂହି ଦେହିନାମ

ଅଧିକଂ ଯୋଭିମନ୍ୟେତ୍ ସ ସ୍ତେକା ଦଣ୍ଡ ମର୍ହତି ।"(୩)

ବେଦରେ ଯେଉଁ ସଦ୍‌ଭାବନା, ସମକର୍ମ ଓ ସମ ଉଦ୍ଦେଶ୍ୟର କଥା କୁହାଗଲା; ତାହା ପ୍ରାୟ ତିନି ହଜାର ବର୍ଷ ପୂର୍ବେ ସେଇ ଭାବନାକୁ ଆଉ ଟିକେ ସୂକ୍ଷ୍ମ ଭାବରେ କୁହାଗଲା 'ଈଶାବାସ୍ୟ' ଉପନିଷଦରେ । "ଏଇ ଜଗତରେ ଯାହା କିଛି ପଦାର୍ଥ ଦେଖୁଛେ, ସମସ୍ତ ଈଶ୍ୱରଙ୍କ ଦ୍ୱାରା ସୃଷ୍ଟ, ସେ ଯେତିକି ତୁମକୁ ଦେବେ, ସେତିକି ଗ୍ରହଣ କର; ଅନ୍ୟର ଭାଗକୁ ହରଣ କରନାହିଁ, "ମା ଗୃଧ କସ୍ୟ ସ୍ୱିଧନମ୍" ।

ଏହି ପ୍ରସଙ୍ଗରେ ଡଃ ଦୋଳଗୋବିନ୍ଦ ଶାସ୍ତ୍ରୀଙ୍କ ମତାମତ ଉଦ୍ଧାର କରାଯାଇପାରେ। 'ଉପନିଷଦ' ଯୁଗର ପ୍ରାୟ ପାଞ୍ଚ ହଜାର ବର୍ଷ ପରେ ଶ୍ରୀମଦ୍ ଭାଗବତରେ ଅଧିକ ସ୍ବଷ୍ଟ ଭାଷାରେ ପ୍ରାଚ୍ୟ ଦର୍ଶନର ସାମ୍ୟବାଦକୁ ଦୃଢ଼ୀଭୂତ କରାଗଲା – ଦିବ୍ୟ ଭୌମ ଶ୍ଳୋକରେ – "ଆକାଶ ପୃଥିବୀ ଏବଂ ଭୂଗର୍ଭରେ ଯେଉଁଠି ଯେତେ ସମ୍ପଦ ରହିଛି, ସେ ସମସ୍ତ ମନୁଷ୍ୟ ସୃଷ୍ଟି କରିନାହିଁ। ନିଜେ ମନୁଷ୍ୟ ଯାହାଙ୍କ ଦ୍ୱାରା ସୃଷ୍ଟ, ସେଇ ଅଚ୍ୟୁତ ହିଁ ସେଇ ସମ୍ପଦ ସମୂହ ସୃଷ୍ଟିକରି, ମନୁଷ୍ୟ ପାଇଁ ଗଚ୍ଛିତ ରଖିଛନ୍ତି। ମନୁଷ୍ୟ ଜନସାଧାରଣ ପାଇଁ ସେଇ ସମ୍ପଦରୁ ଯେତିକି ଦରକାର, ସେତିକି ନେବାକୁ ହକ୍ଦାର।"(୪)

ବ୍ୟକ୍ତିଗତ ଆବଶ୍ୟକ – ସ୍ୱତଃ କେତେ ନେଇପାରିବ ? ଏହାର ଉତ୍ତର 'ଯାବତ୍ ଭ୍ରିୟତେ ଜଠରଂ' ଅର୍ଥାତ୍ ଆହାର, ପରିବେଶ ଓ ବାସସ୍ଥାନ ଯେତିକି ପ୍ରୟୋଜନ, କେବଳ ସେତିକି ସେ ଭୋଗ କରିପାରିବେ।

ଏଇ ପ୍ରୟୋଜନ ପ୍ରାଣୀ ବିଶେଷଣରେ ସମପରିମାଣ ହୋଇ ନପାରେ। ହାତୀର ଖୋରାକ ଓ ଠେକୁଆର ଖାଦ୍ୟ ସମାନ ହେବ ନାହିଁ। ପ୍ରାଣ ବଞ୍ଚିବା ନିମନ୍ତେ ବ୍ୟକ୍ତିବିଶେଷଙ୍କର ଆହାର ଖାଦ୍ୟ, ବସ୍ତ୍ର, ବାସସ୍ଥାନ ଦେବା ନୁହେଁ। ଯାହାର ଯେତିକି ଦରକାର, ସେତିକି ଗ୍ରହଣ କରିବ। ସେଥିପାଇଁ କୁହାଯାଇଛି– "ତତ୍ କୁର୍ଯ୍ୟାତ୍ ସୁତୋ ବୁଧଃ।" ସ୍ୱେଚ୍ଛାରେ ଯାହା ପ୍ରୟୋଜନ ତାହା ନେବ। କିନ୍ତୁ କଦାପି ନିଜ ପ୍ରୟୋଜନରୁ ଅଧିକ ନେବ ନାହିଁ କିମ୍ବ। ସଞ୍ଚୟ କରିବ ନାହିଁ। ଯିଏ ନିଏ ବା ଲୋଭବଶତଃ ସଞ୍ଚୟ କରି ରଖେ ସେ ବାସ୍ତବରେ ଆଉ ଜଣେ ଅଭାବନୀୟ ବ୍ୟକ୍ତିକୁ ନିଶ୍ଚୟ ବଞ୍ଚିତ କରିଅଛି। ତେଣୁ ଶାସ୍ତ୍ର କହିଲେ– "ସେ ଚୋର, ଦଣ୍ଡର ଯୋଗ୍ୟ।" ଅର୍ଥାତ୍ ବିବେକୀ ବ୍ୟକ୍ତି ସ୍ୱଇଚ୍ଛାରେ ବିବେଚନା କରିନେବ। ବେଶୀ ନେଲେ ସେ ଚୌର୍ଯ୍ୟ ଅପରାଧାରେ ଭାଗୀ ହେବ ଏବଂ ଶାସନ ଶକ୍ତି ତାଙ୍କୁ ଶାସ୍ତି ଦେଇପାରିବ।

ମାର୍କ୍ସଙ୍କ ନିରାତ୍ମୟର ସାମ୍ୟବାଦ ମତରେ ବ୍ୟକ୍ତିମାନଙ୍କର ସ୍ୱତନ୍ତ୍ର ଇଚ୍ଛାକୁ ଏକାବେଲକେ ଅସ୍ୱୀକାର କରାଯାଇଛି, ଏହା ନୁହେଁ, କିନ୍ତୁ ରଷିଆ, ପୂର୍ବ ଜର୍ମାନୀ ପ୍ରଭୃତି ଦେଶରେ ଏଭଳି ହେଇଥିଲା। କିନ୍ତୁ ଭାଗବତରେ ଭାରତୀୟ ଶାସ୍ତ୍ରରେ କଥିତ ଅଛି ସେ ସ୍ୱର ସାମ୍ୟବାଦର ନୀତି ଅଭ୍ୟାନ୍ତ ଏବଂ ତାହାର ଦର୍ଶନ ଖଣ୍ଡନ

ହୋଇପାରିନାହିଁ ବା ଭୁଲ ପ୍ରମାଣିତ ହୋଇ ନାହିଁ ବୋଲି ଡ. ଶାସ୍ତ୍ରୀ ମତବ୍ୟକ୍ତ କରିଛନ୍ତି ।

ଏଠାରେ ଉଲ୍ଲେଖନୀୟ ଯେ, ଡ. ଦୋଲଗୋବିନ୍ଦ ଶାସ୍ତ୍ରୀ କଲିକତାର ସାଇକିଆ ସେକେଣ୍ଡାରୀ ସ୍କୁଲରେ ଶିକ୍ଷକତା କରୁଥିବା ବେଳେ, ଶିକ୍ଷକ ସଂଗଠନର ସଚିବ ଥିଲେ ଏବଂ କମ୍ୟୁନିଷ୍ଟ କର୍ମୀଙ୍କ ସହ କମ୍ୟୁନିଷ୍ଟ ଆଦର୍ଶରେ ଅନୁପ୍ରାଣିତ ହୋଇଥିଲେ । ପରବର୍ତ୍ତୀ କାଳରେ ତାଙ୍କର ଜୀବନ ଦର୍ଶନ ବଦଳାଇ ବୈଷ୍ଣବ ମତ ପୋଷଣକୁ ସେ ଉଚ୍ଚସ୍ଥାନ ଦେଇଥିଲେ ।

ଲୋକାୟତ ଦର୍ଶନ :

ବିଶାଳ ବିଶ୍ୱ ବସ୍ତୁ ସମୂହର ସମାହାର । ଏହି ଜଗତରେ ଘଟୁଥିବା ପ୍ରପଞ୍ଚ ହୁଏତ ବସ୍ତୁଗତ ବା ଭାବଗତ । ବସ୍ତୁଗତ ପ୍ରପଞ୍ଚ ଭୌତିକ ବା ଭାବଗତ ପ୍ରପଞ୍ଚ ଆଧ୍ୟାତ୍ମିକ । ସୃଷ୍ଟିର ମାନବ ସମାଜ ପ୍ରତିକ୍ଷଣ ଆଧ୍ୟାତ୍ମିକ, ଆଧିଭୌତିକ ଓ ଆଦି ଭୌତିକ ନିବୃତ୍ତି ନିମିତ୍ତ ଯତ୍ନଶୀଳ । ତଥାପି ଦୁଃଖରୁ ମୁକ୍ତି ମିଳୁନାହିଁ । ତ୍ରିବିଧ ଦୁଃଖରୁ ଲୋକାୟତ ଦର୍ଶନ ସାହାଯ୍ୟରେ ଦୁଃଖ, ଦାରିଦ୍ର୍ୟ କିଞ୍ଚିତା ଲାୟବ ଘଟିପାରିବ ବୋଲି ଡଃ ବାସୁଦେବ ଦାସ ତାଙ୍କ 'ଲୋକାୟତ ସଂସ୍କୃତି' ପ୍ରବନ୍ଧରେ ଉଲ୍ଲେଖ କରିଛନ୍ତି । ପ୍ରସଙ୍ଗ କ୍ରମେ ମହର୍ଷି ପତଞ୍ଜଲିଙ୍କ ଚାରିଗୋଟି ପ୍ରଶ୍ନର ଉତ୍ଥାପନ କରିଛନ୍ତି :

(୧) ଦୁଃଖର ବାସ୍ତବ ସ୍ୱରୂପ କ'ଣ ? ଏହା ତ୍ୟାଜ୍ୟ ?

(୨) ଦୁଃଖ କେଉଁଠାରୁ ଉତ୍ପନ୍ନ ହୋଇଥାଏ ? (ପ୍ରକୃତ କାରଣ କ'ଣ ?)

(୩) ଦୁଃଖର ନିତାନ୍ତ ଅଭାବ କ'ଣ ?

(୪) ହାନୋପାୟ - ଅର୍ଥାତ୍ ଦୁଃଖ ନିବୃତ୍ତିର ସାଧନ କ'ଣ ?

ବାସୁଦେବ ଦାସଙ୍କ ମତରେ "ଯଦି ଦୁଃଖ ସ୍ୱାଭାବିକ ହୋଇଥାନ୍ତା, ତେବେ ଦୁଃଖ କବଳରୁ ତ୍ରାହି ପାଇବା ପାଇଁ ମାନବ ଆଦୌ ଯତ୍ନ କରନ୍ତା ନାହିଁ ।"[୬] ଏଥିରୁ ପ୍ରତୀତ ହୁଏ ଯେ, ତାହା ଏପରି କୌଣସି ତତ୍ତ୍ୱ ଅଟେ, ଯାହାର ଦୁଃଖ ଓ ଜଡ଼ ସ୍ୱାଭାବିକ ଧର୍ମ ନୁହେଁ, ସୁତରାଂ ଚେତନ ଓ ଜଡ଼ ତତ୍ତ୍ୱକୁ ମାନିବା ସଙ୍ଗେ ସଙ୍ଗେ ଆଉ ଏକ ତୃତୀୟ ତତ୍ତ୍ୱକୁ ମଧ୍ୟ ବିଚାର କରିବା ଆବଶ୍ୟକ ପଡ଼େ । ଯାହା

ପ୍ରଥମେ ଚେତନ ତତ୍ତ୍ୱର ସର୍ବାଂଶ ଅନୁକୂଳ ଏବଂ ଜଡ଼ ତତ୍ତ୍ୱର ବିପରୀତ । ଯହିଁରେ ଦୁଃଖ, ଜଡ଼ତା ଓ ଅଜ୍ଞତାର ଅଭାବ ନିଶ୍ଚୟ ଥିବ । ତେଣୁ ଅବିଦ୍ୟା ରୂପକ ବନ୍ଧନକୁ ଛିନ୍ନ କରି 'ହେୟ' ଦୁଃଖକୁ ସର୍ବଦା ମୁକ୍ତି ପାଇପାରେ । ତର୍କ ଦ୍ୱାରା 'ହାନ' ଓ 'ହାନୋପାୟ'ର ତତ୍ତ୍ୱର ମୀମାଂସା ଆବଶ୍ୟକ । ଭାରତୀୟ ଷଡ଼ ଦର୍ଶନ–ମୀମାଂସା, ବେଦାନ୍ତ, ନ୍ୟାୟ, ବୈଶେଷିକ, ସାଂଖ୍ୟ ଓ ଯୋଗରେ ଚେତନତତ୍ତ୍ୱ, ଆତ୍ମା, ଜଡ଼ତତ୍ତ୍ୱ ପ୍ରକୃତି ଉପରେ ବିଶେଷ ଆଲୋକପାତ କରାନଯାଇ, ଏହାକୁ 'ମାୟାବରଣ' ଅବିଦ୍ୟା ସ୍ତରରେ ସୀମାବଦ୍ଧ କରାଯାଉଅଛି ।

ଜୈମିନି ମହର୍ଷିଙ୍କ ପ୍ରଣୀତ ପୂର୍ବ ମୀମାଂସାର ପ୍ରଥମ ସୂତ୍ର ହେଉଛି – 'ଅଥାତୋ ଧର୍ମ ଜିଜ୍ଞାସା' ଏହାର ପ୍ରକୃତ ଅର୍ଥ ହେଉଛି – ଶିଷ୍ଟଜନମାନେ ଆଚରଣ କରିଯାଇଥିବା କର୍ମର ଛାଞ୍ଚରେ ଆପଣା ଜୀବନକୁ ଢାଳିଦେବାକୁ ପଡ଼ିବ, ଯେଉଁଠି ପ୍ରତିବାଦର ପ୍ରଶ୍ନ ଆଦୌ ନାହିଁ । ସେହିପରି ମୋକ୍ଷର ପରିଭାଷା ହେଉଛି – ପ୍ରପଞ୍ଚ ସମ୍ବନ୍ଧରେ ବିଲୟ । ଅର୍ଥାତ୍ ଏହି ଜଗତ ସହିତ ଆତ୍ମାର ଶରୀର, ଇନ୍ଦ୍ରିୟ ଓ ବିଷୟ ଏହି ତିନି ପ୍ରକାର ସମ୍ବନ୍ଧର ନାମ ମୋକ୍ଷ ଅଟେ । ବନ୍ଧନ ତ୍ରୟ ହିଁ ପୁରୁଷ ବା ବ୍ୟକ୍ତିକୁ ଜଡ଼ିତ କରିଛି । ତ୍ରିବିଧ ବନ୍ଧନର ଆତ୍ୟନ୍ତିକ ସଂକ୍ଷା. ହିଁ ମୋକ୍ଷ । ଭୌତିକ ଓ ଆଧ୍ୟାତ୍ମିକ ତତ୍ତ୍ୱକୁ ଭିତ୍ତିକରି ପ୍ରାଚୀନ କାଳରୁ ଏ ରୂପେ ତର୍କବିତର୍କ ଘଟିଚାଲିଛି । "ଗଛ ଆଗ କି ମଞ୍ଜି ଆଗ ?" ଚେତନା ଆଗ କି ବସ୍ତୁ ଆଗ ? ଏ କଥା ସତ୍ୟ ଯେ, ବସ୍ତୁର ବିକାଶରେ ଚେତନାର ସୃଷ୍ଟି । ବସ୍ତୁ ନ ଥିଲେ ଚେତନାର କଳ୍ପନା ଅସମ୍ଭବ । ସୁତରାଂ ବସ୍ତୁକୁ କେନ୍ଦ୍ର କରି ଚେତନା ଘୁରି ଚାଲିଅଛି । ଏହାର ତର୍ଜମା ଶାସ୍ତ୍ରରେ ମଣିଷର ଚିନ୍ତାରାଜ୍ୟରେ କମ୍ ଆଲୋଡ଼ନ ସୃଷ୍ଟି କରିନାହିଁ । ଏହି ଆଲୋଡ଼ନରେ ବିଜ୍ଞାନର ନବଜନ୍ମ ?[୮]

ନାନା ଅଲୌକିକତା ଦ୍ୱାରା ଭାବବାଦୀ ଦର୍ଶନ ପରିପୁଷ୍ଟ । ଦେବଦେବୀ, ପୂଜା ଉପାସନାକୁ ଦର୍ଶନ ମଧ୍ୟ ଜଟିଳ ହୋଇଯାଇଛି । ଏହି ପରିପ୍ରେକ୍ଷୀରେ କଥିତ ଅଛି ସର୍ବସାଧାରଣ ଯେଉଁ ଅର୍ଥରେ ଜ୍ଞାନ ଲାଭ କରିଥାନ୍ତି, ତାହା ଅନ୍ୟମାନଙ୍କ ଦ୍ୱାରା ଦିଗଭ୍ରଷ୍ଟ ହୋଇଥିବା ଏକ ପ୍ରଣାଳୀ । ଦାର୍ଶନିକ ଅର୍ଥରେ କିନ୍ତୁ ତାହା ହୋଇ ନପାରେ । ବସ୍ତୁଗତ ଅଧ୍ୟୟନର ଗୁରୁତ୍ୱ ଅଧିକ ଅନ୍ଦେଷଣ କଲେ ଭ୍ରାନ୍ତଧାରଣା ଦୂରୀଭୂତ ହୋଇଥାଏ । ଏହା ଦୁଃଖ ମୋଚନର ଉପାୟ ଭାବରେ ଗ୍ରହଣୀୟ

ହୋଇପାରେ । ଆର୍ଥିକ ସାମାଜିକ ବ୍ୟବସ୍ଥା ଯେ ଦୁଃଖର କାରଣ, ଏଥିରେ ଦ୍ୱିମତ ହେବାର ନାହିଁ । ମୌଲିକ ଆବଶ୍ୟକତାରୁ ବଞ୍ଚିତ ହେବା ଦ୍ୱାରା 'ହାନୋ' ବା ଦୁଃଖ ଉତ୍ପନ୍ନ ହୋଇଥାଏ । ଭାରତର ଶାସ୍ତ୍ର ପ୍ରଣେତା ପୁରୁଷଗଣ ଦୁଃଖର ବିନାଶକୁ ସାମ୍ୟବାଦ ବୋଲି ଅଭିହିତ କରିଥାନ୍ତି ।[୯]

ଚାର୍ବାକ୍ ଦର୍ଶନ :

ହାନୋପାୟର ନିରାକରଣ ନିମନ୍ତେ କେତେକ ଚାର୍ବାକ୍ ଦର୍ଶନକୁ ପସନ୍ଦ କରିଥାନ୍ତି । ଭୌତିକ ଦର୍ଶନକୁ ଜଗତ୍ ବିକାଶର ହେତୁ ଭାବେ ବିଚାର କରାଯାଏ । ବୈଜ୍ଞାନିକ ଦୃଷ୍ଟିଭଙ୍ଗୀରେ ବିଶ୍ୱ ବ୍ରହ୍ମାଣ୍ଡ ସହ ବ୍ୟକ୍ତିସଭାର ସମ୍ପୃକ୍ତ ବିଷୟରେ ଅଧ୍ୟୟନର ଆବଶ୍ୟକତା ରହିଅଛି । ତଜ୍ଜନିତ ପରିବର୍ଦ୍ଧନ ଓ ପ୍ରଭାବ ତହିଁରେ ଦର୍ଶନର ଭୂମିକା ଚେତନା ସହିତ ସମ୍ପୃକ୍ତ । ସମଗ୍ର ଚେତନା ମାନବର ମାନସିକତାରୁ ଉତ୍ପନ୍ନ । ତା'ର ବ୍ୟାଖ୍ୟା ଓ ଦୃଷ୍ଟିଭଙ୍ଗୀ ଉପରେ ନିର୍ମିତ ହୋଇଛି ଶାସ୍ତ୍ର ଓ ଦର୍ଶନ । ଏଣୁ ମାନବକୁ ଗୌଣ ମନେ କରିବା ଦୋଷାବହ । ମାନବତା ଓ ମାନବିକତାର ଉତ୍ତରଣ ସ୍ତରରେ ଉପନୀତ ହେଲେ ତାହା ଦୈବତ୍ୱ ବା ଡିଭାଇନ୍ର ରୂପ ଗ୍ରହଣ କରିଥାଏ । ସରଳ ବିଶ୍ୱାସୀ ଦୁଃଖ ମଣିଷ ତାଙ୍କୁ ହିଁ ଶ୍ରେଷ୍ଠ ମନେକରି ରହି ଯାଇଅଛି ଯେ ଏଯାବତ୍ ଚାଲିଅଛି । ଖ୍ରୀ.ପୂ. ୪ର୍ଥ ଶତାବ୍ଦୀରେ ମହର୍ଷି ଚାର୍ବାକ୍ ମତପୋଷଣ କରିଥିଲେ ଯେ, କ୍ଷିତି, ଆପ, ତେଜ, ମରୁତ ଏହି ଚତୁର୍ବିଧ ମୌଲିକ ପଦାର୍ଥ ବା ଉପାଦାନକୁ ନେଇ ପ୍ରାଣୀ ତଥା ମାନବର ସୃଷ୍ଟି । ଏତାଦୃଶ ବସ୍ତୁବାଦୀ ପ୍ରବୃତ୍ତି ସାଂଖ୍ୟ, ନ୍ୟାୟ, ବୈଷୟିକ, ବୌଦ୍ଧ ଓ ଜୈନ ଆଦି ଦାର୍ଶନିକ ବ୍ୟବସ୍ଥା ମଧ୍ୟରେ ଉତ୍କର୍ଷ ଲାଭ କରିଅଛି ମାତ୍ର ଏଥିରେ ଭାବବାଦର ମୁଦ୍ରାଙ୍କ ସ୍ପଷ୍ଟ ମନେହୁଏ । ଏହି ବ୍ୟବସ୍ଥା ମଧ୍ୟ ସର୍ବଜନାଦୃତ ହୋଇନଥିବା ଜଣାଯାଏ । ଭାବବାଦୀ ଗୋଷ୍ଠୀଙ୍କ ବିରୋଧରେ ସଂସ୍କାରବାଦୀ ଗୋଷ୍ଠୀ ଆତ୍ମପ୍ରକାଶ କରିଥିଲେ । "ବସ୍ତୁବାଦୀ ଧାରା ମତାନ୍ଧ ଧର୍ମୀୟ ଭାବଧାରାକୁ ବିଚ୍ଛିନ୍ନ କୁସଂସ୍କାର ମଧ୍ୟରୁ ଲୋକଶକ୍ତିକୁ ମୁକ୍ତ କରାଯିବାର ସଂକଳ୍ପ ନେଇ ଖ୍ୟାତି ଅର୍ଜନ କରିଥିଲା ।" ରକ୍ଷଣଶୀଳ ବ୍ରାହ୍ମଣ୍ୟ ମନୋଭାବ ଉପରେ ଲୋକାୟତ ଦର୍ଶନ ଆଘାତ କରିବା ଦ୍ୱାରା ପ୍ରତିକ୍ରିୟା ସୃଷ୍ଟି ହୋଇଥିଲା ।

ପ୍ରଖ୍ୟାତ ଅର୍ଥଶାସ୍ତ୍ରୀ କୌଟିଲ୍ୟ ତିନିଟି ଦର୍ଶନ ଭିତରେ ଲୋକାୟତ ଧାରାକୁ ଶୀର୍ଷସ୍ଥାନ ଦେଇଛନ୍ତି । କାର୍ଯ୍ୟକାରଣ ନିୟମରେ 'ଯଦୃଚ୍ଛାଭାବ' ବିଶ୍ୱାସ କରେ ନାହିଁ । ଈଶ୍ୱରଶକ୍ତିରେ ଆସ୍ଥା ସ୍ଥାପନ ନିମନ୍ତେ ଏହା ଏକ ଦୁର୍ଗ ବିଶେଷ ହୋଇପାରେ । ବାକ୍ ଦର୍ଶନ ଏହି ଦୃଷ୍ଟିପଟରେ ଆଗକୁ ଗତିଶୀଳ ହୋଇଅଛି । ତାଙ୍କ ମତରେ ସବୁ କିଛି 'ସ୍ୱଭାବବାଦ' ଦ୍ୱାରା ସଂଗଠିତ । ବୃହଦାରଣ୍ୟକ ଉପନିଷଦରେ ଚାର୍ବାକ୍ ଦର୍ଶନର ସ୍ଥିତି ସ୍ୱୀକୃତ । ପ୍ରତ୍ୟକ୍ଷ ହିଁ ଜଗତ ସମ୍ପର୍କରେ ଜ୍ଞାନ ଆହରଣ କରିବାର ଉସ୍ସ ।(୧୦)

ଶ୍ରୀହର୍ଷଙ୍କର କାଳଜୟୀ କାବ୍ୟ 'ନୈଷଧ'ର ଦଶମ ଅଧ୍ୟାୟରେ ପ୍ରଦତ୍ତ, ବୃହସ୍ପତି ସୂତ୍ର, ଚାର୍ବାକ ଦର୍ଶନର ମୂଳତତ୍ତ୍ୱ ବା ଥିଓରୀ । କୃଷ୍ଣ ମିଶ୍ରଙ୍କର 'ପ୍ରବୋଧ ଚନ୍ଦ୍ରୋଦୟ' (ନାଟକ), ବେଙ୍କଟ ନାଥଙ୍କ 'ସଂକଳ୍ପ ସୂର୍ଯ୍ୟୋଦୟ ନାଟକ', ଜୟରାଶି ଭଟ୍ଟଙ୍କ 'ପ୍ରଣୀତ ତତ୍ତ୍ୱ ବିପ୍ଲବ ସିଂହ' ଆଦି ଗ୍ରନ୍ଥରେ ଚାର୍ବାକ ତତ୍ତ୍ୱର ମହତ୍ତ୍ୱପୂର୍ଣ୍ଣ ଆଲୋଚନା କରାଯାଇଛି । ଏହାଛଡ଼ା ମାଧ୍ୱାଚାର୍ଯ୍ୟଙ୍କ ପ୍ରଣୀତ ସର୍ବଦର୍ଶନ ସଂଗ୍ରହରେ ଚାର୍ବାକ ଦର୍ଶନ ଅନ୍ତରଙ୍ଗ ରୂପେ ପ୍ରତିଫଳିତ ହୋଇଥିବାର ଜଣାଯାଏ ।

ନୈଷଧରେ ରାଜକୁମାରୀ ଦମୟନ୍ତୀଙ୍କ ସ୍ୱୟଂବର ସଭାରେ ଚାର୍ବାକ ଦର୍ଶନର ପ୍ରଶଂସା କରାଯାଇ ଅୟଥା ଆଡ଼ମ୍ୱର ବ୍ୟୟକୁ ସୀମିତ କରାଯାଇଅଛି ।

"ପ୍ରଶଂସି ସଂସଦ ଗୁରୁଣାପି ଗର୍ବୀ

ଚାର୍ବାକତା ସର୍ବ ବିଦ୍ୱେଷ କେନ

ଆସ୍ଥାନ ଭଙ୍ଗ ରସଦାଂ ଯଦୀୟାଂ

ଜାନାମି ବତା ମଧ୍ୟ ଦେବତାୟାଃ ।"(୧୦ମ ଅଧ୍ୟାୟ)

ବୃହସ୍ପତିଙ୍କ କଣ୍ଠରେ ଚାର୍ବାକ ଦର୍ଶନର ଭୂୟୋ ପ୍ରଶଂସା କରାଯାଇଛି ଯେ, ଚାର୍ବାକ୍ ଦର୍ଶନ ସମ ଦର୍ଶନ ନାହିଁ, ଯାହାଙ୍କ ଜିହ୍ୱାରେ ବାଗ୍‌ଦେବୀ ସରସ୍ୱତୀଙ୍କ ଆସ୍ଥାନ ସେ ଚାରୁବାକ ବା ଚାର୍ବାକ୍ । ଏହାକୁ କେତେ ଆଲୋଚକ ଶ୍ରେଷ୍ଠ ଅଭିବ୍ୟକ୍ତି ଭାବେ ଗ୍ରହଣ କରିଛନ୍ତି, ମହାଭାରତର ଦ୍ୱାଦଶ ଖଣ୍ଡ – ମୋକ୍ଷଧର୍ମ ପ୍ରକରଣ ଅଧ୍ୟାୟରେ ମଧ୍ୟ ଚାର୍ବାକ୍ ଓ ଚାର୍ବାକ ଦର୍ଶନର ସୁନ୍ଦର ବ୍ୟାଖ୍ୟା କରିଛନ୍ତି ଭରଦ୍ୱାଜ ରୁଷି । ଚାର୍ବାକ ବସ୍ତୁବାଦ, ଅନାସ୍ଥାଭାବ, ଭାଗ୍ୟବାଦ ଓ ଆର୍ଥବୈଷମ୍ୟ ଆଦି ବିଶ୍ଳେଷଣ

ପୂର୍ବକ ଭାରତୀୟ ଭାବଧାରାକୁ ମାର୍ଜିତ ଓ ସଂସ୍କୃତ କରିଅଛନ୍ତି । ତାଙ୍କ ପରବର୍ତ୍ତୀ ଆଚାର୍ଯ୍ୟଗଣ ଯଥା – ସଂଜୟ, ଅଜିତକେଶ, କମ୍ବଳିନ, ପୁରାଣ୍ୟକଶ୍ୟ, ମସ୍କରିନ୍, ଗୋସାଲ ଓ କକୁଦ୍ କାତ୍ୟାୟନ ପ୍ରମୁଖ ଭାରତବର୍ଷର ମୌଲିକ ସାମ୍ୟ ଚିନ୍ତାଧାରାକୁ ପ୍ରଶଂସା ଓ ପ୍ରଚାର କରିଅଛନ୍ତି । ଚାର୍ବାକ୍ ଦର୍ଶନ ଯେ ସାମ୍ୟ ଦର୍ଶନର ନିକଟବର୍ତ୍ତୀ ଏଥିରେ ସନ୍ଦେହ ନାହିଁ । ଚାର୍ବାକ୍ ଈଶ୍ୱରଙ୍କୁ ଅସ୍ୱୀକାର ପୂର୍ବକ ମନୁଷ୍ୟର କର୍ତ୍ତୃତ୍ୱକୁ ଅଧିକ ଶ୍ରେୟଦାନ କରିବା ତାଙ୍କ ଦର୍ଶନର ବୈଶିଷ୍ଟ୍ୟ ।

ମାର୍କ୍ସବାଦ :

କାର୍ଲମାର୍କ୍ସ ଉନବିଂଶ ଶତାଧୀର ଶ୍ରେଷ୍ଠ ଚିନ୍ତାନାୟକ । ସେ ନୂତନ ଇତିହାସର ଉଦ୍‌ଗାତା । ସେ ଆର୍ଥନୀତିକ ଦୃଷ୍ଟିକୋଣରୁ ବ୍ୟାଖ୍ୟା କରିଛନ୍ତି ମାନବ ସଭ୍ୟତାର ଇତିହାସକୁ । ମାର୍କ୍ସୀୟ ଦର୍ଶନ ବା ‘ମାର୍କ୍ସବାଦ’ ଶବ୍ଦଟି ସୃଷ୍ଟି କରିଥିଲେ ତାଙ୍କର ସହଯୋଗୀ ଏଙ୍ଗେଲ୍ସ୍ । ମାର୍କ୍ସବାଦ ହେଉଛି – ଯୁଗବତ୍ ବୈଜ୍ଞାନିକ ମାନବବାଦ Scientific Humanism, କେହି ଆଲୋଚକ ଏହାକୁ ବୈଜ୍ଞାନିକ ସମାଜବାଦ କହିଛନ୍ତି । ମାର୍କ୍ସଙ୍କ ଦର୍ଶନ ଅତି ଅନ୍ତରଙ୍ଗ ଭାବରେ ପ୍ରତିଫଳିତ ହୋଇଛି କମ୍ୟୁନିଷ୍ଟ ମାନିଫେଷ୍ଟୋ Communist Manifesto ଓ Das Capital ମାଧ୍ୟମରେ । ପ୍ରକୃତପକ୍ଷେ ଏହାକୁ କୁହାଯାଇଛି Dialectical Materialism ଏବଂ ମାର୍କ୍ସଙ୍କ ବିଶ୍ଳେଷିତ ଇତିହାସକୁ Historical Materialism ଭାବେ ନାମିତ କରାଯାଇଛି । ମାର୍କ୍ସଙ୍କ ଭାଷା ହେଉଛି ମଣିଷର ଆର୍ଥନୀତିକ ଆଧାର, ତାହାର ଚେତନାକୁ ରୂପ ଦିଏ, ଯାହା କଳା, ସାହିତ୍ୟ, ଧର୍ମ, ସଂସ୍କୃତି ଓ ଦର୍ଶନ ରୂପେ ଆତ୍ମପ୍ରକାଶ କରେ ।[୧୧] ସମାଜର ପରିବର୍ତ୍ତନ ଓ ପରିବର୍ଦ୍ଧନ ଉଦ୍ଦେଶ୍ୟରେ ସେହି ମନୀଷୀଙ୍କର Philosophy ଉଦ୍ଦିଷ୍ଟ । Philosophers have tried to interpret the word, the need is to change it. ଏହା ପରିବର୍ତ୍ତନ ବା ପ୍ରଗତିଶୀଳକୁ ଇଙ୍ଗିତ କରିଥାଏ । ପରିବର୍ତ୍ତନକୁ ଆବାହନ କରିବାକୁ ଯାଇ ଉପୁଜିଥାଏ ସଂଘର୍ଷ ଏବଂ ସଂଘର୍ଷ, ଥିଲାବାଲା– ନଥିଲାବାଲା (Have-Have not) ମଧ୍ୟରେ ସଂଗଠିତ ହୋଇଥାଏ । ମାର୍କ୍ସଙ୍କ ଭାଷାରେ “The Hitler to existing history of mankind is a history of class struggle.” ସଂଗ୍ରାମରେ ସୁଖ, ସଂଗ୍ରାମ ହେଲେ ସୁଖ ଆସେ । ଶ୍ରେଣୀ ସଂଘର୍ଷରୁ ସଂଗ୍ରାମ ଜନ୍ମନିଏ । ଆର୍ଥିକ ବ୍ୟବଧାନ ମାନବର ମାନସିକତାକୁ ଜଖମ

କରିଥାଏ । ମୌଳିକ ଆବଶ୍ୟକତା ପ୍ରାପ୍ତ ବସ୍ତୁ ତାହାର ହାତଛଡ଼ା ହୋଇଗଲେ 'ଈପ୍‍ସିତ କ୍ରୋଧ' ଜାତ ହୁଏ । ସୁତରାଂ କାର୍ଲମାର୍କ୍‍ସଙ୍କ ଦର୍ଶନର ଅନ୍ତିମ ଲକ୍ଷ୍ୟ ଏକ ଶ୍ରେଣୀହୀନ, ଶୋଷଣହୀନ ଓ କୁସଂସ୍କାରହୀନ ସମାଜ ପ୍ରତିଷ୍ଠା । ଏହି ଲକ୍ଷ୍ୟ ହାସଲ ପାଇଁ ସଶସ୍ତ୍ର ବିପ୍ଳବ ଏକମାତ୍ର ମାର୍ଗ । ମାର୍କ୍‍ସବାଦ ମୁଖ୍ୟତଃ ଶିଳ୍ପ ବିପ୍ଳବ ପରିପ୍ରେକ୍ଷୀରେ ସୃଷ୍ଟିଲାଭ କରିଥିଲା ଓ ଏହାର ସ୍ୱରୂପ ଥିଲା ପୁଞ୍ଜିବାଦୀ । ପୁଞ୍ଜିବାଦର ପରିସମାପ୍ତି ଓ ସାମ୍ୟବାଦର ପ୍ରତିଷ୍ଠା ହିଁ ମାର୍କ୍‍ସବାଦର ଅନ୍ତିମ ଅଭିଳାଷ ।"[୧୧]

ଶୋଷିତ ହେଉଥିବା ସର୍ବହରା ଶ୍ରମଜୀବୀ ଏକଜୁଟ ହେଲେ ସଶସ୍ତ୍ର ବିପ୍ଳବ ମାଧ୍ୟମରେ ପୁଞ୍ଜିବାଦ ଓ ସାମ୍ୟବାଦକୁ ଉତ୍‍ଖାତ କରି ସର୍ବହରାର ଏକ ନାୟକତ୍ୱ ପ୍ରତିଷ୍ଠା କରିବେ । ସେଥିପାଇଁ ମାର୍କ୍‍ସ ଶ୍ରମିକ ଶ୍ରେଣୀକୁ ଆହ୍ୱାନ ଦେଇଥିଲେ – "Workers of the world, unite, you have nothing to lose but your chains" ଏହା ପଛରେ ରହିଛି ସାମାଜିକ ବାସ୍ତବତାର ପ୍ରତିଚ୍ଛବି । ସାହିତ୍ୟରେ ବୈଜ୍ଞାନିକ ମାନବବାଦ ପ୍ରତିଫଳିତ ହେଲେ ତାହାକୁ ସମାଜବାଦୀ ବାସ୍ତବତା (Social realism) କୁହାଯାଏ । ଏହି ତତ୍ତ୍ୱର ଜନକ ରୁଷର ବିପ୍ଳବୀ ସାହିତ୍ୟର ଉଦ୍‍ଗାତା ମାକ୍‍ସିମମ୍ ଗର୍କୀ । ୧୯୩୪ ମସିହାବେଳକୁ ଭାରତରେ ଲବଣ ଆନ୍ଦୋଳନ ଓ ଅସ୍ପୃଶ୍ୟତା ଆନ୍ଦୋଳନ ବେଳ । ଯଦିଚ ୧୯୧୭ ମସିହାରେ ରୁଷିଆର ଅଗଷ୍ଟ ବିପ୍ଳବ ଘଟି ଜାର୍ ଶାସନର ଅବସାନ ଘଟିଥିଲା, ତେବେ ମାର୍କ୍‍ସ ସିଦ୍ଧାନ୍ତର ସମସ୍ତ ବ୍ୟାଖ୍ୟା ପ୍ରାୟ ଏତେବେଳକୁ ହୋଇପାରି ନଥିଲା । ଏଣୁ 'ମଦର୍' ଉପନ୍ୟାସ ରଚନା ସମୟରେ ଗର୍କୀ ଏହି ସମାଜବାଦୀ ବାସ୍ତବତାର ମହାମନ୍ତ୍ର ଶୁଣାଇଥିଲେ । ଲିଓ ଟଲ୍‍ଷ୍ଟୟ କିପରି ଶିଶୁର ଭବିଷ୍ୟତ ଚିନ୍ତା ।

ପ୍ରଗତିଶୀଳ ସାହିତ୍ୟ :

ସରଳ ଭାଷାରେ କହିଲେ ସମାଜରୁ ଶୋଷକ ଗୋଷ୍ଠୀର ଅନ୍ୟାୟ ଓ ଅତ୍ୟାଚାରର ଦୃଢ଼ ପ୍ରତିବାଦ ସହିତ ଏହାର ମୂଳୋପାଟନ ପାଇଁ ଉଦ୍ୟମ ସାଙ୍ଗକୁ ଏକ ସୁସ୍ଥ ସୁନ୍ଦର ସମାଜ ଗଠନର ପଲ୍ଲବନ ମଧ୍ୟରୁ ସୃଷ୍ଟି ଲଭେ 'ପ୍ରଗତିଶୀଳ ଚିନ୍ତନ' । ଏହି ଚିନ୍ତନକୁ ମୁଖ୍ୟତଃ ଯେଉଁ ସାହିତ୍ୟ ରୂପଦିଏ, ତାହା ପ୍ରଗତିଶୀଳ ସାହିତ୍ୟ ।[୧୩] ବିଧିବଦ୍ଧ ଭାବରେ ଏହାର ବିକାଶ ପାଇଁ ଯେଉଁ ସମୟରେ ଗୋଷ୍ଠୀଗତ ଉଦ୍ୟମ ହୋଇଛି, ତାହାରି ଆବେଦନକୁ ଭିତ୍ତି କରି ଏହି ଭାବଧାରା ବା ଇଜିମ୍

ଗୋଟି, ଯୁଗ ସାହିତ୍ୟ ସୃଷ୍ଟି ହୋଇପାରିଛି । ଓଡ଼ିଆ ସାହିତ୍ୟରେ, ଭାରତୀୟ ସାହିତ୍ୟରେ ଏପରି ବିଧିବଦ୍ଧ ଉଦ୍ୟମ ଫଳରେ ଏକ ସାହିତ୍ୟର ଯୁଗ ପ୍ରତିଷ୍ଠା ହୋଇପାରିଛି । ଏହି ସାହିତ୍ୟରୁ ପ୍ରତୀୟମାନ ହୁଏ ଯେ, ଧନୀକ ଗୋଷ୍ଠୀର ଶୋଷକ ମନୋବୃଭି ପ୍ରତି ବିରୋଧାଚରଣ କରେ । ଯେ ପର୍ଯ୍ୟନ୍ତ ଶୋଷିତ ନିଜର ଉପଯୁକ୍ତ ମର୍ଯ୍ୟାଦା, ଅଧିକାର ହାସଲ କରି ନପାରିଛି, ସେ ପର୍ଯ୍ୟନ୍ତ ସେ ବିଦ୍ରୋହ କରିପାରେ । ଏ ସମ୍ପର୍କରେ ମାଓ ସେତୁଙ୍କ ମତ ପ୍ରଣିଧାନଯୋଗ୍ୟ :-

Make-trouble, fail again till their doom.

Fight, fail, Fight again, Fail again

Fight again till their victory.[୧୪]

ଲଢ଼େଇ କର, ତଳେ ପଡ଼, ପୁଣି ଉଠି ପୁଣି ଲଢ଼, ପତନ ଯାଏ ଶକ୍ତିଲଗା

ଲଢ଼େଇ କର, ପଛକେ ହାର, ପୁଣି ଫାଇଟ୍ କର,

ବିଜୟ ଲାଭ ହେବ ଫାଇଟ୍ ଫାଇଟ୍ ।[୧୪]

ଉନବିଂଶ ଶତକର ପ୍ରାରମ୍ଭିକ ପର୍ଯ୍ୟାୟରେ ରୁଷୀୟ ସାହିତ୍ୟରେ ପ୍ରଥମ ବିଶୁଦ୍ଧକାଳୀନ ଅବସ୍ଥାର ଚିତ୍ର ସାଙ୍ଗକୁ ଜାର୍ ଶାସକମାନଙ୍କର ସ୍ତୁତିଗାନ ମଧ୍ୟରେ ସୀମାବଦ୍ଧ ରହିଥିଲା । କିନ୍ତୁ ଏହି ଶତାବ୍ଦୀର ଅନ୍ତିମ ଅଙ୍କ ତଥା ବିଂଶ ଶତକର ଆଦ୍ୟପାଦରେ ରଚିତ ସାହିତ୍ୟରେ ପରିବର୍ତ୍ତିତ ଆର୍ଥସାମାଜିକ ବ୍ୟବସ୍ଥାର ଚିତ୍ର ରୂପାୟିତ ହେବାକୁ ଲାଗିଲା, ଯାହାର ପ୍ରତି'ଳନ ମାକ୍ସିମ ଗର୍କୀ, ମାୟୋକଭମି, ୟେସେନିଦ୍ ପ୍ରଭୃତି ସାରସ୍ୱତ ସ୍ରଷ୍ଟାମାନଙ୍କ ରଚନାରେ ପରିଲକ୍ଷିତ ହୁଏ । ଗର୍କୀଙ୍କର 'ଦି ସିଙ୍ଗ ଅ'୍ ଫାଲ୍କର', 'ଦ ଷ୍ଟର୍ମ ପ୍ୟାଟ୍ରୋଲ', 'ମଦର' ଆଦି ସୃଷ୍ଟି ସମୂହରେ ବୈପ୍ଳବିକ, ମୂଲ୍ୟବୋଧ ସହିତ ଜୀବନ ପ୍ରତି ପ୍ରଗାଢ଼ ଅନୁରକ୍ତି ଦେଖିବାକୁ ମିଳେ । ଏହି ପରିପ୍ରେକ୍ଷୀରେ ଡ. ବିଜୟ କୁମାର ଶତପଥୀଙ୍କ ମତ ଉଦ୍ଧାର କରାଯାଇଛି –
"ସୋଭିଏତ ସାହିତ୍ୟ ତଥା ଅକ୍ଟୋବର ବିପ୍ଳବ ସଂପର୍କରେ ଆଲୋଚନା କଲାବେଳେ ମାକ୍ସିମ ଗର୍କୀଙ୍କ ନାମ ସ୍ୱତଃ ମନକୁ ଆସିଯାଏ । ଗର୍କୀଙ୍କର ରଚନାରେ ଯେଉଁ ବୈପ୍ଳବିକ ମୂଲ୍ୟବୋଧ ରହିଥିଲା, ତାହା ତାଙ୍କୁ ରୁଷିଆର ଜଣେ ବିଶିଷ୍ଟ ସମାଜବାଦୀ ବାସ୍ତବତାର ଚିନ୍ତକ ଭାବେ ପ୍ରତିପାଦନ କରିଛନ୍ତି ।"[୧୬] ଗର୍କୀଙ୍କର ଜଣେ ସମଚିନ୍ତକ ଭାବେ କବି ମାୟୋକିଭସ୍କିଙ୍କର କବିତାରୁ ଏହା ସ୍ପଷ୍ଟ ପ୍ରମାଣିତ ହୋଇଥାଏ –

"I will tease your thought
      day dreaming on a soft need brain
  Just like a bloated lackly
    bolling on a greasy couch."
         (Cloud is Trausers-Mayokovaskm)

ମୁଁ ତୁମର ଚେତନାକୁ ପରିମାର୍ଜିତ କରି ଭାଙ୍ଗିଦେବି ଅଳସ ସ୍ୱପ୍ନ ଏବଂ ଖଞ୍ଜିଦେବି ନୂତନ ଆହ୍ୱାନ । ଲକ୍ଷ୍ୟ ପଥେ ସର୍ବେ ହେବେ ପ୍ରଧାବିତ । ଅକ୍ଟୋବର ବିପ୍ଳବ ହିଁ ଜନଯୁଦ୍ଧର ଜନନୀ ଥିଲା । ଲେନିନଙ୍କର ବଳିଷ୍ଠ ନେତୃତ୍ୱ ଜାର୍ ଶାସନର ପୂର୍ଣ୍ଣଚ୍ଛେଦ ଆଙ୍କିଥିଲା । ରଷିଆର ଅଗଣିତ ଜନତା ବିପ୍ଳବରେ ଅଂଶୀଦାର ହୋଇ ମାର୍କ୍ସୀୟ ଚେତନାକୁ ବିଶ୍ୱ ବ୍ୟାପକ କରିଦେଇଥିଲେ । ମାୟୋକଭର୍ସ୍କିର ଦରଦୀ ଅଥଚ ବିପ୍ଳବୀ ହୃଦୟରେ ଝଂକୃତ ହୋଇଥିବା ପ୍ରଗତିବାଦୀ ସାହିତ୍ୟ ଧାରାର ଆଦ୍ୟସ୍ପୁରଣ ।

୩.୧ ପ୍ରଗତିବାଦୀ ସାହିତ୍ୟର ଆଭିମୁଖ୍ୟ :

ମାର୍କ୍ସବାଦକୁ ଦାର୍ଶନିକଗଣ ବୈଜ୍ଞାନିକ ସମାଜବାଦ ବା ସାମ୍ୟବାଦ ନାମରେ ବ୍ୟକ୍ତ କରିଛନ୍ତି । ସମାଜ ମଧ୍ୟରୁ ଶୋଷଣ, କଷଣ, ଦୁର୍ନୀତିର ବିଲୋପ ସାଧନ କରାଯାଇ ଏକ ଶୋଷଣବିହୀନ ସମାଜ ଗଠନ ଉପରେ ପର୍ଯ୍ୟବେସିତ ଥିଲା । ପ୍ରାଥମିକ ପର୍ଯ୍ୟାୟରେ ଏହା ଅର୍ଥନୀତି ଓ ରାଜନୀତି କ୍ଷେତ୍ରରେ ପରିବର୍ତ୍ତନ ପାଇଁ ଉଦ୍ଦିଷ୍ଟ ଥିଲା । କିନ୍ତୁ ସମୟ କ୍ରମେ ଏହା ସାହିତ୍ୟ କ୍ଷେତ୍ରକୁ ପ୍ରବେଶ କରିଥିଲା, ଜନଗଣଙ୍କ ମଧ୍ୟରେ ଏକ ବୈପ୍ଳବିକ ଚେତନା ଜାଗ୍ରତ ପାଇଁ ମାର୍କ୍ସବାଦୀ ସାହିତ୍ୟର ସ୍ୱରୂପ ଓ ବୈଶିଷ୍ୟ ଆଲୋଚନାରୁ ପ୍ରତିପାଦିତ ହୁଏ ଯେ, ଏହା ସମାଜ-କେନ୍ଦ୍ରିକ ଚିନ୍ତାଧାରା ଉପରେ ଗୁରୁତ୍ୱାରୋପ କରେ । ଏହାର ପରିପୂର୍ଣ୍ଣ ରୂପ ଅନ୍ୟାନ୍ୟ ସାହିତ୍ୟ ତୁଲନାରେ ମାର୍କ୍ସବାଦୀ ସାହିତ୍ୟରେ ବିଶେଷକରି ବର୍ଷିତ ହୋଇଥାଏ ।[୧] ପ୍ରଗତିବାଦୀ ସାହିତ୍ୟ ଚେତନାରେ ସାହିତ୍ୟ, ସାହିତ୍ୟ ଓ ସମାଜର ଏହି ଅନନ୍ୟାଶ୍ରିତ ସମ୍ବନ୍ଧ ଯେପରି ବିଶଦ, ଗଭୀର ଓ ବୈଜ୍ଞାନିକ ଦୃଷ୍ଟି ସମ୍ପନ୍ନ, ତାହା ଅନ୍ୟ କୌଣସି ସାହିତ୍ୟ ବିଚାରରେ ମିଲେନାହିଁ ।

ଏହି ସାହିତ୍ୟର ଆଭିମୁଖ୍ୟ ସମ୍ପର୍କରେ ମତାମତ ପ୍ରଦାନ କରି ଲେନିନ, ପୁଞ୍ଜିବାଦୀ, ସମାଜପତିଙ୍କର ତୀବ୍ର ଶୋଷଣ ସମ୍ପର୍କରେ କହିଛନ୍ତି – ଯେଉଁ ସମାଜ ଅର୍ଥ, ଶକ୍ତି ଉପରେ ଆଧାରିତ, ଯେଉଁଠିରେ ପରିଶ୍ରମୀ ଜନ ସମୁଦାୟ ଭୋକ ଉପାସରେ ମରନ୍ତି ଏବଂ ପୁଞ୍ଜିପତିମାନେ ଆଳସ୍ୟରେ ସମୟ ବିତାନ୍ତି, ସେଠାରେ ସ୍ୱତନ୍ତ୍ରତା ସମ୍ଭବପର ନୁହେଁ। ଠିକ୍ ଅନୁରୂପ ମତ ପ୍ରଦାନ କରି ମାର୍କ୍ସବାଦୀ ସାହିତ୍ୟର ଆଭିମୁଖ୍ୟ ସମ୍ପର୍କରେ ଗର୍କୀ କହିଛନ୍ତି– "Literature task is to minor and depicted and labour and do incarnate truth is images, characters types of man."(୧୯)

ମାର୍କ୍ସବାଦୀ ସାହିତ୍ୟ ମୁଖ୍ୟତଃ ମାନବ ଜୀବନର ସର୍ବାଙ୍ଗୀନ ଉନ୍ନତି ବିଧାନ କାମନା କରେ। ଗର୍କୀ ଏହା ଉପରେ ପ୍ରାଧାନ୍ୟ ଆରୋପ କରିବାର କାରଣ ହେଉଛି – "ଏହା ମାନବୀୟ ଓ ଆନ୍ତର୍ଜାତୀୟ ଚେତନାରେ ଉଦ୍ବୁଦ୍ଧ। ଏହି ସାହିତ୍ୟ ବ୍ୟକ୍ତିକୁ ଜାତି, ଧର୍ମ, ରାଷ୍ଟ୍ରର ସଂକୀର୍ଣ୍ଣ ପରିଚୟକୁ ମୁକ୍ତ କରି ମାନବତାର ନୂତନ କାର୍ଡିମାନ ସ୍ଥାପନ କରେ। ସମାଜରେ ବୈପ୍ଲବିକ ପରିବର୍ତ୍ତନର ଆନୟନ କରିବା ସହିତ ଅର୍ଥନୈତିକ ସମତା ଓ ସାମାଜିକ ନ୍ୟାୟ ଉପରେ ଗୁରୁତ୍ୱାରୋପ କରେ। ଏହା ବ୍ୟତୀତ ବ୍ୟକ୍ତି, ସମାଜ ଓ ରାଷ୍ଟ୍ର ମଧ୍ୟରେ ନିହିତ ଯୋଗସୂତ୍ରକୁ ଏହା ଆହୁରି ସୁଦୃଢ଼ ଓ ବଳିଷ୍ଠ କରିଥାଏ।"(୨୦) ଏହି ସାହିତ୍ୟ 'କଳା ପାଇଁ କଳା' (Art for Art sake) ମତବାଦ (ଯାହା ୧୮୪୫ ମସିହାରେ କଜିନ୍ ସାହେବ ଘୋଷଣା କରିଥିଲେ)ରେ ବିଶ୍ୱାସ କରେ ନାହିଁ। ଜୀବନ ହିଁ ସାହିତ୍ୟର ପରମ ଲକ୍ଷ୍ୟ। ଏ ସାହିତ୍ୟ କବି / ଲେଖକଙ୍କୁ ଜଣେ ବିପ୍ଲବୀ ସୈନିକ ଭାବେ ଚାହେଁ। ଏହି ସାହିତ୍ୟର ସ୍ରଷ୍ଟା ବିପ୍ଲବର ସଫଳତା ପାଇଁ ନିଜ ଲେଖନୀକୁ ହତିଆର ଭାବେ ବିନିଯୋଗ କରିବେ। ଜୀବନର ମୂଲ୍ୟବୋଧ ନିମନ୍ତେ ସାମାଜିକ ଅଙ୍ଗୀକାର ରକ୍ଷା କରିବା କବିର ଦାୟିତ୍ୱ। ତେଣୁ ପ୍ରଗତିବାଦୀ ସାହିତ୍ୟ ଜଣ ସାହିତ୍ୟ, ଦରବାରୀ ସାହିତ୍ୟଠାରୁ ସମ୍ପୂର୍ଣ୍ଣ ଭିନ୍ନ ଏବଂ ଏହା ଗଣସାହିତ୍ୟ। କିନ୍ତୁ ପ୍ରତିକ୍ରିୟାଶୀଳ ଲେଖକ ଗୋଷ୍ଠୀ ଏହାକୁ ପ୍ରଚାରଧର୍ମୀ, ସ୍ଲୋଗାନ୍‌ଧର୍ମୀ ବା ପ୍ରୋପାଗାଣ୍ଡାଧର୍ମୀ କବିତା କହିବାକୁ ପଛାଇ ନାହାନ୍ତି।

ଆମେ ଚାହୁଁ ଜନସାଧାରଣଙ୍କ ସହିତ କଳାର ନିବିଡ଼ ସମ୍ପର୍କ । କଳା ମଧ୍ୟରେ ସାହିତ୍ୟର ଭାବ ସୌନ୍ଦର୍ଯ୍ୟ ଶବ୍ଦ ଗୁମ୍ଫନ କଳା ମଧ୍ୟ ସ୍ୱୀକାର୍ଯ୍ୟ । କଳା ଓ ଜୀବନ ଅଭିନ୍ନ । ଏହି ଆଭିମୁଖ୍ୟ କେବଳ ପ୍ରଗତିଶୀଳ କବିତା ବା ସାହିତ୍ୟରେ ପରିଲକ୍ଷିତ । ସାହିତ୍ୟ ବର୍ତ୍ତମାନ ଜୀବନକୁ ସମୃଦ୍ଧ କରିବା ସହିତ ଭବିଷ୍ୟତ ପାଇଁ ଅଭୟ ପ୍ରତିଶ୍ରୁତି ଦେଉ । ବହୁକାଳ ଧରି ମାନବ ଜୀବନର ହକ୍‌ବାଜିକୁ ଯେଉଁ କଳା ବା ସାହିତ୍ୟ ଅନ୍ତୀଭୂତ କରି ଆସିଛି, ତାହାର କବଳରୁ ମାନବଧର୍ମୀ ସୃଷ୍ଟି ରଚନା କରି ସାହିତ୍ୟକୁ ମୁକ୍ତ କରିବା ଉଦ୍ଦେଶ୍ୟ ଚରିତାର୍ଥ କରିବା ବିଧେୟ ।[୨୧]

ଯେଉଁ ପରିବର୍ତ୍ତନ ବିଦ୍ୱେଷୀ ଶ୍ରେଣୀ, ଯାହା ଯୋଗୁଁ ବହୁକାଳ ସାହିତ୍ୟ ଭାଗ୍ୟ, ବିଧି ଓ ବିଧାନର ଦ୍ୱାହି ଦେଇଆସିଛି, ତାହାର ଅନ୍ତଃ ଘଟାଇବା ପ୍ରଗତିବାଦୀ ସାହିତ୍ୟର ମୂଳଲକ୍ଷ୍ୟ । ଅନନ୍ତ ପଟ୍ଟନାୟକ ଓ ପ୍ରାଣନାଥ ପଟ୍ଟନାୟକଙ୍କ ଭଳି ପ୍ରଗତିବାଦୀ ଲେଖକଙ୍କ ମତାନୁସାରେ –

"ଯାହା କିଛି ଆମକୁ ନିଷ୍ଚେଷ୍ଟତା, ଅକର୍ମଣତା, ଯୁକ୍ତିହୀନତା ଆଡ଼କୁ ଟାଣିନିଏ । ତାକୁ ଆମେ ପ୍ରଗତି ବିରୋଧୀ ବୋଲି ପ୍ରତ୍ୟାଖ୍ୟାନ କରିବୁ । ଯାହାକିଛି ଆମ୍ଭମାନଙ୍କର ବିଚାର ବୁଦ୍ଧିକୁ ଉଦ୍‌ବୁଦ୍ଧ କରେ, ସମାଜ ବ୍ୟବସ୍ଥା ଓ ରୀତିନୀତିକୁ ଯୁକ୍ତି ସଙ୍ଗତ ଭାବେ ପରୀକ୍ଷା କରେ, ଆମ୍ଭମାନଙ୍କୁ ଓ ଶୃଙ୍ଖଳିତ ସମାଜର ରୂପାନ୍ତର ସୃଷ୍ଟିରେ ସାହାଯ୍ୟ କରେ, ତାହାକୁ ହିଁ ଆମେ ପ୍ରଗତିଶୀଳ ବୋଲି ଗ୍ରହଣ କରୁ ।"[୨୨]

ଉପରୋକ୍ତ ଆଲୋଚନାରୁ ନିମ୍ନଲେଖ ବୈଶିଷ୍ଟ୍ୟ ସମ୍ପର୍କରେ ସୂଚନା ମିଳେ –

୧ । ସାମ୍ପ୍ରତିକ ସମାଜ ଜୀବନରେ ପରିଲକ୍ଷିତ ଯାବତୀୟ ବିଶୃଙ୍ଖଳ ପ୍ରତି ପ୍ରଗତିବାଦୀ ସାହିତ୍ୟ ସଚେତନ ।

୨ । କବିତା ଜନସାଧାରଣଙ୍କ ଭାବର ମାର୍ମିକ ସ୍ୱର ।

୩ । ଶୋଷଣ, ଜାତିହୀନ ଭବିଷ୍ୟତ ସମାଜ ପୁନର୍ଗଠନର ସ୍ୱପ୍ନ ସାକାର ।

୪ । କବିତା ଗତାନୁଗତିକତାର ଅର୍ଗଳରୁ ଆସି ସୁପ୍ତ ନିଷ୍ଚେଷ୍ଟ ମଣିଷକୁ ଜାଗ୍ରତ କରିବା । ସମାଜର ବାସ୍ତବତା ପ୍ରଗତିବାଦୀ କବିତା ରଚନା ପାଇଁ ପ୍ରେରଣା ଦେଇ ଆସିଛି ।

୩.୨ ସ୍ୱାଧୀନତା ପରବର୍ତ୍ତୀ ପ୍ରଗତିଶୀଳ କାବ୍ୟ ପରମ୍ପରା :

ପ୍ରଗତିବାଦୀ କାବ୍ୟ ପରମ୍ପରାର ଶିଳାନ୍ୟାସ ଘଟେ ୧୯୩୫ ମସିହାରେ। ଯଦିଚ ପଣ୍ଡିତ ଗୋପବନ୍ଧୁ ଦାସ 'ସମାଜ'ର ସମ୍ପାଦକୀୟରେ କମ୍ୟୁନିଜମ୍ ତଥା ଲେନିନ୍‌ଙ୍କୁ ପ୍ରଶଂସା କରି ୧୯୨୪ ମସିହାରେ ଲେଖାଟିଏ ପ୍ରକାଶ କରିଥିଲେ ଏବଂ ଗୋଦାବରୀଶ ମହାପାତ୍ରଙ୍କ କବିତାରେ ମଧ ଫୁଟିଉଠିଲା ସମାଜ ଚେତନାର ସ୍ୱର। କେହି କେହି ଆଲୋଚକ କହନ୍ତି – "ଗାନ୍ଧିବାଦୀ ଚେତନା ଭିତର ଦେଇଆସିଛି ସାମ୍ୟବାଦୀ ଚିନ୍ତାଧାରା। ୧୯୨୦ ମସିହାରୁ ଅଖିଳ ଭାରତ ଟ୍ରେଡ୍ ୟୁନିୟନ ଗଠିତ ହୋଇଥିଲା। ଯେଉଁଥିରେ ପଣ୍ଡିତ ନେହେରୁ ଓ ନେତାଜୀ ସୁଭାଷ ଚନ୍ଦ୍ର ବୋଷ, ଏପରିକି ଦେଶବନ୍ଧୁ ଚିତ୍ତରଞ୍ଜନ ଦାସ, ଲାଲା ଲଜପତରାୟ ପ୍ରମୁଖ ଅଧିବେଶନମାନଙ୍କରେ ଯୋଗ ଦେଇଥିଲେ। ନେତାଜୀଙ୍କର ଏସବୁ ଆଭିମୁଖ୍ୟ ଗାନ୍ଧିଜୀ ଓ ଦକ୍ଷିଣପନ୍ଥୀ କଂଗ୍ରେସ ନେତାମାନଙ୍କ ଭିତରେ ଘୋର ଅସୂୟା ଓ ସନ୍ଦେହ ସୃଷ୍ଟି କରିଥିଲା। ତେଣୁ ସେମାନେ ନେତାଜୀଙ୍କର ପ୍ରାର୍ଥୀତ୍ୱ ଅସ୍ୱୀକାର କରିଥିଲେ।"[୨୨] ଭାରତର ସ୍ୱାଧୀନତା ସଂଗ୍ରାମରେ ଜନବାଦୀ ବାମପନ୍ଥୀ ଭୂମିକା ଗ୍ରହଣ କରିବା ପାଇଁ ଏକ ଐତିହାସିକ ଆବଶ୍ୟକତା ଯୋଗୁଁ କଂଗ୍ରେସର ରକ୍ଷଣଶୀଳ ଗୋଷ୍ଠୀର ବିରୋଧରେ 'କଂଗ୍ରେସ ସୋସାଲିଷ୍ଟ ପାର୍ଟି' ଜନ୍ମଗ୍ରହଣ କରିଥିଲା। ଦେଶରେ ସ୍ୱାଧୀନତା ସଂଗ୍ରାମକୁ ଅଧିକ ପ୍ରଭାବଶାଳୀ ଓ ବ୍ୟାପକ କରିବାକୁ ତଥା ଜନସାଧାରଣଙ୍କୁ ଆର୍ଥନୀତିକ ସ୍ୱାଧୀନତା ଦେବାର ସ୍ୱପ୍ନ ଉପରେ ଆନ୍ଦୋଳନ କରି ସଂଗ୍ରାମକୁ ପ୍ରଖର କରିବାର ଆଭିମୁଖ୍ୟ କଂଗ୍ରେସ ସୋସାଲିଷ୍ଟ ପାର୍ଟି ଗ୍ରହଣ କରିଥିଲେ।[୨୩]

୧୯୩୦-୩୪ ମସିହା ମଧ୍ୟରେ କଂଗ୍ରେସ ଭିତରେ ଆଇନ୍ ଅମାନ୍ୟ ଆନ୍ଦୋଳନର ବି'ଳତା ଓ ଗୋଲ ଟେବୁଲ ବୈଠକର ଅସଫଳତା ଆଦି ଯୁବଗୋଷ୍ଠୀ ମଧ୍ୟରେ ପ୍ରତିକ୍ରିୟା ସୃଷ୍ଟି କରିଥିଲା। ଏହା ବ୍ୟତୀତ ଇଂରେଜ ସରକାରଙ୍କ ୧୯୩୫ ମସିହା ଶାସନ ସଂସ୍କାର ଆଇନ୍ ପ୍ରତି ମୋହ ଯେଉଁ ପ୍ରକାରର ଦ୍ୱନ୍ଦ୍ୱ ସୃଷ୍ଟି କରିଥିଲା, ସେଥିମଧ୍ୟରେ ବାମପନ୍ଥୀ ଚିନ୍ତାଧାରା ଦ୍ୱାରା ପ୍ରଭାବିତ ହୋଇ ଯେଉଁମାନେ ଶ୍ରେଣୀ ସଂଘର୍ଷକୁ ପାଥେୟ କରି ଆନ୍ଦୋଳନ କରିବେ ବୋଲି ସିଦ୍ଧାନ୍ତ ନେଲେ, ସେମାନେ ବୈଜ୍ଞାନିକ ସମାଜବାଦକୁ ଭିତ୍ତିକରି ଗଢ଼ିଥିଲେ, 'କଂଗ୍ରେସ ସୋସାଲିଷ୍ଟ ପାର୍ଟି'।[୨୪]

ସମାଜରେ ଏହି ଭିତ୍ତିଭୂମିରେ ଛୋଟ ବଡ଼ ବହୁ ସଂଗଠନ ଗଢ଼ିଉଠିଥିଲା। ଏହି ସଂଗଠନଗୁଡ଼ିକ ଶ୍ରେଣୀ ସଚେତନତା ସୃଷ୍ଟି କରିବା ସହ ସମାଜରେ ପରିବର୍ତ୍ତନ ପାଇଁ ଆପ୍ରାଣ ଉଦ୍ୟମ କଲେ। କଂଗ୍ରେସ ସୋସାଲିଷ୍ଟ ପାର୍ଟିର ଏକ ଶାଖା ଓଡ଼ିଶାରେ କରାଗଲା। ଶ୍ରୀ ନବକୃଷ୍ଣ ଚୌଧୁରୀ, ମାଳତୀ ଚୌଧୁରୀ, ଗୁରୁଚରଣ ପଟ୍ଟନାୟକ, ଭଗବତୀ ଚରଣ ପାଣିଗ୍ରାହୀ, ଅନନ୍ତ ପଟ୍ଟନାୟକ ପ୍ରମୁଖ ଏହି ସଂଗଠନର ମୁଖ୍ୟ ସଦସ୍ୟ।

ଏହି ସଂଗଠନ ତରଫରୁ ଉତ୍କଳ କଂଗ୍ରେସ ସାମ୍ୟବାଦୀ, କର୍ମ ସଂଘ ମଧ ଗଠନ କରିଥିଲେ। ଉତ୍କଳ କଂଗ୍ରେସ ସାମ୍ୟବାଦୀ ସଂଘର ମୁଖପତ୍ର 'ସାରଥୀ' ପ୍ରକାଶ ପାଇଲା। ୧୯୩୪ ମସିହା ମେ' ମାସ ୧୯ ତାରିଖ ଗାନ୍ଧିଜୀଙ୍କ ହରିଜନ ପଦଯାତ୍ରା କରିବା ଅବସରରେ କଂଗ୍ରେସ ସାମ୍ୟବାଦୀ କର୍ମସଂଘର କର୍ମିକର୍ତ୍ତାମାନଙ୍କୁ ସାକ୍ଷାତ୍ କଲେ। ସେମାନଙ୍କ ଅନୁରୋଧ କ୍ରମେ ଏହା ନିଖିଳ ଭାରତ କଂଗ୍ରେସ ସୋସାଲିଷ୍ଟ ପାର୍ଟିର ଶାଖାରୂପେ କାର୍ଯ୍ୟ କଲା। ଏହି ପାର୍ଟିର ପ୍ରଥମ ବୈଠକ ବସିଥିଲା ୧୯୩୪ ମସିହା ଜୁନ୍ ୧୭ ତାରିଖରେ। ଏଠିରେ ସଭାପତିତ୍ୱ କରିଥିଲେ ପ୍ରାଣନାଥ ପଟ୍ଟନାୟକ, ନବକୃଷ୍ଣ ଚୌଧୁରୀଙ୍କ ବାଖରାବାଦ ବାସଭବନରେ ଅନୁଷ୍ଠିତ ହୋଇ ରାଜନୀତିକ ଦୃଷ୍ଟିଭଙ୍ଗୀ ସହିତ ସାହିତ୍ୟିକ ଓ ସାଂସ୍କୃତିକ ଦୃଷ୍ଟିଭଙ୍ଗୀ ମଧ ସ୍ପଷ୍ଟ ହୋଇଗଲା। ଏହି ବୈଠକରେ ଏଭଳି ପ୍ରାରମ୍ଭିକ ପ୍ରଚେଷ୍ଟା ମଧ୍ୟରୁ ଜନ୍ମଲାଭ କଲା ନବଯୁଗ ସାହିତ୍ୟ ଓ ତାହାର ମୁଖପତ୍ର 'ଆଧୁନିକ' ପ୍ରକାଶ ପାଇଥିଲା। ୧୯୩୫ ମସିହାରେ ନବଯୁଗ ସାହିତ୍ୟ ସଂସଦର ଅଧିବେଶନ ନଭେମ୍ୱର ୨୯ ତାରିଖଠାରୁ ଡିସେମ୍ୱର ୪ ତାରିଖ ପର୍ଯ୍ୟନ୍ତ ଶ୍ରୀରାମଚନ୍ଦ୍ର ଭବନରେ ବସିଥିଲା। ଏହାର ପ୍ରକୃତ ଉଦ୍ୟୋକ୍ତା ଥିଲେ ଭଗବତୀ ପାଣିଗ୍ରାହୀ। ଭଗବତୀ ପାଣିଗ୍ରାହୀଙ୍କର ପ୍ରେରଣାର ଉସ୍ସ ସମ୍ପର୍କରେ ପ୍ର. ନିତ୍ୟାନନ୍ଦ ଶତପଥୀ କହନ୍ତି – "ଏପରି ଏକ ସଂଗଠନ ଗଢ଼ିବା ପଛରେ ନିଶ୍ଚିତ ଭାବେ ଭଗବତୀ ଚରଣଙ୍କ ଚିନ୍ତାଧାରାରେ ତା ୨୧.୦୭.୧୯୩୫ରେ ପ୍ୟାରିସ୍ଥାରେ ଅନୁଷ୍ଠିତ ହୋଇଥିବା ବିଶ୍ୱଶାନ୍ତି କଂଗ୍ରେସର ପ୍ରଭାବ ଜୀବନ୍ତ ଥିଲା। କାରଣ ଏହି ସମ୍ମିଳନୀରେ ମୁଖ୍ୟତଃ ୟୁରୋପ ଓ ଏସିଆର ବିଶିଷ୍ଟ ସାହିତ୍ୟିକମାନେ ଏକତ୍ରିତ ହୋଇଥିଲେ।[୨୫] ଏହି ସାହିତ୍ୟାନୁଷ୍ଠାନର ଉଦ୍ଦେଶ୍ୟ ଥିଲା – ସମାଜରେ ଏକ କ୍ରାନ୍ତିକାରୀ ପରିବର୍ତ୍ତନ। ଯୁଗ

ଯୁଗ ଧରି ଗ୍ରାସ କରିଥିବା ରୂଢ଼ିବାଦୀ ଚିନ୍ତାଧାରା, ଶୋଷଣ ଓ କୁସଂସ୍କାରରୁ ଜନସାଧାରଣଙ୍କୁ ମୁକ୍ତ କରିବା । ଅଧିବେଶନର ପ୍ରଥମ ଦିନ ସଭାପତିତ୍ୱ କରିଥିଲେ କାଳିନ୍ଦୀଚରଣ ପାଣିଗ୍ରାହୀ, ଦ୍ୱିତୀୟ ଦିବସରେ ଅଧ୍ୟାପକ ହରିବନ୍ଧୁ ମହାନ୍ତି, ତୃତୀୟ ଦିବସରେ ଅଧ୍ୟାପକ ମୋହିନୀ ମୋହନ ସେନାପତି, ଚତୁର୍ଥ ଦିବସରେ ଲକ୍ଷ୍ମୀନାରାୟଣ ସାହୁ, ପଞ୍ଚମ ଦିବସରେ ହରିହର ମହାପାତ୍ର ପ୍ରମୁଖଙ୍କ ଦ୍ୱାରା ଇତିହାସ, ସଂସ୍କୃତି, ସମାଜ ବିଜ୍ଞାନ, ଦର୍ଶନ ଓ ସାହିତ୍ୟ ଉପରେ ବ୍ୟାପକ ଆଲୋକପାତ କରାଯାଇଥିଲା । ଏହି ସବୁ ଅଧିବେଶନରେ ୧୯୩୫ରୁ ୧୯୪୭ ଏହି ୧୨ ବର୍ଷ ପ୍ରଗତିବାଦୀ ଯୁଗ ବା ଧାରା ଭାବେ ଓଡ଼ିଆ ସାହିତ୍ୟରେ ବିଦିତ । ବିପ୍ଲବୀ ଭଗବତୀ ଚରଣ ପାଣିଗ୍ରାହୀ ତାଙ୍କର କବିତା, ଗଳ୍ପ ଓ ପ୍ରବନ୍ଧରେ ପ୍ରଗତିବାଦୀ ଚିନ୍ତାଧାରାକୁ ସୃଷ୍ଟି କରି ଏକ ନୂତନ ସାରସ୍ୱତ ମାର୍ଗ ଦର୍ଶାଇଛନ୍ତି । ତାଙ୍କର 'ବନ୍ଧୁକ ଦରକାର' କବିତାଟି ଏଠାରେ ଦୃଷ୍ଟାନ୍ତ ସ୍ୱରୂପ ଗ୍ରହଣ କରାଯାଇପାରେ । ଏହି କବିତାରେ ସେ ବନ୍ଧୁକର ଆବଶ୍ୟକତାକୁ ସଂଗ୍ରାମର ଆୟୁଧ ଭାବେ ବିଚାର କରନ୍ତି ।

"ବେଶ୍ ଭାରୀ ଶକ୍ତ କଳା ମଟମଟ ବନ୍ଧୁକ

ଖାଲି କାକରରେ ପୂରିବ ନାହିଁ ଘଡ଼ା

ଖାଲି ଟାକରାରେ ଘୂରିବ ନାହିଁ ଘୋଡ଼ା

ଯେତେ କାକର ଭରୁ, ଟାକରା ଫୁଟୁ

ତେବେ ବି ଦାନାପାଣି ଲୋଡ଼ା ।" (ବନ୍ଧୁକ ଦରକାର)

ଭଗବତୀଙ୍କର 'ନମସ୍କାର କର' କବିତା ପାରମ୍ପରିକ କବିତାଠାରୁ ଭିନ୍ନ । ଏଥିରେ ନୂତନ ସନ୍ଦେଶ ରହିଅଛି ।

"ମୁଁ ତୁମକୁ ନମସ୍କାର ଦେଲି, ଆହେ ବିଚାରକ

ଏ ମୋର କବିତା

ଜଗତରେ କବି ବୋଲି ବୋଲନ୍ତି ଯାହାକୁ

ସେ କବି ମୁଁ ନୁହେଁ,

ମୋହର କଳ୍ପନା ସୀତା

ଜନ୍ମିଥିଲା ଏ ମାଟିର କଠୋର ଜଠରରୁ ।"

ଭଗବତୀଙ୍କର କବିତାରେ ଓ ଗୀତରେ ବିପ୍ଲବୀ ସଂସ୍କୃତିର ରକ୍ତାକ୍ଷରୀ ଜୟବା ପ୍ରସ୍ଫୁଟିତ । ଏହି ସମୟ ଖଣ୍ଡରେ ଅନନ୍ତ ପଟ୍ଟନାୟକ, ରଘୁନାଥ ଦାସ, ସଚ୍ଚିଦାନନ୍ଦ ରାଉତରାୟ ପ୍ରଗତିବାଦୀ କାବ୍ୟ ପରମ୍ପରାକୁ ସୁଦୃଢ଼ କରିବାକୁ ପ୍ରୟାସ କରିଛନ୍ତି । ଆଲୋଚ୍ୟ କବି ବୃନ୍ଦଙ୍କର କବିତାର ଧାରା ଓ ଧରା ବହୁ ଚର୍ଚ୍ଚିତ । ୧୯୪୭ ମଧ୍ୟରେ ରଚିତ କବିତା ସାମ୍ରାଜ୍ୟବାଦୀ ଶୋଷଣ ଓ ପରମ୍ପରାଗତ ଅପସଂସ୍କୃତି ବିରୋଧରେ ଲଢ଼େଇ କରିବାର ଘୋଷଣା । ସଚ୍ଚିଦାନନ୍ଦ ନିଷ୍ଠିତ ଭାବେ ପ୍ରଗତିବାଦୀ କବିତାର ମାର୍ଗଦର୍ଶକ ଓ ଏକନିଷ୍ଠ ତାପସ, ଯଦିଓ ସେ ୧୯୬୦ ପରବର୍ତ୍ତୀ କବିତାରେ ମାର୍କ୍ସବାଦରୁ ସମ୍ପୂର୍ଣ୍ଣ ବିଦାୟ ନେଇଛନ୍ତି ।

୩.୩ ସ୍ୱାଧୀନତା ପରବର୍ତ୍ତୀ ପ୍ରଗତିବାଦୀ ଭାବଧାରା :

ମାର୍କ୍ସୀୟ ଚିନ୍ତାଧାରାରେ ଜନସାଧାରଣ ହିଁ ସାହିତ୍ୟ ଓ ଇତିହାସର ପ୍ରକୃତ ବିଷୟବସ୍ତୁ । ଯେଉଁ ପରିମାଣରେ ବ୍ୟକ୍ତିଠାରୁ ବ୍ୟାପକତର ବ୍ୟବଧାନ ସମାଜରେ ଥାଏ ସେଠାରେ ଆନ୍ଦୋଲନର ସୂତ୍ରପାତ ହୁଏ । ବିଶିଷ୍ଟ ସମାଜବିଦ୍ ଏମିଲ ବର୍ଷଙ୍କ ମତରେ ଜାତି-ଜାତି ଓ ରାଷ୍ଟ୍ର ଭିତରେ ଶକ୍ତିଶାଳୀ ବ୍ୟକ୍ତି ବା ଗୋଷ୍ଠୀ ନିଜର ସ୍ୱାର୍ଥ ନିମନ୍ତେ ଅନ୍ୟ ଉପରେ କ୍ଷମତା ଲଦି ଦେଇଥାନ୍ତି । ଅନ୍ୟର ସଞ୍ଚିତ ବା ଅର୍ଜିତ ପଦାର୍ଥକୁ ନିଜର ସର୍ବସ୍ୱ କରିଦିଅନ୍ତି ।[୧୨]

ଏହି ପରିପ୍ରେକ୍ଷୀରେ ମାର୍କ୍ସବାଦୀ ଆଦର୍ଶରେ ଆସ୍ଥାପୋଷଣ କରୁଥିବା ବ୍ୟକ୍ତିବୃନ୍ଦ ସ୍ୱପ୍ନ ବିଳାସୀମାନଙ୍କ ପରି ସମାଜ ସଙ୍ଗଠନର ଅନ୍ୟ କେତେକ ବିମୂର୍ତ୍ତ ନୀତିକୁ ପ୍ରଚାର କରନ୍ତି ନାହିଁ ।

ସେମାନଙ୍କ ମତରେ "ଯେଉଁସବୁ ନୀତି ମନୁଷ୍ୟର ଚିନ୍ତାରେ ଆତ୍ମପ୍ରକାଶ କରେ, ସେଗୁଡ଼ିକ ବାସ୍ତବରେ ବିଶେଷ ସ୍ଥାନ, କାଳ, ପାତ୍ରରେ ସମାଜର ନିଖୁଣ ପ୍ରତିଫଳନ ମାତ୍ର । ଗ୍ରୀକ୍ ନଗର ରାଜ୍ୟରେ ମନୁଷ୍ୟର ସମାନ ଅଧିକାର ନୀତି 'ଦାସ'ମାନଙ୍କ ପାଇଁ ପ୍ରଯୁଜ୍ୟ ହୋଇପାରି ନଥିଲା । ସେହିପରି ମହାନ୍ ଫରାସୀ ରାଷ୍ଟ୍ରିକ ବିପ୍ଲବରେ ମୂଳମନ୍ତ୍ର ଥିଲା ସାମ୍ୟ, ମୈତ୍ରୀ ଓ ସ୍ୱାଧୀନତା ।"[୧୩] ଏହା

ଥିଲା ଉଦୀୟମାନ ପୁଞ୍ଜିଭୂତ ଶ୍ରେଣୀଗୁଡ଼ିକର ନିଜସ୍ୱ ମନ୍ତ୍ର । ସେମାନଙ୍କ ପାଖରେ ସ୍ୱାଧୀନତାର ଅର୍ଥ ଥିଲା ଅବାଧ ବାଣିଜ୍ୟର ସ୍ୱାଧୀନତା, ସାମ୍ୟ ଅର୍ଥ ଥିଲା ସାମନ୍ତ ପ୍ରଭୁମାନଙ୍କ ସହିତ ସମାନ ମର୍ଯ୍ୟାଦା ଓ ମୈତ୍ରୀର ଅର୍ଥ ଥିଲା ପୁଞ୍ଜିପତି ଶ୍ରେଣୀର ଆତ୍ମସଂହତି ଅର୍ଥାତ୍ ସାମନ୍ତ ଯୁଗୀୟ ଅତ୍ୟାଚାର ଓ ବିଧି ନିଷେଧ ବିରୋଧରେ ପାରସ୍ପରିକ ସହାୟତା । ଫ୍ରାନ୍ସର ଔପନିବେଶିକ ଦାସମାନଙ୍କ ପାଇଁ ଏପରିକି ଖୋଦ୍ ଫ୍ରାନ୍ସର ଦରିଦ୍ର ଜନତାଙ୍କ ପାଇଁ ଏହି ମନ୍ତ୍ର ପ୍ରଯୁଜ୍ୟ ହୋଇନଥିଲା । ଅଧିକାଂଶ ଭାବଧାରା, ଯାହା ସଂଗଠନ ସହିତ ସଂଶ୍ଲିଷ୍ଟ ତାହା ଶ୍ରେଣୀଗତ ଭାବଧାରା । ସମାଜର କ୍ଷମତାସୀନ ଶ୍ରେଣୀର ଭାବଧାରା ଶାସକଶ୍ରେଣୀ ଅନ୍ୟମାନଙ୍କ ଉପରେ ଜବରଦସ୍ତ ଚପାଇ, ଦେଶରେ ସକ୍ଷମ ହୋଇଥାଏ । ପ୍ରଚାର ଯନ୍ତ୍ର ବା ଗଣମାଧ୍ୟମରେ ସେହିମାନଙ୍କର ସମ୍ପତ୍ତି ଏବଂ ଶିକ୍ଷା ବ୍ୟବସ୍ଥା ଶାସକ ଶ୍ରେଣୀର କରାୟତ ହୁଏ । ବିଦ୍ରୋହୀ ଭାବଧାରାକୁ ଶାସ୍ତିଦେବା ପାଇଁ ସେମାନଙ୍କ ପାଖରେ ରହିଛି ଆଇନ୍, ଅଦାଲତ ଓ ପୋଲିସ । ପୁଞ୍ଜିକୁ କରାୟତ କରିବା ପରେ ସୃଷ୍ଟିହୁଏ ପୁଞ୍ଜିବାଦୀ ସମାଜ ଏବଂ ଅର୍ଥ ବଳରେ ଜନଗଣଙ୍କୁ କାବୁ କରାଯାଇ ବଶବର୍ତ୍ତୀ ହେବାକୁ ପଡ଼ିଥାଏ ।

ଏମିଲ୍ ବର୍ଷସଙ୍କର ଏହି ଦର୍ଶନକୁ ଭାରତବର୍ଷର ସ୍ୱାଧୀନତା ଲାଭ ପ୍ରସଙ୍ଗରେ ଆଲୋଚନା କଲେ ଦେଖାଯାଏ, ଭାରତବାସୀ ପ୍ରକୃତ ସ୍ୱାଧୀନତା ଲାଭ ପାଇବାରେ ବି'ଳ ହୋଇଛନ୍ତି । ଓଡ଼ିଆ ପ୍ରଗତିବାଦୀ ସ୍ରଷ୍ଟାଗଣଙ୍କ ମଧ୍ୟରେ ସ୍ୱାଧୀନତାର ଏକ 'କାରଙ୍ଗ ଖୁବ୍ ପାଖରେ ପ୍ରତି'ଲିତ ହୋଇଥିବା ପ୍ରାୟ ମନେହୁଏ । ସ୍ୱାଧୀନତାର ପ୍ରଥମ ପ୍ରଭାତ ଅର୍ଥାତ୍ ୧୯୪୮ ମସିହା ଅଗଷ୍ଟ ପନ୍ଦର ପାଳନ କବି ମନରେ ବ୍ୟଥା ଓ ବିଦ୍ରୋହର ଭାବ ପ୍ରକଟ କରିଅଛି । କବି ସଚିଦାନନ୍ଦ ରାଉତରାୟ ତିନି ବର୍ଷରେ ତିନିଗୋଟି ସ୍ୱାଧୀନତା ଦିବସକୁ ବିଦ୍ରୂପ କରି କବିତା ରଚନା କରିଛନ୍ତି ଏବଂ ସେଗୁଡ଼ିକର ବିଷୟବସ୍ତୁ ହେଉଛି ଜନଗଣଙ୍କର ଅନ୍ତର୍ଦାହ ଜନିତ ଜୀବନ ଯନ୍ତ୍ରଣା –

"ଏକ ବର୍ଷ ପୂରିଗଲା ପୋଥି ପତ୍ରେ ରହିଗଲା ଲାଭ

ଜନତାର ରକ୍ତଧାରେ ଲିଖିତ ଯୋ ହାନିର ହିସାବ,

ହାଟେ ବାଟେ ପଲ୍ଲୀ ପ୍ରାନ୍ତେ କୃଷ୍ଣତାର ବିସ୍ତୃତ ଫରଦ

ଦିଏ ଛାଇ ଶୁଣ ଶୁଣ ଏଇ ଗୁଳିର ଶବ୍ଦ ।

ମହାରାଜା ଜମିଦାର ପୁଞ୍ଜିପତି ଏ ଦେଶ ତୁମରି

ସୁରକ୍ଷିତ ସିଂହାସନ ଜମି ପୁଞ୍ଜି ମୁନାଫା 'ॳାକ୍ଟରୀ

ଶୀଳା କୁଳି, ଆବେ ଚେଷ୍ଟା ଅଧିକ ତୁ ଉତ୍ପାଦନ କର

ଆଉ ମର, ଶାନ୍ତି ଆଉ ଅହିଂସାରେ ଫୁଲାଇ ଉଦର ।

ନିଅଣ୍ଟ ନ ପୂରେ କାହିଁ ଜୀବନଟା ଅରଜି ଅରଜି

ଅଗଣ୍ଟ ପଦର ସ୍ମୃତି ତାହା ମଧେ କେଣେ ଗଲା ହଜି ।"[୧୮]

(ସଚ୍ଚିଦାନନ୍ଦ ରାଉତରାୟ – ଅଗଣ୍ଟ ପଦର, ୧୯୪୮)

ଏ ଥିଲା ଭାରତର ବିକଳାଙ୍ଗ ସ୍ୱାଧୀନତାର ବିକଳ ବିଧୃତ କଳେବର ।
କବି ଅନନ୍ତ ପଟ୍ଟନାୟକ ମଧ ସମକାଳର କବିତାରେ ରକ୍ତ ଝଂକାର ତୋଳିଥିଲେ ।

"ସରିନି ସମର ସରିନି ସମର ଆରେ

ଶାନ୍ତ ହୁଅନା କ୍ଷୁବ୍ଧ ହୃଦୟ ସୁଖେ

ଆଜି ବି ଧରଣୀ ନେଇଛି ଅଶ୍ରୁ ଭାରେ

ଜୁଟିନି ଅନ୍ନ କୋଟି ନିରନ୍ନ ମୁଖେ ।"[୧୯]

କବି ସଚ୍ଚିଦାନନ୍ଦ ରାଉତରାୟ, ଅନନ୍ତ ପଟ୍ଟନାୟକ ଓ ମନମୋହନ ମିଶ୍ର
ପ୍ରଭୃତି ବିପ୍ଲବୀ କବିତା ରଚନା କରି କାରାବରଣ କରିଥିଲେ । ମନମୋହନଙ୍କର
ଅନେକ ରଣ ସଂଗୀତ ପ୍ରଗତିବାଦୀ କବିତାକୁ ସ୍ୱାଧୀନତା ପରେ ମଧ ସମୃଦ୍ଧ
କରିପାରିଛି । ପ୍ରଥମ ସ୍ୱାଧୀନତା ଦିବସ ସାମ୍ୟବାଦୀମାନଙ୍କୁ କିପରି ବୋଧ
ହୋଇଥିଲା, ତାହା ରଘୁନାଥ ଦାସ ଜଟାୟୁଙ୍କର 'ପ୍ରଥମ ସ୍ୱାଧୀନତା ଦିବସ'
କବିତାରେ ଜନମାନସକୁ ଚେତାଇ ଦେଇଥିବାର ପରିଲକ୍ଷିତ ହୁଏ ।

"ତୋର ଏ ଯାତ୍ରା ପଥେ ନୁହେଁ ଏ ଅନ୍ତିମ ସୋପାନ

ସଂଗ୍ରାମ ତୋ ସରିନି ଏବେ ବି

ଏବେ ମଧ୍ୟ ଊର୍ଦ୍ଧେ ତୋର ଜନତାର ରକ୍ତମାଂସ ଲୋଭୀ

ଗୃଧ୍ରପଲ ବକ୍ରମାରେ ଝାଙ୍କି ନିଏ ଶ୍ରମିକର ଆୟୁ...

ଏବେ ମଧ୍ୟ ଭାରତର ଗ୍ରାମବାସୀ ଶୋଇବ ଉପାସେ

କାଲି ସେ ହୋଇବ ଛନ୍ଦି ପ୍ରାଣନାଶୀ କାଳନାଗ ଫାଶେ।"

(ପଟ୍ଟନାୟକ ଅନନ୍ତ, ସରିନି ସମର)

ସ୍ୱାଧୀନତା ପରେ ଗଣତନ୍ତ୍ର ନାଗଫାଶ ଲୋକମାନଙ୍କୁ ଆବଦ୍ଧ କରି ରଖିଛି। ୧୯୪୮ ପରେ ଏହି ପ୍ରଗତିବାଦୀ କବିତା ଏକ ମୁଖ୍ୟଧାରା ଭାବେ ବିଚାର୍ଯ୍ୟ ହୋଇଆସିଛି। ଦୁଇଜଣ ପ୍ରମୁଖ କବି ଯଥା କବି ରବି ସିଂ ଓ କବି ବ୍ରଜନାଥ ରଥ ପ୍ରଗତିବାଦୀ କବିତାର ରଣତରୀ ବାହି ଏକବିଂଶ ଶତାବ୍ଦୀର ପ୍ରଥମ ଦଶକ ପର୍ଯ୍ୟନ୍ତ ଅର୍ଦ୍ଧଶତାବ୍ଦୀ କାଳ ପ୍ରତିକୂଳ ସ୍ରୋତରେ ଚାଲିଆସିଛନ୍ତି।

କବି ସୀତାକାନ୍ତ ମହାପାତ୍ର, ଅନନ୍ତ ପଟ୍ଟନାୟକଙ୍କ ପ୍ରତିଭା ସମ୍ପର୍କରେ ଗୋଟିଏ ମୂଲ୍ୟବାନ ମନ୍ତବ୍ୟ ଦେଇଛନ୍ତି, ଯାହା ପ୍ରତ୍ୟେକ ବିପ୍ଳବୀ କବିଙ୍କ କ୍ଷେତ୍ରରେ ପ୍ରଯୁଜ୍ୟ। "ସ୍ନେହୀ କବିଟିଏ ସବୁକାଲେ ବିପ୍ଳବୀ କବି। ସକଳଙ୍କ ଦୃଷ୍ଟିରେ ସବୁ ସ୍ଥିତିକୁ ଆପଣାର କରିବାର ଚେଷ୍ଟା କରେ। ଯେଉଁଠି ଦୁଃଖ, ଯେଉଁଠି ହାହାକାର ଓ କାନ୍ଦଣା, ସେଠି ଛିଡ଼ାହୁଏ, ସାହସ ଦିଏ, ଧୈର୍ଯ୍ୟ ଦିଏ ଛାତିକୁ ପଥର କରି, ହାଡ଼କୁ ଟାଣି କରି ଲଢ଼ିବାକୁ ଶିଖାଏ। ବିପ୍ଳବର ସୂକ୍ଷ୍ମମନ୍ତ୍ର କାନରେ ଫୁଙ୍କିଦିଏ ସରଲତମ ଢଙ୍ଗରେ। ତା'ରି କୋମଳ ଅଗ୍ନି ଜ୍ୱାଲାରେ ଜଳିଯାଏ ଅନ୍ୟାୟ ଅତ୍ୟାଚାର କିନ୍ତୁ ଲକ୍ଷ୍ୟଥାଏ ସ୍ୱପ୍ନର ବେଣୁସ୍ୱନ ଶୁଣିଯିବ ତା' ପରେ ପରେ। ଧ୍ୱଂସର ଭୈରବୀ ତଳ ସୃଜନର ନୂତନ ମନ୍ତ୍ର ଶୁଭିଯିବ ଆଉ ଥରେ।" କବି ବ୍ରଜନାଥ ରଥଙ୍କ ଫୁଲ କୋମଳ ଝୁଡ଼ିରେ ଥାଏ ବକ୍ରସମ ପରମାଣୁ ବୋମା ଗୋଟେ ଦିଗରେ, ଅନିନ୍ଦ୍ୟ ସୌନ୍ଦର୍ଯ୍ୟ ଭରା ପୃଥିବୀର ଶାଶ୍ୱତଗାନ ଏବଂ ଅନ୍ୟଦିଗରେ ଦୌନ୍ୟ, କାରୁଣ୍ୟ, ଶୋଷଣ ଓ ଅନ୍ୟାୟ ଚାବୁକମାଡ଼ ପ୍ରତି କଠୋର ଦୃଷ୍ଟିଭଙ୍ଗୀ। ବଚନରେ ମଧୁର, ସରଲ ଓ ସ୍ନେହୀ ମଣିଷ। ହୃଦୟରେ ଭରା ଦରଦ। ଲେଖନୀ ନିସୃତ ପଦଗୁଡ଼ିକ ପ୍ରବଲ ବେଗରେ ଓ ପ୍ରଚଣ୍ଡ ଶବ୍ଦରେ ଭୂକମ୍ପ କରି ଦେଇପାରନ୍ତି।[୩୦] ତାଙ୍କର ନିଃଶଙ୍କ ପ୍ରତିବାଦ, ସଭ୍ୟତାର ମୁହାଁ, 'ମନର ମାନଚିତ୍ର' ଓ 'ହେ ମହାଜୀବନ'

ପ୍ରଭୃତି ସଂକଳନରେ ଭାରତୀୟ ମାନବ ସମାଜର କରୁଣ ବାସ୍ତବତା ସାଙ୍ଗକୁ ଦୈନ୍ୟ ପୀଡ଼ନ ଉପରେ ପ୍ରତିବାଦ ଓ ପ୍ରତିକାର ଘୋଷଣା କରିଛନ୍ତି । ବୁର୍ଲାରେ ଇଞ୍ଜିନିୟରଙ୍କ ମୃତ୍ୟୁ, ପାରାଦ୍ୱୀପରେ ବସ୍ତିପୋଡ଼ି, ଭୁବନେଶ୍ୱର ବସ୍ତି ଉଚ୍ଛେଦ ଓ ବାଲିଆପାଳ ଆଦି ଘାଟି ବିରୋଧରେ ସେ ନେତୃତ୍ୱ ବହନ କରିଥିଲେ । ଅଭିଯାତ୍ରୀ ଦଳର ସେ ଏକ ରକମ ସେନାପତି ଥିଲେ ।[୩୯]

ଓଡ଼ିଶାର ଜନସାଧାରଣଙ୍କୁ ପାରମ୍ପରିକ ଭାବରେ ଶ୍ରେଣୀବିଭକ୍ତ କଲେ ଦେଖାଯାଏ, ସାମନ୍ତ ମକଦମ ଶୋଷିତ ପୀଡ଼ିତ ସମାଜ ଦୁଇଭାଗରେ ଦେଖାଯାଇଥାଏ । କିନ୍ତୁ ଏଠାରେ ଅଧିକ ମାର୍ମିକ ବିଭାଜନ ହେଉଛି ଜାତିଗତ ପ୍ରବୃଭି । ଏଯାବତ୍ ମଧ୍ୟଯୁଗୀୟ ଜାତି ବିଭାଜନ ରହିଅଛି । ଉଚ୍ଚନୀଚ ଭେଦନୀତି କାର୍ଯ୍ୟ କରୁଥିବା ସ୍ଥଳେ ତା'ରି ଉପରେ ପ୍ରଗତିଶୀଳ କବି ସମତା ଓ ମମତା ଦାବି ହାସଲର ତଭ୍ତ୍ୱ ପରିବେଷଣ କରିଆସିଛନ୍ତି ।

୩.୪ ସ୍ୱାଧୀନତା ପରବର୍ତ୍ତୀ ପ୍ରଗତିବାଦୀ ଜାଗରଣ :

ସ୍ୱାଧୀନତା ପରବର୍ତ୍ତୀ ଓଡ଼ିଶାରେ ଦୁଇଟି ମୁଖ୍ୟ ବୈପ୍ଲବିକ ଆନ୍ଦୋଳନ ସଂଗଠିତ ହେବାର ଦେଖାଯାଏ । ୧୯୫୬ ମସିହାରେ ଉକ୍ରଳମାତା ଶ୍ରୀହୀନ ରୂପକୁ ପୁନରୁଦ୍ଧାର କରିବା ନିମନ୍ତେ ସୀମା ଆନ୍ଦୋଳନ, ଯାହାର ପ୍ରଭାବରେ ତତ୍କାଳୀନ ଛାତ୍ର ସମାଜ ତେଜୋଦୀପ୍ତ ଜାଗରଣରେ ବାହାରିଆସନ୍ତି । ନିଖିଳ ଉକ୍ରଳ ଛାତ୍ର ୟୁନିୟନ ଗଠିତ ହୁଏ ବିଷ୍ଣୁ ପ୍ରସାଦ ବାହାଲିଆଙ୍କ ସଭାପତିତ୍ୱରେ ଏବଂ ବିଭୂତି ପଟ୍ଟନାୟକ ପ୍ରମୁଖ ଏହାର ନେତୃତ୍ୱ ଗ୍ରହଣ କରନ୍ତି । ସମଗ୍ର ଛାତ୍ର ସମାଜରେ ଓଡ଼ିଆ ଭାଷା ପ୍ରୀତି ଓ ସୀମା ପ୍ରୀତି ନେଇ ଜାଗରଣ ଦେଖାଦେଇଥିଲା । ଏହି ସମୟରେ ପ୍ରଶାସନ ବିରୋଧରେ ପ୍ରତିବାଦର ସ୍ୱର ତୀବ୍ର ହୁଏ ।

ଯେଉଁ ଦେଶରେ ଯେତେବେଳେ ଯେଉଁ ସମାଜରେ ଛାତ୍ର ଆନ୍ଦୋଳନ ହୋଇଛି, ସେଠାରେ କିଛି ନା କିଛି ପରିବର୍ତ୍ତନ ଦେଖାଦେଇଛି । ୧୯୬୪ ମସିହା ସେପ୍ଟେମ୍ବର ୬ ତାରିଖରେ ଓଡ଼ିଶାରେ ଏକ ଭୟଙ୍କର ଛାତ୍ର ଆନ୍ଦୋଳନର ସୂତ୍ରପାତ ହୋଇଥିଲା । ଏହି ସମୟରେ ବିଜୁ ପଟ୍ଟନାୟକ ଓ ବୀରେନ୍ ମିତ୍ରଙ୍କର ସରକାର । ଇଞ୍ଜିନିୟରିଂ ସ୍କୁଲର ଜଣେକ ଛାତ୍ର ଶଶାଙ୍କଧର ଦାସ ରେଲଓ୍ୱେ ଛାତ୍ରାବାସରେ

ରହୁଥିଲେ । କଲେଜ ଛକରେ ରେଡିଓ ଦୋକାନୀ ଉମାଶଙ୍କର ବାକି ପଇସା ପାଇବା ପାଇଁ ଶଶାଙ୍କଧରଙ୍କୁ ବେଜିତ କରିବା 'ଲରେ ତୀବ୍ର ଦ୍ୱନ୍ଦ ଉପୁଜି ତହିଁରୁ ଛାତ୍ର ଆଦୋଲନର ସୂତ୍ରପାତ ହୋଇଥିଲା । ସମଗ୍ର ଓଡ଼ିଶାର ସ୍କୁଲ କଲେଜ ବନ୍ଦ ହୋଇଗଲା । ତିନିଜଣ ଛାତ୍ର ଗୁଳି ଚୋଟ'ରେ ପ୍ରାଣ ହରାଇ ଥିଲେ ।[୩୭]

କେନ୍ଦ୍ର ସରକାରଙ୍କର ଦୃଷ୍ଟି ଆକର୍ଷିତ ହେବା 'ଲରେ ଘରୋଇ ମନ୍ତ୍ରୀ ଗୁଲଜାରି ନନ୍ଦା ଆସିଥିଲେ । ମାତ୍ର ଛାତ୍ର ସମାଜର କୌଣସି ରାଜନେତାଙ୍କ ସହିତ ବୁଝାମଣା କରିବେ ନାହିଁ ବୋଲି ନିଷ୍ପତ୍ତି ନେଲେ । ଶେଷରେ ଗୁଲଜାରି ଲାଲ ନନ୍ଦା ମା' ରମାଦେବୀ ଚୌଧୁରୀ ଓ ଆଡ଼ଭୋକେଟ ଜେନେରାଲ ଦୀନବନ୍ଧୁ ସାହୁଙ୍କ ଉପରେ ନ୍ୟସ୍ତ କରିଲେ । ଛାତ୍ର ସମାଜ ମାନିବା ଦ୍ୱାରା ଏକ ତଦନ୍ତ କମିଶନ ବସିଲା । ଜଷ୍ଟିସ ସତ୍ୟଭୂଷଣ ବର୍ମନଙ୍କ ଅଧିନାୟକତ୍ୱରେ ଏହି କମିଶନ ୨୦ ମାସ ପରେ ରିପୋର୍ଟ ଦାଖଲ କରିଲେ 'ଶାସନଗତ ଅସଙ୍ଗତି ଓ କ୍ଷମତାର ଅପବ୍ୟବହାର' । ପୁନଶ୍ଚ ୧୯୬୬ ମସିହାରେ ସାରା ଓଡ଼ିଶାର ଛାତ୍ରଛାତ୍ରୀ ତାତି ଉଠିଲେ । ଛାତ୍ର ଆଦୋଲନର ନେତା ପୂର୍ବତନ ମନ୍ତ୍ରୀ ଭାଗବତ ବେହେରା ଓ ତ୍ରିଲୋଚନ କାନୁନ୍‌ଗୋ ଆଦୋଲନ ପରିଚାଳନାରେ ସଫଳ ହୋଇଥିଲେ । ବାସୁଦେବ ଦାସ ଏହି ସମୟର ଜଣେ ଅଗ୍ରଣୀ ଛାତ୍ରର ଭୂମିକା ଗ୍ରହଣ କରିଥିଲେ । ବୀରେନ୍ ମିତ୍ରଙ୍କ ପତ୍ନୀ ଈଶ୍ୱରାମା ବେଶ ହୋଇ ପଥପ୍ରାନ୍ତର ଅଭିନୟ କରିବା ଏବଂ ଥାନାରେ କଳାପତାକା ଉଡ଼ାଇବା ଆଦି କ୍ଷେତ୍ରରେ ଉଲ୍ଲେଖ୍ୟଯୋଗ୍ୟ କାମ କରି ଚର୍ଚ୍ଚାକୁ ଆସିଥିଲେ । କବି ରବି ସିଂଙ୍କର କେତେକ କବିତା ଛାତ୍ର ସମାଜକୁ ବିପ୍ଲବର ଖୋରାକ ଯୋଗାଇଥିଲା । ସେହିଭଳି ପ୍ରଜାତନ୍ତ୍ରର ସମ୍ପାଦକ ଜାନକୀ ବଲ୍ଲଭ ପଟ୍ଟନାୟକ ଲେଖା ମାଧ୍ୟମରେ ଓ ପରାମର୍ଶ ଦେବା ଆଲରେ ଛାତ୍ର ଆଦୋଲନକୁ ଉତ୍ସାହିତ କରିଥିଲେ । କବି ବାସୁଦେବ ଦାସ ଛାତ୍ର ସମାଜକୁ ଉଦ୍‌ବୋଧନ ଦେବା ଭଳି କବିତା ଲେଖି ଚର୍ଚ୍ଚାକୁ ଆସିଥିଲେ –

"ଶୁଣ ଡାକ ଦିଏ ଅଗ୍ନିଯୁଗର କୁକ୍କୁଟ
ଯମଦଗ୍ନିର ସଂତାନ ତମେ ପିନ୍ଧ ବିଜୟ ମୁକୁଟ ।"
କିମ୍ବା ।

"ଜଳରେ ଜଳରେ ହୋମାନଳ ତୁମେ

ବିକଟ ବିଲ୍ବଳ ହେ ବାଡ଼ବାନଳ

କମ୍ପୁ ବୀରେନ୍ / ବିଜୁ ସିଂହାସନ" ଇତ୍ୟାଦି ।

ଛାତ୍ରାବସ୍ଥାରୁ ବାସୁଦେବ ଶୋଷଣ ଅତ୍ୟାଚାର ବିରୋଧରେ ସ୍ୱର ଉତ୍ତୋଳନ କରିଥିଲେ । ଶାସକ ଓ ଶାସିତ ଦୁଇଟି ଶ୍ରେଣୀ ସୃଷ୍ଟ ହୋଇ ସଂଗ୍ରାମକୁ ଆପଣାଇ ନେଇଥିଲେ ।[୩୩] ଏହି ଆନ୍ଦୋଳନର 'ଳ କଂଗ୍ରେସ ସରକାରକୁ ଭୋଗ କରିବାକୁ ପଡ଼ିଲା, ଯାହା 'ଳରେ ସରକାର ତ ପରାଜୟ ବରଣ କରିଲେ ସ୍ୱୟଂ ତୁଙ୍ଗନେତା ବିଜୁ ପଟ୍ଟନାୟକ ୫ଟି ନିର୍ବାଚନ ମଣ୍ଡଳୀରୁ ପରାସ୍ତ ହୋଇଥିଲେ । ସୋସାଲିଷ୍ଟ ପାର୍ଟି ବିପୁଳ ସଂଖ୍ୟାରେ ଜନମତ ହାସଲ କରିବା ଏକ ପ୍ରଗତିଶୀଳ ଦୃଷ୍ଟିଭଙ୍ଗୀର ବିଚାର ।

ମାର୍କ୍ସବାଦର ଉଗ୍ରରୂପ :

୧୯୬୭ ମସିହା ମେ ମାସ ୨୭ ତାରିଖରେ ପଶ୍ଚିମବଙ୍ଗର ନକ୍ସାଲ ବାଡ଼ିରେ କୃଷକମାନେ ଭୂମ୍ୟାଧିକାରୀଙ୍କ ବିରୋଧରେ ସଶସ୍ତ୍ର ବିପ୍ଲବ ଆରମ୍ଭ କରିଥିଲେ । ଏହି ବିପ୍ଲବର ଲେଲିହାନ ଶିଖା ଆପେ ଆପେ ଭାରତ ବର୍ଷକୁ ବ୍ୟାପୀ ଯାଇଥିଲା । ଏହି ଆନ୍ଦୋଳନକୁ 'ନକ୍ସାଲବାଦ' ନାମରେ ନାମିତ କରାଗଲା । ଚାରୁ ମଜୁମଦାରଙ୍କ ଆଗ୍ନେୟ ପ୍ରବନ୍ଧ ଓ କବିତା ଏହି ଆନ୍ଦୋଳନକୁ ସାମ୍ୟବାଦୀଧାରାର ରୂପ ଦେଇ ଅଧିକ ବ୍ୟାପକ କରିଥିଲା । ସୁତରାଂ ସାମ୍ୟବାଦ ବା ପ୍ରଗତିବାଦୀ ଆନ୍ଦୋଳନ ଓ ନକ୍ସଲ ଆନ୍ଦୋଳନ ଅଭିନ୍ନ ମନେ ହେଲା । ଭାରତବର୍ଷର କମ୍ୟୁନିଷ୍ଟ ସଂଗଠନ ଏଥିରେ ସାମିଲ ହେବାରୁ ନକ୍ସଲ ଆନ୍ଦୋଳନ ଉଗ୍ରରୂପ ଧାରଣ କଲା । ଚାରୁ ମଜୁମଦାର, ନାଗଭୂଷଣ ପଟ୍ଟନାୟକ, କାନୁ ସାନ୍ୟାଲ ପ୍ରମୁଖ ଉଗ୍ରପନ୍ଥୀ ନେତାଭାବେ ପରିଗଣିତ ହେବାବେଲେ ଓଡ଼ିଆ କବି ମନମୋହନ ମିଶ୍ର, କବି ରବି ସିଂ ପ୍ରମୁଖ ଆନ୍ଦୋଳନକୁ ସମର୍ଥନ କରି କାରାବରଣ କରିଥିଲେ । ଏହି ରାଜନୀତିକ ପଟପରିବର୍ତ୍ତନ ସମୟରେ କବି ବାସୁଦେବ କେନ୍ଦ୍ରାପଡ଼ା କଲେଜର ଛାତ୍ରନେତା ଏବଂ ୧୯୬୭ ମସିହାରେ ସଂଘଟିତ ପ୍ରଳୟଙ୍କାରୀ ବାତ୍ୟାରେ ସେବାକାର୍ଯ୍ୟ କରି ମା' ରମାଦେବୀ ତଥା ସର୍ବୋଦୟ

ମଣ୍ଡଳର ନେତ୍ରୀ ଅନ୍ନପୂର୍ଣା ମହାରଣା, ଜୟକୃଷ୍ଣ ଦାସ, କୃଷ୍ଣ ସିଂ, ବିକ୍ରମ ବିଶ୍ୱାଳ, ନିଶାକର ଦାସ, ନରହରି ସ୍ୱାଇଁ ପ୍ରମୁଖଙ୍କ ସହ ପରିଚିତ ହୋଇସାରିଥିଲେ। ତା୦ ୧.୦୧.୧୯୬୮ରେ ମାଆ ରମାଦେବୀ ଚୌଧୁରୀଙ୍କ ଚିଠିପାଇ କଟକର ଭୂଦାନ ଅଫିସ ବା ଆଜିର ଗୁଣନିଧି ଭବନରେ ପହଞ୍ଚିଥିଲେ। ମା' ରମାଦେବୀଙ୍କ ଚିଠିଟି ପୂର୍ବରୁ ପ୍ରଦତ୍ତ ହୋଇଅଛି।

ରମାଦେବୀଙ୍କର ଆଶୀର୍ବାଦ :

ବାସୁଦେବ ଦାସ ଭୂଦାନ ଅଫିସରେ ପହଞ୍ଚିବା ପରେ ସତ୍ୟବାଦୀର ସନ୍ତ ଆଚାର୍ଯ୍ୟ ହରିହର ଦାସଙ୍କ ସେବାରେ ନିଯୁକ୍ତ ହେଲେ। ଆଚାର୍ଯ୍ୟ ମହାଶୟଙ୍କ କାମ କରିବା ସହିତ 'ସର୍ବୋଦୟ' ପତ୍ରିକା ସମ୍ପାଦନାରେ ଅନାଦି ନାୟକ ଓ ମନମୋହନ ଚୌଧୁରୀଙ୍କ ରିଲି' କାର୍ଯ୍ୟର କାଗଜପତ୍ରେ ସାହାଯ୍ୟ କରିଥିଲେ। ଏହି ସମୟରେ ଭୂଦାନ ଅଫିସକୁ ଆସୁଥିଲେ କାଳିନ୍ଦୀ ଚରଣ ପାଣିଗ୍ରାହୀ, ଡ. ମାୟାଧର ମାନସିଂହ, କବି ରବି ସିଂ, ଗୋପୀନାଥ ମହାନ୍ତି ପ୍ରମୁଖ। ବିଭିନ୍ନ ଆଲୋଚନା ଶୁଣିବା ଓ ସେମାନଙ୍କ ସହ ମିଶିବାର ଗୌରବ ଲାଭ କରିଥିଲେ। ଏହି ପ୍ରସଙ୍ଗରେ ପ୍ରଫେସର ନନ୍ଦକିଶୋର ପରିଡ଼ା ଉଲ୍ଲେଖ କରନ୍ତି– "He had the unique oppertunity to for the distressed in Bihar famine alongwith Jayaprakash Narayan which he was in degree class. He was trouble good time an associate of Acharya Harihar Das and maa Ramadevi. Basudev Das who rendering services in the saro day works. Basudev Das maintains are intimate and cordial relationship with the inmates of Gunanidhi Bhuain, Cuttack, as ashram of the Saroday works."[୩୪]

ଏକ ଶୀତ ସକାଳରେ କୃଷ୍ଣ ସିଂ ଓ ନିଶାକର ଦାସଙ୍କ ସହ ପରିବା କିଣିବାକୁ ଛତ୍ର ବଜାର ଯିବା ସମୟରେ ଜାଣିବାକୁ ପାଇଲେ, ନକ୍ସଲ ନେତା ନାଗଭୂଷଣ ପଟ୍ଟନାୟକ ରାଜାବଗିଚାସ୍ଥିତ ରବି ସିଂଙ୍କ ବାସଭବନରେ ଆତ୍ମଗୋପନ କରିଛନ୍ତି। ନାଗଭୂଷଣ ଏନ୍.ଭି. ନାମରେ ପରିଚିତ। ସେ ନକ୍ସଲ ନେତା ମଣ୍ଡଳୀଙ୍କ ମଧ୍ୟରେ ଚରମ ଉଗ୍ରପନ୍ଥୀ। ବାସୁଦେବ ବନ୍ଧୁମାନଙ୍କ ସହ ଏନ୍.ଭି.ଙ୍କ ଦର୍ଶନ କରି ଖୁବ୍ ଅଭିଭୂତ ହୋଇଗଲେ ବିପ୍ଲବର ଅସୀମ ଅନୁରାଗରେ। ଏନ୍.ଭି.ଙ୍କ ଗୋଡ଼ରେ

ଘା' ପରି ମାଗୋଟ ହୋଇଯାଇଥିଲା । ସେଥୋରୁ ପ୍ରୋସାହିତ ହୋଇ କବି ବାସୁଦେବ ରଚନା କରିଥିଲେ 'ନକ୍ସଲ ମୋ ନାଟି', 'ମୁଁ ନ ହେବି କାହିଁକି ନକ୍ସାଲ' ଆଦି କବିତାଗୁଚ୍ଛ । କେତେକ କବିତା ସର୍ବୋଦୟ ପତ୍ରିକାରେ ପ୍ରକାଶ ପାଇଥିଲା । ଭୂଦାନ ଅଫିସରୁ ନକ୍ସଲ ଆନ୍ଦୋଲନକୁ ନୀରବ ସମର୍ଥନ ମିଳୁଥାଏ । କାରଣ – ବିନୋବା ଘୋଷଣା କରିସାରିଥିଲେ – କରୁଣା, କାନୁନ୍, କତଲ । ଅଧିକାଂଶ ସର୍ବୋଦୟ / ଭୂଦାନ କର୍ମୀ ନକ୍ସଲ କୃଷକ ଆନ୍ଦୋଲନକୁ ସମର୍ଥନ କରିଥିଲେ । ବାସୁଦେବ ଦାସ ଉଗ୍ର ବିପ୍ଲବବାଦକୁ ସମର୍ଥନ କରିଥିବା ଜଣାଯାଏ ।

ଜରୁରୀ ପରିସ୍ଥିତି :

ଭାରତ ଇତିହାସରେ ଜରୁରୀ ପରିସ୍ଥିତି ଘୋଷଣା ଏକ କଳଙ୍କିତ ଅଧ୍ୟାୟ । ପ୍ରଧାନମନ୍ତ୍ରୀ ଶ୍ରୀମତୀ ଇନ୍ଦିରାଗାନ୍ଧୀଙ୍କ ଶାସନର କେତେକ କଠୋର ନୀତି ତଥା ସାମ୍ବିଧାନିକ ଘଟଣା ନେଇ ଜନ ଅସନ୍ତୋଷ ପ୍ରକାଶ ପାଇଥିଲା । ଜନମତକୁ ଦବାଇବା ପାଇଁ ପ୍ରଧାନମନ୍ତ୍ରୀ ପ୍ରବଳ ଉଦ୍ୟମ କଲେ । ଏ ସମ୍ପର୍କରେ ଡ. ଜ୍ଞାନଦେବ ମହାରଣାଙ୍କ ମନ୍ତବ୍ୟ ଉଲ୍ଲେଖନୀୟ । ଜେ.ପି. (ଜୟପ୍ରକାଶ ନାରାୟଣ) ୧୯୭୫ ମସିହା ମାର୍ଚ୍ଚ ମାସରେ ଓଡ଼ିଶା ଗସ୍ତରେ ଆସିଲେ । ଜେ.ପି.ଙ୍କୁ ଉଚ୍ଛ୍ୱସିତ ସମ୍ବର୍ଦ୍ଧନା ଦିଆଗଲା । ତାଙ୍କ ସଭାକୁ କିପରି ଲୋକ ନ ଆସିପାରିବେ ସେଥିପାଇଁ ସେଦିନ ସମସ୍ତ ବସ୍ ଯାତାୟାତ ବନ୍ଦ କରାଗଲା । ତଥାପି ଦୂରଦୂରାନ୍ତରୁ ଲୋକମାନେ ସ୍ୱାପିଲା ନେଇ ସାଇକେଲ, ମଟର ସାଇକେଲ, ଟ୍ରେକର, ଟ୍ରକ୍ ଚଢ଼ି କଟକ କିଲ୍ଲା ପଡ଼ିଆକୁ ଆସିଲେ । ସେଦିନ କିଲ୍ଲା ପଡ଼ିଆ ଲୋକାରଣ୍ୟ । ଜେ.ପି. ଶିକ୍ଷକ, ଛାତ୍ରଙ୍କୁ ଶିକ୍ଷାଦାନ କଲାଭଳି ସମ୍ପୂର୍ଣ୍ଣ କ୍ରାନ୍ତିର ମୂଳକଥା ବୁଝାଇଲେ ।[୩୫] ବାସୁଦେବ ମଧ୍ୟ ଏହି ସଭାରେ ଯୋଗଦାନ କରିଥିଲେ । ଜେପିଙ୍କ ମାନଦଣ୍ଡରେ ଓଡ଼ିଶାର ଜନନେତାଙ୍କ ମଧ୍ୟରେ ଦାଦାଜେଜ (ନବକୃଷ୍ଣ ଚୌଧୁରୀ) ଏକମାତ୍ର ବ୍ୟକ୍ତି ବିଶେଷ, ଯିଏ ଏ ପ୍ରଦେଶର ସମ୍ପୂର୍ଣ୍ଣ କ୍ରାନ୍ତି ବିପ୍ଲବର ସୁଯୋଗ୍ୟ କର୍ଣ୍ଣଧାର । ଏପ୍ରିଲ ପହିଲାରେ ଜେ.ପି.ଙ୍କର ଭୁବନେଶ୍ୱରରେ ଏକ ସଭାରେ ଭାଷଣ ଦେବାର ଥିଲା । ଜେ.ପି.ଙ୍କ ବିଦାୟ ନେଇ ଓଡ଼ିଶାରୁ ଗଲେ କିନ୍ତୁ ସମ୍ପୂର୍ଣ୍ଣ କ୍ରାନ୍ତିର ମଞ୍ଜିଟିଏ ପୋତିଦେଇଗଲେ ।[୩୬]

ଶ୍ରୀମତୀ ଇନ୍ଦିରା ଗାନ୍ଧୀଙ୍କର ଏକଛତ୍ର ଶାସନ ବିରୋଧରେ ସ୍ୱର ବଡ଼ ତୀବ୍ର ହେଲା । ପ୍ରକୃତ ଶାସନର ଭଲମନ୍ଦ, ଲୋକଲୋଚନକୁ ଆସିପାରିଲା ନାହିଁ ।

ସମ୍ବାଦପତ୍ରର କଣ୍ଠରୋଧ ହେଲା । ଇନ୍ଦିରାଗାନ୍ଧୀ ଅନୁଭବ କଲେ ତାଙ୍କର ସ୍ଥିତି ବିପନ୍ନ । ଏପରିକି ସୈନ୍ୟବାହିନୀ ମଧ୍ୟ ତାଙ୍କ ପ୍ରତି ବିମୁଖ ହୋଇଗଲେ । ପ୍ରଧାନମନ୍ତ୍ରୀ ଇନ୍ଦିରାଗାନ୍ଧୀଙ୍କ ଦ୍ୱାରା ଶେଷରେ ୨୬ ଜୁନ୍‌ରେ ଜରୁରୀ ପରିସ୍ଥିତି ସହ ଆକୁମାରୀ ଭାରତବର୍ଷରେ ୧୪୪ ଧାରା ଜାରି ହୋଇଗଲା । 'ଲରେ କେହି ସଭା ସମିତି କରିପାରିଲେ ନାହିଁ । ବୁଦ୍ଧିଜୀବୀ ତଥା ବାମପନ୍ଥୀ ଗୋଷ୍ଠୀ ଅଧିକ ସକ୍ରିୟ ହୋଇଗଲେ । ହଜାର ହଜାର ତୁଙ୍ଗ ନେତା ଗିର' ହୋଇ କାରାଗାରରେ ବନ୍ଦୀ ହେଲେ । ଓଡ଼ିଶାର ନବକୃଷ୍ଣ ଚୌଧୁରୀ, ବିଜୁ ପଟ୍ଟନାୟକ, ହରେକୃଷ୍ଣ ମହତାବ, ମନମୋହନ ଚୌଧୁରୀ, ପ୍ରହ୍ଲାଦ ମଲ୍ଲିକ, ଭାଗବତ ବେହେରା, ବିଶ୍ୱନାଥ ପଣ୍ଡିତ ପ୍ରମୁଖ ରାଜନେତାକୁ କାରାଦଣ୍ଡରେ ରଖାଗଲା ।

୧୯୭୫ ଜୁନ୍ ମାସରେ ବାସୁଦେବ ଦାସ ପୁରୀରେ ଏକ ସଂସ୍କାରମୂଳକ ସଭା ଓ ସଂଗଠନରେ ସସ୍ତ୍ରୀକ ଅଂଶଗ୍ରହଣ କରିଥିଲେ । ପୁରୀ ବଡ଼ଦାଣ୍ଡରୁ ମନ୍ଦିର ପୋଲିସ୍ ଏସ୍.ଆଇ. ଚିଉରଞ୍ଜନ କାନୁନ୍‌ଗୋ ବାସୁଦେବ ଦାସଙ୍କୁ ଜୁନ୍ ୩୦ ସନ୍ଧ୍ୟାରେ ଗିର' କରିନେଇ ରଖିଥିଲା । ଘରୋଇ ବିଭାଗର ଡେପୁଟୀ ସେକ୍ରେଟାରୀ ଆର୍.କେ. ମାଣିଆ ଓ କଲେକ୍ଟରଙ୍କୁ ତାଙ୍କ ସ୍ତ୍ରୀ ଓ ଶାଳକ ବିଷ୍ଣୁ ପ୍ରସାଦ ବାହାଲିଆ ଲିଖିତ ଆବେଦନ କରି ଫେରାଇ ଆଣିଥିଲେ । ପ୍ରକାଶ ଥାଉ କି, ବିଷ୍ଣୁ ପ୍ରସାଦ ବାହାଲିଆଙ୍କର ନନ୍ଦିନୀ ଶତପଥୀ (ମୁଖ୍ୟମନ୍ତ୍ରୀ)ଙ୍କ ଅତି ଘନିଷ୍ଠ ସମ୍ପର୍କରେ ଥିଲେ । ବାସୁଦେବ ଦାସଙ୍କ ବାମପନ୍ଥୀ ଚିନ୍ତାଧାରା ଅଧିକ ବିଦ୍ରୋହୀ ହୋଇଉଠିଲା । ସେ ୧୯୬୮ ମସିହାରୁ ଖୋଲାଖୋଲି ଅଭିଯାତ୍ରୀ, ଅଗ୍ନିବୀଣା ଓ ଅନାମ ଗୋଷ୍ଠୀ ସହ ସମ୍ପର୍କ ରଖି କାବ୍ୟକବିତା ରଚନା କଲେ । ଡ. ପ୍ରସନ୍ନ ପାଟଶାଣୀ, ସଦାଶିବ ଦାସ, ରବି ସିଂ, ବ୍ରଜନାଥ ରଥ, ବ୍ରଜେନ୍ଦ୍ର ଦେଉ, ପଦ୍ମ ଦାଶ, ଡ. ନାରାୟଣ, ହୁସେନ ରବୀ ଗାନ୍ଧୀ, ଡ. ଆଶୁତୋଷ ପରିଡ଼ା, ବାଲେଶ୍ୱରର ବାଞ୍ଛାନିଧି ଦାସ, ଭଗବାନ ମହାପାତ୍ର ପ୍ରମୁଖ ଏହି ସମୟ ଖଣ୍ଡର ବିପ୍ଲବୀ ପ୍ରଗତିବାଦୀ କବିବୃନ୍ଦ ।

ଅନ୍ୟ ପ୍ରଗତିବାଦୀ କବିଙ୍କ ପରି ବାସୁଦେବ – 'ନକ୍‌ସାଲ ମୋ ନାଁଟି', 'ନ ହେବି କାହିଁ ନକ୍‌ସାଲ', 'କ୍ରାନ୍ତିର ପଥେ' ତାତ୍କାଳିକ ପରିସ୍ଥିତିରେ ଲେଖାଯାଇଥିଲା ।

"ପୃଥିବୀ ମୋର ଆହା କେମନ୍ତ

ଥିଲି ମୁଁ ଦିନେ ସରଳ ଶାନ୍ତ

ଅହିଂସା ଥିଲା କାଆଟି

ନକସଲ ମୋ ନାଆଁଟି ।

କାନ୍ଦି କାନ୍ଦି ଗାନ୍ଧୀ ଗଲା

ଗଡ଼ ସେ ଗୁଲି ବାଜିଲା

ମଲା ଦୁନିଆଁ ପାଇଁଟି ।

ବାଇଆ ହେଲା ବିନୋବା ଭାବେ

ଦୁଃଖୀ ଜୀବନ ନିରତ ଭାବେ

ବାଣ୍ଟିଲା ମାଟି ମାଆଟି

ଆରପଟରେ କାର୍ଲମାର୍କ୍

ଲେନିନ୍ ଦେଲେ ବଡ଼ ସାହସ

ଏଇ ଗରିବ ପାଇଁଟି ।

ଦାସ୍ କ୍ୟାପିଟାଲ ଲେଖିଲା ବସି

ବରିଲେ ଦେଶ ତାହାକୁ ହସି

ଧରାଇ ଦେଲେ ରାହାଟି,

ସକଳ ପାଇଁ ପଢ଼ିଛି ବିଶ୍ୱ

ନିଃସ୍ୱ ହେବେ କିଆଁଟି ।

ମାଓର ଦେଶ ଆଗେଇ ଚାଲେ

ସର୍ବେ ସମାନ ଏ ଧରା ତଳେ

ମନ୍ତ୍ରୀ ସାଜେ ଆଜି ସମ୍ରାଟ

ଧନିକ ଶ୍ରେଣୀ ଭାଙ୍ଗନ୍ତି ଥାଟ

ପଢ଼ିଛୁ ଆମେ ସର୍ବହରା ହୋଇଟି ।

ଯା ଘରେ ଥିଲା ଟଙ୍କା ଥଲି

ଭେଲିକି କଲା ଭଲି ଭଲି

ଗୋଟାକ ହେଲା ତିନୋଟି ।

ଆମ ଗାଁର ଯଦୁ ସାମଲ

କଲେ ଆଦାୟ ସୁଧ ଅସଲ

ଡବଲ ଧନୀ ହୋଇଟି ।

ଧୋବଲା ଚୋଠା ଦେଠା ତାଙ୍କର

ଟାଉଟରିରେ ହେଲେ ବଡ଼

ସଂପତି କଲା ଠକିଟି ।

ଗାନ୍ଧୀବାଦୀ ଗୁରୁପଧାନ

ଶୂନ୍ୟକଲେ ଅମାର ଧାନ

ସୁଧରେ ସୁଧ ନେଇଟି,

ସ୍ଖଲିନ୍ ସିନା ନାହାଁନ୍ତି,

ଦଲିଲ କରି ବାପାଠୁଁ କଲା

ଟଙ୍କା ଶୁଢିଲ୍ଲୁ କାଗଜ ମଲା

ତା' ପାଖେ ଜୀ ଥିଲାଟି

ଟଙ୍କା ପାଇଁ ଆସିଲା ଖରେ

କୋରଖ ଆସି ପଶିଲା ଘରେ ।

ଯାନ ଆସନ ଘରୁ ସେ ବୋହି ନେଲାଟି,

ମୋ ବାପା କାନ୍ଦେ ଦାଣ୍ଡ ଦୁଆରେ

ହାଣ୍ଡି ଛାଡ଼ି ରୋଷେଇ ଘରେ,

ବୋଉ ପୋଛିଲା ଲୁହଟି ।

ଇସ୍କୁଲରୁ ନାନୀ ମୁଁ ଫେରି

ଦେଖିଲୁ ଘର ଆଗରେ ହୋରି

ଧଇଲୁ ଉଚ୍ଚେ ରାହାଟି ।

ନିକୁଞ୍ଚ ଜନ ନ କଲା ଦୟା ।

ଉଚ୍ଛନ୍ନ ହେଲା ଜୀବନ ନାହା

ଅତ୍ୟାଚାର ଧନ ପାଇଁଟି ।

ଖୁନୀ କଂପାନୀ ମହାଦୋକାନୀ

ବାକିରେ ଦେଲା ସଉଦା ପୁଣି

କବଲା କରି ନେଲାଟି,

ଲାଭରେ ଲାଭ ଅସଲ ଲାଭ

ମନକୁ ତୋଷି ମିଠା ଦରବ

ଦିଅଇ କହି ବୋଲିଟି,

ନକ୍ସଲ ମୋ ନାଆଁଟି ।

ନରଣପୁର ମାମଲତକାର

ଚରଣ ବାବୁ ଭାରି ଖାତର

ସେକ୍ରେଟାରୀ ସେ ସବୁଠି,

ଇସ୍କୁଲ ଗଲା ନାଙ୍କରା ହେଲା

ବିରୋଧ କଲେ ଭାଇଟି

ଅଡ଼ୁଆ ମେଣ୍ଢ଼ି ନାହିଁଟି,

ନକ୍ସାଲ ମୋ ନାଁଟି ।

ଘରିଆ ଛୋଟା ବଡ଼ ନିଲଠା

କମ୍ବଲ ନେଲା ତିନି ତିନିଟା

ଆମକୁ ପଟି ମାରିଟି,

ଆମ ପଇସା ହୁଏନି ଗଣା

ତାଙ୍କ ଟଙ୍କାଟା ସତର ଅଣା

ଗରିବ ଧନ ହିସାବେ ତାଙ୍କ ନାହିଁ ।

ମହାପାତର ଭାରି ଖାତର

ଦେଖାଇ ଲୋକେ ସେବା ଚାତର

ଅଟା ରୁଡ଼ା ବସ୍ତା ଦେଲା ପେଲିଟି

ଆସିଲେ ଜଣେ କଂଗ୍ରେସ ନେତା

ପୁରାଇବାକୁ ମନରେ ଚେତା

ଶେଷରେ ସେ ଘଣ୍ଟ ଘୋଡ଼ାଇ ଗଲେଟି,

ନକ୍‌ସାଲ ମୋ ନାଁଟି ।"[୩୭]

ଓଡ଼ିଆ ସାମ୍ୟବାଦୀ କାବ୍ୟ ଆଦୋଳନ ଶେଷ ଭାଗରେ ୧୯୬୯-
୭୦ବେଳକୁ ଏହି ନୂତନ ଗୋଷ୍ଠୀର ଆବିର୍ଭାବ ଘଟିଥିଲା । ୧୯୬୭ ମସିହା ମେ
ମାସ ୨୭ ତାରିଖରେ ଉତ୍ତର ବଙ୍ଗର ତରାଇ ଅଞ୍ଚଳର ପାଦ ଦେଶରେ ନକସଲ
ବାଡ଼ିରେ ଆରମ୍ଭ ହୋଇଥିବା ବିପ୍ଳବ ବିହାର, ଆନ୍ଧ୍ର ଓ ଓଡ଼ିଶାକୁ ପ୍ରଭାବିତ କରିଥିଲା ।
ଚାଷୀ ମୂଲିଆଙ୍କର ସଶସ୍ତ୍ର ସଂଗ୍ରାମରେ ସମଗ୍ର ଭାରତବର୍ଷକୁ ଥରାଇ ଦେଇଥିଲା ।
ଯାହା 'ଲରେ ପ୍ରଗତିବାଦୀ ଲେଖକଗଣ ତାହାକୁ ଅକୁଣ୍ଠ ସମର୍ଥନ କରି ଲେଖନୀ
ଚଲାଇଥିଲେ । ଆନ୍ଧ୍ରର ସୁବାରାଓ ପାଣିଗ୍ରାହୀଙ୍କ ନେତୃତ୍ୱ ଓ କାବ୍ୟ ଆଦୋଳନ
ଅନ୍ୟମାନଙ୍କୁ ପ୍ରଭାବିତ କରିଥିଲା । ନକସଲ କବି ବାରବାରା ରାଓ ମଧ ତାଙ୍କର
ଜ୍ୱାଲାମୟୀ ଲେଖା ଲେଖି ଗିର' ହୋଇଥିଲେ । ଓଡ଼ିଶାରେ ରବି ସିଂ ଓ ମନମୋହନ
ମିଶ୍ର ଖୋଲାଖୋଲି ସମର୍ଥନ କରି ଲେଖିବା ସହିତ ନକ୍‌ସଲ ଭାବରେ ଗିର'
ହୋଇଥିଲେ । କବି ବାସୁଦେବ ଦାସ ଏହି ଉଗ୍ର ପ୍ରଗତିବାଦର ସମର୍ଥିକ ଲେଖକ
ଭାବେ ବେଶ୍‌ ଜଣାଶୁଣା ।

୩.୫ କବି ବାସୁଦେବ : ଏକ ତୁଳନାତ୍ମକ ଅଧ୍ୟୟନ :

୧୯୬୮-୬୯ରେ 'ମୁଁ ନହେବି କାହିଁକି ନକ୍‌ସଲ', ନକ୍‌ସଲ ମୋ ନାଆଁଟି,
ବହ୍ନିମ୍ୟୁର ଆଦି କବିତାରେ କବି ବାସୁଦେବ ଦାସ ରଣାଙ୍ଗନରେ ଅବତୀର୍ଣ

ହେବାର ଦେଖାଯାଏ । ମହାଜନୀ ଅତ୍ୟାଚାର, ଅନ୍ୟାୟ, ଅନୀତି, ସମାଜରେ କଣ୍ଟକବଳା, ପ୍ରେମର ପ୍ରତାରଣା, ବାସ୍ତୁହରା ମଣିଷର ଦୌନ୍ୟ, କୃଷିରଣରେ ଘର କୋରଖ ହେବା ଘଟଣାମାନ ଛାତ୍ରାବସ୍ଥାରୁ ଅଙ୍ଗେନିଭାଇ ସାଜିଥିଲେ ବିଦ୍ରୋହୀ ଦୁର୍ବାସା । ପ୍ରତିଶୋଧ ଓ ପ୍ରତିରୋଧର ସାହିତ୍ୟ ଲେଖି ଆରମ୍ଭ କରନ୍ତି ପଦଯାତ୍ରା । ଗାନ୍ଧିଭାବନାରୁ ମାର୍କ୍ସୀୟ ଚେତନାକୁ ଫେରି 'ଅଗ୍ନିବୀଣା' ଗୋଷ୍ଠୀରେ ତାଙ୍କର ସମ୍ପୃକ୍ତି ନିବିଡ଼ ହୁଏ ଏବଂ ସେ କେନ୍ଦ୍ରାପଡ଼ାରେ ଉତ୍ତର ଅଶୀକାଳରେ ଆରମ୍ଭ କରିଥିବା 'ପ୍ରଗତିଶୀଳ କବି କଲମଧାରୀ' ସାରସ୍ବତ ଅନୁଷ୍ଠାନରେ ପରିଣତ କରନ୍ତି ୧୯୮୪ ମାର୍ଚ୍ଚ ମାସରେ । ଏଥିରେ ଯୋଗଦାନ କରିଥିଲେ ଡଃ ଅପର୍ଣ୍ଣା ମହାନ୍ତି, ଅନ୍ନପୂର୍ଣ୍ଣା ମହାନ୍ତି, ସୁବାସ ମହାପାତ୍ର, ପଦ୍ମନାଭ ନାୟକ, ପ୍ରହ୍ଲାଦ ନାଥ, ଅଦ୍ବୈତ ମହାନ୍ତି, ସାବିତ୍ରୀ ମହାରଣା, ପୀତାମ୍ବର ତରାଇ ଓ ସରସ୍ବତୀ ବେହେରା, ରାମକୃଷ୍ଣ ଦାସ ପ୍ରମୁଖ । ଭୂତମୁଣ୍ଡେଇ, ସିଂଟାଳିଠାରୁ ଆରମ୍ଭ କରି ଆଳି ନ-ମଉଜା ଏବଂ ବାଲେଶ୍ବର ମାର୍କୋଣା ପର୍ଯ୍ୟନ୍ତ ପରିବ୍ୟାପ୍ତ ଥିଲା ଆନ୍ଦୋଳନ ଓ ସାହିତ୍ୟ ପ୍ରସାରର କ୍ଷେତ୍ର । ଜନଗଣଙ୍କ ମଧ୍ୟରେ ବୈପ୍ଲବିକ ଚେତନା ନବ ରୂପରେ ହେଲା ବିକଶିତ ।

ଉତ୍ତର ସତୁରୀର ଏହି ପ୍ରଗତିଶୀଳ ଚେତନା କବିଙ୍କର 'ବହ୍ନିମହ୍ଲାର', 'ଶଢ଼ର ଅଭିସାର', 'ଜୟଜନନୀ', 'ପରିତର୍ପଣ', 'ଆଖି ଖୋଲିଲେ ଆକାଶ', 'ପୁଣ୍ୟ ମାଟିର ଦୁଃଖ' (୨୦୧୫) ଓ 'ଚାଲ କୁରୁକ୍ଷେତ୍ର' ଆଦି ୭ଟି କବିତା ସଂକଳନରେ ଗରିବ ମଣିଷର ଲହୁଲୁହର ବର୍ଷବିଭା ଉକୁଟି ଉଠେ । ଏଭଳିକି ଅନ୍ଧ ଭିକାରୀଟିର ଅଧିକାର ସାବ୍ୟସ୍ତ ପାଇଁ ସେ ଅଙ୍ଗୀକାରବଦ୍ଧ ଲଢ଼େଇ କରିବାରେ ବିଶ୍ବାସୀ, ସଫଳତାର ଉଦିତ ସୂର୍ଯ୍ୟ ଯେପରି ହାତ ପାହାନ୍ତାରେ, ସାମ୍ୟ ସମାଜର ଅଭିଳାଷରେ ଗାଇଉଠନ୍ତି –

"ଶୋଷଣର ଏଇ ସମର ଘାଟିରେ

ବୋମାପଡ଼ୁ ବୋମାପଡ଼ୁ

ପୁଞ୍ଜିବାଦର ଛାତିର ରକତେ

ଧରା ହେଉ ଜୁଡ଼ୁବୁଡ଼ୁ ।" (ଶଢ଼ର ଅଭିସାର, ବାସୁଦେବ ଦାସ)

ବିପ୍ଳବୀ କବି ରବି ସିଂଙ୍କ ସହ ବାସୁଦେବଙ୍କ ପ୍ରଥମ ସାକ୍ଷାତ୍ ତା ୧୦.୦୨.୧୯୬୮ ରିଖ ଏକ ଶୀତ ସକାଳରେ । ପ୍ରଖ୍ୟାତ ନକ୍ସଲ ନେତା ନାଗଭୂଷଣ ପଟ୍ଟନାୟକଙ୍କୁ ଭେଟିବାର ସୁଯୋଗ ପାଇ ରବି ସିଂଙ୍କ ପ୍ରେରଣାରେ ଉଦ୍‌ବୁଦ୍ଧ ହୋଇଗଲେ ।

'ନକ୍ସଲ ମୋ ନାଁଟି' କବିତା ରଚନାଠାରୁ ତାଙ୍କର ବିପ୍ଳବର ଧାରା ଛୁଟିଲା । ତାଙ୍କର ପ୍ରଥମ କବିତା ସଂକଳନ ଅଭୟା ପ୍ରେସ୍, କେନ୍ଦ୍ରାପଡ଼ାରେ ମୁଦ୍ରିତ ହୁଏ ୧୯୮୬ ମସିହାରେ 'ବ୍ରହ୍ମମ୍ହାର' କବିତାଗୁଡ଼ିକ ପ୍ରାୟ କବି ରବି ସିଂଙ୍କ କବିତାର ପ୍ରଭାବ କବି ବାସୁଦେବଙ୍କ କାବ୍ୟ ପରିଧିରେ ଉପଲବ୍ଧ । ବ୍ୟକ୍ତିଗତ ଜୀବନର ଅନ୍ତର୍ଦାହ ଯେପରି କବି ରବି ସିଂଙ୍କ ପ୍ରାଣକୁ ପ୍ରଚଣ୍ଡ ଆଘାତ କରିଛି ଏବଂ ତାହା ତାଙ୍କ ସାହିତ୍ୟରେ ପରିଲକ୍ଷିତ-ସେହିପରି ବାସୁଦେବଙ୍କ ସଂଘର୍ଷପୂର୍ଣ୍ଣ ଜୀବନର ଝଙ୍କି କବିତାରେ ଅନୁରଣିତ ।

"ବୈଶ୍ୱାନର ରୁଦ୍ର ରସନା

ଗ୍ରାସିବାକୁ ଆଜି ଜାଗ

ଅଦ୍ରି ଶିଖରେ ଦାବାଗ୍ନି ତୁହି

ରଚି ଯା ବାଡ଼ବା ଆଗ ।

ଲହ ଲହ ହୋଇ ଲେଲିହାନ ତୋର

ଗିଲି ଯାର ଧରା ଗରଳ

କ୍ଷିପ୍ର ପ୍ରବାହ ଯୌବନ ରଟୁ

ଆଗ୍ନେୟ ସୃଷ୍ଟି ସକଳ ।"(୩୮)

ରବି ସିଂଙ୍କର ପିତା-ସ୍ୱାଧୀନତା ସଂଗ୍ରାମରେ ମାଡ଼ ଖାଇ ଘରେ ପଡ଼ି ପ୍ରାଣ ହାରିଲେ । ତାଙ୍କର ସଂପତ୍ତି ଲୁଣ୍ଠିତ ହେଲା । ସେହି ଅନୁଦାର ବଂଶଧରଠାରୁ ଅନ୍ୟମାନଙ୍କର ଅନୁଦାର ଭାବ ତାଙ୍କ ପ୍ରଗତିପଥରେ ବାଧା ସୃଷ୍ଟି କରିଥିଲା । ବାସୁଦେବଙ୍କର ବାପ-ଅଜା ସଂପତ୍ତି ନିଲାମ ହେଲା, ଘରେ କ୍ରୋଖ ପଶିଲା ଓ ମାତୃ ବିୟୋଗ ସର୍ବୋପରି ଦାରିଦ୍ର୍ୟର କଷାଘାତ ତାଙ୍କ ପ୍ରାଣରେ ପ୍ରଚୁର ଆଘାତ କରିବା ଆଦି କାରଣର ତାଙ୍କର କାରୁଣ୍ୟ ମଥିତ ସ୍ୱର କ୍ରୋଧରେ ପରିଣତ ହୋଇଛି ।

ଏ ସମାଜର ପରିବର୍ତ୍ତନ ଘଟିଲେ ଦାରିଦ୍ର୍ୟ ସମାଜରୁ ହଟିବ ଶୋଷଣ ଓ ନିର୍ଯ୍ୟାତନା, ଶୋଷଣ, ଜାତିଆଣଭାବ, ଅତ୍ୟାଚାର ସମାଜରୁ ଆପେ ଆପେ ଦୂର ହୁଏ ନାହିଁ। ଏଣୁ ବିପ୍ଲବର ଆବଶ୍ୟକତା ଅତ୍ୟନ୍ତ ଜରୁରୀ। ଏହି ପରିପ୍ରେକ୍ଷୀରେ କବି ବାସୁଦେବଙ୍କର କବିତାର ପ୍ରାସଙ୍ଗିକତା ରହିଛି।

ଗୁରୁ ଗମ୍ଭୀରେ ବିପ୍ଲବୀ ମାସୀ

ଆଙ୍କୁ ରୁଦ୍ରନ ମନେ

ତୁଷ୍ଟା ହେଉ ଏ ପିଷ୍ଟ ଜୀବନ

ବହ୍ନି-ମହ୍ଲାର ଗାନୋ।"(୩୯) (ବହ୍ନି ମହ୍ଲାର)

କବିଙ୍କର 'ଜାଗର୍ଣ' କବିତାରେ ଶୋଷଣ ପୀଡ଼ନ ବ୍ୟତୀତ, ଅସ୍ପୃଶ୍ୟତା ଓ ବାସନ୍ଦର ଚିତ୍ର ରହିଛି। ତାଙ୍କର ମାଆ ସୁଲୋଚନା ଦେବୀ ପଙ୍କ୍ତି ଭୋଜନରେ ଯୋଗ ଦେଇଥିଲେ ବୋଲି ତାଙ୍କ ଘରକୁ ଜାତି ଭାଇ ବାସନ୍ଦ କରିଥିଲେ। ପୁନର୍ଣ୍ଚ ଭଉଣୀ ବିଭାଘରକୁ ନିମନ୍ତ୍ରଣ ଭାଇ ଭୋଜି ଦେଇ ନ ପାରିବାରୁ ମଧ୍ୟ 'ଏକଘରିଆ' ରହିଥିଲେ। ସମାଜର ବାସ୍ତବ ଚିତ୍ର ସହିତ ସାମନ୍ତୀ ଅତ୍ୟାଚାରର ବାଙ୍ମୟ ଚିତ୍ର ସବଳିତ ହୋଇଅଛି।

"ପାର୍ଶ୍ୱେ ମୋର ଅସ୍ପୃଶ୍ୟତା

ଶୁଣିଲି ନାହିଁ ଭାଷାର କଥା

ଦେଖିଲେ ନାହିଁ ହୃଦୟ ବ୍ୟଥା

ନାହିଁ ତିଲେ ମାନବିକତା

ନରମୁଖା ବାହୀ ପଶୁ ପାଲଟିଛି

ମାଂମାଂସା ହିଂସା ରକ୍ତ

ତପ୍ତ ମୋର ରକ୍ତ

ଘୃଣ୍ୟହୀନ ଏପରି ବେଶ

ଅନ୍ତରେ ଦେଲା ଯେଉଁ ବିଷ

ନୀଳକଣ୍ଠରୁ ନିସୃତ ହୁଏ

ଧ୍ୱଂସ ଧୂର୍ଜଟି ମନ୍ଦ ହାସ।"

ସମାଜ ବ୍ୟବସ୍ଥାରେ ଯେତେ ପ୍ରକାର କୁ-ସଂସ୍କାର, ଆର୍ଥିକ ଶୋଷଣ, ଜାତିଆଣଭାବ ଏହି ଅମାନବିକତା କାର୍ଯ୍ୟକଲାପ କବିତା ମାଧ୍ୟମରେ ବିଲୋପ କରି ଏକ ନୂତନ ସ୍ୱପ୍ନ ଦେଖିବାର ବିଶ୍ୱାସ ଭରି ଦେଇଛନ୍ତି । ୧୯୭୦ ପରବର୍ତ୍ତୀ କାଳର ଜନସମାଜରେ ସାମାଜିକ, ଆର୍ଥିକ ବୈସାଦୃଶ୍ୟ ରହିଥିଲା । ଏହି ପ୍ରୁଷ୍ଠଭୂମିରେ କବିର ଦୁର୍ବାର ସାହସକୁ ଲକ୍ଷ୍ୟ କରାଯାଇପାରେ ।

"ତୁଂଦ୍ରା ଦାସୀର ତଂଦ୍ର ଭାଙ୍ଗିବି

ହୃଦ ତଂତ୍ରୀରେ କେଦରା ସୃଜିବି

ଶସ୍ୟ ଶ୍ୟାମଳ କେଦାର

ଉଉରଲ ହେବ ତୁଷାର ସ୍ତୂପ

ନିର୍ଭର ନିର୍ମଳ ପ୍ରଖର ।" (ଜାଗର୍ଣ୍ଣି)

ବାସୁଦେବ ଦାସ ଏହି କବିତାରେ କବି ଅନନ୍ତ ପଟ୍ଟନାୟକଙ୍କୁ ଅନୁକରଣ କରିପାରିଥାନ୍ତି । ଭାଷା ଓ ଛନ୍ଦ ଭିନ୍ନ ହେଲେ ମଧ୍ୟ ସମାନ ସ୍ୱର ଶୁଣାଯାଏ । ନବଯୁଗ ସାହିତ୍ୟ ସଂସଦରେ ମାଲତୀ ଚୌଧୁରୀଙ୍କ କଣ୍ଠରେ ବୋଲାଯାଇଥିବା ସଂଗୀତର ଛାପ ଏଥିରେ ପ୍ରତିଧ୍ୱନିତ ।

"ନବୀନ ଯୁଗର ତରୁଣ ଜାଗରେ ଜାଗ ବନ୍ଧନ ହରା

ବକ୍ଷେ ଶୋଣିତ ଲକ୍ଷେ ଜୀବନ ଖେଲାଅ ଆଲୋକ ଧାରା

ଛିନ୍ନ କରରେ ବନ୍ଧନ ରାଜି କ୍ରନ୍ଦନ ହେଉ ଶେଷ

ଲୁପ୍ତ ହେଉରେ ଜାତି ଉପଜାତି, ଖଣ୍ଡିତ ଶତ ଦେଶ ।" (୪୧)

କବି ଅନନ୍ତ ପଟ୍ଟନାୟକଙ୍କର ଏହି କାଳଜୟୀ କବିତାରେ ସାମ୍ୟବାଦୀ ଚିନ୍ତନ ଅତି ସୁନ୍ଦର ଭାବେ ପ୍ରତି'ଳିତ । ଯୁବଶକ୍ତିକୁ ସଂଗଠିତ କରିବା ପାଇଁ ଯେମିତି ଉଦ୍‌ବୋଧନୀ ରହିଛି, ସେହିପରି ବାସୁଦେବ ଦାସଙ୍କ କବିତାରୁ ନିଜ ତାରୁଣ୍ୟର ସ୍ୱର୍ଣ୍ଣ ଦର୍ଶାଇ ଅନ୍ୟ ଯୁବଗୋଷ୍ଠୀଙ୍କ ପାଇଁ 'ଜାଗର୍ଣ୍ଣି' କବିତା ଲେଖି ଅଛନ୍ତି ।

କବି ରବି ସିଂଙ୍କ ପରି ବାସୁଦେବଙ୍କ କବିତାର ଛତ୍ରେ ଛତ୍ରେ ଫୁଟିଉଠେ ବିଦ୍ରୋହର ଝଙ୍କାର । ବାସୁଦେବଙ୍କ କବିତାରେ ଦୁଇଟି ସ୍ୱର ସଂଜାତ । ଗୋଟିଏ

ଉଗ୍ରପନ୍ଥୀର ବିଦ୍ରୋହ ଅନ୍ୟ ଭାଗଟି କଥନ ଶୈଳୀ ବା ଉପବାକ୍ୟର ଅଭିବ୍ୟକ୍ତି। ୧୯୧୦ରୁ ୨୦୦୦ ମସିହା ପର୍ଯ୍ୟନ୍ତ କବିତାରେ ବିଦ୍ରୋହର କମାଣ ଧ୍ୱନି ଏବଂ ପରବର୍ତ୍ତୀ ୨୦୦୦ରୁ ୨୦୧୬ ପର୍ଯ୍ୟନ୍ତ କବିତାରେ ସ୍ୱର ଓ ଶୈଳୀ ପରିବର୍ତ୍ତିତ ହୋଇଅଛି। କିନ୍ତୁ ଭାବାଦର୍ଶରେ କୌଣସି ପରିବର୍ତ୍ତନ ହୋଇନାହିଁ। କବି ରବି ସିଂଙ୍କ ପରି ବାସୁଦେବ ଦାସ ଜଣେ ଅଙ୍ଗୀକାରବଦ୍ଧ କବି। କବିତା ସୃଷ୍ଟି, ସାମାଜିକ ସଂଗଠନ ଓ ବ୍ୟବହାରରେ ସେ ସାମ୍ୟବାଦୀ, ଶୈଳୀ ବଜାୟ ରଖିଥିବା ମନେ ହୁଏ। ରବି ସିଂଙ୍କ କବିତା –

"ମରାଳ ହୃଦର ତୀର ତରୁ ତଳେ ଦେଖିଛି ଧ୍ୱଂସ ଛବି

ଆଘାତ ଉପରେ ଆଘାତ ହାଣିଛି ଅକଲ୍ୟାଣର ଶିକାର

ସଉନ୍ଦର୍ଯ୍ୟ ମୋ କାନ୍ଦିଛି ସଦା ବେଦନା ସିନ୍ଧୁ ତୀରେ।"[୪୧]

ବାସୁଦେବ ଦାସଙ୍କର ଆତ୍ମ ବିଶ୍ୱାସ ଓ ଆତ୍ମ ଅଭିବ୍ୟକ୍ତିରେ ରବି ସିଂଙ୍କର ମୁଦ୍ରାଙ୍କ ସାମାନ୍ୟ ଥିବାର ମନେହୁଏ ମାତ୍ର ବାସୁଦେବଙ୍କ କବିତା ଅଧିକ ବଳିଷ୍ଠ ରୂପ ଗ୍ରହଣ କରିଅଛି।

"ମୁଁ ଯେ ମହାସମୁଦ୍ରର ରୁଦ୍ର ତାପସ ବାଚି ବଲ୍ଲରୀ ଦାସ

ମୁଁ ଯେ ପଉଷ ଉଷାର ଆଶାର କାକଲୀ ଧ୍ୱାନ୍ତବିନାଶୀ ରବି

ମୁଁ ଯେ ବିପୁଳ ଧରାର ଧୁର୍ଧର ଧମନୀ କମନୀୟ କାନ୍ତଛବି।

ମୁଁ ଯେ ଶିମିଳିପାଳର ବାଘ

ମୋର ସଂଗୀତ ମୂଳେ ରଂଗୀନ ସ୍ୱପ୍ନ

ଶିକାରର ଅନୁରାଗ।"[୪୨]

ଅନ୍ନଦାଶଙ୍କର ରାୟ ଓ କବି ରବି ସିଂ ୧୯୧୩ରେ ଯେଉଁ ବୈପ୍ଲବିକ ପତ୍ରିକା 'ଅଗ୍ନିବୀଣା' ପ୍ରକାଶ କରିଥିଲେ– ୧୯୮୫ ମସିହାରେ ଡ. ନାରାୟଣ, ଡ. ବାସୁଦେବ ଦାସ, ଭଗବାନ ମହାପାତ୍ର ଏହି ଅଗ୍ନିବୀଣା ବିପ୍ଲବୀ ପତ୍ରିକାର ସମ୍ପାଦକ ଦାୟିତ୍ୱ ବହନ କରିଥିଲେ।

ଦୁଇଟି କବିତା ପଂକ୍ତି ଦୁଇ କବିଙ୍କର ମାନସିକତା ବା ବକ୍ତବ୍ୟ ସମାନ ହେଲେ ମଧ୍ୟ ବାସୁଦେବଙ୍କର କବିତାର ଭାବ ମଂଜୁଳ ଓ ଅଭିବ୍ୟକ୍ତି ଅଧିକ

ରସାଶ୍ରୟୀ। କବି ରବି ସିଂ 'ଲାଲ ଫଲ୍ଗୁ'ରେ ତାଙ୍କ ବିପର୍ଯ୍ୟସ୍ତ ଜୀବନକୁ ସମାଜ ସହ ଫେଣ୍ଟି ଯେଉଁ କଳା ଫୁଟାଇଛନ୍ତି ବାସୁଦେବଙ୍କର ଅନୁରୂପ ହେଲେ ବି ତାହା ଅଧିକ ବିପ୍ଳବ ମୁଖର। 'କବି' ସମ୍ପର୍କିତ ବିଷୟବସ୍ତୁ ଯାହା ବାସୁଦେବଙ୍କର ପରିଚୟ ମଧ୍ୟ ତାହା।

ଚଳନ୍ତିକାର ଅନ୍ୟତମ ଅମ୍ଲାନ ପ୍ରତିଭା ବ୍ରଜନାଥ ରଥ କାବ୍ୟବିଭା ସମ୍ପର୍କରେ ଆଲୋକପାତ କଲେ ଜଣାଯାଏ, ସମାଜର ଭାବପିଣ୍ଡ ତାଙ୍କ କବିତାର ବସ୍ତୁ। କବି ବିଭିନ୍ନ କ୍ଷେତ୍ରରେ ଦେଖିଛନ୍ତି ବୈଷମ୍ୟ। କୃଷକର ହୀନସ୍ତା ଓ ସାମାଜିକ ଅମର୍ଯ୍ୟାଦା ଉପରେ ବ୍ରଜନାଥ ରଥଙ୍କର ଲେଖନୀ ବଳିଷ୍ଠ ରୂପ ଗ୍ରହଣ କରିଛି। ବ୍ରଜନାଥ ସମସାମୟିକ ପ୍ରଗତିବାଦୀ କବି ଭାବେ ସୁପରିଚିତ। ସେ ମଧ୍ୟ ବାସୁଦେବଙ୍କର ଅଗ୍ରଜ କବି। ମାତ୍ର କବି ବାସୁଦେବଙ୍କର ସ୍ଵାତନ୍ତ୍ର୍ୟ ବ୍ରଜନାଥଙ୍କଠାରୁ ମଧ୍ୟ ଭିନ୍ନ ଏବଂ ବିଶିଷ୍ଟତା ବିମଣ୍ଡିତ। ତାଙ୍କର କୃଷକ ସମାଜ ପ୍ରତି ସମ୍ବେଦନଶୀଳତା ଉଲ୍ଲେଖନୀୟ –

"ଇତିହାସ ଗଢ଼ନ୍ତି ସେମାନେ

ଶତ ଶତ ସିଂହାସନ ଉତ୍ଥାନେ ପତନେ, ଅବିରଳ ରହି ଯେଉଁମାନେ

ଧରିଥାନ୍ତି ଧରଣୀର ଉତ୍ପାଦନ ପଦ୍ଧତିର ଡୋରି

ସେମାନେ ହିଁ ତାହାର କାଣ୍ଡାରୀ।"(୪୪)

କୃଷିଜୀବୀ ପରିବାରର ସନ୍ତାନ ବାସୁଦେବ। ତାଙ୍କର କୃଷକ ସମାଜ ପ୍ରତି ପରମ କର୍ତ୍ତବ୍ୟ ମନେକରି ରଚନା କରିଛନ୍ତି ଅନୁରୂପ ଅନେକ ଅଙ୍ଗୀକାରବଦ୍ଧ କବିତା। କୃଷକର ନ୍ୟାଯ୍ୟ ଦାବି ଉପରେ ଆଧାରିତ କବିତାରେ କବି ବାସୁଦେବଙ୍କ 'ମାଟିର ମୁଁ କଳାକାର' କବିତାରେ ଭାଷା ଓ ଭାବର ଚମତ୍କାରିତା ଫୁଟାଇଅଛନ୍ତି ଯାହା ବ୍ରଜନାଥଙ୍କ କବିତାଠାରୁ ଅଧିକ ପ୍ରାସଙ୍ଗିକ ମନେହୁଏ।

"ମାଟିର ମୁଁ କଳାକାର ବିଶ୍ଵର ବିଧାନୀ

ଶାଶ୍ଵତ କଳା ଆଶେ ଧରିଅଛି କରଣୀ

ଆଦିମ ପିପାସା ନେଇ

ଅଦମ୍ୟ ଚାଲିଛି ମୁହିଁ

ସୃଷ୍ଟିର କୃଷ୍ଟି ଆସେ ନିତ୍ୟ ହୁଏ ପାଗଳ

ମାଟିର ମଙ୍ଗଳ ପାଇଁ ଧରିଅଛି ଲଙ୍ଗଳ ।

×   ×   ×

ପତିତ ମୁଁ ଦଳିତ

ସମାଜରେ ହେଳିତ

ବସନ ମୋ ମଳିତ

ସମ୍ମାନ-ଗଳିତ

ମୁଁ ହୋଇଛି ତମ ପାଶେ ଅନୁକମ୍ପା ଭିକାରୀ

ପୁଞ୍ଜି ଗୁଞ୍ଜି ସାଜିଅଛି ଏଡ଼େ କଳାବଜାରୀ !”(୪୪)

କବି ବାସୁଦେବ ବୁଲେଇବଙ୍କେଇ କୌଣସି କଥା ନ କହି ସିଧା ସମର ପ୍ରାଙ୍ଗଣକୁ ଆହ୍ୱାନ କରିଛନ୍ତି । ଏହି କବିତା ୧୯୭୦ ମସିହାରେ ‘ଡିନାମାଇଟ୍’ ୨ୟ ସଂଖ୍ୟାରେ ପ୍ରକାଶ ପାଇଥିଲା । ସେହି ସମୟ ଖଣ୍ଡରେ ନକ୍ସଲବାଡ଼ି ଗ୍ରାମରେ କୃଷକ ଆନ୍ଦୋଳନ ଉଗ୍ରରୂପ ଧାରଣ କରିଥିଲା, ଯାହାକି ପରବର୍ତ୍ତୀ କାଳରେ ନକ୍ସଲ ଏକ ଆନ୍ଦୋଳନାତ୍ମକ ପନ୍ଥାରେ ପରିଣତ ହୋଇଗଲା ।(୪୬) ଏହି ପୃଷ୍ଠଭୂମିରେ ବାସୁଦେବଙ୍କର ‘ମୁଁ ନକ୍ସାଲ ନ ହେବି କାହିଁକି’ ଆଦି କବିତା ରଚିତ ହୋଇଥିଲା । ସାମ୍ରାଜ୍ୟବାଦୀ ଶୋଷଣ ତଥା ପୁଞ୍ଜିବାଦୀ କାର୍ଯ୍ୟାଦି ମଧ୍ୟରେ କୃଷକ ଜୀବନର ସମ୍ଭାବନା ପରାହତ ଓ ଭୂଲୁଣ୍ଠିତ । ବାସୁଦେବଙ୍କ ସୃଷ୍ଟିରେ କୃଷକ ଦୁର୍ବଳ ନ ହୋଇ ଶକ୍ତିଶାଳୀ ଯୋଦ୍ଧା ଭାବରେ ନିଜକୁ ପ୍ରତିଷ୍ଠା କରିପାରିଛି । ଯେଉଁ ଲେଖନୀ ସମାଜ ଓ ବ୍ୟକ୍ତିକୁ ସାହସୀ ଓ ଶକ୍ତିଶାଳୀ କରିପାରେ, ସେ ଲେଖନୀ ନିସୃଜ କବିତା କାଳଜୟୀ ହୋଇପାରେ । ଆଜି ଏକବିଂଶ ଶତାବ୍ଦୀରେ ଅଭାବୀ ବ୍ୟକ୍ତିର ଶିକାର ହୋଇ କୃଷକ ଆତ୍ମହତ୍ୟା କରୁଛି । ଏହାଠାରୁ ବଡ଼ ଦୁର୍ଭାଗ୍ୟ କ’ଣ ଥାଇପାରେ ।

“ପିଠିରେ ସହିଛି ଲାଠି

ଖଟିଛି ବେଗାରି ବେଠି

କୁଷ୍ଠିତ ତିଳେ ନୋହି

ଲୁଷ୍ଠିତ କରିବି ମୁହିଁ

ତୁମର ସେ କାରସାଦି ସାମ୍ରାଜ୍ୟ ବାଦରେ

ସାମ୍ୟବାଦ ହାତୁଡ଼ି ମୋ ନାସିକାକୁ କ୍ଷୁବ୍ଧରେ ।"[୪୭]

କବି ବାସୁଦେବଙ୍କ କବିତାରେ ପ୍ରତିବନ୍ଧତାର ସ୍ୱର ସହିତ ମାନବବାଦୀ ଦୃଷ୍ଟିଭଙ୍ଗୀ ନିହିତ । ଅନ୍ୟ ଏକ ଦୃଷ୍ଟାନ୍ତରୁ କବି ବାସୁଦେବଙ୍କର ପ୍ରଗତିବାଦୀ ଦୃଷ୍ଟିଭଙ୍ଗୀ ସ୍ୱଷ୍ଟ ହୋଇପାରେ ।

"ମୁଁ ଯେ ଖର ଇତିହାସ କଙ୍କରିତ କୂଲେ

ଚହଲା ଚପଲା-ବାଲା

ନାଁଟି ମୋହର ସମତା ସୌମ୍ୟା

ପଲ୍ଲୀର ମଲ୍ଲୀମାଲା

ଗେର ସମାର ଟାଲେ ଟେଳା ଶୂଳା

ଫାଶି ପାଇଁ ଦେବୁ ଗଲା ।"

ବହୁ ଦୃଷ୍ଟାନ୍ତ ସହ ସମସାମୟିକ କବି ସଦାଶିବ ଦାଶ, ଆଶୁତୋଷ ପରିଡ଼ା, ହୁସେନ ରବିଗାନ୍ଧୀ, ପ୍ରସନ୍ନ ପାଞ୍ଚଶାଣୀଙ୍କ କବିତା ତୁଳନାତ୍ମକ ବିଚାର ଆସିଥାଏ ।

ଅନ୍ତଃଟୀକା

୧.   ଶାସ୍ତ୍ରୀ, ଦୋଳଗୋବିନ୍ଦ – ନଚିକେତାର ଚୈତ୍ୟ – ବିଜୟିନୀ ପବ୍ଲିକେଶନ, ପୃ-୯୭ ।

୨.   ରକ୍ ବେଦ ୧୦/୧୯୧/୦

୩.   ଭୀ – ୭/୧୪-୭/୮ ।

୩.   ଶାସ୍ତ୍ରୀ, ଦୋଳଗୋବିନ୍ଦ – ନଚିକେତାର ଚୈତ୍ୟ, ପୃ-୯୩

୫.   ଦାସ ବାସୁଦେବ, ଆମ ସଂସ୍କୃତି ଆମ ସ୍ୱୀକୃତି, ୨୦୦୮, ପୃ-୯୫ ।

୬. ତତ୍ରୈବ

୭. ତତ୍ରୈବ, ପୃ-୯୬

୮. ତତ୍ରୈବ

୯. ଦାସ ବାସୁଦେବ - ଆମ ସଂସ୍କୃତି ଓ ଆମ ସ୍ୱୀକୃତି, ପୃ-୯୭

୧୦. ତତ୍ରୈବ

୧୧. ଦାଶ କୁମୁଦଚନ୍ଦ୍ର – ଓଡ଼ିଆ ପ୍ରଗତିଶୀଳ କାବ୍ୟଧାରା - ଯୁଗ ପ୍ରବର୍ତ୍ତନ, ପୃ-
    ୬।

୧୨. ତତ୍ରୈବ, ପୃ-୬

୧୩. ଦାଶ ବିଜୟଲକ୍ଷ୍ମୀ – ନବପତ୍ର ୫୭ ବର୍ଷ ଜୁଲାଇ-୨୦୧୮।

13. Mao-Tse-Tung : Selected works Vol-IV, P-428

୧୫. ଦାସ ବାସୁଦେବ – ଅକ୍ଷର ଆହବ।

୧୬. ଶତପଥୀ, ବିଜୟ କୁମାର – ଓଡ଼ିଆ ସାହିତ୍ୟରେ ପ୍ରଗତିବାଦୀ ଧାରା,
    ଓଡ଼ିଶା ବୁକ୍ ଷ୍ଟୋର୍, ପୃ-୩୮।

୧୭. ଦାଶ, ବିଜୟଲକ୍ଷ୍ମୀ – ଆଧୁନିକ ଓଡ଼ିଆ କବିତାରେ ପ୍ରଗତିବାଦୀ ଚେତନା,
    ଚିତ୍ରୋତ୍ପଳା ପବ୍ଲିକେଶନ, ପୃ-୩୬।

୧୮. ଶତପଥୀ, ବିଜୟ – ଓଡ଼ିଆ ସାହିତ୍ୟରେ ପ୍ରଗତିବାଦୀ ଧାରା, ଓଡ଼ିଶା ବୁକ୍
    ଷ୍ଟୋର୍, ପୃ-୬୯।

19. Maxim Gorki Literature and Life. Hitchman - P-145.

୨୦. ଦାଶ ବିଜୟଲକ୍ଷ୍ମୀ – ଆଧୁନିକ ଓ କବିତାରେ ପ୍ରଗତିବାଦୀ ଚେତନା,
    ଚିତ୍ରୋତ୍ପଳା ପବ୍ଲିକେଶନ, ପୃ-୩୬।

୨୧. ଦାସ ବାସୁଦେବ – ଓଡ଼ିଆ ସାହିତ୍ୟରେ ପ୍ରଗତିଶୀଳ ଚେତନା, ପ୍ରକାଶକ
    – ସତ୍ୟବ୍ରତ ଦାସ, ୨୦୧୮, ୧ମ ଅଧ୍ୟାୟ।

୨୨. ମହାପାତ୍ର ଆଶିଷ – ଯୁଗସ୍ରଷ୍ଟା ଭଗବତୀ ଚରଣ – ପୃ-୧୯୦।

୨୩.	ତତ୍ରୈବ, ପୃ-୧୯୯।

୨୩.	ରାୟ ଲକ୍ଷ୍ମୀ ନାରାୟଣ ସିଂହ – ଓଡ଼ିଶାରେ ନୂତନ ଭାବଧାରାର ଉନ୍ମେଷ – ଭଗବତୀ ପାଣିଗ୍ରାହୀ, ପୃ-୧୦।

୨୫.	ଶତପଥୀ ନିତ୍ୟାନନ୍ଦ – ସବୁଜର ସମ୍ପାଦକ, ଗ୍ରନ୍ଥମନ୍ଦିର, ପୃ-୩୬।

୨୬.	ଏମିଲ୍ ବର୍ଣ୍ସ – ମାର୍କ୍ବାଦ କ'ଣ ? ସାମନ୍ତ ବିହାର, ପୃ-୩।

୨୭.	ତତ୍ରୈବ, ପୃ.୪

୨୮.	ତତ୍ରୈବ

୨୯.	ତତ୍ରୈବ

୩୦.	ଦାସ ବାସୁଦେବ – ଓଡ଼ିଆ ସାହିତ୍ୟର ପ୍ରଗତିଶୀଳ ଚେତନା, ପ୍ରଥମ ସଂସ୍କରଣ, ୨୦୧୭, ପୃ-୭୧।

୩୧.	ତତ୍ରୈବ, ପୃ-୭୨

୩୨.	ତତ୍ରୈବ, ପୃ.୭୫

୩୩.	ଦାସ ବାସୁଦେବ – ପ୍ରାଚୀତାରା – ରଥ ବିଶେଷାଙ୍କ ୨୦୦୯, ସାମ୍ୟବାଦୀ ସାହିତ୍ୟର ସାମାନ୍ୟ କଥନ ପ୍ରବନ୍ଧ।

33.	Dash Brajakishore - A Versatile Genesis of Odisha, Page-14, 2017, Published Gabesana Parisada, Kendrpara.

୩୫.	ମହାରଣା ଜ୍ଞାନଦେବ – ମୋ ମାମୁ – ୨୦୧୫, ପୃ-୧୦୫।

୩୬.	ତତ୍ରୈବ, ପୃ.୧୦୧

୩୭.	ଦାସ ବାସୁଦେବ – ବହ୍ନିମନ୍ଦାର ୧୯୮୬ – କବିତା ସଂକଳନ।

୩୮.	ତତ୍ରୈବ

୩୯.	ତତ୍ରୈବ

୪୦.	ତତ୍ରୈବ

୪୧.	ତତ୍ରୈବ

୪୨. ସିଂହ ରବି – ଲାଲ 'ଲଗୁ – 'ଅଗ୍ନିବୀଣା', ଜୁନ୍-୧୯୭୦।

୪୩. ଦାସ ବାସୁଦେବ – ଶଢର ଅଭିସାର – ପରିଚୟ – ପ୍ର-ବର୍ତୀଘର, ପୃ-
      ୭୦।

୪୩. ରଥ ବ୍ରଜନାଥ – ନିଃଶଢ ପ୍ରତିବାଦ – ପୃ-୩୧୪

୪୫. ଦାସ ବାସୁଦେବ – ବହ୍ନିମହ୍ଲାର – ୧୯୮୬, ପୃ-୧୦।

୪୬. ଦାଶ ବିଜୟଲକ୍ଷ୍ମୀ – ଆଧୁନିକ ଓଡ଼ିଆ କବିତାରେ ପ୍ରଗତିବାଦୀ ଚେତନା,
      ପୃ-୧୫୯।

୪୭. ଦାସ ବାସୁଦେବ – ବହ୍ନିମହ୍ଲାର, ପୃ-୧୧।

୧୯୮୦ ପରବର୍ତ୍ତୀ ପ୍ରଗତିବାଦୀ କାବ୍ୟଧାରା :
ସ୍ୱାତନ୍ତ୍ର୍ୟ ଓ ସମ୍ଭାବନା

୪.୧ ଜଗତ୍‌କରଣର ପୃଷ୍ଠଭୂମି

ଆର୍ଥନୀତିକ ବୈଷମ୍ୟ ଦୂର କରି ପାରସ୍ପରିକ ପ୍ରଯୁକ୍ତିବିଦ୍ୟା, ଆବଶ୍ୟକ ପଦାର୍ଥର ବିନିମୟ ଓ ସେବାର ହସ୍ତାନ୍ତରିକରଣ ଉଦ୍ଦେଶ୍ୟକୁ ଚରିତାର୍ଥ କରିଥାଏ ଜଗତ୍‌କରଣ ବା ବିଶ୍ୱାୟନ। ସମଗ୍ର ପୃଥିବୀ ଗୋଟିଏ ଗ୍ରାମରେ ପରିଣତ ହେବାର ସ୍ୱପ୍ନ ସେଥିରେ ନିହିତ। ଭାବାବେଗର ଆଦାନପ୍ରଦାନ 'ଲରେ ସୌଭ୍ରାତୃତ୍ୱ ପ୍ରତିଷ୍ଠା ହେବାର ଲକ୍ଷ୍ୟ ହାସଲ ହୋଇଥିବାରୁ ପ୍ରଚଳିତ ଆର୍ଥିକ ବ୍ୟବସ୍ଥାଗୁଡ଼ିକ ମଧ୍ୟରେ ସମନ୍ୱୟ ସ୍ଥାପିତ ହୁଏ। କେବଳ ରାଷ୍ଟ୍ରୀୟ ଶୃଙ୍ଖଳା ଦ୍ୱାରା ବ୍ୟକ୍ତିବିଶେଷଙ୍କର ବ୍ୟକ୍ତିତ୍ୱର ବିକାଶ ଘଟି ନଥାଏ କିମ୍ବା ରାଜନୀତିକ ବିକାଶରେ ପେଟ ପୂରୁ ନଥାଏ। ଏଥିପାଇଁ ଆର୍ଥନୀତିକ ସଂସ୍ଥାଗୁଡ଼ିକ ମଧ୍ୟରେ ସମନ୍ୱୟ ପ୍ରତିଷ୍ଠା ହେଲେ ବ୍ୟକ୍ତି ନିକଟକୁ ବଞ୍ଚିବାର ସାମର୍ଥ୍ୟ ଆସିଥାଏ। "Globalisation is a process in which effective integration of economics| takes place through exchange of idea, information, technology goods and services."[୧]

ସାମ୍ପ୍ରତିକ ସମୟରେ ସୂଚନାର ପ୍ରଯୁକ୍ତି ବିଦ୍ୟା ଓ ବିଜ୍ଞାନ କୌଶଳର ଯେଉଁ ସମ୍ପ୍ରସାରଣ ଘଟିଛି, ଜଗତୀକରଣ ହେଉଛି ତାହାର ଏକ ଉପାଦାନ। ସଂଚାର ପ୍ରଣାଳୀ, mass communicationର ବ୍ୟାପକ ବୃଦ୍ଧିଯୋଗୁଁ ଏହା ସମ୍ଭବ ହୋଇଅଛି। ସମଗ୍ର ପୃଥିବୀ ସଂକୁଚିତ ହୋଇଯାଇଛି ଗୋଟିଏ କେନ୍ଦ୍ରବିନ୍ଦୁରେ। ଟେଲିଫୋନ, ସାଟେଲାଇଟ୍, ଦ୍ରୁତଗାମୀ ବିମାନ ସେବା, କମ୍ପ୍ୟୁଟର, ଇଣ୍ଟରନେଟ୍ ଦ୍ୱାରା ପୃଥିବୀର ଗୋଟିଏ ପ୍ରାନ୍ତରୁ ଅନ୍ୟ ପ୍ରାନ୍ତ ସହିତ ଅକ୍ଲେଶରେ ଯୋଡ଼ି ହୋଇଯାଉଛି। ଏହାହିଁ ଜଗତ୍‌କରଣ ବ୍ୟବସ୍ଥା। / ଜଗତୀକରଣର କ୍ଷେତ୍ର.... (କ) ସାମାଜିକ, (ଖ) ସାଂସ୍କୃତିକ, (ଗ) ରାଜନୀତିକ, (ଘ) ଆର୍ଥନୀତିକ। ଏହି କ୍ଷେତ୍ରଗୁଡ଼ିକ

ଜଗତୀକରଣ ଦ୍ୱାରା ପ୍ରଭାବିତ ହେଉଅଛି । କେହି କେହି ସପକ୍ଷ ଓ ବିପକ୍ଷରେ ଯୁକ୍ତି କଲେ ହେଁ, ଏହା ଜନ ବିସ୍ଫୋରଣର ଏକ ଐତିହାସିକ ଆବଶ୍ୟକତା ।[୨]

୧। ମାନବ ସମାଜ ନିକଟତର ହେବା ସଙ୍ଗେ ସଙ୍ଗେ ପୃଥିବୀର ସଂକୋଚନ ଘଟୁଛି । ସାହିତ୍ୟ, ସଂସ୍କୃତି, ସାମାଜିକ ରୀତିନୀତିରେ ଥିବା ସଂକୀର୍ଣ୍ଣତା ଦୂର ହୋଇ ନୂତନ ତଥା ବ୍ୟାପକ ଦୃଷ୍ଟିଭଙ୍ଗୀ ସୃଷ୍ଟି ହେଉଛି ।

୨। ନୂତନ ଜ୍ଞାନକୌଶଳ ଓ ପାରମ୍ପରିକ ଜ୍ଞାନକୌଶଳର ପରିବର୍ତ୍ତନ ସଙ୍ଗେ ସଙ୍ଗେ ସହଜ ଓ ସୁଗମ ପ୍ରୟୋଗ ହୋଇପାରୁଅଛି ।

୩। ପୁଞ୍ଜି ବିନିଯୋଗରେ ବ୍ୟାପକ ସୁଯୋଗ ସୃଷ୍ଟି ହେବା 'ଲରେ ପୁଞ୍ଜିର ବିନିଯୋଗ ହୋଇପାରୁଛି ।

୪। ପାରମ୍ପରିକ ଜ୍ଞାନକୌଶଳ ପରିବର୍ତ୍ତେ ନୂତନ ଜ୍ଞାନ କୌଶଳର ପ୍ରୟୋଗ ଦ୍ୱାରା ସମୟ ଓ ଶକ୍ତି ସଂଚିତ ହୋଇପାରୁଛି ।

୫। ଆବଶ୍ୟକ ସେବା ଓ ଦ୍ରବ୍ୟ ଖାଉଟି ନିକଟରେ ସହଜରେ ପହଞ୍ଚି ପାରୁଛି ।

୬। ସଂଚୟ ଅପେକ୍ଷା ବିନିଯୋଗର ପ୍ରାଧାନ୍ୟ ରହିଥିବାରୁ ବହୁରାଷ୍ଟ୍ରୀୟ କମ୍ପାନୀଙ୍କୁ ଅର୍ଥ ବିନିଯୋଗ ସୁଯୋଗ ମିଳୁଛି । ଏପରି କେତେକ ଉପକାର ଉପଲବ୍ଧ ହୋଇଥିଲେ ମଧ ତାହାର କୁପ୍ରଭାବ ସମାଜ, ସଂସ୍କୃତି ଓ ସାହିତ୍ୟକୁ ବିଶେଷ ଭାବେ ପ୍ରଭାବିତ କରିଅଛି । ଯାହା ଉଲ୍ଲେଖଯୋଗ୍ୟ –

(କ) ଜଗତ୍କରଣ ପ୍ରକ୍ରିୟା ଦ୍ୱାରା ସାମାଜିକ ଓ ମାନବିକ ମୂଲ୍ୟବୋଧ ହ୍ରାସ ଘଟିଛି ।

(ଖ) ଯୌଥ ପରିବାର ଭୁସୁଡ଼ି ପଡ଼ିଛି ।

(ଗ) ଆଞ୍ଚଳିକ ସ୍ୱତନ୍ତ୍ରତା ପାଇଁ ଦାବିବାର ବୃଦ୍ଧି ପାଇଛି ।

(ଘ) ଆଞ୍ଚଳିକ ସାହିତ୍ୟ, ଭାଷା, ସଂସ୍କୃତି ପ୍ରତି ବିପଦ ଘନୀଭୂତ ହୋଇଛି ।

(ଙ) ବ୍ୟକ୍ତିବାଦକୁ ପ୍ରାଧାନ୍ୟ ମିଳିଛି ଏବଂ ଟଙ୍କା ସର୍ବସ୍ୱ ହୋଇଛି ମଣିଷ ।

(ଚ) ଅଣ ସାଂସ୍କୃତିକ ପରିବେଶ ସୃଷ୍ଟି ହୋଇଛି ।

(ଛ) ପୁଞ୍ଜିପତି ଅଧିକ ଲାଭବାନ ଏବଂ ସାଧାରଣ ଜନତା ପରୋକ୍ଷ ଶୋଷଣରେ
ଦଳିତଲାନ୍ତ ।

(ଜ) ନୂତନ ସଂସ୍କରଣ ନାମରେ ପାରମ୍ପରିକ ସମାଜ ଓ ସଂସ୍କୃତି ବାଧାପ୍ରାପ୍ତ
ହୋଇଥିବା କାରଣରୁ ନାରୀ, ବୃଦ୍ଧ ବୃଦ୍ଧା ନୈରାଶ୍ୟର ଶିକାର ହେଉଛି ।
କୁଳବଧୂ କୁଲଟା ଓ ନାରୀ ବିପଥଗାମୀ ହୋଇ ଦୁଷ୍କର୍ମର ଶିକାର ହେଉଅଛି ।

ସ୍ଥୂଳତଃ ଓଡ଼ିଆ ସାହିତ୍ୟ, କବିତା, ଗଳ୍ପ, ଉପନ୍ୟାସରେ ଜଗତ୍କରଣର
ପ୍ରଭାବ ପଡ଼ିଛି । ପ୍ରଗତିବାଦୀ କବିବୃନ୍ଦ ଏହାର ବିରୋଧରେ ସ୍ୱର ଉତ୍ତୋଳନ
କରୁଥିଲେ ହେଁ, ଏହା ଶକ୍ତିଶାଳୀ ହୋଇପାରୁ ନାହିଁ । ୧୯୯୧–୯୨ରେ ଭାରତର
ପ୍ରଧାନମନ୍ତ୍ରୀ ନରସିଂହ ରାଓ ଡଙ୍କେଲ ଚୁକ୍ତିରେ ସ୍ୱାକ୍ଷର କରିବା 'ଲରେ ଭାରତବର୍ଷ
ତଥା ଓଡ଼ିଶାର ଜନଜୀବନର ସୃଷ୍ଟି ହୋଇଛି ଅଭୂତପୂର୍ବ ପରିବର୍ତ୍ତନ ।

୪.୨ ଉତ୍ତର ଆଧୁନିକତାର ପଦଧ୍ୱନି :

ଓଡ଼ିଆ ଆଧୁନିକ ସାହିତ୍ୟର ପରିସୀମା ୧୮୮୦ରୁ ୧୯୮୦ ପ୍ରାୟ ଏକ
ଶହ ବର୍ଷ । ବିକାଶ, ବିବର୍ଦ୍ଧନ, ଉତ୍ତରଣ ଓ ଅବତରଣ ଏହି କାଳଖଣ୍ଡ ମଧ୍ୟରେ
ଘଟିଥିବା ବିଶ୍ୱାସ । ରାଧାନାଥ ଯୁଗରୁ ଆରମ୍ଭ ହୋଇ ସତ୍ୟବାଦୀ, ସବୁଜ, ପ୍ରଗତିବାଦୀ
ଓ ପ୍ରୟୋଗବାଦୀ ଧାରାରେ ଆଧୁନିକ ଚେତନାର କାଳ ନିହିତ । ୧୯୮୦ ପରବର୍ତ୍ତୀ
କାଳର ସ୍ରଷ୍ଟା, ସୃଷ୍ଟି ଛଦି ହୋଇଯାଇଛନ୍ତି ଯାବତୀୟ ସମସ୍ୟା ଓ ଘଟଣାମୟ
ପରିସ୍ଥିତିରେ ।

ଏଠାରେ ଉଲ୍ଲେଖଯୋଗ୍ୟ ଯେ, ପାଶ୍ଚାତ୍ୟ ଜଗତ ତଥା ସାହିତ୍ୟରୁ ପୋଷ୍ଟ
ମର୍ଡ଼ର୍ଣ୍ଣଜିମ୍ ସରି ଆସୁଥିବା କାଳରେ ଆମ ସାହିତ୍ୟରେ ତାହାର ସୂତ୍ରପାତ ଘଟିବା
ସଙ୍ଗେ ସଙ୍ଗେ ଆରମ୍ଭ ହେଲା ପରୀକ୍ଷାନିରୀକ୍ଷା । ସାହିତ୍ୟ ଏକାଡ଼େମୀ ତଥା ଓଡ଼ିଶା
ସାହିତ୍ୟ ଏକାଡ଼େମୀର ତତ୍କାଳୀନ ସଭାପତି ପ୍ର. ଗଣେଶ୍ୱର ମିଶ୍ରଙ୍କ ଅଧ୍ୟକ୍ଷତାରେ
ଏ ନେଇ ତିନିଗୋଟି ଆଲୋଚନା ଚକ୍ର ଅନୁଷ୍ଠିତ ହୋଇଥିଲା । ଡକ୍ତର ଦିଲ୍ଲୀପ
କୁମାର ସ୍ୱାଇଁଙ୍କ 'ଉତ୍ତର ଆଧୁନିକତା' ଉପରେ ଆଧାରିତ ପୁସ୍ତକ ପ୍ରକାଶ ପାଇବା
ଏବଂ ସେ ନିଜେ ଉକ୍ତ ଆଲୋଚନାଚକ୍ରରେ ଜଣେ ଆଲୋଚକ ଭାବେ ଯୁକ୍ତି
ଉପସ୍ଥାପନ କରିଥିଲେ । ଡକ୍ତର ବାସୁଦେବ ଦାସ, ୭ ବ୍ରଜନାଥ ରଥ, ଅପୂର୍ବ

ରଞ୍ଜନ ରାୟ, ମାୟାଧର ନାୟକ ପ୍ରମୁଖ ବିଶିଷ୍ଟ ଆଲୋଚକ ଢେଙ୍କାନାଳ, ଯାଜପୁର ଓ ବାସୁଦେବପୁର ଅଟଳ ବିହାରୀ ଉଚ୍ଚ ବିଦ୍ୟାଳୟରେ ଅଂଶଗ୍ରହଣ କରିଥିଲେ। ଉତ୍ତର ଆଧୁନିକତାର ଏନ୍ତୁଡ଼ିଶାଳା ଇଂରାଜୀ ଓ ଫ୍ରାନ୍ସ ଭାବଧାରାରୁ। ମାତ୍ର ଓଡ଼ିଆ ସାହିତ୍ୟରେ ସେପରି ଉଲ୍ଲେଖଯୋଗ୍ୟ ସୃଷ୍ଟି ପରିଲକ୍ଷିତ ହୁଏ ନାହିଁ।

ନୋବେଲ ବିଜୟୀ କବି W.B. Yeat (1865-1939) ଗୋଟିଏ ପାଳିତ କନ୍ୟାର ଅଧିକାର ନେଇ ସ୍ୱର ଉଠାଇଥିଲେ ତାଙ୍କ 'To a child dancing in the wind' କବିତାରେ। ୧୯୪୭ ପରବର୍ତ୍ତୀ କାଳରେ ଓଡ଼ିଶାରେ ବିଶେଷ ଆଘାତ କରିଚି ମଣିଷ ପ୍ରାଣରେ ଶାସନଗତ ଅସଂଗତି, ଶୋଷଣ କ୍ରିୟାର ରୂପାନ୍ତର, ଉପଯୁକ୍ତ ସ୍ଥାନର ଅଭାବ, ଅନାସ୍ଥା ଭାବର ଝଞ୍ଜା ପ୍ରବାହ ଭିତରେ ଆଶ୍ୱାସନାର ଅଭାବ ଉତ୍ତର ଆଧୁନିକତା ନାମରେ ଦଣ୍ଡାୟମାନ। ଏହା 'Living World' କବିତା ସଂକଳନରେ ପ୍ରତିଫଳିତ ହୋଇଛି।

ରୋମାଣ୍ଟିସିଜମ୍ ବା ଭାବ ପ୍ରବଣତା ଓ ପ୍ରତିବଦ୍ଧତାର ମିଶ୍ରଣରେ ଉତ୍ତର ଆଧୁନିକ ଧାରଣା ସୃଷ୍ଟ।[୩] ବାସ୍ତବରେ ଏହାର ବଳିଷ୍ଠତା କିଛି ନାହିଁ। କେବଳ କବିତା ଆଙ୍ଗିକ ରୂପ ବରଣ କରିଛି। ନବେଦଶକରେ ଜଗତ୍‌କରଣ ଭାବଧାରା ବିରୋଧରେ ଏହା ଏକ ଶୁଭ ଉଚ୍ଚାରଣ। ଇଂରାଜୀ କବି ୱାର୍ଡ଼ସୱାର୍ଥ ଓ କଲରିଜଙ୍କଠାରୁ ଯେପରି ରୋମାଣ୍ଟିକ ଭାବ ଝଂକୃତ ହୋଇଥିଲା, ଉନବିଂଶ ଶତାବ୍ଦୀରେ ସେହିପରି Yeatsଙ୍କ ମାନବିକତା ଓ ରବୀନ୍ଦ୍ରନାଥଙ୍କ ସମ୍ବେଦନଶୀଳତା ତାଙ୍କ ସୃଷ୍ଟିକୁ ବଳିଷ୍ଠ କରିଥିଲା। ଏହି ଉତ୍ତର ଆଧୁନିକତାର ମୂଳଉତ୍ସ ରୂପେ ପ୍ରତୀୟମାନ ହୋଇଥିଲା।

ଡକ୍ଟର ନିତ୍ୟାନନ୍ଦ ଶତପଥୀଙ୍କ ମତରେ ଉତ୍ତର ସତୁରୀ କବିତା ଏକ ପକ୍ଷରେ ଅତ୍ୟନ୍ତ ବ୍ୟକ୍ତିଧର୍ମୀ ଆତ୍ମକୈନ୍ଦ୍ରିକ ଭାବବିଳାସ ଓ ଅପରପକ୍ଷରେ ସମାଜ ସଚେତନ ଉଗ୍ର ଇସ୍ତାହାରର ଦ୍ୱୈତ ସ୍ୱର ହିଁ ଶୁଣିବାକୁ ମିଳୁଛି। ବହୁ ସଚେତନ କବି ସାର୍ଥକ ଭାବରେ ଏ ଦୁଇ ଚେତନାର ସମନ୍ୱୟରେ ଆଗ୍ରହୀ। ଏହି ବାମପନ୍ଥୀ କବିମାନଙ୍କୁ କେହି ସମାଜବାଦୀ, କେହି ମାର୍କସବାଦୀ, କେହି ପ୍ରଚାରବାଦୀ ଭାବରେ ନାମିତ କରିଥିଲେ ମଧ୍ୟ ସମସାମୟିକ ଭାରତୀୟ କବିତାର ଏହି ବଳିଷ୍ଠ ବିଭାବ କ୍ଷେପଣୀୟ ନୁହେଁ। ଅଧିକନ୍ତୁ ପାଠକର ଯୋଗାଯୋଗ ସ୍ଥାପନ କରିବାରେ ଏହି କବିଗୋଷ୍ଠୀଙ୍କର ବରଂ ସଫଳତା ଅପେକ୍ଷାକୃତ ଅଧିକ - ଏକଥା ସ୍ୱୀକାର କରିବାକୁ

ହେବ । ପରୀକ୍ଷା ବା ପ୍ରୟୋଗ ବାଦିତା ନାମରେ ଏମାନେ ଅନ୍ତତଃ ଆଡ଼େଇ ଯିବାରେ ପକ୍ଷପାତି ନୁହନ୍ତି ।

ପ୍ରଗତିବାଦୀଙ୍କ ଅଙ୍ଗୀକାରଧର୍ମିତା ସାଙ୍ଗକୁ ପ୍ରୟୋଗବାଦୀଙ୍କ ରୋମାଣ୍ଟିକବାଦ ମିଶ୍ରଣରେ କବିତା ରଚୁପୂର୍ଣ୍ଣା ସାଜିଛି । ମାଟି, ମଣିଷ, ପ୍ରକୃତି, ନାରୀ, ପରିବେଶ ଓ ମାନବିକତାର ଅପୂର୍ବ ସମନ୍ଵୟ ଘଟିଛି । ପ୍ରୟୋଗବାଦୀ ସ୍ରଷ୍ଟା ଯାହାକୁ ସ୍ଲୋଗାନଧର୍ମୀ କହୁଥିଲେ, ସେମାନେ ଯେପରି ଗ୍ରହଣ କରିଛନ୍ତି, ପ୍ରଗତିବାଦୀ ଗୋଷ୍ଠୀ ମଧ ମାଟି ମମତାର ମଧୁର ରାଗିଣୀ ଶୁଣି ଭାବିଛନ୍ତି ଏହି ବିଳାସୀ ମୃତ୍ୟୁଭୀତ କବି ମଧ ଆମ କଥା ମାନି ନେଇଛନ୍ତି । ମଧୁର ସମନ୍ଵୟର କବିତା ଉତ୍ତର ଆଧୁନିକ ସାହିତ୍ୟ ବା କବିତାର ଧାରା । ଡ. ବାସୁଦେବ ଦାସ ଅନ୍ୟ ପ୍ରଗତିବାଦୀଙ୍କ ପରି 'ଆଖି ଖୋଲିଲେ ଆକାଶ' (୨୦୦୯), 'ପୁଣ୍ୟମାଟିର ଦୁଃଖ' (୨୦୧୪) କବିତା ମିଶ୍ର ରାଗର ଧ୍ରୁପଦୀ ରଚନା କରିଅଛନ୍ତି ।

ସାହିତ୍ୟରେ ପ୍ରଚାର, ପ୍ରୋପାଗାଣ୍ଡା ଓ ସ୍ଲୋଗାନ୍ ସର୍ବସ୍ଵତାକୁ ପରିହାର ପୂର୍ବକ, ଉତ୍ତର ଆଧୁନିକ କାଳଖଣ୍ଡ ଭାବରେ ପ୍ରଗତିବାଦୀ ଚେତନା ହୋଇଛି ଅତି ସମ୍ଵେଦନଶୀଳ, କମନୀୟ ଓ କଳାତ୍ମକୟ ଆବେଦନ ଦୃଷ୍ଟିରୁ ଅପେକ୍ଷାକୃତ ସଫଳ । ପ୍ରଚାର ସର୍ବସ୍ଵତାକୁ ପ୍ରାଧାନ୍ୟ ନ ଦେଇ କଳାତ୍ମକର ପରିପାଟୀଗତ ଉତ୍କର୍ଷ ଓ ମାନବବୋଧର ଦରଦରେ ପ୍ରଗତିବାଦର ସ୍ଵରୂପ ଧାରଣ କରିଛି ଏକ ଅଭିନବ ଆଙ୍ଗିକ ସୌଷ୍ଠବ ।

କ୍ଵାଲାମୟୀ ଉତ୍ତେଜନା ପୂର୍ଣ୍ଣ ସଂଗ୍ରାମ ପାଇଁ ଆହ୍ଵାନ ନ ଦେଇ ଏହା ପରିବର୍ତ୍ତନର ବାର୍ତ୍ତା ପ୍ରଚାର କରିଛି । ମୁକ୍ତି ଓ ସ୍ଵାଧୀନତାର ସ୍ଵପ୍ନ ବିତରଣ ହୋଇଛି – ଏହାର ପ୍ରମୁଖ ଆବେଦନ । ଅନ୍ୟାୟ ଶୋଷଣ ବିରୁଦ୍ଧରେ ବିଦ୍ରୋହର ଆୱାଜ ନ ଉଠାଇ ଏହା ମୃଦୁ ପ୍ରତିବାଦର ଚେତନାଟିଏ ସୃଷ୍ଟିର ପ୍ରୟାସ କରିଛି । ଏହି ଦୃଷ୍ଟିକୋଣରୁ ସ୍ଵାଧୀନତା ପରବର୍ତ୍ତୀ ପ୍ରଗତିବାଦୀ ସାହିତ୍ୟକୁ ମୁଖ୍ୟତଃ ଦୁଇ ଭାଗରେ ବିଭକ୍ତ କରାଯାଇଛି । ଯଥା– (୧) ଉଗ୍ର ପ୍ରଗତିବାଦୀ, (୨) ଉଦାର ପ୍ରଗତିବାଦୀ ।

ପ୍ରଚାର ସର୍ବସ୍ଵ ଓ ଶ୍ରେଣୀସଂଗ୍ରାମ ଉପରେ ଗୁରୁତ୍ଵ ପ୍ରଦାନ କରୁଥିବା ଗୋଷ୍ଠୀଟି ଉଗ୍ରପ୍ରଗତିବାଦୀ ଶ୍ରେଣୀର ଅନ୍ତର୍ଭୁକ୍ତ କରାଯାଇଛି । କବି ଅନନ୍ତ ପଟ୍ଟନାୟକ,

ମନମୋହନ ମିଶ୍ର, ରବି ସିଂ, ଦଣ୍ଡପାଣି ମହାପାତ୍ର, ପ୍ରଶାନ୍ତ ମିଶ୍ର, ଧ୍ରୁବ ରଣା, ପ୍ରସନ୍ନ ପାଞ୍ଚଶାଣୀ ଓ ବାସୁଦେବ ଦାସ ପ୍ରମୁଖଙ୍କୁ ଉଗ୍ର ପ୍ରଗତିବାଦୀ ଭାବେ ଆଖ୍ୟାୟିତ କରାଯାଇଥିବାବେଳେ ବ୍ରଜନାଥ ରଥ, ଆଶୁତୋଷ ପରିଡ଼ା, ଶୈଳଜ ରବି, ବ୍ରହ୍ମାନନ୍ଦ ଦାସ, ସଦାଶିବ ଦାଶ ପ୍ରମୁଖଙ୍କୁ ଉଦାରପନ୍ଥୀ ଚେତନାର କବିମାନଙ୍କ ଶ୍ରେଣୀରେ ଅନ୍ତର୍ଭୁକ୍ତ କରାଯାଇଛି । ଏମାନଙ୍କ ସହିତ ପ୍ରସନ୍ନ ପାଞ୍ଚଶାଣୀ, କୁଳମଣି ଜେନା, ରାମକୃଷ୍ଣ ସାହୁ, ବସନ୍ତ ମୁଦୁଲି, ରାଜକିଶୋର ଦାସ, କୁମାର ହସନ, ପୀତାମ୍ବର ତରାଇ, ବାସୁଦେବ ସୁନାନୀ, ଲେନିନ୍ କୁମାର, ରାମକୃଷ୍ଣ ମହାନ୍ତି, ଦୁର୍ଗା ପ୍ରସାଦ ପଣ୍ଡା, ରମେଶ ପତି, ବାଞ୍ଛାନିଧି ଦାସ, ବିନୋଦ ସାହୁ, ଚକ୍ରଧର ବେହେରା, ଭଗବାନ ମହାପାତ୍ର, ଅମିୟ ପାଣ୍ଡବ, ଅପର୍ଣ୍ଣା ମହାନ୍ତି, ହୁସେନ୍ ରବିଗାନ୍ଧୀ, ପ୍ରସନ୍ନ ମିଶ୍ର, ବ୍ରଜେନ୍ଦ୍ର ଦତ୍ତ, ରଘୁନାଥ ଦାସ (ଜଟାୟୁ), ବନମାଲୀ ସେନାପତି, ପିନାକୀ ସିଂ, ଭାରତ ମାଝି, ଅଖିଳ ନାୟକ, ନିରାକାର ଦାସ, ବିବେକାନନ୍ଦ ନାୟକ, ଈଶ୍ୱର ଦାସ ପ୍ରମୁଖ କବିମାନଙ୍କୁ ସକ୍ରିୟ ଉଦାରପନ୍ଥୀ କହିଲେ ଭ୍ରମ ହେବ ନାହିଁ ।

ପ୍ରଗତିବାଦୀ ଚେତନା ସାହିତ୍ୟରେ କେବଳ ଏକ ଦର୍ଶନ ନୁହେଁ; ଅଧିକନ୍ତୁ ସଭ୍ୟତାର ଉଦ୍‌ବର୍ଦ୍ଧନ । ଇତିହାସରେ ଏକ ସର୍ବାଧୁନିକ ମାନବୀୟ ଦର୍ଶନ; ଯାହାର ପ୍ରାସଙ୍ଗିକତା, ଆଧିପତ୍ୟ, ପରାଧୀନତା, ଶୋଷଣ ଓ ବୈଷମ୍ୟ ଆଜିୟାଏ ଅବ୍ୟାହତ ରହିବ । ଯେପର୍ଯ୍ୟନ୍ତ ବିଶ୍ୱର ମିଣଷ କୌଣସି ନା କୌଣସି ରୂପରେ ବି ହେଉ, ଯଦି ସେ ସାମଗ୍ରିକ ମୁକ୍ତି ଓ ସ୍ୱାଧୀନତା ଅଧିକାର ନ ପାଏ, ଯେପର୍ଯ୍ୟନ୍ତ ସାମାଜିକ ଜୀବନରୁ ଶୋଷଣ, କଷଣ ଓ ବୈଷମ୍ୟର ବିଲୁପ୍ତି ଘଟିନାହିଁ, ସେ ପର୍ଯ୍ୟନ୍ତ ମାନବର ମୁକ୍ତି ସ୍ୱପ୍ନଟି ଉଜ୍ଜୀବିତ ହୋଇ ରହିଥିବ ଏବଂ ଏହି ମୁକ୍ତିର ଆକାଂକ୍ଷାକୁ ଶ୍ରେଣୀ ସଂଗ୍ରାମର ମାର୍ଗଦେଇ ଉଦ୍‌ବୋଧିତ କରୁଥିବ ପ୍ରଗତିବାଦୀ ଚେତନା । ୧୯୮୦ ପରବର୍ତ୍ତୀ ଓଡ଼ିଆ କବିତାରେ ପ୍ରଗତିବାଦୀ ଚେତନାର ଉଜ୍ଜ୍ୱଳ ସମ୍ଭାବନା ପରିଲକ୍ଷିତ ହୁଏ । ଜଗତ୍‌କରଣର ଆଧିପତ୍ୟ, ରାଷ୍ଟ୍ରୀୟ ଉଦାରୀକରଣ ନୀତି, ବଜାର ଅର୍ଥନୀତି, ଶିକ୍ଷାୟନ ନାମରେ ବିଜ୍ଞାପନ, ବେକାରୀ ବେରୋଜଗାରୀ, ରାଜନୈତିକ ଭ୍ରଷ୍ଟାଚାର, ଦୁର୍ନୀତି, ରାହାଜାନି, ହତ୍ୟା ଓ ଲୁଣ୍ଠନ ବିରୁଦ୍ଧରେ ଆଜି ସ୍ୱର ଉତ୍ତୋଳନ କରୁଛି ୧୯୮୦ ମସିହା ପରବର୍ତ୍ତୀ ଓଡ଼ିଆ ପ୍ରଗତିବାଦୀ କବିତା ।

ପ୍ରଗତିବାଦୀ କବି ଗୋଷ୍ଠୀଙ୍କ ଉପରେ ଚୀନ୍-ଭାରତ ଯୁଦ୍ଧ, ଭାରତ-ପାକିସ୍ତାନ ଯୁଦ୍ଧ, ସୋଭିଏତ ରୁଷିଆର ଗ୍ଲାସନୋଷ୍ଟ ଓ ପେରିସ୍ତ୍ରୋୟିକାର ଗଭୀର ପ୍ରଭାବ ଅନୁଭୂତ । ପ୍ରଗତିବାଦୀ ସାହିତ୍ୟର ଧାରା ପ୍ରବାହ ଭିତରେ କେତେକ ଯୁବକବି ପାଶ୍ଚାତ୍ୟ କାବ୍ୟକବିତାର ଅନୁଭୂତିରେ ଓଡ଼ିଆ କବିତାକୁ ନୂତନ ଶୈଳୀ ପ୍ରଦାନ କରିଛି । ମନୋଜ ଦାସ, କୃଷ୍ଣଚରଣ ବେହେରା, ବ୍ରଜେନ୍ଦ୍ର ଦଢ, ବ୍ରଜନାଥ ରଥ, ବନମାଲି ସେନାପତି, ସଦାନନ୍ଦ ଦାସ ପ୍ରମୁଖ ପ୍ରଗତିଶୀଳ ତଥା ବାମପନ୍ଥୀ ଚେତନାଦୀପ୍ତ କବିତାରେ ବ୍ରତୀ ଥିଲେ । ୧୯୬୦-୬୫ ମଧ୍ୟରେ ଚୀନ୍ ଆକ୍ରମଣକୁ କେନ୍ଦ୍ରକରି ଭାରତୀୟ କମ୍ୟୁନିଷ୍ଟ ପାର୍ଟି ଭାଗ ଭାଗ ହୋଇଯାଏ । ସେଥିମଧ୍ୟରୁ କେତେଟା ଉପଦଳ ଲାଲ୍ଝଣ୍ଡା ଓ ଲାଲ୍ ସଲାମ କରି ବାମପନ୍ଥା ସାଜିବାର ଦୃଶ୍ୟ ଚକ୍ଷୁଶୀଳ ହେଲା । ସମ୍ଭବତଃ ଏହି ପୃଷ୍ଠପଟରେ ପ୍ରଗତିଶୀଳ ଶିବିରରେ ଶିଥିଳତା ପ୍ରବେଶ କଲା । ଯେଉଁ କବିଗଣ ବାମପନ୍ଥୀ ମାର୍ଗୀ ଥିଲେ ସେମାନେ ବିକଳ୍ପ ପଥ ବାଛି ନିଅନ୍ତି । ଯେପରି ଜାତୀୟତାବାଦର ରଣଭେରୀ ବା ତୂର୍ଯ୍ୟନାଦ ପାଖରେ ସବୁଜ ଗୋଷ୍ଠୀଙ୍କର ସ୍ୱପ୍ନବିଲାସ କବିତା ଗୋଟିଏ ଦଶନ୍ଧି ରୀତିମତ ଦୃଢ଼ ହୋଇ ଠିଆହେବାର ଲକ୍ଷ୍ୟ କରାଯାଇଥିଲା, ପୁନଶ୍ଚ ପ୍ରଗତିଶୀଳ କାବ୍ୟସାହିତ୍ୟ ସାମ୍ନାରେ କେତେଜଣ କବିବନ୍ଧୁ ଇଲିଇୟଟିକ୍ ଷ୍ଟାଇଲ ଓ ହା'ହତାଶ ଭାବ ମଧ୍ୟରେ ପୋଷଣ କରି କବିତାକୁ ରୋମାର୍ଷିକ ରଙ୍ଗ ଦେଲେ । ଭାନୁଜୀ ରାଓ, ଗୁରୁ ମହାନ୍ତିଙ୍କ ବ୍ୟତୀତ ତାଙ୍କ ପରବର୍ତ୍ତୀ ରମାକାନ୍ତ ରଥ, ସୀତାକାନ୍ତ ମହାପାତ୍ର, ଦୀପକ ମିଶ୍ର, ରାଜେନ୍ଦ୍ର ପଣ୍ଡା ଓ ସୌଭାଗ୍ୟ ମିଶ୍ର ଏହି ଶ୍ରେଣୀର କବିବୃନ୍ଦ । ଏମାନଙ୍କର ଶୈଳୀ, ଭାବ, ଚେତନାର ସମନ୍ୱୟ ଘଟିଥିବାରୁ ଏ ପାଞ୍ଚଜଣ ପଞ୍ଚସଖା ଭାବରେ ପରିଚିତ । ରୋମାର୍ଷିକ୍ ଭାବାବେଗର ପୃଷ୍ଠପଟରେ ମାନବିକ ସତ୍ୟର ଉଚ୍ଚାରଣ କବିତାରେ ପ୍ରତିଧ୍ୱନିତ । ପଶ୍ଚାତରେ ମୃତ୍ୟୁ ଘୋଡ଼ାର ଟାପୁ ଶବ୍ଦ ଏହି ସ୍ରଷ୍ଟାମାନଙ୍କର ମନରେ ବିଷଣ୍ଣ କାତର ଭାବ ଉଦ୍ରେକ କରେ । ମୃତ୍ୟୁ ଚେତନାର ସିଦ୍ଧାନ୍ତୀକରଣ ହୋଇପାରି ନଥିବାରୁ, ବାରବାର ପ୍ରୟୋଗ ନେଇ – ଏହି ସମୟ ଖଣ୍ଡର କବି ଓ କବିତା ପ୍ରୟୋଗବାଦୀ ଚେତନା ନାମରେ ନାମିତ । କେତେକ ବିଶେଷଜ୍ଞ କବିତା ଭିତରେ ପୂର୍ବାପେକ୍ଷା ବାରିହୋଇ ପଡ଼େ –

୧। ବାମପନ୍ଥୀ ଧାରା ପରିବର୍ତ୍ତେ ରୋମାଣ୍ଟିସିଜିମ୍ ବରଣ।

୨। କବିତାରେ ଚାତୁର୍ଯ୍ୟୋକ୍ତି ଓ ବୁଦ୍ଧିଦୀପ୍ତତା ପ୍ରୟୋଗ

୩। ନୂତନ ଅଳଙ୍କାର – ବିଦେଶୀ ଚିତ୍ରକଳ୍ପ, ମିଥ୍‍, ପ୍ରତୀକାଦି ପ୍ରୟୋଗ।

୪। ପାଶ୍ଚାତ୍ୟ ଦର୍ଶନର ପ୍ରତିଫଳନରେ ଦୁର୍ବୋଧତା।

୫। କାବ୍ୟଛନ୍ଦ ପରିବର୍ତ୍ତେ ବାକ୍ୟ ଛନ୍ଦ।

୬। ଗାନ ଯୋଗ୍ୟତା ହରାଇ ଆବୃତ୍ତି ଆହରଣ।

୭। ଅନୁଭୂତି ଅପେକ୍ଷା ଚିନ୍ତା ପ୍ରସୂତି ଆଧିକ୍ୟ।

୮। ଆଦର୍ଶ ବଦଳରେ ବାସ୍ତବତା ଗ୍ରହଣ।

୯। ସମାଜ କୈନ୍ଦ୍ରିକ ନ ହୋଇ ବ୍ୟକ୍ତି କେନ୍ଦ୍ରୀକତା।

୧୦। ଅତିମାତ୍ରାରେ ସହର ପ୍ରୀତି ସୂଚକ ଚିତ୍ର।

୧୧। କବିତାରେ ନାୟକ ନାୟିକା ଛଦ୍ମରୂପ ଧାରଣ ମୁଁ ତୁ ତୁମେ (ସର୍ବନାମ) ମାଧ୍ୟମ।

୧୨। ପ୍ରକାଶ ଭଙ୍ଗୀ ସରଳ ସାବଲୀଳ ନ ହୋଇ ବିକ୍ରୋକ୍ତି ପ୍ରାଧାନ୍ୟ।

୧୩। ନୂତନ ରଚନାଙ୍ଗରେ ଓ ଏବଂ, କିମ୍ବା, ଅଥଚ, ଅଥବା ଭଳି ଅନାବଶ୍ୟକ ଅବ୍ୟୟ ପ୍ରୟୋଗ।

୧୪। ପ୍ରେମୀଯୁଗଳଙ୍କ ଛଦ୍ମରୂପ କବିତାରେ ଅଧିକକ୍ଷେତ୍ର ଲାଭ କରେ।

୧୫। ଆକାଶ, ପୃଥିବୀ, ବିଶ୍ୱ, ସମୁଦ୍ର, ରାତି ଜହ୍ନ ଆଦି ଭିନ୍ନ ଅର୍ଥରେ, ପ୍ରଯୁକ୍ତ।

ଉପଯୁକ୍ତ ବୈଶିଷ୍ଟ୍ୟ ପରିଲକ୍ଷିତ ହେଲେ ମଧ କବିତା ପରିଚ୍ଛନ୍ନ କଲେବରରେ ଲୋକ ଲୋଚନରେ ଉଭା ହୋଇପାରିଲା ନାହିଁ। କାବ୍ୟ ସୃଷ୍ଟିବତ୍‍ ବିଢିଜୀବୀମାନଙ୍କ ମଧ୍ୟରେ ଏହା ସୀମାବଦ୍ଧ ରହିଗଲା। ଏଥିରେ ଆଧୁନିକତାର ଛାପ ଅଛି, ଅଥଚ ଆଧୁନିକ କବିତା ହେବାର ଦମ୍‍ ଅଭାବ। ତା' ସଙ୍ଗେ ଆଧୁନିକ ବୋଲି ବହୁ ପ୍ରଚଲିତ ଶବ୍ଦରେ ଚଳୁଅଛି। ଦିନ ଥିଲା – କବିତା ଥିଲା ନିଷିଦ୍ଧ ଓ ଦୁର୍ବୋଧ। ୧୯୬୦ରୁ ୧୯୭୦ ମସିହା ଭିତରେ ପ୍ରକାଶିତ ଅଧିକାଂଶ କବିତା ଦୁର୍ବୋଧ। (ହିନ୍ଦୀ ସାହିତ୍ୟରେ ସେହି ସମୟରେ 'ଅକେନ' ବା 'ଅକବିତା'ର ଯୁଗାଭାସ

ମିଳିଥିଲା । ଏଥିରେ କିଛି ପଂକ୍ତି ଲିଖିତ ଥିବ, ତା' ଅପରେ ଡଟ୍ ଡଟ୍ ଗୋଟାରୁ ତିନି ଚାରିଟା ପ୍ରଶ୍ନବାଚୀ । ଏହାର ଅର୍ଥ ପଚାରିଲେ କୁହାଯାଏ 'ଫିଲସଫି' । ତେଣୁ କବିତା ଦୁର୍ବୋଧ ହେବାକୁ ବାଧ୍ୟ ହେଲା । କାରଣ –

୧।   ଅନ୍ତରଙ୍ଗ ଅନୁଭୂତିର ଅଭାବ ।

୨।   ବୌଦ୍ଧିକ ବିନ୍ୟାସ ।

୩।   ପ୍ରକାଶନରେ ପରିଛନ୍ନତାର ଅଭାବ ।

୪।   ଅସମ୍ପୃକ୍ତ ଚିତ୍ରକଳ୍ପ ପ୍ରୟୋଗ ।

୫।   ଭାବ ପ୍ରକାଶ କବିର ଅସାମର୍ଥ୍ୟ ।

୬।   ପାଠକ ସହ ଯୋଗାଯୋଗ ବିଛିନ୍ନତା ।

୭।   ସାରସ୍ୱତ ପ୍ରଜ୍ଞା ଅପେକ୍ଷା ପ୍ରଶଂସା ପ୍ରତି ଅହେତୁକ ଆସକ୍ତି ।[୪]

ଏସବୁ ଅପବାଦ ଯେପରି ଏହି ପ୍ରୟୋଗବାଦୀ ଗୋଷ୍ଠୀଙ୍କ କପାଳଲିଖନ । ଏଥିରେ ଭାଙ୍ଗି ପଡ଼ିନାହାଁନ୍ତି ରମାକାନ୍ତ, ସୀତାକାନ୍ତ, ଦୀପକ, ରାଜେନ୍ଦ୍ର ପ୍ରମୁଖ । ବରଂ ବହୁ ପରୀକ୍ଷା ନିରୀକ୍ଷାର ସମ୍ମୁଖୀନ ହୋଇ ୧୯୭୫ ପରେ ସେମାନଙ୍କଠାରୁ ସରଳ ଜୀବନବୋଧର ମଧୁର କବିତା ଆତ୍ନିକ ଓ ଅନ୍ତଃପ୍ରକାରେ ପ୍ରକାଶ ପାଇଲା ସ୍ୱୀକୃତି ଓ ଆଦୃତି ଲାଭ କରିଛି ।

ଓଡ଼ିଆ ପ୍ରଗତିଶୀଳ ସାହିତ୍ୟ ତଥା କାବ୍ୟକବିତାର ସଂଗ୍ରାମ ଭୂମିରେ ଫୁଟି ଉଠିଛି ଦରିଦ୍ର ମେହନତି ମଣିଷଙ୍କର ଲୁହର ଟଗର ଓ ରକ୍ତର ଜବାକୁସୁମ । ଭଗବତୀଙ୍କ ପରବର୍ତ୍ତୀ ଅଗ୍ନିପୁରୁଷ କାବ୍ୟାଦୋଳନର ପିତାମହ ସଚିଦାନନ୍ଦ ରାଉତରାୟଙ୍କର ୧୯୩୪ରୁ ୧୯୬୦ ମସିହା ମଧ୍ୟରେ ରଚିତ କବିତାରେ ସର୍ବହରା ଶ୍ରମିକ ଶ୍ରେଣୀର ଜୀବନର ବର୍ଣ୍ଣବିଭା ବିସ୍ତୃତ ଭାବରେ ବାଣିତ । ୧୯୩୪ ମସିହାରେ କଂଗ୍ରେସ ସାମ୍ୟବାଦୀ କର୍ମୀସଂଘ ସମ୍ଳିନୀ ଓ ୧୯୩୬ ମସିହାରେ ପ୍ରକାଶିତ 'ଆଧୁନିକ' ପତ୍ରିକା ସହିତ ସମ୍ପୃକ୍ତ ହେବାପରେ ତାଙ୍କର କାବ୍ୟ ଆଭିମୁଖ୍ୟ ମାର୍କ୍ସବାଦୀ ଚିନ୍ତାଧାରାରେ ଅନୁପ୍ରାଣିତ ହୋଇଥିଲା । ୧୯୩୬ରେ ରାଜନୀତି ସହ ଜଡ଼ିତ ହୋଇ ତାଙ୍କୁ ଷଡ଼ଯନ୍ତ୍ର ମକଦମାରେ କାରାରୁଦ୍ଧ ହେବାକୁ ପଡ଼ିଥିଲା । କଲିକତାରୁ ଆସି କଟକ ରେଭେନ୍ସା କଲେଜରେ ଅଧ୍ୟୟନ କଲାବେଳେ ସଚିବାବୁ

ଗଡ଼ଜାତ ଆନ୍ଦୋଳନ, ଛାତ୍ର ଆନ୍ଦୋଳନ ଏବଂ କୃଷକ ଆନ୍ଦୋଳନରେ ସାମିଲ ହେବା ଦ୍ୱାରା ଜନଜୀବନର ଆର୍ଥିକ ଓ ସାମାଜିକ ଅବସ୍ଥା ବିଷୟ ବେଶ୍ ହୃଦୟଙ୍ଗମ କରିଥିଲେ। ସଚିବାବୁ ସ୍ୱପ୍ରଣୀତ 'ଅଭିଯାନ' କବିତା ଗ୍ରନ୍ଥର ମୁଖବନ୍ଧରେ ସ୍ପଷ୍ଟ କରିଦେଇଛନ୍ତି – "ଏ ସର୍ବହରାର ଯୁଗ। ସମସ୍ତ ସାମ୍ରାଜ୍ୟବାଦ ବିରୋଧୀ ଓ ପ୍ରତିକ୍ରିୟାପନ୍ଥୀ ଶକ୍ତିମାନଙ୍କୁ ଏକଜୂଟ୍ କରି ଶ୍ରେଣୀହୀନ ସମାଜ ଗଠନ ଦିଗରେ ନିୟୋଜିତ କରିବା ହିଁ ଏ ଯୁଗର ବିଶେଷ ଐତିହାସିକ ଦାୟିତ୍ୱ। ସାହିତ୍ୟ ଯଦି ଏ ବିଶେଷ ଦାୟିତ୍ୱର ବାର୍ତ୍ତାବହ ହୋଇ ନ ପାରିଲା, ତେବେ ତାହା ମେରୁଦଣ୍ଡବିହୀନ (escapist) ହୋଇପଡ଼ି ରହିଥିବ ସିନା ସାହିତ୍ୟକୁ ଏକ ଏସ୍କେପିଷ୍ଟ ଟେଣ୍ଡେନ୍ସି ହାତରୁ ଉଦ୍ଧାର କରି ବିପ୍ଳବାତ୍ମକ ବିଚାରଧାରାର ବାହକ କରିବା ଦିଗରେ ଅଭିଯାନ ଯଦି କିୟତ୍ ପରିମାଣରେ ଅଗ୍ରସର ହୋଇଥାଏ, ତେବେ ଲେଖକ ନିଜକୁ କୃତାର୍ଥ ମଣିବ।" ଜନସାଧାରଣଙ୍କ ସାହିତ୍ୟ ପ୍ରବନ୍ଧରେ ସେ ଉଲ୍ଲେଖ କରିଛନ୍ତି – "ବାସ୍ତବିକ୍ ଯେଉଁ ସାହିତ୍ୟରେ ଆମ ବଞ୍ଚିବାର ପ୍ରଶ୍ନ ନାହିଁ, ଯେଉଁଥିରେ ଆମର ଅସ୍ତିତ୍ୱର ସମସ୍ୟା ନାହିଁ, ସେ ସାହିତ୍ୟ ଖାଲି ସୌଖୀନ୍ ସ୍ୱପ୍ନ ସୃଷ୍ଟି କରିବା ଛଡ଼ା ଆମର କୌଣସି ପ୍ରୟୋଜନରେ ଆସେନାହିଁ; ତା'ର ମୂଲ୍ୟ ସ୍ୱୀକାର କରିବାରେ ଉପାୟ ନାହିଁ, ଜନସାଧାରଣଙ୍କ ସାହିତ୍ୟ ସବୁବେଳେ ପ୍ରଗତିଶୀଳ ହେବା ସମୀଚୀନ।

'ଅଭିଯାନ' ଓଡ଼ିଆ ପ୍ରଗତିଶୀଳ ସାହିତ୍ୟର ଦୁର୍ବାର ଅଭିଯାତ୍ରୀ, ସାଧାରଣ, ବାସ୍ତୁହରା, ଦିଶାହରା, ଶୋଷିତ ଜନତାର ଅଙ୍ଗୀକାରବଦ୍ଧ ସଂଗ୍ରାମ ବୋଲି କବି ଦାବି କରିବା ସ୍ୱାଭାବିକ।

"ଆରେରେ ଶ୍ରମିକ

ଚାଷୀ ଓ ମୂଲିଆ

ଆରେ ବୁଭୁକ୍ଷୁ ଦଳ

ତୁମେ ତ ଗଢ଼ିଛ

ତୁମରି ପାଇଁ କି,

ତୋପ ଓ ବାରୁଦ କଳ

ତୁମେ ତ ଗଢ଼ିଛ ଜୀବନକୁ ଝାସି ବନ୍ଦୁକ ଆଉ ନଳୀ

ତୁମରି ହାଡ଼ରେ ପରଖ ତାହାର,

ସଙ୍ଗୀନ ଯାଏ ଗଳି

ତୁମେ ବନାଇଛ ଦେହଝାଲ ମାରି ବିରାଟ

କଏଦୀ ଖାନା

ସେ ଅତିଥି ଶାଳୁ ଆସେ ତୁମ ପାଇଁ

ତେଣୁ ସଦା ପରବାନା।" (ଅଭିଯାନ, ସଚି ରାଉତରାୟ)

ଯେଉଁମାନଙ୍କର ରକ୍ତର ଅବଦାନରେ କଳକାରଖାନା ନିର୍ମିତ, ତୋପ, କମାଣ, ଗୁଳିଗୋଳା ନିର୍ମିତ ସର୍ବୋପରି ଜେଲଖାନା ନିର୍ମିତ, ସେହିମାନଙ୍କଠାରେ ବିଷ ବାରୁଦର ପରୀକ୍ଷା ଏବଂ ସେଇ ଜେଲଖାନାରୁ ଆସେ ଏମାନଙ୍କୁ ଆମନ୍ତ୍ରଣ। ଗଡ଼ଜାତ ଆନ୍ଦୋଲନରେ ସାମ୍ରାଜ୍ୟବାଦୀ ଓ ସାମନ୍ତବାଦୀ ଉଭୟ ପ୍ରକାର ଶୋଷଣ ଅତିଷ୍ଠ କରି ପକାଇଥିଲା ଜନସାଧାରଣଙ୍କୁ। ଆଉ ସ୍ୱପ୍ନ ବିଳାସୀ କବିମାନଙ୍କ ନିଦ୍ରାଭଙ୍ଗ କରି ଫେରାଇ ଆଣିଛନ୍ତି ସବୁଜ ଯୁଗର କବି କତିପୟଙ୍କୁ ପ୍ରଗତିଶୀଳ ପଥକୁ।

ସଚିଦାନନ୍ଦ ସମସାମୟିକ, ପ୍ରଗତିଶୀଳ ରାଜନୀତିକ ଆନ୍ଦୋଲନର ମହାନ କ୍ରାନ୍ତିକାରୀ ସ୍ରଷ୍ଟା ଅନନ୍ତ ଚରଣ ପଟନାୟକ କବିତାରେ ଲୁହ ଲହୁ ଓ ସମ୍ବେଦନର ଅଲିଭା ଶିଳାଲେଖା ଉଚ୍ଛୁଲି ଉଠିଚି। ସାମ୍ୟବାଦୀ ଦଳର ଆଭିମୁଖ୍ୟ ଥିଲା ମୂଲିଆ, ମଜଦୁର ଶ୍ରମିକ ଶ୍ରେଣୀଙ୍କ ମୁଖରେ ଭାଷା ଫୁଟାଇବା, ସେମାନଙ୍କ ପାଖରେ ପହଞ୍ଚାଇ ଦେବା ସେମାନଙ୍କ ଅଧିକାର ଆଉ ଆଧିପତ୍ୟର ସ୍ୱପ୍ନ। ସାରା ଦୁନିଆରୁ ମୂକମଣିଷଙ୍କ ମୁଖରୁ ଶୋଷଣ ପୀଡ଼ନ ହଟାଇ ଦେବାକୁ ବଦ୍ଧପରିକର ହେବାରେ ସାହିତ୍ୟ / କବିତା ହେଉଚି ଅମୋଘ ଅସ୍ତ୍ର। ଯେମିତିକି ସାହିତ୍ୟ ଚେତନାର ଉଦ୍ଧୃତାଂଶ –

"ନିଃସ୍ୱ ଯେତେକ ବିଶ୍ୱର କୋଳେ ସକଳ ଶ୍ରମିକ ଚାଷୀ

ମିଳିତ ହୁଅରେ ଆମରି ସଙ୍ଗେ ଶଙ୍କା ଜଡ଼ତା ନାଶି

ଥରୁରେ ଧରଣୀ ଆକାଶ ପବନ ଥରୁରେ ଶୋଷକ କୁଳ

ହସି ଉଠୁ ଆଜି ସମଜ ଜଗତେ ଭାଙ୍ଗୁରେ ସଉଧ ଚୂଳ।"

ଅବହେଳିତ, ଉପେକ୍ଷିତ ଓ ଅତ୍ୟାଚାରିତ ମଣିଷକୁ ଯେଉଁ କବି କୋଳେଇ ନେଇଛି ସେ ହିଁ ପ୍ରକୃତ ବିପ୍ଲବୀ। ଅନନ୍ତ ପଟ୍ଟନାୟକ ମାର୍କ୍ସୀୟ ଦୃଷ୍ଟିକୋଣରୁ ଗଭୀର ଜୀବନବୋଧର ଅନ୍ଵେଷଣ କରିଛନ୍ତି ଆମର ଅନଗ୍ରସର ସମାଜ ବକ୍ଷରେ। ତାଙ୍କର କିଣ୍ଟିତ, ଅଲୋଡ଼ା, 'ଛାଇର ଛିଟା' ଆଦି କବିତା ସଙ୍କଳନରେ ସାଧାରଣ ମଣିଷଙ୍କ ପ୍ରତି ଗଭୀର ମମତ୍ଵବୋଧ ଝରିଆସିଛି। କେତେ ଅନ୍ତରଙ୍ଗ ଭାବେ, କେତେ ନିକଟରୁ ଏହି ମଣିଷ ଜୀବନକୁ ଲକ୍ଷ୍ୟ କଲେ, କବିର ହୃଦୟ ବ୍ୟଥାତୁର ହୋଇପାରେ ଏବଂ କାଳଜୟୀ କବିତାର ରକ୍ତ ଶତଦଳ ସାରସ୍ଵତ ସରୋବରରେ ପ୍ରସ୍ଫୁଟିତ ହୋଇପାରେ, ତାହାହିଁ କବିତାରୁ ପ୍ରମାଣିତ ହୋଇଥାଏ।[୫]

ପ୍ରାଥମିକ ଅବସ୍ଥାରେ ସମାଜରେ ଶ୍ରେଣୀ ନଥିଲା। କାଳକ୍ରମେ କ୍ଷମତା ଓ ଧନର ନିକଷରେ ସମାଜର ବିଭାଜନ ଘଟି ନଥିଲାବାଲା ଓ ଥିଲାବାଲା ଶ୍ରେଣୀରେ ବିଭକ୍ତ ହେଲା। ବିଭାଜନ ସର୍ବଦା ସଂଘର୍ଷର ହେତୁ ରୂପେ ସମାଜରେ ମୁଣ୍ଡଟେକେ। କାର୍ଲମାର୍କ୍ସଙ୍କ ସମାଜ ପର୍ଯ୍ୟବେକ୍ଷଣ 'ଲରେ, ଦୁନିଆକୁ ନୂତନ ଦୃଷ୍ଟିଭଙ୍ଗୀରେ ଦେଖିବାକୁ ହେଲା। ନୂଆ ଏକ ସମାଜ ପୁନର୍ଗଠନରେ ଏହି ସାମ୍ୟତତ୍ତ୍ଵ ବେଶ୍ କିଛି ବାଟ ଆଗେଇ ନେଇପାରେ। ସ୍ଵାର୍ଥାନ୍ଵଙ୍କର ଗତିପଥରେ ପ୍ରଗତିର ଜୟଯାତ୍ରା ବାଧକ ଭାବେ ଦଣ୍ଡାୟମାନ। ତେଣୁ ଶାସକ ଗୋଷ୍ଠୀ ବରାବର ଏହାର ବିରୋଧ କରିଆସିଛି। ସମ୍ଭାବ୍ୟ ପରିଣତି ସଂଗ୍ରାମ ଓ ସଂଘର୍ଷରେ ସମାଧାନ ହୋଇଛି।

ଏଠାରେ ସ୍ମରଣ କରାଯାଇପାରେ ପାଭେଲା ପାଇଁ ମା' କାରଖାନାକୁ ଝୁଡ଼ିରେ ଖାଦ୍ୟ ନେଇଯାଏ, ଖାଇବାକୁ ନେଇ ବାଣ୍ଟିଦେଇ ଆସେ ବିପ୍ଲବର ଲି'ଲେତ୍, 'ଲତଃ ଶ୍ରମିକ ଶକ୍ତିର ରୁଷିଆରେ ଯେଉଁ ବିଜୟ ସମ୍ଭବ ହେଲା, ତାହା ସାଧାରଣ ଜନତାର ବିଜୟ ଅତ୍ୟାଚାରୀ ଜାର୍ ବିରୋଧରେ। କବି ରବିସିଂଙ୍କର କବିତାରେ ସମାଜବାଦୀ ବାସ୍ତବତା ନିଖୁଣ ଭାବରେ ପରିବେଶିତ। ତାଙ୍କର ଉଦ୍ଧାର ଆହ୍ଵାନ ହେଲା – ଆଇନ୍ ସୁବିଧାବାଦୀ ଗୋଷ୍ଠୀଙ୍କ ସପକ୍ଷରେ ତିଆରି ହୋଇଛି। ଗୋଟାଏ ଦୁର୍ବଳ ଶାସକକୁ ଟେକି ଧରିବା ପାଇଁ ପୋଲିସ୍, ମାଜିଷ୍ଟେଟ୍ ଓ ବିଚାରପତିଙ୍କର ପ୍ରତିଷ୍ଠା ସମାଜରେ ଜାରି ହୋଇଅଛି। ତେଣୁ ଅଗ୍ନିପୁରୁଷ ରବିସିଂଙ୍କ ମତରେ ଏ ଆଇନ୍ ଭଙ୍ଗ କରିବାର ବେଳ ଉପଗତ।

"ଆଇନ୍ ପିଠିରୁ ଚମଡ଼ା ଉତାରି କରିବା ପାଦର ଜୋତା,

ବେଆଇନ୍ ଭାବେ ଆଣିବାକୁ ହେବ ମାନବର ସ୍ୱାଧୀନତା ।"[୬]

(ଦୁର୍ଗମଗିରି– କବିତା)

ସ୍ୱାଧୀନତା ପୂର୍ବର ତଥା ପରବର୍ତ୍ତୀ କାଳର ଅନ୍ୟତମ ବିପ୍ଳବୀ, ଯୁକ୍ତିକାମୀ କବି ମନମୋହନ ମିଶ୍ରଙ୍କ କବିତାରେ ମଣିଷ ଓ ମାତୃଭୂମିର ବାସ୍ତବଛବି ମୁଦ୍ରିତ । 'ଜନତାର ଡାକ', 'ଜୀବନର ଜୟଗାନ', 'ଆବାଜ', 'କୋଟି କଣ୍ଠେ' ଆଦି କବିତା ଗ୍ରନ୍ଥମାନଙ୍କରେ ସର୍ବହରା ଶ୍ରେଣୀ ଦର୍ଶନ ଭିତରେ ପୁଞ୍ଜିବାଦ ଓ ସାମ୍ରାଜ୍ୟବାଦ ବିରୋଧରେ କଳାତ୍ମକ କବିତା ଦେଖିବାକୁ ମିଳିଥାଏ । ସରକାର 'କୋଟି କଣ୍ଠେ' ପୁସ୍ତକକୁ ବାଜ୍ୟାପ୍ତି କରିଥିଲେ । ଜାତି, ଧର୍ମ, ମତବାଦର ଊର୍ଦ୍ଧ୍ୱରେ ସେ ବିଶ୍ୱ ମଣିଷଙ୍କୁ ଆପଣାଇ ଉଦ୍‌ବୋଧନ ଦେଉଛନ୍ତି –

"ଆସ ଭାଇ ହିନ୍ଦୁ ମୁସଲମାନ

ଆସ ମଜଦୁର ଲିଗ୍ ଯବାନ

ମୁକତି ମିଳିଛି କାହିଁ ବିନା କାର୍ତ୍ତୁନ୍

ବିନା ରକତେ କି ବାନ୍ଧେ ଦ୍ରୌପଦୀ ଝୁଣ୍ଟା

ଗୋରା ପଲଟଣ ମାରୁଛି ମଉଜ

ତା' ରକତେ ଭଙ୍ଗା ତୋର ନିଶାଣ ଉଡ଼ା ।"(କୋଟିକଣ୍ଠେ –୩ୟ ଗୀତ)

ଆଉ ଜଣେ ଦରଦୀ ପ୍ରଗତିଶୀଳ କବି ୧୯୪୦ ମସିହାବେଳକୁ ଅନ୍ୟାୟର ପ୍ରତିବାଦ ଓ ପ୍ରତିରୋଧ କରି ଖ୍ୟାତି ଅର୍ଜନ କରିଥିଲେ, ଯାହାଙ୍କୁ ପାଠକେ ଜଟାୟୁ ବୋଲି ଚିହ୍ନନ୍ତି । ସେହି ରଘୁନାଥ ଦାସଙ୍କର ଜନତାର ଅନାଗତ ମୁକ୍ତିମନ୍ତ୍ର ବିଧୃନିତ ହୋଇଥିଲା ଅଗଷ୍ଟ ପନ୍ଦର ୧୯୪୭, ୧୯୪୮ ଓ ୧୯୪୯ ତିନୋଟି କବିତାରେ ।

ଲକ୍ଷ୍ମୀନାରାୟଣ ରାୟ ସିଂହଙ୍କ ମତରେ ସଚି ରାଉତରାୟଙ୍କ 'ବାଜିରାଉତ' ପରେ ରଘୁନାଥଙ୍କର 'ଅଗଷ୍ଟ ପନ୍ଦର' ଏକ ସାର୍ଥକ ପ୍ରଗତିଶୀଳ କାବ୍ୟ । କବି ରବି ସିଂ କୁହନ୍ତି ରଘୁନାଥ ଦାସଙ୍କ ପରି ଖାଣ୍ଟି ସାମ୍ୟବାଦୀ କବି ଓଡ଼ିଶାରେ କାହାନ୍ତି ? ଜଟାୟୁ କବିତା ଓଡ଼ିଆ କାବ୍ୟ ଜଗତର ଅମୂଲ୍ୟ ସମ୍ପଦ ।

“ମୁଁ ଛାର ଜଟାୟୁ ପକ୍ଷୀ ପ୍ରତି ପକ୍ଷ ପ୍ରବଳ ପ୍ରତାପୀ

ନୁହେଁ ତା’ର ସମକକ୍ଷ, ପ୍ରତିବାଦ କରିବି ତଥାପି

ପାରେ, ବା ନ ପାରେ ମୁହିଁ ଅନୀତିର ରୋଧିବି ଗତିକୁ

ସତ୍ୟଲାଗି ଯୁଝିବି ମୁଁ ଆଶ୍ୱାସନା ହେବ ସେ ସତୀକୁ।”

(କବିତା – ଜଟାୟୁ)

ଲକ୍ଷ୍ମୀଧର ନାୟକ ୧୯୩୫ ମସିହା ପର୍ଯ୍ୟନ୍ତ ସବୁଜ ପନ୍ଥୀଙ୍କର ଭାବଧାରାର ସମର୍ଥକ ଥିଲେ ବି କାଳିନ୍ଦୀଚରଣଙ୍କ ପରି ୧୯୩୬-୩୭ ତାଙ୍କ ମୃତ୍ୟୁପର୍ବ, ପ୍ରଳୟ ପଥେ, ଯୁଗଯାତ୍ରୀ ଆଦି କବିତା ତତ୍କାଳୀନ ଶିଥିଳ ଜନତାଙ୍କର ତନ୍ଦ୍ରାଭଙ୍ଗ ପାଇଁ ଯଥେଷ୍ଟ ଭୂମିକା ଗ୍ରହଣ କରିଥିଲା। କବିତା ସଂକଳନ ‘ଖୋଲା ଝରକା’ ତାଙ୍କ କାବ୍ୟ ଚେତନାର ବାମପନ୍ଥୀ ଦୃଷ୍ଟିଭଙ୍ଗୀ ବହନ କରେ।

“ଏ ସମୟ ବଦଳିବ, ଜାଣିଛି ମୁଁ

ହାଡ଼ଭଙ୍ଗା ଶୀତର ଏ ମାଘ

ରହିବନି ସବୁଦିନ ପାଇଁ

ମଣିଷର ରକ୍ତଖିଆ ବାଘ

ସେ ବି ଦିନେ ମରିବ

ମୋରି ଲାଠିମାଡ଼େ। (ଖୋଲା ଝରକା)

୧୯୩୬ ମସିହାରେ ଅନୁଷ୍ଠିତ ‘ନବଯୁଗ ସାହିତ୍ୟ ସଂସଦ’ର ସାରସ୍ୱତ ଉତ୍ସବରେ ପୌରୋହିତ୍ୟ କରିଥିଲେ କବି କାଳିନ୍ଦୀ ଚରଣ ପାଣିଗ୍ରାହୀ। ଏହି ପରିପ୍ରେକ୍ଷୀରେ ତାଙ୍କ ‘ଜୟ ଭଗବାନ’, ‘ଭକ୍ତି ଓ ଚାବୁକ’, ‘ଯାଦୁଘର’, ‘ଆଗାମୀ’, ‘ଛୁରୀଟିଏ ଲୋଡ଼ା’, ‘ସୁନା’, ‘କିଏ ଶଳା ସଇତାନ’ ଆଦି ଆଗ୍ନେୟ ସୃଷ୍ଟି ମଧ୍ୟରେ ସାଧାରଣ ମଣିଷର ଜୀବନକୁ ଆବିଷ୍କାର କରାଯାଏ। ଶୋଷଣ ବିରୋଧରେ ତାଙ୍କ କବିତା ଗୋଟିଏ ଗୋଟିଏ ପାଶୁପତ ଅସ୍ତ୍ରତୁଲ୍ୟ।

ଲୋକଜୀବନକୁ ଖୁବ୍ ନିକଟରୁ ଦେଖିବା ପାଇଁ ସାରସ୍ୱତ ସ୍ରଷ୍ଟା ଅଗ୍ନିପୁରୁଷ କୃଷ୍ଣଚନ୍ଦ୍ର ତ୍ରିପାଠୀଙ୍କର ପ୍ରୟାସ ବାରିହୋଇପଡ଼େ ତାଙ୍କର ‘ମାଟିଦୀପ’, ‘ସର୍ବହରା’,

'ଲୁହର ଦାବି', 'ଏଇ ଯେ ଦେଖୁଛ ଖୋର୍ଦ୍ଧାଗଡ଼', 'ବୈଶାଖ କାବ୍ୟ କବିତାରେ । ଓଡ଼ିଆ କାବ୍ୟ ସାହିତ୍ୟରେ ଏକ ସ୍ବତନ୍ତ୍ର ସ୍ଥାନ ସୃଷ୍ଟିକରେ କବି ବ୍ରଜନାଥ ରଥଙ୍କ ଅବଦାନ । ତାଙ୍କର ସୃଷ୍ଟି ମଧ୍ୟରେ 'ମରୁଗୋଲାପ', 'ନିଜସ୍ବ ସଂଲାପ', 'ନିଃଶବ୍ଦ ପ୍ରତିବାଦ', 'ସଭ୍ୟତାର ମୁହଁ', 'ମନର ମାନଚିତ୍ର' ଓ 'ହେ ମହାଜୀବନ' ଆଦି ଅନ୍ୟତମ ।

ଅନ୍ୟତମ ପ୍ରଗତିଶୀଳ ଖ୍ୟାତନାମା ସ୍ରଷ୍ଟା ହେଉଛନ୍ତି କୃଷ୍ଟଚରଣ ବେହେରା । ତାଙ୍କର 'ଚା' କପ୍‍ରେ ୫ଢ଼', 'ଭାନୁବାଇ ଲେନ୍' ଆଦି ବାମପନ୍ଥୀ କବିତାର ରୂପରେଖ ବହନ କରେ । ଜନଜୀବନର ମାର୍ମିକ ଚିତ୍ରଅଙ୍କନ କରିବାରେ ପ୍ରଗତିଶୀଳ କବି ବ୍ରଜେନ୍ଦ୍ର ଦତ୍ତ ଏକ ଅନନ୍ୟ ପ୍ରତିଭା । 'ଯୁଦ୍ଧର ଅବସାନ', ନର ସଂହାରର ପୂର୍ଣ୍ଣଚ୍ଛେଦ ଟାଣିବା ଲକ୍ଷ୍ୟରେ ସେ ଲେଖିଛନ୍ତି ଜ୍ବାଳାମୟୀ କବିତା –

"ଆରେ ରଣ ଦରବାରୀ,

ନୂଆଁ ତରବାରି ନୁଆଁରେ

ଟଳଟଳ ତୋର ସ୍ଖଲିତ ଚରଣ

ଶୋଣିତ ମଥିତ ଅଙ୍ଗାଭରଣ

କେଉଁ ଜଳେ ଆଜି ଧୋଇବୁ ଭାରତୁ

ସବୁଟି ଜଳୁଛି ନିଆଁରେ ।

"ଶିବିରେ ଶିବିରେ ରକ୍ତର ଛିଟା

ଗ୍ରାମ ଓ ଗଞ୍ଜେ ମୃତ୍ୟୁର ଭିଟା

ବିଷ ବାରୁଦର ଧୂମ କୁଣ୍ଡଳୀ

ଥିରି ଥିରି ଥିରି ଯାଇଛିରେ ଘେରି

କ୍ଷପଣୀର ଘାଟୀଘଟ

ହେଉ ଲେବାନନ୍ କୋରିଆ ଭିଏତ୍

ଅଥବା ବିରୁତ୍ ଥାତ୍ ।" ('ଯୁଦ୍ଧ ବିଶେଷାଙ୍କ, ପୃ–୩୬)

ଏଇ ପରିପ୍ରେକ୍ଷୀରେ ତାଙ୍କର 'ବିନିଦ୍ର ଧର୍ମୀ' କବିତା ଗ୍ରନ୍ଥ ପ୍ରଗତିଶୀଳ କାବ୍ୟ ପରମ୍ପରାରେ ଏକ ସ୍ୱତନ୍ତ୍ର ମାଇଲଖୁଣ୍ଟ। ଅନ୍ୟତମ କବି ବନମାଳୀ ସେନାପତିଙ୍କର କବିତା 'ଟର୍ଣ୍ଣାଡ଼ୋ' ମଧ୍ୟ ବହୁ ଚର୍ଚ୍ଚିତ ଗ୍ରନ୍ଥ। କବି ସଦାଶିବ ଦାଶଙ୍କ ବାମପନ୍ଥୀ କାବ୍ୟଚେତନା ମଲୟ ସନ୍ତ୍ରାସ' ସଂକଳନରେ ପ୍ରତିବିମ୍ବିତ ହୋଇଛି। ଏତଦ୍ ବ୍ୟତୀତ 'ଅଷ୍ଟାଂଶ ଦ୍ରାଘିମା', 'ଷଷ୍ଠ ଚେତନା', 'କାଳ ନିରବଧି', 'ନତ୍ୟ ପଦ୍ମତୋଳା', 'ଅବଧୂତ କ୍ରାନ୍ତି', 'ବିଗଳିତ କରୁଣା' ଆଦି ପ୍ରଗତିବାଦୀ କବିତା ଗ୍ରନ୍ଥରେ ସାଧାରଣ ମଣିଷର ସ୍ୱର ଝଙ୍କୃତ। ତାଙ୍କର ଇଂରାଜୀ ଓ ବଙ୍ଗଳା ଭାଷାରେ ଅନୂଦିତ 'ଏସ୍ପ୍ଲାନେଡ୍' କବିତାରେ ବଞ୍ଚିତ ମଣିଷର ଅନ୍ତର୍ବାଣୀ ପରିବେଷ୍ଟିତ। କବି ହୁସେନ ରବି ଗାନ୍ଧୀଙ୍କର 'ଲୋକଗୀତ' (୧୯୮୫), 'ସିଂହାସନ ଭାଙ୍ଗିବାର କାର୍ଯ୍ୟକ୍ରମ', 'ନିଅଣ୍ଟ ରାତିର ସ୍ୱପ୍ନ', 'ବିଂଶରୁ ଏକବିଂଶ' ଆଦି ବହୁ କବିତା ସଂକଳନରେ ନିପୀଡ଼ନର ସ୍ୱର ଝଙ୍କୃତ ହେଉଅଛି।

ପ୍ରଗତିଶୀଳ ପଞ୍ଚସଖା ଭାବେ କାବ୍ୟାନ୍ଦୋଳନରେ ସାମିଲ ହୋଇଥିଲେ ହୁସେନ୍ ରବି ଗାନ୍ଧୀ, ସଦାଶିବ ଦାଶ, ସମରେନ୍ଦ୍ର ନାୟକ, ମେହମୁଦ ହୁସେନ୍, ଦେବଦାସ, 'ବେଳା'ରେ ରକ୍ତାକ୍ଷରୀ କବିତା ରଚୟିତାମାନେ ପରେ 'ଅଭିଯାତ୍ରୀ' ଗୋଷ୍ଠୀରେ ମାନସିକ ସମର୍ଥନ ସହ ସାମାଜିକ ଆନ୍ଦୋଳନ ଚଲାଇଥିଲେ। ସେମାନଙ୍କ ମଧ୍ୟରେ ଡଃ ପ୍ରସନ୍ନ ପାଟଶାଣୀ ପରମ୍ପରା ବିରୋଧୀ ତଥା ଶୋଷଣକାରୀ ଗୋଷ୍ଠୀ ବିରୋଧରେ ତୀବ୍ର ପ୍ରତିବାଦ ବାଢ଼ିଥିଲେ। ତାଙ୍କର 'ଅଗ୍ନିଯୁଗ', 'ବାଘ ଆଁରେ ପିକ୍‌ନିକ୍', 'ବର୍ଷା', 'ଫରକ୍ତ ଶପଥ', 'ସାପଗାତରେ ସକାଳ', 'ଆକାର କବିତା', 'ଦେଖାହେଲେ କହିବି ସେ କଥା' ଆଦି କବିତାଗ୍ରନ୍ଥରେ ସାଧାରଣ ଜୀବନର ସଂକଟ ସହିତ ସମାଧାନର ବୈପ୍ଲବିକ ଦିଗ ଫୁଟି ଉଠିଛି। ମାତ୍ର ପରବର୍ତ୍ତୀ କାଳରେ ସେ ରାଜନୀତିକ ପକ୍ଷ ପରିବର୍ତ୍ତନ କରି ଚାଲି ଯାଇଛନ୍ତି।

ରୁକୁଡ଼ୋକ୍ରା ନାମରେ ପରିଚିତ ଜନବାଦୀ କବିଙ୍କ କବିତା ସାମ୍ରାଜ୍ୟ ମାଲକାନଗିରିରୁ ନୀଳଗିରି। ଅର୍ଥାତ୍ ମାଲକାନଗିରିରେ ଏହି ସମାଜବାଦୀ ସମରେନ୍ଦ୍ର ନାୟକ ବନବାସୀଙ୍କର ଦୁଃଖ ଦହନର ଚିତ୍ରାଙ୍କନ କରିବାରେ ଜଣେ ନିପୁଣ ଶିଳ୍ପୀ। 'ବାରୁଦ ସ୍ତୂପ'ର ୭୧, 'ଆଉ ରୂପ ନୁହେଁ', 'ନଗ୍ନ ଦେବଦୂତ', ସାକ୍ଷାତ୍କାର

ଅଶୀତିପର ଓ ଲାଲପତ୍ର ଓ ନୂତନ ପୃଥିବୀ ଐତିହାସିକ ବସ୍ତୁବାଦ ଓ ଦ୍ୱନ୍ଦ୍ୱାତ୍ମକ ବସ୍ତୁବାଦୀ ଦର୍ଶନରେ ଫୁଟିଉଠିଛି ଜୀବନର ସ୍ୱର।

ଡ. ଆଶୁତୋଷ ପରିଡ଼ାଙ୍କ କବିତାରେ ବିଶ୍ୱବୋଧ ଓ ମାନବିକତାର ଚିତ୍ର ସ୍ଥାନୀୟ ସମସ୍ୟା, ସଂକଟ ତଥା ଜନଜୀବନ କାହାଣୀକୁ ନେଇ ଖୁବ୍ ଜୀବନ୍ତ। ତାଙ୍କର ବିଶ୍ୱଜୀବନର ଦୁଃଖ, ବ୍ୟଥା, ବି'ଳତାରେ ତାଙ୍କ ହୃଦୟ ସର୍ବଦା ସହାନୁଭୂତିଶୀଳ। 'ଜେହାନବାଦ', 'କାଶ୍ମୀର', 'ଗୁଜୁରାଟ', 'ଗୁର୍ଷ୍ଣିକା−୨୦୦୩', 'କେନ୍ଦ୍ରାପଡ଼ା−୧୯୯୮', ମନୋହରପୁର ଏସବୁ ସାମ୍ପ୍ରଦାୟିକ ଦଙ୍ଗାର ବର୍ବର ଚିତ୍ର ରୂପ ଆଙ୍କିଥାଏ। ଏହାଛଡ଼ା 'ଉପୟୁକ୍ତ କ୍ରୋଧ' (୧୯୯୭), 'ଚଣ୍ଡାଳ' (୧୯୯୯), ଫରକ୍ବର୍ଷ ବାଲି' (୨୦୦୦), 'ଶଢ଼ଭେଦୀ', 'ଅଙ୍ଗାରଗାର', 'ଲହୁଲୁହାଣ', 'ଅନ୍ତରାଳ', 'ଦେଶ ନଥିବା ଲୋକ' କବିତା ସ୍ତବକରେ ସ୍ଥିତାବସ୍ଥା ଟାଳିବାର ସ୍ୱର ନିନାଦିତ।

୪.୩ ପ୍ରଗତିବାଦୀ କବିତାର ସ୍ୱର ଓ ଶୈଳୀ:

ଆଲୋଚକମାନଙ୍କ ମତରେ କବିତା-ଶୋଭାଶାଳିନୀ। କବିତାରେ ସୌନ୍ଦର୍ଯ୍ୟବୋଧ ପାରମ୍ପରିକ ରୀତିରେ ସଞ୍ଚାଳିତ। ଶବ୍ଦ-ସୌନ୍ଦର୍ଯ୍ୟ, ଭାବ-ସୌନ୍ଦର୍ଯ୍ୟ, ଗାନ/ଆବୃଭି-ସୌନ୍ଦର୍ଯ୍ୟ, କଳ୍ପନାର ଚମକ୍କାରିତା ବା କବିମାନସ ଓ ଛନ୍ଦ-ସୌନ୍ଦର୍ଯ୍ୟ କବିତାର ବିଭବ ଭାବେ ବିଚାର୍ଯ୍ୟ ହୋଇଆସିଥିଲା। ମଧ୍ୟଯୁଗରୁ ସତ୍ୟବାଦୀ ଭାବଧାରା ପର୍ଯ୍ୟନ୍ତ। ମାତ୍ର ୧୯୩୦−୩୫ ମସିହାବେଳକୁ ଛନ୍ଦ ସୌନ୍ଦର୍ଯ୍ୟ, ଗାନଯୋଗ୍ୟତା ଓ କଳ୍ପନାର ଚମକ୍କାରିତାର ପ୍ରାୟ ହ୍ରାସ ଘଟି ନୂତନଶୈଳୀ, ଭାଷା ଓ ଭାବଧାରା ବରଣ କରିଛି ଓଡ଼ିଆ କାବ୍ୟ କବିତା। ତା' ସ୍ଥାନରେ ଆସିଛି ନୂତନ ଅଳଙ୍କାର, ଭାଷାର ସାରଲ୍ୟ, ବାସ୍ତବବାଦୀ ଦୃଷ୍ଟିକୋଣ ଓ ଆଧିଭୌତିକ ଚିନ୍ତାଧାରା। ଏହି ତତ୍କାଳୀନ ସମୟଖଣ୍ଡର ଆବଶ୍ୟକତା ସହିତ ସାମାଜିକ ଗଢ଼ଣ କବିକୁ ବାଧ୍ୟ କରିଛି ନୂତନ ଭାଷା ଓ କାବ୍ୟିକ ଶୈଳୀକୁ ବରଣ କରିବା ପାଇଁ।

ଏହି ପୃଷ୍ଠଭୂମିରେ ପ୍ରଗତିବାଦୀ ସାହିତ୍ୟ/କବିତା ସଂରଚନା ଓ ପ୍ରତିକ୍ରିୟାଶୀଳ ସାହିତ୍ୟର ଅଭ୍ୟୁଦୟ ଏକ ଐତିହାସିକ ପୃଷ୍ଠଭୂମିରେ ଉତ୍ତରଣ ଲାଭ କରେ। ସାମାଜିକ ବିବର୍ତ୍ତନ, ପ୍ରଶାସନିକ ସ୍ଥାଣୁତା, ଆର୍ଥନୀତିକ ସ୍ଥିତି ଉପରେ ଜୀବନର

ଅନ୍ୱେଷଣ କବି ପାଇଁ ଅପରିହାର୍ଯ୍ୟ ମନେ ହୁଏ । ଭାକ୍ତିକ ଭାବଧାରା, ସ୍ୱରଲହର ସମ୍ବଲିତ ଭଜନ ଜଣାଣ ମଧ୍ୟ ଦେଇ ଜୀବନ ଯନ୍ତ୍ରଣାର ଆବେଦନ ମୁଖ୍ୟ ସ୍ୱର ଭାବେ ଭାବବାଦୀ ସାହିତ୍ୟର ମୂଳପୁଞ୍ଜି ହୋଇଆସିଥିଲା । ଏପରିକି ହୋଇଛି ଯେ, କବିଙ୍କୁ ଗାଇବାକୁ ପଡ଼ିଛି –

"କିଛି ମାଗୁନାହିଁ ତୋତେ / ଧନ ମାଗୁନାହିଁ ଜନ ମାଗୁନାହିଁ

ମାଗୁଛି ଶରଧା ବାଲିରୁ ହାତେ ।"

ଜୀବନକୁ ଆଡ଼େଇ ଦେଢ଼େଇ ଏତାଦୃଶ ଯେଉଁ ଅର୍ଥହୀନ କୃପାଭିକ୍ଷା କରାଯାଏ । ତାହା କେବଳ ଶରଣାଗତି ବ୍ୟର୍ଥତା ବ୍ୟତୀତ ଅନ୍ୟ କିଛି ନୁହେଁ । ଏକଥା ଭୁଲିଯିବା ଉଚିତ୍ ହେବନାହିଁ ଅସହାୟ ମଣିଷର ପୃଥିବୀ ଏକ ଭୟଙ୍କର ପୃଥିବୀ । ଜ୍ୱାଳା ଆଉ ଦୁର୍ବିସହ ତା ଲଲାଟର ନିର୍ମମ ଲିଖନ । ସେଠାରେ ସ୍ୱୟଂ ଈଶ୍ୱର ମଧ୍ୟ ନିରୁପାୟ । ସେ ଦେଇପାରିବେନି ଭୋକିଲାକୁ ରୁଟିଖଣ୍ଡେ । ସାମନ୍ତ୍ରୀ ଈଶ୍ୱର ବଡ଼ଦାଣ୍ଡରେ 'ମାଧୁକରୀ' ଭିକ୍ଷାନ୍ନ କେବଳ ଦେଇପାରନ୍ତି, ସେହି ମଧୁକଣିକା ପୁଣି ଶୋଷିତ ରକ୍ତର ଅନ୍ନ । ଦରିଦ୍ର ସର୍ବହରା ଈପ୍‌ସିତ କ୍ରୋଧର ବଶବର୍ତ୍ତୀ ହୋଇ ଏକମାତ୍ର ମାଧ୍ୟମ ଦେଖେ ଧ୍ୱଂସାନଳ, ଯେଉଁଠି ମନୁଷ୍ୟ ନିଜ ବୁଦ୍ଧିର ଶକ୍ତିବଳରେ ଶତ୍ରୁକୁ ଧ୍ୱଂସ କରେ କିମ୍ବା ନିଜର ନିର୍ବୋଧତା ଯୋଗୁଁ ଶତ୍ରୁଦ୍ୱାରା ବିଧ୍ୱସ୍ତ ହୋଇଯାଏ । ଯେକୌଣସି ମୂଲ୍ୟ ବଦଳରେ ସେ ଜୀବନର ସଫଳତା ଚାହେଁ ଏବଂ ଏହି ସଫଳତାର ଚାବିକାଠି ଧନ ଓ କ୍ଷମତା । ଏହି ଧ୍ୱଂସାମ୍କ ମନୋଭାବ ତା'ର ସ୍ୱାଧୀନ ନିଷ୍ପତ୍ତି ନୁହେଁ; ଏକ ସଂଗଠିତ ଶକ୍ତି ସମନ୍ୱୟର ଅଭୀପ୍‌ସା । ଧ୍ୱଂସ ବ୍ୟତୀତ ତାହାର ବଞ୍ଚିବାର ଅନ୍ୟ ଉପାୟ ତାକୁ ଦିଶେ ନାହିଁ । ବ୍ୟକ୍ତି ସଂଗ୍ରାମ ଓ ସଂଘର୍ଷକୁ ଅଂଗୀକାର କରେ ତା' ଉପରେ ନିର୍ଭର କରୁଥିବାର ପରିବାର ଓ ଅନ୍ୟମାନେ । 'ଗୋଠ ମାଟିଲେ ଖଣ୍ଡିଆ ମାତେ' ନ୍ୟାୟରେ ଏହିପରି ସ୍ୱାଧୀନ ନିଷ୍ପତ୍ତି ନେବାପାଇଁ ଏବଂ ନୈତିକ ଦାୟିତ୍ୱ ବହନ କରିବା ପାଇଁ ଆଧୁନିକ ପ୍ରଚଣ୍ଡ ବ୍ୟକ୍ତିତ୍ୱ ଓ ଅସୀମ ସାହସ ସଂଚାର କରିବାକୁ ପଡ଼ିଥାଏ କବିକୁ । ବାସ୍ତବରେ ଯେଉଁ ଚରିତ୍ରକୁ କବି ଠିଆକରାଏ ଲଢ଼େଇ କରିବା ନିମନ୍ତେ ସେ ଚରିତ୍ର ମୁଖର ଭାଷା, ମାନସିକତା ଓ ସଂଗ୍ରାମ କରିବାର ପ୍ରତିବଦ୍ଧତା ସ୍ୱୟଂ ନିଜର ବା କାବ୍ୟ ଚେତନାର । ପଂଗୁକୁ ଗିରି ଲଂଘନ କରାଇବାର ଦୁର୍ବାର ସାହସ କବି ଭିତରେ ନ ଆସିଲେ ସେ ଶ୍ରେଣୀ

ଚରିତ୍ରଙ୍କୁ ତୃଣୀର ପ୍ରଦାନ କରିବ କିପରି ? ଷ୍ଟୁଆର୍ଟ ମିଲର (Stuart Miller) ତାଙ୍କ ପିକାରେସ୍କୋ (Picaresque Novel) ପ୍ରସଙ୍ଗରେ କହିଛନ୍ତି – “ଗୋଟିଏ ଚରିତ୍ର, ବହୁମୁଖୀ ନାମମାତ୍ର ମନୁଷ୍ୟ ଯେ କି ଭିନ୍ନଭିନ୍ନ ସମୟରେ ଭିନ୍ନଭିନ୍ନ ମୁଖା ପିନ୍ଧି ସମାଜ ଆଗରେ ଦେଖାଦିଏ । ତା’ର ବ୍ୟକ୍ତିତ୍ୱର ଶୂନ୍ୟତା ମାଧମରେ ପ୍ରତିବିମ୍ବିତ ହୁଏ ଏକ ଅସଂଯତ ପୃଥିବୀ, ଯେଉଁଠି ସତ୍ୟ ଓ ମରୀଚିକାର କେବଳ ମିଳନ ଘଟି ନଥାଏ, ଏହି ମିଳନ ମଧ୍ୟରେ ସାମାଜ ତା’ର ଶୃଙ୍ଖଳା ଓ ଜୀବନ ପ୍ରତି ସଂଜ୍ଞା ହରାଇଥାଏ । ସମର ଉନ୍ମାଦିତ ଚରିତ୍ର ଜୀବନ ଏକ ସୌନ୍ଦର୍ଯ୍ୟ ବିହୀନ ଜୀବନ ଯେଉଁଠି ଜୀବନ-ମୃତ୍ୟୁ, ସ୍ୱପ୍ନ-ମିଥ୍ୟା, ନ୍ୟାୟ-ଅନ୍ୟାୟ ପ୍ରଭୃତି ପ୍ରତିକ୍ରିୟାଗୁଡ଼ିକର ସ୍ୱତନ୍ତ୍ରତା ନ ଥାଏ ।” ତାହାର କାରଣ ଏହି ଯେ, ସମାଜର କେନ୍ଦ୍ରସ୍ଥଳରେ ଏହି ଚରିତ୍ର ଯେଉଁ ଅସଂଲଗ୍ନତା ଓ ଅସଙ୍ଗତି ଲକ୍ଷ୍ୟ କରିଥାଏ, ତାହାକୁ ସ୍ୱକୀୟ ମୂଲ୍ୟବୋଧର ବି ବିଚ୍ଛିନ୍ନତା ଓ ବିଭିନ୍ନତା ମଧ୍ୟରେ ପ୍ରକାଶ କରେ । ମନୁଷ୍ୟକୁ ସର୍ବନିମ୍ନ ମାନବିକତାରୁ ବଞ୍ଚିତ କରାଗଲେ, ତା’ ମନ ମଧ୍ୟରେ ଆଗ୍ନେୟ ହିଲ୍ଲୋଲ ଶିଖାଟେକେ । ସେ ଦ୍ରୋହ, ବିପର୍ଯ୍ୟୟ, ସୁବିଧାବାଦୀଙ୍କ ଚକ୍ରାନ୍ତ ଜାଲ ଓ ଦୁର୍ଭାଗ୍ୟ ମଧ୍ୟରେ ସଂଗ୍ରାମ କରି ସଫଳତା ହାତ ମୁଠାକୁ ଆଣିବା ପାଇଁ ଶତତ ଚେଷ୍ଟିତ ହୁଏ । ଏଇ ପରିସ୍ଥିତି ପରିପ୍ରେକ୍ଷୀରେ ବାସ୍ତବରେ କବିର ଲେଖନୀ ନିସୃତ ଅସ୍ତ୍ରଶସ୍ତ୍ର ଓ ଦୁର୍ବାର ରଣ ହୁଙ୍କାରରୁ ହିଁ ପ୍ରସାରିତ ହୁଏ ତନ୍ନିର୍ମିତ ଚରିତ୍ରମାନଙ୍କରେ । ତାହାହିଁ ପ୍ରଗତିବାଦୀ କବିତାର ଅନମନୀୟ ଭାଷା ଭାବେ ଦ୍ରୋହ କବିତାକୁ ଅଗ୍ନିମୟ ଉଚ୍ଛାସ କରିଥାଏ । ଯେଉଁ ବ୍ୟକ୍ତି ଜନ୍ମରୁ ଏକ ଘୃଣା, ନୈରାଶ୍ୟ ଓ ଅସହନଶୀଳତାର ବିଷାକ୍ତ ବାୟୁମଣ୍ଡଳରେ ବଞ୍ଚିବାକୁ ଘୋର ସଂଗ୍ରାମ କରୁଥାଏ, ତାହାର ମନ କପଟ, ସନ୍ଦେହ, ଘୃଣା, ପ୍ରତିକ୍ରିୟା ଓ ହିଂସା ପ୍ରଭୃତି ପ୍ରବୃତ୍ତିଗୁଡ଼ିକ ଦ୍ୱାରା ପ୍ରଣୋଦିତ ହେବା ସ୍ୱାଭାବିକ । ସୁତରାଂ ସେ ଏକ ଜ୍ୱାଳାମୁଖୀ ରୂପନେଇ ତା’ର ପୋଷକ ଶତ୍ରୁକୁ ବିନାଶ କରିବା ଏକ ଦାୟିତ୍ୱ ମନେକରେ । କାରଣ ଏହି ପରାଙ୍ଗପୁଷ୍ଟ ଗୋଷ୍ଠୀ ଚିକ୍କଣ କଥା କହି ସର୍ବସ୍ୱ ହରଣ କରିବାରେ ସଦା ଅଭ୍ୟସ୍ତ । ଏମାନେ ବିଷକୁମ୍ଭ, ପୟୋକୁମ୍ଭ । ଏଣୁ ପ୍ରଗତିବାଦୀ କବିତା ଉକ୍ତ ମହାକାଳ ଫଳକୁ ବିଦୀର୍ଣ୍ଣ କରି ପରମ ସତ୍ୟର ଘୋଷଣା କରିଥାଏ । କବିତାର ଅନ୍ତଃପ୍ରଜ୍ଞା ଅତ୍ୟନ୍ତ ଆନ୍ତରିକତାରେ ପରିପୂର୍ଣ୍ଣ । କେତେକ ଆଲୋଚକ ଏହି କବିତାର ରଚନାଙ୍ଗକୁ ଭିତିକରି ଏହାକୁ

ସ୍ଲୋଗାନ୍ ସର୍ବସ୍ୱ କହିଥାନ୍ତି, ମାତ୍ର ସେମାନେ କବିତାର ଶୌର୍ଯ୍ୟକୁ ଉତ୍ତମ ହୃଦୟଙ୍ଗମ କରି ନପାରି ଏପରି କହିଥାନ୍ତି । ଶିଥିଳ ରକ୍ତକୁ ସମ୍ବେଦନଶୀଳ ଉଷ୍ଣତାରେ ଭରିଦେବା ପାଇଁ ଯେଉଁ ଶବ୍ଦ ସମର୍ଥ, ସେହି ଶବ୍ଦ ସମୂହ ସାଧାରଣତଃ ବ୍ୟବହାର କରାଯାଇଥାଏ କବିତାରେ ।

ଅଧୁନା ପ୍ରଗତିଶୀଳ କବିତାର ଆଙ୍ଗିକ ଓ ଆତ୍ମିକ ତଥା ପ୍ରକୃତି ଓ ପ୍ରବୃତ୍ତି ସରଳ, ସାବଲୀଳ, ସମ୍ବେଦନଶୀଳ, ବାଚନଭଙ୍ଗୀରେ ଉତ୍ତରିତ ।

୪.୪ ପ୍ରଗତିବାଦୀ କବିତାର ନବମୂଲ୍ୟାୟନ :

ପ୍ରଗତିବାଦୀ ସାହିତ୍ୟ ବା କବିତାର ମୂଳଭିତ୍ତି ମାର୍କ୍ସୀୟ ଚେତନା ବୋଲି ପୂର୍ବରୁ ଆଲୋଚନା କରାଯାଇଅଛି । ମାର୍କ୍ସ ଏକ ସାମ୍ୟ ସମାଜର ସ୍ୱପ୍ନ ଦେଖିଥିଲେ । ସମଗ୍ର ମାନବ ସମାଜ ଏକ ହୁଅ ବୋଲି ସେ ଡାକରା ଦେଇଥିଲେ । ବିଶେଷକରି ଶ୍ରମିକ ଓ ସର୍ବହରାଙ୍କ ସ୍ୱାର୍ଥ ସୁରକ୍ଷା ପାଇଁ ସଂଗ୍ରାମ ଅନିବାର୍ଯ୍ୟ ଥିଲା ତାଙ୍କ ତତ୍ତ୍ୱର ବିବେଚନା । ଏଣୁ କବିତା କହିବ ସାଧାରଣ ମଣିଷର ଦୁଃଖ, ଦୁର୍ଦ୍ଦଶା, ବେଦନା ଓ ଜୀବନ ଯନ୍ତ୍ରଣାର କଥା । ଏଗୁଡ଼ିକର ହେତୁ କେଉଁ ? ଦୁଃଖ ଆସିଲା କିପରି ? ଭାଗ୍ୟ ଓ ଭଗବାନଙ୍କ ଦ୍ୱାହି ଦେଇ ଖସିଯାଉଥିବା ଶାସକ ବା ବଡ଼ପଣ୍ଡାମାନଙ୍କ ଚରିତ୍ରକୁ ଏହା ଆଘାତ କରିବ । ଭାରତୀୟ ନ୍ୟାୟ ଦର୍ଶନ ‘ହାନୋପାୟ’ କଥା କହିଥିଲେ ମଧ୍ୟ ସାମନ୍ତବାଦୀ ନାଲି ଆଖିରେ ତାହା ଚାପି ହୋଇଯାଇଅଛି । ଡକ୍ଟର ବାସୁଦେବ ଦାସ ତାଙ୍କର ଶବ୍ଦର ଅଭିସାରରେ ଦୁଃଖର ନିଦାନ ସମ୍ପର୍କ ସ୍ପଷ୍ଟ ମତ ଦେଇଛନ୍ତି । ବ୍ୟାସ ଶିଷ୍ୟ ଜୈମିନିଙ୍କ ପୂର୍ବ ମୀମାଂସାର ପ୍ରଥମ ସୂତ୍ର ହେଉଛି – ‘ଅଥାତୋ ଧମ ଜିଜ୍ଞାସା’ ଅର୍ଥାତ୍ ବର୍ତ୍ତମାନ ଧର୍ମ ଜିଜ୍ଞାସା କରୁଅଛୁ । ଧର୍ମ ଜିଜ୍ଞାସା କାହିଁକି କରାଯାଏ ? ଅସ୍ୱାଭାବିକ ଜୀବନ ଯନ୍ତ୍ରଣାରୁ ମୁକ୍ତି ପାଇଁ ଧର୍ମ ଜିଜ୍ଞାସା ଆବଶ୍ୟକ । ଧର୍ମ ଜୀବନର ମାର୍ଗକୁ ସରୋପକାର ଦ୍ୱାରା ସମ୍ପନ୍ନ କରିଥାଏ । ବେଦନା ବା ଦୁଃଖ ଯଦି ସ୍ୱଭାବସିଦ୍ଧ ହୋଇଥାନ୍ତା, ତେବେ ଦୁଃଖରୁ ମୁକ୍ତି ପାଇବା ପାଇଁ ଲୋକେ ଯତ୍ନ କରିନଥାନ୍ତେ । ଦୁଃଖ ଲଦିଦିଆ ଯାଇଥିବାରୁ ତାକୁ ଉତ୍ଖାତ କରିବାକୁ ମଣିଷ ବ୍ୟଗ୍ର ଓ ସଂଗ୍ରାମଶୀଳ । ସମଗ୍ର ବିଶ୍ୱ ମାନବର ଦୁଃଖ, କାନ୍ଦ, ଶୋକ, ଜନ୍ମ, ମରଣ ଏକା ପ୍ରକାର । ଏଣୁ କୃତ୍ରିମ ସୁଖ ପାଇବା ନିମନ୍ତେ ସୁବିଧାବାଦୀ ବର୍ଗ ମଣିଷକୁ ଶୋଷଣ ଜାଲରେ ପକାଇଥାନ୍ତି । ଧର୍ମ, ଶାସନ ଏ ଦୁଇଟି ଅସ୍ତ୍ରରେ

ଶୋଷଣ କାର୍ଯ୍ୟ ସମ୍ପନ୍ନ ହୁଏ । ଯାହା ଅପ୍ରାପ୍ୟ, ଅନହକ୍‌, ତାହାକୁ ହାତେଇବା ହିଁ ଶୋଷଣ । ପ୍ରାଚୀନ ପରମ୍ପରା ଓ ସଂସ୍କୃତି ସହିତ ଶାସନକୁ ବା କ୍ଷମତାକୁ ଜଡ଼ିତ କରିବାର ସମାଜ ଅଧିକ ଜଟିଳ ହୋଇଯାଇଛି । ଏହି ପ୍ରସଙ୍ଗରେ ଉଲ୍ଲେଖ ଅଛି –

"Whenever a new social class is locked in a close fight with the older one for power and wrests it before making it flourishing, there seems to occur ages of great workers art and culture in general. The Guptas Age was one such when Sanskrit saw a rich profession of the fine things of cultute as never before. But is was growingly confining itself both to the court-hall and to the academic cell. The poorer cousins in the eyes of Sanskrit. ଗୁପ୍ତ ଯୁଗରେ ସଂସ୍କୃତି ଓ ସଂସ୍କୃତର ବିକାଶ ଘଟିଥିଲା ମାତ୍ର ସେହି ଧାରା ଗରିବ ଓ ହୀନମନ୍ୟତା ମଧ୍ୟରେ ସୀମିତ ଥିଲା । ସାଧାରଣ ଲୋକଙ୍କ ବ୍ୟାପକ ନଥିବା All India League for Revolutionary Culturer ରିପୋର୍ଟରେ କୁହାଯାଇଛି "ମନ୍ଦିର ନିର୍ମାଣ କରି ଦେବତା ପୂଜା ବିଧାନ କରି ସାମନ୍ତବାଦୀ ସମାଜ ନିର୍ମାଣରେ ଅଗ୍ରଗତି କରିଥିଲେ ।" ଆର୍ଥନୀତିକ ବିଚାର ବିଭ୍ରାନ୍ତ ହେଲେ ସବୁ ପ୍ରକାରର ଢେଉ ମାଡ଼ିଆସିବ । ପୁନଶ୍ଚ ୧୮୫୭ ପୂର୍ବ ଓ ପରବର୍ତ୍ତୀ ସମାଜକୁ ନବଜାଗରଣ ବା ରେନେସାଁ କହି ପୃଥିବୀଟାକୁ ଭୁଆଁ ବୁଲାଯାଇଛି । Fudalism from below which started in dusk of the Hindu period ବ୍ରିଟିଶ ଦ୍ୱାରା ସଂଚରିତ ହେଲା । ପରମ୍ପରା ବିଧିରେ ଶୋଷିତ ଓ ଶୋଷଣକାରୀ ଗୋଷ୍ଠୀ ମଧ୍ୟରେ ଥିବା ପାର୍ଥକ୍ୟ କେବଳ ପ୍ରଗତିବାଦୀ ସାହିତ୍ୟ ଦ୍ୱାରା ନିରୂପିତ ହେବା ସହ ତା'ର ମାର୍ଗଦର୍ଶନ ଦେଇପାରିବ । ଏହି ସମୟ ଖଣ୍ଡରେ ମାର୍କ୍ସ ଲେନିନ୍‌ଙ୍କର ଆହ୍ୱାନ ସର୍ବହରା ଦଳିତ ଗୋଷ୍ଠୀଙ୍କୁ ଅନୁପ୍ରାଣିତ କରିଥିଲେ । ଲିଟେରେଚରର ରୂପରେଖ କ'ଣ ହେବା ଆବଶ୍ୟକ ଓ କବିତାର ତାହା ଏକ ସ୍ୱତନ୍ତ୍ର ସାହିତ୍ୟର କ୍ଷୁଧା ନିର୍ବାଚିତ ହେଲା । ତାହା ହେଉଛି 'ପ୍ରଜା ସାହିତ୍ୟମ୍‌' । ଏହି ସାହିତ୍ୟ ବା କବିତାର ବିଶେଷତ୍ୱ ସମ୍ପର୍କରେ ହିନ୍ଦୀ ସାହିତ୍ୟର ଇତିହାସରେ ଉଲ୍ଲେଖ ଅଛି – "ସମାଜ କୋ ଓହ ବର୍ଗୋଂମେ ବିଭାଜିତ କରନା ହେ – ଶୋଷକ ଔର ଶୋଷିତ । ଶୋଷକ ବର୍ଗକେ ପ୍ରତି ଆକ୍ରୋଶ ଔର ଶୋଷିତୋ କେ ପ୍ରତି ସହାନୁଭୂତି ମାର୍କ୍‌ବାଦ ବା ମୂଳ ଆଧାର

ହେ ଔର ପ୍ରଗତିବାଦୀ କାବ୍ୟମେ ଯହ ଚେତନା ମୁଖର ରୂପ ସେ ବିଦ୍ୟମାନ ହେ। ଇସୀ ପ୍ରକାର ମାର୍କ୍ସ ନ ତୋ ଈଶ୍ୱର ମେ ବିଶ୍ୱାସ କରତା ହେ ଔର ନ ହୀ ସ୍ୱର୍ଗ-ନରକ ମେ। ପ୍ରଗତିବାଦୀ କାବ୍ୟ ଯେ ଧର୍ମ ଔର-ଈଶ୍ୱର ପର ଅବିଶ୍ୱାସ, କ୍ରାନ୍ତି କୀ ଭାବନା, ନାରୀକେ ପ୍ରତି ଯଥାର୍ଥ ଦୃଷ୍ଟିକୋଣ ଔର ଆଦ୍ର୍ୟର ହୀନତା ଜୈସୀ ବିଶେଷତାଏଁ ଉପଲବ୍ଧ ହୋତୀ ହେ।"

(କ) ପ୍ରଗତିବାଦୀ କବି ସମାଜ କେ ଉସବର୍ଗ କେ ପ୍ରତି ଅପନା ଆକ୍ରୋସ ବ୍ୟକ୍ତ କରତା ହେ, ଜୋ ଶୋଷକ, ସ୍ୱାର୍ଥୀ ହେ, ଅନ୍ୟାୟ, ନିର୍ଦୟ ବ କପଟୀ ହେ। ଇସ୍ କର୍ମକେ ଅନ୍ତର୍ଗତ ହେ, ପୁଞ୍ଜିପତି, ଜମିଦାର, ମିଲ ମାଲିକ ଏବଂ ସ୍ୱାର୍ଥୀ ରାଜନୀତିଜ୍ଞ। ଯେ ଲୋଗ ଅପନୀ ସ୍ୱାର୍ଥ ସିଦ୍ଧିକେ ଲିଏ ପୁଞ୍ଜିବାଦୀ ବ୍ୟବସ୍ଥା ବନାୟେ ରଖନା ଚାହତେ ହେ।

ଯେ ପର୍ୟ୍ୟନ୍ତ ଏଇ ବ୍ୟବସ୍ଥା ଥିବ, ପ୍ରଗତିବାଦୀ କବିତା ଲେଖନୀକୁ ଶାଣିତ କରିବାକୁ ବାଧ୍ୟ ହେବ।

"ଅବ ସୁନ ବେ ଗୁଲାବ

ଭୁଲମତ ଜୋ ପାଇ ଖୁଶବୁ ରଂଗ ଆବ।

ଖୁନ୍ ଘୁସା ସ୍ୱାଦକା ତୂନେ ଅଶିଷ

ଡାଲ ପର ଇତରାତା ହେ କୈପେଟ୍ ଲିଷ।" (କବିତା- କୁକୁର ମୁତ୍ରୀ)

(ଖ) ଶୋଷିତର ଦୈନ୍ୟ ଚିତ୍ରଣ, ସମ୍ୱେଦନଶୀଳତା ଉଦ୍ରେକ ହୁଏ।

(ଗ) କ୍ରାନ୍ତିକାରୀ ଭାବନା - ସାମାଜିକ ବୈଷମ୍ୟରୁ କ୍ରୋଧ ଓ କ୍ରୋଧରୁ କ୍ରାନ୍ତି ଉତ୍ପନ୍ନ ହୁଏ।

(ଘ) ନାରୀ ଭାବନା - ନାରୀର ମାନସିକ ଇଚ୍ଛା, ସାମାଜିକ ସ୍ୱୀକୃତି, ସମତାର ଦାବି କରେ।

(ଙ) ଯଥାର୍ଥବାଦୀ ଦୃଷ୍ଟିକୋଣ - ବାସ୍ତବତା ଅତି ନିଷ୍ଠୁର। ସମାଜବାଦୀ ବାସ୍ତବତାର ଉତ୍ଥାପନ।

(ଚ) ଅଭିବ୍ୟକ୍ତିର ସପକ୍ଷ - ବାକ୍ ସ୍ୱାଧୀନତା ବଳରେ ନିଜର ଦାବି ଉପସ୍ଥାପନ କରନ୍ତି।

(ଛ) ସଂସ୍କାରବାଦୀ ଦୃଷ୍ଟିକୋଣ – ଯୌତୁକ, ନିଶା ନିବାରଣ, ଦାସତ୍ୱ ବିରୋଧରେ ସ୍ୱର ଉତ୍ତୋଳନ କରି ସଂସ୍କାର ପାଇଁ କବିତା ଆବଶ୍ୟକ ।

୪.୫ ପ୍ରଗତିବାଦୀ କବିତାର ଭବିଷ୍ୟତ :

କୌଣସି ସାହିତ୍ୟର ଭବିଷ୍ୟତ ତାହାର ବ୍ୟବହାର ଓ ପାଠନ ଉପରେ ନିର୍ଭରଶୀଳ । ସମାଜର ବାସ୍ତବତା କବିତାରେ ବିମ୍ବିତ ହେଉଥିବା ପର୍ଯ୍ୟନ୍ତ ତାହା ପାଠକୀୟ ସ୍ୱୀକୃତି ଲାଭ କରିବ । ସମାଜବାଦୀ ବାସ୍ତବତା ପ୍ରଗତିବାଦୀ କବିତାର ପ୍ରାଣ । କବିତାର ଦୁଇଟି ଆବେଗାତ୍ମକ ଶଢ ହେଉଛି ସଂଯୋଗ ଓ ସମ୍ବୋଧନ । କବିତାକୁ କବି ଏପରି ତିଆରି କରିବା ଉଚିତ୍ ଯାହା ଲୋକଙ୍କ ମନକୁ ସଂଯୋଗ ଏବଂ ସମ୍ବୋଧନରେ ମଣିଷ ହିଁ ଥିବେ । ଅନ୍ୟ ମତବାଦର କବିତାରେ ଈଶ୍ୱର, ଦେବଦେବୀ, ରାଜା ବାଦଶାହା ଓ ମନ୍ତ୍ରୀ କି ବଡ଼ବଡ଼ ବାବୁ ଥିବାବେଳେ ପ୍ରଗତିବାଦୀ କବିତାରେ ମଣିଷ ପ୍ରତି ଆବେଗିକ ସମ୍ବୋଧନ ଅଥବା କବି ନିଜକୁ ଏକ ଚରିତ୍ର କରି ଗଢ଼ିଥାଏ । ପ୍ରଗତିବାଦୀ କବିତା ଜୀବନ ସହିତ ଜୀବନକୁ ଯୋଡ଼ିଥାଏ, ବିଚ୍ଛିନ୍ନ ହେବାର କଥା କହେ ନାହିଁ ।

ପ୍ରଗତିବାଦୀ କବିତାର ଜୀବନ ବିନ୍ୟାସ ହିଁ ଏକମାତ୍ର ସତ୍ୟ । ସହୃଦୟର ହୃଦୟ ହୁଏ କବିର ସ୍ୱୀକୃତି କ୍ଷେତ୍ର । କବି ବାସୁଦେବ ଦାସଙ୍କ କବିତାରେ ଏପରି ଉଦାହରଣ ଭରପୂର । ବାହ୍ନିକ ଆହ୍ୱାନରେ ଆତ୍ମୀୟତା କିପରି ଫୁଟିଉଠିଛି, ତାହା ଲକ୍ଷ୍ୟ କରାଯାଉ –

> "ବୈଶ୍ୱାନରର ରୁଦ୍ର ରସନା
>
> ଗ୍ରାସିବାକୁ ଆଜି ଜାଗରେ
>
> ଅଦ୍ରି ଶିଖରେ ଦାବାଗ୍ନି ତୁହି
>
> ରଚିୟା ବାଡ଼କ ସାଗରେ ।
>
> ଲହ ଲହ ହୋଇ ଲେଲିହାନ ଶିଖା
>
> ଗିଲିଯାଉ ଧରା ଗରଳ
>
> କ୍ଷିପ୍ର ପ୍ରବାଦ ଯୌବନ ଡାକେ
>
> ହୋଇ ଶାନ୍ତ ଶ୍ୟାମଳ କୋମଳ ।"(୭)

ଏପରି କବିତାର ଉଦ୍ଧାତ ସ୍ୱର ସବୁଦିନ ରହିବ । କବିତାର ସ୍ୱକୀୟ ସାବଲୀଲତା ତାକୁ ଦୀର୍ଘାୟୁ କରିଥାଏ ।

ବିଶ୍ୱଗତ ଭାବ ହିଁ ପ୍ରଗତିବାଦୀ କବିତାର ଅସଲ ପରିଚୟ । ଭାବ ସହ ଭାବର ହୃଦୟ ସହ ହୃଦୟର, ଆଜି ସହ କାଲିର, ପ୍ରାପ୍ତି ସହ ଦାବିର, ବ୍ୟକ୍ତି ସହ ବିଶ୍ୱର, ଦୂର ସହ ନିକଟର ନିବିଡ଼ ବନ୍ଧନରେ କବିତାର ବ୍ୟାପକତା ନିହିତ । ପ୍ରଗତିବାଦୀ କବିତା ଏୟାବତ୍ ଅନ୍ତରର ଅବବୋଧକୁ ରୂପାୟିତ କରି ଆସିଛି ଏବଂ ଆଗାମୀରେ ମଧ କରିଚାଲିବ । କାରଣ ଶୋଷଣ ଓ ବୈଷମ୍ୟର ଅବସାନ ଘଟି ନାହିଁ । ଏହି ଭାବାଦର୍ଶ ଭାଷାବରଣରେ ରୂପନେଇ ଯେଉଁ କବିତା ରୂପନେବ ତାହା ମହାକାଲ ସହିତ ଟକ୍କର ଦେବେ । ଯେମିତି

"ପାର୍ଶ୍ୱେ ମୋର ଅସ୍ପୃଶ୍ୟତା

ଶୁଣିଲି ନାହିଁ ମନର କଥା

ଦେଖିଲି ନାହିଁ ହୃଦୟ ବ୍ୟଥା

ନାହିଁ ତ ତିଲେ ମାନବିକତା

ନରମୁଖା ବାହୀ ପଶୁ ପାଲଟିଛି

ମାଂସାଶୀ ହିଂସା ଭକ୍ତ

ଶିଥିଲ ମୋର ରକ୍ତ ।"(୮)

ଥିଲାବାଲା–ନଥିଲାବାଲା ମଧରେ ବ୍ୟବଧାନ କବିତାର ଶିରାରେ କାଲ କାଲ ଅଗ୍ନିସଂଯୋଗ କରାଇବ । ଆର୍ଥନୀତିକ ବୈଷମ୍ୟ ଦିନକୁ ଦିନ ବୃଦ୍ଧି ପାଇ ଚାଲିଥିବାରୁ କବିତା ନୀରବ ରହିବ ନାହିଁ ।

ତୃତୀୟତଃ– ସାମ୍ୟବାଦୀ ଚେତନା ସୁଦୂରପ୍ରସାରୀ । ସାମାଜିକ ବ୍ୟବସ୍ଥାର ଚାବିକାଠି ହେଉଛି ସାମ୍ୟବାଦୀ ଚେତନା । ଭାରତବର୍ଷରେ କର୍ପୋରେଟ ଶାସନ ଚାଲିଚି । ନବେ ଦଶକରେ ଗ୍ଲାସନସ୍ତ ପେରିସ୍ତ୍ରୋଇକା ସୋଭିଏତ ରୁଷିଆରେ ପ୍ରବର୍ତ୍ତନ ହେବା ଏବଂ ଜଗତ୍କରଣ ହେବା କାରଣରୁ ଯେଉଁ ନୂତନ ଶୋଷଣ ପ୍ରକ୍ରିୟା ଆରମ୍ଭ ହୋଇଛି – ସେଥିରେ 'ଉପଦେଶାତ୍ମକ' ସାହିତ୍ୟ କାମଦେବ ନାହିଁ । କବି ପି.ବି. ଶେଲୀଙ୍କ ଭାଷାରେ – Didactic poetry is my abhafrance

ଅର୍ଥାତ୍‍ ଉପଦେଶାତ୍ମକ କବିତା ଘୃଣ୍ୟ, ତାହା ପ୍ରାଣସ୍ପର୍ଶୀ ନୁହେଁ। ପ୍ରଗତିବାଦୀ କବିତା ଜନଗଣ ଯନ୍ତ୍ରଣା ହରଣ କରିବାକୁ ଐକ୍ୟର ଆହ୍ୱାନ ଦେବ, ଜୀବନକୁ ଆଶୀର୍ବାଦ କରିବ। ଏଣୁ ଏହି କବିତାର ଭବିଷ୍ୟତ ଉଜ୍ଜ୍ୱଳ।

୪.୬   ପ୍ରଗତିବାଦୀ କବିତାର ପ୍ରାସଙ୍ଗିକତା :

ପ୍ରଗତିବାଦୀ କବିତାର ଉସ୍ କମ୍ୟୁନିଜମ୍‍ ବା ମାର୍କ୍ସୀୟ ଚେତନା। ସାମ୍ୟବାଦୀ ଚେତନା ହେଉଛି ସମାଜ ବ୍ୟବସ୍ଥାକୁ ଜାଣିବା ନିମନ୍ତେ ଏକ ବୈଜ୍ଞାନିକ ଚାବିକାଠି। ଭାରତବର୍ଷ କାହିଁକି ସମଗ୍ର ବିଶ୍ୱରେ ଏ ରୂପେ ଦୁଇଟି ଶ୍ରେଣୀ ରହିଆସିଛି। ଶାସନ ପ୍ରକ୍ରିୟା ଯେପରି ପ୍ରତାରଣାମୂଳକ କାର୍ଯ୍ୟରେ ଲିପ୍ତ ତାହାର ମୂଳୋତ୍ପାଟନ ନିମନ୍ତେ କେବଳ ସାମ୍ୟବାଦୀ ବିଚାର ଆବଶ୍ୟକ। କାରଣ କମ୍ୟୁନିଜମ୍‍ ହେଉଛି "highest form of democracy". ଗଣତାନ୍ତ୍ରିକ ଉତ୍ତରଣ କେବଳ ସାମ୍ୟବାଦୀ ଚେତନା ଦ୍ୱାରା ସମ୍ଭବ। ମଣିଷ ସମାଜ ଗଣତନ୍ତ୍ରର ଅବିଭାଜ୍ୟ ଅଂଶବିଶେଷ। ଏଣୁ ପ୍ରଗତିବାଦୀ କବିତାର ପ୍ରାସଙ୍ଗିକତା ଗଣତନ୍ତ୍ର ସହ ହାତ ମିଳାଇ ଚାଲିବାକୁ ବାଧ୍ୟ। ସମାନତା ଆଣିବା ପ୍ରଗତିବାଦୀ କବିଙ୍କର ପରମଧ୍ୟେୟ, ଯାହାର ସ୍ୱର ବାସୁଦେବଙ୍କ କବିତାରେ ଏକ ଉଦାତ୍ତ କାଳଜୟୀ ସ୍ୱର ନେଇ ପାରିଛି।

"ସର୍ଦ୍ଦାର ମୁହିଁ ମୂର୍ଖଦଳର ଦୁର୍ବାର ମୋର ସେନା

ବଦ୍ଧ ମୁଷ୍ଟିର ବଜ୍ରାଘାତରେ ଅଦ୍ରି ଶିଖର ଚୂନା

ପୀଡ଼ିତ, ଦଳିତ, ଘୃଣିତ ଜନତା

ଦେଖିବେ ତମରି ବିନାଶର ଚିତା

ରାତ୍ରି ନ ହେଉଣୁ ଯାତ୍ରୀ ହେ ତମେ

ସ୍ଥିର କର ଚିର ପଟ୍ଟା

ନତୁବା ମୈତ୍ରୀ, ଭ୍ରାତୃତ୍ୱ ବଳେ

ଆଣିଦିଅ ସ୍ୱାଧୀନତା।"

କବି ରବି ସିଂ କବିତାର ଭାବଧର୍ମ ପରିଲକ୍ଷିତ ହେଲେ ମଧ୍ୟ ଏହି କବିତାର ପ୍ରାସଙ୍ଗିକତା ଅପରିହାର୍ଯ୍ୟ। ରାଜନୀତିକ ଶୋଷଣ, ଶଠତା, ମାନବତାର ଅପହରଣ

ଆଜି ବି ଚାଲିଛି । ଗୋଟାଏ ବ୍ୟର୍ଥ ସ୍ୱାଧୀନତା ପାଇ ତୁଚ୍ଛା ଗର୍ବ କରି ଚାଲିଛେ ବୋଲି ଯେଉଁ ଆସ୍ଫାଲନ ଚାଲିଛି, ତାହା କୁକୁମ୍ୟ ରାଓଙ୍କ ସହ ସୂର୍ଯ୍ୟକୁ ମହମବତି ଦେଖାଇବାର ବିଦ୍ରୂପ ଇସ୍ତାହାର । ସମାଜକୁ ହାର୍କିନ ଦେଖାଇ ରାଜନେତାଙ୍କର ଯୁକ୍ତ ବା ଦଳୀୟ ବିଚାର ମୂଲ୍ୟବୋଧକୁ ନିର୍ବାସନ ଦେଇ ଚାଲିଅଛି । ସାଂସ୍କୃତିକ ପଢଭୂମିରେ ଆଜି କଳଙ୍କ ଓ କୁସଂସ୍କାର ବୋଲି ହୋଇଯାଇଛି । ସ୍ମାର୍ଟସିଟିର ସଭ୍ୟତା ଭାରତବର୍ଷର ବିଚାରଧାରାକୁ ଅନ୍ତଃସାରଶୂନ୍ୟ କରିବାକୁ ଚେଷ୍ଟିତ । ଏ ସମସ୍ତ ବିକଳାଙ୍ଗ ସମାଜ ବ୍ୟବସ୍ଥାକୁ ଲକ୍ଷ୍ୟକରି ବିଶିଷ୍ଟ ପ୍ରଗତିବାଦୀ କବି କ୍ଷତୀଶ ରାୟ ତାଙ୍କ ରିଭୋଲ୍ୟୁସନ୍ କବିତାର ପ୍ରାସଙ୍ଗିକତା ଓ ଭବିଷ୍ୟତ ସମ୍ପର୍କରେ ବଳିଷ୍ଠ ସୂଚନା ଦେଲଛନ୍ତି –

We shall take one look at those higher ups

before we pluck and hurt them down

the whole world will shake, and will receive

the seed we are going to sow.

xxx

We shall bring home our harvest of happiness for all.

ପ୍ରଗତିବାଦୀ କବିତାରେ ଥାଏ ବିପ୍ଲବର ମଞ୍ଜି, ଯାହା ବିପ୍ଲବକୁ ପୁଷ୍ଟିତ ଓ 'ଲିତ କରାଇପାରିବ । 'ଲତଃ ପ୍ରତ୍ୟେକ ଘରେ ସାମ୍ୟ, ଶାନ୍ତି, ଆନନ୍ଦ ଫେରିଆସିବ । ଏହି ଦୁର୍ବାର ଆଶା ପ୍ରଗତିବାଦୀ କବିଏ ପୋଷଣ କରିଥାନ୍ତି । ଏଥିରେ କେବଳ ପ୍ରାସଙ୍ଗିକତା ନାହିଁ, ଅଛି ସମ୍ଭାବନାର ମୃଦୁ ମିଳନର ହିଲ୍ଲୋଲ । ଯାହା ଭବିଷ୍ୟତ ଦାୟାଦମାନଙ୍କ ପାଇଁ ଅଭୟ ପ୍ରତିଶ୍ରୁତି ବୋଲି ବିଚାର୍ଯ୍ୟ । ବାସୁଦେବ ଦାସଙ୍କ କବିତାର ସମାନ ଭାବାଦର୍ଶ ଓ ସ୍ୱର ଉଚ୍ଚାରିତ –

"ଅପଶାସନର ଅମରାବତୀରେ

ଜଳି ଜଳି ଯିବ ନିଆଁ

ଦଲାଲ ଦାଦାଙ୍କ ହାରେମ୍ ଟଳିବ

ହଟି ଯା ହଟିଯାଆ ।

ଚିର ଦାରିଦ୍ର୍ୟର ମହାପ୍ରଳୟର

ହେବ ହେବ ଅବସାନ

ଗଣଦେବତାର ପରାଣ ସମୃଦ୍ଧି

ଗଢ଼ ନୂଆ ସମ୍ବିଧାନ ।

ସମୟ ଡାକିଛି ହାତଠାରି ବନ୍ଧୁ

ସମତାର ରଣଭୂମେ

ସଂଗ୍ରାମ ସୁଖ, ସଂଗ୍ରାମ ଜୀବନ

ମରଣ ନାହିଁ ସଂଗ୍ରାମେ ।"

ଏ କବିତାର ଜରୁରୀ ଆବଶ୍ୟକତା ରହିଛି । ଯେ ପର୍ଯ୍ୟନ୍ତ ସମାଜ ବ୍ୟବସ୍ଥାରେ ହୀନମନ୍ୟତା ଓ ଦାରିଦ୍ର୍ୟ ଥିବ, ସେପର୍ଯ୍ୟନ୍ତ ପ୍ରଗତିବାଦୀ କବିତାର ଆବଶ୍ୟକତା ଅଛି ଓ ରହିଥିବ । ପ୍ରଗତିବାଦୀ ଚେତନା ଏକ ଉନ୍ନତ ମୁକ୍ତି ଚେତନା । ଏଥିରେ ବଞ୍ଚିବାର ପିପାସା, ପ୍ରୟାସ ଓ ପ୍ରତିଶ୍ରୁତି ନିହିତ ।

୪.୭ କବିତାରେ ନବ୍ୟସାମ୍ୟବାଦୀ ଚେତନାର ସକାଳ :

କ୍ରାନ୍ତିଦର୍ଶୀ କାର୍ଲମାର୍କ୍ସ ୧୮୪୭ରେ ବିଶ୍ୱବାସୀଙ୍କୁ ଦେଇଥିବା ଆର୍ଥ-ସାମାଜିକ-ଦର୍ଶନ ଭିତ୍ତିରେ ଅନେକ ସାହିତ୍ୟ ସୃଷ୍ଟ ହୋଇଆସିଛି । କମ୍ୟୁନିଜମ୍ କୌଣସି ବ୍ୟକ୍ତିଗତ ସମ୍ପତ୍ତିକୁ ସ୍ୱୀକାର କରୁ ନଥିବା କାରଣରୁ ବିଶ୍ୱ ସାମାଜିକ ବ୍ୟବସ୍ଥା ସେଥିରୁ ଫାଇଦା ଉଠାଇ ନପାରି ଏଇ ଦର୍ଶନକୁ ନିଷ୍ଠୁର ଓ ପରାଙ୍ଗ ପୁଷ୍ଟ କହିବାକୁ ପଛେଇ ନାହାନ୍ତି । ହିତାଧିକାରୀ ସାମାଜିକ, ଆର୍ଥିକ ଓ ଆଧ୍ୟାତ୍ମିକ ସ୍ୱାଚ୍ଛନ୍ଦ୍ୟ ପାଇଁ ଦାବିଦାର ହୋଇବସେ । ପ୍ରସଙ୍ଗତଃ ପ୍ରଶ୍ନ ହୁଏ –

"Is it not a perversion to take possession, say of a work of art not for the shake of aesthetic pleasure but for economic but for economic reasons to see in it not the beauty of life incarnate but the enbodiment of faceless and spirit less wealth."

୧ । ସମାଜ ବ୍ୟବସ୍ଥାରେ ଆର୍ଥ ସାମାଜିକ ନନ୍ଦନବୋଧର ମଧ୍ୟ ଆବଶ୍ୟକତା ମାନବର ଅନ୍ତର୍ନିହିତ ସ୍ୱଚ୍ଛନ୍ଦଭାବ ଉପରେ କୁଠାରଘାତ କରି କୌଣସି ବାଦ ତିଷ୍ଠିବା ସମ୍ଭବପର ହୋଇ ନପାରେ ।

୧୮୪୮ ମସିହା ଜୁନ୍ ମାସରେ ପ୍ୟାରିସ ସହରରେ ଶ୍ରମିକ ଶକ୍ତିର ହକ୍ ସାବ୍ୟସ୍ତ ପାଇଁ ସଂଗ୍ରାମର ସୂତ୍ରପାତ୍ର ହୋଇଥିଲା। ମାତ୍ର ଫେବୃୟାରୀ ବିପ୍ଲବରେ ପ୍ରତିଷ୍ଠିତ ପୁଞ୍ଜିପତି ଶ୍ରେଣୀର ନୂଆ ସରକାର ଦ୍ୱାରା ଶ୍ରମିକ ଶକ୍ତି ପରାଜୟ ବରଣ କଲା। ମାର୍କ୍ସ ସ୍ୱୟଂ ଉପଲବ୍ଧି କରିଥିଲେ ପ୍ୟାରିସ୍ ନଗରୀର ଶ୍ରମିକମାନଙ୍କ ସଂଗ୍ରାମ ଏତେଦୂର ଗତି କରିଛି ଯେ, ସେମାନେ ଆଗାମୀ ବିପ୍ଳବର ନେତୃତ୍ୱ ବହନ କରିପାରିବେ। ୧୮୭୧ ମସିହାରେ ତାଙ୍କ ଧାରଣା ବାସ୍ତବାୟିତ ହେଲା। ପ୍ୟାରିକମ୍ୟୁନ୍ ଦଶ ସପ୍ତାହ ଧରି ପ୍ୟାରିସ ଉପରେ କର୍ତ୍ତୃତ୍ୱ ଜାରି କରିଥିଲା। ଶ୍ରମିକ ଶ୍ରେଣୀ ସହିତ ଅନ୍ୟାନ୍ୟ ଶକ୍ତି ମଧ୍ୟ ସଂଗ୍ରାମରେ ସହଯୋଗ କରିଥିଲେ ବା ଅଂଶଗ୍ରହଣ କରିଥିଲେ। ଏଣୁ ପୁରାତନ ଶାସକ ଶ୍ରେଣୀ ଦ୍ୱାରା ନିପୀଡ଼ିତ ସମସ୍ତ ଲୋକଙ୍କର ସହଯୋଗ ଅନିବାର୍ଯ୍ୟ। ମାର୍କ୍ସଙ୍କ ଦୃଷ୍ଟିରେ ଶ୍ରମିକ ପାର୍ଟିର ଲକ୍ଷଣ ବିପ୍ଲବ ପାଇଁ ସଂଗଠିତ ପ୍ରସ୍ତୁତି ଏବଂ ଶାସକ ପୁଞ୍ଜିପତି ଶ୍ରେଣୀର ଉଚ୍ଛେଦ ସାଧନ ସହ ନୂଆ ଉତ୍ପାଦନ ବ୍ୟବସ୍ଥା ଦ୍ୱାରା ସମାଜ ତନ୍ତ୍ର ପ୍ରତିଷ୍ଠା।

୨। ପରବର୍ତ୍ତୀ କାଳରେ ଏହି ବିପ୍ଲବ ପରିଚାଳନାର ତରିକା ଭିନ୍ନ ରୂପନେବାକୁ ବାଧ୍ୟ ହେଲା। ବିଶେଷକରି ୧୯୬୦ ପରବର୍ତ୍ତୀ ସମାଜ ବ୍ୟବସ୍ଥା ପୂର୍ଣ୍ଣତଃ ଗ୍ରହଣୀୟ ହୋଇପାରି ନାହିଁ।

ଷାଠିଏ ଦଶକରେ ଆମେରିକାର ସମାଜ ବିଜ୍ଞାନୀଗଣ ନୂତନ ପ୍ରକାରର ସାମାଜିକ ଦ୍ୱନ୍ଦ୍ୱ ସମ୍ପର୍କରେ ନବ୍ୟ ସମାଜ ବିଜ୍ଞାନର ଅବତାରଣା କରନ୍ତି। ହେରୋ ଇଜ୍ ଏହି ସମାଜ ବିଜ୍ଞାନର ବାର୍ତ୍ତାବହ ବୋଲି କୁହାଯାଏ। ତାଙ୍କ ମତରେ ଦ୍ୱନ୍ଦ୍ୱ ବିଭିନ୍ନ କ୍ଷେତ୍ରକୁ ସମ୍ପ୍ରସାରିତ।

୩। ଏହି ସିଦ୍ଧାନ୍ତ ଅନୁଯାୟୀ ସେମାନେ ଲୋକମାନଙ୍କ ପାଇଁ ସମାଜ ବିଜ୍ଞାନ (Sociology for the people) ଉପରେ ଅଧିକ ଗୁରୁତ୍ୱ ଦେଲେ। ପୂର୍ବରୁ ଗିଲେନ୍ ଆଣ୍ଡ ଗିଲେନ୍, ମାକ୍ଇଭର କାପାଡ଼ିଆ ପ୍ରମୁଖ ସମାଜ ବିଜ୍ଞାନୀଙ୍କର ତତ୍ତ୍ୱର ବିଶ୍ଳେଷଣ ପୂର୍ବକ ଲୋକାଭିମୁଖୀ କରିବା ଉଦ୍ଦେଶ୍ୟରେ ଆମେରିକାନ ସୋସିଓଲୋଜିକାଲ ଆସୋସିଏସନ୍ ପ୍ରତିଷ୍ଠିତ ହେଲା ଏବଂ ଏହାର ଅଧିବେଶନ, ସାନ୍‌ଫ୍ରାନ୍‌ସିସ୍‌କୋଠାରେ ଅନୁଷ୍ଠିତ ହୋଇଥିଲା। ଯେଉଁ ସମ୍ମିଳନୀରେ ଭିଏତ୍‌ନାମ ଯୁଦ୍ଧକୁ କେନ୍ଦ୍ର କରି ସାମାଜିକ ଆନ୍ଦୋଳନ ଓ ସାମାଜିକ ଦ୍ୱନ୍ଦ୍ୱ ଉପରେ ଆଲୋକ

ସମ୍ପାତ କରାଗଲା । ଏମାନଙ୍କୁ କେହି କେହି ଉଗ୍ରସମାଜ ବିଜ୍ଞାନୀ ବା ନବ୍ୟସମାଜ ବିଜ୍ଞାନୀ ଭାବେ ବିଚାର କରନ୍ତି ।

ସାମାଜିକ ଗଢ଼ଣ ବା Social Structureର ପରିବର୍ତ୍ତନ ଘଟି ଚାଲିଛି । ସମାଜର ସାଂସ୍କୃତିକ ଓ ଆର୍ଥିକ ଦିଗ ମଧ୍ୟ ପ୍ରତିହତ ହେବାରେ ଲାଗିଛି । ସମାଜରେ ବହୁ ବିଡ଼ମ୍ବନା ଓ ନକରାତ୍ମକ ଘଟଣା ମଧ୍ୟ ସଂଗଠିତ । ଆର୍ଥିକ ଶୋଷଣ, ଧର୍ମବିଦ୍ୱେଷ, ଜାତିଗତ ବୈଷମ୍ୟ, ଆର୍ଥିକ ବ୍ୟବଧାନ, ଶିଳ୍ପୀକରଣ, ରାଜନୀତିକ ଅନ୍ତର୍ଦ୍ଦହନ ଆଦି ଘଟଣା ସମାଜ ବିଜ୍ଞାନୀଙ୍କ ଦୃଷ୍ଟିରେ ସମାଜ ଗଠନ ପ୍ରଣାଳୀରେ ତ୍ରୁଟି ବୋଲି ବିଚାର୍ଯ୍ୟ ।

ରଷିଆ କବି ଲିଓନିଡ ମାର୍ତିନୋଭଙ୍କ କବିତାରେ ୧ ୯୧ ୬ ମସିହାରେ ଏପରି ସାମାଜିକ ବୈଷମ୍ୟ ଓ ଆର୍ଥିକ ତାରତମ୍ୟ ସ୍ୱଷ୍ଟ ହୋଇଉଠେ ।

"We poor? Nonsense!

are we rich?

We are but not in words they preach

Rich poor Labels of the past

are both alien to us.

our day is new, and it has come to last

We are a race of youth

such is the simple truth."

ଶ୍ରେଣୀଚେତନା, ଦ୍ୱନ୍ଦ୍ୱ, ବୈଷମ୍ୟକୁ ଧୂଳିସାତ କରି ସାଧାରଣ ସତ୍ୟରେ ସମାଧାନ କରିବାର ଆହ୍ୱାନ ଆମ ବିଚାରରେ ପ୍ରତି'ଳିତ ହୋଇ ନାହିଁ କି ?

ମହାତ୍ମାଗାନ୍ଧୀଙ୍କର ଚମ୍ପାରଣ ଓ ନୀଳକୃଷକ ଆନ୍ଦୋଳନକୁ ପ୍ରାୟ ଶହେବର୍ଷ ପୁରିଯାଉଛି । ଭୂମିକୁ ନେଇ ୧ ୯୫୧ ପରେ ଆରମ୍ଭ ହୋଇଥିଲା ଅହିଂସା ମାର୍ଗରେ ଭୂଦାନ ଆନ୍ଦୋଳନ । ଦୀର୍ଘ ୨୦ ବର୍ଷଧରି ଭୂଦାନ ସର୍ବୋଦୟ ଆନ୍ଦୋଳନ ପୂର୍ଣ୍ଣମାତ୍ରାରେ ସମାଧାନ ହୋଇପାରିବ ନାହିଁ । ଜମିମାଲିକ ଓ କୃଷକ ମଧ୍ୟରେ ଦ୍ୱନ୍ଦ୍ୱ, ଖାତକ ମହାଜନ ମଧ୍ୟରେ ଦ୍ୱନ୍ଦ୍ୱ, ସାମନ୍ତ-ଭୃତ୍ୟ ମଧ୍ୟରେ ବହୁକାଳ ଅନ୍ତର୍ଦ୍ୱନ୍ଦ୍ୱ

ପ୍ରଜ୍ୱଳିତ ହୋଇଛି । ୧୯୬୪ ମସିହାରେ ଓଡ଼ିଶା ଛାତ୍ର ଆନ୍ଦୋଳନ ବିପ୍ଳବ ଶାସ୍ତ୍ର
ଏକ ସ୍ୱତନ୍ତ୍ର ଅଧ୍ୟାୟ; ଯେତେବେଳେ ବିଜୁ ପଟ୍ଟନାୟକ ଓ ବୀରେନ୍ ମିତ୍ରଙ୍କର
ଶାସନ ଚାଲିଥିଲା । ୧୯୬୭ ମସିହା ମେ' ମାସ ୨୭ ତାରିଖରେ ବଙ୍ଗଳାର
ନକ୍ସଲବାଡ଼ି ଆନ୍ଦୋଳନ ଜମିମାଲିକ ଓ କୃଷକ ମଧ୍ୟରେ ଆରମ୍ଭ ହୋଇ ଅଗ୍ନିରୂପ
ନେଇଥିଲା । ଚାରୁମଜୁମଦାର ଓ ନାଗଭୂଷଣଙ୍କ ଭଳି ଏଥିରେ ନେତାଏ ସମ୍ପୃକ୍ତ
ହୋଇଗଲେ । ନକ୍ସଲ ପରବର୍ତ୍ତୀ କାଳରେ ମାଓ ଆନ୍ଦୋଳନର ରୂପାନ୍ତର ବିପ୍ଳବ ।
୧୯୭୫ ଜୁନ୍ ମାସ ୨୬ ତାରିଖରେ ଭାରତବର୍ଷର ସାର୍ବଭୌମ ଗଣତାନ୍ତ୍ରିକ
ବ୍ୟବସ୍ଥା । ଉପରେ କୁଠାରଘାତ କରି ପ୍ରଧାନମନ୍ତ୍ରୀ ଶ୍ରୀମତୀ ଇନ୍ଦିରାଗାନ୍ଧୀ
ଜରୁରୀକାଳୀନ ପରିସ୍ଥିତି ଜାରି କରିବା ପରେ ଜୟପ୍ରକାଶ ନାରାୟଣଙ୍କ ଆହ୍ୱାନରେ
ସମ୍ପୂର୍ଣ୍ଣ ବିପ୍ଳବ ଫେରାଇଥିଲା ଗଣତନ୍ତ୍ର । ଓଡ଼ିଶା ତଥା ଭାରତବର୍ଷର ରାଜନୀତିକ
ମତାଦର୍ଶର ପାର୍ଥକ୍ୟ ସାଙ୍ଗକୁ ଜନଗଣଙ୍କର ଆର୍ଥିକ ସଙ୍କଟ, ବେକାରୀ ଓ ପ୍ରାକୃତିକ
ବିପର୍ଯ୍ୟୟ ସାମାଜିକ ଗଠନକୁ ଯେ ନ ବଦଳାଇଛି, ତା' ନୁହେଁ । ଏ ସମସ୍ତ ପ୍ରକାର
ବୈଷମ୍ୟ ଭିତରେ ସାମ୍ୟଦର୍ଶନକୁ ସମାଜବିଜ୍ଞାନୀ ତିନିଗୋଟି (ସି)ରେ ନିର୍ଣ୍ଣୟ
କରିଥାନ୍ତି । ସହଯୋଗିତା (cooperation), ପ୍ରତିଯୋଗିତା (competition) ଓ
ଦ୍ୱନ୍ଦ୍ୱ (conflict) ମଧ୍ୟରେ ସମସ୍ୟାଗୁଡ଼ିକ ଜଡ଼ିତ । ସକଳ ସଂପଦ ସମାଜର ।
ଏହାର ବଣ୍ଟନ ସମପରିମାଣ ବା ଆବଶ୍ୟକତା ଅନୁସାରେ ନ ହୋଇପାରି ଦ୍ୱନ୍ଦ୍ୱ–
କଳହ ଉତ୍ପନ୍ନ ହେଉଛି । ସଂଓଠିକୁ ନେଲେ ସାମାଜିକ ପ୍ରତିଯୋଗିତା ଅର୍ଥାତ୍ କେତେ
କିଏ ସମ୍ପଦର ମାଲିକ ହୋଇପାରିବ । ଗଣତାନ୍ତ୍ରିକ ସାମାଜିକ ବ୍ୟବସ୍ଥାରେ ଆଇନତଃ
ହେବା ଆବଶ୍ୟକ ଥିଲା । ମାତ୍ର ରାଜନୀତିକ ବାହୁଛାୟା ତଳେ ଚୋର ତସ୍କର ବି
ବିଶାଳ ସମ୍ପତ୍ତି ଓ ଅର୍ଥର ଅଧିକାରୀ ହୋଇପାରୁଛନ୍ତି । ଏହି କନ୍‌ଫ୍ଲ‌କ୍ଟରୁ ବିପ୍ଳବ
ପ୍ରତିଯୋଗିତାରୁ ବ୍ୟବଧାନ ବ୍ୟାପକ ହେବାର ଲାଗିଛି । ଯଦି ସହଯୋଗିତା କୋ
ଅପରେସନ ମାଧ୍ୟମରେ ହୋଇପାରିବ, ଅଶାନ୍ତି କି ବିଦ୍ରୋହର ବହ୍ନି ପ୍ରଜ୍ୱଳିତ
ହୋଇପାରନ୍ତା ନାହିଁ । ଅର୍ଥ ଅନର୍ଥର ମୂଳ । ନୂତନ ପୁଞ୍ଜିବାଦୀମାନଙ୍କର ଉଦ୍ଭବ
ଏବଂ ସେମାନଙ୍କ ଚରାଭୂଇଁ ହୋଇଛି ଭାରତବର୍ଷ । ଗଣତନ୍ତ୍ର ପଦ୍ଧତିରେ ଶାସନ
ଚାଲିଛି ଯଦିଚ କର୍ପୋରେଟ ବା କମ୍ପାନୀମାନଙ୍କର ସରକାର ବିଭିନ୍ନ ଆଳରେ
ସମାଜକୁ କରୁଛନ୍ତି ଟୁକୁରା ଟୁକୁରା । ଜାତି, ଗୋତ୍ର, ଧର୍ମ, ଏପିଏଲ, ବିପିଏଲ,

ଏସ୍‌ଟି, ଏସ୍‌ସି, ମାଇନର କମ୍ୟୁନିଟି, ଲିଙ୍ଗ, ଦିବ୍ୟାଙ୍ଗ, କିନ୍ନର ଏଭଳିକି ଚାକିରି କ୍ଷେତ୍ରରେ ପୋଷ୍ଟଗୁଡ଼ିକ ସ୍ତର ଓ ବିଭାଜନ ଦ୍ୱାରା ଐକ୍ୟ ସଂଘଟି ନିଷ୍ଠା ଶାସନ ଗୋଷ୍ଠୀ ବିଭାଜନ ପ୍ରକ୍ରିୟାରେ ଭୋଟ କିଣିବାରେ ସଫଳ ହୋଇ କ୍ଷମତାକୁ ଯିବା ମୂଳଲକ୍ଷ୍ୟ । ଏଣୁ ବିପ୍ଲବ ସଂଗଠିତ ହୋଇପାରୁନାହିଁ କିମ୍ବ। ବାଞ୍ଛିତ ଅଧିକାର ଲୋକଙ୍କ ହାସଲ ହୋଇପାରୁ ନାହିଁ । ୫୦ ବର୍ଷ ତଳର ସମାଜ, ଆଜିର ସମାଜ ମଧ୍ୟରେ ସାମାଜିକ ଗଢ଼ଣ ବିଦ୍ରମିତ ଅବସ୍ଥାକୁ ଚାଲିଯାଇଛି । ଏଣୁ... ମାଲିକ ସର୍ବହରା ଭିତରେ ଯୁଦ୍ଧ ସଂଗଠିତ ହୋଇରହିନାହିଁ । ନବ୍ୟ ସାମ୍ୟବାଦର ଭିତ୍ତିଭୂମି ଭାବେ ନବ୍ୟ ସମାଜ ବିଜ୍ଞାନୀଙ୍କର ଅଭିମତ ଗ୍ରହଣୀୟ । ଆଧୁନିକ କାଳରେ ସର୍ବହରାର ସଂଜ୍ଞା ଯାହା ଥିଲା, ତାହାର ପରିବର୍ଦ୍ଧନ ଘଟିଛି । ନିରନ୍ନ ବୁଭୁକ୍ଷୁଙ୍କ ସ୍ଥାନରେ ଏକଟଙ୍କିଆ ଚାଉଳ, ପାଞ୍ଚଟଙ୍କିଆ ଭାତ, ନିବାସ ଲାଗି ଇନ୍ଦିରା ଆବାସ ବା ବିଜୁ କୁଟୀର ଉଦ୍ଦିଷ୍ଟ । ଅନାଥମାନଙ୍କ ପାଇଁ ଆବାସସ୍ଥଳୀ - ଆଶ୍ରୟ, ବାଳାଶ୍ରମ, ଜରାଶ୍ରମ ଆଦି ଲକ୍ଷ୍ୟ କରାଯାଇପାରେ । ତଥାପି ସାମାଜିକ ଅସନ୍ତୋଷ ଓ ବିଦ୍ରୋହ ଘଟିବାର ନବ ନବ ଘଟଣାମାନ ରହିଅଛି । ନବ୍ୟ ସମାଜ ବିଜ୍ଞାନ ଦୃଷ୍ଟିରେ ଯେଉଁସବୁ ସାମାଜିକ ଦ୍ୱନ୍ଦକୁ ସକାରାତ୍ମକ ଏବଂ ଉପଯୋଗୀ ଉପାଦାନ ରୂପେ ଗ୍ରହଣ କରାଯାଇଛି । ସେଗୁଡ଼ିକର ବିଚାର କରିବା ଏକାନ୍ତ ଆବଶ୍ୟକ । ବୈଜ୍ଞାନିକ ଆବିଷ୍କାର ଓ ଉଭାବନ 'ଲରେ ନୂତନ ସାମଗ୍ରୀ, ଔଷଧ, ଜ୍ଞାନକୌଶଳ, ଟେଲିମାଧ୍ୟମ, ମୋବାଇଲ, ଦୂରଦର୍ଶନ, ଂଜ୍, ରୋବର୍ଟ ଓ ବିୟଟ୍‌ ଭଳି ଅଭୁତ ପଦାର୍ଥ ମଣିଷର ବିକଳ୍ପ କର୍ମଚାରୀ ଭାବେ ଉପସ୍ଥାପିତ । ବସ୍ତୁବାଦୀ ପ୍ରଲୋଭନ ବ୍ୟକ୍ତିର ପାରିବାରିକ ତଥା ସାମାଜିକ ଜୀବନରେ ଶିଥିଳତା ଆଣିଦେଇଛି । ଗ୍ରାମ୍ୟ ଜୀବନ ସୁଦୃଢ଼ ଧନୀପଠାରୁ ଗାଁ ଦାଣ୍ଡ ପର୍ଯ୍ୟନ୍ତ ରଙ୍ଗବେରଙ୍ଗର ସଉଧ ମୁଣ୍ଡ ଟେକିବା ସହିତ ଯୌଥ ଜୀବନ ବଲିପଡ଼ିଲାଣି । ଗାଁରେ ସେଇ ସମ୍ପଭି ଅଛି ଅଥଚ ଦମ୍ପତି ଦାହାନ୍ତି । ଜମି ପଡ଼ିଆ ପଡ଼ିଛି, କେତେ ଭଙ୍ଗା କାନ୍ଥ ଆଁକରି ଚାହିଁଛି ତ ବଡ଼ବଡ଼ ଅଟ୍ଟାଳିକା ଭିତରେ ବୃଦ୍ଧ-ବୃଦ୍ଧାଙ୍କର କରୁଣ ବିଲାପ ଶୁଣିବାକୁ ମିଳୁଛି । 'କାହା ବୋଲେ ଗଲାପୁତ୍ର ବାହୁଡ଼ି ନଆଲା' ପ୍ରତିଟି ବୃଦ୍ଧ ଦମ୍ପତି ପ୍ରାଣ କେନ୍ଦରାରେ କାରୁଣ୍ୟ ରାଗିଣୀ ଝଂକୃତ । ଶହେବର୍ଷ ତଳେ ଓଡ଼ିଆ କଳାମାଟି ବା କୋଲକତା ଯାଇ ଚଟକଲ କି ଚା ବଗିଚାରେ ଖଟୁଥିଲା । ମାତ୍ର ଆଜି ନବମ ଶ୍ରେଣୀରୁ ପିଲାଏ

ସୁରାଟ୍‌, ଗୁଜୁରାଟ, ସୌଦୀ ଆରବ ଯାତ୍ରା କଲେଶି। ବସ୍ତୁବାଦୀ ଚେତନା ଟଙ୍କା ପାଇଁ ପାଗଳ କରିଛି, ମଣିଷ ଯନ୍ତ୍ରରେ ପଡ଼ିଛି ୧୯୯୧ ମସିହାରେ ଉଙ୍କେଲ ଚୁକ୍ତି 'ଲରେ ବହୁ ରାଷ୍ଟ୍ରୀୟ କମ୍ପାନୀଙ୍କ ଭାରତ ପାଲଟିଯାଏ ଚରାଭୂଇଁ। ସେହିପରି ୧୯୯୪ ମସିହାରୁ ୨୦୦୩ ମସିହା ମଧ୍ୟରେ ୭୦୭ଟି ଭୟଙ୍କର ପ୍ରାକୃତିକ ବିପର୍ଯ୍ୟୟ ବିଶ୍ୱରେ ଘଟିଯାଇଛି। ୧୯୯୯ର ମହାପ୍ରଳୟଙ୍କାରୀ ବାତ୍ୟା ତନ୍ମଧ୍ୟରୁ ଅନ୍ୟତମ ମହାବିପଦ। ସମ୍ପ୍ରତି ଓଡ଼ିଶାର ୩୨-୫୯ ଲୋକେ ଦାରିଦ୍ର୍ୟର ସୀମାରେଖା ତଳେ ନିପୀଡ଼ିତ ଅବସ୍ଥା ଭୋଗ କରୁଥିବା ବେଳେ ସେମାନଙ୍କର ସାଧାରଣ ସମ୍ପତ୍ତି କମ୍ପାନୀମାନଙ୍କ ପାଖରେ ବନ୍ଧା ପଡ଼ିଛି। ୭୯ଟି କମ୍ପାନୀ ସହିତ ଓଡ଼ିଶାର ସରକାରଙ୍କର ଚୁକ୍ତିଭିତ୍ତିକ ଶିଳ୍ପାୟନ ଚାଲୁ ରହିଛି। ବିସ୍ଥାପନ ସମସ୍ୟାର ସମାଧାନ ଘଟୁନାହିଁ କିମ୍ଭ। କମ୍ପାନୀମାନେ ସ୍ଥାନୀୟ ସମସ୍ୟାକୁ ଲକ୍ଷ୍ୟକରି ଲୋକଙ୍କ ଉପାର୍ଜନକୁ ଗୁରୁତ୍ୱ ଦେଉନାହାନ୍ତି। ଏଭଳି ବହି ସମସ୍ୟାର ମୂଳ ବ୍ୟାଖ୍ୟାନ ଅଙ୍କକେ ପ୍ରକାଶ କରାଯାଇଛି।

(୧) ବିକାଶ ମୂଳକ ଦ୍ୱନ୍ଦ୍ୱ

(୨) କୃଷି-କୃଷକର ଦ୍ୱନ୍ଦ୍ୱ

(୩) ଆଦିବାସୀ ସମସ୍ୟାମୂଳକ ଦ୍ୱନ୍ଦ୍ୱ

(୪) ଜାତୀୟଣ ଦ୍ୱନ୍ଦ୍ୱ

(୫) ସାମ୍ପ୍ରଦାୟିକ ଦ୍ୱନ୍ଦ୍ୱ

(୬) ଲିଙ୍ଗ-ବୈଷମ୍ୟ ଦ୍ୱନ୍ଦ୍ୱ

ଓଡ଼ିଆ କାବ୍ୟଧାରାରେ ବିଗତ ପନ୍ଦର ବର୍ଷ ମଧ୍ୟରେ ଉପଯୁକ୍ତ ବିଷୟବସ୍ତୁ କବିପ୍ରାଣକୁ ଅଧିର କରିଛି। ସୁସ୍ଥ ସମାଜ ଗଠନ କ୍ଷେତ୍ରରେ ଆର୍ଥନୀତିକ ସମସା ଯେତିକି ଆବଶ୍ୟକ-ସାମାଜିକ ନ୍ୟାୟ ଓ ମର୍ଯ୍ୟାଦା ତତୋଽଧିକ ବିଚାର୍ଯ୍ୟ। ଭାଗବତୀ ପ୍ରାଣିଗ୍ରାହୀଙ୍କୁ ଦ୍ରୋଣାଚାର୍ଯ୍ୟ ମନେକରି ଯେଉଁମାନେ କବିତା ରଚନା କରି ଆସିଛନ୍ତି ସେମାନଙ୍କ ମଧ୍ୟରୁ କେତେକ ଏହି ଭାବଭୂମିକୁ ଉପଜୀବ୍ୟ କରି କବିତା ଲେଖିବାର ଅଦମ୍ୟ ପ୍ରୟାସ ପରିଲକ୍ଷିତ। ବାଞ୍ଛାନିଧି ଦାସ, ଆଶୁତୋଷ ପରିଡ଼ା, ଭଗବାନ ମହାପାତ୍ର, ବାସୁଦେବ ଦାସ, ନିରାକାର ଦାସ, କୁଳମଣି ଜେନା, ନୃସିଂହ ତରାଇ,

ପ୍ରଭାକର ଶତପଥୀ, ଭରତ ବେହେରା ପ୍ରମୁଖ ପ୍ରଗତିଶୀଳ ଧାରାର କବି ବେଶ୍‍ ସଚେତନ ହୋଇଅଛନ୍ତି । ସେହିପରି ଆଦିବାସୀ ସମସ୍ୟା ସଚେତନ କବିଙ୍କ ମଧ୍ୟରେ ବାସୁଦେବ ସୁନାନୀ, କୁମାର ହସକ, ପ୍ରଶାନ୍ତ ମିଶ୍ର, ଡଃ ଗୌରାଙ୍ଗ ରାଉତ ପ୍ରମୁଖ ଗ୍ରାମ୍ୟ ଜୀବନର କରୁଣ ସ୍ଥିତି ଓ ସମସ୍ୟା ଉପରେ ହେମନ୍ତ ରାଉତ, ସଦାଶିବ ଦାସ ଆଦିଙ୍କ ନାମ ଉଲ୍ଲେଖନୀୟ । ବିକାଶମୂଳକ ସମସ୍ୟାର ଜଟିଳ ବିନ୍ୟାସ ଉପରେ ମାଓ ସଂଘର୍ଷ ଚାଲିଥିବାରୁ କେତେକ କବି ବିଜୟ ଉପାଧ୍ୟାୟ, ଦଣ୍ଡପାଣି ମହାପାତ୍ର, ବାସୁଦେବ ଦାସ ପ୍ରମୁଖ କବି ଏହି ବିଚାରଧାରାକୁ ସମାଧନ ପାଇଁ ଉପଜୀବ୍ୟ କରିଛନ୍ତି ।

ଅନେକ କବି ପ୍ରଗତିଶୀଳ ଗୋଷ୍ଠୀ ଅନ୍ତର୍ଭୁକ୍ତ ନହୋଇ ମଧ୍ୟ ସମସ୍ୟା ମୂଳକ କବିତା ରଚନାରେ ମନୋନିବେଶ ପୂର୍ବକ ଦ୍ୱନ୍ଦ୍ୱ ଓ ସଂଘାତର କଥା ଉପସ୍ଥାପନ କରିବା ପରିଲକ୍ଷିତ ହୁଏ । ଶତ୍ରୁଘ୍ନ ପାଣ୍ଡବ, ଦିଲ୍ଲୀପ ସ୍ୱାଁଇ, ସାବିତ୍ରୀ କବି, ରଞ୍ଜନ ପ୍ରଧାନ, ଜ୍ଞାନୀ ଦେବାଶିଷ, ସୁଚେତା ମିଶ୍ର, ସେନାପତି ପ୍ରଦ୍ୟୁମ୍ନ, ଗାୟତ୍ରୀବାଲା ପଣ୍ଡା, ଅଙ୍କୁରବାଲା ପରିଡ଼ା ପ୍ରମୁଖଙ୍କ କବିତାରେ ସମଭାବାଦର୍ଶ ପ୍ରତି‘ଳିତ ।

କବି ରବୀନ୍ଦ୍ରନାଥ ଗାଇ ଉଠିଥିଲେ – "ସମୟ ହୋଇଛେ ନିକଟ / ଏଖନ ବାଁଧନ ଛିଡ଼ାତେ ହବେ" ଭଲି କବି ବ୍ରହ୍ମାନନ୍ଦ ଦାସଙ୍କ ଜୀବନ ପ୍ରଦୀପ ନିର୍ବାପନ ହେବା ଠିକ୍‍ ପୂର୍ବରୁ 'ପାଚିଲା ଧାନକ୍ଷେତ' ଭଲି ପ୍ରଗତିଶୀଳ ସଂକଳନଟିଏ ପ୍ରକାଶ ପାଇଥିଲା । ପାଚିଲା ଧାନକ୍ଷେତରେ ଶୋଇଯାଇଛନ୍ତି ବ୍ରହ୍ମାନନ୍ଦ ଦାସ – କବିତା ଆରମ୍ଭ ହୁଏ ଜୀବନରେ ଶେଷ ହୁଏ ହିଡ଼ରେ । ୨୦୦୫ରେ କୃତିତ୍‍ କବିଚାଷୀ ମନସ୍କତା ପୋଷଣ କରିଥାଇପାରନ୍ତି । ଶ୍ରୀଦେବଙ୍କର 'ଝକ୍ଷବାସ' ସଂକଳଟିଏ ନକିଟରେ ପ୍ରକାଶ ପାଇଛି ।

ଧାନବିଲର ସୁରକ୍ଷା ପାଇଁ ହିଡ଼ଟିଏ ଲୋଡ଼ା, ଯାହା ପାଣି ଅଟକାଇ ଧାନ'ସଲକୁ ଉଉର୍ଷ ସକାଳୟାଏ ଆହାର ଯୋଗାଇଥାଏ । ସବୁଜ ସୁନ୍ଦର କେଦାର ମଧ୍ୟରେ ସୁଖର ସୁନାଖରା ଚିକ୍‍ଟିକ୍‍ କରୁକରୁ ପାଲଟିଯାଏ ସୁବର୍ଷ ଶାଲିଟିଏ ।

"ହିଡ଼ ବାନ୍ଧିବା ମୂଳକଥା
ଦାର୍ଘ୍ୟରେ ହାତପ୍ରତି ସେ ହାତ

ଘାସ ମିଶା ହିଡ଼ବାନ୍ଧି ନେଲେ
ପାଣି ଅଟକି ରହେ କିଆରୀରେ
ପାଣିଥିଲେ ଧାନ / ଏପରିକି ପର୍ବତ ଶିଖରେ ବି
ରଂଗ ରଂଗର ପାଚିଲା ଧାନକ୍ଷେତ
ଟାଣିନିଏ ଆଖିକୁ ।"

ତାହାହିଁ ଥିଲା ବ୍ରହ୍ମାନନ୍ଦୀୟ ବିଳାପର ସମ୍ଭାବ୍ୟ ପରିଣତି । ଏହି କବିତାଗୁଡ଼ିକରେ ଶ୍ରେଣୀ ଚେତନା ଅଛି ମାତ୍ର ସଂଘର୍ଷର ସ୍ୱର ନାହିଁ । ଦାବି ଅଛି, ଉତ୍ତର ନାହିଁ । ସବୁ ନିଷ୍କ୍ରିୟ ହେବା ପ୍ରାୟ ମନେ ହୁଏ । କବିତା ଚେତନାର କଥା କହିବ – କହିଛି । ଅଭାବଗ୍ରସ୍ତ ନିପୀଡ଼ିତ ମଣିଷର ସ୍ୱର ଓ ସଂଗ୍ରାମ ସାହିତ୍ୟ ବା କବିତାର କାବ୍ୟଗୁଣ ଭାବେ ମର୍ମରତ । ଏହି ସମୟଖଣ୍ଡର କାଳ ବିଭାଜକ ତଥା ଗୁଣଧର୍ମକୁ ବିଶିଷ୍ଟ ଆଲୋଚକ ଡକ୍ଟର ଦିଲ୍ଲୀପ ସ୍ୱାଇଁ – ୧୯୩୫ରୁ ୧୯୪୭ର ସାମ୍ୟବାଦ ଚିନ୍ତନ, ୧୯୪୮ ରୁ ୧୯୮୦ ସମାଜବାଦୀ ବାସ୍ତବତା, ୧୯୮୧ରୁ ୨୦୦୦ ମସିହା ନବ୍ୟ ପ୍ରଗତିଶୀଳ ଚେତନା ଏବଂ ୨୦୦୧ରୁ ୨୦୧୫ (ଅଦ୍ୟାବଧି) ଦଳିତ ଚେତନା ଭାବେ ଗ୍ରହଣ କରିଅଛନ୍ତି । କିନ୍ତୁ ନବ୍ୟ ପ୍ରଗତିଶୀଳ ଚେତନା (୧୯୮୧ରୁ ୨୦୦୦) ବା ଦଳିତ ଚେତନା ଅଦ୍ୟାବଧି ଏଗୁଡ଼ିକ ଉପଯୁକ୍ତ ବସ୍ତୁ ସହ ସମ୍ୱନ୍ଧିତ । ୧୯୯୧ ମସିହାର ଉଙ୍କେଲ ରୁଲ୍ଠିଆରୁ ଅବଶିଷ୍ଟ କାଳ ଜଗତ୍କରଣ ଚେତନା ବନାମ ସଂସ୍କୃତିର ଅନ୍ତର୍ଭୁକ୍ତ ବୋଲି ଡଃ ସ୍ୱାଇଁ ପ୍ରତିପାଦନ କରିଅଛନ୍ତି । ବାସ୍ତବରେ ଜଗତ୍କରଣ ଦ୍ୱାରା ବହୁରାଷ୍ଟ୍ରୀୟ କମ୍ପାନୀଙ୍କ ଶୋଷଣ ଗ୍ରାମ୍ୟ ଜନତା ଉପରେ ବିଶେଷ ପ୍ରଭାବ ପକାଇବା 'ଲରେ ଗାଁର ସମ୍ପଦ ବଜାରକୁ ଗଲା, କୃଷି କ୍ଷେତ୍ରରେ ଅବନତି ସହିତ ଅପସଂସ୍କୃତି ଆଧାରରେ ସେମାନେ ଅର୍ଥୋପାର୍ଜନର ଉପାୟ ଦେଖିଲେ । ନିଅଣ୍ଟିଆ ମଣିଷ ପାଖରେ ତଥାକଥିତ ପରିବର୍ତ୍ତନର ବିକୃତ ସଂସ୍କରଣ ଉପଲବ୍ଧ ହୁଏ । ଜଗତ୍କରଣ କେନ୍ଦ୍ରୀୟ ସାମାଜିକ ଓ ବ୍ୟାବହାରିକ ଜୀବନଧାରା ବଣିକ ସଂସ୍କୃତିର ଅନୁଗାମୀ ହେବାକୁ ବାଧ୍ୟ ହୁଏ । ବ୍ୟାବସାୟିକ ଲକ୍ଷ୍ୟରେ ବିଜ୍ଞାପନ କରାଯାଇ ସରଳ ମଣିଷକୁ ନାନା ଭଙ୍ଗିଧର୍ମୀ, ଯୌନୋଦ୍ୱୀପକ ଓ ଲାଭଖୋର ଲୋଭ ଦେଖାଇ ଟଣାଗଲା । ବିଜ୍ଞାପନ ସହର

କୈନ୍ଦ୍ରିକ ହେବା ଏବଂ ଗାଁର ପ୍ରାଥମିକ ସ୍କୁଲର ଶିକ୍ଷକ ମଧ ସହରରେ ଜମି କିଣି କୋଠାଘର ନିର୍ମାଣ କରି ନିଜ ପିଲାଙ୍କୁ ସହରାଭିମୁଖୀ କରାଇବାକୁ ପରାଙ୍ମୁଖୀ ହୋଇନାହିଁ। ଯେ ଗାଁର ପ୍ରାଣକେନ୍ଦ୍ର ସେ ଅପସରିଆସିବା କ'ଣ ପରିତାପର ବିଷୟ ନୁହେଁ ? ବଜାର ସଂସ୍କୃତିର ଉପଭୋକ୍ତାବାଦକୁ ନେଇ ବିଚ୍‌ବଜାର କଲିକତା ବଜାର, ବମ୍ବେ ବଜାର ଆଦି ମାର୍କେଟ କମ୍ପ୍ଲେକ୍ସର ମାନ ପ୍ରତିଷ୍ଠା ଲାଭ କଲା। ସଂକ୍ଷିପ୍ତ ଅରୁଚିକର ପୋଷାକ ମଣ୍ଡନକୁ ସଭ୍ୟତାର ସ୍ୱୀକୃତି ଦିଆଯାଇ ବ୍ୟବହୃତ ହେଲା। ପାରମ୍ପରିକ ମୂଲ୍ୟବୋଧ ନବ୍ୟ ସଭ୍ୟତାର ଧାରୁଆ ଅସ୍ତ୍ରରେ ଛିନ୍ନ ହେବାକୁ ଲାଗିଲା। ପଇସାର ଆବଶ୍ୟକତା ପାଇଁ ବିବିଧ ପ୍ରକାର ଚିଟ୍‌‘ଣ୍ଡ, ଜମି, ଖଣି, ମଣି, ଚୋରି ଓ ଦୁର୍ନୀତି ଜୋରରେ ଘୋରତର ହେବାର ଆଶ୍ଚର୍ଯ୍ୟ ରହିଲା ନାହିଁ। ଗ୍ରାମ୍ୟ କୁଳବଧୂ ଆକର୍ଷିତ ହୋଇ ବଜାରରେ ବାସକରି ପିଲାକୁ ଶିକ୍ଷାଦାନ ଆଳରେ – ଯୌନବିଳାସିତ କାମନାରେ ଉବୁଟୁବୁ। ଗାଁ ଶ୍ରୀହୀନ ହୋଇ ମୂଲ୍ୟବୋଧ ହରାଇବସେ। 'ମାତୃଦେବୋଭବ, ପିତୃଦେବୋଭବ, ଆଚର୍ଯ୍ୟଦେବୋଭବ ଓ ଅତିଥିଦେବୋଭବ' ଶାସ୍ତ୍ର ପୃଷ୍ଠାରେ ନିଷ୍କରୁଣ ଉପଦେଶ ହୋଇ ରହିଯାଏ। ପରିବେଶ – ଉଭୟ ମାନବୀୟ ଓ ପ୍ରାକୃତିକ ସଭା ମୂଲରେ କୁଠାରଘାତ ହୁଏ। ଗୁପ୍ତଚର ବୃଭି, ରୂପଜୀବୀ ବୃଭି, ଆତଙ୍କାବାଦ, ପ୍ରଚୁର ଅର୍ଥକୁ ଅସ୍ତ୍ରକରି ଭାରତ ବର୍ଷକୁ ବ୍ୟାପିଯାଏ। ଏହି ପୃଷ୍ଠପଟରେ ବହୁ ସକରାତ୍ମକ ଓ ନକରାତ୍ମକ ଘଟଣାର ଅବତାରଣା କରାଯାଇପାରେ। ମାତ୍ର 'ଶା ମଣିଷକୁ ନେଇ ଯେକଁ ଆଦର୍ଶ ସମାଜର କଳ୍ପନା କରାଯାଇପାରେ ? କବିତାରେ ଏହାର ଉଚ୍ଚକିତ ସ୍ୱର ମଣିଷ ସମାଜକୁ ଚେତାଇ ଦେଇଛି।

ବିଶ୍ୱାୟନ ପ୍ରକ୍ରିୟାରେ ପ୍ରଥମେ ଭାରତବର୍ଷ ତଥା ଓଡ଼ିଶାରେ କୃଷକ ଓ କୃଷି କ୍ଷତିଗ୍ରସ୍ତ ହେଲା। ଗଭୀର ଆତ୍ମୀୟତା ନେଇ କୃଷକ ଓ ତାହାର ସହଯୋଗୀ ମୂଲିଆ ଯେଉଁ କାମ କରୁଥିଲେ; ସେ ଖାପଛଡ଼ା ହେଲା। କେବଳ ମଜୁରୀ ସହିତ ସମ୍ପର୍କ ମାତ୍ର ଦାୟିତ୍ୱବୋଧ ହରିଗଲା। ଧାନ କାଟିଦେବା – ଏତେଟଙ୍କା ମଜୁରୀ ନେବ କିମ୍ବା ଏକମାଣ ଜମି ତ ଅମଲ କରିବ ଏତେ ଟଙ୍କା ନେଇଯିବି କିମ୍ବା ଏକମାଣ ଜମିଧାନ ଅମଲ କରିବ ଏତେଟଙ୍କା ଠେକେଇ ନେଇଯିବା ଏହା କୃଷି ପ୍ରତି ଚରମ ଆଘାତ। ଧାନ କାଟିବା – ଖଳାକୁ କଳେଇ ଆସିବ ବା ଖଳାରେ ଧାନ

ଅମଳ ହୋଇ ପଟୁଲି ପଡ଼ିବ, ପୁଣି ଘର ଅମାରରେ ପଶିବ ଏ ଚିନ୍ତା କୃଷି ଶ୍ରମିକର ରହିଲା ନାହିଁ। ଜମି ଯାହାର ସେ ଚାଷ କରି ବର୍ଷକୁ ଦାନାଗଣ୍ଡେ ପାଇଁ ଜମି କିଛି ହାତରେ ରଖି ଅବଶିଷ୍ଟ ଭାଗ ଦେଇଦେଲା। ଅନ୍ୟପକ୍ଷରେ ଯାହାକୁ ଭାଗଦେଲା, ଭାଗ ଚାଷୀର ଆଇନଗତ ଅଧିକାର ନେଇ ଭୟଭୀତ ହେବାକୁ ପଡ଼ିଲା। ଶେଷକୁ ଯାନ୍ତ୍ରିକ ସହାୟତାରେ ଯନ୍ତ୍ର ହଳ କରିବ, ବିହନ ବୁଣିବ, ଧାନ ରୋଇବ ଓ ଧାନ ଅମଳ କରିବ – ଏହା ପୁଣି ସେଇ ଧାନ କ୍ଷେତ୍ରରେ। ସେ ଉଠି ଅମଳ ହୋଇ ଯନ୍ତ୍ରରେ ଉଡ଼ାଇ ବସ୍ତା ବିକ୍ରି ହୋଇଯିବ। କିଛି ଆବଶ୍ୟକ ମୁତାବକ ଘରକୁ ଆସିବ। ଘର ଗୌଣୀ ମା' ବାପା, ଆଦର୍ଶ ପରାହତ ହେବା ସାଙ୍ଗକୁ, କୃଷିଶ୍ରମବୀଜୀ ପାଖକୁ – ଚା' ପିଠା ଯିବା, ଖରାବେଳେ ଭାତଯିବା, ମିଳିମିଶି ଖାଇବା ପୁଣି କାମରେ ଲାଗିବା ଆଉ ରହିଲା ନାହିଁ। ସଂଜରେ ସେ ମୁଢ଼ି ଚା' ଖାଇ ଆସନ୍ତାକାଲିର ଯୋଜନା ପ୍ରସ୍ତୁତ କରିବାର ସ୍ୱପ୍ନ ହାତଛଡ଼ା ହୋଇଯାଏ। ଭୋକର ଇସ୍ତାହାର ଯେତେ ଉଦ୍‌କଟ ହେଉ ପଛେ ତଥାକଥିତ ଏକ ପ୍ରେଷ୍ଟିଜ ତା' ଭିତରକୁ ପ୍ରବେଶ କରେ।

ଅନ୍ୟ ପକ୍ଷରେ ଚିତଉ ଅମାବାସ୍ୟା, ଗହ୍ମା ପୁନେଇ, କୁଆଁର ପୁନେଇ, ଗୁହାଳ କ୍ଷୀରୀ, ଗୋରୁ ବନ୍ଦାପନା ଖଳାରେ କୁମ୍ଭ ସ୍ଥାପନ, ଧନୁ ସଂକ୍ରାନ୍ତିରେ ମୁଆଁଭୋଗ, ମକର ସଂକ୍ରାନ୍ତିରେ ମକର ଚାଉଳ ଲାଗି, ଖଳାରେ ଧାନ ପଟୁଲି ପଡ଼ିବ – ଭୋଗଦେଇ ଫରାମ' ଦୁଇ କହି ଗୌଣୀ ମାପ କରିବା ପୁନଶ୍ଚ ଖଳା କାମ ସରିଲେ ଖଳାଉଠା, କ୍ଷେତଉଠା ପରମ୍ପରା ବ୍ୟାହତ ହୋଇଯାଏ। ନିମ୍ନ ମଧ୍ୟବିଉ ଚାଷୀ ଅନନ୍ୟୋପାୟ ହୋଇ କୃଷିରଣ କରେ – ଯାହା ପରିଶୋଧ କରିପାରେ ନାହିଁ। ମୁଣ୍ଡ ଉପରେ ପାହାଡ଼ ଭଳି ବୋଝ, ସରକାରୀ ଚାପରେ ସେ ଗରଳ ପାନ କରି ଭୁଙ୍ଗା ମାରିଥିବା ନଡ଼ା ପୁଲାଧରି ଶେଷନିଶ୍ୱାସ ତ୍ୟାଗ କରେ। ସରକାର ଓ ଖବରକାଗଜଙ୍କ ମଧୁଚନ୍ଦ୍ରିକାରେ ପେଟମରା ରୋଗରେ ଆକ୍ରାନ୍ତ କହି ମୃତ୍ୟୁବରଣ କରେ। ବର୍ଷକୁ ୧୫୦୦ ଚାଷୀ ଆତ୍ମହତ୍ୟା କରିବାର ଦାରୁଣ ଖବର ରହିଛି। ଏହି ପରିପ୍ରେକ୍ଷୀରେ କବି ବିଚଳିତ ହୋଇପଡ଼େ। ବ୍ରହ୍ମାନନ୍ଦ ଦାସ ପାଚିଲା କ୍ଷେତରେ ଶେଷ ନିଃଶ୍ୱାସ ତ୍ୟାଗ କରିବା ବେଳେ, ବାସୁଦେବ ଦାସ 'କୃଷକର ପଦେ' କଥା ଆଦି ଛଟି କବିତା, କବି ଦିଲ୍ଲୀପ ସ୍ୱାଇଙ୍କ ଧାନ ଫୁଲ, କାନଫୁଲ,

ଏବେ ଅମଲର ବେଲ ବା ମାଟି ଓ ମଣିଷ ପ୍ରତିବାଦର ସ୍ୱର ତୀବ୍ର ହୋଇପାରିଛି। କବି ଦିଲ୍ଲୀପ ସ୍ୱାଇଁଙ୍କର ଗୋଟିଏ ଚଷାଘରର ଦୃଶ୍ୟ କବିତାରେ ଚଷାର ଜୀବନବୋଧ, କୃଷିର ମହତ୍ତ୍ୱ ଓ ସଂସ୍କୃତିର ଅଲିଭା ମୁଦ୍ରାଙ୍କ ଆଦି ଦୁଃଖ ଦହନ ସହକାରେ ଫୁଟିଉଠିଛି। ହୃଷୀକେଶ ମଲିକଙ୍କର କବିତା ଏହି ବିଚାରରେ ଛଳ ଛଳ।

(କ) "ଅକ୍ଷୟ ତୃତୀୟା ଦିନ / ବାପାଙ୍କ ଆଖି ଦିଶେ ଲୁହ ଛଳଛଳ। ବାପା ଯାଆନ୍ତି ନଈକୂଳ ସେଇଟା ଆମର ଲକ୍ଷ୍ମୀ ବିଲ, ଫଟା ମାଟିର ଆଁ ଭିତରେ ମିଳେଇଯାଏ / ବାପାଙ୍କ ସ୍ୱପ୍ନ। ଏଇ ବିଲରୁ ଧାନ ଗଲେ, ବୋଉ ପକାଏ ହୁଲହୁଲି / ମାଣ ଓଷାରେ / ନୂଆଖାଇ ଦିନ ମକର ଚାଉଳ ଦିଏ ଇଏ ଲକ୍ଷ୍ମୀବିଲ। ଦି ଟଙ୍କିଆ ଚାଉଳ ଖାଇ ମୂଲମୁଲିଆ ମାଲାମାଲ କ୍ଷେତକୁ ପାଣି ନାହିଁ ବିଲକୁ ବିହନ ନାହିଁ ଦିଲ ନୁହେଁ ବୀମା ବାଣ୍ଟୁଛନ୍ତି ସରକାର। ଅଖିମୁଟି ଆର ସଜାନା ବୋଉ ବାପା କ'ଣ ଆଉ ଫେରିବେ।"(ଧାନ ବିଲ କାନ ଫୁଲ) କବି ଦିଲ୍ଲୀପ ସ୍ୱାଇଁ ଚାଷୀଘର ପୁଅ ହେତୁ ତାଙ୍କର କବିତାରେ ମାର୍ମିକ ବେଦନା ନାଟକୀୟ ଉପସ୍ଥାପନ ଓ ଚଷାଭୂଷାର ଭାଷା ବେଶ୍ ହୃଦୟଗ୍ରାହୀ ହୋଇଛି। କେବଳ ସେତିକି ନୁହେଁ – ମରିଯାଇଥିବା ଚାଷୀ ପାଇଁ କବିତା ଏକ ପ୍ରଚଣ୍ଡ ଆହ୍ୱାନ। "ଖବରକାଗଜ ପୃଷ୍ଠାରେ ଚାଷୀ ମରନ୍ତିନି କି ବିଧାନସଭାରେ ଜୀବନ ପାଆନ୍ତି ନାହିଁ। ଚାଷୀର ମୃତ୍ୟୁ ପୂର୍ବରୁ ଅନେକ ମୃତ୍ୟୁର ପଟୁଆର ଏ ମାଟିକୁ କବଳିତ କରିଥାଏ – ଏକଥା ସ୍ମରଣ କରିବାର କଥା। ୨୦୧୫ରେ ଏହି ପୁସ୍ତକଟି ଉନ୍ମୋଚନ ଦିନ ଧାନଗଦା ଭିତରୁ ବହି ଓ କାନଫୁଲର ଆବିଷ୍କାର କରାଯାଇଥିଲା। ଧାନ ବିକି ଚାଷୀ ଫୁଲ କିଣେ ତା' ଭୂଆସୁଣୀ ପାଇଁ। ଆଉ ତା' ହେଉଛି କି ? କବିଙ୍କର ଉପଲବ୍ଧି ଅତି ଗଭୀର ଓ ଚେତନାଦୀପ୍ତ। ସାରଳା ଦାସ ବହୁ ବର୍ଷ ପୂର୍ବେ (୧୪୪୨) ରାଜନକୁ ସତର୍କ କରାଇ ଦେଇଥିଲେ– "ଦଣ୍ଡାଗୋଚର ନ ମାରିବୁ ଚାଷୀକୁ ଦୟା କରିଥିବୁ ମାତ୍ର ସରକାର କ୍ଷୀ ମେଧଯଜ୍ଞ କରିବାରେ ଖୁବ୍ ଦକ୍ଷ ବୋଲାଉଛନ୍ତି।"

ନବ୍ୟ ସାମ୍ୟବାଦୀ ଚେତନାର ଉଭାର୍ଷ ସକାଲ ଏହାକୁ ବୋଲାଯାଇ ପାରେ ଶ୍ରେଣୀ ଚେତନା ଅଛି, ସଂଘର୍ଷ ନାହିଁ। ଏକବିଂଶ ଶତାବ୍ଦୀରେ ଅଧିକାଂଶ ରୋମାଣ୍ଟିକ କବି ମଧ୍ୟ ସାମ୍ୟବାଦୀ ଚେତନା ଫର୍ଦ ଭିତରକୁ ପ୍ରବେଶ କରି ଆସିଛନ୍ତି। ବିଶ୍ୱରେ

ସାମ୍ୟବାଦୀ ବା ବାମପନ୍ଥୀ ସାହିତ୍ୟର ଆଦର ବୃଦ୍ଧି ପାଇଛି । ଅର୍ଦ୍ଧାଧିକ ନୋବେଲ ପୁରସ୍କାର ବିଜେତା ଏହି ଭାବଧାରାର ଏକନିଷ୍ଠ ସାଧକ ।

ରୋମାଣ୍ଟିକ ପ୍ରୟୋଗବାଦୀ ଧାରାରେ ସାମ୍ୟ – ସଂଘର୍ଷ ପାଇଁ ଯେଉଁ ଆଶଙ୍କା ଆସିଥିଲା ତା’ ଦୂରୀଭୂତ ହୋଇଯାଇ ମାଟି, ପାଣି, ପବନ ଓ ଆକାଶ ପଞ୍ଚଭୂତରେ ଗୁରୁତ୍ୱ ଉପରେ ବୈପ୍ଳବିକ ଦୃଷ୍ଟିପାତ ହୋଇଅଛି । ନିରୁତା ପ୍ରଗତିଶୀଳ କବିମାନଙ୍କ ମଧ୍ୟରୁ କେତେକ ସେହିପରି ରିଭିଜନିଜମ୍ ଚିନ୍ତାରେ ନିଜର ବକ୍ତବ୍ୟ ଓ କାବ୍ୟିକ ଆବେଦନକୁ ଭସାଇ ଦେବାର ଦେଖାଯାଏ । ଶ୍ରମିକ ଆନ୍ଦୋଳନ ଆଉ କମ୍ୟୁନିଷ୍ଟ ଦଳମାନଙ୍କ ଏକଚାଟିଆ ସଂଗଠନ ହୋଇରହିନାହିଁ । ପରନ୍ତୁ ବିଭିନ୍ନ ସେଲ୍ ବିଭିନ୍ନ ଦଳଙ୍କ ହାତକୁ ଚାଲିଗଲାଣି । ଯେଉଁ ଟ୍ରେଡ ୟୁନିୟନ ଓ କୃଷକ ସଂଗଠନକୁ ନେଇ ବିଶ୍ୱରେ ଭାରତବର୍ଷରେ କମ୍ୟୁନିଷ୍ଟ ଦଳର ଦୃଢ଼ ସଂଗଠନମାନ ହୋଇଥିଲା; ସେଗୁଡ଼ିକ ଅକ୍ତିଆରରେ ଥିବାର ଆପାତତଃ ମନେହୁଏ । ଓଡ଼ିଶାରେ ରାଜନୀତିକ ଦଳଗୁଡ଼ିକ କମ୍ୟୁନିଜମ ଢଙ୍ଗରେ ସଂଗଠନ ଚଲାଇ ଭୋଟ୍ ଫାଇଦା ପାଇବାର ଆପ୍ରାଣ ଉଦ୍ୟମ ଚଲାଇଛନ୍ତି । ଏମାନେ ଯେ ଛଦ୍ମବେଶୀ ନୀଳ ଶୃଗାଳ, ଏଥିରେ ଦ୍ୱିମତ ହେବାର ନାହିଁ । ଜନତାକୁ ବିଭାଜନ ପ୍ରକ୍ରିୟାରେ ଦିଗଭ୍ରଷ୍ଟ କରିବାର ସୁପରିକଳ୍ପିତ ଚକ୍ରାନ୍ତ । ଯେଉଁ ବାମପନ୍ଥୀ ଚିନ୍ତାରେ କୃଷକ–ଶ୍ରମିକ–ଶିକ୍ଷକ ସଂଗଠିତ ହୋଇ କୃଷି, ଶିକ୍ଷା ଓ ଉତ୍ପାଦନ ବୃଦ୍ଧି କରିବାର ଦୃଢ଼ ସ୍ୱର ଉଠାଇ ଆସୁଥିଲେ ସେମାନଙ୍କୁ ସୁମଣ୍ଡିତ ପ୍ରତିଶ୍ରୁତି ଦ୍ୱାରା ଦିଗଭ୍ରଷ୍ଟ କରାଯାଇଛି । ବର୍ତ୍ତମାନ ସମସ୍ତେ ଗାନ୍ଧିମାର୍କା, ରାଜନୀତି କରି ସତ୍ୟ ଅହିଂସାର ପୂଜାରୀ ସାଜିବାର ଛଳନା ଦେଖାଇବାର କୁଣ୍ଠାବୋଧ ନାହିଁ । ସେମାନଙ୍କ ମଧ୍ୟରେ କିଛି କମ୍ୟୁନିଷ୍ଟ କର୍ମୀ ମଧ୍ୟ ପ୍ରବେଶ କରି ପ୍ରଗତିଶୀଳ ଚେତନାର ଅସଲ ଦୀପ୍ତିକୁ ନିଷ୍ପ୍ରଭ କରାଯାଇଛି । ଦୁଃଖ ଓ ଦୁର୍ଭାଗ୍ୟର ବିଷୟ, ଓଡ଼ିଶାର ଦୁଇଟି କମ୍ୟୁନିଷ୍ଟ ପାର୍ଟି ଜନତା ସହ ସହିତ ଜରୁରୀକାଳୀନ ପରିସ୍ଥିତିରେ ଏକତ୍ର ହୋଇ ବିପ୍ଳବ ଗଢ଼ିଥିଲେ ମାତ୍ର ସେମାନେ ପରବର୍ତ୍ତୀ କାଳରେ ନିଜକୁ ମୁକ୍ତ କରିନାହାନ୍ତି । ଜୟପ୍ରକାଶଙ୍କର ସମ୍ପୂର୍ଣ୍ଣ ବିପ୍ଳବର ଫାଇଦା କମ୍ୟୁନିଷ୍ଟ ଦଳର ହକଦାର ହୋଇଥିଲେ ହେଁ ବିଜୁ ପଟ୍ଟନାୟକଙ୍କ ଭଳି ଉଭୟଙ୍କ ନେତାକୁ ଆଶ୍ରୟ କରି ନିର୍ବାଚନ ଲଢ଼ିଲେ । ନିଜର ସ୍ୱାଭିମାନ ରକ୍ଷା ହୋଇପାରିଲା ନାହିଁ । କିନ୍ତୁ ବିଜୁ ପଟ୍ଟନାୟକ ଯେ ରାଜନୀତିରେ ଅସଲ ମଞ୍ଜି

ଜାଣିଥିଲେ ଏକଥା ପରବର୍ତ୍ତୀ କାଳରେ ଜଣାପଡ଼ିଛି । ବିଜୁ ପଟ୍ଟନାୟକଙ୍କ ୧୯୯୦ରୁ ଦ୍ୱିତୀୟବାର ମୁଖ୍ୟମନ୍ତ୍ରୀ ପଦରେ ଥାଇ ଯେଉଁ କେତୋଟି ବାକ୍ୟ ଶୁଣାଇଥିଲେ ତନ୍ମଧ୍ୟରୁ ମୁଁ କମ୍ୟୁନିଷ୍ଟ, ନକ୍ସଲ ହୋଇ ଯେଉଁ ଅଫିସର କାମ ନ କଲା ତାକୁ ମାଡ଼ମାର, ଗରିବର ଜାତି ନାହିଁ, ଗରିବ ଲୋକ ବିପ୍ଳବ କଲେ ସବୁ ଠିକ୍ ହୋଇଯିବ – ଭଳି କେତେକ ରସାଳ – ମଧୁର ବାକ୍ୟ ପ୍ରୟୋଗ ଦ୍ୱାରା ବାମପନ୍ଥୀମାନଙ୍କର କବର ରଚନା କଲେ । ଅନ୍ୟ ପକ୍ଷରେ ତାଙ୍କ ଶାସନ କାଳରେ ଓଡ଼ିଶାର ବିଶାଳ ଶିକ୍ଷକ କର୍ମଚାରୀ ସଂଘ ବା ମହାସଂଘ ବିଭାଜିତ ହୋଇଗଲା । ୟୁଟିଆ ମାଧ୍ୟମରେ ଗ୍ରାଣ୍ଟ ଇନ୍ ଏଡ଼ ସ୍କୁଲକୁ ଏକତାଲିରେ ତା ୦୭.୦୬.୧୯୯୪ରେ ୩୨୦୦ ମାଧ୍ୟମିକ ଶିକ୍ଷାଳୟକୁ ସରକାରୀ କରି ଦିଆଗଲା । ଅପର ପକ୍ଷରେ ଓସ୍ତା ବା ଅବନୀ ବରାଲଙ୍କ ନେତୃତ୍ୱରେ ପରିଚାଳିତ ମହାସଂଘ ପ୍ରୀ ଶିକ୍ଷକ କର୍ମଚାରୀ ସଂଘର ପଟିଆରା ହ୍ରାସ ଘଟିଥିଲା । କଲେଜ ଶିକ୍ଷକମାନେ ବେସରକାରୀ ହୋଇ ମଧ୍ୟ ଚାକିରୀଗତ ସମସ୍ତ ସୁବିଧା ସୁଯୋଗ ନପାଇଲେ । ପୂର୍ବର କଂଗ୍ରେସ ସେଲ, ଯାହା ଜାନକୀ ବଲ୍ଲଭ ପଟ୍ଟନାୟକଙ୍କ ମୁଖ୍ୟମନ୍ତ୍ରୀତ୍ୱ ସମୟରେ ଗଠିତ ସେ ମଧ୍ୟ ବିଭାଜିତ ହୋଇଗଲା । ବସ୍ତୁତଃ ଶିକ୍ଷକ ମହାସଂଘ ଓସ୍ତାଦି ଶିକ୍ଷକ ସଂଗଠନ ସମ୍ପ୍ରତି ୨୦୧୫ ବେଳକୁ ୨୬ଟି ସଂଗଠନରେ ପରିଣତ ହୋଇଯାଇଛି । ଏଣୁ ଶିକ୍ଷକ, କୃଷକ ଓ ଶ୍ରମିକମାନଙ୍କର ବିପ୍ଳବ ବା ବୈପ୍ଳବିକ ପ୍ରତିବାଦ ସରକାରକୁ ଠିକଣା ମାର୍ଗରେ ଚାଲିବାକୁ ସହଯୋଗ କରୁଥିଲା । ତାହା ଭଙ୍ଗା ପଡ଼ିଗଲା । ସରକାର ମଧ୍ୟ ସମାଲୋଚିତ ହେବା ଦ୍ୱାରା ଭୟ କରୁଥିଲେ । ଉତ୍ତର ଅଶୀ କାଳରେ କଂଗ୍ରେସ ଶାସନରେ ଦୁର୍ନୀତି, ଭ୍ରଷ୍ଟାଚାର ବା ଅସଂଗତି କିଛି ପରିମାଣ ସମାଜ ବ୍ୟବସ୍ଥାକୁ ଚହଲାଇଥିଲେ ମଧ୍ୟ ଦଳ ମଧ୍ୟରେ ବିଭେଦ ତୀବ୍ର ରୂପ ଧାରଣ କରିଥିଲା ଜାନକୀ ବଲ୍ଲଭ ପଟ୍ଟନାୟକ ଚତୁରତା ସହ ବସନ୍ତ ବିଶ୍ୱାଳ ଓ ଭାଗବତ ପ୍ରସାଦ ମହାନ୍ତିଙ୍କୁ ମନ୍ତ୍ରୀମଣ୍ଡଳରେ ପ୍ରମୁଖ ଭୂମିକା ଦେଇ ରଖାଇଥିଲେ । ରାଜନୀତି ରାଜନୀତି ବାଟରେ ଚାଲିଥିଲା, ସରକାର ସରକାର ବାଟରେ ଚାଲିଥିଲା । ଗଣତନ୍ତ୍ର ପ୍ରତି ସମସ୍ତ ମର୍ଯ୍ୟାଦା ଥିବାର ଉପଲବ୍ଧ ହୁଏ । ଅନ୍ୟ ଏକ ବିଶେଷତ୍ୱ ହେଉଛି ଜାନକୀବଲ୍ଲଭ ଜଣେ ନିରୁତା ସାହିତ୍ୟିକ ଥିବାରୁ ବାମପନ୍ଥୀ ସାହିତ୍ୟ ସ୍ରଷ୍ଟାମାନଙ୍କୁ ନିରୁତ୍ସାହିତ କରିନାହାନ୍ତି କିୟ୍ଵା ପ୍ରତି ବିପ୍ଳବୀଙ୍କୁ ପ୍ରୋତ୍ସାହନରୁ ବଞ୍ଚିତ କରି ନାହିଁ । ନଚେତ୍ ନିଜେ ସାହିତ୍ୟ

ଏକାଡେମୀର ସଭାପତି ରହି ବିପ୍ଲବୀ କବି ରବି ସିଂଙ୍କୁ ଉପସଭାପତି ପଦରେ ରଖିନଥାନ୍ତେ । ତେଣୁ ତାଙ୍କ ଶାସନ କାଲରେ ପ୍ରଗତିଶୀଲ ଆନ୍ଦୋଲନ ଓ ସାହିତ୍ୟିକ ଆନ୍ଦୋଲନ ତୀବ୍ର ହୋଇଥିଲେ ମଧ ବାମବାଦୀ ସାହିତ୍ୟର ଗତିପଥରେ ବିଶେଷ ପ୍ରତିବନ୍ଧ ଆସିନାହିଁ । ବାଲିଆପାଲ ଘାଟି, ବସ୍ତି ଉଚ୍ଛେଦ, ବେଦାନ୍ତ ଭୂଷଣ ଆଦି ଅନେକ ଆନ୍ଦୋଲନ ହୋଇଛି ଏବଂ ତଦନୁଯାୟୀ ଅଗ୍ନିଗର୍ଭ ସାହିତ୍ୟ ସୃଷ୍ଟି ହୋଇଛି; ଯାହା ବାମପନ୍ଥୀ ସାହିତ୍ୟ କ୍ଷେତ୍ରରେ ଗୁପ୍ତଯୁଗ ବୋଲି କୁହାଯାଇପାରେ । ଏ ସମସ୍ତ କ୍ଷେତ୍ରରେ କବି ବାସୁଦେବ ସଂପୃକ୍ତ ବୋଲି ତାଙ୍କ କବିତା ପ୍ରମାଣ କରେ ।

ପରବର୍ତ୍ତୀ ପର୍ଯ୍ୟାୟରେ କଲିଙ୍ଗର ବରପୁତ୍ର ବିଜୁ ପଟନାୟକଙ୍କର ଦେହାନ୍ତ ହେବାପରେ ଏହି ଦୁଃଖଦ କାଲଖଣ୍ଡରେ ବିଷଣ୍ଣ କାତର ମାନସରେ ଥିବା ଓଡ଼ିଆଙ୍କର ନେତୃତ୍ୱ ନେବାକୁ ବାଞ୍ଛାକରି ତସ୍ୟ ପୁତ୍ର ନବୀନ ପଟନାୟକ ଯେ କି ଓଡ଼ିଶାରେ ନଥିଲେ; ତାଙ୍କୁ ବରଣି କରାଯାଇ ଆଣ ହୋଇଥିଲା । ସେ ଯେ ବିଜୁ ପଟନାୟକଙ୍କର ବିପରୀତ ମୁଖୀ ଭାରତୀୟ ଜନତା ଦଲର ସହ ସରକାର ଗଠନ କରିବେ ତାହା କଳ୍ପନାର ବାହାରେ । କ୍ରମାଗତ ଶୁକସାରଣ ବତାଇଦେଲେ, ତଦନୁଯାୟୀ ଶାସନ ଚାଲିଛି । ବଡ଼ ଚିନ୍ତାର ବିଷୟ, ଯେଉଁମାନଙ୍କ ବରଦାନରେ ସେ ମୁଖ୍ୟମନ୍ତ୍ରୀ ପଦ ଲାଭ କଲେ, ପ୍ରଥମେ ସେମାନଙ୍କ ପକ୍ଷଚ୍ଛେଦନ କରାଯାଇ ବିଦା କରାଗଲା । ଏହି ସମୟଖଣ୍ଡରେ ଗଣତାନ୍ତ୍ରିକ ମୂଲ୍ୟବୋଧକୁ ଚରମକ୍ଷତି ସହିବାକୁ ହୋଇଛି । ପ୍ରତିବାଦ, ପ୍ରତିରୋଧର ମୂଲ୍ୟ ଯେଉଁ ସରକାର ନ ବୁଝନ୍ତି, ସେମାନେ ଏକଛତ୍ରବାଦୀ ବୋଲି ବିବେଚିତ ହୁଅନ୍ତି । ଗୁଲିର ଶାସନ ମାତ୍ରାଧିକ ହୋଇଥିବାବେଲେ ଲେଖକ କେତେ ଜଣ ଗିର' ହେବା ଖୁବ୍ ଦୁଃଖଦାୟକ କଥା । ଶାସନଗତ ଅସହିଷ୍ଣୁତା ମଧରେ ସାହିତ୍ୟ ଓ ଭାଷା ନିରୁତ୍ସାହିତ । ପ୍ରଥମ ଦଶକର ଦୁର୍ଦ୍ଦଶା / ବୁଦ୍ଧିଜୀବୀବାକୁ ବ୍ୟଥିତ କରିଥିଲା ।

ସମାଜର ଗଢ଼ଣ ବଦଲାଇ ସର୍ବହରାର ନିରବଚ୍ଛିନ୍ନ ମୁକ୍ତ ବ୍ୟବସ୍ଥା କରାଯିବା ସୁଖର କଥା ହେଲେ ହେଁ ଯେଉଁ ରୀତିନୀତି କରାଯାଇଛି, ତାହା ଓଡ଼ିଆ ଜାତିର ସ୍ୱାଭିମାନ ଉପରେ ଶକ୍ତ ଆଘାତ ଆସିଛି । ପ୍ରତିଶୋଧ ପରାୟଣତାର ବିଜୟ ବୈଜୟନ୍ତୀ କେବଲ ରାଜଧାନୀରେ ଉଡ଼ୁନାହିଁ ଆଞ୍ଚଲିକ ସ୍ତରରେ ସ୍ପଷ୍ଟ ହୋଇଯାଇଛି । ଅଧିକାଂଶ ନିଜର ଇଚ୍ଛା ବିରୋଧରେ ସେହି ଦଲରେ ଅଛନ୍ତି, ଥିବେ । ଲେଖକ

ସାହିତ୍ୟିକ ସମାଜ କଲ୍ୟାଣ ପାଇଁ ସାହିତ୍ୟ ସୃଷ୍ଟି କରନ୍ତି । ବିଶ୍ୱବିଦ୍ୟାଳୟରେ ଚେୟାର ସୃଷ୍ଟି କରିବା ଅଥଚ ବିଶ୍ୱବିଦ୍ୟାଳୟ ବା କଲେଜରେ ଶିକ୍ଷକ ପୋଷ୍ଟିଂ ବନ୍ଦ କରିବା, ଭାଷା ସରକାରୀ କରଣ କରିବାର ଘୋଷଣା କରିବା, ବିଧିବଦ୍ଧ ଆଇନ ପ୍ରଣୟନ ନ କରିବା, ସରକାରୀ ସ୍କୁଲ ଛାତ୍ରଛାତ୍ରୀଙ୍କୁ ପୁସ୍ତକ ପୋଷାକ ସାଇକେଲ ଦେବା, ତେଣେ ଆଦର୍ଶ ବିଦ୍ୟାଳୟ ପ୍ରତିଷ୍ଠା କରି ସିବିଏସ୍ଇ ଇଂରାଜୀ ମାଧ୍ୟମ ପ୍ରତିଷ୍ଠା କରିବା, ଏହା ଦ୍ୱିପାକ୍ଷିକ ଦର୍ପଣ । ଦି' ପାଖରେ ଦେଖିଲେ ମୁଖମଣ୍ଡଳ ଦିଶିବ ଏହି ନୀତି କୋଳି ଖାଇ ମଞ୍ଜି ପୋଟିବା ଗଣତନ୍ତ୍ରରେ କେତେଦୂର ସତ୍ୟ ତାହା ପାଠକେ ଜାଣନ୍ତି । ବିରୋଧ ଭାଷାରେ କଥା କଲେ ତା'ର ପ୍ରସଙ୍ଗତଃ କୁହାଯାଇପାରେ – "ମ୍ୟାନ୍ ଇଜ୍ ଏ କ୍ରେଡ୍ୟୁଲସ୍ ଏନିମଲ ହି ଆକସେପ୍ଟ ବ୍ୟାଡ଼ ଇନ୍ ଦ ଆବସେନ୍ସ ଗୁଡ଼ ।" ଭଲ ଯେତେବେଳେ ଅନୁପସ୍ଥିତ, ସେତେବେଳେ ଲୋକେ ମନ୍ଦକୁ ହିଁ ସିଂହାସନ ଦିଅନ୍ତି ବା ଗ୍ରହଣ କରନ୍ତି ।

ସାହିତ୍ୟ ସମାଜର ଦର୍ପଣ । ସେହି କଞ୍ଜାମାଲ ନେଇ ସୃଷ୍ଟିକରେ କବିତା, ଗଳ୍ପ, ଉପନ୍ୟାସ ଇତ୍ୟାଦି । ପରନ୍ତୁ କ୍ଷମତା ବା ସରକାରୀ ବଳରେ କାର୍ଯ୍ୟ କରୁଥିବା ଅନେକ ଅଧିକାରୀ ସତ୍ୟର କଣ୍ଠରୋଧ କରି ସାହିତ୍ୟ ଲେଖୁଛନ୍ତି, ନିଜର ନିରାପଭା ନେଇ । ସାମାଜିକ ଗଢ଼ଣ ଆର୍ଥିକ ମାନଦଣ୍ଡ ବଦଳି ଯାଇଥିବାରୁ ବାମପନ୍ଥୀ ରିଭିଜନିଜମ୍ ପୁନଶ୍ଚ ନିର୍ମୋକହରାଇ ରିଭିଜନର କାୟାକଳ୍ପରେ ଗଠନ କରୁଛି ନବ୍ୟସାମ୍ୟବାଦୀ ସାହିତ୍ୟ । ସେମାନେ କହନ୍ତି ଶ୍ରେଣୀ ସଂଗ୍ରାମ କରାଯିବ । ଯିଏ ବିପ୍ଳବ କଥା କହିବ, ସେ କ'ଣ ବିପ୍ଳବୀ ହୋଇଯିବ ? ଯେ ଆଧୁନିକ କଥା କହେ ସେ କ'ଣ ଆଧୁନିକ ? ଚିକିସ୍ସାର ସୁଯୋଗ ପାଇ ନ ପାରି ଡାଆଣୀ–ଗୁଣିଆ ପାଖକୁ ଯିବା, ଖାଦ୍ୟ ନ ଖାଇ ଅଖାଦ୍ୟ ଭକ୍ଷଣ କରିବା, ଶିକ୍ଷାର ଜଟିଲ ବିନ୍ୟାସରେ ପଡ଼ି ଅଭିଭାବକ ଅନ୍ୟ ଘରୋଇ–ଶୋଷିତ ସଂଶୟାଚ୍ଛନ୍ନ କାଳରେ ରଚିତ କବିତା ସାହିତ୍ୟ ବ୍ୟକ୍ତିର ବିକାଶ ପାଇଁ ସଂଗ୍ରାମ କରେ ନାହିଁ । ସାମଗ୍ରିକ ସ୍ୱାର୍ଥ ନିମନ୍ତେ କବି ଚେତନା ସୃଷ୍ଟିକରେ । ଏହି କବିମାନଙ୍କର ଭୂମିକା ଯେତେ ଅଳ୍ପ ହେଲେ ମଧ୍ୟ ଶକ୍ତିଶାଳୀ ଏବଂ ଆଗାମୀ ସମାଜ ଆଶୁତୋଷ ପରିଡ଼ା, କୁମାର ହସନ, ସଦାଶିବ ଦାଶ, ହୁସେନ ରବୀ ଗାନ୍ଧୀ, ବାଞ୍ଛାନିଧି ଦାସ, ବିଜୟ ଉପାଧ୍ୟାୟ, ବାସୁଦେବ ଦାସ, ଭରତ ବେହେରା ବେସାଳିସ ଧାରାରେ ସ୍ଥିତି ବଜାୟ ରଖି ନବ୍ୟସାମ୍ୟବାଦର

ଅଂଶୀଦାର ହୋଇଛନ୍ତି । ସେହିପରି କବି ନିରାକାର ଦାସ, ଅଶ୍ୱିନୀ କୁମାର ମିଶ୍ର, ଭରତ ମଲ୍ଲିକ, ବାସୁଦେବ ସୁନାନୀ, ନୃସିଂହ ତରାଇ, ନିର୍ମଳ ଗିରି, ଧ୍ରୁବ ରଣା, ଶତ୍ରୁଘ୍ନ ତରାଇ, ରମେଶ ପତି ଏହି ଧାରାର ଲେଖନୀ ପରିଚାଳନା କରିଆସୁଛନ୍ତି । ସେମାନଙ୍କ ଲେଖନୀରେ ଗ୍ରାମ୍ୟ ଜୀବନ ବିକଳ ଚିତ୍ର ଓ ସରକାରୀ ଯୋଜନା ଶୋଷଣ ବିଶେଷ ଭାବେ ପ୍ରତିଫଳିତ ।

ବାସୁଦେବ ଦାସଙ୍କର 'ପରିତର୍ପଣ' ଆଖି ଖୋଲିଲେ ଆକାଶ, 'ପୁଣ୍ୟମାଟିର ଦୁଃଖ' ଦଶବର୍ଷ ପରେ ଆତ୍ମପ୍ରକାଶନ କରେ । ନିଜକୁ ଶିମିଳିପାଳର ବାଘ ସହିତ ବୋମାକବି (ପ୍ରଫେସର ବୈଷ୍ଣବ ସାମଲଙ୍କ ଲେଖାନୁଯାୟୀ) ଭାବରେ ବିଦିତ ଥିବା କବି ମାଟିମନସ୍କ ହୋଇ ନିଜ ଗାଁ ବିଲପାଟ, କୃଷକର ଯନ୍ତ୍ରଣା, ବୁନିଆଦିର ପ୍ରତିଷ୍ଠା, ଗ୍ରାମ୍ୟଜୀବନର ପ୍ରତିଷ୍ଠା, ଗ୍ରାମ୍ୟଜୀବନର ଅଧୋଗତି, ସାମାଜିକ ବୈଷମ୍ୟ, କୃଷି ଓ ଶିକ୍ଷାର ଅବକ୍ଷୟ ଆଦି ତାଙ୍କ କବିତାରେ ଗୋଟିଏ ଗୋଟିଏ ସ୍ୱର ହୋଇପାରିଛି । 'ରକ୍ତ କୁରୁକ୍ଷେତ୍ର' କବିତା ସ୍ତବକରେ ବାସୁଦେବ ଦାସ ଗ୍ରାମ୍ୟ ସଂସ୍କୃତି ଓ ସଂଗ୍ରାମ ସପକ୍ଷରେ ସ୍ୱର ଉଭୋଳନ କରିଛନ୍ତି ।

ତାଙ୍କ ସମ୍ପର୍କରେ ମୁଖବନ୍ଧରେ କବି ଡଃ ଅପର୍ଣ୍ଣା ମହାନ୍ତି କହିଛନ୍ତି; "ଜୀବନର ଏକ ସୁଦୀର୍ଘ ଉତ୍‌ଥାନୀ, ଗଡ଼ାଣିରେ ତାଙ୍କ କବିତାର ଅନୁଭବ ହେଉଛି, ଜୀବନ ତ ଜୀବନ । ଅର୍ଥ କିଏ କହିବ ! ଠିକ୍ ଢଙ୍ଗରେ ବଂଚିବାର ଠିକଣା ନିରାପଦ ସ୍ଥିତି ହିଁ ଜୀବନ । ତମସାରୁ ମୁକ୍ତି ପାଇବା ପାଇଁ କବି ପ୍ରାଣ ଛଟପଟ ହୁଏ । କିନ୍ତୁ ସାମ୍ପ୍ରତିକ ସମାଜରେ ଚତୁର୍ଦ୍ଦିଗରେ ଯେ ଅନ୍ଧକାରର ରାଜୁତି । କବିଙ୍କର ବ୍ୟକ୍ତିଗତ ଦୁଃଖକୁ ବଳିଯାଏ ତାଙ୍କ ଚିତ୍ତବୃତ୍ତିକୁ ପ୍ରଭାବିତ କରୁଥିବା ବିଶ୍ୱବ୍ୟଥା ଏହି ବ୍ୟଥାର ବଳୟ ଭିତରେ ସ୍ଥାନ ପାଇଛି ।"

ସାଧାରଣ ମଣିଷର ଯାତନା, ନିର୍ଯାତନା, ଥିଲାବାଲା–ନଥିଲାବାଲାଙ୍କର ଭେଦ ଓ ପ୍ରପଞ୍ଚରେ ଅସ୍ତବ୍ୟସ୍ତ କବି ସ୍ୱୀକାର କରିନେଇଛନ୍ତି ଯେ ନିଆଁର ପରିଚୟ ଯେବେ କବିତାର ପରିଚୟ ତାହା ତାକୁ ବାଟବଣା କରିବା ଲୋକ ହଜିଯାଏ । କବିତାରୁ ଓ ସତ୍ୟଥାରୁ।" ପଥର ତଳେ ଆଗକୁ ଆସ, ବିକାଶ ପଥର କବିତା ଓ ମାଟିର ଶୋଷ ମନ୍ତ୍ରରେ କବି ବାସୁଦେବ ରୂପାନ୍ତରିତ ସମାଜରେ ସାମ୍ୟବାଦର ସାମଗାନ କରିଛନ୍ତି । ବାଞ୍ଛାନିଧି ଦାସଙ୍କ 'ହାଟ' ଏକ ମଣିଷ ହାଟର ପ୍ରତିବାଦ ।

ଏ ସମାଜରେ ମଣିଷ କିଣାବିକା ହେବାର ମାର୍ମିକ ସତ୍ୟକୁ ବିଦ୍ରୂପ କରିଛନ୍ତି ଏବଂ ସଂଘର୍ଷ ନାହିଁ କିନ୍ତୁ ନବ୍ୟଚେତନାର ନିକଟବର୍ତ୍ତୀ। ଆଧୁନିକ ଶୋଷଣ ବହୁମୁଖୀ ପଞ୍ଚାମେଳି ସମୂହକୁ ଶୋଷଣ କରୁଛି ଦିନ ଦ୍ୱିପହରେ ଏବଂ ହାଟରେ।

ପୂର୍ବଜ ପ୍ରଗତିଶୀଳ କବିଙ୍କ ସହିତ ମାସୀ ଯୁଦ୍ଧରେ ସାମିଲ ହୋଇଛନ୍ତି ବିପ୍ଲବୀ ନିରାକାର ଦାସ, ସେ ଆନ୍ନା ହଜାରେଙ୍କ ଗାନ୍ଧିବାଦର ଛଳ ଚେତନକୁ ପ୍ରତିହତ କରିବା ପାଇଁ ଆହ୍ୱାନ ଦେଇଛନ୍ତି ଟଙ୍କା। 'ଏ ଯୁଦ୍ଧ ନୁହେଁ ତୁମର' କବି ସାମାଜିକ ବାସ୍ତବତାକୁ ନିର୍ଭୀକ ଅଥଚ କଳାତ୍ମକ ଦୃଷ୍ଟିରେ ବିଚାର ଓ ପରିବର୍ତ୍ତନର କଥା କହିଛନ୍ତି। ଏଥିରେ ବୈପ୍ଳବିକ ଧାରା ଅତି ଉଦାର ରୀତିରେ ମର୍ମରିତ ହୋଇଅଛି। ଏ ଯୁଦ୍ଧ ନୁହେଁ ତୁମର ନବ୍ୟ ପ୍ରଗତିର ଏକ ଅନନ୍ୟ ପ୍ରୟାସ। ଅନେକ କବି ଭାଷା, ମାଟି, ମଣିଷ ଆଦିବାସୀଙ୍କ ସ୍ୱାର୍ଥ, ନଗଡ଼ାର ଚିତ୍ର, ଦାନମାଷ୍ଟ୍ରୀ, ଶବଦାହ ଆଦି ଘଟଣାରେ ବେଶ୍ ସଂଗ୍ରାମର ଚିତ୍ର ଦେଇଛନ୍ତି।

ଘଟଣା ବହୁଳ ଜୀବନ ଦଣ୍ଡପାଣି ମହାପାତ୍ର, ପ୍ରଶାନ୍ତ ମିଶ୍ର, ରୁକୁଠାକ୍ରା, ଶିଶିର ନାୟକ, ସାବିତ୍ରୀ କବି, ଅମିୟ ମହାପାତ୍ର ପ୍ରମୁଖ କବିଙ୍କ କବିତାରେ ନୂତନ ଶୈଳୀ ସଂଜୀବିତ। ନବାଗତ ଅତିଥିଗଣ ସାରସ୍ୱତ କ୍ଷେତ୍ରରେ ଲେଖନୀକୁ ଦୃପ୍ତ ପରିଚାଳନା କରିବାର ଅଙ୍ଗୀକାର କବିତା ସାହିତ୍ୟରେ ନବ୍ୟସାମ୍ୟ ଚିନ୍ତାର କଥା କହିଲେଣି। ବିପ୍ଳବ ଉଜ୍ଜୀବିତ ହେବାର ଆଶା ପ୍ରଚୁଳ।

କବି ଅଶ୍ୱିନୀ କୁମାର ମିଶ୍ରଙ୍କର ଜ୍ୟୋତିସ୍ନାନ (୨୦୧୬) ଗୁଙ୍ଗା ପୁଅଠାରୁ ଆରମ୍ଭ କରି 'ଡ଼ 'ଡ଼ଉଠାନ୍ତି, ନୀଳ ସ୍ୱପ୍ନ ସବୁ– ଆଲୋକର ଉସ୍ରବରେ ଉଭାସିତ। ଏବେ ସବୁ ପ୍ରଚାର ଅନ୍ଧାର। ସମାଜରେ ବ୍ୟବସ୍ଥା ଓ ଶାସନର ତରିକା ହିଁ ପ୍ରକୃତ ଅନ୍ଧାର। କବିତାର ଜ୍ୟୋତିରେ ଏହି ଅନ୍ଧାର ଦୂର କରିବା ପାଇଁ କବିଙ୍କର ଆହ୍ୱାନ, ଉଦାରୀକରଣ, ଜଗତ୍‌କରଣ, କର୍ପୋରେଟ୍ ଶାସନ ଓ ଅପସଂସ୍କୃତି ବିରୋଧ ତାଙ୍କର ସ୍ୱର ଦୃଢ଼ ନ ହେଲେ ମଧ୍ୟ ସେ ଠିକଣା ଜାଗାରେ ଆଘାତ କରିବାକୁ ଭୁଲିନାହାନ୍ତି।

ତାଙ୍କର କବିତାର ଅନ୍ତଃସ୍ୱର ହେଉଛି – ମହାଦ୍ୟୁତିଭରା ଚୌକିକୁ ନେଇ। ଏଠି ସବୁକିଛି ଯେ ଯେମିତି ପ୍ରଭାମୟ। (ଆଦିତ୍ୟ–ଦିବାକର) ଚୌକି ଏଠି ସର୍ବାଳଙ୍କାର ଚୌକି ହିଁ ସର୍ବରତ୍ନ ଭୂଷିତ ସେ ଖେଳେଇ ରଖିଛି ତା' ଚାରିପଟେ,

ଧୂପଦୀପ ନୈବେଦ୍ୟର / ପ୍ରୟାସମାନଙ୍କୁ ହେମାଗ୍ନିର ଧୂଆଁ ଭିତରେ ଅଣ୍ଟବାରି ହୋଇପଡ଼ୁଥିବା / ଓଁ ନମୋ ନାରାୟଣାୟ । ସେ ଚୌକି ସହିପାରୁଛି । ବତ୍ରିଶ ସିଂହାସନ ପାଖକୁ ଯିଏ ଗଲା ସେ ସେଇ ପୁରୁଣା ବାଜା ବଜାଇ ଶାସନ କଲା ।

ଏବେ ଚୌକିକୁ ଟାଳିବାର ଚେଷ୍ଟା ଏକ ନୂତନ ସଂକେତ – ବୋଲି ଅଶ୍ୱିନୀ କୁମାର କହନ୍ତି । ଅପ୍ରଗତିଶୀଳ କବିଙ୍କ ନବ୍ୟ ସାମ୍ରାଜ୍ୟବାଦ ସମର୍ଥିତ କାବ୍ୟବିଭା ଏହି ସମୟର ଏକ ନୂତନ ମନ୍ତ୍ରପାଠ । ପବିତ୍ର ମୋହନଙ୍କ ‘ମାଣବସା’, ଦିଲ୍ଲୀପ ସ୍ୱାଇଙ୍କର ‘ଗୋଟିଏ ଚଷା ଘରର ଦୃଶ୍ୟ’, ହୃଦାନନ୍ଦ ପାଣିଗ୍ରାହୀଙ୍କର ‘ଧାନ ନବ ଧାନ’, ପୀତାମ୍ବର ତରାଇଙ୍କର ‘ଆମର ନାହିଁ ଧାନ ଫୁଲ କାନଫୁଲ’, ଅରୂପାନନ୍ଦ ପାଣିଗ୍ରାହୀଙ୍କ ‘ପାଣି ପାଇଁ ପଦଯାତ୍ରା’, ତୁହିନାଂଶୁ ରଥଙ୍କର ‘ମେଘ ଆଲାପ’, ଶତ୍ରୁଘ୍ନ ପାଣ୍ଡବଙ୍କ ‘ପାଣି’, ହୃଷୀକେଶ ମଲ୍ଲିକଙ୍କର ‘ଠିକ୍ ସେ ଦେଶ’, ସୁଚେତା ମିଶ୍ରଙ୍କର ‘ଛୋଟ ଝିଅ’, ଅଖିଳ ନାୟକଙ୍କ (କଳାତ୍ମକ ଦ୍ରୋହ) ‘ଡାହା ମିଛ’, ବୀଣାପାଣି ମହାନ୍ତିଙ୍କ ‘ମୁଁ କିଏ ମୁଁ ଜାଣେ’ କବିତା ଗ୍ରନ୍ଥଗୁଡ଼ିକ ନବ୍ୟ ସାମ୍ୟ ଆନ୍ଦୋଳନ ପାଇଁ ଏକ ଏକ ହବ୍ୟାହୁତି ସଦୃଶ । ଗଣତନ୍ତ୍ରର ଶୁଷ୍କ ଚିନ୍ତାଧାରା ସେହି ପାରମ୍ପରିକ ରୀତିରେ ଚାଲିଛି । ରାଜତନ୍ତ୍ର ଯେପରି ଜନକର ହୁକୁମ କରୁଥିଲା, ଏବେ ମଧ ସେହି ହୁକୁମର ନବୀକରଣ ଏକଛତ୍ରବାଦ ରହିଛି । ରାଜ୍ୟ ଓ କେନ୍ଦ୍ରରେ ଏକା ‘ସାରି ମାମା’ ବାଡ଼ୁଅଛି ।

ବିଶ୍ୱକବି ରବୀନ୍ଦ୍ରନାଥଙ୍କର କାଳଜୟୀ ପଦରେ ଉପସଂହାର ଟାଣିବା ଉଚିତ୍ ମନେକରେ ।

“ସଂକୋଚର ବିହ୍ୱଳତା ନିଜେର ଅପମାନ

ସଂକଟେର କଳ୍ପନାତେ ହୋୟେନା ମ୍ରିୟମାଣ

ମୁକ୍ତ କର ଭୟ

ଆପନା ମାଝେ ଶକ୍ତି ଧରେ

ନିଜେର କରୋ ଜୟ ।”

ଆମ୍ସରାକୁ ଜାଗ୍ରତ କରି ଅନୁଦାର ମାନବିକତା ଓ ଶାସନର ଅବସାନ ପାଇଁ ଭୟ-ସଂକୋଚର ସ୍ଥାନ ନାହିଁ । ବିବେକାନନ୍ଦଙ୍କ ଭାଷାରେ ଉଠିଷ୍ଠ, ଜାଗ୍ରତ, ପ୍ରାପ୍ୟବସାନ୍, ଉଠ, ତାପ ଦାବି ହାସଲ କର!

ଅନ୍ତଃଟୀକା

୧.	ଦାଶ, ବିଜୟଲକ୍ଷ୍ମୀ : ଆଧୁନିକ ଓଡ଼ିଆ କବିତାରେ ପ୍ରଗତିବାଦୀ ଚେତନା, ଚିତ୍ରୋତ୍ପଳା ପ୍ରକାଶନୀ, ପୃ-୧୩୦

୨.	ପରିଡ଼ା, ନନ୍ଦକିଶୋର : ରାଜନୀତି ବିଜ୍ଞାନ ପ୍ରବେଶ – ନାଲନ୍ଦା, ପୃ-୬୧

୩.	ପାତ୍ର ଅମିୟ କୁମାର : ଇସ୍ତାହାର ୯୯, ପୃ-୧୧୫

୪.	ଦାସ, ବାସୁଦେବ, ଉତ୍ତର ସ୍ୱାଧୀନତାର ଓଡ଼ିଆ ସାହିତ୍ୟ ସହଯୋଗୀ, ଶାରଦୀୟ ବିଶେଷାଙ୍କ, ପୃ-୭୭

୫.	ଦାସ, ବାସୁଦେବ – ଓଡ଼ିଆ ସାହିତ୍ୟରେ ପ୍ରଗତିଶୀଳ ଚେତନା – ୨୦୧୬

୬.	ତତ୍ରୈବ, ପୃ-୧୪

୭.	ଦାସ, ବାସୁଦେବ – ଶଙ୍ଖର ଅଭିସାର – ବଟିଘର ୧୯୯୯

8.	All India League for Evolutionary Culture, 1983

୯.	ତତ୍ରୈବ

୧୦.	ହରୀଶ : ହିନ୍ଦୀ ସାହିତ୍ୟର ଇତିହାସ, ନବୀନ ସଂସ୍କରଣ, ଅଶୋକ ନିବାସ, ପୃ-୨୬୫

୧୧.	ଦାସ, ବାସୁଦେବ : ବହ୍ନିମହ୍ଲାର, ଅଭୟା ପ୍ରେସ, ୧୯୮୬

୧୨.	ତତ୍ରୈବ, କବିତା – ଜଗର୍ଘ

୧୩.	ତତ୍ରୈବ, ପୃ-୧୭

14.	All India League of Evolutionary culture, 1983. ଏବଂ 'ଅଗ୍ନିବୀଣା', ପୃ.୪୯

୧୫.	ଦାସ ବାସୁଦେବ : ବହ୍ନିମହ୍ଲାର – ସମୟର ଡାକରା (କବିତା)

୧୬.	ଦାସ ବାସୁଦେବ : ପ୍ରାଚୀତାରା – ପୂଜାସଂଖ୍ୟା ୨୦୧୦

୧୭.	ମିଶ୍ର ଅଶ୍ୱିନୀ କୁମାର – ଜ୍ୟୋତିସ୍ନାନ–୨୦୧୬

୧୮.	ତରାଇ ପୀତାମ୍ବର – ଆମର ନାହିଁ ଧାନଫୁଲ–କାନଫୁଲ

୧୯.   ମଲ୍ଲିକ ହୃଷିକେଶ – ଥିକ୍ ସେ ଦେଶ, ଅପେରା ସରିବା ପରେ

୨୦.   ମିଶ୍ର ସୁଚେତା – ଝୋଟଝିଅ ।

୨୧.   ସ୍ୱାଇଁ ଦିଲୀପ – ଧାନଫୁଲ କାନଫୁଲ – ୨୦୧୬

22.   Application of Dr. Basudev Das, Submission of Thesis, 1983.

ଉପସଂହାର

ପ୍ରଗତିବାଦୀ କବିତାର ଉସ୍ସ କମ୍ୟୁନିଜମ୍ ବା ମାର୍କ୍ସୀୟ ଚେତନା । ସାମ୍ୟବାଦୀ ଚେତନା ହେଉଛି ସମାଜ ବ୍ୟବସ୍ଥାକୁ ଜାଣିବା ନିମନ୍ତେ ଏକ ବୈଜ୍ଞାନିକ ସୂତ୍ର । ଭାରତବର୍ଷ କାହିଁକି, ସମଗ୍ର ବିଶ୍ୱରେ ଦୁଇଟି ଶ୍ରେଣୀ ରହିଆସିଛି । ଶାସନ ପ୍ରକ୍ରିୟା ଯେପରି ପ୍ରତାରଣା ମୂଳକ କାର୍ଯ୍ୟରେ ଲିପ୍ତ ତାହାର ମୂଲୋପ୍ରାଟନ ନିମନ୍ତେ କେବଳ ସାମ୍ୟବାଦୀ ବିଚାର ଆବଶ୍ୟକ । କାରଣ କମ୍ୟୁନିଜମ୍ ହେଉଛି Highest form of Democracy । ଗଣତାନ୍ତ୍ରିକ ଉତ୍ତରଣ କେବଳ ସାମ୍ୟବାଦୀ ଚେତନା ଦ୍ୱାରା ସମ୍ଭବ । ମଣିଷ ସମାଜ ଗଣତନ୍ତ୍ରର ଅବିଭାଜ୍ୟ ଅଂଶବିଶେଷ । ଏଣୁ ପ୍ରଗତିବାଦୀ କବିତାର ପ୍ରାସଙ୍ଗିକତା ଗଣତନ୍ତ୍ର ସହ ହାତ ମିଳାଇ ଚାଲିବାକୁ ବାଧ୍ୟ । ସମାନତା ଆଣିବା ପ୍ରଗତିବାଦୀ କବିଙ୍କର ପରମଧ୍ୟେୟ, ଯାହାର ସ୍ୱର ବାସୁଦେବଙ୍କ କବିତାରେ ଏକ ଉଦାର କାଳଜୟୀ ସ୍ୱର ନେଇପାରିଛି ।

କବି ରବି ସିଂଙ୍କର କବିତାରେ ଭାବଧର୍ମ ପରିଲକ୍ଷିତ ହେଲେ ମଧ୍ୟ ଏହି କବିତାର ପ୍ରାସଙ୍ଗିକତା ଅପରିହାର୍ଯ୍ୟ । ରାଜନୀତିକ ଶୋଷଣ, ମାନବିକତାର ଅପହରଣ ଆଜିବି ଚାଲିଛି, ତାହା ସୂର୍ଯ୍ୟଙ୍କୁ ମହମବତୀ ଦେଖାଇବାର ବିଦ୍ରୂପ ଇଶ୍ତାହାର । ସମାଜକୁ ହାର୍କିନ ଦେଖାଇ ରାଜନେତାଙ୍କର ଯୁଦ୍ଧ ବାଦନୀୟ ବିଚାର ମୂଲ୍ୟବୋଧକୁ ନିର୍ବାସନ ଦେଇ ଚାଲିଅଛି । ସାଂସ୍କୃତିକ ପଟ୍ଟଭୂମିରେ ଆଜି କଳଙ୍କ ଓ କୁସଂସ୍କାର ବୋଲି ହୋଇଯାଇଛି । 'ସ୍ମାର୍ଟସିଟି'ର ସଭ୍ୟତା ଓ ଭାରତବର୍ଷର ବିଚାରାଧାରାକୁ ଅନ୍ତଃସାର ଶୂନ୍ୟ କରିବାକୁ ଚେଷ୍ଟିତ । ଏ ସମସ୍ତ ବିକଳାଙ୍କ ସମାଜ ବ୍ୟବସ୍ଥାକୁ ଲକ୍ଷ୍ୟ କରି ବିଶିଷ୍ଟ ପ୍ରଗତିବାଦୀ କବି କ୍ଷିତୀଶ ରାୟ ତାଙ୍କ ରିଭୋଲ୍ୟୁସନ୍ କବିତାରେ ପ୍ରାସଙ୍ଗିକତା ଓ ଭବିଷ୍ୟତ ସମ୍ପର୍କରେ ବଳିଷ୍ଠ ସୂଚନା ଦେଇଛନ୍ତି । ପ୍ରଗତିବାଦୀ କବିତାରେ ଥାଏ ବିପ୍ଲବର ମଞ୍ଜି, ଯାହା ବିପ୍ଲବକୁ ପୁଷ୍ଟିତ ଓ ଫଳିତ କରାଇପାରିବ । ଫଳତଃ ପ୍ରତ୍ୟେକ ଘରେ ସାମ୍ୟ, ଶାନ୍ତି, ଆନନ୍ଦ ଫେରିଆସିବ । ଏହି ଦୁର୍ବାର ଆଶା ପ୍ରଗତିବାଦୀ କବି ଏ ପୋଷଣ କରିଥାନ୍ତି । ଏଥିରେ କେବଳ ପ୍ରାସଙ୍ଗିକତା ନାହିଁ, ଅଛି ସମ୍ଭାବନାର ମୃଦୁମଲୟର ହିଲ୍ଲୋଲ, ଯାହା ଭବିଷ୍ୟତ

ଦାୟାଦମାନଙ୍କ ପାଇଁ ଅଭୟ ପ୍ରତିଶ୍ରୁତି ବୋଲି ବିଚାର୍ଯ୍ୟ। ବାସୁଦେବ ଦାସଙ୍କ କବିତାରେ ସମାନ ଭାବାଦର୍ଶ ଓ ସ୍ୱର ଉଚ୍ଚାରିତ।

କବିତାରେ ସୌନ୍ଦର୍ଯ୍ୟବୋଧ ପାରମ୍ପରିକ ରୀତିରେ ସଞ୍ଚାଳିତ। ଶବ୍ଦ ସୌନ୍ଦର୍ଯ୍ୟ, ଭାବ ସୌନ୍ଦର୍ଯ୍ୟ, ଗାନ, ଆବୃତ୍ତି ସୌନ୍ଦର୍ଯ୍ୟ, କଳ୍ପନାର ଚମତ୍କାରିତା ବା କବିମାନସ ଓ ଛନ୍ଦ ସୌନ୍ଦର୍ଯ୍ୟ କବିତାର ବିଭବ ଭାବେ ବିଚାର୍ଯ୍ୟ ହୋଇଆସିଥିଲା। ଏହା ମଧ୍ୟଯୁଗରୁ ଆରମ୍ଭ କରି ସତ୍ୟବାଦୀ ଭାବଧାରା ପର୍ଯ୍ୟନ୍ତ ବିସ୍ତାରିତ। ମାତ୍ର ୧୯୩୦/ ୩୫ ମସିହାବେଳକୁ ଛନ୍ଦ ସୌନ୍ଦର୍ଯ୍ୟ, ଗାନଯୋଗ୍ୟତା ଓ କଳ୍ପନାର ଚମତ୍କାରିତାର ପ୍ରାୟ ହ୍ରାସ ଘଟି ନୂତନ ଶୈଳୀ, ଭାଷା ଓ ଭାବଧାରାକୁ ଆପଣେଇଛି ଓଡ଼ିଆ କାବ୍ୟ–କବିତା। ତା' ସ୍ଥାନରେ ଆସିଛି ନୂତନ ଅଳଙ୍କାର, ବାସ୍ତବବାଦୀ ଦୃଷ୍ଟିକୋଣ ଓ ଆଧିଭୌତିକ ଚିନ୍ତାଧାରା। ଏହା ତତ୍କାଳୀନ ସମୟଖଣ୍ଡର ସାମାଜିକ ଆବଶ୍ୟକତା ରୂପେ କବିଙ୍କୁ ବାଧ୍ୟ କରିଛି ନୂତନ ଭାଷା ଓ କାବ୍ୟିକ ଶୈଳୀକୁ ବରଣ କରିବା ପାଇଁ।

ପ୍ରଗତିବାଦୀ ସାହିତ୍ୟ / କବିତା ସଂରଚନା ଓ ପ୍ରତିକ୍ରିୟାଶୀଳ ସାହିତ୍ୟର ଅଭ୍ୟୁଦୟ ଏକ ଐତିହାସିକ ପୃଷ୍ଠଭୂମିରେ ଉଦ୍ଭରଣ ଲାଭ କରେ। ସାମାଜିକ ବିବର୍ତ୍ତନ, ପ୍ରଶାସନିକ ସ୍ଲାଣୁତା, ଆର୍ଥନୀତିକ ସ୍ଥିତି ଉପରେ ଜୀବନର ଅନ୍ୱେଷଣ କବି ପାଇଁ ଅପରିହାର୍ଯ୍ୟ ମନେହୁଏ। ଜୀବନକୁ ଆଡ଼େଇ ଦେଇ ଯେଉଁ ଅର୍ଥହୀନ କୃପାଭିକ୍ଷା କରାଯାଏ, ତାହା କେବଳ ଶରଣାଗତ ବ୍ୟର୍ଥତା ବ୍ୟତୀତ କିଛି ନୁହେଁ। ଦରିଦ୍ର... ସର୍ବହରା ଉପସିତ କ୍ରୋଧର ବଶବର୍ତ୍ତୀ ହୋଇ ଏକମାତ୍ର ମାଧମ ଦେଖେ ଧ୍ୱଂସାନଳ, ଯେଉଁଠି ମନୁଷ୍ୟ ନିଜ ବୁଦ୍ଧିର ଶକ୍ତିବଳରେ ଶତ୍ରୁକୁ ଧ୍ୱଂସ କରେ କିମ୍ବା ନିଜର ନିର୍ବୋଧତା ଯୋଗୁଁ ଶତ୍ରୁଦ୍ୱାରା ବିଧ୍ୱସ୍ତ ହୋଇଯାଏ। ଯେକୌଣସି ମୂଲ୍ୟ ବଦଳରେ ସେ ଜୀବନର ସଫଳତା ଚାହେଁ ଏବଂ ଏହି ସଫଳତାର ଚାବିକାଠି ଧନ ଓ କ୍ଷମତା। ଏହି ଧ୍ୱଂସାନଳ ମନୋଭାବ ତା'ର ସ୍ୱାଧୀନ ନିଷ୍ପତ୍ତି ନୁହେଁ। ଏକ ସଂଗଠିତ ଶକ୍ତି ସମନ୍ୱୟର ଅଭୀପ୍ସା। ଧ୍ୱଂସ ବ୍ୟତୀତ ତାହାର ବଂଚିବାର ଅନ୍ୟ ଉପାୟ ତାକୁ ଦିଶେ ନାହିଁ। ବ୍ୟକ୍ତି ସଂଗ୍ରାମ ଓ ସଂଘର୍ଷକୁ ଅଙ୍ଗୀକାର କରେ ତା' ଉପରେ ନିର୍ଭର କରୁଥିବା ପରିବାର ଓ ଅନ୍ୟମାନେ। ଏକ ସୌନ୍ଦର୍ଯ୍ୟ ବିହୀନ ଜୀବନ ଯେଉଁଠି ଜୀବନ–ମୃତ୍ୟୁ, ସ୍ୱପ୍ନ–ମିଥ୍ୟା, ନ୍ୟାୟ, ଅନ୍ୟାୟ ପ୍ରଭୃତି ପ୍ରତିକ୍ରିୟାଗୁଡ଼ିକର ସ୍ୱତନ୍ତ୍ରତା ନଥାଏ।

ଯାହାର କାରଣ ଏହି ଯେ ସମାଜରେ କେନ୍ଦ୍ରସ୍ଥଳରେ ଏହି ଚରିତ୍ର ଯେଉଁ ଅସଂଲଗ୍ନତା ଓ ଅସଂଗତି ଲକ୍ଷ୍ୟ କରିଥାଏ, ତାହାକୁ ସ୍ୱକୀୟ ମୂଲ୍ୟବୋଧର ବା ବିଚ୍ଛିନ୍ନତା ମଧ୍ୟରେ ପ୍ରକାଶ କରେ। ମନୁଷ୍ୟକୁ ସର୍ବନିମ୍ନ ମାନବିକତାରୁ ବଞ୍ଚିତ କରାଗଲେ, ତା' ମନ ମଧ୍ୟରେ ଆଗ୍ନେୟ ହିଲ୍ଲୋଳର ଶିଖା ନିର୍ଗତ ହୁଏ। ସେ ଝଡ଼ଝଞ୍ଜା, ବିପର୍ଯ୍ୟୟ, ସୁବିଧାବାଦୀଙ୍କ ଚକ୍ରାନ୍ତ ଜାଲ ଓ ଦୁର୍ଭାଗ୍ୟ ମଧ୍ୟରେ ସଂଗ୍ରାମ କରି ସଫଳତା ହାତ ମୁଠାକୁ ଆଣିବା ପାଇଁ ଚେଷ୍ଟିତ ହୁଏ। ଏହି ପରିପ୍ରେକ୍ଷୀରେ କବିର ଲେଖନୀ ନିସୃତ ହୁଙ୍କାର ହିଁ ସୃଷ୍ଟିକରେ କଳରବ। ତାହାହିଁ ପ୍ରଗତିବାଦୀ କବିତାର ଅନମୀୟ ଭାଷା ଭାବେ ଝରି କବିତାକୁ ଅଗ୍ନିମୟ ଉଲ୍ଲାସ କରିଥାଏ। ସୁତରାଂ ଅଧୁନା ପ୍ରଗତିଶୀଳ କବିତାର ଆଙ୍ଗିକ ଓ ଆତ୍ମିକ ତଥା ପ୍ରକୃତି ଓ ପ୍ରବୃତ୍ତି, ସରଳ, ସାବଲୀଳ, ସମ୍ୱେଦନଶୀଳ ବଚନଭଙ୍ଗୀରେ ଉଦ୍ଭରିତ।

ପ୍ରଗତିବାଦୀ ସାହିତ୍ୟ ବା କବିତାର ମୂଳଭିତ୍ତି ମାର୍କ୍ସୀୟ ଚେତନା ବୋଲି ପୂର୍ବରୁ ଆଲୋଚନା କରାଯାଇଛି। ମାର୍କ୍ସ ଏକ ସାମ୍ୟ ସମାଜର ସ୍ୱପ୍ନ ଦେଖୁଥିଲେ। ସମଗ୍ର ମାନବ ସମାଜ ଏକ ହୁଅ ବୋଲି ଡାକରା ଦେଇଥିଲେ। ବିଶେଷକରି ଶ୍ରମିକ ଓ ସର୍ବହରାଙ୍କ ସ୍ୱାର୍ଥ ସୁରକ୍ଷା ପାଇଁ ସଂଗ୍ରାମ ଅନିର୍ବାଯ୍ୟ ଥିଲା ତାଙ୍କ ତତ୍ତ୍ୱର ବିବେଚନା। ଏଣୁ କବିତା କହିବ ସାଧାରଣ ମଣିଷର ଦୁଃଖ, ଦୁର୍ଦ୍ଦଶା, ବେଦନା ଓ ଜୀବନ ଯନ୍ତ୍ରଣା। ଏଗୁଡ଼ିକର ହେତୁ କେଉଁଠି ଦୁଃଖ ଆସିଲା କିପରି ? ଭାଗ୍ୟ ଓ ଭଗବାନଙ୍କ ଦ୍ୱାହି ଦେଇ ଖସିଯାଉଥିବା ଶାସକ ବା ବଡ଼ପଣ୍ଡାମାନଙ୍କ ଚରିତ୍ରକୁ ଆଘାତ କରିବା ଭାରତୀୟ ନ୍ୟାୟଦର୍ଶନ 'ହାନୋପାୟ' କଥା କହିଥିଲେ ମଧ୍ୟ ସାମନ୍ତବାଦୀ ନାଲି ଆଖିରେ ତାହା ଚାପି ହୋଇଯାଇଛି। କବି ବାସୁଦେବ ଦାସ ତାଙ୍କ ଅନେକ ଦୁଃଖର ନିଦାନ ସମ୍ପର୍କରେ ସ୍ପଷ୍ଟ ମତବ୍ୟକ୍ତ କରିଛନ୍ତି। ଦୁଃଖରୁ ମୁକ୍ତି ପାଇବା ପାଇଁ ଲୋକ ସଦାସର୍ବଦା ବ୍ୟଗ୍ର ଓ ସଂଗ୍ରାମଶୀଳ। ସମଗ୍ର ବିଶ୍ୱର ମାନବର ଦୁଃଖ, କାନ୍ଦ, ଶୋକ, ଜନ୍ମ, ମରଣ ଏକ ପ୍ରକାର। ତେଣୁ କୃତ୍ରିମ ସୁଖ ପାଇବା ନିମନ୍ତେ ସୁବିଧାବାଦୀ ବର୍ଗ ମଣିଷକୁ ଶୋଷଣ ଜାଲରେ ପକାଇଥାନ୍ତି। ଧର୍ମ, ଶାସନ – ଏ ଦୁଇଟି ଅସ୍ତ୍ରରେ ଶୋଷଣ କାର୍ଯ୍ୟ ହୋଇଥାଏ। ଯାହା ଅପ୍ରାପ୍ୟ, ତାହାକୁ ହାତେଇବା ହିଁ ଶୋଷଣ। ପ୍ରାଚୀନ ପରମ୍ପରା ଓ ସଂସ୍କୃତି ସହିତ ଶାସନକୁ ବା କ୍ଷମତାକୁ ଜୀବିତ କରିବା ଦ୍ୱାରା ସମାଜ ବ୍ୟବସ୍ଥା ଅଧିକ ଜଟିଳ ହୋଇଯାଇଛି।

ପରମ୍ପରା ବିଧିରେ ଶୋଷିତ ଓ ଶୋଷଣକାରୀ ଗୋଷ୍ଠୀ ମଧ୍ୟରେ ଥିବା ପାର୍ଥକ୍ୟ କେବଳ ପ୍ରଗତିବାଦୀ ସାହିତ୍ୟ ଦ୍ୱାରା ନିରୂପିତ ହେବା ସହ ତା'ର ମାର୍ଗଦର୍ଶନ ଦେଇପାରିବ। ଏହି ସମୟ ଖଣ୍ଡରେ ମାର୍କ୍ସ, ଲେନିନଙ୍କର ଆହ୍ୱାନ ସର୍ବହରା ଦଳିତ ଗୋଷ୍ଠୀଙ୍କୁ ଅନୁପ୍ରାଣିତ କରିଥିଲା। ଯାହାଦ୍ୱାରା ଲିଟେରଚରର ରୂପରେଖ କ'ଣ ହେବା ଆବଶ୍ୟକ ଓ କବିତାର ଏକ ସ୍ୱତନ୍ତ୍ର ସ୍ଥାନ ନିର୍ବାଚିତ ହୋଇଥିଲା। ତାହା ହେଉଛି 'ପ୍ରଜା ସାହିତ୍ୟମ୍'।

କୌଣସି ସାହିତ୍ୟର ଭବିଷ୍ୟତ ତାହାର ବ୍ୟବହାର ଓ ପଠନ ଉପରେ ନିର୍ଭର କରେ। ସମାଜର ବାସ୍ତବତା କବିତାରେ ବିମ୍ବିତ ହେଉଥିବା ପର୍ଯ୍ୟନ୍ତ ତାହା ପାଠକୀୟ ସ୍ୱୀକୃତି ଲାଭ କରିବ। ସମାଜବାଦୀ ବାସ୍ତବତା ପ୍ରଗତିବାଦୀ କବିତାର ପ୍ରାଣ। କବିତାର ଦୁଇଟି ଆବେଗାତ୍ମକ ଶବ୍ଦ ହେଉଛି ସଂଯୋଗ ଓ ସଂବୋଧନ। କବିତାକୁ କବି ଏପରି ତିଆରି କରିବା ଉଚିତ୍ ଯାହା ଲୋକଙ୍କ ମନକୁ ସଂଯୋଗ ଓ ସଂବେଦନରେ ଭିଜାଇବ। ଅନ୍ୟ ମତବାଦରେ କବିତାରେ ଈଶ୍ୱର, ଦେବଦେବୀ, ରାଜା ବାଦଶାହ୍ ଓ ମନ୍ତ୍ରୀ କି ବଡ଼ବାବୁ ଥିବାବେଳେ ପ୍ରଗତିବାଦୀ କବିତାରେ ମଣିଷ ପ୍ରତି ଆବେଗିକ ସମ୍ବୋଧନ ଅଥବା କବି ନିଜକୁ ଏକ ଚରିତ୍ର କରି ଗଢ଼ିଥାଏ। ପ୍ରଗତିବାଦୀ କବିତା ଜୀବନ ସହିତ ଜୀବନକୁ ଯୋଡ଼ିଥାଏ, ବିଚ୍ଛିନ୍ନ ହେବାର କଥା କହେ ନାହିଁ।

ପ୍ରଗତିବାଦୀ କବିତାର ଜୀବନ ବିନ୍ୟାସ ହିଁ ଏକମାତ୍ର ସତ୍ୟ। ସହୃଦୟ ହୃଦୟ ହୁଏ କବିର ସ୍ୱୀକୃତି କ୍ଷେତ୍ର। କବି ବାସୁଦେବ ଦାସଙ୍କ କବିତାରେ ଏପରି ଉଦାହରଣ ଭରପୂର ହୋଇରହିଛି। ଏପରି କବିତାର ଉଦ୍‌ଭଟ ସ୍ୱର ସବୁଦିନେ ରହିବା କବିତାରେ ସ୍ୱକୀୟ, ସାବଲୀଳାତାକୁ ଦୀର୍ଘାୟୁ କରିଥାଏ। ବିଶ୍ୱଗତ ଭାବ ହିଁ ପ୍ରଗତିବାଦୀ କବିତାର ଅସଲ ପରିଚୟ। ଭାବ ସହ ଭାବର, ହୃଦୟ ସହ ହୃଦୟର, ଆଜି ସହ କାଲିର, ପ୍ରାପ୍ତି ସହ ଦାବିର, ବ୍ୟକ୍ତି ସହ ବିଶ୍ୱର, ଦୂର ସହ ନିକଟ ନିକଟର ନିବିଡ଼ ବନ୍ଧନରେ କବିତାର ବ୍ୟାପକତା ନିହିତ। ପ୍ରଗତିବାଦୀ କବିତା ଏଯାବତ୍ ଅନ୍ତରର ଅବବୋଧକୁ ରୂପାୟିତ କରିଆସିଛି ଆଗାମୀରେ ମଧ କରିଚାଲିବ। କାରଣ ଶୋଷଣର ବୈଷମ୍ୟର ଅବସାନ ଘଟି ନାହିଁ। ଏହି ଭାବାଦର୍ଶ ଭାଷା ବରଣରେ ରୂପ ନେଇ ଯେଉଁ କବିତା ରୂପନେବ ତାହା ମହାକାଳ ସହିତ

ଟକ୍ବ ଦେବ । ଯେମିତି ଥିଲାବାଲା ଓ ନଥିଲାବାଲା ମଧରେ ବ୍ୟବଧାନ କବିତାର ଶିରାରେ କାଳ କାଳ ଅଗ୍ନି ସଂଯୋଗ କରାଇବ । ଆର୍ଥନୀତିକ ବୈଷମ୍ୟ ଦିନକୁ ଦିନ ବୃଦ୍ଧି ପାଇ ଚାଲିଥିବାରୁ କବି ନୀରବ ରହିବ ନାହିଁ ।

ସାମ୍ୟବାଦ ଚେତନା ସୁଦୂରପ୍ରସାରୀ । ସାମାଜିକ ବ୍ୟବସ୍ଥାର ଚାବିକାଠି ହେଉଛି ସାମ୍ୟବାଦୀ ଚେତନା । ତେଣୁ ପ୍ରଗତିବାଦୀ କବିତା ଜନଗଣ ଯନ୍ତ୍ରଣା ହରଣ କରିବାକୁ ଐକ୍ୟର ଆହ୍ୱାନ ଦେବ, ଜୀବନକୁ ଆଶୀର୍ବାଦ କରିବ, ଏଣୁ ଏହି କବିତାର ଭବିଷ୍ୟତ ଉଜ୍ଜ୍ୱଳ ଏବଂ ଏହି ସାହିତ୍ୟ ମଣିଷ ମଲାଯାଏ ସାଥିରେ ଥିବ ।

ପ୍ରଗତିଶୀଳ ସାହିତ୍ୟର ଅନେକ ଦିଗ ରହିଛି । ସମାଜ ସଂସ୍କାର ମଧ ତା'ର ଏକ ଦିଗ । ଯେଉଁ ସାହିତ୍ୟ ପୁରାଣ, ଜାତିପ୍ରଥା, ଅବୈଜ୍ଞାନିକ ତଥା ଅମାନବୀୟ ଆଚାର ବିଚାର, ଅନ୍ଧବିଶ୍ୱାସ, ଅସତ୍ୟ, କୁସଂସ୍କାରକୁ ପ୍ରତିବାଦ କରେ ବା କରିବାକୁ ସାହସ ଦିଏ, ତାହାହିଁ ପ୍ରଗତିବାଦୀ ସାହିତ୍ୟ । ଏହାର ଅନ୍ୟ ଏକ ଦିଗ ହେଲା – ଈଶ୍ୱର ତତ୍ତ୍ୱକୁ ପରିହାର କରିବା । ବୁଦ୍ଧଦେବ କହିଥିଲେ – ଈଶ୍ୱର ଥାନ୍ତୁ ବା ନ ଥାନ୍ତୁ, ଆମ୍ଭକୁ ସତ୍ୟନିଷ୍ଠ ହେବାକୁ ପଡ଼ିବ । ପ୍ରଥମେ ପୁଞ୍ଜିପତିମାନେ ମଧ ଈଶ୍ୱର ତତ୍ତ୍ୱକୁ ଗ୍ରହଣ କରି ନଥିଲେ । ରାଜତନ୍ତ୍ର ବିରୋଧରେ ଲଢ଼େଇ କରିଥିଲେ । କାରଣ ରାଜାମାନଙ୍କର ଦାମ୍ଭିକତା ଥିଲା, "ମହତି ଦେବତା ହେଷାଂ ନରରୂପେଣ ତିଷ୍ଟତି ।" କିନ୍ତୁ ରାଜତନ୍ତ୍ର ବିଲୋପ ପରେ ଏହି ପୁଞ୍ଜିବାଦୀ ଗୋଷ୍ଠୀ ଭାଗ୍ୟ, ଭଗବାନ ଓ ଜାତିଆଣା ଭାବକୁ ଅଧିକ ଦୃଢ଼ୀଭୂତ କରି ସ୍ୱୟଂ ସାମନ୍ତବାଦୀ ସାଜିଗଲେ । ଏହି ଦୃଷ୍ଟିକୋଣରୁ ପ୍ରଗତିବାଦୀ ସାହିତ୍ୟର ସର୍ତ ହେଲା ବିଶାଳ ଜନସମାଜକୁ ସମସ୍ତ ପ୍ରକାର ଶୋଷଣରୁ ମୁକ୍ତକରି ଏକ ନୂତନ ସାମ୍ୟ ସମାଜ ପ୍ରତିଷ୍ଠାର ଆହ୍ୱାନ ଦେବା । ପୃଥିବୀରେ ଆଜି ଯେଉଁ କଲ୍ୟାଣକର ପରିବର୍ତ୍ତନ ଘଟିଛି, ତାହା ମୂଳରେ ପ୍ରଗତିବାଦୀ ସାହିତ୍ୟର ସର୍ବାଧିକ ଗୁରୁତ୍ୱ ଉପଲବ୍ଧ । ଏବେ ଏହି ସାହିତ୍ୟର ବିକାଶଧାରା ସମ୍ପର୍କରେ କିଞ୍ଚିତା ନୂଆ ବିଚାର ଉପରେ ଆଲୋକପାତ କରିବା ସମୀଚୀନ ମନେହୁଏ ।

ଏହି ପୃଷ୍ଠଭୂମିରେ ସ୍ୱାଧୀନତା ପରବର୍ତ୍ତୀ ପ୍ରଗତିବାଦୀ ସାହିତ୍ୟର ପରମ୍ପରାକୁ ତିନିଟି ପର୍ଯ୍ୟାୟରେ ବିଚାର କରାଯାଇପାରେ । (୧) ଭାରତୀୟ ପରିପ୍ରେକ୍ଷୀରେ, (୨) ପ୍ରାକ୍ ସ୍ୱାଧୀନତା କାଳ ଓ ସ୍ୱାଧୀନତା ପରବର୍ତ୍ତୀ କାଳ । (୩) ସ୍ୱାଧୀନତା

ପରବର୍ତ୍ତୀ କାଳର ପ୍ରଗତିବାଦୀ ଆନ୍ଦୋଳନ ବିଶେଷତଃ ଅଶୀ ପରବର୍ତ୍ତୀ ସମୟଖଣ୍ଡ କବି ବାସୁଦେବଙ୍କ ସାହିତ୍ୟ ସାଧନାର ସୁବର୍ଣ୍ଣଯୁଗ । ଏହି ମର୍ମରେ ଆଲୋଚନା ଗତିଶୀଳ ।

ସର୍ବଭାରତୀୟ ସ୍ତର – ମାର୍କ୍ସବାଦର ପ୍ରଭାବରେ ଗଢ଼ି ଉଠିଥିବା ସଂଗଠନମାନେ ସାରା ଭାରତବର୍ଷରେ ବୈପ୍ଳବିକ ଚିନ୍ତାଧାରାକୁ ପ୍ରସାରିତ କରିବାରେ ଗୁରୁତ୍ୱପୂର୍ଣ୍ଣ ଭୂମିକା ଗ୍ରହଣ କରିଅଛି । ଏ କ୍ଷେତ୍ରରେ ବଙ୍ଗଳା ଓ ହିନ୍ଦୀ ସାହିତ୍ୟିକମାନଙ୍କର ବିଶେଷ ଭୂମିକା ସ୍ୱୀକୃତ । ଅକ୍ଟୋବର ବିପ୍ଳବ ସଂଗଠିତ ହେବା ପୂର୍ବରୁ ଔପନ୍ୟାସିକ ବଙ୍କିମ ଚନ୍ଦ୍ର 'ସାମ୍ୟ' ନାମକ ଏକ ପ୍ରବନ୍ଧ ବଙ୍ଗଳା ଭାଷାରେ ରଚନା କରିଥିଲେ; ଯେଉଁଥିରେ ସାମାଜିକ ବୈଷମ୍ୟ ବିରୋଧରେ ପ୍ରଗତିବାଦର ସ୍ୱର ଅନୁରଣିତ ହୋଇଥିଲା । ଏବଂ ଏହାହିଁ ଥିଲା ଭାରତବର୍ଷର ପ୍ରଗତିବାଦୀ ଚିନ୍ତା ଚେତନାର ଆଦ୍ୟ ଓଁକାର ।

ବଙ୍ଗପ୍ରଦେଶ ହିଁ ଥିଲା ଜାତୀୟ ମୁକ୍ତି ଆନ୍ଦୋଳନରେ ପ୍ରଧାନ କେନ୍ଦ୍ରସ୍ଥଳୀ । ବଙ୍ଗ ପ୍ରଦେଶରେ ମଧ୍ୟ କଳକାରଖାନାର ଦ୍ରୁତ ବିକାଶ ଘଟିବାରୁ ପୁଞ୍ଜିବାଦର ବିକାଶ ଘଟିଥିଲା । ପୁଞ୍ଜିବାଦର ବିକାଶ ସାଙ୍ଗକୁ ଶ୍ରମିକ ଅସନ୍ତୋଷ ବୃଦ୍ଧି ପାଇଥିଲା । ପୁଞ୍ଜିପତିଙ୍କର ଶୋଷଣ ମନୋବୃତ୍ତିର ପରିଚ୍ଛନ୍ନ ରୂପ ମଧ୍ୟ କ୍ରମଶଃ ସ୍ପଷ୍ଟ ହୋଇଉଠିଲା । ୧୮୭୨ ମସିହାରେ ଶଶିପଦ ବାନାର୍ଜୀ ନାମକ ଜନୈକ ବ୍ୟକ୍ତି ଶ୍ରମଜୀବୀ ଶ୍ରମ ସଂଘ ନାମକ ଏକ ସଂଗଠନ ଗଠନ କରି ଶ୍ରମିକମାନଙ୍କର ଉତ୍ଥାନ ପାଇଁ ଉଦ୍ୟମ କଲେ । ତାଙ୍କ ବ୍ୟତୀତ ରେଭରେଣ୍ଡ ଲାଲ ବିହାରୀ ଦେ ଓ ଅଧର ଚନ୍ଦ୍ର ଦାସଙ୍କ ଉଦ୍ୟମ ମଧ୍ୟ ଏ କ୍ଷେତ୍ରରେ ପ୍ରଶଂସନୀୟ । ଏହି ବ୍ୟକ୍ତିଦ୍ୱୟ ଶ୍ରମିକ ଶ୍ରେଣୀର ଉନ୍ନତି ଓ ଜମିଦାରୀ ପ୍ରଥା ବିରୋଧରେ ତୀବ୍ର ସଂଗ୍ରାମ ପାଇଁ ଆହ୍ୱାନ ଦେଇଥିଲେ । ଉନବିଂଶ ଶତାଦ୍ଦୀର ଶେଷଆଡ଼କୁ କବିଗୁରୁ ରବୀନ୍ଦ୍ରନାଥ ଓ ବିବେକାନନ୍ଦ ମଧ୍ୟ ଏ ସଦୃଶ ଚିନ୍ତାଚେତନା ସମ୍ବନ୍ଧରେ ମତବ୍ୟକ୍ତ କରିଥିଲେ । ରବୀନ୍ଦ୍ରନାଥଙ୍କ ଦ୍ୱାରା ରଚିତ ହୋଇଥିବା ପ୍ରବନ୍ଧଗୁଡ଼ିକରୁ ଏହାର ପ୍ରମାଣ ମିଳେ ।" ସର୍ବହରା ଶ୍ରମିକମାନେ ହେଉଛନ୍ତି ଶକ୍ତିଶାଳୀ । ପ୍ରକୃତରେ ସେମାନେ ସକଳ ଧନ ସମ୍ପତ୍ତିର ହକଦାର । କାରଣ ସେମାନେ ଲହୁ ଲୁହ ନିଗାଡ଼ି ଶିଳ୍ପ ପଦାର୍ଥ ତିଆରି କରନ୍ତି । ରବୀନ୍ଦ୍ରଙ୍କର ଏହି ଅଭିବ୍ୟକ୍ତି ପ୍ରଗତିବାଦୀ ଚେତନା ପ୍ରଚାରରେ ସହାୟକ ହୋଇଥିଲା । ଏହି

ମର୍ମରେ ରଚିତ ସୁରେନ୍ଦ୍ରନାଥ ଠାକୁରଙ୍କର ଲେନିନ୍ ସମ୍ବନ୍ଧୀୟ ପ୍ରବନ୍ଧ, ପ୍ରଫେସର ଅତୁଲ ସେନ୍ଙ୍କର ବିପ୍ଳବର ପଥେ ଇତ୍ୟାଦି ପ୍ରଧାନ । ଏତଦ୍‌ବ୍ୟତୀତ ମାର୍କ୍ସବାଦୀ ଚିନ୍ତାଚେତନା ସମ୍ବଳିତ କବିତା ରଚନା କ୍ଷେତ୍ରରେ 'କାଜି ନଜରୁଲ୍ ଇସଲାମ' ଏକ ସ୍ୱତନ୍ତ୍ର ପରିଚୟ ସୃଷ୍ଟି କରିଛନ୍ତି । ତାଙ୍କର ରଚିତ 'ପ୍ରଲୟୋଲ୍ଲାସ' ଓ 'ବିରୋଧୀ ବେଶ୍' ସୁଖ୍ୟାତି ଅର୍ଜନ କରିଥିଲେ । କବିତା ରଚନା ବ୍ୟତୀତ 'ଧୂମକେତୁ ଓ ଲାଙ୍ଗଳ' ନାମକ ପତ୍ରିକାର ସମ୍ପାଦନା ଦାୟିତ୍ୱରେ ମଧ ସେ ଥିଲେ । ନଜରୁଲଙ୍କ ରଚିତ 'ଓରେ ଚାଷୀ ଜଗତ୍‌ବାସୀ, ଧୀରେ କଷେ ଲାଙ୍ଗଳ' ପଦଟି ତତ୍କାଳୀନ ସମୟରେ କୃଷକ ସଂଗଠନଗୁଡ଼ିକୁ ଉତ୍ସାହିତ କରିଥିଲା ଏବଂ ତାଙ୍କର 'ବଳବୀର, ଚିର ଉନ୍ନତ ମମଶିର' ଯୁବସମାଜରେ ଆଣି ଦେଇଥିଲା ସାମ୍ୟଭାବର ଉଦ୍‌ଦୀପନା । ଏହାପରେ ବିଶ୍ୱ କବିଙ୍କର ରୁଷିଆ ଭ୍ରମଣ ଓ ରୁଷିଆ ଚିଠି ପ୍ରକାଶିତ ହେବାପରେ ବଙ୍ଗପ୍ରଦେଶରେ ଯୁବଗୋଷ୍ଠୀଙ୍କ ମଧରେ ଏହା ତୀବ୍ର ପ୍ରତିକ୍ରିୟା ସୃଷ୍ଟି କରିଥିଲା । ଏତଦ୍‌ବ୍ୟତୀତ ପ୍ରମଥନାଥ ଚୌଧୁରୀଙ୍କ ଫରଇତେର କଥା' ସୌମେନ୍ଦ୍ରନାଥ ଠାକୁରଙ୍କର 'କମ୍ୟୁନିଷ୍ଟ ମାନିଫେଷ୍ଟୋ'ର ଅନୁବାଦ, ମନୋରଞ୍ଜନ ହାଜିରାଙ୍କର 'ପଲ୍ଲାମାଟିର 'ସଲ', 'ନଙ୍ଗରହୀନ ନୌକା' ନାମକ ଦୁଇଟି ଉପନ୍ୟାସ ମାଧ୍ୟମରେ ପ୍ରଗତିବାଦୀ ଚିନ୍ତା–ଚେତନା ଶକ୍ତିଶାଳୀ ରୂପଗ୍ରହଣ କରିବାରେ ସମର୍ଥ ହୋଇଥିଲା । ସଂହତି, ଗଣବାଣୀ, ପରିଚୟ, ଆତ୍ମଶକ୍ତି ଇତ୍ୟାଦି ପତ୍ରିକା ମଧ ଏ ଦିଗରେ ଅଗ୍ରଣୀ ଭୂମିକା ଗ୍ରହଣ କରିଥିଲେ । ୧୯୩୮ ମସିହାରେ ଅନୁଷ୍ଠିତ ହୋଇଥିବା ପ୍ରଗତିଶୀଲ ଲେଖକ ସଂଘର ଦ୍ୱିତୀୟ ଅଧିବେଶନ କଲିକତାଠାରେ ହେବା ଦ୍ୱାରା ବହୁ ଲେଖକ ଏହି ଦର୍ଶନ ଦ୍ୱାରା ପ୍ରଭାବିତ ହୋଇଥିଲେ । ଇତିପୂର୍ବରୁ ଲକ୍ଷ୍ନୌଠାରେ ୧୯୩୫ ମସିହାରେ ପ୍ରଗତିଶୀଲ ଲେଖକ ସଂଘ ଅଧିବେଶନ ବସିଥିଲା । ଯେଉଁ ଅଧିବେଶନରେ ଓଡ଼ିଶାର ଭଗବତୀ ପାଣିଗ୍ରାହୀ, ସଦାଶିବ ମିଶ୍ର ଓ ଦୀନବନ୍ଧୁ ସାହୁ (ପାଟଣା ବିଶ୍ୱବିଦ୍ୟାଳୟର ଛାତ୍ର) ଯୋଗଦାନ କରିଥିଲେ ଏବଂ ସେଠାରୁ ଆସି ୧୯୩୬ ମସିହା ଡିସେମ୍ବର ମାସରେ କଟକ ଶ୍ରୀରାମଚନ୍ଦ୍ର ଭବନରେ ନବଯୁଗ ସାହିତ୍ୟ ଗଠନ କରି ପ୍ରଗତିଶୀଲ ସାହିତ୍ୟର ଭିତ୍ତିପ୍ରସ୍ତର ପକାଇଥିଲେ ।

୧୯୩୦–୩୬ ମସିହା ଥିଲା ହିନ୍ଦୀ ସାହିତ୍ୟରେ ମାର୍କ୍ସବାଦୀ ଚିନ୍ତାଚେତନାର ପରିପକ୍ୱ କାଳ । ୧୯୩୨ ମସିହାରେ ନବକୃଷ୍ଣ ଚୌଧୁରୀ ସମାଜବାଦୀ ଚିନ୍ତା

ସମ୍ବଲିତ ସାରଥୀ ପତ୍ରିକା ପ୍ରକାଶ କରିଥିଲେ । ଏହି ସମୟରେ ୧ ୯୩୫ରେ ଲକ୍ଷ୍ମୀଠାରେ ପ୍ରେମଚାନ୍ଦଙ୍କ ପୌରୋହିତ୍ୟରେ ପ୍ରଗତିଶୀଳ ଲେଖକ ସଂଘର ବୈଠକ ବସିଥିଲା ବୋଲି ପୂର୍ବରୁ କୁହାଯାଇଅଛି । ପ୍ରେମଚାନ୍ଦଙ୍କର ଗୋଦାନ, ପ୍ରେମାଶ୍ରମ ଉପନ୍ୟାସ ଓ ୧ ୯୩୪ ମସିହାରେ ରାହୁଲ ସାଂସ୍କୃତ୍ୟାୟନଙ୍କର ଏକ ନିବନ୍ଧ ସାମ୍ୟବାଦ ଓ କେଁୟା... ପ୍ରକାଶିତ ହୋଇ ବିପୁଳ ଆଦୃତି ଲାଭ କରିଥିଲା । ଏଥିରୁ ପ୍ରତୀୟମାନ ହୁଏ ଯେ, ଏହି ଚିନ୍ତା ଚେତନାକୁ ପ୍ରସାରିତ କରିବାରେ ପ୍ରଗତିଶୀଳ ଲେଖକ ସଂଘର ଏକ ସ୍ୱତନ୍ତ୍ର ଭୂମିକା ରହିଛି ।

ସର୍ବଭାରତୀୟ ସ୍ତରରେ ଯେତେବେଳେ ପ୍ରଗତିବାଦୀ ଚିନ୍ତନ ପ୍ରଭାବ ବିସ୍ତାର କରିଥାଏ, ସମକାଲୀନ ତେଲୁଗୁ, ଉର୍ଦ୍ଦୁ, ଗୁଜୁରାଟୀ, ମରାଠୀ ସାହିତ୍ୟରେ ମଧ ଏହି ପ୍ରଭାବ ବେଶ୍ ପରିଲକ୍ଷିତ ହୋଇଥିଲା । ଉର୍ଦ୍ଦୁ ସାହିତ୍ୟିକମାନଙ୍କ ମଧରୁ ହଜରତ୍ ମାହନୀ, ଇକ୍‌ବାଲ ହୁସେନ, ରାୟପୁରୀ ଅକ୍‌ଶର ଅନ୍‌ସାରୀ ଓ ତେଲୁଗୁ ସାହିତ୍ୟିକ ମଧରୁ କଂଗ୍ରେସ ନେତା ପଞ୍ଚାଭି ସୀତାରାମାୟ୍ୟା, ଶ୍ରୀରଙ୍ଗମ୍, ଶ୍ରୀନିବାସ ରାଓ; ମରାଠୀ ସାହିତ୍ୟର ଡ଼ି.କେ. ବେନ୍‌କର, ଅନନ୍ତ କାନେକର ଓ ଗୁଜୁରାଟୀ ସାହିତ୍ୟରେ ଜନକର ଦେଶାଇ, ରମଣଲାଲ ଦେଶାଇ ପ୍ରମୁଖ ପ୍ରଗତିବାଦୀ ସାହିତ୍ୟର ବିକାଶ ନିମନ୍ତେ ପ୍ରଗାଢ଼ ଉଦ୍ୟମ କରିଥିଲେ ।

ଏହା ପୂର୍ବରୁ ଜାତୀୟବାଦୀ ସାହିତ୍ୟ ସୃଷ୍ଟିହୋଇ ବୈପ୍ଲବିକ ଚିନ୍ତା-ଚେତନାକୁ ଅଧିକ ପ୍ରାଣବନ୍ତ କରିଥିଲେ । ଯଦିଚ ଜାତୀୟବାଦୀ ସାହିତ୍ୟ ସାମ୍ୟବାଦୀ ସାହିତ୍ୟ ନୁହେଁ ତଥାପି ଏହା ମାଟି ଓ ମଣିଷର କଥା ନେଇ ସ୍ୱାଧୀନତାର ବଂଶୀବାଦନ କରିଥିବାରୁ ଉଭୟ ଗୋଷ୍ଠୀ ମଧରେ ବିଭେଦ ନଥିବା ଜଣାଯାଇଅଛି ।

ଜାତୀୟ ଆନ୍ଦୋଲନରେ ମୁଖ୍ୟ ଅଂଶଗ୍ରହଣ କରିଥିବା ବ୍ୟକ୍ତିବୃନ୍ଦ ମଧ ପ୍ରଗତିବାଦୀ ଚିନ୍ତାକୁ ସର୍ବାନ୍ତକରଣରେ ଗ୍ରହଣ କରିଛନ୍ତି । ଜୟପ୍ରକାଶ ନାରାୟଣ, ନବକୃଷ୍ଣ ଚୌଧୁରୀ, ରାମମନୋହର ଲୋହିଆ, ରବିରାୟ, ସୁରେନ୍ଦ୍ର ନାଥ ଦ୍ୱିବେଦୀ, ଭଗବତୀ ପାଣିଗ୍ରାହୀ, ମାଲତି ଚୌଧୁରୀ, ମନମୋହନ ମିଶ୍ର, ଅନନ୍ତ ପଟ୍ଟନାୟକ ପ୍ରମୁଖ ମୁକ୍ତି ସଂଗ୍ରାମର ଯୋଦ୍ଧା ଥାଇ ସାମ୍ୟବାଦୀ ବିପ୍ଲବକୁ ପସନ୍ଦ କରିଥିଲେ ।

ସେମାନଙ୍କର ଅନୁଭବ ହୋଇଥିଲା ପୁଞ୍ଜିପତି, ସମ୍ପତ୍ତିଦାରମାନଙ୍କ ଶୋଷଣ କବଳରୁ ସାଧାରଣ ଜନତା ମୁକ୍ତ ନହେଲେ ସ୍ୱାଧୀନତା ହୋଇଯିବ ଅର୍ଥହୀନ ।

ସ୍ୱାଧୀନତା ପରବର୍ତ୍ତୀ କାଳରେ ସେହି ରୂଢ଼ିବାଦୀ ସମାଜ ଅନେକ କାଳ ପର୍ଯ୍ୟନ୍ତ ଗଣତନ୍ତ୍ର ଶାସନର କୋରଡ଼ ମଧରେ ରହି ଆଜି ମଧ ଜନଜୀବନ ଦୁର୍ବିସହ କରୁଛି ବୋଲି ଉପଲବ୍ଧ ହୋଇଅଛି। ଏବେ ମଧ ସମ୍ପୂର୍ଣ୍ଣ ସ୍ୱାଧୀନତା ଲୋକଙ୍କ ପାଖରେ ପହଞ୍ଚିପାରିନାହିଁ। ବର୍ତ୍ତମାନର ଗଣତନ୍ତ୍ର ସରକାର ରନ୍ଧାଭାତ / ଚାଉଳ ସେମାନଙ୍କ ଅଣ୍ଟିରେ ପକାଇଦେଲେ ମୁଖବନ୍ଦ ହୋଇଯିବ। ଏହା କେତେକାଂଶରେ ସତ୍ୟ ମାତ୍ର ଏହାଦ୍ୱାରା ଗୋଲାମଗିରି ବ୍ୟାପକ ହୋଇଯାଇଛି। ବିନା ପରିଶ୍ରମରେ କିଛି ଅର୍ଥ ମଧ ମିଳୁଛି, ନାରୀ ମାନସିକତା କିଣିନେବା ପାଇଁ ସ୍ୱୟଂସହାୟକ ଗୋଷ୍ଠୀ ହୋଇଛି ପ୍ରଶଂସା ମୁଖର। ଭେଣ୍ଡିଆ ପଛକେ ଦାଦନ ଖଟୁ ସେ ଚିନ୍ତା କରିବାକୁ ମାତା-ଭଗିନୀ-ବାପାଙ୍କ ବେଳ ନାହିଁ।

ସାହିତ୍ୟ ଓ ସମାଜକୁ ଗତାନୁଗତିକ ଚିନ୍ତାଧାରାରୁ ମୁକ୍ତ କରିବାର ପ୍ରୟାସ ପ୍ରଗତିବାଦୀ ସାହିତ୍ୟର ଆଭିମୁଖ୍ୟ। ଶୋଷଣ ବିହୀନ, ମାନବିକ ମୂଲ୍ୟବୋଧ ଓ ମାନବର ନ୍ୟାଯ୍ୟ ଅଧିକାର ପାଇଁ ପ୍ରଗତିବାଦୀ ସାହିତ୍ୟ ସଦା ପ୍ରୟାସୀ। ଏହା ଓଡ଼ିଆ ପ୍ରଗତିବାଦୀ ସାହିତ୍ୟର ପାରମ୍ପରିକ ରୀତି ବୋଲି ଧରାଯାଇପାରେ।

ନବଯୁଗ ସାହିତ୍ୟ ସଂସଦ ଗଠନ ଓ 'ଆଧୁନିକ' ପତ୍ରିକା ପ୍ରକାଶନ ଓଡ଼ିଆ ପ୍ରଗତିବାଦୀ କାବ୍ୟଧାରାର ଭିତ୍ତିଭୂମି କହିଲେ ଅତ୍ୟୁକ୍ତି ହେବ ନାହିଁ। ଗଣତନ୍ତ୍ରର ବିଫଳତା, ଗତାନୁଗତିକତା, ଶୋଷଣ ଓ ରୂଢ଼ିବାଦୀ ଚିନ୍ତାଧାରା ସ୍ୱାଧୀନତା ପରବର୍ତ୍ତୀ ସମାଜରୁ ତଥାପି ବିଲୁପ୍ତ ହୋଇପାରି ନାହିଁ।

ପ୍ରଗତିବାଦୀ କବିତା ବ୍ୟକ୍ତିବାଦୀ ଚିନ୍ତାକୁ ଆଘାତ କରିଥାଏ। ଏହି ସମ୍ପର୍କରେ କର୍ଡ଼ଓ୍ୱେଲ କଟୁ ସମାଲୋଚନା କରି ବ୍ୟକ୍ତିବାଦୀ ଚିନ୍ତାର ବିଲୋପ ଚାହିଁଛନ୍ତି। ଇଂରାଜୀ ଆଧୁନିକ କବିତାର ସମାଲୋଚନା କରି ସେ ପୁଞ୍ଜିବାଦ ସମାଜର ଅସଙ୍ଗତି କବିତାର ଉଦ୍ଦେଶ୍ୟ ସମ୍ପର୍କରେ ସୂଚନା ଦେଇଛନ୍ତି। ସେ ସ୍ପଷ୍ଟ କହିଛନ୍ତି ଯେ, ବୁର୍ଜୁୟା ଆତ୍ମକୈନ୍ଦ୍ରିକ ସମାଜଠାରୁ ଦୂରେଇଯାଏ କାହିଁକି ନା ତା'ର କଳାତ୍ମକ କ୍ଷମତା ସାମାଜିକ ମୂଲ୍ୟବୋଧ ହରାଇବସେ। ସମାଜର ଆଦିମ ଅବସ୍ଥାରେ ଆଦିମ ମଣିଷର ସମୂହ ଆବେଗ ମଧରୁ କବିତା ଜନ୍ମ ନେଇଥିଲା। ବିଭିନ୍ନ ଭାବାନୁଷ୍ଠାନମାନଙ୍କରେ ଗାନ କରାଯାଉଥିବା ସମବେତ ସଂଗୀତ ମଧରେ ଏହି ସମୂହ ଆବେଗ ରହିଥିଲା। ମାତ୍ର ବୁର୍ଜୁୟା ସମାଜ ବ୍ୟବସ୍ଥାରେ ମଣିଷର ଅନୁଭବ,

ସ୍ୱାଭାବିକ ପ୍ରବୃତ୍ତିଗୁଡ଼ିକ ସାମୂହିକ ଆବେଗର ସ୍ରୋତଠାରୁ ଦୂରେଇଯାଇ ସଂକୀର୍ଣ୍ଣ ବ୍ୟକ୍ତିବାଦର ଗଣ୍ଡି ମଧ୍ୟରେ ଆବଦ୍ଧ ହୋଇପଡ଼ିଲା। କଡ଼ଉଓ୍ୱେଲଙ୍କ ମତରେ କବିତା ସାମୂହିକ ଭାବାବେଗରେ ପରିପ୍ରକାଶ ହେଲାବେଲେ ବର୍ଜୁଆ। ହେଉଛି ସଂକୀର୍ଣ୍ଣ ବ୍ୟକ୍ତିବାଦୀ। କବିର ସ୍ୱାଭାବିକ ପ୍ରବୃତ୍ତି, ଅନୁଭୂତି ମଧ୍ୟରେ ଥିବା ବିରୋଧରେ କବିତାର ଜନ୍ମ ବୋଲି କଡ଼ଉଓ୍ୱେଲ କହନ୍ତି। କବିଙ୍କ କ୍ଷେତ୍ରରେ ଏହା କାଳ୍ପନିକ ମାୟା ଜଗତରେ ସୃଷ୍ଟିପାଇଁ ଉତ୍ସାହଦିଏ ଏବଂ ଏହା ସହିତ ଆମର ବାସ୍ତବ ଜଗତର ସମ୍ପର୍କ ରହିଥାଏ। କବିତାର ସ୍ୱପ୍ନକ୍ରିୟାଅଧ୍ୟାୟରେ କବିତା ଏବଂ ସ୍ୱପ୍ନ ସମ୍ପର୍କରେ କଡ଼ଉଓ୍ୱେଲ ବିଚାର କରିଛନ୍ତି। ସେ କହନ୍ତି କବିତାର ସ୍ୱରୂପ ରଚନା ଏବଂ ଏହା ନିର୍ଦ୍ଦିଷ୍ଟ ଭାବ ଉପରେ ଆଧାରିତ। କିନ୍ତୁ ସ୍ୱପ୍ନ ଆପେ ଆପେ ମୁକ୍ତ ଭାବରେ ଆସେ। କବିତା ହେଉଛି ଭାବାବେଗର ବାହ୍ୟରୂପ। ଏହାର ସାମାଜିକ ମୂଲ୍ୟବୋଧ ରହିଛି। କାରଣ ଏହା ପାଇଁ ନିର୍ଦ୍ଦିଷ୍ଟ ଶ୍ରମ ରହିଛି। ମାତ୍ର ସ୍ୱପ୍ନ ପାଇଁ ଏସବୁର ଆବଶ୍ୟକତା ପଡ଼େ ନାହିଁ। ତେଣୁ କଡ଼ଉଓ୍ୱେଲ କଳାକାରମାନଙ୍କୁ ସର୍ବହରା ସଂଗଠନଗୁଡ଼ିକ ସହ ସାମିଲ ହେବାପାଇଁ ଏବଂ ତାହାର ନେତୃତ୍ୱ ନେବା ପାଇଁ ପରାମର୍ଶ ଦେଇଅଛନ୍ତି।

ପ୍ରଗତିବାଦୀ କବିତା କୃଷକ, ଶ୍ରମିକ, ମେହନତି ମଣିଷ, ଶାସିତ ଓ ଶୋଷିତ ମଣିଷମାନଙ୍କର ଅନ୍ତର୍ବେଦନା ଓ ଅନ୍ତର୍ଚେତନାକୁ ପ୍ରକାଶ କରିବା ପ୍ରାଥମିକ ଉଦ୍ଦେଶ୍ୟ ଭାବେ ଗୃହୀତ। ୧୯୪୭ ଅଗଷ୍ଟ ୧୫ରେ ଭାରତବର୍ଷ ସ୍ୱାଧୀନତା ଲାଭକଲେ ହେଁ ସାମାଜିକ ଜୀବନର କିଞ୍ଚିତା ପରିବର୍ତ୍ତନ ଦେଖାଦେଲା। ଜମିଦାରୀ ଉଚ୍ଛେଦ, ଗଡ଼ଜାତ ମିଶ୍ରଣ ଓ ମହାଜନୀ ଖାତକ ଉପରେ କିଞ୍ଚିତା ନିୟନ୍ତ୍ରଣ ହେଲା ସିନା ଶୋଷଣ, ଦୁର୍ନୀତି, ରାଜନୀତିରେ ଗଣତାନ୍ତ୍ରିକ ବ୍ୟର୍ଥତା ଓ ନିରନ୍ତର ହାହାକାର ବନ୍ଦ ହୋଇପାରିଲା ନାହିଁ। ମାଲିକ ମୂଲିଆ ଓ ପ୍ରଭୁ ସାମନ୍ତର ସେହି ବିଭେଦ ଅତୁଟ ରହିଲା। ନାରୀକୁ ପଣ୍ୟ ମନେକରି ତାକୁ ଶୋଷଣ କରିବା, ଅସ୍ପୃଶ୍ୟତା ରୂପକ ବ୍ୟାଧି ଜାତୀୟ ଜୀବନକୁ କାଟଦଂଷ୍ଟ କରିଛି। ଗାନ୍ଧିଜୀଙ୍କ ୧୨ ହଜାର ୭ ଶହ ମାଇଲ ପଦଯାତ୍ରା ମଧ୍ୟ ଏହି କୁସଂସ୍କାରକୁ ଉଚ୍ଛେଦ କରିପାରି ନଥିବା ଉପଲବ୍ଧ ହେଲା। ପ୍ରଗତିବାଦୀ ସ୍ରଷ୍ଟାର ଚିନ୍ତା ଓ ଚେତନା ଜଗତର ତେଣୁ ଏ ସବୁ ବାଦ୍ ଯାଇନାହିଁ। ବିଶ୍ୱର ଘନଘଟା ଯୁଦ୍ଧର ହୁଙ୍କାର କବିକୁ ବ୍ୟଥିତ କରିଛି। ମଣିଷର ନିରାପରା ହିଁ ପ୍ରଥମ ଆବଶ୍ୟକତା। ଏଣୁ ଜୀବନର ସହଜ ସରଲ ପଥ ଉଦ୍‌ଘାଟନ

କରିବା ନିମନ୍ତେ ପ୍ରଗତିବାଦୀ ସୁସ୍ଥ ଶାନ୍ତିର ଅନ୍ବେଷଣ ଚାହିଁଛି । କବି ସଚ୍ଚିଦାନନ୍ଦ ରାଉତରାୟ ପ୍ରାଥମିକ ପର୍ଯ୍ୟାୟରେ ପୁଞ୍ଜିବାଦୀ ଶୋଷଣର କଥା କହିଥିଲେ । ପରବର୍ତ୍ତୀ କାଳରେ ତାଙ୍କ ସ୍ବରର କିଞ୍ଚିତ୍ ପରିବର୍ତ୍ତନ ଘଟିବାର ସୂଚନା ମିଳିଛି । ସେ ପରିବର୍ତ୍ତନ ସାମୟିକ ଅବସ୍ଥାକୁ ନେଇ ଇଂରେଜମାନଙ୍କ କବଳରୁ ମୁକ୍ତ ହେବାପରେ – ଯେଉଁ ସୁଶାସନ ବା ଗଣତାନ୍ତ୍ରିକ ବ୍ୟବସ୍ଥା ଚଳିଆସିଛି ତାହା ଭ୍ରଷ୍ଟ ପଥରେ ଚାଲିଛି ।

ଓଡ଼ିଆ ସାହିତ୍ୟରେ ଗଳ୍ପ, କବିତା, ଉପନ୍ୟାସ ଓ ନାଟକ ଆଦି ପ୍ରତ୍ୟେକ ବିଭାଗରେ ମାର୍କ୍ସବାଦର ସ୍ବଭାବ ପରିଲକ୍ଷିତ ହୁଏ । ଏଠାରେ କେବଳ କବିତା ବିଭାଗ ହିଁ ଆଲୋଚ୍ୟ । ପୂର୍ବରୁ କଥିତ ଅଛି, ବିବର୍ତ୍ତନ କ୍ରମରେ କବିତାର ତିନିଗୋଟି ସ୍ତର ନିର୍ଣ୍ଣୟ କରାଯାଏ –

(୧) ପ୍ରଥମ ପର୍ଯ୍ୟାୟ – ୧୯୩୫-୪୭

(୨) ଦ୍ୱିତୀୟ ପର୍ଯ୍ୟାୟ – ୧୯୪୭ ରୁ ୧୯୭୦

(୩) ତୃତୀୟ ପର୍ଯ୍ୟାୟ – ୧୯୭୦ ରୁ ଅଦ୍ୟାବଧି

ପ୍ରଗତିବାଦୀ କବିତାର ପ୍ରବର୍ତ୍ତକ ଭାବେ କବି ସଚ୍ଚିଦାନନ୍ଦ ରାଉତରାୟଙ୍କୁ ବିପ୍ଲବର ଆଦି ଉଦ୍‌ଗାତା କୁହାଯାଇଥାଏ । କବି ଜୀବନର ଆରମ୍ଭରୁ ଶେଷ ପର୍ଯ୍ୟନ୍ତ ତାଙ୍କ କାବ୍ୟଚେତନାରେ ବହୁମୁଖୀ ଭାବକଣ ଉପସ୍ଥାପିତ କରି ଅଛନ୍ତି ।

କବିଙ୍କର ଅଭିଯାନ, ବାଜିରାଉତ, ଆଦି କବିତା ଗ୍ରନ୍ଥରେ କବି ବାସ୍ତବତାର କରୁଣ ଚିତ୍ର ଅଙ୍କନ କରିଛନ୍ତି । ଶ୍ରମିକ କବି, କବିତାର କବର, କୋଣାର୍କ, ପଦ୍ମଭୁକ୍ ଅସଂଖ୍ୟ କବିତା, କବି ଓ କର୍ମୀର ସମ୍ପର୍କ ଓ ସଂଘର୍ଷ ଭିତରେ ଲକ୍ଷ୍ୟ କରିଛନ୍ତି ନିଜର ଶାଣିତ ଆଭିମୁଖ୍ୟ । ସର୍ବତ୍ର ବେସାଲିସ ବିଚାରର ମର୍ମବାଣୀ ବିପ୍ଲବ ବୀଣାରେ ଝଙ୍କୃତ । ପଲାୟନ ପନ୍ଥାଙ୍କର ପଥରୋଧ କରିବା ଶ୍ରେୟ ପନ୍ଥା ହୋଇଛି ତାଙ୍କ କବିତା । ତାଙ୍କ ସମସାମୟିକ କବି ଅନନ୍ତ ପଟ୍ଟନାୟକଙ୍କର ରକ୍ତଶିଖା (୧୯୩୮) କବିତାରେ ଶ୍ରମଜୀବୀ ମଣିଷର ଭୋକର ଭୂଗୋଳ ଓ ଦୁଃଖର ଦୁନ୍ଦୁଭି ଆରମ୍ଭରୁ ଶେଷ ପର୍ଯ୍ୟନ୍ତ ନିନାଦିତ ହୋଇଛି । ସଚ୍ଚିଦାନନ୍ଦ ରାଉତରାୟ, ଅନନ୍ତ ପଟ୍ଟନାୟକଙ୍କ ପରି ବିପ୍ଲବ ପାଇଁ କାରାକରଣ କରିଥିବା କବି ମନମୋହନ ମିଶ୍ର; ତାଙ୍କର ବିପ୍ଲବ

ଗୀତିର ପଇଁତର ନାହିଁ । ରୁଦ୍ରକଣ୍ଠର ଏହି ବିପ୍ଲବଗାନ ଅଚିରେ ଯୁବରକ୍ତରେ ତଡ଼ିତ ପ୍ରବାହ ଘଟାଇପାରେ ।

ପରବର୍ତ୍ତୀ ପ୍ରଗତିବାଦୀ କବି ମାର୍କସୀୟ ଦର୍ଶନ ପନ୍ଥାନୁସରଣ କରି ଓଡ଼ିଆ କାବ୍ୟଧାରାକୁ ପରିପୁଷ୍ଟ କରନ୍ତି ବ୍ରଜେନ୍ଦ୍ର ଦଉ, ବ୍ରଜନାଥ ରଥ, କବି ରବି ସିଂ, ପ୍ରସନ୍ନ କୁମାର ମିଶ୍ର, ଈଶ୍ୱର ଦାସ, ବିବେକାନନ୍ଦ ନାୟକ, ବନମାଲି ସେନାପତି, କୃଷ୍ଣଚନ୍ଦ୍ର ତ୍ରିପାଠୀ ପ୍ରମୁଖ । ୬୦ ଦଶକରେ ସେମାନଙ୍କର ଅଭ୍ୟୁଦୟ ଏବଂ ୮୦ ଦଶକରେ ସମୟ ଖଣ୍ଡକୁ କାବ୍ୟାବେଦନ ସ୍ତିମିତ ହୋଇଥିବାର ଜଣାଯାଏ ।

୧୯୭୦-୮୦ ଦଶକରେ ପ୍ରଗତିବାଦୀ କବିତା ସୃଷ୍ଟି ସହିତ ପ୍ରଗତିବାଦୀ ଆନ୍ଦୋଳନକୁ ଉଜ୍ଜୀବିତ କରିଥିବା ପ୍ରମୁଖ ସ୍ରଷ୍ଟାଗଣ ହେଉଛନ୍ତି ପ୍ରସନ୍ନ ପାଞ୍ଚାଣୀ, ସଦାଶିବ ଦାସ, ଭଗବାନ ମହାପାତ୍ର, ଆଶୁତୋଷ ପରିଡ଼ା, ହୁସେନ ରବୀ ଗାନ୍ଧୀ, ବାସୁଦେବ ଦାସ, ଚକ୍ରଧର ବେହେରା, ଅପର୍ଣ୍ଣା ମହାନ୍ତି, ଡ. ନାରାୟଣ, ବାଣୀନିଧି ଦାସ, ଅଶ୍ୱିନୀ କୁମାର ମିଶ୍ର, ନିରାକାର ଦାସ, ଧ୍ରୁବ ରଣା, ପ୍ରଶାନ୍ତ ମିଶ୍ର, ଗୌରହରି ରାଉତ ପ୍ରମୁଖ କବିବୃନ୍ଦ । କାଳ ଆଗରେ ଡମ୍ୱରୁ ବଜାଇ ନିଦ୍ରାଭଙ୍ଗ କରିବା ଉଦ୍ଦେଶ୍ୟରେ ଉପର୍ଯ୍ୟୁକ୍ତ ପ୍ରଗତିବାଦୀ କବି ଆନ୍ଦୋଳନ ପଥକୁ ବାଛିନେଇ ଦୌର୍ଯ୍ୟୋଧନୀ ଶାସନକୁ ସାବଧାନ କରିଥିଲେ ।

ଓଡ଼ିଶାରେ ଅଶୀ ଦଶକରେ ଛବିରାଣୀଠାରୁ ଆରମ୍ଭ କରି ବିଳାସିନୀ ଓ ବେବିନା ବହୁ ନାରୀ ଧର୍ଷଣ ଓ ହତ୍ୟା ଚାଲିଛି । ଶାସନର ମୁଖା ଖୋଲିବାକୁ ଏହି ସମୟର କବିମାନେ ସଚେତନ ହୋଇଛନ୍ତି । ସଦାଶିବ ଦାସ ପ୍ରସୂତି କବିତା, ହୁସେନ ରବି ଗାନ୍ଧୀଙ୍କ ତାଣ୍ଡବ ଆବାହନ, କୂଆ, ଅଶ୍ୱିନୀ ମିଶ୍ରଙ୍କର ଜ୍ୟୋତିସ୍ନାନ, ନିରାକାର ଦାସଙ୍କ ବିଦୀର୍ଣ୍ଣ ବସୁଧା, ମହରଗ, ପାଦେ ମାଟିର ସ୍ୱପ୍ନ ଆଦି କବିତା ପ୍ରଚଲିତ ବ୍ୟବସ୍ଥା ବିରୋଧରେ ଶାଣିତ କୃପାଣ ସଦୃଶ । ରୋମ ନଗରୀର ପଞ୍ଜରା ହାଡ଼ ଆଉ ତାଜମହଲର ଧୁଡ଼ୁଡ଼ା ଆଲୁଳିତ ଚର୍ମ ମନେ ପକାଇଦିଏ ମାନବ ସମାଜର ଆତ୍ମାର କଥା । ସାମ୍ୟବାଦର ଶଙ୍ଖଧ୍ୱନି କୁରୁବଂଶୀ ସ୍ୱାର୍ଥାନ୍ୱେଷୀ ଶାସନକୁ କୁରୁକ୍ଷେତ୍ରର ରକ୍ତରେ ଧୋଇଦେବାର ପ୍ରୟାସ କବି ବାସୁଦେବ ଦାସଙ୍କ କବିତା ସଂକଳନଗୁଡ଼ିକରୁ ପ୍ରତିପାଦିତ ହୁଏ । ଜୀବନବ୍ୟାପୀ ଭୋଗିଥିବା ଦୁଃଖ ଲାଞ୍ଛନା ପରେ କବିଟି ଏକା କାହାକୁ ଆଶ୍ରୟ କରିଥାନ୍ତା । ସଂଗ୍ରାମ ବ୍ୟତୀତ ଶାନ୍ତି କାହିଁ ।

"ଖଣି, ମଣି, ରାହାଜାନି, ଚିଟ୍‌ଫଣ୍ଡ / ଏସବୁ ବନ୍ଦ ହେବ ଓଲ୍‌କ ଯୁଦ୍ଧରେ ।" ଜନତନ୍ତ୍ରରେ ଘଟୁଥିବା କେଲେଙ୍କାରୀକୁ କିପରି ଉତ୍‌ଖାତ କରିବାକୁ ହେବ, ସେ ଦିଗରେ କବି ସତତ ପ୍ରୟାସୀ ଓ ପ୍ରତିବଦ୍ଧ ।

ଓଡ଼ିଶାର ଚାଷୀକୁଳ ଆଜି ସର୍ବହରା । ଭୂମିହୀନଙ୍କ ପାଇଁ ନୀତି ନାହିଁ କୃଷକର ନିରାପଭା ନାହିଁ । ପ୍ରତିବର୍ଷ ଚାଷୀ କରଜ ଶୁଝି ନପାରି ଆତ୍ମହତ୍ୟା କରୁଛି – ଏହା ଜାଣି ମଧ୍ୟ ପ୍ରତିବିଧାନ ହେଉ ନାହିଁ । ଏଣୁ 'ଚାଷୀ ମୃତ୍ୟୁର ପୁରସ୍କାର' କବିତାରେ ଚାଷୀର ଘରଣୀକୁ ମନ୍ତ୍ରୀ ଯାଇ ଆଶ୍ୱାସନା ଦେଇ କିଛି ଟଙ୍କା ଅର୍ପଣ କରିବା ବେଳେ, ମୃତ କୃଷକର ପତ୍ନୀ ମନ୍ତ୍ରୀଙ୍କୁ ଝାଡୁ ପ୍ରହାର ପୁରସ୍କାର ଦେଇଛି । ଏହାଠାରୁ ଆଉ ବଡ଼ ବିପ୍ଲବ କ'ଣ ହୋଇଥାନ୍ତା ? ତାଙ୍କ 'କଲମ ଉଠିଛି ମାଟି' କବିତା ଭୋକିଲା ମଣିଷ ପାଇଁ ସ୍ୱାଭିମାନର କଥା କହିଛି । ଦୟାକରି ଗଣ୍ଡାଏ ଭୋଜନ ଦେଇଦେଲେ ତାହା ସାମାଜିକ ବ୍ୟବସ୍ଥାକୁ ସୂଚିତ କରେନାହିଁ । ଯେଉଁ ବିଚାର ଓ ବ୍ୟବସ୍ଥା ଦ୍ୱାରା ବୁଭୁକ୍ଷା ଦୂର ହୋଇପାରିବ, ତାହାହିଁ ସାମ୍ୟ ମୈତ୍ରୀ ପ୍ରତିଷ୍ଠାରେ ସହାୟକ ହେବ । ଆତ୍ମନିର୍ଭରଶୀଳତା ସାମ୍ୟଭାବର ବାସ୍ତବ ସ୍ୱରୂପ ।

ଅନେକ ସମସ୍ୟା ଓ ସମାଧାନର ଦିଗ୍‌ଦର୍ଶନ ବାସୁଦେବ ଦାସଙ୍କର ବିପୁଳ ସୃଷ୍ଟି ମଧ୍ୟରେ ରହିଛି । ତାଙ୍କର କୃତିତ୍ୱ ପ୍ରତି ଯଥାର୍ଥ ଆଲୋକପାତ କଲେ ନୂତନ ଦିଗନ୍ତ ଉନ୍ମୋଚିତ ହୋଇପାରିବ । ପ୍ରକାଶିତ କବିତା ୭ ଖଣ୍ଡ ହେଲେ; ମାତ୍ର ଅପ୍ରକାଶିତ କବିତା ୨୦୦ରୁ ଊର୍ଦ୍ଧ୍ୱ ସଂଖ୍ୟକ ସ୍ଥିତ ଅଛି । ତାଙ୍କର ସାରସ୍ୱତ ସାଧନାକୁ ସ୍ୱୀକୃତି ଦେଇ ଆଲୋଚନା କରିଛନ୍ତି ସ୍ୱର୍ଗତଃ ପ୍ରଫେସର କୃଷ୍ଟଚରଣ ବେହେରା, ପ୍ରଫେସର ବୈଷ୍ଣବ ଚରଣ ସାମଲ, ପ୍ରଫେସର ନଟବର ଶତପଥୀ, ଡଃ ଦିଲ୍ଲୀପ ସ୍ୱାଇଁ, କଥାକାର ରବି ସ୍ୱାଇଁ, ଡଃ ସର୍ବେଶ୍ୱର ସେନ, ଯଚୀନ୍ଦ୍ର ରାଉତ, ରାମକୃଷ୍ଣ ଦାଶ, ଶୁଭାଂଶୁ କୁମାର ଦାସ, ଡଃ ରଞ୍ଜିତା ପାତ୍ର ବହୁ ବିଦ୍ୱାନ ଓ ବିଦୁଷୀଗଣ । କବି ବାସୁଦେବ ଦାସଙ୍କୁ ନେଇ କବିତା ଲେଖିଛନ୍ତି ସ୍ୱର୍ଗତ ମୃତ୍ୟୁଞ୍ଜୟ ମହାନ୍ତି, ନିର୍ମଳ କୁମାର ଗିରି, କବି କରୁଣାକର ଦାସ, ଚକ୍ରଧର ବେହେରା, କବି କରୁଣାକର ମଲ୍ଲିକ, ବିଶ୍ୱେଶ୍ୱରୀ ଦାସ, ମଧୁସ୍ମିତା ସ୍ୱାଇଁ, ଚାରୁଲତା ଭୂୟାଁ, ସ୍ୱର୍ଗତ ଭାବଗ୍ରାହୀ ପରିଡ଼ା ଆଦି ସ୍ୱନାମଧନ୍ୟ କବିବୃନ୍ଦ !

ବାସୁଦେବ ଦାସଙ୍କର ପ୍ରଗତିବାଦୀ ଚିନ୍ତାଦୀପ୍ତ ବେସାଳିସ ସଂଗ୍ରାମରେ ଉଦ୍‌ବୁଦ୍ଧ ହୋଇ ନିଜ ନିଜ କବିତାକୁ ଶାଣିତ ଓ ପ୍ରଖର କରିଛନ୍ତି ତାଙ୍କର କନିଷ୍ଠ କବିବନ୍ଧୁ। ନିରାକାର ଦାସ, ଅଶ୍ୱିନୀ କୁମାର ମିଶ୍ର, ଦ୍ୱିତୀକୃଷ୍ଣ ମହାନ୍ତି, ସୁରେନ୍ଦ୍ର କୁମାର ବେହେରା, ଗୌରାଙ୍ଗ ରାଉତ, ଦଣ୍ଡପାଣି ମହାପାତ୍ର, ବୀଣାପାଣି ଚୌଧୁରୀ, ସୁଚେତା ମିଶ୍ର, ଚାରୁଲତା ଭୂୟାଁ, ଆରାଧନା ଦାଶ, ନିର୍ମଳ କୁମାର ଗିରି, ଦୀନବନ୍ଧୁ ପଣ୍ଡା ପ୍ରମୁଖ କବିଙ୍କ କବିତାରେ ବାସୁଦେବଙ୍କ ଭାବାଦର୍ଶ, ସ୍ୱର, ସଙ୍କେତ ଓ ସନ୍ଦେଶ ମିଳିଥାଏ। ସର୍ବୋପରି ପଟ୍ଟାମୁଣ୍ଡାଇ ମନ୍ମଥନାଥ ହାଇସ୍କୁଲର ହୀରକ ଜୟନ୍ତୀ ଅବକାଶରେ ଷୋଳଜଣ ପୁରାତନ ଛାତ୍ରଙ୍କୁ ହୀରକ ସମ୍ମାନ ପ୍ରଦାନ କରାଯାଇଥିଲା। ଜଣେ ପ୍ରଭାବଶାଳୀ ବ୍ୟକ୍ତି ଓ ଲେଖକ ଭାବେ ବାସୁଦେବଙ୍କୁ ସମର୍ଦ୍ଧନା 'ଲକ ଓ ଉତ୍ତରୀୟ ମାନପତ୍ର ମିଳିଥିଲା। ସେହିପରି କିଟ୍‌ ବିଶ୍ୱବିଦ୍ୟାଳୟରେ ଅନୁଷ୍ଠିତ ବିଶ୍ୱକବି ସମ୍ମିଳନୀରେ କବିତା ପାଠକରି ପ୍ରଶଂସିତ ହୋଇଥିଲେ କବି। ୨୦୦୬ ମସିହାରେ ଦୁର୍ଘଟଣାବଶତଃ ସେ ଭିନ୍ନକ୍ଷମ ହୋଇ ମଧ୍ୟ ବାଣୀ ଆରାଧନାରେ ପରାଙ୍ମୁଖ ହୋଇନାହାନ୍ତି। ୫୦ରୁ ଊର୍ଦ୍ଧ୍ୱ ସମ୍ମାନ ଓ ସମର୍ଦ୍ଧନାରେ ଭୂଷିତ।

ଅନ୍ୟ ଏକ ବିଶେଷତ୍ୱ ହେଉଛି ତାଙ୍କର କାବ୍ୟ ସମୂହ, କଳିଙ୍ଗସେନା, ଅନ୍ନପୂର୍ଣ୍ଣା, ପ୍ରଶାନ୍ତିପଥେ, ଉତ୍ତରୋତ୍ତର, ନିର୍ବାଣ କାବ୍ୟରେ ପୌରାଣିକ କିମ୍ବା ଐତିହାସିକ ବିଷୟବସ୍ତୁ ଥିଲେ ମଧ୍ୟ ମୁଖ୍ୟସ୍ୱର ସଂସ୍କାରଧର୍ମୀ ଓ ପ୍ରଗତିଶୀଳ ଦୃଷ୍ଟିକୋଣରେ ବେଶ୍‌ ସୁସଜ୍ଜିତ ଓ ସୁଖପାଠ୍ୟ।

ବାସୁଦେବ ଦାସଙ୍କ ଗଦ୍ୟବିଭବ ଯଥା- 'ସାହିତ୍ୟ ସହିତ' (୧୯୯୬), 'ସମାଲୋଚନା ପ୍ରସଙ୍ଗ' (୧୯୯୪), 'ଜୁଆରକୁ କିଏ ଭୟ', 'ଆମ ସଂସ୍କୃତି- ଆମ ସଂସ୍କୃତି', 'ଅଭିଳାଷର ଅଭିମନ୍ତ', 'ଓଡ଼ିଆ ସାହିତ୍ୟରେ ପ୍ରଗତିବାଦୀ ଚେତନା', 'ପ୍ରବନ୍ଧ ସମାଲୋଚନାରେ ସମାନ ଦର୍ଶନ' ଓ 'ଆଭିମୁଖ୍ୟ ପ୍ରତିଫଳିତ'। ଏପରିକି ତାଙ୍କ ଗୁରୁ ଡକ୍ତର ଦୋଳଗୋବିନ୍ଦ ଶାସ୍ତ୍ରୀଙ୍କ ଜୀବନୀ- ଜ୍ଞାନତପସ୍ୱୀ ଡଃ ଦୋଳଗୋବିନ୍ଦ ଶାସ୍ତ୍ରୀ, ସ୍ୱାଧୀନତା ସଂଗ୍ରାମୀ ପୁରୁଷୋତ୍ତମ ନାୟକ (ମାଟିର ମହାଦୁମ), ମୁକ୍ତିର ମହାସୂର୍ଯ୍ୟ ନେଲସନ ମାଣ୍ଡେଲା ଆଦି ଗ୍ରନ୍ଥରେ ଲେଖକୀୟ ସ୍ୱଧର୍ମ ପାଳନ କରିଛନ୍ତି।

ଡକ୍ଟର ଦାସ ଜଣେ ବଳିଷ୍ଠ କଥାକାର ଓ ଔପନ୍ୟାସିକ । 'ଗୁରୁଘର ପାଠ' ଗଳ୍ପ ସଂକଳନରେ ସଂସ୍କାରଧର୍ମୀ ଚେତନା ଓ ସଂଗ୍ରାମର ବାର୍ତ୍ତା ଦିଆଯାଇଛି । 'ଆକାଶ କଇଁଆ' – ପୋଷ୍ଟୋ ଘଟଣା ଉଭିରେ ରଚିତ । ନାୟକ ସ୍ୱୟଂ ଲେଖକ ସୁଲୋଚନା ନନ୍ଦନ । ତାଙ୍କର ଭବିଷ୍ୟତବାଣୀ ସତ୍ୟରେ ପରିଣତ ହୋଇଛି – ପୋଷ୍ଟୋ – ଗଣ୍ଡିଲି ବାନ୍ଧି ବିଦାୟ ହୋଇଛି । ବହ୍ନ ଗଳ୍ପରେ ସଂଗ୍ରାମର ଚିତ୍ର ଶାଣିତ । ଗୁରୁଘର ପାଠରେ ରହିଛି ସଂସ୍କାରଶୀଳ ଆବେଦନ ।

ପିଲାଦିନର ସ୍ମୃତିକୁ ପାଥେୟ କରି 'ପ୍ରେମ ଓ ଅଶ୍ରୁ' କଲେଜ ଛାତ୍ର ଥାଇ ଲେଖିଥିଲେ ୧୯୬୭ ମାସହାରେ । ପରବର୍ତ୍ତୀ ଉପନ୍ୟାସ ତଟିନୀ ଶ୍ରେଣୀ ସଂଘର୍ଷର ବାର୍ତ୍ତା ବହନ କଲାବେଳେ 'ଅନ୍ଧାରର ଆଖି' କୁମାରୀ ମାତୃତ୍ୱ ଉପରେ ଆଲୋକପାତ କରି ଚର୍ଚ୍ଚାକୁ ଆସିଛନ୍ତି । 'ବିଦଗ୍ଧା ରାଧା' ଉପନ୍ୟାସରେ ରାଧାକୁ ବିପ୍ଳବିଣୀ ଚରିତ୍ର ଭାବେ ଚିତ୍ରଣ କରି ନୂତନ ଦିଶା ସୃଷ୍ଟି କରିଛନ୍ତି । ଗୋପ ଗୋପାଳଙ୍କୁ ଶିକ୍ଷିତ ସମୃଦ୍ଧ କରିବାରେ ରାଧା-ଲଳିତାଙ୍କ ଅନବଦ୍ୟ ଭୂମିକା ସ୍ୱୀକୃତ ।

ପରିଶେଷରେ କବି ବାସୁଦେବଙ୍କର ଶୂନ୍ୟ ଭାଗ' ଲ କବିତା ସମଗ୍ର କବିତାର ସାରବସ୍ତୁ । ଦର୍ଶନର ନିର୍ମଳ ମୁକୁର । ଆମ ସମସ୍ତଙ୍କର ରକ୍ତ ଗୋଟିଏ । ଏକକୁ ଏକରେ ଭାଗକଲେ ଏକ, ତେଣୁ ଏକା ରଙ୍ଗର ରକ୍ତ, ମଣିଷ ଅବିଭକ୍ତ, ଅଭିନ୍ନ । ଯନ୍ତ୍ରଣା ସମାନ । ଏହି ଭାବପୋଷଣ କଲେ ଆମ ଭିତରେ ଠିଆ ହୋଇଥିବା ପଙ୍ଗୁ ପ୍ରାଚୀର ଟଳି ଯାଇପାରେ । ବଦଳିଯିବ ଏ ପଟମାନ ସଭ୍ୟତାର ମାନଚିତ୍ର । ସମାଜକୁ ଅନ୍ଧାର କରିଥିବା ଅମାରାତି ନିଶ୍ଚୟ ହଟିଯିବ ।

ଏହାହିଁ ପ୍ରଗତିବାଦୀ କବି ବାସୁଦେବ ଦାସଙ୍କ କବିତାର ଆଭିମୁଖ୍ୟ, ଯାହା ସ୍ୱାଧୀନତା ପରବର୍ତ୍ତୀ ଓଡ଼ିଆ ପ୍ରଗତିବାଦୀ କବିତାର ପରମ୍ପରା ସହିତ ଅଙ୍ଗାଙ୍ଗୀ ଭାବେ ଜଡ଼ିତ ।

କବି ବାସୁଦେବ ଦାସଙ୍କ ସହିତ ଏକ ଅନ୍ତରଙ୍ଗ ମୁହୂର୍ତ୍ତ

୧। ସାର୍, ଆପଣ ଏକାଧାରରେ କବି, ପ୍ରାବନ୍ଧିକ, ସମାଲୋଚକ, କଥାକାର, ପ୍ରବୀଣ ଶିକ୍ଷକ, ଶିକ୍ଷାବିଦ୍‌, ବାଗ୍ମୀ ଓ ନାଟ୍ୟକାର। ଏତେଗୁଡ଼ିଏ ଦିଗକୁ ଆପଣ ସ୍ପର୍ଶ କରିବାର ଭିତ୍ତିଭୂମି କ'ଣ ?

ଉ: ଏହାର ଭିତ୍ତିଭୂମି ନିଶ୍ଚୟ ଅଛି। ମୋ ବୋଉ (ସୁଲୋଚନା ଦେବୀ) ପିଲାଦିନେ ଆଲି, କନିକା, ବ୍ରାହ୍ମଣୀ ନଈ, ବରାହଜୀ, ଚନ୍ଦ୍ରମୌଳି ଏମିତି ଅନେକ ଐତିହାସିକ କାହାଣୀ ମୋ ଭିତରେ ଭରି ହୋଇଥିଲା। ବାପା ମଧ୍ୟ ମହାତ୍ମାଗାନ୍ଧୀଙ୍କୁ ଖୁବ୍‌ ପାଖରୁ ଦର୍ଶନ କରିଛନ୍ତି ୧୯୩୪ ମସିହାରେ ଗରାପୁରଠାରେ। ସେ ରୋମାଞ୍ଚକର ଇତିହାସ ମୋତେ ତୁହାଇ ତୁହାଇ ପୁଲକିତ କରୁଥିଲା। ତୃତୀୟ କଥା ମୋ ଜେଜେଙ୍କ ବଡ଼ଭାଇ ବିହାର ଚାଇଁବସା ରାଜାଙ୍କର ଦେବାନ ଥିଲେ – ରସିକ ଶେଖର ଦାସ, ସେ ଘୋଡ଼ା-ହାତୀ ଚଢ଼ି ଗାଁକୁ ଆସନ୍ତି। ସେ 'କୀର ମୋହନଙ୍କ ସମସାମୟିକ ଏବଂ ସମ୍ପର୍କ ମଧ୍ୟ ଥିଲା। ମୋ ଜେଜେ ମହେଶ୍ୱର ଦାସ ରେଙ୍ଗୁନ୍‌ରେ ଚାକିରି କରିଥିଲେ ସାହେବଙ୍କ ପାଖରେ। ଦ୍ୱିତୀୟ ବିଶ୍ୱଯୁଦ୍ଧରେ ସେ ମେଡ଼ାଲ ପାଇଥିଲେ। ଆମର ଅନ୍ୟ ଜଣେ ସାଆନ୍ତ ବାପା କେନ୍ଦ୍ରାପଡ଼ା ନର୍ମାଲ ସ୍କୁଲର ମାଇନର ପାସ୍‌ କରିଥିଲେ, କରୁଣାକର ଦାସ ଆମ ଅଞ୍ଚଳର ପ୍ରଥମ ଶିକ୍ଷିତ। ସେ କେନ୍ଦ୍ରାପଡ଼ା ଗୋବରୀ କେନାଲର ପ୍ରଥମ ଟୋଲ କଲେକ୍ଟର ବା ଜଳକର ଅଧିକାରୀ ଥିଲେ। ବଡ଼ବାପା ବ୍ରଜମୋହନ ଦାସ ପାଟନା ୟୁନିଭରସିଟିରେ ମାଟ୍ରିକ୍‌ ପାସ୍‌ କରି ଆଲି ରାଜା ପୂର୍ବତନ ମନ୍ତ୍ରୀ ଓ ସାଂସଦ ଶରତ ଦେବଙ୍କର ଗୃହ ଶିକ୍ଷକ ଥିଲେ। ପରେ ପୁରୀ ମନ୍ଦିରର କାନୁନ୍‌ଗୋ ବା କାନୁଗୋଇ ଥିଲେ। ବୋଉ ଆମ ଗାଁର ପ୍ରଥମ ପାଠୋଇ ଖାଲି ନୁହେଁ ଭଲ ଚିତ୍ରାଶିଳ୍ପୀ ବି ଥିଲା। ମୋ ବଡ଼ ମାମୁଁ ଗୋକୁଳ ଚନ୍ଦ୍ର ଦାସ ନେତାଜୀଙ୍କ ଆଦର୍ଶରେ କାମ କରିଥିଲେ। ୧୯୪୧-୪୮ରେ ସେ ପଂକ୍ତି ଭୋଜନ ଓ ରଚନାତ୍ମକ କାର୍ଯ୍ୟରେ ସମୟ ଦେଉଥିଲା। ମୋ ମନରେ ଅନେକ କିମ୍ୱଦନ୍ତୀ,

ଐତିହ୍ୟ ଓ ବଂଶ ପରମ୍ପରା ରହିଥିଲା । ତାହାର ଉପଯୋଗ କବିତାରେ କରିଛି ମାତ୍ର ! ଆପଣଙ୍କ ଦୃଷ୍ଟିରେ କ'ଣ ହୋଇପାରେ, ମାତ୍ର ଏସବୁ ସାମାନ୍ୟ କାର୍ଯ୍ୟ ନୁହେଁ । ବୋଉ ଶଯ୍ୟାକୁ ଯିବା ପୂର୍ବରୁ ଭାଗବତ ପଢ଼େ । ଏହା ଭିତ୍ତିଭୂମି ମୋତେ ଲେଖକ କବି ହେବାର ପ୍ରେରଣା ଦେଇଛି ।

୭। ଆପଣ ସତୁରୀ ଦଶକକୁ ଜଣେ ସମାଜ ସଚେତନ ତଥା ପ୍ରଗତିବାଦୀ ବ୍ୟକ୍ତି ହୋଇପାରିଥିବାର ପ୍ରମାଣ ମିଳେ । ମାତ୍ର 'ଓଡ଼ିଆ ଧର୍ମ, ସାହିତ୍ୟ ଓ ସଂସ୍କୃତିରେ ତୁଳସୀ କ୍ଷେତ୍ର' ବିଷୟରେ ଗବେଷଣା କଲେ କାହିଁକି ?

ଉ: ଗୋଟେ ଇତିହାସ ଯ଼ା ପଛରେ ଅଛି – ବାସ୍ତବରେ ମୋର ମୌଳିକ ବିଚାର ଗାନ୍ଧିବାଦ । ମୋର ଶିକ୍ଷକମାନଙ୍କ ଗୁଣରେ ବିଶେଷକରି ସଂକର୍ଷଣ ପ୍ରତିହାରୀ, ମୁରଲୀଧର ପ୍ରଧାନ, ଡଃ ବେଣୁଧର ପ୍ରଧାନଙ୍କ ଦ୍ୱାରା ପ୍ରଭାବିତ । ବୋଉ ଓ ମୋ ବଡ଼ଭାଇ ସୂତା କାଟିବା, ଏଣ୍ଡିପୋକ ପାଳିବା, ଗାନ୍ଧି କାମ କରିବାର ଦେଖିଛି । ପରିଶେଷରେ ଭୂଦାନ ସର୍ବୋଦୟରେ ମିଶି ଆଚାର୍ଯ୍ୟ ହରିହରଙ୍କର କେତେ ମାସ ସେବା କରିବାର ଗୌରବ ଅର୍ଜନ କରିଛି । ଭୂଦାନ ଅଫିସରୁ ଆସି ପ୍ରକୃତ ପକ୍ଷେ ଶିକ୍ଷକତା କଲି । ବି.ଏ. ପରୀକ୍ଷା ଦେଇ ଉତ୍ତୀର୍ଣ୍ଣ ହେବାପରେ ରାଧାନାଥ ଟ୍ରେନିଂ କଲେଜରେ ବି.ଇ.ଡ଼ି ଟ୍ରେନିଂ ସମାପ୍ତ ବର୍ଷକ ଭିତରେ ଓଡ଼ିଆ ଏମ୍.ଏ.ରେ କୃତବିଦ୍ୟ ହୋଇଗଲି । ମୋର ଜ୍ୟେଷ୍ଠ ଶାଳକ ପ୍ରାଧ୍ୟାପକ ବିଷ୍ଣୁ ପ୍ରସାଦ ବାହାଲିଆ, ତାଙ୍କ ତଳକୁ ନାରାୟଣ ପ୍ରସାଦ ବାହାଲିଆ ଓ ବୈକୁଣ୍ଠ ପ୍ରସାଦ ବାହାଲିଆ– ପ୍ରତ୍ୟେକ ଉଚ୍ଚକୋଟୀର ଉଚ୍ଚଶିକ୍ଷିତ । ଏମ୍.ଏ. ପାଶ ପରେ ବିଷ୍ଣୁ ବାହାଲିଆ କହିଲେ ତୋର ତ ପାଠ ହଉଛି ଆଉ ଗୋଟାଏ ବାକି ରହିଲା କାହିଁକି ? ମୁଁ ବୁଝିପାରିଲି ନାହିଁ, ପୁନଶ୍ଚ କହିଲେ, 'ଡକ୍ଟରେଟ୍ କରିଦେ' । ସେତେବେଳକୁ ଆମ କେନ୍ଦ୍ରାପଡ଼ା କଲେଜରେ ଓଡ଼ିଆରେ ଡକ୍ଟରାଲ ଡିଗ୍ରୀ କେହି ପାଇ ନଥାନ୍ତି । ପ୍ରିନ୍ସିପାଲ ବେଣୁଧର ପ୍ରଧାନ ଡକ୍ଟରେଟ ପାଇ ୧୯୬୯ରେ ବାଣୀବିହାରକୁ ରିଡ଼ର ହୋଇ ଯୋଗଦାନ କରିସାରିଥିଲେ ।

ବାଣୀବିହାରରେ ଏମ୍.ଏ. ପରୀକ୍ଷା ବେଳେ ଜଣେ ସାର୍ ମୋତେ କହିଥିଲେ, ତମେ 'ଶୈବାଗମ ଭାଗବତ' ଅପ୍ରକାଶିତ ପୋଥି ଉପରେ

ଗବେଷଣା କଲେ ସହଜରେ କାମଟି ହୋଇଯିବ । ସେ କାମରେ ଲାଗିଥାଏ ।
ସଂଗ୍ରହାଳୟରେ ପଣ୍ଡିତ ନୀଳମଣି ମିଶ୍ର ପୋଥିପାଠ କରାଇବା ସମୟରେ
କହିଲେ ତୁଳସୀ କ୍ଷେତ୍ର ଗୋଟା କ୍ଷେତ୍ର ନୁହେଁ । ମୁଁ ଯୁକ୍ତି କଲି ମାତ୍ର ଏହା
ଗ୍ରହଣୀୟ ହେଲା ନାହିଁ । କେହି ଗବେଷଣା କରି ଦର୍ଶାଇପାରିଛନ୍ତି କି ?
ସରକାର ବିଧାନସଭାରେ ଘୋଷଣା କରିଛନ୍ତି ? ମୁଁ ନାଚାର ।

ମାଟି ମା'ର ସମ୍ମାନ ସର୍ବାପେକ୍ଷା ସମ୍ମାନଜନକ । ଏକଥା ବିଷ୍ଣୁ ପ୍ରସାଦ
ବାହାଲିଆଙ୍କୁ ଜଣାଇବାରୁ, ସେ ମୋତେ ଡକ୍ଟର ଦୋଳଗୋବିନ୍ଦ ଶାସ୍ତ୍ରୀଙ୍କ
ପାଖକୁ ପତ୍ର ଲେଖିବା ପାଇଁ କହିଲେ । ମୋ ପତ୍ର ପାଇବାରେ ଗୋଟିଏ
ସପ୍ତାହରେ ଡଃ ଶାସ୍ତ୍ରୀ ଚିଠି ଲେଖିଥିଲେ – "ଆପଣ କେନ୍ଦ୍ରାପଡ଼ା ସିଦ୍ଧ
ବଳଦେବଙ୍କ ବିଷୟରେ ଏକ ନିବନ୍ଧ ଲେଖିଆଣନ୍ତୁ ।" ମୁଁ ମଧ ଏକ
ସପ୍ତାହ ମଧରେ ପଚାଶ ପୃଷ୍ଠା ବିଶିଷ୍ଟ ପ୍ରବନ୍ଧ ଲେଖି ତାଙ୍କ ପାଖରେ ହାଜର
ହେଲି । ସେ ନିବନ୍ଧଟିକୁ 'ସିନପ୍‌ସିସ' ଭାବେ ଗ୍ରହଣ ପୂର୍ବକ ଅନୁମତି
ଦେଲେ ଏବେ ଗବେଷଣା ଆରମ୍ଭ କରନ୍ତୁ । ନିୟମିତ ଅଧ୍ୟୟନ ଓ ଗବେଷଣା
କରି *୬୬୬* ପୃଷ୍ଠାର ଏକ ଥେସିସ୍ ପେଶ କରିଲି । ତାହା ୧୯୮୩
ମସିହାରେ ଘୋଷିତ ଓ ଗେଜେଟ୍ ନୋଟିଫିକେସନ୍ ହୋଇଗଲା । ଯଦିଚ
ଏହା ଏକ ଭାବବାଦୀ ବସ୍ତୁ ଜଣାଥିଲା ମୋତେ । ତଥାପି ତୁଳସୀକ୍ଷେତ୍ର
କେନ୍ଦ୍ରାପଡ଼ା ଜନନୀଙ୍କ ଗୌରବାର୍ଥେ ଏ କାର୍ଯ୍ୟ କରିଥିଲି ।

୩॥ ଆପଣ ଡକ୍ଟରେଟ୍ ଡିଗ୍ରୀ ପାଇବା ପରେ ମାଡ଼ାମଙ୍କୁ ପକ୍ଷାଘାତ ବ୍ୟାଧି
ହେଲା । କହନ୍ତି ଗୁପ୍ତକ୍ଷେତ୍ରର ତଥ୍ୟ ଖୋଲିଲେ ତାଙ୍କର ଦୁର୍ଦ୍ଦଶା ଘଟେ
– ଏହାକୁ କିପରି ଗ୍ରହଣ କରନ୍ତି ?

ଉ: 'କାଉ ରଡ଼ିବାକୁ – ଆମ୍ଭ ପଡ଼ିବାକୁ ଭଣ୍ଡ ପଲାଇଲେ କେରାଣ୍ଡିମାଲ'
ନ୍ୟାୟରେ ମୋତେ ଏପରି ଏକ ବିତ୍‌ପାତ ପଡ଼ିଲା ଏବଂ ଏବେ ୩୫ ବର୍ଷ
ହେଲାଣି ସେ ଭୋଗ କରୁଛନ୍ତି । ସେ ଭଲ ଥିଲେ ମୋର ସାଧନା ଶୀର୍ଷ
ସ୍ଥାନରେ ପହଞ୍ଚିପାରିଥାନ୍ତା । ଆପଣଙ୍କ ଅନୁମାନ ସତ୍ୟ ବି ହୋଇପାରେ ।

୪। ଆପଣ କେଉଁ ପରିସ୍ଥିତିରେ ସାମ୍ୟବାଦୀ ଦର୍ଶନକୁ ଗ୍ରହଣ କରିନେଲେ ?

ଉ :   ମୋ ବାପା ଥିଲେ ଏକମାତ୍ର ରୋଜଗାରୀ। ଚାଷ ମଧ ଠିକ୍ ଜାଣି ନଥିଲେ।
ସାଆନ୍ତ-ସାଆନ୍ତ ମା'ଙ୍କ ମୃତ୍ୟୁ ଏବଂ ୧୯୫୫ ବନ୍ୟା ଦାରିଦ୍ର୍ୟ ଆମ
ପରିବାରକୁ ସର୍ବସ୍ୱାନ୍ତ କରିଦେଲା। ସାଆନ୍ତ ଓ ତାଙ୍କ ଭାଇଙ୍କଠାରୁ ପୃଥକ
ହେବା ଥିଲା ଅନ୍ୟ ଏକ ଦୁର୍ଘଟଣା। କେଇମାଣ ଜମି ଖଜଣା ଦେଇ
ନପାରି ନିଲାମ ହୋଇଗଲା। ବାପା ରଣଗ୍ରସ୍ତ ହୋଇଗଲେ। ଆର୍ଥିକ ଅବସ୍ଥା
ଯାହାର ଶୋଚନୀୟ ତା'ର ସମ୍ମାନ ଆସିବ କେଉଁଠୁ ? କେଇଟା ବରଷରେ
ଆମ୍ଭେମାନେ ଯେପରି ଘୃଣ୍ୟ ଅପଦାର୍ଥ ପାଲଟି ଗଲୁ। ତା'ର ସୁଯୋଗ
ନେଇ ରଣଦାତା ଘର କୋରଖ କରିବାଥରୁ ସମସ୍ତ ପ୍ରକାର ଅତ୍ୟାଚାର
ଶୋଷଣ ହେଲା। ମୋ ଭାଇ ପାଠପଢ଼ା ଛାଡ଼ି କଲିକତାରେ ପାନ
ଦୋକାନରେ ଚାକିରି କଲେ। ଆମେ ଥିଲୁ ୬ଟା ଛୁଆ। ମୋ ଉପରେ
ଚାପ ପଡ଼ିଲା।

ଶେଷକୁ ବୋଉର ଚିକିସ୍ସା ହୋଇପାରିଲା ନାହିଁ। ଲୁଗାଖଣ୍ଡେ ଖର୍ଦ୍ଦି କରିବାର
ସାମର୍ଥ୍ୟ ନଥିଲା। କିଛି ଜମି ବିକ୍ରି ହେଲା। କରଜ ଶୁଝୋୟାଇପାରିଲା ନାହିଁ।
ମୋର ପଞ୍ଚମ ଶ୍ରେଣୀ ବର୍ଷ ବୋଉ ମାମୁଘରେ ଚିରଦିନ ପାଇଁ ଆଖି
ବୁଜିଲା। ଏ ତ ଅର୍ଥନୀତି କଥା – ସାମାଜିକ କ୍ଷେତ୍ରରେ ଆମେ ସ୍ପଷ୍ଟବାଦୀ,
ନିର୍ଭୀକ ଥିବାରୁ ଆମ ଉପରେ ନିର୍ଦ୍ଦିଷ୍ଟ ଏକ ସୁବିଧାବାଦୀ ଗୋଷ୍ଠୀ କେତେ
ଯେ ଅତ୍ୟାଚାର କରିଛନ୍ତି ତା' କଥାରେ କହିବା କଷ୍ଟକର। ଭାଇ ମଧ
କଲିକତାରେ ମାର୍କ୍ସବାଦକୁ ଜୀବନଦର୍ଶନ ଭାବି ଯେପରି ଚାଲିଲେ, ମୋ
ଭିତରେ ସେହି କ୍ଷୋଭ ସଂଚରିଲା। ଦେଖିଲି ଏହାହିଁ ଏକମାତ୍ର ପନ୍ଥା,
ଅନ୍ୟକୁ ମୁକାବିଲା କରିହେବ। ଭୂଦାନ ଅଫିସରେ ଥିବାବେଳେ କରୁଣା
କାନୁନ୍ କଟିଲ ସ୍ୱର ସାଙ୍ଗକୁ କବି ରବି ସିଂଙ୍କ ରାଜାବଗିଚା ବାସଭବନରେ
ଯେଉଁ ଦିନ (୧୯୭୮) ନକ୍ସଲ ନେତା ନାଗଭୂଷଣଙ୍କୁ ଭେଟିଲି, ସେଇଦିନ
କବିତା ଲେଖିଲି – 'ନକ୍ସଲ ମୋ ନାଆଁଟି', 'ମୁଁ ନ ହେବି କାହିଁକି
ନକ୍ସଲ'। ଏଣୁ ମୋତେ ସାମ୍ୟବାଦ ପ୍ରଭାବିତ କରିଥିଲା।

୫।   ଆପଣଙ୍କ ସଂଘର୍ଷପୂର୍ଣ୍ଣ ଜୀବନରୁ କ'ଣ ଶିଖିଛନ୍ତି ?

ଉ: ଶିଖିଛି ସଂଗ୍ରାମ। ପ୍ରତିବାଦ ଓ ସହିଷ୍ଣୁତା, ଧୈର୍ଯ୍ୟରେ ସମାଧାନ। ଦରିଦ୍ର
ଶ୍ରେଣୀର ଦୁଃଖ ମୋର ଦୁଃଖ।

୬। **ଆପଣଙ୍କ ଦୃଷ୍ଟିରେ ଭଲ ମଣିଷ କିଏ ?**

ଉ: ମଣିଷକୁ ଯିଏ ଭଲ ପାଆନ୍ତି ଏବଂ ଗରିବକୁ ସମ୍ମାନ କରନ୍ତି।

୭। **ଆପଣଙ୍କ ପାଇଁ ଦୁଃଖ କ'ଣ ?**

ଉ: ପତ୍ନୀଙ୍କର ପକ୍ଷାଘାତ ବ୍ୟାଧି ଓ କେତେକ ବନ୍ଧୁଙ୍କ ବିଶ୍ୱାସହୀନତା।

୮। **ଆପଣଙ୍କର ସୁଖ ସ୍ମରଣୀୟ ଦିବସ କେଉଁଟି ?**

ଉ: ଡକ୍ଟରାଲ ପ୍ରାପ୍ତି ଦିବସ ତା ୧୪.୧୨.୧୯୮୩ ଓ କାଦମ୍ବିନୀ ସାରସ୍ୱତ
ପୁରସ୍କାର।

୯। **ସମାଲୋଚକ ଆପଣଙ୍କୁ ବିବଦମାନ ବ୍ୟକ୍ତିତ୍ୱ କହିଛନ୍ତି ? କାରଣ
କ'ଣ ?**

ଉ: ସାମ୍ୟବାଦୀ ଦୃଷ୍ଟିକୋଣରୁ ଜଣେ ସଫଳ କବି କିନ୍ତୁ ଭାବବାଦୀ ସଂସ୍କୃତି
ସମ୍ପର୍କରେ ସମ୍ୟକ୍ ଧାରଣ ଅଛି, ଲେଖେ ମଧ। ଏଇ କାରଣରୁ ବିଶିଷ୍ଟ
କଥାକାର ରବି ସ୍ୱାଇଁ 'ବନ୍ଧୁକରୁ ଫୁଟୁଛି ଫୁଲ' ଲଳିତ ପ୍ରବନ୍ଧରେ ଲେଖିଥିଲେ।
ଅନ୍ୟମାନେ ବି।

୧୦। **କବି ଭାବରେ ଆପଣଙ୍କର ଅଧିକ ପ୍ରିୟ କିଏ ?**

ଉ: କବି ରବି ସିଂ, ତାଙ୍କର ଅନେକ ବ୍ୟକ୍ତିଗତ ପତ୍ର ଓ ସମ୍ପର୍କ ସାଇତା ଓ
ସଂଗ୍ରାମମୟ ଜୀବନ।

୧୧। **ଆପଣଙ୍କ ପ୍ରଗତିବାଦୀ କବିତା ମୋର ଗବେଷଣାବସ୍ତୁ – ପ୍ରତିକ୍ରିୟା
କହିବେ କି ?**

ଉ: ଆପଣଙ୍କୁ ମୋର ଅଶେଷ କଲ୍ୟାଣ, ମୋତେ ଶ୍ରଦ୍ଧା ଅଜାଡ଼ି ଦେଇଛନ୍ତି।
କିନ୍ତୁ ଆପଣଙ୍କର ତତ୍ତ୍ୱାବଧାରକ ପ୍ରଫେସର ଡଃ ବେଣୁଧର ପାଢ଼ୀ,
ଉଚ୍ଚକୋଟୀର ଆଲୋଚକ, ମୋ କବିତା ସମଗ୍ରକୁ ବିଚାର କରି
ଗବେଷଣାର ସୁଯୋଗ ଦେଇଛନ୍ତି। ମୋର ଧାରଣା ଥିଲା, ମୁଁ ଗୋଟା

ବାସନ୍ଦ କବି । ଏବେ ବେଣୁଧର ବାବୁ ମୋର ଆଖି ଖୋଲିଦେଲେ, ବଞ୍ଚିଥିବା ଯାଏ ସାଧନା କରିବି ।

୧୨। **ଅବସର ଜୀବନ କିପରି ବିତାଇ ଚାଲିଛନ୍ତି ?**

ଉ: ଅବସରକୁ ଅବସର ଭାବି ନାହିଁ । ପରେ ପରେ +୨ ଆବାସିକ ବିଜ୍ଞାନ କଲେଜରେ ଅଧ୍ୟକ୍ଷ ଭାବରେ ଚରି ବର୍ଷ କାମ କରିଛି । ଅନୁଭବ କଲି ଏହା ଏକ ପାଠ ବେପାର ସ୍କୁଲ । ତେଣୁ ଛାଡ଼ିଦେଲି ।

ତା' ପରେ କେନ୍ଦ୍ରାପଡ଼ା ଜିଲ୍ଲା ସାହିତ୍ୟ ସଂସଦର ସଭାପତି କବି ବ୍ରହ୍ମାନନ୍ଦ ଦାସଙ୍କ ମୃତ୍ୟୁ ପରେ ଅଧାପକ ମୋହନ ଚରଣ ଜେନା ଚଲାଇଥିଲେ । ମୋହନ ବାବୁ, ସମ୍ପାଦକ ଶୁଭାଂଶୁ କୁମାର ଦାସ ଓ ଓକିଲ ପ୍ରଦୀପ ଦାଶ ମୋତେ ଅନୁରୋଧ କଲେ ଏବଂ ସେମାନେ ମୋତେ ସଭାପତି ଆସନରେ ବସାଇଲେ । ସାହିତ୍ୟ ସଂସଦ ସଂପର୍କରେ କହିଲେ ଏକ ସ୍ୱତନ୍ତ ପୁସ୍ତକ ହେବ । ଯାହା ହେଉ ७ କୁମାର ଚନ୍ଦ୍ର ମିଶ୍ର ଜଣେ ଗାନ୍ଧିବାଦୀ, ଅନୁଷ୍ଠାନ ପ୍ରେମୀ ଲୋକ । ତାଙ୍କର ଜମିଗୁଡ଼ିଏ । ମୋତେ କିଛି ଜମି ଦେବେ ବୋଲି କଥା ଦେଇଥିଲେ । ତାଙ୍କୁ ଏକ ଗୁରୁତର କେସରେ (ମିଥ୍ୟା ମକଦମା) ସାହାଯ୍ୟ କରିଥିଲି । ସେ ମୁକ୍ତ ମଧ୍ୟ ହୋଇଥିଲେ । ତେଣୁ ସାହାଯ୍ୟ କରିବି ବୋଲି ଅନୁରୋଧ କରିଥିଲେ । ଏହି ଅବକାଶରେ କୁମାର ମିଶ୍ରଙ୍କୁ ଅନୁରୋଧ କରିବାରୁ ସେ ଏକ ଗୁଣ୍ଠ ଜମି କଶ୍ମୋଟି ଗ୍ରାମରେ ଦେଲେ । ତାହା ପୁଣି ଏକ୍‌ସପ୍ରେସ୍‌ ରାସ୍ତା କଡ଼ । ଖୁବ୍ ଭାଗ୍ୟର କଥା ଭାଷା ଆନ୍ଦୋଲନର କାଣ୍ଡାରି ବୈଷ୍ଣବ ପରିଡ଼ା ରାଜ୍ୟସଭା ସାଂସଦ ହେବାରୁ ତାଙ୍କଠାରୁ ଲାଗିପାଗି ଦଶଲକ୍ଷ ଟଙ୍କା ଆଣିଲି । କାର୍ଯ୍ୟ ସୁପରିଚାଳନା ନ ହେବାରୁ ପୁଣି ବିଧାୟିକା ସିପ୍ରା ମଲ୍ଲିକ ଓ ବିଧାୟକ କିଶୋର ତରାଇ ଦୁଇଲକ୍ଷ ଲେଖା ଟାଙ୍କ ଲ୍ୟାଡ଼ ଟଙ୍କା ଦେବାରୁ ଘର ପୂର୍ଣ୍ଣାଙ୍ଗ ହେଲା । ଏହି ଅନୁଷ୍ଠାନକୁ ଏକ ସାରସ୍ୱତ ସାଧନାର ପୀଠ କରିବା ଲକ୍ଷ୍ୟରେ ଅଙ୍ଗୀକାରବଦ୍ଧ ।

ଏତଦ୍‌ବ୍ୟତୀତ ସାହିତ୍ୟ ସାଧନା, ଆନୁଷ୍ଠାନିକ କାର୍ଯ୍ୟ ଓ ଶୈକ୍ଷିକ କାର୍ଯ୍ୟରେ ନିମଗ୍ନ ରହିଛି । ସଂଖ୍ୟାଲଘୁ ସମ୍ପ୍ରଦାୟର ପିଲାଙ୍କୁ ନିଃଶୁଲ୍କ ଶିକ୍ଷାଦାନ ଓ

ସମାଜସେବା ବ୍ରତରେ ବ୍ରତୀ ଅଛି। ପୁଅବୋହୂ-ଝିଅ-ଜ୍ୱାଇଁ, ନାତିନାତୁଣୀ ଓ ଭାଇମାନଙ୍କ ସହ ପରିପୂର୍ଣ୍ଣ ପାରିବାରିକ ଜୀବନଯାପନ କରୁଅଛି। ସାମ୍ୟ ସମାଜର ସ୍ୱପ୍ନ ମୋର ସରିନାହିଁ। ଅନେକ କବି ଲେଖକଙ୍କର ପାଣ୍ଡୁଲେଖ୍ୟ ସଂଶୋଧନ କରି ସେମାନଙ୍କୁ ସାରସ୍ୱତ ଦେବାକୁ ଆଣିବାର ଉଦ୍ୟମ ମଧ୍ୟ କରୁଛି। ଭାଷା ସାହିତ୍ୟ ସମୃଦ୍ଧ ହେଲେ ଜାତୀୟ ଜୀବନ ପୁଷ୍ଟ, ପୁଷ୍କଳ ଓ ମଞ୍ଜୁଳ ହେବ।

୧୩। ସାର୍‍ ଆପଣଙ୍କୁ ଅଶେଷ କୃତଜ୍ଞତା....।

ଉ: ବରଂ ମୁଁ ଆପଣଙ୍କୁ ସାଧୁବାଦ ଦେବା ପାଇଁ ଭାଷା ଖୋଜୁଛି।

ଉପସ୍ଥିତ ବଂଶଲତା

ଅନ୍ତୁଳି (ଋଙ୍କୁଁବସା ରାଜାଙ୍କ ଦେବାନ୍ ଥିଲେ) – କାଳିନ୍ଦୀ ଦାସ

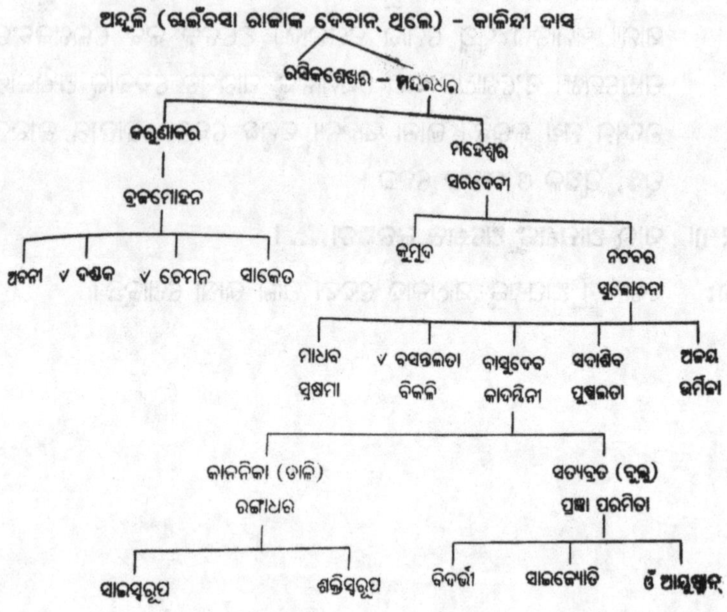

କବି ବାସୁଦେବ ଦାସଙ୍କ ପୁରସ୍କାର ସମ୍ମାନ

କବି ବାସୁଦେବ ଦାସଙ୍କ ପୁରସ୍କାର ସମ୍ମାନ